アーレント=ショーレム往復書簡

アーレント＝ショーレム
往復書簡

［編集］
マリー・ルイーズ・クノット
［編集協力］
ダーヴィト・エレディア
［訳］
細見和之　大形 綾
関口彩乃　橋本紘樹

岩波書店

DER BRIEFWECHSEL
by Hannah Arendt and Gershom Scholem
edited by Marie Luise Knott
in collaboration with David Heredia

First published 2010 by
Jüdischer Verlag im Suhrkamp Verlag, Berlin.
This Japanese edition published 2019
by Iwanami Shoten, Publishers, Tokyo
by arrangement with
Jüdischer Verlag im Suhrkamp Verlag, Berlin
through The Sakai Agency, Inc., Tokyo.

凡　例

一、本書は、以下の全訳である——Hannah Arendt/Gershom Scholem, *Der Briefwechsel*, hrsg. von Marie Luise Knott unter Mitarbeit von David Heredia, Jüdischer Verlag im Suhrkamp Verlag, Berlin, 2010. ただし、原書のうちAnhang（補遺）として収められている、英語で書かれた書簡のドイツ語訳部分（原書の五五三―六〇七頁）と人名索引における人物説明は、版元の了解を得て本訳書では省略している。

一、原書は大きくはDie Briefe と Dokumente の二部構成であり、本訳書ではそれぞれ「I　書簡」、「II　関連資料」とした。

一、原注（編者の注）は1、2のように表記し、第I部では書簡ごと、第II部では記事ごとにそれぞれの文末に通し番号で示している。

一、訳注は(1)、(2)のように表記し、書簡ごと、記事ごとに、原注のあとに通し番号で示している。簡単な訳注もしくは訳者による補足は本文中に〔　〕で括り、文字のポイントを落として示している。

一、本文および原注における［　］は編者による補足ないし省略を表わす括弧である。

一、本書の往復書簡では、JCRの活動と直接関わるものは基本的に英語で書かれている。それらの書簡については、その文面の全体を〈　〉で括り、末尾に〔英〕の表示を加えている。ただし、「II　関連資料」中のアーレントの「調査報告」はすべて英語で記されており、こちらでは〈　〉〔英〕の表記は省略している。そこにドイツ語が登場する場合には、〈　〉〔独〕のように示している。

一、原書にはドイツ語、英語以外の言語も多用されており、それぞれ〈　〉で括り、そのあとに〔　〕でどの言語かを、以下の省略記号で表示している。イタリア語→伊、イディッシュ語→イ、ギリシア語→希、スペイン語→西、フランス語→仏、ヘブライ語→ヘ、ラテン語→羅。ただし、原書では、第97書簡の原注2で引用されているショーレムの手紙に登場するヘブライ語を除いて、すべてドイツ語、英語等と同様のアルファベットで表記されている。

一、英語で記された書簡等のなかで英語以外の言語が用いられているときには、本訳書では《　》〔独〕のように表示している。

一、原書のイタリックによる強調には傍点を、下線による強調には傍線を、本訳書ではそれぞれ用いている。

一、編者が判読困難としている箇所は【　】で示している（原書では〈　〉が用いられている）。

一、原書では主として書簡の同封資料はゴシック体で印刷されており、本訳書でもゴシック体を用いている。また、原文ですべての文字が大文字で記されている場合にもゴシック体を用いている。

一、原書における明らかな誤記、誤植については、それと明記せずに訂正している場合がある。

目次

1　ハンナ・アーレントからゲアハルト・ショーレムへの手紙，1940年10月21日付．

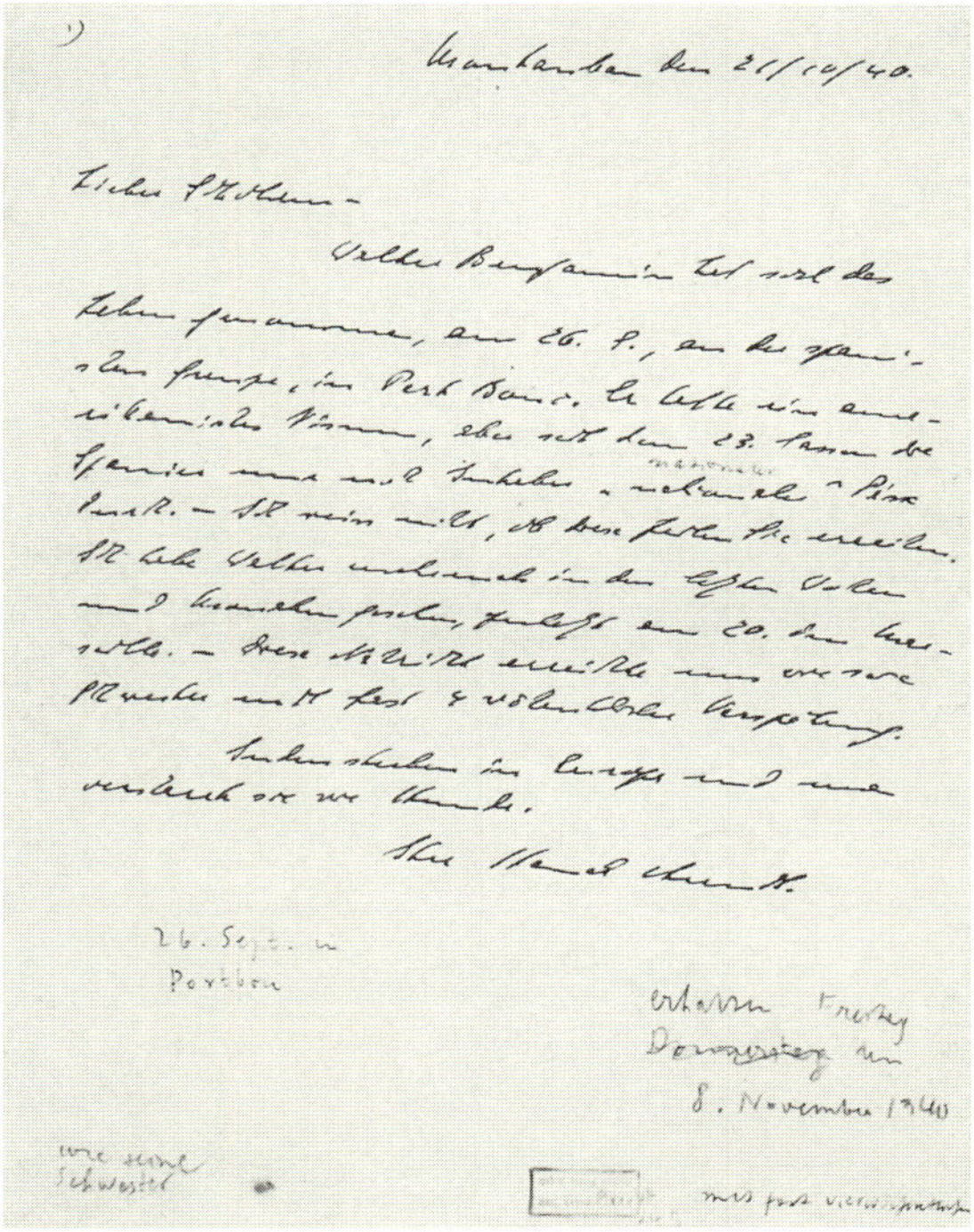
Montauban den 21/10/40.

26. Sept. in Portbou

8. November 1940

2　ヴァルター・ベンヤミン(左側)，弟のゲオルクとともに．第35書簡を参照．

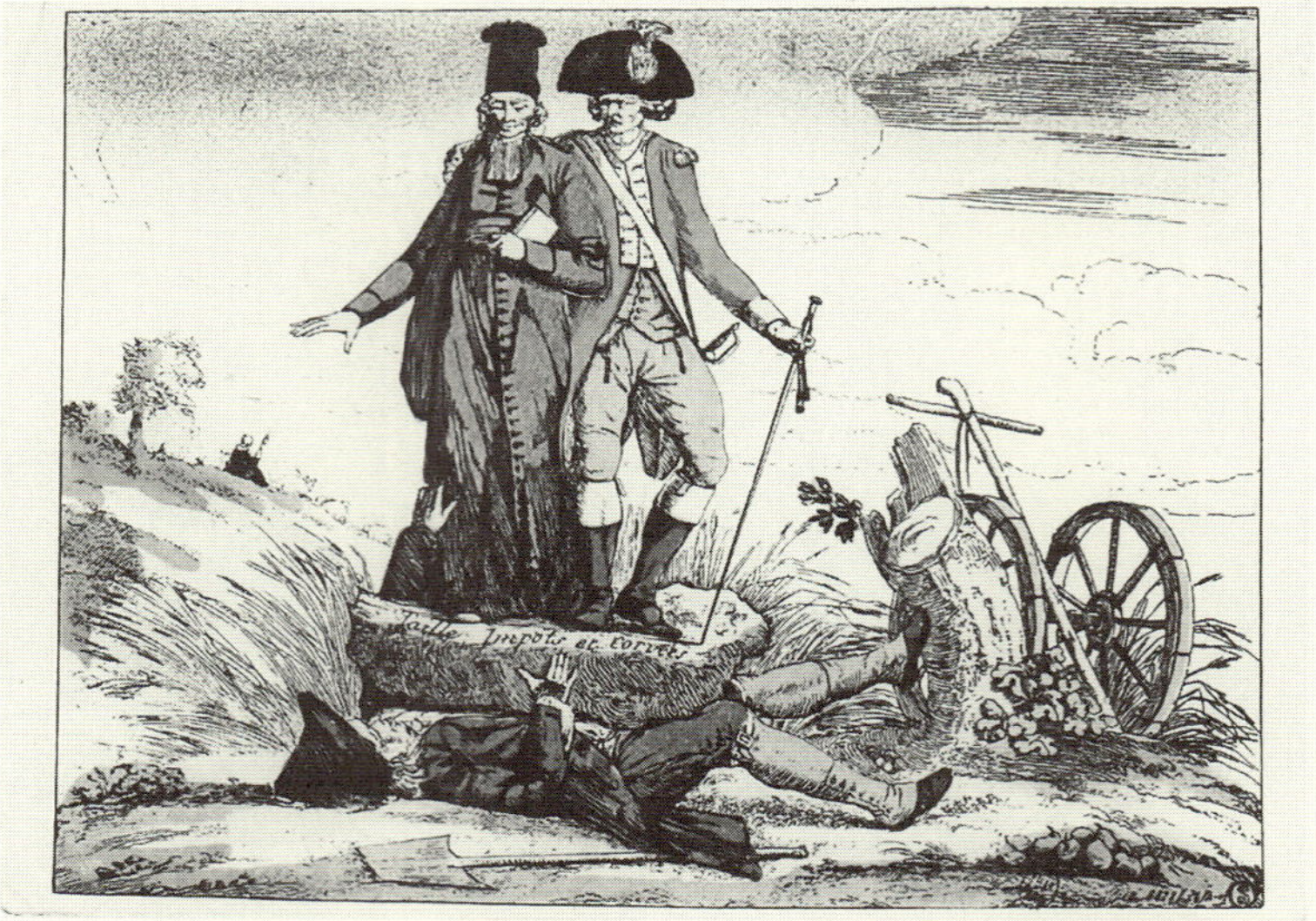

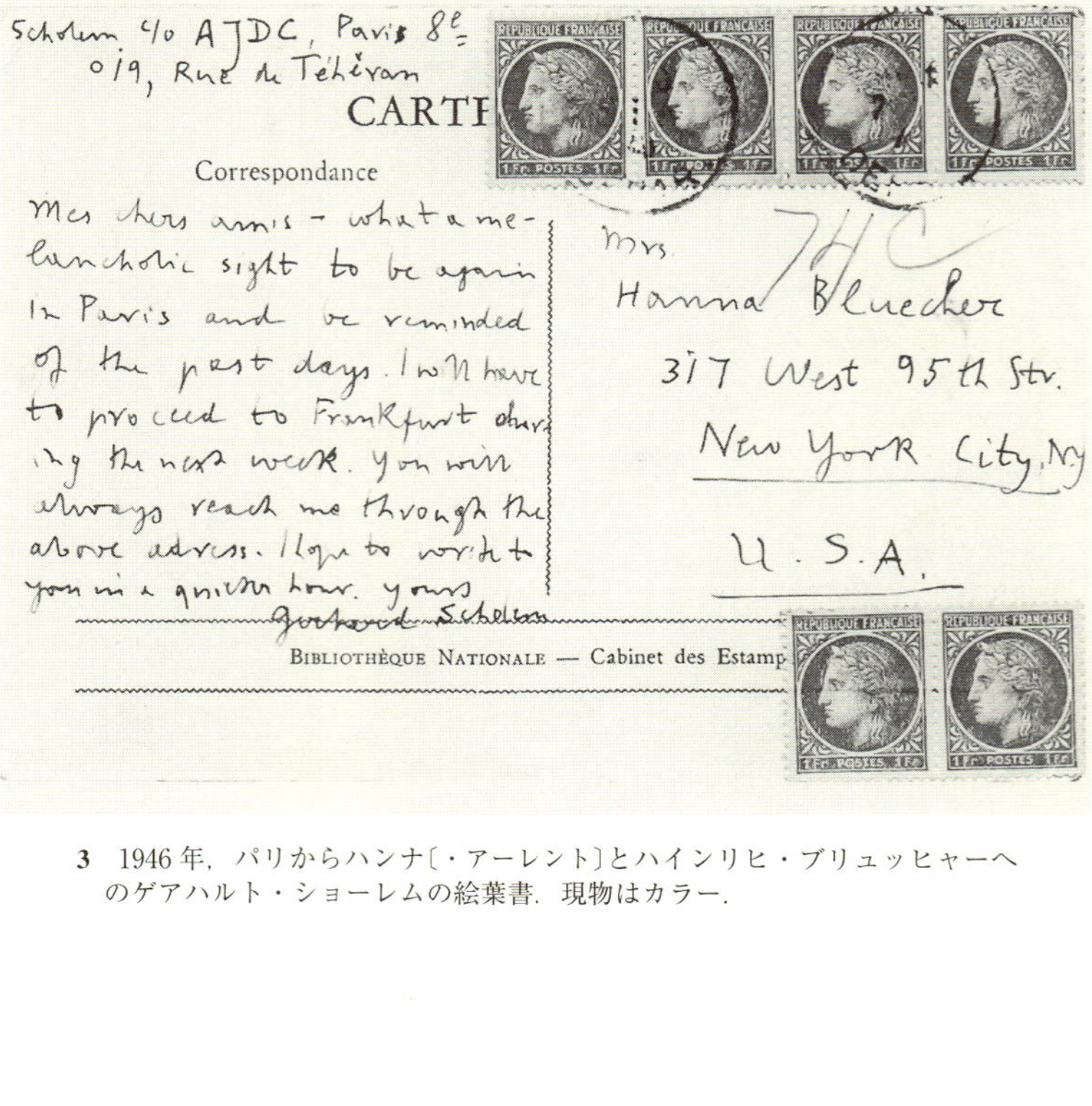

3　1946年，パリからハンナ〔・アーレント〕とハインリヒ・ブリュッヒャーへのゲアハルト・ショーレムの絵葉書．現物はカラー．

4　1946年パリでのゲルショム・ショーレム．隣の女性は不明．
「私の妻も私も，あなたと同様に，1946年の3日間を忘れていません．あなたはそのとき制服を着て私たちのところへやって来て，あらゆるポケットからキャンディやチョコレートを取り出して，子どもたちにあたえたのでした．制服を着たあなたはとても風変わりでした．あなたに制服は似合っていませんでしたし，あなたは制服に似合っていませんでした．ですから，子どもたちは，不思議な服を身につけた初めてのユダヤ人を目にしたことになります．これについては小説だって書けるでしょう」(1965年の，ランベルト・シュナイダーからゲルショム・ショーレム宛の手紙)．

5　ニューヨークのシュライバー・レストランにおける，1951年12月27日の，ハンナ・アーレント博士とJCR財団の同僚たちのための，解散晩餐会．
外側の席(左から右に)：アーヴィン・ワイントローブ，アーロン・マーガリト博士，ローレンス・ハーウィク博士，アレクサンダー・マルクス教授，ザーロ・W.バロン教授，ハンナ・アーレント博士(隠れた状態)，ラビのI.エドワード・キーフ，M.グルーバー，アイザック・ゴールドバーグ，ラビのハーマン・ノイバーガー，ジェイコブ・ディーンスターグ，J.ケイガン．
内側の席：ジョゼフ・レイダー博士，ポッパー博士，J.ノヴァク＝シュヴィマー，アブラハム・G.ダカー，ディーナ・アブラモヴィッチ，デイヴィド・ローゼンスタイン．

The initial step in the Depot operations.
Books and other archival material as they arrive in the Depot.

General Sorting Room.
Libraries of Western Countries are classified here. Libraries of Eastern Countries and books identifiable by Hebrew markings are sent to the fourth floor. Unidentifiable books are sent to the secound floor.
The sorters handled 30 000 books per day.

6a　書籍の到着直後の倉庫.
6b　(あり得る)出所にしたがった書籍の分別.

7　アメリカ占領地区で発見されたトーラーの巻物.

6と7　中央収集所「オッフェンバッハ・アーカイヴ倉庫」の写真. 以下のアルバムから――»Monuments, Fine Arts and Archives«－Abteilung der US-Militärregierung, ca. 1945.

8　自分の書斎における
ハンナ・アーレント,
1972 年.

9　自分の書斎におけるゲアハルト・ショーレム.「ファーニア(…)は，もしもあなたがそれより先にエルサレムに来られた場合でも，あなたは私たちのもとに居心地よく滞在できるし，心から歓迎します，と申しています．その場合，あなたは司書によって煩わされることなく，蔵書を自分自身で利用することができます」(1955 年 7 月 11 日付の，ゲアハルト・ショーレムからハンナ・アーレントへの手紙).

10 1949年9月8日付の，JCR用箋でのハンナ・アーレントからゲルショム・ショーレムへの最初の手紙．

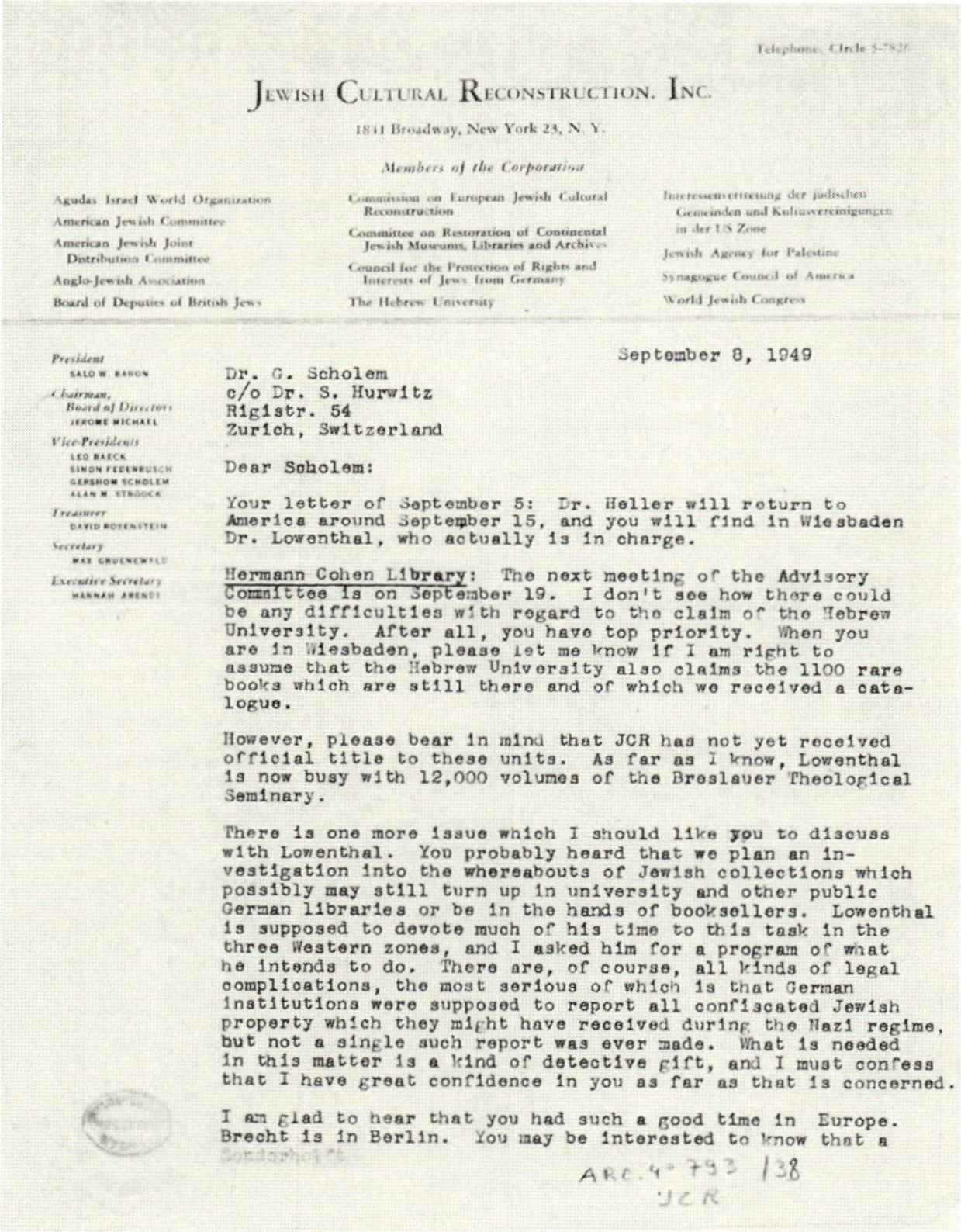

Telephone: CIrcle 5-7826

JEWISH CULTURAL RECONSTRUCTION, INC.

1841 Broadway, New York 23, N. Y.

Members of the Corporation

Agudas Israel World Organization
American Jewish Committee
American Jewish Joint Distribution Committee
Anglo-Jewish Association
Board of Deputies of British Jews

Commission on European Jewish Cultural Reconstruction
Committee on Restoration of Continental Jewish Museums, Libraries and Archives
Council for the Protection of Rights and Interests of Jews from Germany
The Hebrew University

Interessenvertretung der jüdischen Gemeinden und Kultusvereinigungen in der US Zone
Jewish Agency for Palestine
Synagogue Council of America
World Jewish Congress

President SALO W. BARON
Chairman, Board of Directors JEROME MICHAEL
Vice-Presidents LEO BAECK, SIMON FEDERBUSCH, GERSHOM SCHOLEM, ALAN M. STROOCK
Treasurer DAVID ROSENSTEIN
Secretary MAX GRUENEWALD
Executive Secretary HANNAH ARENDT

September 8, 1949

Dr. G. Scholem
c/o Dr. S. Hurwitz
Rigistr. 54
Zurich, Switzerland

Dear Scholem:

Your letter of September 5: Dr. Heller will return to America around September 15, and you will find in Wiesbaden Dr. Lowenthal, who actually is in charge.

Hermann Cohen Library: The next meeting of the Advisory Committee is on September 19. I don't see how there could be any difficulties with regard to the claim of the Hebrew University. After all, you have top priority. When you are in Wiesbaden, please let me know if I am right to assume that the Hebrew University also claims the 1100 rare books which are still there and of which we received a catalogue.

However, please bear in mind that JCR has not yet received official title to these units. As far as I know, Lowenthal is now busy with 12,000 volumes of the Breslauer Theological Seminary.

There is one more issue which I should like you to discuss with Lowenthal. You probably heard that we plan an investigation into the whereabouts of Jewish collections which possibly may still turn up in university and other public German libraries or be in the hands of booksellers. Lowenthal is supposed to devote much of his time to this task in the three Western zones, and I asked him for a program of what he intends to do. There are, of course, all kinds of legal complications, the most serious of which is that German institutions were supposed to report all confiscated Jewish property which they might have received during the Nazi regime, but not a single such report was ever made. What is needed in this matter is a kind of detective gift, and I must confess that I have great confidence in you as far as that is concerned.

I am glad to hear that you had such a good time in Europe. Brecht is in Berlin. You may be interested to know that a

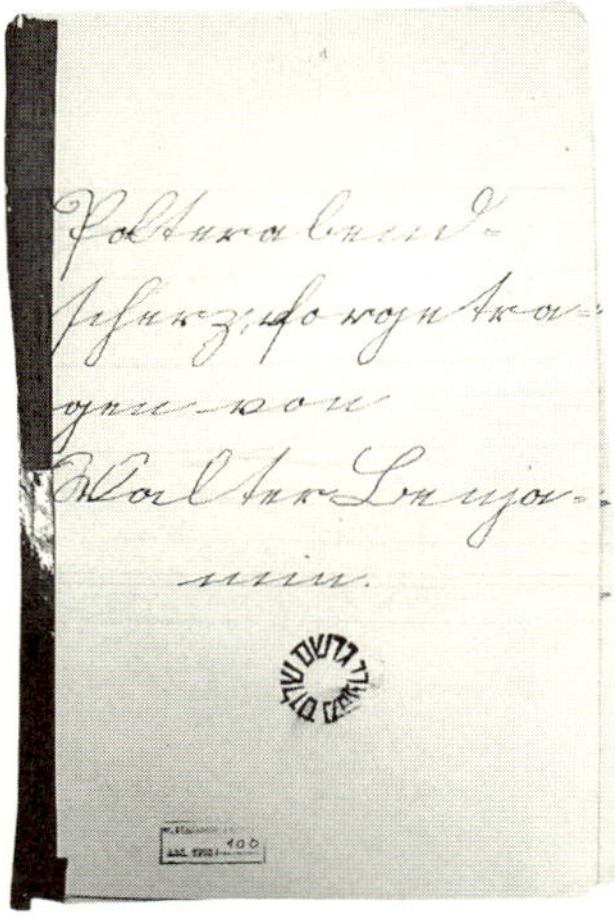

11 クララ・シュテルンとヴィリアム・シュテルンの結婚式に際してのヴァルター・ベンヤミンの「ポルターアーベントの戯れ」，表紙．第51書簡を参照．

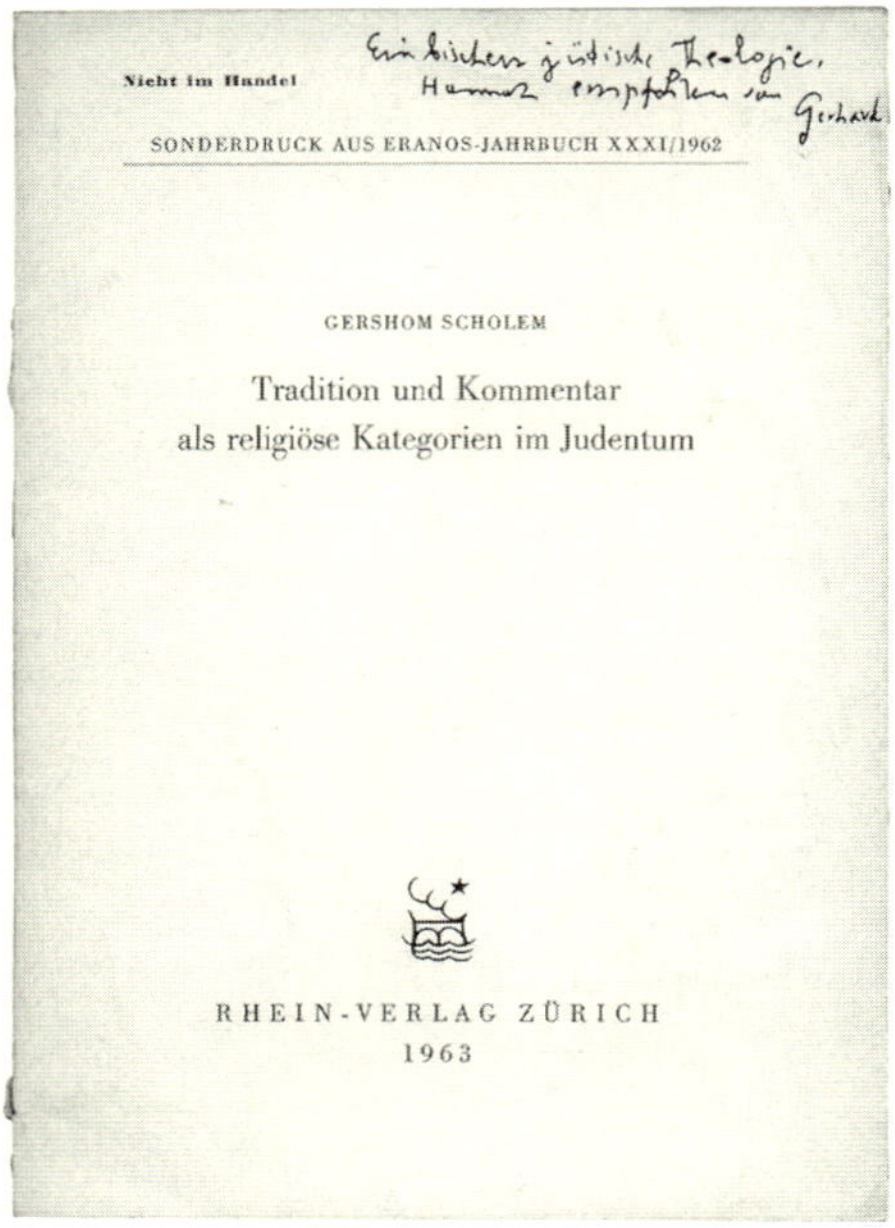

12　献辞，1963 年．
「わずかばかりのユダヤ神学を，ゲアハルトによるハンナへの推奨として」．

13　『六つのエッセイ』における献辞，1948 年．
「ゲアハルト・ショーレム様，私の責任ではない多くの誤植を添えて．／ハンナ／1948 年 10 月」．蔵書票「エルサレム・ゲルショム・ショーレム蔵書」(ヘブライ語)．

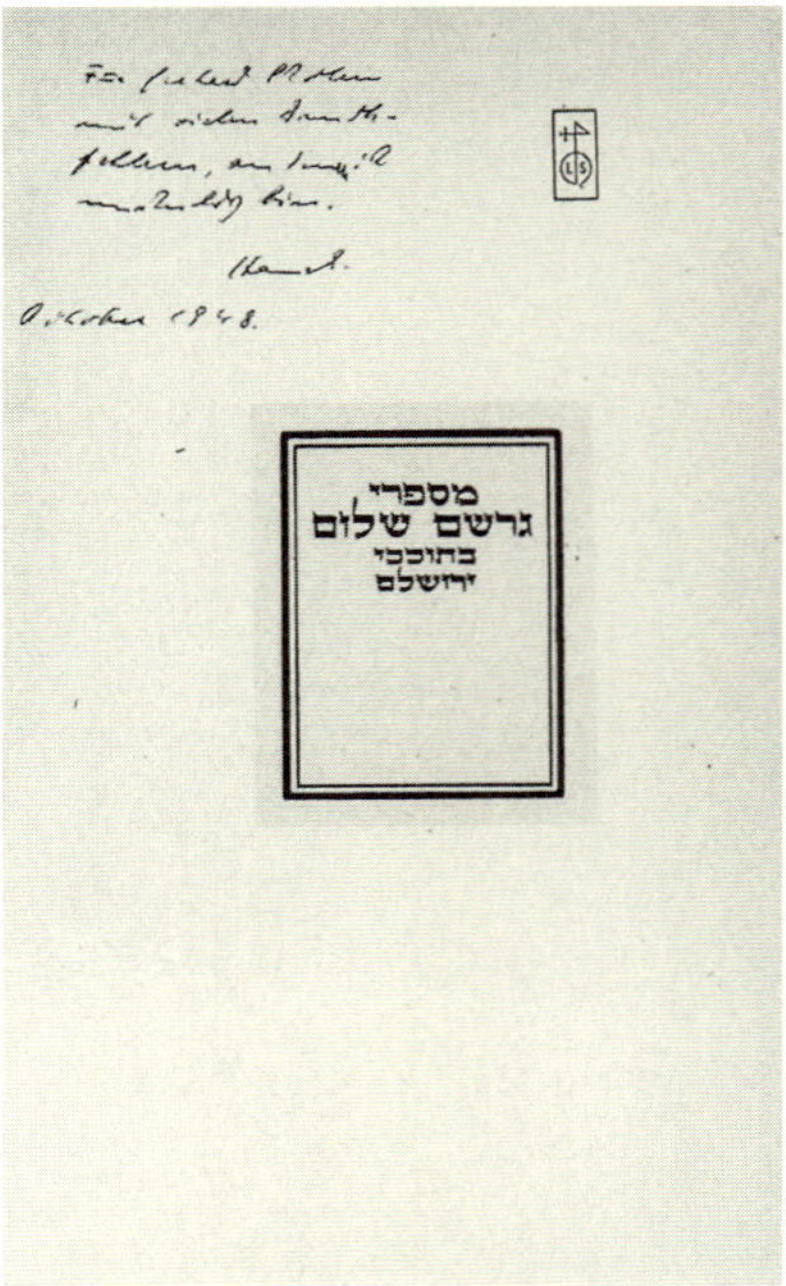

↖**14**　ヴァルター・ベンヤミンからハンナ・アーレントへの手紙(1940 年 7 月 8 日付)の原本のネガコピー．
「……あなたのタイピストがフランス語(手書き草稿〔の読み取り〕，写真複写など)に困難を抱える場合に備えて」．ハンナ・アーレントはゲアハルト・ショーレムに，このコピーとともに，書き写したものも送った．第 130 書簡を参照．

←**15**　ヘルマン・コーエンの個人蔵書から，1877 年の初版本．
ヘルマン・コーエンの個人蔵書は，彼の死後，特別に区分けされた部門として，フランクフルト・イスラエルの民信徒共同体図書館に組み込まれた(右上の蔵書印を参照)．そして，1938 年にナチスによって，その図書館とともに押収された．戦後，JCR がその蔵書の残存部分を救い出し(左の蔵書印を参照)，イスラエルの JNUL へと運んだ(右下の蔵書印を参照)．

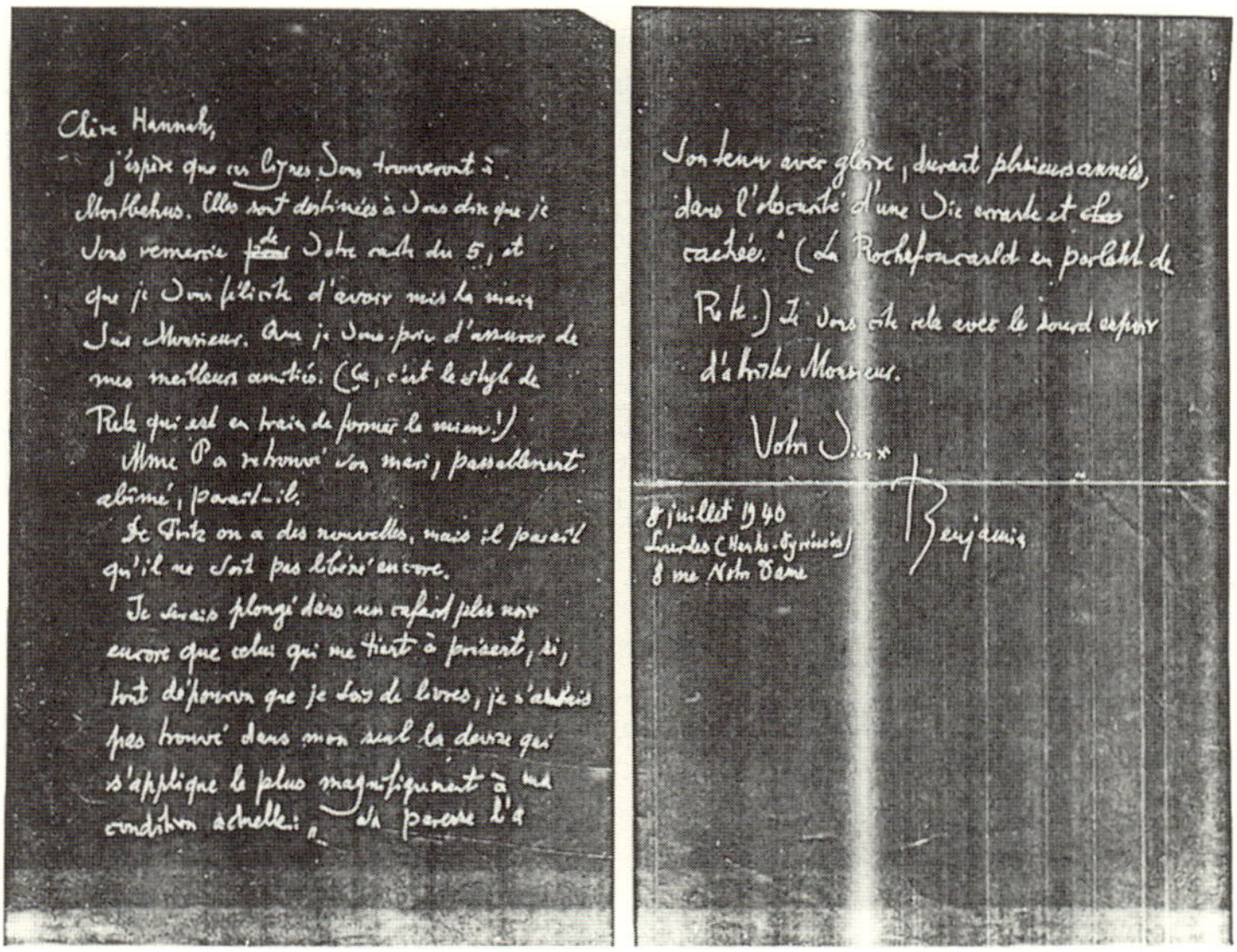

Chère Hannah,

j'espère que ces lignes vous trouveront à Montbahus. Elles sont destinées à vous dire que je vous remercie de votre carte du 5, et que je vous félicite d'avoir mis la main sur Monsieur. Avec je vous prie d'assurer de mes meilleurs amitiés. (Ça, c'est le style de Retz qui est en train de former le mien!)

Mme P a retrouvé son mari, passablement abîmé, paraît-il.

De Fritz on a des nouvelles, mais il paraît qu'il ne soit pas libéré encore.

Je serais plongé dans un cafard plus noir encore que celui qui me tient à présent, si, tout dépourvu que je suis de livres, je n'avais pas trouvé dans mon seul la devise qui s'applique le plus magnifiquement à ma condition actuelle: « Sa paresse l'a soutenu avec gloire, durant plusieurs années, dans l'obscurité d'une vie errante et cachée. » (La Rochefoucauld en parlant de Retz.) Je vous cite cela avec le lourd espoir d'égayer Monsieur.

Votre dévoué

Benjamin

8 juillet 1940
Lourdes (Hautes-Pyrénées)
8 rue Notre Dame

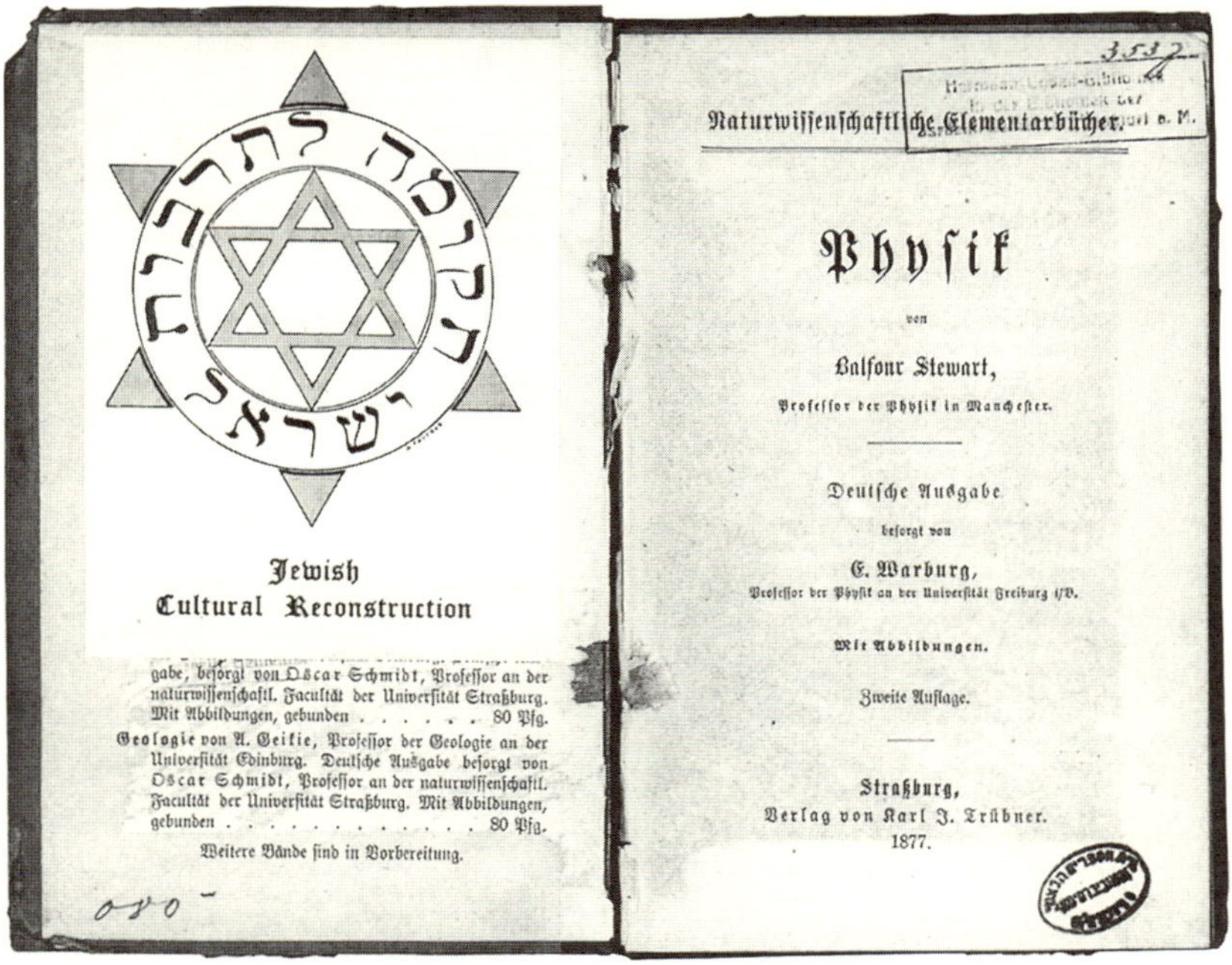

gabe, besorgt von Oscar Schmidt, Professor an der naturwissenschaftl. Facultät der Universität Straßburg. Mit Abbildungen, gebunden . . . . . . 80 Pfg.

Geologie von A. Geikie, Professor der Geologie an der Universität Edinburg. Deutsche Ausgabe besorgt von Oscar Schmidt, Professor an der naturwissenschaftl. Facultät der Universität Straßburg. Mit Abbildungen, gebunden . . . . 80 Pfg.

Weitere Bände sind in Vorbereitung.

Naturwissenschaftliche Elementarbücher.

Physik

von

Balfour Stewart,

Professor der Physik in Manchester.

Deutsche Ausgabe

besorgt von

E. Warburg,

Professor der Physik an der Universität Freiburg i/B.

Mit Abbildungen.

Zweite Auflage.

Straßburg,
Verlag von Karl J. Trübner.
1877.

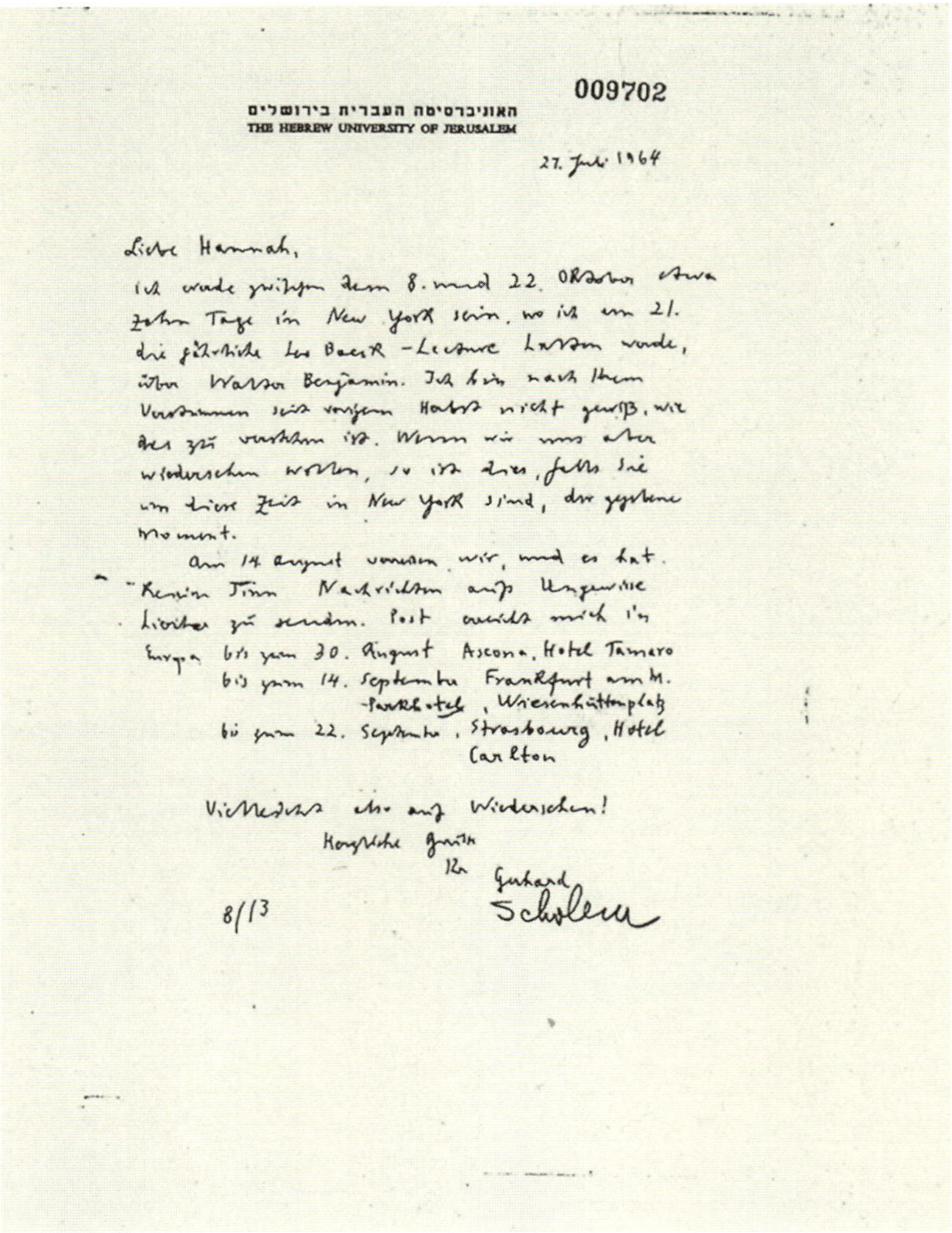
009702

האוניברסיטה העברית בירושלים
THE HEBREW UNIVERSITY OF JERUSALEM

27. Juli 1964

Liebe Hannah,

ich werde zwischen dem 8. und 22. Oktober etwa zehn Tage in New York sein, wo ich am 21. die jährliche Leo Baeck-Lecture halten werde, über Walter Benjamin. Ich bin nach Ihrem Verstummen seit vorigem Herbst nicht gewiß, wie das zu verstehen ist. Wenn wir uns aber wiedersehen wollen, so ist dies, falls Sie um diese Zeit in New York sind, der gegebene Moment.

Am 14 August verreisen wir, und es hat keinen Sinn Nachrichten aufs Ungewisse hierher zu senden. Post erreicht mich in Europa bis zum 30. August Ascona, Hotel Tamaro
bis zum 14. September Frankfurt am M. Parkhotel, Wiesenhüttenplatz
bis zum 22. September, Strasbourg, Hotel Carlton

Vielleicht also auf Wiedersehen!
Herzliche Grüße
Ihr
Gerhard
Scholem

8/13

16　ゲアハルト・ショーレムからハンナ・アーレントへの1964年7月27日付の〔最後の〕手紙.

I　書簡

〔1　アーレントからショーレムへ　パリ、一九三九年五月二九日〕

パリ、一九三九年五月二九日
!!!ブランシオン通り六八!!!
ヴォジラール三八―〇七

親愛なるショーレムご夫妻様――

とてもうれしく読ませていただいたあなたがたの二通の手紙[1]に、やっときょうになってお返事をしようというのですから、これはもうほとんどスキャンダルです。この間にこういうことがありました。まず母が到着し、つぎに家具が届き、三番目に蔵書がやって来ました。四番目、五番目、六番目に、神様は〈中央委員会〉〔英〕の姿を取って、私に一つの任務を授けてくださいました。[2]周知のとおり神の恵みには二つの側面があるように、その任務にも二つの側面がありました。その二番目の側面のおかげで、私は自分の仕事はおろか、まともなこと何一つもできないありさまです。

　さて、ラーエルに関して。[3]当然ながら、この著作では、どんな形であれ称賛するという立場から私はいつも遠いところにいました。私は一つの破産について書こうとしました、ただし、歴史的に必然的な、またおそらくは教訓ともなるような破産についてです。あらゆる批判にもかかわらず、最後の二つの章に一種の名誉回復を読み取っていただければ、幸いです。[4]とくに目下は、怪しい成り上がりの無知の輩がみんな、同化したユーデントゥーム(1)を侮蔑してもかまわないと思い込んでいる時代ですから。あの本はヒトラー以前に書かれました。最終章はここで付け加えました。全体的に修正した部分はごくわずかです。

　ショッケンのところにある資料のほんのわずかでも知っていればよかったのですが！[5]何年もまえの私の手元の抜粋資料しか参照できていないことが、私にはずいぶん腹立たしいことだったのです。出版の機会が得られましたら、たいへんありがたく存じます。仲介いただけましたら幸いです。もちろん、原稿は手元にお持ちください。ショッケンがその原稿に関心を持つようにしてくださいましたら、もちろんのこと、私はとてもうれしく存じます。

　ベンジ〔ベンヤミン〕のことは大いに気がかりです。ここでとにかく彼に何かを斡旋しようと試みたのですが、まったく惨めな具合に失敗しました。[6]その際、彼の今後の仕事のために、彼の身の安全を完全に確保することが大事であると、以前にもまして確信しました。彼の書くものは、私の印象では、文体の細部にいたるまで変容しました。すべてが遥かにはっきりと、遥かに躊躇うことなく、書かれていまになってようやく彼にとって決定的な事柄に達しようとしている、といった印象を私はしばしば受けます。そんないまになって妨害が生じるようなことがあれば、実に忌まわしいことです。

　国内がどんな状態であるのか、ここで想像するのはひとえに困難となっています。ここにいる私たちにとっても、特殊なことから一般的なことにいたるまで、たいていとても惨めな状態であるのは、言うまでもありません。あなたのお仕事はいかがですか？　そして、ファーニアはどうしていますか？　あなたがたお二人がいつかふたたびヨーロッパを旅行する必要がありましたら、私は喜んで歓迎します——といいますのも、集団の指導者として私がそちらを訪れる機会はきわめて乏しいと見込んでいるからです。[7]

　ブリュッヒャーがあなたがたお二人に心からの挨拶をと申しています。返信が遅れましたこと、どうぞお許しください。そして、またご連絡いただけますように！

あなたのハンナ・アーレント。［手書き］

［NLI、ベンヤミン・アーカイヴ。原本。タイプライター原稿］

1　この二通の手紙は見つかっていない。

2　一九三三年にプラハ経由でパリに逃げ延びたアーレントは、一九三八年の一一月ポグロム〔いわゆる「水晶の夜」〕のあと、母、マルタ・アーレント・ベーアヴァルトをパリに連れてくるように、一人の女友だちをケーニヒスベルクへ派遣していた。のちに二番目の夫となるハインリヒ・ブリュッヒャー——彼女は彼とともに、あるホテル（プランシポテ・ユニ）に長いあいだ暮らしていた——および自分の母親と一緒に、彼女は手紙の冒頭に書かれている住所で暮らしていた（ベンヤミンの暮らしていたドンバル通り一〇から一〇分のところ）。一九三八年から三九年への変わり目のころ、〈パレスチナのためのユダヤ機関〉〔英〕の一部門である〈ドイツ・ユダヤ人の移民のための中央委員会〉〔英〕の事務局長の仕事を、彼女は引き受けた。

3　アーレントは、パリで仕上げられたラーエル・ファルンハーゲン伝の原稿をショーレムに送り、ショーレムは原稿を読んだあと、発見されていない二通の手紙の一つのなかで、それに対するコメントを寄せていた。ベンヤミンは、一九三九年二月二〇日付のショーレム宛の手紙のなかで、アーレントの仕事についてすでに言及して、それは「大きな印象」を自分に与えた、と書いていた。アーレントはそのなかで「教化的・弁明的なユダヤ研究の流れに抗して」泳いでいる。「「ドイツ文学のなかのユダヤ人」についてこんにちまで読むことのできたすべてがまさしくこの流れに流されるがままになっていることは、きみが一番よく理解していることです」（Benjamin/Scholem, *Briefwechsel*, S. 295〔『ベンヤミン－ショーレム往復書簡』三七九頁〕）。ショーレムはベンヤミンに一九三九年六月三〇日付の手紙でこう答えた。「ラーエルについてのアーレントの［本］は、とても［…］気に入りました――私は、彼女が書いたのとは違うところにアクセントを置いて読んだのですが。当時生じていたことの優れた分析であって、ここでのように、ドイツ・ユダヤ人の側からの「ドイチュトゥーム（ドイツ文化・ドイツ性）」との結びつきのような、欺瞞のうえに成り立っている結びつきは不幸な帰結にいたらざるを得ないことが示されています。欺瞞のうえにというのは――つまり、一切は一方の側から生じねばならず、他方はひたすら（もっとも厳密な意味で）自己否定的で、受け身の状態でなければならない、という前提のうえに立っている、ということです。この本がどこかから出版される見通しがないとすれば、残念です」（Benjamin/Scholem. *Briefwechsel.* S. 309［『ベンヤミン－ショーレム往復書簡』三九八－三九九頁］）。

4　亡命中に付加された最後の二章のタイトルは以下のとおり。「賤民と成り上がり者のあいだ（一八一五－一八一九）」、「ユダヤ人であることから逃げられはしない（一八二〇－一八三三）」。以下に収録――Arendt. *Rahel Varnhagen.* S. 186–211［アーレント『ラーエル・ファルンハーゲン』二〇七－二三六頁］。

5　どのような資料のことをアーレントがここで厳密に引き合いに出しているのか、不明。出版人で手書き草稿の蒐集家であったザルマン・ショッケンは、種々の初版本からなる膨大な蔵書にくわえて、まさしくラーエル・ファルンハーゲンの時代に成立した、伝記、手書き草稿、手紙、原稿をきわめて広範に蒐集していた（とりわけ重要なゲーテ関係資料）。彼の蒐集物は一九三三年以降、パレスチナに保管されていた。

6　マックス・ホルクハイマーが一九三九年二月二三日付の手紙（Benjamin. *Gesammelte Schriften* V-2. S. 1168f.）でアメリカから、社会研究所（ＩｆＳ）から何年かにわたって与えられてきた助成金が資金難によって中断されなければならない可能性がある、と通知してきたあと、ヴァルター・ベンヤミンは新たな収入源を緊急に求めていた。ショーレム宛の手紙のなかで彼はこう書いている。「ここパリで、ハンナ・アーレントが私のために援助の方法を考えてくれています。彼女の努力が実を結ぶかどうかは分かりません。目下のところ私はまだ助成金を受け取っていますが――しかしいまやどんな保証もありません」（一九三九年四月八日、以下に収録――Benjamin. *Briefe.* Bd. VI. S. 252）。アーレントとベンヤミンの関係についてのさらなる記録については、以下を参照――Schöttker/Wizisla（Hg.）. ***Arendt und Benjamin.*** 同じく以下も参照――Hahn/Knott. *Von den Dichtern.* S. 131-135.

7　一九三五年にアーレントは、ユダヤ人のアリヤー（帰還）のための組織〈農業と手工業〉（仏）の一環として、若者の集団をパレスチナに引率した。そこで彼女は、ハンス・ヨーナスの仲介によって、とりわけファーニアおよびゲアハルト・ショーレムと出会った。

（1）「ユーデントゥーム」はユダヤ教、ユダヤ文化、ユダヤ社会などユダヤ的なものを幅広く表わす。最近はカタカナ表記のまま用いられることも多く、本訳書でもカタカナ表記のままとする。また「同化」はキリスト教社会への順応を意味している。

［2 アーレントからショーレムへ
モントーバン、一九四〇年一〇月二一日］

モントーバン、一九四〇年一〇月二一日

親愛なるショーレム様――

ヴァルター・ベンヤミンが命を断ちました。九月二六日、ポル・ボウのスペイン国境でのことです。ベンヤミンはアメリカのヴィザを持っていましたが、スペイン人たちは、二三日以降は、「国籍」身分証明書の所持者しか通過を許しませんでした。[1] ――この手紙があなたに届いているのか私には分かりません。私は最後の数週間、最後の数カ月間、繰り返しヴァルターと会い、マルセイユで最後に二〇日に会いました。――私たちは、この情報を彼の妹と同様にほとんど四週間遅れで聞きました。[2]

ヨーロッパでユダヤ人は死に絶え、犬のように埋められています。

あなたのハンナ・アーレント

［NLI、ショーレムの遺品。原本。手書き原稿。メモ「一九四〇年一一月八日金曜日入手」（ショーレムの手書き）／「ほとんど四週間遅れで」（ショーレムの手書き）／「彼の妹と同様に」（ショーレムの手書き）／「九月二六日、ポル・ボウにて」（他人の筆跡）］

1 ドイツ帝国は国外在住のドイツ・ユダヤ人の国籍を取り上げたので、彼らは無国籍者となっていた。フランスでは、ドイツから来たユダヤ人たちは多くの場合、滞在許可証しか所持していなかった。フランスは彼らの出国ヴィザを拒んだ。

2 ベンヤミンの妹ドーラはフランスに亡命中にヴァルター・ベンヤミンのところに一時滞在し、最後はルルドに辿りついた。一九四二年に彼女はなんとかスイスに逃れることに成功した。

［3 ファーニアとゲアハルト・ショーレムからアーレントへ］

［ファーニア・ショーレムからハンナ・アーレントへ、エルサレム、日付なし］

親愛なるハンナ・アーレント様！　あなたがついに自由

に暮らすことができるのをとてもうれしく思っています。またすぐにでもお便りをいただければ幸いです。このまえのあなたのお手紙は、ベンヤミンの最期についてのお知らせでした。

　それがどれほどゲアハルトにショックを与えたかは言うまでもないことでしょう。あなたはまだ、W〔ベンヤミン〕とゲアハルトの親交について、私たちが交わした言葉を覚えておられますか？　私は、まだ一言一句記憶しています。彼に一度も会えなかったことが、私にはとても心苦しく感じられます。[1]

　パリでの日々は実にすばらしいものでした。あのみごとな都市の記憶は、私のなかではあなたの記憶と結びついています。あなたは私たちにとても親切にしてくださいました。私たちはこちらで以前と変わることなく無事に生活を送り、勝利を願っています。あなたの友人であるヨーナスは砲兵隊に勤務していて、敵の飛行機を撃ち落としています。彼は軍人であることに高い誇りを持っていて、グノーシスの研究に取り組んでいた時期よりもなおいくらか無邪気な様子です。[2]きょうはまだゲアハルトが書こうとしていますので、私は筆を擱かなければなりません。お元気で、そして私たちのことをお忘れになりませんように。

あなたのファーニア・ショーレム

クルト・ブルーメンフェルトによろしくお伝えください。[3]

〔ゲアハルト・ショーレムからハンナ・アーレントへ
エルサレム、一九四一年七月一七日〕

エルサレム
アバルバネル通り二八
一九四一年七月一七日

親愛なる友へ、

あなたが無事にニューヨークに到着されたことを、ツィタウさんが[4]私たちに伝えてくれました。それは、陰鬱なことが実に多いなかでようやく届いたよい知らせです。ああ、私たちはとても多くのことを話さなければなりませんが、そのような機会がまたいつ訪れるのか見当もつきません。こう言ってよければ、私たちはこの暗闇の山を食べ尽くしてゆかねばなりません。そして、黙示録を思わせるような展望がどのようなものなのか、身をもって学ぶのです。近いうちにお手紙をいただければ幸いです。去年の一〇月付のあなたの手紙を、私はその三週間後に早々と(!)受け取っていました。届いたのは、ヴァルターの死についての最初のお知らせでした。あなたが住所を記載してくださっていればと思いました――それで、私は返事を書くことができませんでした。どうぞ私の友人〈ユダヤ宗教学院〉〔英〕（ニューヨーク、九三番通り西、三〇九）のシャロム・シュピーゲル教授をお訪ねになり、私があなたを紹介した旨、お伝えください。彼はすばらしい人物ですし、ブリュッヒャーとあなたが彼と親交を深めてくれればと思っています。[5]

心を込めて
あなたの
ゲアハルト・ショーレム

恐ろしく粗悪なインクをどうかお許しください！

［LoC、アーレントの遺品。原本。手書き原稿］

1　一九三八年の最初の半年に〈ユダヤ宗教学院〉（JIR）〔英〕で客員教授として〈ヒルダ・スティック・ストルーク記念講義〉〔英〕を行う予定だったニューヨークへ向かう途中、ショーレムはパリに立ち寄り、ヴァルター・ベンヤミンに会ったが、その時は一九三六年に彼が二度目の結婚をしたファーニア夫人（旧姓フロイト）は居合わせていなかった。ショーレム夫妻が一緒にパレスチナへと帰国し、途中でパリに滞在した際には、彼らは確かにハンナ・アーレントおよびハインリヒ・ブリュッヒャーと会っているが、デンマークのブレヒトのもとに滞在していたベンヤミンには会っていない。

2　ハンナ・アーレントのマールブルク時代からの研究仲間で哲学者のハンス・ヨーナスは一九二八年にハイデガーのもとでグノーシスについての研究で博士号を取得し、一九三四年まで自らの研究の出版に尽力していたが、一九四〇年以降はパレスチナの義勇軍、とりわけ高射砲中隊に、そして一九四四年以降はイギリス軍のユダヤ人旅団に属し、戦争に参加していた。

3　パレスチナへ移住したシオニストで友人のクルト・ブルーメンフェルトは、アメリカ合衆国で〈ユダヤ建設基金〉〔ヘ〕（パレスチナでの建設を目的として一九二〇年に彼が共同設立したシオニストの寄付団体による「創設基金」）の代表として活動していた。

4　おそらくアーレントとショーレムの共通の知人。彼女は夫とともに国民社会主義者〔ナチス〕から逃れて、まずパリへ、その後にパレスチナへと渡った。ショーレムに宛てて彼女は書いている。「敬愛する教授様、ハンナ・アーレントが彼女の夫とともにニューヨークに無事に到着しました。――おそらく、私もまた近々キューバを経由してアメリカへ向かいます。私に何かお役に立てることがあるかどうか、お考えください。いずれあなたにお会いしたいと思っています。もし可能であれば、私の息子にお知らせください。もしくは、私にお電話いただけますでしょうか？　電話――二五四四。マリアンネ・ツィタウより」（NLI, Arc 4°1599, Arendt-Corr.）。

5　同日にショーレムはシャロム・シュピーゲルに手紙を書

いている。「私のよき友人であるハンナ・アーレント＝ブリュッヒャー夫人が、フランスからニューヨークへ渡りました。私は彼女にあなたのもとを訪れるように手紙を書きました。彼女はすばらしい女性で、優秀なシオニストです。あなたが彼女に多大な関心を寄せることを私は確信しています。彼女があなたのもとへやって来たら、どうか話を聞いてあげてください。そうしていただければ私としてもうれしいかぎりです」(Scholem. *Briefe* I. S. 285)。シャロム・シュピーゲルは一九四二年八月三〇日付でハンナ・アーレントに宛てて手紙を書き、彼が彼女のテクスト「〈ドレフュス事件から現在のフランスにいたるまで〉〔英〕」を読んだことを伝えている。この手紙は以下に収録されている――*Jewish Social Studies* (JSS) 4. 1942. Nr. 3. S. 195–240.「〈あなたがこれほどの喜びを与えてくださったことに、私はこのうえないほど感謝しています。〔…〕あなたのお書きになったものならどんなものでも、これからはよく注意を払って見ておこうと思っています〉〔英〕」(アーレントの遺品 LoC. Box 16)。

〔**4** アーレントからショーレムへ　ニューヨーク、一九四一年一〇月一七日〕

ハンナ・アーレント＝ブリュッヒャー
ニューヨーク州、ニューヨーク市
九五番通り西、三一七
一九四一年一〇月一七日

親愛なるショーレム様――

ミリアム・リヒトハイムがあなたの住所を教えてくれるとともに、あなたの挨拶を私に届けてくれました。こういうきっかけ抜きであってもあなたに手紙を書く決心ができていればと思いますが、やはり、このきっかけは有益なものと認めなければなりません。

ヴィーゼングルント〔アドルノ〕は、ベンヤミンの死についての詳細な報告をあなたに送り届けたと言いました[1]。私自身、こちらで初めていくつかのとても重要な細部について耳にしました。私はそんな可能性をあまり考慮に入れていませんでしたので、彼の死から何週間たっても、その出来事の全体を一種亡命者たちのあいだのゴシップの類いと見なしていました。ですから、おそらくそのことをお話しする資格が私にはそんなにないのでしょう。このことは、私たちがまさしくこの数年もしくは数カ月間、とても親しい友人であり、継続的に会うことがあったにもかかわらず、そうなのです。

戦争が始まったころ、私たちはみな、夏の休暇のためにパリ近郊の小さな村に滞在していました。ベンジ〔ベンヤミン」の体調はとてもよく、ボードレール論の一部を仕上げて[2]、優れた仕事を果たそうとしているところだ、と自分でも考えていましたが、それは私の眼から見ても正当な考えでした。戦争の勃発は彼を過度に恐れさせました。彼は動員の初日、空襲を恐れてパリからモーへ逃げました。モーは動員の有名な中心地で、軍事的にとても重要な空港と、行軍全体の中枢の一つである駅がありました。その結果、当然ながら、そこでは初日から空襲警報が次から次へと鳴り響き、ベンジは大きなショックを受けて直ちに引き返しました。彼は到着したちょうどそのころ、規則に従って抑留されました。コロンブの臨時収容所で[3]、私の夫は彼と詳しく話し合いましたが、彼はかなり落胆していたそうです。彼はただちに禁欲生活を実行し、以後は煙草を吸わず、チョコレートをすべて手放し、身体を洗うことや髭を剃ること、それどころか動くことすらも拒否しました。最終キャンプに到着すると、ベンジはさほど不都合だと感じませんでした。なぜなら、彼に好意を抱き、彼から学ぼうとし、彼の負担を何でも請け負ってくれる一連の青年たちが、彼の周りにはいたからです[4]。一一月の半ばか末ごろに彼が帰ってきたときには、このような経験ができたことを彼はむしろ喜んでいました。彼が最初に陥っていたパニックも完全になくなっていました。続く数カ月間彼は歴史哲学テーゼを書き、彼が私に述べたところによると、あなたにも写しを送ったそうですから[5]、その写しを読めば、彼がいくつか新しいものにいたる手がかりを得たことがあなたにも分かるでしょう。とはいえ同時に、彼は研究所〔社会研究所〕の意見をかなり恐れてもいました。あなたはご存知でしょうが、戦争が始まるまえ、研究所は、彼が毎月受け取っている助成金をもはや保証できないこと、別の助成金を探す必要があるということを、彼に書いてきたのです[6]。ベンジはこの不当な要請が真剣なものとは思っていなかったとはいえ、それは彼を深く悲しませました。それは事態をよい方にではなく、好ましくない方へ向かわせました。いまやこの不安は戦争の勃発とともに消え去りました。とはいえ、彼の最新の、実際かなり異端的な理論に対する反応は、芳しいものではありませんでした。――一月に、偶然にも私の夫の友人か生徒だった、収容所以来の彼の若い友人の一人が自殺しました[7]。主にとても個人的な理由からでした。この出来事は、ことさら彼の関心を引き、あらゆる会話のなかで、本当に情熱的な激しさで、彼はその青年およびその決意のことを支持しました――一九四〇年の春に、私たちはみな沈んだ心持ちでアメリカ領事館へと歩き、私たちの割り当ての順番が回ってくるまでに二年から一〇年待たねばなら[8]

ないことを全員一致で宣告されたにもかかわらず、私たち三人は英語の勉強をしました。私たちの誰もそれを真面目には受け取りませんでしたが、しかしベンジは、自分はその言語を絶対に好きではないと口にできるところまでは学びたい、という願望だけを持っていました。そのことに彼は成功もしました。彼のアメリカに対する〈恐怖〉〔英〕は筆舌に尽くしがたく、そのころ彼は友人に、アメリカで長生きするくらいならフランスで早死にした方がよいと話していたそうです。

　四月の半ばに、四八歳以下のすべての解放された被収容者が軍事業務への適性検査を受けさせられたとき、こうしたことはあっという間に終わりました。この労働奉仕は、実際には強制労働を伴う抑留の言い換えであって、最初の抑留と比べて多くの場合、いっそう悪質なものでした。ベンジが不適格と見なされるのは最初から明らかでしたが、彼自身だけはそう思っていませんでした。このとき彼は恐ろしいほど興奮していて、あんな芝居をもう一度またやってみせるなんて不可能だよと、私に何度も説明しました。当然ながら彼は不適格となりました。この措置とは別に、五月半ばには、第二のもっと徹底した抑留がやってきました。それについてはあなたもご存知でしょう。奇跡的に、ベンジを含めた三人がそれを逃れました。にもかかわらず、政府の混乱のなかで、警察が外務省の〈命令〉〔仏〕を認めるのかどうか、認めるとすればどれぐらいの長さか、そもそも自分はとにかく逮捕されないのかどうか、彼は決して知ることはできませんでした。私もまたそのころ抑留されていたので[9]、私自身は彼と会っていませんが、友人たちは、彼はもはや道に出ようとせず、永続的なパニックの状態にあった、と語っていました。パリを発つ最後の列車に、彼は乗り込むことができました。彼は二枚のシャツと歯ブラシが入った小さなスーツケース以外何も持っていませんでした。あなたもご存知のように、彼はルルドへ向かったのです。六月の半ばにギュルから出たとき、偶然私もルルドに向かい、彼の強い勧めによって数週間そこに滞在しました。それは敗北の時であり、数日後には列車もなくなりました。そして、家族や夫や子どもや友人がどこにいるのか、誰にも分かりませんでした。ベンジと私は朝から晩までチェスをし、新聞がある限り、その合間に新聞を読みました。悪名高い本国送還条項を記した休戦協定が公表されるまで、すべてはすばらしくうまくゆきました[10]。それによって私たち二人はもちろん本当に困った状況になりましたが、ベンジが本当のパニックに陥ったと私は言うことができません。とにかく、私たちはドイツ人たちから逃れてきた収容者の最初の自殺者たちのことを知りました。そのころベンヤミンは初めて、そして繰り返し、自殺について話すようになりました。この脱出手段がまだあるさ、と。まだ時間はあるという私の精力的な反論に対して、彼は、そんなことは決して分からない、絶対に遅れてはならないのだ、とステレオタイプに繰り返しました。一方、私たちはアメリカについて話しました。彼は以前よりその考えに賛同しているかに見えました。あらゆる努力を払って彼をこちらで受け入れることを彼に説明した研究所からの手紙を、彼は真剣に受け取っていました。しかし、確かな給料の払われる雑誌編集のスタッフになるという、それに続く説明を、彼はさほど真剣に受け止めていませんでした[11]。彼はこれを、ヴィザを可能にするための見せかけの契約と見なしていました。明らかに間違っていたのですが、彼は一度こちらに来ると、自分は見捨てられるかもしれないととても恐れていたのです。七月の初旬に、〈失われた夫を求めて〉〔仏〕私はルルドを発ちました。ベンジはそのことにさほど熱心ではなかったので、彼を連れてゆかなくてよいのかどうか、私の気持ちは長いあいだ揺れていました。しかし、それは単純に不可能なことだったでしょう。というのは、〔外務省からの推薦状によって〕彼が当局に対して守られているのは、彼がどこにも行かない限りのことだったからです。私はそれ以降、九月まで、彼からは手紙を受け取るだけでした[12]。

その間、ゲシュタポがベンジのアパートに押し入り、すべてを押収しました。ベンジは本当に落胆した手紙を書いてきました。なるほど、彼の原稿はその間に救出されていましたが、当時彼は当然ながらすべてを諦めねばならなかったのです[13]。——そうこうしているあいだにヴィザが届いたので、九月に私たちはマルセイユへ向かいました。ベンジはすでに八月からマルセイユに滞在していました。というのも、彼のヴィザは八月の半ばには到着していたからです[14]。ベンジは誉れ高いスペインの通過証、そしてもちろん、ポルトガルの通過証を所持していました。ベンジと再会したとき、スペインのヴィザはちょうどあと八日から一〇日間、有効でした。そのころ、〈出国ヴィザ〉〔仏〕を手にする見込みはまったくありませんでした。彼は、自分はどうすればよいのか、きみたちがすぐにスペインのヴィザを受け取って、みんな一緒に国境を越えてゆけないものか、と絶望的に私に尋ねました。私は、その見込みはないこと、スペインのヴィザはもはや延長されないのだから、あなたは出かけるしかない、と彼に言い聞かせました。私はさらにこう述べました。あとどれくらい長くヴィザが有効かはかなり疑わしく、それが無効になるような危険を冒すべきではない、もちろん、三人一緒に行けるのが一番だろう、そうすればあなたはモントーバンの私たちのもとへ行くことになる、しかし、そのことを保証できる人などいない。そこで彼は、かなり慌てふためいて出発することを決めました。――ドミニコ会の修道士たちがスペインの役所に宛てた推薦状を彼に与えていました。その推薦状は当時私たち全員に大いに感銘を与えたのですが、まったく無意味でした。――マルセイユでのそれらの日々、ベンジはふたたび自殺について話していました。――それからあとのことはすべて、あなたはご存知ですね。つまり、彼はまったく見知らぬ人と一緒に出発せねばなりませんでした。彼らは山道を約七時間歩く遠回りの道を選び、まったく不可解な理由からフランス滞在許可証をフイにし、それによってフランスへ戻る方法を断ちました。そして、国籍身分証明書を持たない人々のためにフランスの国境が閉鎖されてから、ちょうど二四時間後にスペインの国境に辿りつきました――私たちはみなアメリカ領事館の文書だけを持っていました。到着までにベンジは途中で何度か倒れこみ、彼は翌朝には国境〔警備隊〕に出頭することを命じられ、彼らに認められた宿泊の夜、彼は命を絶ちました。何カ月か後にポル・ボウに到着したとき、私たちは彼の墓をあてどなく探しましたが、見つけることができませんでした。彼の名前を示したものはどこにも見あたりませんでした。小さな入り江に向かって、直接地中海に面する位置に、共同墓地がありました。その墓地は、石を組んで階段状に積み上げられていました。そういう石の壁のあいだに棺も置かれていました。それは私がいままで見たなかで、圧倒的に、もっとも幻想的で美しい場所の一つでした。

　研究所は遺稿を持っていますが、さしあたり、何一つドイツ語で出版しようとはしていません。[15]それとは別に、歴史哲学テーゼをショッケンのところで出版することはできないものかと、私は考えています。彼〔ベンヤミン〕は私に原稿を預けたので、研究所は私を通して初めてそれを手にすることができたのです。[16]

　親愛なるショーレム様、これが私のお伝えできることのすべてであり、私はできる限り正確に、できる限り注釈抜きで綴りました。

　あなたとあなたの奥様に、〈ムッシュウ〉〔仏〕と私より心からのご挨拶を。

あなたの
ハンナ・アーレント〔手書き〕

追伸　私は不幸なラーエルの原稿の写しをすべて紛失してしまいました。ですので、親戚にあなたから原稿を取り戻して、私に送り届けてくれるよう、頼みました。必要な代金はクルト・ブルーメンフェルトが彼の妻へ送金します。[17]

〈よろしくお願いします〉〔仏〕！

［NLI、ショーレムの遺品。原本。タイプライター原稿］

1　一九四〇年一〇月八日にテオドーア・W・アドルノは「ヴァルター・ベンヤミンが命を断ちました」という文章で始まる手紙を、ショーレムに書いた。さらに続く手紙（一九四〇年一一月一九日付）で、アドルノはベンヤミンの死の状況について彼に知らされたことを、詳細に報告した。彼はヘニー・グルラントからの手紙の写しを添えていた。グルラントは、ベンヤミンとともにスペイン国境を越えようとしていた女性である（アドルノの手紙は以下に掲載されている――*Adorno-Blätter*. V. S. 149-153. グルラントの手紙の一部は以下に掲載されている――Scholem. *Freundschaft*. S. 278-282〔ショーレム『わが友ベンヤミン』二七三―二七五頁〕）。

2　一九三九年七月にベンヤミンは論考「ボードレールにおけるいくつかのモティーフについて」を書き終えた。それは『社会研究誌』（ZfS）のヨーロッパでなお刊行された最後の合冊に掲載された（雑誌の表示では一九三九年刊行の第八巻の第一冊と第二冊の合併号だが、実際には一九四〇年の刊行。その五〇―九一頁）。研究所によって以前の論考が拒絶されたのちに新たにベンヤミンが書きあげたこの論考は、計画されながら未完に留まった彼のボードレールに関する著書の一部だった。

3　ハインリヒ・ブリュッヒャー。

4　ベンヤミンはヌベールに位置する「クロ・サン・ジョセフ」に抑留された。「青年」マックス・アロンの報告は、エルサレムのベンヤミンの遺品（NLI. Arc 4° 1598）のなかに所蔵。一部は以下に掲載されている――*Walter Benjamin 1892-1940. Eine Ausstellung des Theodor W. Adorno Archivs Frankfurt am Main in Verbindung mit dem Deutschen Literaturarchiv Marbach am Neckar*. S. 292-295. とくに、ベンヤミンと収容所で出会った作家ハンス・ザールの以下の報告を参照――Hans Sahl. »Walter Benjamin im Lager«. in: *Zur Aktualität Walter Benjamins*. S. 72ff.

5　ベンヤミンがショーレムに送った「歴史哲学テーゼ」の手書きの写しは、判明している限りでは郵送途中に紛失した――Scholem. *Freundschaft*. S. 275〔ショーレム『わが友ベンヤミン』二六九頁〕。別の写しをアーレントは、ヴァルター・ベンヤミンの遺稿管理者であるアドルノに、彼女のニューヨーク到着後に委ねた。

6　第1書簡、注6を参照。

7　イラストレーターであり風刺画家のアウグストゥス・ハンバーガー（とくに『カナール・アンシェネ』誌のための仕事）だと思われる。以下を参照――Hans Sahl. *Das Exil im Exil. Memoiren eines Moralisten* II. S. 82-85.

8　当時のアメリカの人口構成比率により制限されていた入国の割合は、一九三八年にドイツとオーストリアからは二万七三五〇人だった。個々のリストの序列は、申請した日時と優先度合いに左右されていた。

9　アーレントは一九四〇年の五月と六月に五週間、南フランスにあるギュルの女性収容所に抑留された。彼女は休戦時の力の真空状態のなかで脱出した。

10　一九四〇年六月二二日にコンピエーニュで行われた休戦協定で、フランス政府はアジール法を無効にさせられ、ドイツの戦争捕虜と一般市民の捕虜を釈放させられた。さらにフランス政府は、フランスおよびフランス占領地に居住するかつてのドイツ人をすべて「要求に基づいて」引き渡すことを義務付けられた。

11　アドルノはベンヤミンに一九四〇年七月一五日付で支援する旨の手紙を送り、一九四〇年七月一七日付で、ＩｆＳがアメリカでベンヤミンを雑誌の編集者として雇う準備があることを示す公式の文書を送った。この声明の英語版（正式なレターヘッドのないもの）は遺品のなかに保管されている——Walter Benjamin Archiv. Berlin. Do 17.

12　この書簡は、保存されている限りのものが以下に掲載されている——Schöttker/Wizisla. *Arendt und Benjamin.*

13　アーレント宛ての最後の書簡（一九四〇年八月九日付）のなかで、ベンヤミンはルルドからこう書いた。「〈私の原稿のことを思うとひどい不安に駆られて、胸が二重に締め付けられるようです〉〔仏〕」（以下のファクシミリを参照——Hahn/Knott. *Von den Dichtern*. S. 132f）。ゲシュタポはパリ占領の時点で、もっとも重要な（ユダヤ系の）在野の学者、図書館、文書館の住所録を所有していて、ベンヤミンが彼の最後の住居となったドンバル通り一〇に残していた資料も押収した。一九四一年末にアーレントはニューヨークで、本と原稿が入った二つのスーツケースがアドルノのもとに届いたことを知った。ここで問題となっていたのは、占領下のパリからベンヤミンが脱出した後になお救い出された資料であり、また、ルルドでの最後の数カ月間に由来する資料である。それらはともに、ベンヤミンの妹ドーラの要請を受けて、ベンヤミンの知人だったマルティン・ドムケを介して、ベンヤミンの指定遺稿管理人の立場にあった合衆国のアドルノのもとに委ねられたものだった。——アーレントは知らなかったことだが、ベンヤミンは、一九四〇年にパリを去る際に、〈国立図書館〉〔仏〕に勤務していたジョルジュ・バタイユをつうじて、『パサージュ論』のためのメモ類を国立図書館に隠していた。そこから、メモの一部が一九四七年の初頭に合衆国へ運ばれた。一九八一年にはさらなる草稿が〈国立図書館〉〔仏〕で見つかった。パリでゲシュタポに押収された書類は戦後ソビエト連邦に、その後は東ドイツ（東ドイツのドイツ中央文書館、のちの東ドイツ芸術アカデミー）に移された。こんにち、これらの史料の大半は、ベルリン芸術アカデミー、ベンヤミン・アーカイヴに所蔵されている。

14　一九四〇年八月、ベンヤミンはマルセイユへ出かけた。そこでは、ＩｆＳによるニューヨークからの仲介によって、アメリカ合衆国大使館で彼のための入国ヴィザが用意されていた。

15　一九四〇年以降、研究所の雑誌は以下の英語タイトルで刊行された——*Studies in Philosophy and Social Science*

(SPSS).

16 アドルノはそのころ、「歴史哲学テーゼ」のさまざまな版を受け取っていた（アーレントとアドルノの一九六七年の往復書簡を参照――Schöttker/Wizisla, *Arendt and Benjamin*, S. 175–177）。

17 「不幸なラーエル」については第1書簡、注3を参照。クルト・ブルーメンフェルトの妻、ジェニー・ブルーメンフェルトは彼女の夫がアメリカを旅行しているあいだ、パレスチナに留まっていた。

［**5** ショーレムからアーレントへ
エルサレム、一九四二年二月六日］

エルサレム、レハヴィアA区、
アバルバネル通り二八
一九四二年二月六日

親愛なるハンナ・ブリュッヒャー様、

どのような矛盾した感情で昨年の秋のあなたの長いお手紙を受け取ったか、私は表現することができません。一方では、あなたの消息が分かり、きっと耐え抜いてこられたであろうあらゆる出来事を経てあなたとあなたの夫が現在アメリカにおられることを知り、私は心底喜びました。そして、あなた自身についての具体的なことやあなたの境遇をもっとお聞きしたいと思いました。他方では、ヴァルターの最期についてあなたが書いてくださった内容が、当然ながら私の心に衝撃を与えました。私は一年前にすでにヴィーゼングルントから似たような知らせを受け取っていました。その後、私は何度もベンヤミンの遺稿の問題について彼に書き送っています。[1] 驚くべきことに、それに対する返事を一度も受け取っていないのです。ひょっとすると、あなたはあの善良な男を少しばかり叱咤してよいのかもしれません。彼は私と連絡を取り続けたいのだと思っていました。[2] もしあなたがこの奇妙な沈黙の陰に何があるかを探り出すことができるのであれば、また、もしパリからニューヨークへ送られたベンヤミンの原稿と著作が救われたかどうか、そして救われたのはどれかを私に伝えることができるのであれば、それらのことに関してご報告いただければ幸いです。[3] 私自身は、ベンヤミンの印刷されている著作のほとんど完全なコレクションのほかに、きわめて多くの原稿を所持しています。

ラーエルに関する本の原稿の件でわずかなりとあなたのお役に立つことができ、私はとても満足しています。当時その原稿をフランスのあなたのもとへ送り返すのではなく、こちらでしっかりと保管しておいたことは、何と幸運なことでしょう。私はそれをあなたの従兄弟フェルスト博士に委ねました。あなたがいちばん都合よく利用できるよう、それをきちんと受け取られることを願っています。巨大な海岸都市ニューヨークでのあなたの計画や生活、活動について詳しくお知らせください。あなたはきっといたるところでさまざまな人間に出会われるでしょう。そして、そこでヴァルターの破滅を思い浮かべ、彼ほど鋭敏な感覚を持っていた人物などいたかと考えて、あなたは慙愧の念に駆られるでしょう。

私はこちらでいまになって初めて、たとえばケストラー氏が潑剌として活発にそちらで活動を続け、執筆を続けているのを読みました。[4] もちろん、私たちもまた皆活動を続け、執筆を続けていますが、あの死者〔ベンヤミン〕に対する義務をこれまで果たすことはできていません。こちらの私たちのことに関して何をお聞きになりたいでしょう？ ファーニアと私の暮らしはずっとまずまずといったところです。戦争が近づいてきてはふたたび遠くへと去ってゆきます。そのため、現状が続く限りは、私たちは幸運についてまだ語ることができる次第です。こちらの道徳的雰囲気は悲惨であり、そのせいで私たちのこちらでの仕事の運命についてきわめて陰鬱な考えが生じています。それについてあなたがそちらでもいやというほど聞かされるのではないかと懸念しています。シオンが衰微したディアスポラとの関係を決して高慢で貴族的な仕方で断ってなどいないことは、シオンにおける生活の雰囲気や出来事、経験を通じて決定的に証明されると言ってよいでしょう。私たちの置かれている状況は確かに他のところと比べると決して悪くありませんが、もっと優れたものであると相変わらず言おうとすれば、言い過ぎとなってしまうでしょう。私たちについて語られ得るもっとも適切なことは、私たちがまさにここにいる、ということです。

私はずっと継続して仕事をしています。その間、三カ月前こちらで、英語で書かれた長大なカバラーについての私の本『〈ユダヤ神秘主義の主潮流〉〔英〕』がショッケンの出版社から刊行されました。それは一九三八年のニューヨークでの講義をもとに書かれたものです。[5] 発行されたものはほとんどすべてアメリカへ送られましたが、そちらへ着くまでにはまだ数カ月ほどかかるでしょう。私はその本をヴァルターの追憶に捧げました。[6] あなたの住所が変わっていないか、万が一住居を移られたとしても、あなたのもとへ確実に本が届く保証があることを手紙で知らせてくだされば、すぐにでもこの本を一冊あなたに献呈したいと強く思っています。その本を読むことであなたのユダヤ的な心が大いに刺激されるだろうと、不遜ではなく思います。いずれにせよ、私はあなたの思慮深い批評を〔専門家としてではなく、思慮に富む人間としての批評のことです〕、多大な関心を持って待ち受けています。私たちがいま席をともにし、このことやそのほかの実に多くのことについて話し合うことができないのはまったく残念なことです。私は知識層のユダヤ人や司教、修道士といった広範な公衆のために、しばらくのあいだ英語の著作に力を注いできました。そして、一つの大きなテーマについて過剰とも呼べる静けさのなかで発言したあとでは、さしあたりはとびきりの無味乾燥性と〈退屈さ〉〔英〕、そして博識によって望むらくは傑出したものとなる個々の仕事や研究の遂行に戻っています。しかし、ちょうどこの数日中に〈ユダヤ出版協会〉〔英〕[7]から、私の専門に関連した英語の本を彼らのところでも一冊出版させてほしい、と問い合わせがありました。ドルでよい報酬を受ける展望は、こちらの食料品の値段を考えてみれば、学問の高尚な小道から直接、魅惑的な大通りへと私の歩みを逸脱させることができるかもしれません！

ニューヨークに滞在中とても親しくしていた、私の友人シャロム・シュピーゲルと個人的な交友関係を築いていただきたく思います。彼は、〈ユダヤ宗教学院〉〔英〕のスティーヴン・ワイズのもとで教授をしていて、私はあなたが彼と知り合いになることをたいへん重要視しています。一度、その学院へ行ってみてください〔六八番通り西、四〇〕。そして、図書館にいる彼のもとを訪ねて、私があなたを彼のもとへ送り、あなたと彼が交友を結ぶことを望んでいると直接お伝えください。そのような誠実な願いを伝える際どのように表現すればよいか、あなたの方がすでに私よりもよく知っておられることでしょう。きっと、彼はあなたにとってさまざまなことで助けになり有益な存在となると思います。彼は並外れて善良な人物で、洞察力も持ち合わせています。私から同じように彼に直接手紙を書き、あなたがおられることを伝え、そしてあなたと面識を得るように彼にお願いしておきます。しかし、ご存知のように、どんな手紙もきちんと届く保証はありません。そのため、この私の「名刺」を携えシュピーゲルの〈研究室〉〔英〕をお訪ねになれば、あなたは決して体面を汚されることはないでしょう。シュピーゲルは言ってみれば私を高く評価してくれているので、私の名刺も悪いものではありません。ニューヨークでパウル・ティリヒに、あるいは彼の夫人にお会いになられたら、同じように私からの挨拶をよろしくお伝えください。

あなたの日々の境遇について私にお手紙をくださることを、軽視されないように。いまや世界は実にばらばらに引き裂かれていますので、異国から届くあらゆる詳細な報告が大きな喜びを与えてくれます。それがあなたから届くのであれば、ますますそうです。ブリュッヒャーとあなたに、少なくとも完全には悪魔の手に落ちてはいない世界での再会を期して、心からのご挨拶を。

いつもあなたの
ゲアハルト・ショーレム［手書き］

［LoC、アーレントの遺品。原本。タイプライター原稿］

1　アドルノは一九四〇年一一月一九日付の手紙で、ベンヤミンの遺稿について、ショーレムに、「全集版という最終目標」を目指して、著者にして友人であるベンヤミンのすべての著作を収集する援助を依頼していた。さらに、アドルノはベンヤミンをテーマにした研究所の雑誌の謄写版による特別号を予告していた（*Adorno-Blätter* V. S. 150–153）。

2　一九四〇年一一月一九日付の手紙でアドルノはこう書いていた。「率直に申し上げますと、あなたは、ヴァルターの死後、私が実際になお援助をお願いできる旧世界のただ一人の人です。このような粗雑な告白をお許しいただきたいのですが、世界はもはや暗示的な言語を許してくれないのです。あなたがこちらへ来られることも可能でなければならないでしょう」（*Adorno-Blätter* V. S. 150–153）。

3　この手紙を書き終えたあとすぐ、ショーレムはアドルノから、ショーレムによって作成されたベンヤミンの手紙の写しを含む、一九四一年付の何通かの手紙を紛失したという報告（一九四二年二月一九日付）を手紙で受け取った。ベンヤミンの遺稿に関してアドルノは、その間に原稿と本の入った二つのトランクがニューヨークに着き、そこから目録を作成したが、彼が知らないものはわずかだった、と伝えている。「〈もっとも重要なものは、セントラル・パークとタイトルをつけられたきわめて大胆で厳選された覚書です（このタイトルは、ニューヨークへ来る彼の計画にくわえて、これらの覚書の重要性を示しており、二重の《理解》〔仏〕が可能です）。それは、決して書かれることのなかったボードレールに関する本の長大な最終章の、おそらくは核となるはずだったものです。あなたがきっと知っておられる一九四〇年春に書かれた歴史哲学テーゼもあります。しかしながら、必ずどこかにはあるはずの、パサージュ論に関連した膨大な原稿の痕跡がただの一つもありません。パリの《国立図書館》〔仏〕にその原稿をベンヤミンが預けたという噂があります。［…］ヴァルターの著作の編集に関するあらゆる問題には、戦争が終わったのちに初めて着手できるでしょう〉〔英〕」（*Adorno-Blätter* V. S. 153–157）。〈国立図書館〉〔仏〕に隠されていたことについては、第4書簡、注13を参照。

4　パリでベンヤミンと同じ家に住み、彼と親しくしていた作家アーサー・ケストラーは、一九三九年にフランスで拘留された。彼は逃亡に成功し、一九四〇年以後英国で、まずジャーナリストとして活動し、さらに当時以下の二冊の著作を出版していた――*Darkness at Noon*（『真昼の暗黒』中島賢二訳、岩波文庫）（一九四〇年のドイツ語版――*Sonnenfinsternis*）、*Scum of the Earth*（一九四一年のドイツ語版――*Abschaum der Erde*）。

5　「〈ユダヤ神秘主義――主潮流〉〔英〕」というタイトルのもと、ショーレムは一九三八年にＪＩＲのヒルダ・スティック・ストルーク記念講義を行った。これに関しては第3書簡、注1を参照。最初の講義は「〈哲学とユダヤ神秘主義〉〔英〕」だった。この講義は以下の雑誌に掲載された――*The Review of Religion*, May 1938, S. 385-402.

6　一九四一年にエルサレムで出版された『〈ユダヤ神秘主義の主潮流〉〔英〕』の献辞は以下のとおり。「〈形而上学者の洞察と／批評家の解釈能力／学者の博識／を一つにした天賦の才を持ち／自由にいたる途上ポル・ボウ（スペイン）で亡くなった／生涯の友／ヴァルター・ベンヤミン／（一八九二年―一九四〇年）／の記憶のために〉〔英〕」

7　一八八八年に設立された、寄付金に基づく、英語でのユダヤ関連の本を取り扱う出版社。

［**6** アーレントからファーニア、ゲルショム・ショーレムへ
ニューヨーク、一九四二年四月二五日］

ハンナ・ブリュッヒャー

一九四二年四月二五日
ニューヨーク州、ニューヨーク市
九五番通り西、三一七

親愛なる友人のお二人へ――

マリアンネ・ツィタウが送ってくださり、私の報告と行き違いとなった最初の手紙、そして二番目の二月の手紙、その二通の手紙を、私はたいへんうれしく思いました。友人からいまでも便りが届くということには、実に心が励まされるものがあります。あのような手紙は、それのおかげで世界の残余がまだばらばらになってしまうことはないかもしれない、と私たちが自らに言い聞かせたくなる、細くてもしっかりとした糸のようなものです。

できましたら、あなたのカバラーの本を一冊お送りください[1]。最初の何冊かはこちらに届いています――そのことを私は偶然耳にしました。しかし、私はまだ手にすることができていません。あなたがそれをベンジ〔ベンヤミン〕に捧げてくださったことをとてもうれしく思います――そして、彼の原稿の消息をとても心配しています。ヴィーゼングルントからは私も何も聞き出すことができていません。私は彼とこちらで会いました――それから彼はカリフォル

ニアに行ってしまい、まったく音沙汰がありません。あなたは実際にあのグループ全体についての私の意見をご存知ですし、私はあなたにこう言わなければなりません。こっちにきて見るもの聞くものすべてが自分の意見を修正する必要があまりないことを告げている、と。[2]私は〔ベンヤミンの〕最後の原稿以外何も所持していませんし、何が救出されたのか、ということすら、分かりません。

シュピーゲルと会いました。彼はある晩私を小さな集まりに招待してくれたのです。つまり、彼のことが私はとても気に入りましたが、でも、もう一度顔を出すか、またはっきりと心を決めることができません。こういうこちらでの〈社交生活〉〔英〕が私たちにとってどれほど縁遠くて、不思議なものに見えるか、あなたが理解されるのは難しいでしょう〈〈異教徒〉〔へ〕であるため用心して、私は〈ムッシュウ〉〔仏〕を家に残しました〉。私たちユダヤ人に関することすべて、そして起こったことすべてについて、そこの人々は距離を置いた絶望感を持って語っています。それは、人が根本においては一緒に遭遇していない場合にのみ持ち得るような絶望感です。それは、失礼ながら言わせていただけるなら、由々しき誤謬です。同じことをあなたは、崩壊以前にヨーロッパを去った、あらゆる背景を持ったシオニストたち、あらゆる出身国の異なったシオニストたちのもとで、確認できるでしょう。そして、他の者たちはあまりに幸運であるがゆえに、あらゆる経験を忘れることができ、こちらの一般的なメンタリティに同化することができるのです。

このことを除けば、事態は私たちにとってとてもうまくいっています。〈ムッシュウ〉〔仏〕は、あらゆる種類の本や調査におけるある種の専門家として、共同作業をしています。[3]私は反ユダヤ主義に関する記事を書き、それらを少しずつユダヤ系の雑誌に発表しています。〔『〕ジューイッシュ・ソーシャル・スタディーズ〔』〕に比較的大きなドレフュス論が掲載され、私は目下のところ人種的反ユダヤ主義に取り組んでいます。[4]くわえて、ごくささやかな〈アメリカのコラムニスト〉〔英〕として、とても心地よく身を落ち着けている『アウフバウ』に、ほぼ定期的に寄稿しています。[5]

フランスで私たちは多くの幸運に恵まれ、出国までかなりうまく切り抜けました。私はギュルに四週間だけ滞在しましたが、夏だったためにまったく問題はありませんでした。そして、私は偶然にもすぐさま〈ムッシュウ〉〔仏〕を見つけ出し、一緒に宿なしの暮らしを送りました。

パレスチナの雰囲気について、私はこちらでいくつかのことを見聞きしました。私は決して「二世界論」〈シオンとガルート)[6]を信じたことはありません。ここ数年の出来事は、ユダヤ民族は一つの統一体であることを実際に示しました。ユダヤ民族のそういう最良の部分にとって、あなたがたがそこにいることは、とてつもなく重要です——あなたがたが傲慢な貴族政治を打ち立てたり、帽子に羽を挿したりできるよりもずっと。遥かにタチの悪いのは組織の状態です。組織のなかで、いわゆるラディカルな人々においては前世紀に由来する考えが固定観念と化していて、一方、大多数の人々はあらゆる観念をできるだけ迅速に清算しようとしています。そこから生じている「争い」には、世界疎外性とドン・キホーテ的なものという点で、いささか壮大なものがあります。

どうかあなたのカバラーの本をお送りください。私たちは必要に迫られないかぎり住所を変えることのない、きわめて保守的な人間です。もしも住所を変えることがあったとしても、すべては転送されます。とても楽しみにしています。きっと詳しい手紙を書くことでしょう。

次にお会いする時まで、この細い糸が切れてしまわないようにいたしましょう。

あなたとファーニアにたくさんの願いをこめて

心からあなたの

ハンナ。[手書き]

心からのご挨拶を　あなたの

ハインリヒ・ブリュッヒャー[手書き]

ショーレム博士

エルサレム-レハヴィア

アバルバネル通り二八

[NLI、ショーレムの遺品。原本。タイプライター原稿]

1 *Major Trends.*〔ショーレム『ユダヤ神秘主義』〕

2 ショーレムは一九三八年にパリで行った会話について報告している。「私たちはそのころ繰り返しハンナ・アーレントと会っていた。私は彼女と、ベンヤミンについて、つまり、その才能、研究所〔社会研究所〕における立場および研究所と関係した彼の不幸な状態について、長いあいだ話し合ったのを覚えている。ハンナ・アーレントは研究所の集団、とくにホルクハイマーとアドルノに対して、深い嫌疑を抱き——それはお互いにそうだったのだが——、研究所の態度について陰鬱な思いに駆られていて、そのことを研究所自体にも隠していなかった」(Scholem. *Freundschaft.* S. 269f.〔ショーレム『わが友ベンヤミン』二六三頁〕)。

3 「〈ムッシュウ〉〈仏〉」すなわちハインリヒ・ブリュッヒャーは、かつてコミュニストとして軍事問題に熱心に取り組んでいたが、一九四二年から一九四五年にかけて、アメリカのさまざまな「〈戦争関連〉〔英〕」プロジェクトで共同作業に従事していた。とくに、以下の大きな研究でドイツに関する専門家として従事した――*German Psychological Warfare*, edited by Ladislas Farago, New York 1942. さらに、ドイツ語での反ナチのラジオ放送に協力した。

4　ザーロ・バロンから論文の依頼を受けた「〈ドレフュス事件から現在のフランスにいたるまで〉〔英〕」については第3書簡、注5を参照。「〈クレミュー令はなぜ廃止されたか〉〔英〕」が一九四三年に以下に――*Contemporary Jewish Record*（*CJR*）, Nr. 2, S. 115–123、「〈マイノリティについて〉〔英〕」が一九四四年に以下に――*CJR*, Nr. 4, S. 353–368、「〈人種主義以前の人種観〉〔英〕」が一九四四年に以下に――*The Review of Politics*, Nr. 1, S. 36–73、それぞれ掲載された。

5　一九三九年に創刊された『アウフバウ』紙は、本質的に、ドイツ語を話すユダヤ人のための週刊新聞で、いかなる組織とも結びついておらず、自らをユダヤ人移民のための基盤と理解していた。同紙は一九四二年の三月から一〇月まで、「〈これはあなたたちのことですよ〉〔英〕」というコラムを掲載した。そのなかでアーレントはすべてのユダヤ人――パレスチナの内部と外部のユダヤ人――に、とりわけ、ヒトラーに対抗する「ユダヤ軍」の創設を呼びかけた。以下を参照――Arendt, *Vor Antisemitismus*〔アーレント『反ユダヤ主義』二一六―二七〇頁〕。

6　エルサレムの丘の名前「シオン」はここではイスラエルならびにシオニストのプロジェクトを表わしている。一方、「ガルート」〔ヘブライ語で「流浪」〕は、〈イスラエルの地〉〔へ〕の外部でのユダヤ人の生活のあり方を表わしている。

［**7**　アーレントからファーニア、ゲルショム・ショーレムへ

ニューヨーク、一九四二年六月二一日］

ハンナ・ブリユッヒャー
ニューヨーク州、ニューヨーク市
九五番通り西、三一七

一九四二年六月二一日

ゲルショム・ショーレム博士
エルサレム
アバルバネル通り二八

親愛なる友人のお二人へ――
私の最後の手紙は、私の記憶が正しければ、かなり詳細

なものだったと思うのですが、あの手紙があなたのところに届いていれば、と思います。きょう、私がとにかく急いでお伝えしなければならないのは、ベンヤミンを追悼する記念冊子を研究所〔社会研究所〕が出版した、ということです。仮綴じさえされていない状態で送られている謄写刷り版です。しかし、遺稿からそこに掲載されているのは、私が携えてきた歴史哲学テーゼだけです[1]。私は、これがすべてとなって、残りを彼らが文書館に埋蔵するつもりではないかと、たいへん恐れています。あの原稿〔歴史哲学テーゼ〕に関しては、私がそれを彼らに提供したことをとてもたくさんの人々が知っているために、〔彼らにとっても〕少々やっかいだったのです。その他には、ホルクハイマーとアドルノの論文が掲載されています。あなたもこの冊子を手にするにはまだ数カ月かかるでしょう。あなたが、他の遺稿はどうなったのか、きわめて強く問いただし、自分の知る限りすべての遺稿の写しを所持しているのだが、と穏やかに言及してくださると、きっとよいでしょう。

私たちはここであなたがたのことをとても心配しています[2]。でも、そんなことは分かりきったことですね。私たちはとてもうまくやっています。〈ムッシュウ〉〔仏〕は自分の専門ですべきことをたくさん抱えていますが、おもしろくもあれば思慮深くもあります。私は書きものを続けています。うまくすれば、あなたはそのなかからその都度何かを受け取られることでしょう。

あなたとファーニアに心からのご挨拶を

あなたのハンナ。〔手書き〕

〔NLI、ショーレムの遺品。原本。タイプライター原稿〕

1 『追悼ヴァルター・ベンヤミン』は、一九四二年の春に、その前年に定期刊行が停止していたIfSの機関誌SPSSの、謄写版別冊号として刊行された。この冊子はベンヤミンの「歴史の概念について」、アドルノの「ゲオルゲとホフマンスタール、一八九一年から一九〇六年の往復書簡」、ホルクハイマーの「理性と自己保存」、「権威主義的国家」、くわえて、ベンヤミンの仕事についての広範な目録を掲載していた。

2 一九四〇年にはすでに枢軸国によるハイファやその他の都市の攻撃が行われ、一九四二年の夏にはエルサレムで数回爆撃警報が鳴らされた。一九四二年一月までに、ドイツ軍とイタリア軍の部隊は北アフリカのスエズ運河まで進軍していた。六月二一日には、エジプトの手前の英国の最後の大きな橋頭保、港町トブルクで、連合国の部隊が降伏した。

[**8** ショーレムからアーレントへ
エルサレム、一九四二年一一月一二日
ヘブライ大学用箋]

アバルバネル通り二八
エルサレム、一九四二年一一月一二日

親愛なる友へ、

このまえいただいたあなたからの手紙への私の返事をお受け取りになられたかどうか分かりませんが、あれからずいぶん日が経ちました。私は自分たちのことについて記し、とりわけあなたにヴァルター・ベンヤミンの追悼号を送っていただくようお願いしました。[1] その間、いまだにどこからもそれを受け取っていないのですが、まったく不可解なことに、ヴィーゼングルント宛の手紙が「〈住所不明〉〔英〕」（研究所〔社会研究所〕が転送のために書き付けていた住所も同様でした）として返送されてきました。この件でどうかお力添えいただけないでしょうか！　そちらで刊行されている（あなたが手紙のなかで触れておられた）テーゼを私は一度も手にしたことがありませんし、どうやらそれに関わる一九四〇年の手紙は行方知れずになったようです。[2]

そうこうするうちに私の英語の著作がニューヨークに届いたようです。友人のシュピーゲルにあなたの名前を伝え、あなたに一冊送付するようお願いしています。もしあの本をまだ受け取っておられないなら、この手紙を持って行き、彼に問い合わせてみてください。私にとってとても重要なのは、読み手としてのあなたであり、あの本についてのあなたのお手紙です。手紙のなかで、「不適格」であることを理由にあなたが自らの印象を隠されないことを望みます――といいますのも、この場合、「適格者」などまったく存在しないのですから、私はどこへ行けばよいのでしょう？

『アウフバウ』（ふだんは全然読まないのですが、まったく偶然に目を向けたのです）に掲載されている、エーミール・ルートヴィヒ氏についてのあなたのすばらしい言葉を本日拝見しました。打ち明けねばならないことですが、私もまた厳しい精神的抵抗に晒されながらときおりやっとのことで摑み取らねばならない人間的な言葉に対して、あなたとパウル・ティリヒに私からの祝辞を送りたいと思います[3]（あなたが闘っておられる感情を私自身のなかで抑えることは容易でないと伝えようとした、この不可解な文の構成をご理解いただければ）。そのように読み進めた末に、私は啓示を得ました。この女性がお前を想起するようにさせねばならない、という啓示です。私たちみんなが計り知れないほど安堵の気持ちを抱いて、アメリカのあなたがたへと視線を向けている、戦争のこの転換期以上に、これに適した日があり得るでしょうか。なるほど、確かに私たちは時の流れのなかいく日も不安な日々をこちらで経験してきましたが、しかしいまでは、まるで奇跡が現実のものとなり、パレスチナが被害を受けずに済むかのように思われるのです。[4] しかし、その他のありとあらゆるものが崩壊してゆきます。そんなことはもちろん想像もできませんし、できないままであり続けます。

ベンヤミンの著作をこちらで入念に取りまとめています。彼自身のコレクションはいったいどこにあるのでしょう？　彼の遺稿の所在について何か報告はありませんか？　私は何も知らないのです。印刷に付されていない多くの重要な作品(ヘルダーリン論、「青年の形而上学」など)を保管しているのは、一九一四年から一九一五年当時それらの写しを持っていた者のなかで、おそらく私だけでしょう。[5] それらの写しを作ってもらい、今年の初めにヴィーゼングルントに送りましたが、それも同様に行方知れずになったように思われます。もしかすると、あなたはこのことを一度確かめてみる手段と方法、それに住所をご存知かもしれません。

そうこうするあいだ、私にとっては興味深く思われる、学術的なこま切れを数多く書いています。そしてサバタイ主義運動についての長大な本に取り組んでいます。[6] ファーニアと私は二人とも元気にしていて、まずまずです。きょうはここまでとしておきます。

あなたとブリュッヒャーに心からの挨拶を送る

ゲアハルト・ショーレム

[LoC、アーレントの遺品。原本。手書き原稿]

1　このアーレント宛のショーレムの手紙は発見されていない。

2　一九四〇年一一月一一日付のアドルノ宛のショーレムの手紙を参照(Scholem. *Briefe* I. S. 281f.)。そのなかで、ショーレムはアドルノによって予告された特別号の送付をとくに依頼していた。

3　「〈戦争に勝つ――平和を勝ち取る〉〔英〕」と題された会議で、『アウフバウ』の〈顧問理事〉〔英〕でもあった亡命者エーミール・ルートヴィヒは、一九四二年七月四日のアメリカ独立記念日に戦後政治についての演説を行った。「〈ルートヴィヒが「ドイツ人」との戦闘を要求〉〔英〕」という見出しを、一九四二年七月六日に『ニューヨーク・タイムズ』は打った。その演説で彼は次のように述べた。「われわれの主たる敵がドイツ民族ではなく、ただドイツ政府のみであるという信念は、誤ったものであり、危険なものである。[…]支配され、指揮されることに慣れている個人と民族は、命令と脅迫によってのみ統率されうる。[…]〈ドイツはヒトラーであり、ヒトラーはドイツである〉〔英〕」。エーミール・ルートヴィヒの見解は、「ドイツ的気質」は保護政治――彼は領土の割譲ではなく、権力の完全な無力化を支持した（つまり、非武装、他国による教育統制、他国の政治家による指導）――を通じて、長期的に変えられねばならない、というものだった（『アウフバウ』、一九四二年七月二四日）。彼の演説は『アウフバウ』紙上で激しい論争を引き起こした。亡命者でプロテスタントの神学者パウル・ティリヒは、一九四二年七月一七日『アウフバウ』紙上で反論した。ティリヒの反論は、ルートヴィヒの考え方は反ユダヤ主義に似通っており、必要な措置については議論され得るが、ドイツの国民性というのは事柄の本質をぼかした議論である、というものだった。それに続いて議論が白熱してゆくなか、とくに七月三一日『アウフバウ』紙上で、ハンナ・アーレントはティリヒの見解を擁護した。そのなかで、彼女はエーミール・ルートヴィヒについて次のように書いている。「彼が「ドイツ的本質において世界は治癒する」であろうと確信していたのは、三〇年もまえのことではない。彼がエチオピアの人々へ投下されたイタリアの爆弾の優越性に熱狂していたのは、一〇年もまえのことではない。彼は偶然にもユダヤ人であるので、アングロサクソンの人々に優れた英知の勝利を認めること以外、彼にはもはや何も残されていない。そして、優越が支配権を握るときには、人はその場にいたがるものなので、われらの作家はすでに、未来の勝利者とともに優越した道徳の教師としてブランデンブルク門を自らが行進するさまを思い描いているのである。以前からあらゆる形態や傾向の狂信的人種差別とファシズムの激しい敵であったパウル・ティリヒは、ドイツ人亡命者を代表して精力的にそれに抗議した。そして、ユダヤ人たちは、彼らにこれほどひどい犠牲を要求した思考様式を広めるいかなる理由も持ち合わせていないと、彼はまったく正当に付記している」（以下も参照――Arendt, *Vor Antisemitismus*, S. 74-76〔アーレント『反ユダヤ主義』二四六頁〕）。

4　アレクサンドリアのすぐ手前、エジプトのエル・アラメインで、一九四二年七月、枢軸国はおよそ一〇〇〇キロメートルの進軍ののちにせき止められた。一〇月から一一月にかけての連合国側の反撃は、アフリカの戦場における転機を意味していた。

5　ここで問題となっているのは、初期の作品「フリードリヒ・ヘルダーリンの二つの詩。「詩人の勇気」と「内気」」と、ショーレムの「アーカイヴ」に救出された「青年の形而上学」である。それらは以下に収録されている――Walter Benjamin, *Gesammelte Schriften* II-1, S. 91-126〔ベンヤミン『ドイツ・ロマン主義における芸術批評の概念』二六七―三三〇頁、『ベンヤミン・コレクション6』二〇―五一頁〕。一九四二年四月一日にショーレムはロンドンにいるドーラ・ベンヤミンに、彼自身が「青年の形而上学」を一九一八年にベルンで書き写したことを手紙で伝えている。「あなたは、ご存知のように私が決して居合わせることがなかったあの当時の雰囲気のただなかから、それについて「注釈できる」唯一の人です。あの数年について、そしてどのようにあなたは彼と親しくなったのか、先の戦争のあったあの数年がヴァルターにとってどのようなものであったかを、お聞かせください」(NLI. Arc 4° 1598)。

6　近代カバラーの広範な拡大を背景に、一七世紀のユダヤ教において発生したサバタイ主義運動は、小アジア出身のサバタイ・ツヴィー（一六二六―一六七六）をメシアと見なした。その覚醒の約束はオスマン帝国とキリスト教ヨーロッパのユダヤ人共同体で多くの支持を得て、ユダヤ教世界の全体を揺るがせた。サバタイ・ツヴィーの逮捕とイスラームへの改宗、一〇年後の彼の死の後も、サバタイ主義は、ラビ主義のユダヤ教徒に激しく攻撃されながらも、一八世紀にいたるまで存続した。ショーレムは、当時のユダヤの歴史像において忌避され、しばしば黙殺された運動を『〈ユダヤ神秘主義の主潮流〉〔英〕』（一九四一年）の一章で論じ、目下のところ包括的なモノグラフィーを書くことを計画していた。それらは一九五七年に初めはヘブライ語で、一九七三年には英語版で、一九九二年には『サバタイ・ツヴィー――神秘的メシア』〔ショーレム『サバタイ・ツヴィ伝――神秘のメシア』〕というタイトルのもとドイツ語で出版された。

［**9** アーレントからショーレムへ　ニューヨーク、一九四三年一一月四日］

差出人
ハンナ・ブリュッヒャー＝アーレント
ニューヨーク州、ニューヨーク市
九五番通り西、三一七

宛先
ゲアハルト・ショーレム教授
エルサレム
アバルバネル通り二八

一九四三年一一月四日

親愛なる友へ――

私のことを非難しないでください。あなたの本[1]を読んで以来――私はその本を、とうとうお送りいただいた春のうちに何度も読み、それ以降、繰り返し読み耽ってきたのです――あなたに多くの「恋」文を書いてきました。しかし、それから私は、あの本についての覚書をまずは書き記しておこうと思いました。さらにその後、最初のいくつかの書評はやはり目にしておきたいと思いました。それでこんなに遅くなってしまいました。あなたの本についての私の覚書は別便で送ります。[2] それらの書評はすべて、当然のことながら、最高の賞賛に溢れています――それなのに私の確認できた限りでは、事柄をまったく理解していません。そ
れにくわえて、私はひどく腹が立ち始めました。なぜなら、この件でまったく宣伝がなされなかったのと、あなたの高潔なるショッケン氏が最大の善意にもかかわらず、わずか二五〇部ほどしか印刷させなかったことを知ったからです。雑誌、大学、研究所、専門の権威者に宛てるだけでも、とても多くを送らなければなりませんのに。あなたは、戦争が終わり次第すぐに、もう一度その本を印刷して、大騒ぎで世に送り出さなければなりません。

私は、あなたにベンヤミンのテーゼも送ります――私はそれを一冊しか持っていないのですが。ヴィーゼングルント〔アドルノ〕と話し合うのは、無意味であるよりも、もっと悪いことです。彼らが遺稿をどうしたのか、どうしようとするつもりなのか、私は知りません。私は、夏にこちらにいたホルクハイマーと話し合いました。何の成果もなく、です。彼が言うには、その箱は金庫にあって（これは、きっと嘘です）、彼はまだそれにまったく手を付けておらず、それゆえ何が一緒に運ばれ、何が運ばれていないのか知らないそうです。私は、こちらではまったく一人で、何の支えもなく、この進展にいかなる方法をもってしても太刀打ちできません。どうか、私が誇張しているのではないと信じていただきたいのですが、二年ものあいだ私がひたすら頭を悩ましてきたのは、どうすれば理性的に脅すことができるか――これがあの紳士たちが理解できる唯一の言葉です――ということです。しかしあなたは、彼らが遺稿をまったく合法的な方法で入手したため、いかなる可能性もないとお考えかもしれません。この件を引き受けることのできる雑誌は、こちらには存在しません。[3]〈だからどうしたというのでしょう？〉〔英〕 自分の雇い主の道徳性について、かすかな疑いすら抱くことのなかったベンジ〔ベンヤミン〕は、精神的にいっさいを彼に負っていたヴィーゼングルントをそれでも信じていたようでした。これは大きな誤りでした。研究所〔社会研究所〕自体が滅びかけているという事情が出てきたのです。彼らは依然としてお金を持っていますが、それで穏やかな晩年を確保しなければならないと、ますます思うようになっています。雑誌はもはや発行されません。こちらでの彼らの評判は必ずしも第一級ではありません――彼らが存在していることがそもそも知られている限りでのことですが。ヴィーゼングルントとホルクハイマーは、カリフォルニアで豪奢に暮らしています。こちら

の研究所はまさしく官僚的に管理されています。お金以外で何が管理されているのか、分かったものではありません。彼らは、反ユダヤ主義についての仕事を行うために、スパイと陰謀によって〈アメリカ・ユダヤ人委員会〉〔英〕から一万ドルをかすめ取りました。[4] ところで、その仕事に従事しているのは、好景気にもかかわらず通常の地位を得ることに成功しなかった、不幸な人々です。私はそうした人々のことを個人的に知っています。私の知っている限り、彼らはまさしく餓死などしたくないと願っているごく普通の人々です。そのことは決して悪く取られるべきではないでしょう。彼らはみんな私に、ともかく自分たちはこれまでユダヤ人とその敵について関心など持たなかったのに、こんな「瑣末な」バカげた事柄に関わらなければならなかった、とこぼしていました。そうこうするうちに、ヴィーゼングルントとその一味は、「未来のための投壜通信」[5] を書き、私は彼らがその際に「金庫」〔ベンヤミンの遺稿〕から多くの示唆を受け取ったと思っています。

もし、ショッケンに遺稿の出版に関心を持たせることができれば、おそらく何かが可能でしょう。その際、たとえばトーマス・マンに頼んで、彼に仲介を依頼することができるかもしれません。[6] それは、おそらく助けになります。ですが、ショッケンもまた、大きめの支出には強い嫌悪を抱く、とても気難しい人です。おそらく、あなたはときおり、彼に手紙を書かれることがあるでしょうし、彼はあなたをいまもなお何よりも、誰よりも愛しています。私は、彼を個人的には知りませんが、あなたが手紙を書いてくだされば、穏やかな気持ちで彼のもとへ行くことができるでしょう。彼はこちらで、彼の〈ヘブライ大学の友人たち〉〔英〕とたくさんの不愉快なことを引き起こしました。おそらく……。

マリアンネ・ツィタウは、とても生き生きとあなたについてたくさん話してくれました。そして、彼女があなたを楽しませたことを知って、私はうれしく思いました。

私は本当にたくさんのことを調べました。もし、私がいつか反ユダヤ主義についての本を書くとすれば、そこにはとても多くの問題と新奇な点があるに違いありません。[7] そうこうするうちに、私は相変わらずいくつかの部分を書き、それをこちらの雑誌のいくつかにどうにか掲載しました。〈ムッシュウ〉〔仏〕は、プリンストンで「〈客員講師〉〔英〕」となり、私はもう何年かぶりで初めてお金の問題をまったく気にかけていません。

人はこの国ではとても孤独です。それはとりわけ、次のことと関わっています。すなわち、すべての人がすべきことをとてもたくさん抱えていて、たいていの人々のもとでは一定の時間が過ぎたあとでは余暇への欲求が、単純にもはや存在しない、ということです。これは一種、人間同士のつながりをとても困難にする恒常的な放心状態をもたらします（〈心ここにあらず〉〔英〕と私は考えています）。あなたに手紙を書く決心をするのが困難だったのは、こうした普遍的な孤独の感情からです（それは、外見上はまったく存在しません）。あなたの偉大な著書を目のまえにして、それが許されないことであるのはよく分かっています。だからこそ、私はあなたにもう一度お願いさせていただきたいのです。どうか私のことを非難しないでください。

ファーニアに心からの挨拶をよろしくお伝えください。サバタイ・ツヴィー運動に関するあなたの本をたいへん心待ちにしています。あなたが〔ユダヤ神秘主義の〕崩壊がその後数百年のユダヤ史に与えた影響について書かれたことは、こうした観点で私を完全に納得させたまったく初めてのものでした[8]。これは、まさに近代の歴史にとって、そして私自身が取り組む多くの問題にとって、あなたのもっとも本質的な発見の一つです。

〈ムッシュウ〉〔仏〕がくれぐれもよろしくと申しています。

古くからの友人である

あなたの

ハンナ。［手書き］

［NLI、ショーレムの遺品。原本。タイプライター原稿］

1　*Major Trends.*〔『ユダヤ神秘主義』〕

2　アーレントからショーレムに送られた覚書のうち、最後の三ページはNLIのショーレム文庫に保管されている。本書の「関連資料」四一五頁以下を参照。

3　一九四二年九月二四日付で、アーレントは歴史家で『レヴュー・オブ・ポリティクス』の編集者ヴァルデマー・グリアンに手紙を書き、彼にベンヤミンの「歴史哲学テーゼ」の掲載について提案した。「昨日、私はホルクハイマーと落ち合いました。彼が私に会いたいと望み、私は共通の知人〔アドルノ〕のところへ行きました。何と言っても、その知人が結局のところベンヤミンの遺稿を所持しているからです。私は彼の良心に訴えることを試みましたが、彼にそうしたものはなく、私は何も達成できないでしょう」（Hannah Arendt Archiv. Oldenburg）。ホルクハイマーは当時、西海岸に住んでいて、ニューヨークに一時的に滞在していただけだった。『レヴュー・オブ・ポリティクス』での掲載は実現しなかった。

4　〈アメリカ・ユダヤ人委員会〉〔英〕（AJC）は、一九四三年にIfSと反ユダヤ主義に関する〈バークレー世論研究団体〉〔英〕の研究に出資した。ホルクハイマーは、一九四四年に、その研究を多年にわたるプロジェクトとして継続するために

AJCの研究部局長となった。そのもっとも重要な成果は、一九四九年から一九五〇年にかけて刊行された(*Studies in Prejudice.* fünf Bände. New York)。

5　アドルノとニューヨークにいる数名のIfSの共同研究者によって、四〇年代の初め以降、「投壜通信」のメタファーが用いられた。一九四一年には『啓蒙の弁証法』のある断章のなかでこう書かれている。[1]「こんにち、誰かに語りかけることができるとすれば、それはいわゆる大衆でもなければ、無力な個人でもなく、むしろ架空の証人に対してである。私たちは彼に託してゆく、すべてが私たちとともに没落してしまわないように」(Adorno. *Gesammelte Schriften* 3. S. 294〔ホルクハイマー/アドルノ『啓蒙の弁証法』五二六頁〕)。

6　トーマス・マンは当時、カリフォルニアでアドルノの近くに住んでいた。

7　反ユダヤ主義に関する本の計画について、彼女はすでにパリで資料を集めていて、それは『全体主義の起源』の第二部に繋がった。詳細は、遺稿から刊行された草稿「反ユダヤ主義」を参照――*The Jewish Writings.* hrsg. von Jerome Kohn. New York 2007. S. 46-121〔アーレント『反ユダヤ主義』六三―一七六頁〕。

8　ショーレムは『〈ユダヤ神秘主義の主潮流〉〔英〕』のなかで、サバタイ主義運動とその敗北がユーデントゥームの発展に対して有する意義、とりわけ、一九世紀のユーデントゥームにおける啓蒙と改革の努力に対するユダヤ人内部の先駆者として有する意義を、探究した。アーレントはそこに、これまで「解放」の帰結として解釈されていた「改革運動の根本的に新たな解釈」を見出した(本書「関連資料」の書評、四〇二―四一七頁を参照)。

(1)　『啓蒙の弁証法』は一九四四年に仮綴じ本で刊行され、一九四七年に正式の書物として出版されている。いずれにしろ、アーレントが「投壜通信」という比喩をアドルノが使っているのを『啓蒙の弁証法』で知ったとするには時期的に無理がある。むしろ、彼女はアドルノの『新音楽の哲学』に収録されている「シェーンベルクと進歩」(末尾に「投壜通信」という暗喩が明示的に登場する)をつうじてではなかったかと思われる。この本の出版は一九四九年だが、アドルノはその「まえがき」でシェーンベルク論の完成を一九四〇年から四一年にかけてとし、当時出版されなかったものの、社会研究所およびその周辺の人々の手に渡ったと記している(アドルノ『新音楽の哲学』龍村あや子訳、平凡社、二〇〇七年、一〇頁)。

10

ショーレムからアーレントへ

エルサレム、一九四三年一二月二一日

〔ヘブライ大学用箋〕

エルサレム

アバルバネル通り二八

一九四三年一二月二一日

親愛なるハンナ・ブリュッヒャー様

本日、あなたの一一月四日付の手紙を受け取りました。お知らせいただいた送付物（私の本についてのあなたの覚書とベンヤミンのテーゼ）はまだ届いていませんが、あなたにいくつか言葉をすぐに書いておこうと思います。合衆国との〈コミュニケーション〉〔英〕不全と、あなたの言うところの「公的な孤独」に私は大いに苦しんでいます。私の友人・知人のことごとくが合衆国では沈黙を強いられているようで、残念ながらあなたも例外ではありません。友人のショッケン氏からは、この三年のあいだに、驚くなかれ、二年前に手紙を一通受け取っただけなのです。私の本の出版は、賞賛の言葉にもかかわらず、彼を雄弁にはしてくれませんでした。シュピーゲルや他の人々、それにヴィーゼングルントだって同じです。ヴィーゼングルントも、彼自身ニューヨークにいたあいだに、私の本に対して、おかしなことに妻が書いた数行で返事をしてきたのです。以来、ほぼ二年間のあいだ、一行も私に書いてこない。[1]いまでは少し事態が改善されていると言われているとはいえ、もちろん、本当にたくさんのものが失われたのです。

あなたの手紙についていくつか覚書を記します。「どんなに愛していようと」ショッケンが私の本を二五〇部しか印刷に回さなかったというあなたの意見は、間違っています。あの本の初版は一一〇〇部印刷され、その半分以上がニューヨークに送られました（そして到着もしました）。宣伝はなされなかったに等しいというあなたの意見はもっともですが、私個人にとってその理由は痛々しいまでに明らかです。シュピーゲルを除いて（彼は関心を引こうと本当に努力してくれたのです）、そちらでは誰も格別関心を抱いていません。あの本は（a）そちらの読者にはやはり難しすぎて、噛み砕かれていない（〈ユダヤ出版協会〉〔英〕が正直にも私に、〈ユダヤ人の歴史と宗教に対する適度な関心を持った〉〔英〕読者のために、あのテーマに関する入門書を求め【て来さえ】したのです!!!）。あの本は（b）素材を図式のなかに収めきってはいない。あの本で（c）何が問題なのかを誰も本当には理解せず、誰も真剣に取り組もうとせず、私が見る限り、まったく出鱈目なおしゃべりで満足しているのです。ちなみに、わずかに二、三の批評（四月までのものだけです!!）をシュピーゲルが送ってくれたのを受け取りましたが、大部分はおそらく本自体を読みもしていません。さまざまな書評についての覚書、あるいは書評を出発点とした覚書を送ってくだされば、感謝いたします。ショッケン・フェアラークはそちらでそもそも手立てを持っておらず、その種のことをしてくれません。私は純粋に哲学的な関係に少しは期待を寄せていました。自分ではその事柄についての知見は持たない誰か（レーオ・シュトラウス、A・ヘシェル、ティリヒ、ヴィーゼングルント）が――実際、そんなものは誰も持っていないのですから、これは私の学問的立場から生じる忌々しい〈循環論法〉（羅）です――思考の側から提供してくれるような関係です。その際、あなたのような哲学的頭脳をいくらか当て込んでもいました。しかし、みんな、みんな――厩舎に留まり、私たちが声を掛けてもいない「有象無象」だけが駆け回っています。どうすればいいでしょう？ 研究所はすでに可能なあらゆる場所に本を送る手筈を整えていました。[2] 終戦とともに、第二版（およそ一〇〇ページ増補して、一〇という数字の象徴学とともに、それでなくても絶対的に欠けている一〇番目の章――順番では新たな第四章――を加筆します。カバラーの誕生と始まりについての章です！）を出版しようと考えています。[3] イギリスにはこの本が一冊も届いていないに等しい状態です。

　私のサバタイ主義のことでは、相変わらず苦労しています。いまだに考えをうまくまとめることができません。その間、学問上のあらゆる大騒ぎを私は書き散らしています。私の良心を宥めるためです。いつかどこかで安らかな良心をもってそれらを引き合いに出せるためにはこの分野でとにかく書いておかねばならないことが山ほどあるのです。もしもあなたが私のために「宣伝」してくださる機会がありましたら、どうか気にせずにやってください。よい時期を見計らって、一年ないし最大限二年、もう一度そちらに滞在するチャンスを何とか見つけたいと思っています。それは、他のユダヤ人の青年のためというよりも私自身の教育のために大きな喜びとなることでしょう。ですから、そちらでの有益な処方箋を仕上げるために、私はこつこつと仕事をしています。

　私の見るところ、あなたはそちらのヴァルター・ベンヤミンの遺産相続人たちを最悪と考えていますね。事態について私自身の考えを敢えて申し上げることはしません。最初の出会い（最後の出会いになると思いますが）のとき、ホルクハイマーは激しい反発を私のなかに呼び起こしました。そちらでも同じであろうと推測したいところですが、私は完全に客観的な判定者ではありません。雑誌に掲載されたユダヤ人問題についての彼の論考は、知識も実質もない、厚かましく、尊大で、忌まわしいおしゃべりです。それについては、ベンヤミンに何とか届いたと確信している最後の手紙のなかで、自分の考えをとても激しく、あからさまに述べました。[4] 彼と交わした私のその明瞭な手紙が遺品のなかに見つかったとしても、私は一笑に付すつもりでいます。私がアメリカからベンヤミンに書いた、研究所およびその立場とW・B〔ヴァルター・ベンヤミン〕に対する関係についての私の考えの説明については、ますますそうです。私の手紙の正しき読者がきっといることでしょう！　しかし、ヴィーゼングルントについては、ずっとよい印象を持っていました。それは、できれば、事実の重みがあっても放棄したくないものです。彼のW・Bに対する〈傾倒〉〔英〕は私には本物と見えました。いまは、彼については、その偉大なる遺産をたんに略奪することを死者に対する感謝と心得ている者を予期したいと思いますが、かつての印象は「それ以上のもの」でした。いずれにしろ、私たちが幼い子どものころよく言っていた言い方で「〈事態がしかじかである限り〉[5]〔羅〕」、私の手元にあるベンヤミンの原稿に関しては、風向きが明らかになるまでは、しっかりと確保し、慎重な態度を取ることとします。もちろん私は、終戦とともにこの偉大なる作品を集成する機会が訪れるものと考えていました。この件についてショッケンに手紙を書いても無駄です。彼は手紙を読みませんし、読んだとしても何らかの決断にいたることがありません。彼は布告を発することのできない致命的な麻痺症に陥っています。彼とは口頭で話せるだけです。そして、その瞬間に、是非とも必要だという印象を彼に与えることができるか否かです〔よほど説得してもたいていの場合、否です〕。喜びのことも考慮した知的な富豪の正しき人生航路と私が考えるものを、私は彼に三度以上も口にしたものです〔W・Bがまだ生きていたときのことです〕。ベンヤミンの死後、「〈而して雷電は最高の山頂を撃つ〉〔希〕」という古い主題[6]について書き送った手紙も、ニューヨークの読まれざる手紙の束にいまも埋もれているのでしょう。ちなみに、そちらの伝統に従って、そもそも彼が私たちのいわゆる〈友人たち〉〔英〕とのあいだでどんな不快な目に遭ったのか、詳しく書いてくださるとありがたく存じます。[7]こちらではそれについて正確なことを知るのは不可能ですので、私たちにとっても重要であり得る事柄について、ご教示いただければ幸いです。

私たちに関して報告すべきことがほかにあるでしょうか？　私たちは戦争の最終段階に向けた準備を進め、かなりの緊張をもって、戦争の終結とともに明らかになるさまざまな可能性を待ち受けています。ヨーロッパのユダヤ民族の状態に関して、どんな知らせが私たちに打ち明けられようとしているのか、もちろん私たちには分かりませんが、そこで知らされるであろうことを思うだけで、いまからもう打ちひしがれてしまいます。私たちがまさしくこの片隅にいて、それでも戦争過程の猛威それ自体には触れられずにいたということ、それはほぼ最終的に確かなことです。

二度と取り戻しようのない感情です。何のために私たちはここで匿われていたのでしょうか？　それでも、ここでも事態はシューシューと十分湯気を立てています。

ファーニアがあなたに心からの挨拶をと言っています。彼女は兵士である弟とちょうど数日の休暇で出ています。こちらではかなりのインフレが起こっていて、それに伴う周知の効果が、教授などの確固とした収入のある人々にも深刻な影響をおよぼしています。ですので、私たちの家計を維持するのに彼女は苦労しています。しかも、いまでは別の不安が彼女にはあります。新種の大きなインフルエンザの流行が、戦争の終結に向けて不気味な歩みでふたたび諸国を巡っていると見えるのですが、それが私たちをも巻き込んでいるのです（それは、結局のところ公正と言うべきなのでしょう！）。

反ユダヤ主義についてのあなたの論考を、私に書くなり、自由に扱える写しがあれば、それを送るなりしてください。ブリュッヒャー氏によろしくお伝えください。あなたのラーエル本を印刷に回してください（それについて、あなたの手紙にはひとことも書かれていません!!）。そして、エルサレムのカバラー主義者からの心からの挨拶をお受けください

ゲアハルト・ショーレム

［LoC、アーレントの遺品。原本。手書き原稿］

1　アドルノの直前の手紙は一九四二年二月一九日付のもの。そのなかで彼は、ショーレム『〈ユダヤ神秘主義の主潮流〉〔英〕』の送付を求めていた。――ショーレムが言及している、グレーテル・アドルノが本の送付への感謝を述べた「数行」（一九四三年八月）は、保管されていない。ショーレムは一九四三年一〇月二八日付のグレーテルおよびテオドーア・ヴィーゼングルントへの手紙のなかで、郵便局で失われた自分の送付物を引き合いに出して、こう問いかけている。「いったいどうしろと言うのでしょう??　物を送るのをいっさい止めましょうか、それともチャンスはあるのでしょうか？」(Scholem. *Briefe* I. S. 290f.)。

2　ショーレムはヘブライ大学（HU）のユダヤ学研究所で一九三三年から「ユダヤ神秘主義」を講じていた。

3　『〈ユダヤ神秘主義の主潮流〉〔英〕』は一九四一年の版では九章からなっていた。計画されていた新版――それは、一九四六年に創設されたショッケン・パブリッシング・ハウスのニューヨーク支部で出版された――で、カバラーの始まりに関する新たな第四章を増補するつもりで、その結果、第二版は一〇章からなるはずだった。カバラーの中心的な要素の一つに神の一〇の力、セフィロート（単数「セフィラー」はヘブライ語で「数えること」）についての考えがある。その力は、隠された神性からの流出として現れる。

4　ホルクハイマーとショーレムは一九三八年にニューヨークで知り合った。論考「ユダヤ人とヨーロッパ」(*SPSS* 8. 1939. S. 136ff.〔ホルクハイマー『権威主義的国家』一〇五―一四一頁〕)がどれほど気に入らなかったかを、ショーレムはベンヤミン宛の(保管されていない)手紙に書き留めていた。とはいえ、彼は「将来の議論のために」、ホルクハイマーの論考に対する自分の考えの写しを取っていた。それは以下に印刷されている――Benjamin/Scholem, *Briefwechsel*, S. 318ff.〔『ベンヤミン‐ショーレム往復書簡』四一一―四一三頁〕。

5　ドイツ語では「事態がそうであり続ける限り」。

6　Feriunt summos fulgura montes(ホラティウス)。ドイツ語では「稲妻は常に頂上を撃つ」。ここで念頭に置かれているショーレムのザルマン・ショッケン宛の手紙は見つからなかった。

7　念頭に置かれているのは、ニューヨークの組織〈ヘブライ大学のアメリカン・フレンズ〉〔英〕との諍い。

［**11** アーレントからショーレムへ
ニューヨーク、一九四四年五月二〇日］

差出人――ハンナ・ブリュッヒャー
合衆国、ニューヨーク州、ニューヨーク市
九五番通り西、三一七

宛　先――ゲアハルト・ショーレム教授
パレスチナ、エルサレム
アバルバネル通り二八

一九四四年五月二〇日

親愛なるショーレム様――

この手紙は、数カ月ものあいだ、私の心を苦しめていました。その長さはちょうど、あなたの長く美しい手紙を一二月に受け取って以来の期間です。ところが昨日、私がたまたま(編集上の)用件で訪れたとき、オーコがあなたの手紙とあなたの親切な推薦状を見せてくれました。[1] それらを私たちは二人ともうれしく思いました。つまり、そのことが一押しを与えてくれました。

私は、あなたのことを本当によく考えていました――それは、私が多くの人とあなたの本について話したということだけではなく、むしろあなたの本がもうまったく私の頭から離れず、暗黙のうちに(とはいえ、無意識的にではなくて、です)、私自身の仕事のすべてに付き纏っているからです。それはしかし、ユダヤ的な事柄と関わらねばならないすべての人にとってそうであるはずのことです。あなたがオーコに書いておられる、解答を得られていない〈挑戦〉〔英〕に関して言いますと、残念ながら事情はこうです。圧倒的多数は一つの〈挑戦〉〔英〕が含まれていることすら理解しておらず（数多くの賛美者もそうです）、残りの者たちは、どのみち、どのような〈返答〉〔英〕もしないまま生を終える決心をしている、ということです。[2] とはいえ、このことであなたは落胆すべきではありません。あるいは、落胆されるとしても、それは、私たちの民族――知識人はその特徴ある一部を形成しているに過ぎません――の置かれている状態が、どのみち落胆するにふさわしい限りでのことです。結局のところ、たとえばここ数年のヨーロッパのユダヤ人の歴史はユダヤ人の諸組織の元首たちさえをも党派に埋没した眠りから目覚めさせることができたはずだったということを、考えるべきなのでしょう。ところが、そうはならなかったのです。

書評に関して、私は、あなたがこれまでシュピーゲルから何を受け取られたのか知りません。私は、レーオ・シュトラウスとは関わりがありません。いくつかの彼の最近の記事を私は不快に感じました。ティリヒは、まったく頼りになりません。私は、彼があの本をきわめて高く評価していることを知っていますが、彼は政治的な乱暴狼藉にあまりに捕われていて、そうしたことのために熟考する時間をさらに引き出すことは不可能です。[3] ヴィーゼングルント〔アドルノ〕は、カリフォルニアにいて、こちらではどの雑誌にも発表していません。その間に、研究所〔社会研究所〕の雑誌は安らかに永遠の眠りについてしまったようです――もはや、いずれにせよ発行されません。私は昨日、オーコにハンス・コーン氏についての私の意見を、これまでになく強く述べました。私は、元来あなたのためだけに書いていた私の批評を〔『〕メノーラ〔』〕に送りました――それは私が自分の批評を適切な書評と見なしたからではなく（〈断じて違います〉〔英〕）、他の書評がより不適切に思われるからです。もっとも、〔『〕メノーラ〔』〕からはまだ返事をもらっていません。[4] 彼らは当然ながらすでに別の〈評者〉〔英〕を持っていました。

〔『〕コンテンポラリー・レコード〔』〕は、オーコが編集を引き受けてから遥かによくなりました。あなたは、彼に必ず一つの記事を送るべきです。[5] その記事は、非ユダヤ層においても読まれます。なぜなら、その記事は、いくつかの一般誌と相互掲載の関係に置かれるからです。あなたはもちろんドイツ語で書くことができます。私もまたそうして、オーコとともに最高の経験をしました。彼は、傑出した翻訳者たちを抱えていて、労をいとわず、最終的な編集のためのきわめて繊細な語感を身につけています。こちらでは、およそもっとも喜ばしい人物の一人です。

私は、あなたに近日中に普通郵便で、こちらで掲載されたいくつかの記事の〈抜刷〉〔英〕をお送りします。いままでお送りしなかったのには、郵便事情の怪しさもありましたし、差し出がましいことではないかと少し恐れる気持ちもありました。まさしくこちらでは、どんなに小さな卵が幸運に産み落とされても、すぐに途方もない大騒ぎになるものですから、だいぶ以前から私はいっそう用心深くなってしまったのです。

研究所とヴィーゼングルントに関するあなたの幻想について、もはや何もつけ加えたいとは思いません。むしろ、ホルクハイマーについてのあなたの意見を尊重してください。その方が、あなたはいっそう確固とした地盤のうえに立っていることになります。ショッケンについて言うと、もっぱら死後の名声のためにはどうお金を使うのが正しいかという用心深さと不安から、彼はまったく何もしません。結局のところ彼は、あらゆる百万長者の理想、つまりかけがえのない跡取りに百万長者たる〈標準〉〔英〕を確保してやるという理想に殉じることでしょう。〈ヘブライ大学のアメリカン・フレンズ〉〔英〕との彼の揉め事は、私がわずかに知った限りでは、「〈亡命者〉〔英〕」と亡命者に口出しさせない先住者とのよくある紛争に基づいています。

〈ムッシュウ〉〔仏〕が心からの挨拶をと申しています。彼は、しばらくプリンストンで教えていました——多くの成果をもって、たいへん楽しんで。目下のところ、彼はラジオ放送のコメンテーターをしています。[6] ずっとわずかの楽しみと、何せ短波放送ですから評価の困難な成果をもってです。私は、また定期的に収入を得たいと思っています。はじめは、ようやくもう一度まっとうな仕事に向かえるのを、とても幸運に思っていたのですが。私にとって大切なのは、〈ムッシュウ〉〔仏〕がふたたび穏やかに仕事ができるよう、彼を解放してやることなのでしょう。もっとも、こちらではそのための大きな機会がないことは明らかです——ユダヤ人たちは私を欲しがっていませんし、別のあり得る職場に対して私は深く根ざした嫌悪を抱いています。そのことは、私の抱いている見解に本質的に関係しています。私の見解を人々は印刷したがるのですが——そのこと自体は比較的危険の少ないことです——、それが影響力を持つことは好まないのです。それはもちろん、私が〈異教徒結婚〉〔英〕をして生活していることとも関連しています。それはこちらの環境では重大犯罪を意味しています。

そうこうするうちに、こちらではジェニー・ブルーメンフェルトがふらっとやって来て、いくつかの興味深い報告をしてくれました。自分があらゆる藁に手を伸ばしているというイメージを描くのはとても辛いことですが、私は彼女をまさしく一本の藁として頼らざるを得ません。私は、多くの諍いにもかかわらず、依然としてクルトと親しくしています。[7] それはそうと、彼のもとで「哲学者」クラッキンと知り合いました。あの人も面白い人です。

ファーニアにくれぐれもよろしくお伝えください。あなたがたができるだけ早く、数年のあいだこちらに滞在されることに、私は大賛成です。その見込みはいかがですか。私は、あなたがたの名誉のために可能な限り、最大限のエゴイスティックな宣伝をします。ところで、こちらの人々は、あなたの重要性や比類のなさを断じて疑っていません。もっとも、彼らはそれに対する不安も抱えているのですが。あなたに、あなたの〈検閲官〉〔英〕のまぎれもない本物の注釈を同封します。[8]

心から
あなたの
ハンナ。〔手書き〕

〔NLI、ショーレムの遺品。原本。タイプライター原稿〕

1　エイドルフ・ジークムント・オーコは、当時、主として、隔月刊の雑誌『CJR』を主宰し、ハンス・コーンに『〈ユダヤ神秘主義の主潮流〉〔英〕』の書評を依頼していた。そのことを、ショーレムはオーコに宛てた手紙のなかで激しく批判していた（「[…]〈ハンス・コーンの名で知られる、延々と続く「《おしゃべり屋》〔独〕」の無意味な「《お世辞》〔独〕」〉〔英〕」）。代わりに彼は、オーコに執筆者としてハンナ・アーレントを推薦していた。「〈あなたはニューヨークにいるハンナ・ブリュッヒャーさんと知り合う機会がありましたか？　私は彼女の記事をしばらくまえに〔『〕レコード〔』〕で目にしましたが、もしあなたが彼女を個人的に知らないのであれば、彼女について知る労を厭うべきではありません。彼女はヨーロッパからやって来た最高の知性の持ち主の一人です。[…]彼女は私に私の本の批評を送ってきましたが、それは私がこれまで読んだ知性に溢れた二つの批評のうちの一つでした。なぜ彼女がそれを公表しなかったのか分かりません〉〔英〕」（一九四四年三月二六日付。以下に掲載――Scholem, *Briefe* I. S. 293）。一九四四年五月二五日付でオーコはショーレムの手紙に返答した。「〈私は、ハンナ・ブリュッヒャーをハンナ・アーレントとして知っています。彼女の知性と人格の双方に関するあなたの意見に、まったく同感です。確かに彼女は、本当に教養のある人です。あなたはこれを知ってきっと面白く思われるでしょうが、私が実際に彼女と初めて言葉を交わしたのは、スピノザ主義者のコント・ド・ブーランヴィリエについて、そしてG・ショーレムについて、だったのです[1]〉〔英〕〈心に溢〔れて〕いることは、言葉となって口から出るものです〉。〈確かに、ハンナ・アーレントは、あなたの偉大な著書を真に理解しています〉〔英〕」（ebd. S. 439）。一九四四年にアーレントは、『CJ

R』に彼女のエッセイ「マイノリティについて」(Heft 4. 1944. S. 353-368)を発表したことから、編集のためにオーコと関わった。

2　「〈挑戦〉〔英〕」および「〈返答〉〔英〕」は、ショーレムがオーコに宛てた手紙での以下の文面に関連している(一九四四年三月二六日付)。「〈私は、あまりに愚かでした。私の本を、ユダヤ神秘主義について延々とくだらない所見を書いてきたユダヤ人学者たちに対する、一つの挑戦と考えていたのですから。私は、誰かがこの挑戦に応える義務を感じるだろうと思っていましたが、賢明な者たちは皆、黙っています〉〔英〕」(Scholem. *Briefe* I. S. 292)。

3　アーレントが「政治的な乱暴狼藉」と見なしていたのは、とくに、パウル・ティリヒが多くのドイツ人亡命者(そこにはベルトルト・ブレヒトもいた)とともに、一九四四年五月に〈民主的なドイツのための協議会〉〔英〕を設立したことだろう。その協議会は、すべての国民(つまりドイツを含む)の自決権、ならびに西側勢力とソビエト連邦との協力を求めていた。

4　一九四四年二月一四日にハンナ・アーレントは、ショーレムの本に関する彼女の覚書の写しを『メノーラ・ジャーナル』のヘンリー・ハーウィッツに宛てて送った。「〈ご関心がおありかもしれないので、ゲルショム・ショーレムの〔『〕ユダヤ神秘主義〔』〕に関する数枚の批評を同封いたします。これらは、もともと私の意見を求めたショーレム自身のためにのみ書かれました。あの本についてのいくつかの書評をいささか注意深く読んだあと、これを発表するのも悪くないのではないかと思いはじめました〉〔英〕」。彼女がショーレムに宛てて手紙を書いたのと同じ日(一九四四年五月二〇日)に、彼女はハーウィッツに想起を促しもした。「〈ところで、ショーレムの本についての私の批評はどうなりましたか、あるいはどうなりそうですか。私がお尋ねしますのは、ショーレムがその批評を好んでいたからであり、それを公表するために私が長いあいだ(私が批評を書いたのは、一年以上もまえのことですが)、何もしなかったことに彼がかなり腹をたてているからです。私が公表しなかった理由は、あの分野では自分には十分な能力がないと感じていたからです。そうこうするうちに、私は少なくとも私の批評と同じくらい能力の劣った書評を読むことになりました。そのことに鼓舞されてあなたにあの批評を送ったのです〉〔英〕」(一九四四年五月二〇日)。一九四四年五月二八日に、彼女はハーウィッツに本そのものを送った。「〈事務所を留守にする現実の口実を得るために〉〔英〕」(Ms col #2 AJA sor 1 folder 1/16 HA cor 42-59)。

5　一九四三年一二月一三日にオーコは、『ＣＪＲ』の主幹としてショーレムにこう書いていた。「〈私たちのために、ユダヤ神秘主義に関する、(たとえば)四〇〇〇字から五〇〇〇字の長さの「雑誌用」の記事、あなたの研究成果の概要となる類いの記事を書いていただけないでしょうか〉〔英〕」。ショーレムは、オーコにとって喜ばしいことに、承諾した(Scholem. *Briefe* I. S. 438)。

6　「〈われわれは反撃する〉〔英〕」というＮＢＣの放送。

7　ハンナ・アーレントとクルト・ブルーメンフェルトとの激

しい「諍い」(「生死を賭した闘い」)は、シオニズムの政治によってディアスポラが貶められることに対する彼女の批判をめぐってのものだった。アーレントによって共同創設された「青年ユダヤ人グループ一九四二」の内部における二人のあいだの議論については以下も参照 —— Arendt, *Vor Antisemitismus*, S. 210f. また以下を参照 —— Arendt/Blumenfeld, *In keinem Besitz verwurzelt*.

8 不明。おそらく郵便検閲官の注釈と思われる。

(1) マタイ伝、第一二章三四節を踏まえている。

[**12** ショーレムからアーレントへ エルサレム、一九四四年七月一八日]

四四年七月一八日

G・ショーレム教授

エルサレム、アバルバネル通り二八

親愛なる友へ、

五月二〇日付のあなたの手紙と、一昨日きちんとした状態で届いた三つの抜刷に心から感謝します。[1] できましたら、あなたの書かれたものすべてを私宛にお送りください。私はあなたの書かれるものにたいへん興味があります。あなたの書かれたものについて、いまあなたと議論を始めることはできませんが、どうぞ悪く思わないでください —— 私はことのほか疲れていて、これを書くのにもとても苦労しています。具合がよくないうえに、わずかながらの力を、ある仕事に傾注しなければなりません。もう二年前に仕上げておくべきだった仕事です!! オーコからも同時に手紙が届きましたが、いまや、オーコに約束した楽しい《ルスティゲン》(軽薄な《ルフティゲン》?)論考を仕上げられるかどうかも分かりません。[2] 本当に疲労困憊の状態です。そうでなければ、あなたのパーリアのテーゼについてすでにここで議論を始めたいところです。といいますのも、ハイネについてもカフカについてもあなたの(たいへん巧みに表現されている!)解釈に対して、私には異論があるからです。彼らのテクストは(私の「ラッシ」に従えば!)[3]別の言葉を語っています。そこであなたは、私の考えでは、事態の眺望にうまく収まらないきわめて多くの事柄を見落とすほかないのです。(カフカの『城』をあなたは扱いきれていない、と私は言いたく思います)[4]。とはいえ、詳しく書くことはできません。

そちらにしばらくのあいだ滞在できれば、それだけで私たちはうれしく思います(もっと長期の滞在は誰しも体にこたえます)。もう一度客員教授として一年ほど招聘いただけるなら、喜んでお受けします。私には何の問題もありません。お望みでしたら、「テーマ」さえすでにお示しできます。私は、できるなら価値のある聴衆に、ハシディズムを私の目をとおした形でいつかは理解してもらいたいと心に決めているのです。その際、洞察力のある人ならすぐに分かるとおり、私の本の最終章で、一部は沈黙のうちに、一部は隣人愛というマントに包んで展開されていることが、さまざまな形で明らかになるでしょう(「あなた自身を愛するようにブーバーを愛しなさい」[5])。とはいえ、シュピーゲルの言明によれば、スティーヴン・ワイズが私のことでとても快く何かをしてくれようとしているようですが[6]、いまにいたるまで、誰からも依頼がありません。私の二人の友人、シュピーゲルとリーバーマンが参加しているシェヒターのセミナー[7]に私も大喜びで出席したいところですが、そこでは、私が差し出したスープのなかにあまりにたくさんの髪の毛を見つけていることでしょう(1)。

これはテフィリン[8]、わいの言うこと、分かるけ?
そんでもゲアハルトさん、身につけはらんのやに(2)。

あの方言詩人なら、事情を簡潔に、そして的確に、こんな具合に要約することでしょう。この宗教的な詩行をあなたの心に深く刻んでおいていただきたく思います!

時間がおありのとき、どうか私たちに手紙を書いてください。ユダヤ人の方言哲学者(!じつに的確な表現です!)クラツキン[9]についてのあなたの印象もお伝えください。ブリュッヒャーとあなたに、ファーニアと私から心からの挨拶を送ります。

ゲアハルト・ショーレム

［LoC、アーレントの遺品。原本。手書き原稿］

1　そのなかには明らかに「パーリアとしてのユダヤ人——隠された一つの伝統」(*JSS*. 1944. Nr. 2. S. 99-122)が含まれていた。そのドイツ語版»Die verborgene Tradition«は以下に収録——Arendt. *Sechs Essays*. S. 81-111〔アーレント『アイヒマン論争』五三—八五頁〕。

2　『CJR』のためにショーレムが記事を書く約束に関する、一九四四年五月二二日付のオーコからショーレムに宛てられた手紙。第11書簡、注5を参照。

3　「ラッシ」は聖書およびタルムードの注釈者、ラビ・ソロモン・ベン・イサク(一〇四〇—一一〇五)の頭字語を用いた通称。ここでは(すなわち、引用符号と呼びかけ符号を伴って)「私の解釈によれば」の意味。

4　アーレントはカフカの長篇小説『城』を、ユダヤ人の同化との闘いとして記述していた。アーレントによれば、村でよそ者として受け入れられることを求めているKは、「見分けがつかない状態」となることが自分にとって何よりも重要だ、と考えている。カフカが描いているのは、善意の道をたどって、同化の差し出す約束に従ったユダヤ人たちに生じた事態である。あの小説が描いているのは、「同化という現実のドラマであって、その歪められた角逐ではない。あの小説においては、故郷、労働、家族、同胞としての資格といったまさしく人間としての権利を求めているユダヤ人が発言しているのである」(Arendt. *Sechs Essays.* S. 103〔アーレント『アイヒマン論争』七六頁〕)。

5　『〈ユダヤ神秘主義の主潮流〉〔英〕』の終章をなす第九章で、ショーレムはハシディズムを――何十年にもわたってその著作がハシディズム受容を規定していたマルティン・ブーバーとは異なって――カバラーの歴史の一部として解釈している。ハシディズムは「ユダヤ神秘主義の最後の局面」であって、その局面は「メシアニズムの中立化」として特徴づけられる、と。一九六一年になって初めて、マルティン・ブーバーの理解に対する直接的な批判「〈マルティン・ブーバーのハシディズム――一つの批判〉〔英〕」(*Commentary.* Oktober 1961. S. 305-316〔ショーレム『ユダヤ主義の本質』一三九―一七五頁〕)をショーレムは公表した。

6　ニューヨークのJIRのS・ワイズは、一九三八年にショーレムを特別講義に招聘した(第3書簡、注1を参照)。

7　ニューヨークのユダヤ神学校(JTS)は、合衆国のユーデントゥームの保守的な潮流のアカデミックな中心であって、ザロモン・シェヒターを軸にして創設された。

8　「テフィリン」は、正統派のユダヤ教徒の男性が朝の祈りに際して、出エジプトを記憶するために身につける、革製の箱を伴った革紐。箱のなかには聖句を記した羊皮紙が収められている。

9　ヤーコブ・クラツキンはベルリンで一九二三年から一九三三年までヘブライ文化の復興に力を注いだ。一九二六年までに彼は全四巻の『〈ヘブライ語哲学宝庫事典〉〔羅〕』を刊行した。

(1)　「スープに髪の毛を見つける」は「相手のあら探しをする」のドイツ語での慣用表現。

(2)　くずれた方言調の箇所は、訳者の一人、細見の出身地の言葉で訳している。なお、ショーレムは、ユダヤ教の正統的な儀式には参加しない態度を取っていた。

[**13** アーレントからショーレムへ
ニューヨーク、一九四五年一月一四日]

差出人――ハンナ・ブリュッヒャー　ニューヨーク州、ニューヨーク市二五、九五番通り西、三一七

宛　先――ゲアハルト・ショーレム教授　エルサレム　ア

バルバネル通り二八

一九四五年一月一四日

親愛なる友へ――

いまこうしてまた、あなたの七月のお手紙とともにすでに半年をぶらぶら過ごしてしまいました。以前から何度もお返事をしようと思っていました。その間にオーコが亡くなったことは、あなたもきっとご存知でしょう――彼らは、あの〈委員会〉〔英〕でオーコを激怒させました。[1]〈彼は森で迷子になった子どものようでした〉〔英〕――あの若者たちにとっては、彼はどこか実際に高潔過ぎましたし、政治に関しては当然ながら無防備でもありました。私はとても悲しい気持ちです。彼と一緒にいると、普段他の編集者たちといるときよりも、いくらか安心感がありました。おまけに、彼の激昂の原因の一つは、私の記事にありました。その記事は、彼が何としても印刷しようとしたものであり、あの高慢な紳士たちがあまりに「シオニズム的」であると断言したものでした。[2]彼は〈事実として〉〔羅〕恐ろしいほど客観的な人物でした。

その間に、〈委員会〉〔英〕はホルクハイマー氏に反ユダヤ主義との闘争を委ねました。[3]そのなかで、ヤギに庭師(1)というのは、多くのおかしな局面の一つでしかありません。ちなみに、あの男は、不快感を与えるという点を度外視しても、ひょっとしたらそうかと思っていたのと比べてさえ、ずっとバカです。さしあたり、クレメント・グリーンバーグがオーコの代理を引き受けました。おそらく、彼は、こうしているうちにあなたに手紙を書いたことでしょう。私たちはみんな、あなたの記事をたいへん待ち遠しく思っています。[4]グリーンバーグは、オーコが見出した人物でした。彼は、文学について多少の知識を持ち、ユダヤ的な事柄については何も知らない、若くラディカルで才能のあるユダヤ人青年です。彼は、一般的にはユダヤ人の選民性を、特殊的には自分自身の選民性を、ホルクハイマーと同じように確信しているようです。それは彼の立場にとってはうってつけのことです。もっとも、彼は十分知的で、とても親切ではありますが――ホルクハイマーとは違って。

私は、あなたにいくつかの〈抜刷〉〔英〕を送りました。私たちはその議論を安んじて戦後まで持ち越すことにしましょう。問題は、どのカフェで私たちが落ち合うかだけです。いずれにせよ、シュヴェイクのように五時ちょうどに(2)。これは一種、悪趣味なユーモアですね。といいますのは、ギリシア人たちが正当にも再認の場面として悲劇の中心に置いた再会の問題は、私個人にとってますます大きな役割を果たし始めているからです。私が本当に再会したいと思う人々は、まったく多くありませんが——言うまでもなく、あなたはそのなかに含まれます——、私はその少数の人々とは再会したいととても強く思っています。

どうか、あなたがパレスチナでの状況をどのようにご覧になっているか、一度お教えいただけないでしょうか。こちらでは、ごく数週間前まで、あまりにひどい楽観主義が、もはや多幸症と言わなければならないまでに支配していました。私がジークフリート・モーゼス[5]から教えられたことは、必ずしも私をいっそう穏やかな気持ちにさせはしませんでした。しかし他方で、彼がとても古めかしいリベラル派であり、そういうリベラル派に特有の、政治的な事柄への判断能力を欠いた人物であることで、私はふたたび懐疑的となりました。あなたは、〈アリヤー・ハダシャー〉〔へ〕のことをどう思っていますか[6]。あなたはその一員ですか。〈アラブ・ユダヤ協力連盟〉〔英〕についてはどうですか[7]。気が向かないようでしたら、お答えいただかなくて結構です。

私はとてもたくさんの仕事をしました。これは、私があなたにお返事しなかった理由でもありました。とりわけ、シオニズムの根本的な〈再考〉〔英〕について書きました。なぜなら私は、このまま私たちが続けてゆくならば、私たちはいっさいを失うことになるだろうと、まさしく真剣に考えているからです。他方で、このことで、つまり、彼らが狂信的であるならば、ひょっとすると私は、シオニストの私の最後の友人たちを失うことになるかもしれません[8]。これは〈かなり胸に応える出来事で、〔『〕メノーラ〔』〕は事態を推し進めようとしています〉〔英〕。（オシリスはイシスに言いました。「私がどれほど気分を害しているか、お前には分からないのだ」。イシスはオシリスに言いました。「私がどれほど気分を害しているか、あなたには分からないのね」）。そうこうしているうちに、私は私の帝国主義と人種研究に戻りました。その研究も無害と見えるのはうわべだけです[9]。とはいえ、決して断ることのできない記事の依頼によって、私は絶えず妨げられています。

私は、あなたが招聘されるためでしたら、是非とも何かして差し上げたいと思っています。ですが、私はそのための関連機関との繋がりがありませんので、どうすればいいのか分かりません。残念ながら、私はやはり、テフィリンを身に付けないことのほかにさらに多くの欠点を持つ、一人のエピカエウレス(3)です——女性であることを度外視しても。

早くお返事をください。それは〔あなたに会えないことの〕一種の代償にはなります。ところで、先に言いましたとおり、戦後には五時ちょうどに。あなたとファーニアに〈ムッシュウ〉〔仏〕と私から心からのご挨拶を。

あなたのハンナ。〔手書き〕

〔NLI、ショーレムの遺品。原本。タイプライター原稿〕

1　『CJR』を刊行していたのはAJCだった。アーレントは、一九四四年に、この編集者への短い追悼文「〈追悼　エイドルフ・S・オーコ〉〔英〕」を起草した。「精神の共和国〔学者の共和国ではなくて〕を彼が生まれ故郷としているのであればよかったのに。彼に立ちはだかったのは、精神の共和国ではなくて、時代の極悪な精神だった。それは、あらゆる職業人のもつちっぽけな悪意——〔彼自身がそう呼んでいたように〕「極端な卑俗さ」——に塗れた、すべての部門の出世主義者たちが発揮する、熱狂的な功名心という姿で存在していた。それらが彼のうちに危険な吐き気を生じさせたのだが、その吐き気は、高貴な天性の持ち主のもとでは憎しみの代わりとなって、〈生の倦怠〉〔羅〕へと易々と誘惑するのである。〔彼が語ったところの〕「政治は時代の運命である」ということを知らないでいるのにはあまりに賢明過ぎ、自らの民族の運命から逃れて博識に引きこもるのにはあまりに善良過ぎた彼は、世界のどこにもいかなる意味でも帰属することなしに、世界と関わり合わねばならなかった。彼の作品は、シンシナティのヘブライ・ユニオン・カレッジの図書館である。彼の書いたものすべては、彼の手のもとですべて断片と化した。〔…〕彼が公表したわずかながらのスケッチ、とりわけ「レバノンのヒマラヤ杉」という標題で〔『CJR』所収〕過ぎ去った人々の意義をそのつど取りまとめた彼の数少ない文章には、かけがえのない、集中力を持った文体の才能がうかがえる。〔…〕それはこういう自問を促す。時代の極悪な精神によって言葉を奪われた人々こそが、もっとも多くの語るべきことを抱えていた人々ではないか」（*Aufbau.* 13. Oktober 1944. S. 9〔アーレント『反ユダヤ主義』三三二—三三三頁〕）。

2　おそらく彼女が念頭に置いているのは彼女の記事「特権的ユダヤ人」であって、それは以下に掲載された——*JSS* 8. 1946. Nr. 1. S. 3-30.

3　IfSとAJCとの共同作業については、第9書簡、注4を参照。

4　クレメント・グリーンバーグは、一九四四年一〇月二三日付でショーレムに宛てて、こう書いた。「親愛なるショーレム博士、〔…〕オーコ博士が私に最初に話してくれたことの一つは、あなたが私たちに書くと言ってくださったカバラーないしユダヤ神秘主義についての記事を、自分は楽しく心待ちにしている、ということでした。私があなたに知っていただきたいことは、私たちがオーコ博士と同じ方針で運営していることです。私たちは、あなたのエッセイを掲載することを切望しており、それをお受け取りするのに長く待たずに済むことを望みます」（NLI. Arc 4° 1599. Corr.）。

5　法学者ジークフリート・モーゼスは、『ユダヤ人の戦後要求』〔テルアビブ、一九四四年〕の著者であり、一九四四年に賠償問題および復旧問題に関する協議のためにニューヨークへ渡航した。

6　「アリヤー・ハダシャー」〔ヘブライ語で「新たな移住」〕は、一九四二年の半ばに、中欧出身のユダヤ人によってパレスチナに創設された政党。「行動主義的」で、戦闘的な反イギリス政治に反対するとともに、全委任統治領下におけるユダヤ国家の創設の要請〔一九四二年のビルトモア綱領〕にも反対して、ユダヤ‐アラブの協力を支持した。――ある未公刊の講演のなかで、一九四三年にアーレントはこう批判した。この同郷人的な色合いをもった政党の創出によって、彼女の考えるところでは、ヨーロッパにおいて一五〇年間ユダヤ人の統一を分裂させてきたもの、すなわち出身地に応じた区別が、イシューヴ〔入植地〕に初めてもたらされたのだ、と（»The Crisis in Zionism«. 1943. LoC. Arendt-Nachlaß. Box 72〔アーレント『アイヒマン論争』一三四頁〕）。

7　「〈アラブ‐ユダヤ和解協力連盟〉〔英〕」は、両民族アラブ・ユダヤ国家の形成に努めている団体と個人によって、一九三九年に創設された連盟。両民族主義の構想は、（さまざまなモデルにおいて）二つの民族が独立したままとどまり――数の大小とは無関係に――同等の権利を持ち、共通の国家において協力すべきであると想定していた。その構成員には、団体組織〈アリヤー・ハダシャー〉〔ヘ〕や〈ハショメル・ハツァイール〉〔ヘ〕ならびに、マルティン・ブーバーおよび〈ブリット・シャローム〉〔ヘ〕の初期の成員などが含まれる（第19書簡、注9も参照）。

8　アーレントの記事「シオニズム再考 Zionism Reconsidered」は、一九四五年に以下に掲載された――*Menorah* 2. S. 162–196〔ドイツ語版 »Der Zionismus aus heutiger Sicht« は、以下に収録――Arendt. *Die verborgene Tradition*. S. 127–168〕〔アーレント『アイヒマン論争』一四八―一九一頁〕。アーレントは、編集者であるヘンリー・ハーウィッツに、一九四五年一一月二五日付の手紙で、この雑誌の抜刷を何人かの友人に送るよう依頼していた（とくにショーレムに）。「〈私はシオニストの友人たちのことを気にしています。その不安が真実のものであったとしても、勇敢な真実ではありません。けれども、彼らは私が決して傷つけたくなかった類いの人々です。これは〉〔英〕〈プラトンは友なり、ソクラテスは友なり、されど真理はさらに評価さるべきなり〉〔羅〕〈という昔ながらの物語です。寒くてぶるぶるします。おしまい！〉〔英〕」（Ms Col #2. Hurwitz. AJA. Son 1. Folder 1/16 AA. corr. 48–59）。

9　念頭に置かれているのは、アーレント『全体主義の起源』（一九五一年）、ドイツ語版 *Elemente und Ursprünge* (1955) の準備のための仕事である。

（1）「ヤギに庭師をさせる」は「ある課題に不適切な者を任命すること」のドイツ語での慣用表現。

（2）この箇所はチェコの風刺作家ヤロスラフ・ハシェクの『兵士シュヴェイクの冒険』で、主人公のシュヴェイクが古参工兵のヴォディチカに別れ際にこう言う一節を踏まえているようだ。「この戦争が終わったら、ぼくを訪ねてこいよ。

毎晩六時からナ・ボイシチ街の「ウ・カリハ」に行っているからな」(ハシェク『兵士シュヴェイクの冒険(二)』栗栖継訳、岩波文庫、三二五頁)。したがって、「五時」というのはアーレントの勘違いかもしれない。

(3)「一人のエピカエウレス」はこのころアーレントが用いていた自称。ユダヤ人の環境のなかでギリシア風の思考を保持している異端者といったニュアンスがある。

〔**14** ショーレムからアーレントへ
エルサレム、一九四五年三月六日〕

一九四五年三月六日、エルサレム
アバルバネル通り二八

親愛なる友へ、

あなたの一月一四日付の手紙が先週、届きました。それで、あなたによい例を示すために、折り返しお返事します。またしても手紙が海の底に沈んでいるのかとすでに呆れているところでしたが、見たところどうやら、あなたをあんなに長く〔手紙を書くことから〕引き留めていたのは、リバーサイド・ドライヴでの長い散歩に過ぎなかったのですね。

そうこうするうちに、一昨日、カフカについてのあなたの論考を掲載した『パーティザン・レヴュー』[1]の号も届きました。心から感謝いたします。私はあなたの著作のちょっとした収集を行っていますので、その「アーカイヴ」が完全なものであり続けるように、常に著作をお送りくださるよう、心からお願いします。そのことで、一点だけ申し上げておきますと、あなたはあらゆる書評で『アウグスティヌスにおける愛の概念』の著者として紹介されていますが、その著者としてのあなたは私にとっては完全に未知のままです。その本は、アウグスティヌスの自由概念の書き方で記された晦渋な博士論文でしょうか、それとも、もっと謙虚な書き方でグノーシス的に思いを吐き出したものでしょうか？　いずれにしろ、私の蔵書にはあなたの博士論文が欠けています。もしも一部お持ちでしたら、心配なさらずにお送りください。当然ながら私は、そこに書かれていることすべてがこの間に無意味になった、とあなたが説明されるものと推測しています。ラーエル・ファルンハーゲンについてのあなたの草稿を救い出せたことを私はとても誇りに思っていますが——あの草稿はどこに葬られていますか、出版社ですか？　あなたの書きもの机ですか？　あなたからそれについて私は何も聞いていません。[2]

『ジューイッシュ・レコード』用の私の論考は、相変わらず出来上がっていません。何かをしなければならないと感じるときにはいつも、心理的な圧迫が生じて、まったく別のことに手を出してしまいます――私はこの間に五つの論文を書きましたが、それらは誰も関心を持たないものです、私自身と真のカバラー研究者以外は！　それに対して、まさしく何か筋道だったことを言おうとする場合には、当然ながら私はそれをできるだけうまく語ろうとします。その結果、そもそも何も出来上がらない始末です。とはいえ、ゆっくりとですが、あちらの論考も出来上がりつつあります。グリーンバーグ氏からはとても親切な手紙を受け取っています。あの雑誌はオーコのもとでは本当にうまく編集されていました。今後どうなるか、私には分かりません。あの雑誌に掲載されるはずで、人々がシオニスト的過ぎると評したあなたのその論考は、いったいどこにいったのでしょう？　『メノーラ・ジャーナル』は私の本についてのあなたの覚書をもう印刷に回しているのでしょうか？

合衆国の同化ユダヤ人たちによる反ユダヤ主義に対する取り組みがホルクハイマーのものとなったことは、あなたが思われている以上に、私にはやはり驚きでした。研究所〔社会研究所〕の雑誌に掲載された、ヨーロッパにおけるユダヤ人問題についてのあの男のちっぽけな論考は、ひどい恥知らずぶりと無知ぶりの信じられないくらいの混淆で、実際の出来事があの論考に反駁を加えてきたということを度外視しても、著者の信用を失墜させるに違いなかった代物です。この間に〈委員会〉〔英〕[3]が広報を送ってきましたが、そこではH〔ホルクハイマー〕の英雄的な写真の横に、彼の意義が際限なく誉めそやされています。何もかもがとてもおかしな調子です。そして、この間、ヴィーゼングルント〔アドルノ〕さえ何も言ってこないのも、訝しく思っています。彼は、私の「極めて重要な」本について、いささか驚いたことに、彼の妻に感謝を伝えさせたのです。[4]しかも、それが彼から受け取った最後の知らせです。とはいえ、どれだけの手紙が失われてしまったかは、悪魔だけが知ることでしょう。たとえば、ベンヤミンについての研究所の号を彼は私に送ってくれたのですが、他の多くのものと同様に届いていません。どうかあなたの部屋の片隅に一冊を置いておいていただき、戦争が終われば送ってくださるよう、お願いします。

パレスチナの状況を私がどう見ているか、お尋ねでしたね？　この問題においては、たんなるおしゃべりと無駄口以上の積極的なユダヤ人の政治はもはや存在していない、というのが私の考えです。パレスチナに〈分割〉〔英〕という形式[5]〈私はこれに一つの賭け金を置いて来ました〉を適用しようと、いわゆる〈国際的な統治〉〔英〕の継続によってパレスチナを維持しようと、まったくそれとは関係なしに、イギリス人はパレスチナを立ち去りはしないでしょう。この世界の地域でのイギリス人とユダヤ人の政治についての私の本当の考えをあなたに示すことは、検閲を考慮すると、不可能です。他方で、ユダヤ人の指導者たちがとにかくほんのわずかも貢献することなしに、ユダヤ人の政治のチャンスがこちらでかなり存在し得る状況が生じ得るということも、私たちは排除することができません。しかしそのためには自立した判断と冷静さがたっぷり必要で、この二つの事柄こそ、当然のこととはいえ、シオニストの政治に残念ながらいちばん欠けているものです。私が「〈アリヤー・ハダシャー〉〔ヘ〕」についてどう思っているか、そして私がそのメンバーかどうか、あなたは尋ねられていますね？　それに対してはただこう答えましょう。まったく評価していないし、メンバーでもないと。個人としてはきわめて善意に満ちたあの人々の欠点は、おそらくあなた自身も推測されているように、大洪水以前の――この場合は大洪水以後の、と言うべきでしょうが――飾り立てられたリベラリズムです。人々自身が信じているスローガンを大胆に取り上げて、たとえば分割問題において、少なくともパレスチナの世界のことを徹底して考えることをしないで、彼らは評判のことを大いに気にして、弁証法的な読者ならかなりの戦慄に襲われるようなヴェルチュの記事の背後に身を隠しています。[6]その主謀者たち自身がすでに確信しているような公的な政策の確実な破綻が、〈アリヤー・ハダシャー〉〔ヘ〕のような政党の強化を決してもたらしはしないということ、そこにはユダヤ人の性格の無際限な柔軟性が示されています。それは、人々の完全に間違った期待の産物です。[7]ユダヤ人は終末論をさほど真剣に受け取ってはいません。そして、三年間にわたって公的な終末論をあてがわれてきて、いまや、大いに安らかに、根本において何一つ変化しないままで、その終末論の廃棄と折り合うことができるのです。こちらではベン＝グリオンをこう非難してきたものです。君たちが若者をこんなに扇動したあとで、期待が実現されなければいったいどうなるのか？　その答えはしかしきわめて単純です。すなわち、何も起こりはしない、です。とはいえ、すでに申しましたように、こちらでは軍事検閲はしばしば奇妙な形態を取るようですので、この件についてあなたと議論するのは、軍事検閲が撤回されてからとしましょう。いずれにしろ、目下のところ、こちらでは多くの事柄がホルンベルクの祝砲[1]のような状態で終わると思われます。つまり、私たちが想像していたような興奮状態とは異なった状態がしばらくは続くでしょう。

新しい世界の光のもとでなされたシオニズムについての

あなたの原理的考察の写しをお持ちでしたら、どうか私にお送りください。そうすれば、あなたが予定してくださっている、戦後の五時ちょうどにお会いした際、私たちはそれをめぐって大いに議論を闘わせることができるでしょう。そのような機会にはさらに、控えめに見ても、あなたがやはり不当にも脇に押しやっているカフカの著作の神学的解釈の信奉者としても、私はあなたに自分の意見を伝えることができるでしょう。[8] それまで、どうか健康でいてください。そして、ショッケンに会われましたら、詳しく手紙で私にお伝えください。彼はあなたを招待すると私に言ってきています。カバラー研究だけでなく、ヴァルター・ベンヤミンの遺稿のためにも彼は何事かを果たしているのだと、どうか彼に思いこませてください。あの男は暗示にはとても弱いのです!!

きょうはここまでで、ブリュッヒャー氏とあなたに、私の妻と私からの心からの挨拶を送ります。あなたのゲアハルト・ショーレム［手書き］

［LoC、アーレントの遺品。原本。最後の段落のみ手書きの、タイプライター原稿］

1　Arendt, »Franz Kafka. A Reevaluation. On the occasion of the twentieth anniversary of his death«, in: *PR* 11, 1944, Nr. 4, S. 412-422. ドイツ語版 »Franz Kafka« は以下に収録 ── Arendt, *Sechs Essays*, S. 128-149〔『アーレント政治思想集成1』九六―一一一頁〕。

2　実際のところ、アーレントはラーエル・ファルンハーゲンについての原稿をその時点までに出版していなかったし、当時は出版の計画も持っていなかった。

3　念頭にあるのは〈アメリカ・ユダヤ人委員会〉〔英〕である。

4　一九四三年一〇月二八日付のアドルノ宛の返信で、ショーレムはとりわけこう記していた。「ロサンゼルスのような遠い海岸で、研究所〔社会研究所〕の委託であなたは何をなさっているのですか？　あなたの奥様のわずかの言葉から──私はそれで二重に喜びました、二年以上あとですので！──あなたが研究所で反ユダヤ主義と取り組んでおられることを知りました。それについては、お悔やみを申し上げるしかありません。昔からの歴史家として、私はもはや、このテーマに関して社会諸科学が何か重要な寄与を果たすことがあるとは信じることができません。［…］あなたが、〈アメリカ・ユダヤ人委員会〉〔英〕の忌まわしい同化者たちとそこで「協力しつつ」、いったい何を実現することができるか、口にすることができるのは、あなたと悪魔、あるいはむしろ悪魔の祖母のみでしょう。どうぞ悪しからず。とはいえ、ちょうど二日前に、あの〈委員会〉〔英〕の雑誌の二つの号を読んだのですが、その白痴ぶりと不誠実ぶりは、私を唖然とさせるとともに、一九一〇年の古ぼけた、きわめつけに古ぼけた、店ざらしの商品を思い出させたのでした」(Scholem. *Briefe* I. S. 290f.)。

5　ピール調査団がユダヤ人国家とアラブ人国家、およびエルサレム周辺の英国管理地区という分割案を提示した際に、英国によって一九三七年に一度約束された、委任統治領パレスチナの分割。

6　当時、〈アリヤー・ハダシャー〉〔へ〕は、公的なシオニストの政治上の敵対者のあいだで解決策として論議されていた、委任統治領の両民族主義(バイナショナリズム)か、連邦制か、分割かという選択肢に対して、明確な立場を提示していなかった。〈アリヤー・ハダシャー〉〔へ〕のメンバーだったジャーナリスト、ローベルト・ヴェルチュは、分割にもユダヤ人国家の創設にも反対していた。

7　「公的な政策」ということで念頭に置かれているのは、一九四二年以来シオニスト指導部によって唱えられてきた、ヨルダン川西岸のパレスチナ委任統治領の全域に一つのユダヤ人国家を建設する要求。

8　アーレントは「フランツ・カフカ」でこう書いていた。「かくしてひとは、いっそう深く思われる他の解釈を探しはじめた。そして、時流に乗って、宗教的現実のカバラー的な描写、いわば悪魔的な神学のうちに、その解釈を見出した。そのような誤解が可能であった理由は、もちろん、カフカの作品それ自体に存在している」(Arendt. *Sechs Essays*. S. 133f.〔『アーレント政治思想集成1』九九頁〕)。これについては以下も参照——Benjamin/Scholem. *Briefwechsel*. S. 157f.〔『ベンヤミン－ショーレム往復書簡』一九一頁以下〕。

(1)　ホルンベルク市で市民が領主歓迎の祝砲の予行演習をし過ぎて、肝心の本番では火薬が無かったことから、「骨折り損のくたびれ儲け」に近い意味で用いられる。

〔**15** アーレントからショーレムへ　ニューヨーク、一九四五年三月三一日〕

差出人——ハンナ・ブリュッヒャー　ニューヨーク州、ニューヨーク市九五番通り西、三一七

宛　先——ゲアハルト・ショーレム教授　エルサレム　アバルバネル通り二八

一九四五年三月三一日

親愛なる友へ——

ときにはよい例が手助けとなります。そのため私もすぐに折り返し返事をします。「アーカイヴ」のこと、とても楽しく思いました。あなたが同意されないのを私がほぼ確信している場合でさえ、私があなたに送っていることを、あなたはきっと理解されることでしょう——カフカ〔論〕の

場合のように。万が一、あなたに送らないことがあれば、私はたちまち、あなたに隠れて書いているような感覚に襲われることでしょう。残念ながら、〔『〕愛の概念〔』〕をお送りすることはできません[1]、私は〔盗んだ〕一冊しかもう持っていないのです。あの本がどこに行っても見つからないことは、あの本を数年来探してくれているいくつかの大学図書館から知りました。もしかしてヘンシェン・ヨーナス〔ハンス・ヨーナスの愛称形〕がもう一冊、持っている場合には、あなたにそれを盗む全権を差し上げます。それはとても愉快な研究です。なぜなら第一に、あの研究は存在しない言語で書かれているからです。そのことに、著者も、批評家も、さほど気づきませんでした。第二に、あの研究はそれ相応の尊敬にもかかわらず、あの聖なる人物を同時代の者としてだけでなくほとんど同世代の者としても扱っているからです――、この点はさすがに批評家たちの目を引きました。

〔『〕レコード〔』〕[2]――。この間、あなたは何を書かれたのでしょう??? あなたは、私に自分自身で一度、こう書かれました。「真のカバラー研究者」は単数でのみ存在する、と〔これは、私があなたの本の書評をいくつか読んだ後、盲目的に信じていることです〕。したがって、あなたは、この記事を書かないでいたことの償いをすぐに果たし、カバラー研究者でない者たちにも、真のカバラー研究者がいったいどんなことに取り組んでくださっているのか、伝えなければならないでしょう。私はほとんど怒りに駆られています。〔『〕レコード〔』〕は、おそらく破綻するでしょう。それは、とても親切で、英語がよくでき、〔雑誌の〕水準に関してたいへん優れた勘を持ち、ユダヤ的な事柄についてはさっぱり知らないグリーンバーグのせいではありません。そうではなく、幹部がこのように決定したからです。つまり、水準が高すぎるため〔原文のママ!〕、水準を下げ、より幅広い層の読者の手に届くようにしなければならない、と。この決定は、次の秋にはコーエン氏の指揮のもとで〔この人のファーストネームは意義深くも失念してしまいました〕進められるでしょう[3]。彼は、若き全盛期には〔『〕メノーラ〔』〕誌の〈共同編集者〉〔英〕であったそうで、その後、あるユダヤ系の〈福祉基金〉〔英〕の〈広報担当〉〔英〕〔あるいはそれに近いもの〕を担ってきました。雑誌は、「大衆」に影響を与えるために〈月刊〉〔英〕になりますが、そこには一つのものだけは欠けています。すなわち、影響を与えるような政治的な立場です。

私は先日ホルクハイマーと話し合い、彼がしていること、しようとしていることについて一時間以上、語らせました。何度も繰り返すまでもありませんが、彼はおよそ信じられないほどまったくのバカです。私は、ベンヤミンのテーゼの載った号をもう一度入手して、あなたに送るつもりです。私はあの海底のことをいくらか疑わしく思っています。[4]――ショッケンは、私と知り合いたいと神にも世間にも語っていますが、そのために一歩を踏み出すことはありません。[5]それでも、非ユダヤ系の雑誌の書評で私の名前を見つけて以来、彼はその企てに近づきつつあると思われます。彼がこちらでマックス・シュトラウスとともに彼の出版社をふたたび立ち上げ、最初の出版物としてあなたの本を持ち出していること、つまり新版の企画をしていることは、あなたもきっとご存知でしょう。私は、シュトラウスをつうじて、きちんとしたユダヤ系の雑誌を作ることを彼に提言させました。〔そういう雑誌なら〕きわめて当を得ていると思いませんか。[6]私は、彼に会い次第、もちろんベンヤミンの遺稿の刊行について、しつこく懇願に取りかかるつもりです。出版社は、おそらく本質的には、ショッケンの叢書を英語版に翻訳する場となるでしょう。それは、とてもお金になることでしょう。[7]――ハーウィッツは、〔『〕メノーラ〔』〕のための書評をいまだに印刷していません。[8]その理由には、雑誌が不定期にしか発行されないこともありますが、彼があの〈書評〉〔英〕を「〈重要〉〔英〕」だが理解できないと思っているからでもあります。あの本の新版が刊行されることを知って以来、あの書評がまだ出ていないことはむしろ望ましく思われます。新たな読者も新版を買うことができるまで、書評類をとどめておくのは、宣伝上の理由からはよいことでしょう。

パレスチナに関するあなたの説明は、私がずっと以前からこの事柄について聞いたり読んだりしてきたことのなかで、ずば抜けて理性的なものです。私は、〈分割〉〔英〕がそんなに多くを変えると信じていませんが、この件に関するその他の点で私たちは、私が敢えて期待していた以上に同じ意見であると信じています。あなたが〈アリヤー・ハダシャー〉[9]〔へ〕の一員でないことで胸のつかえが取れました。ヴェルチュは、まったく凡庸になっています――私はこれまで彼のことをそれほど評価したことはないのですが、いまや彼は大袈裟に語っています。他の人々の方がましだ、と言いたいのではありません。こちらで私は、小さな集まりでベン・トーヴ〔ベントーヴ〕という人の説明に耳を傾ける栄誉と喜びを持ちました。そこから、そのハショメルもまた、もはや両民族国家を信じていないということ、そして世界の出来事〈控えめに言えば〉〔英〕の最近の事情に完全に通じているわけではない、ということが分かりました。[10]ヴァイツマンがハルーツ運動をアメリカで興すためにこちらへやって来る、とこちらではみんなが語っています。それは、当然ながら、ただ「〈アメリカの技法〉〔英〕」に基づいて登場するでしょうし、〈かかる事情のもとであれば〉〔羅〕、やはり仕方がありません。[11] 明らかに高まっている反ユダヤ主義は、そのアメリカのユーデントゥームへの影響に関しては、またその他の点でもそうですが、まったく誤って評価されています。こちらでは、みんなが多少ともシオニスト贔屓で——反ユダヤ主義にもお馴染みになってて、それを〈異教徒〉〔イ〕の自然な生活形態と見なしているほどです。ユダヤ人は自分たちが〈キリスト教徒〉〔英〕に向けているのと同様に自然な不信によって、相手の反ユダヤ主義とつり合わせているのです。移住については、こちらでは誰も夢にも思っていないでしょう。結局のところ、それはヒトラー以前のヨーロッパにおいてほとんど同じでした。もっとも、もし明日誰かが、誰でも一度はパレスチナへ、というスローガンとともに旅行会社を設立するとすれば、私の推定ではアメリカのユダヤ人の半数が続々と保養旅行に出かけるでしょう。彼らはそのためのお金をたっぷり持っています。私が十分よく知っているこちらの比較的若い世代は、中欧のそうした世代よりも政治的には優れています。なぜなら彼らは、少なくとも部分的には、アメリカ的な自由の伝統から何かしら感じ取ってきたからです。もっともこの世代は、全体としては、なお古い図式に従った態度を取っています——つまり、一般的な性質を持ったあらゆる問題にはラディカルですが、ユダヤ人の政治が問題になるときわめて保守的で臆病になるのです。たとえば、ユダヤ人の相互扶助の仕組に攻撃がなされた場合には——「ああ、どうすればいいのか教えてください」と。——あなたは、〈シオニズム再考〉〔英〕が掲載され次第、それを手にすることでしょう。そもそも私はマイノリティ論の記事をあなたにお送りしましたか？（重要なものではありません。ただ、世界会議がマイノリティの権利をふたたび大声で叫んでいることに腹が立っただけです——あのやり方は、ユダヤ人たちに〈現状〉〔羅〕の〈回復〉〔英〕があり得ると吹き込むものでした[12]）。

あなたがこの手紙を受け取られたとすれば、おそらくヨーロッパではすでに、ぎりぎりのところ平和と呼べるものが始まっているかもしれません。にもかかわらず、私に用意ができているのはまずもって五分間、安堵の息をつくことです。私たちがこれまで一二年以上のあいだ置かれてきた抑圧なしにふたたび生きることができるとイメージするのは、なおほとんど不可能なぐらいです。そして、人がそうした抑圧のない状況に慣れる機会はこれからそう多くはないのではないか、と私は怖れています。

あなたとファーニアのご無事を祈って、〈ムッシュウ〉〔仏〕と私から心からのご挨拶を。

変わらない

あなたのハンナ。［手書き］

ショッケンから連絡があれば、すぐにお手紙します。

［NLI、ショーレムの遺品。原本。手書きの追伸のある、タイプライター原稿］

1　アーレントの博士論文『アウグスティヌスにおける愛の概念』。

2　『コンテンポラリー・ジューイッシュ・レコード』（CJR）。

3　「幹部」――AJCの理事会が『CJR』を出版していた――は、一九四五年の終わりに後継として新たな月刊雑誌『コメンタリー・マガジン』を創刊した。その編集者となったのは、エリオット・E・コーエンだった。アーレントは、一九四七年にショッケン・ブックスのもとで活動するあいだ、この雑誌と出版社との緊密な共同作業を提案した。彼女の見解によれば、その雑誌の文化的・政治的な方針は、ショッケンの読者層に合致していた。

4　ショーレムとアドルノとの書簡の多くがおそらく戦時中の船便の輸送途中に失われたという、ショーレムの発言に関連している。第10書簡および第14書簡を参照。

5　アーレントは、一九四五年八月にザルマン・ショッケンと個人的に知り合った。

6　「きちんとしたユダヤ系の雑誌」として、アーレントは、アメリカのユダヤ人のもとで同時代の議論を促進させる雑誌を提案していたのだと思われる。つまり、パレスチナにおけるイギリス委任統治時代の終わりをさまざまな立場から議論し、アメリカにおける独自のユダヤ人の政治を発展させ、ユダヤ人の歴史と伝統を活性化させる雑誌である。彼女は、約二年後に『コメンタリー』に、文化的に重要なのは現代的で世俗的な文化を仕上げる際にユダヤ人特有の伝統を組み入れることである、と書いている。「〈世俗化はもとより世俗的な学習でさえ、もっぱら非ユダヤ文化と同一視されるようになった〉〔英〕」。だからこそ、時代とともに歩もうとしたユダヤ人たちには、「〈彼ら自身の遺産に関して世俗化の過程を始めることもできたかもしれない〉〔英〕」ということが、一度も思い浮かばなかった（»Creating a Cultural Atmosphere«, in: *Commentary* 4. 1947. Nr. 5. S. 424-426〔アーレント『アイヒマン論争』八六―九一頁〕）。こうした意味で彼女は、ニューヨークの出版社ショッケン・ブックスでベルナール・ラザール、バルーフ・スピノザ、ヘルマン・ブロッホ、ヴァルター・ベンヤミンなどの〔著作の〕刊行に取り組んだ。

7　ショッケンは、ベルリンで一九三一年からインゼル叢書を手本に、ユダヤ系の著作の〔手頃な〕シリーズとして「ショッケン叢書」を創設した。

8　アーレントは、最初パレスチナで出版された『〈ユダヤ神秘主義の主潮流〉〔英〕』を受け取ったあと、彼女の覚書を『メノーラ』に掲載するよう、ハーウィッツに提案していた（本書「関連資料」四〇二頁以下を参照）。

9 第13書簡、注6を参照。

10 「ハショメル・ハツァイール」〔ヘブライ語で「若き見張り」〕は、青年組織およびキブツ運動から生じた左派シオニストの集団および政党。その指導部に、モルデハイ・ベントーヴが属していた。ハショメルは、ソビエト連邦との密接な関係、社会主義的な社会秩序、アラブ人の労働者層との共同作業のために尽力していた。彼らは、創設以来、両民族国家案を公式に支持していた〔第13書簡、注7を参照〕。一九四八年にハショメルは、マパム〔統一労働党〕の共同創設者の一つに数えられた。

11 「ハルーツ」〔ヘブライ語で「開拓者」〕は、シオニストの移民開拓者であり、とりわけ移住の第三波〔一九一九―一九二三年〕のキブツ創設の開拓者である。ここで「〈アメリカの技法〉〔英〕」で考えられているのは、宣伝と寄付金によって「〈エレツ・イスラエル〉〔へ〕」への入植と創設を促すうえで成果をあげた、アメリカのユダヤ人組織の政治である。

12 「世界会議」で念頭に置かれているのは、一九四四年のユダヤ人世界会議の集会。――アーレントのテクスト「マイノリティについて」は一九四四年に以下に掲載された――*CJR.* Nr. 4. S. 353-368〔アーレント『反ユダヤ主義』一七九―一九〇頁〕。

[16 ショーレムからアーレントへ　エルサレム、一九四五年八月六日]

ゲアハルト・ショーレム教授

エルサレム、一九四五年八月六日
アバルバネル通り二八

親愛なるハンナ様、

私たちがお互いに示そうとしてきたよい例も、すぐさまひどい停止状態に追いやられてしまいました。といいますのも、ずいぶんまえに受け取った三月三一日付のあなたの手紙が相変わらず返信されないままで、私の良心を咎めだてているからです。理由はたくさんあります。健康のことや、あらゆる種類の妨げ、予定の変更などです。それらのことはまったく弁解にはならないでしょう。ところで、この間に、クルト・ブルーメンフェルトがこちらにやって来て、彼の混乱した語り口で可能な限り、あなたについてのたくさんの刺激的なことを語り、あなたからの考え得る最良の挨拶を伝えてくれました。彼から詳しく聞きだそうとしたのですが、ひょっとするとあなたが考えられているほどは、もうだいぶ以前から、それは簡単ではなくなっています。彼は相変わらず魅惑的ですし、ときどき驚くべき直観と理性に溢れたことを口にします。しかし、それ以外のときは、完全な廃人同様です。自分自身のなかで身を持ち崩し、自分のことばかりに集中し、不意に生じる世界の出来事をほんの少し涙もろく分析します。相変わらず、彼の友人たちの水準はしばしば越えています、まあとにかくは。彼はあなたにすっかり魅了されている様子です、またあなたの夫にも同様に。それ以外で彼がアメリカについて語ったことは、明るくはありませんでした。

マイノリティについてのあなたの論文を受け取りました。しかし、シオニズム理論の再考についての、おそらくまだ掲載されていないエッセイは、受け取っていません。アーカイヴへの私の愛着のためにどうか貢献いただき、あなたが書かれるものはきちんとお送りください。幸いなことに、ヘブライ語を読むあなたの能力よりも英語を読む私の能力のほうがやはり上なのですから。あなたの博士論文の一冊をヨーナスから盗めるかどうかはまだ分かりません。彼は軍曹としてまだ旅団にいますが、この六週間内に動員を解除されて、イタリアからエルサレムに再入植するでしょう[1]。きわめて英雄的な意識を持った手紙を私は彼から受け取りました。彼はヒトラーに対する戦いを五年間ものあいだ空しく求め続け、ついに生き延びて戻って来るのですが、一四日前、彼の代わりに、彼と私の共通の友人で、あなたもおそらくご存知の文献学者ハンス・レーヴィが、まったく突然亡くなりました。彼が死ぬ可能性があることなど誰も考えていませんでしたし、彼本人がいちばん考えていなかったでしょう[2]。私たちにとっては恐るべきことです。優れた人々が死去してゆく一方(レーヴィはきわめて優れていました)、こちらで支払われる給料はとても安いので、私たちが常に求めているきら星のような人々とその業績は言うにおよばず、アングロサクソンの国々の三流の人物さえこちらに招聘することができません。こんな状態では、こちらの大学がどうなるか、誰にも分かりません。正教授はこちらでは、あらゆる物価手当込みで、目下三六〇〇ドル、受け取っています。四〇歳から五〇歳でこちらにやって来るためには、シオニズムが何千ドルの価値を持っていなければならないか、どうか推察してください。理想主義者として生き、二五歳の年齢で、月一五ポンドで最大の楽しみを見出すことは、私たちのような者にとってはたやすいことでした。もしもあなたが前途有望な三人の若者に、お金のことは別問題として、こちらの大学に来て、そこから世界的な名声を得ようと決意することがシオンにとってどういう意味があるかを分からせることができるなら――あなたはユダヤ民族に何がしかの寄与を果たすことになります。

そんなわずかのお金で獲得できるタイプの人物がときどきは実際に存在することを、私たちはそもそも考慮しておかねばならないでしょう。〈ニュー・スクール〉〔英〕のラーナー博士のことを、あなたもしくはブリュッヒャー――彼のことを知っているに違いありませんので――は、どうお考えでしょうか、私たちは彼を経済学の教授としてこちらに招聘したいと考えています。[3]もしもあなたがその人物をご存知でしたら、ひょっとすると私たちのために少し宣伝していただけるかもしれません。彼はとても才能のある人物だと私は耳にしています。

　四週間前に、研究所〔社会研究所〕のベンヤミン追悼号を、簡単な献辞付きで、ヴィーゼングルントから受け取りました。あなたのご尽力がうかがわれ、そのことであなたにもたいへん感謝します。[4]ヴィーゼングルントからは何年もひとこともありません。どうしてか分かりません。最初には終わりなき友情の誓いがありました。それから突然の大いなる空白です。追悼号の受領について、私は彼にすぐに手紙を書きました。[5]ゲオルゲについての彼の論考は十分興味深いものですが、生意気きわまりないもので、やはり部分的にはタチの悪いものです。まさしくベンヤミンが有していたもの、すなわち詩に対する理解という点で、誤解や明らかな無理解が見られます。寄稿論文すべてに見られる、文体の途方もない威勢よさに、私はぞっとします。ヴァルター・ベンヤミンの遺稿が今後どうなるのか、私には分かりません。いまや戦争が終わり、どうすべきか、私たちはそもそも熟慮しはじめることができるでしょう。この間に亡くなった妹さんが保持していた遺品の調査を、誰かがパリで行ったでしょうか？[6]　この間、こちらでアーサー・ケストラーと話す機会がありました。ひょっとすると才能のある作家でしょうが、人間としては〈タチの悪い人物〉〔仏〕で、とても不快な男なので、一度は自宅に招待しようという思いさえ、二度目に会ったときには撤回してしまいました。ベンヤミンのことについて話すために彼とは二度会ったのですが――彼がベンヤミンと同じ家に暮らしていたことがあるのを、あなたもご存知でしょう――、ヴァルターの性格について耐えがたいからかいを口にするのにうんざりさせられた挙句、こいつにとって肝心なのは自分自身の偉大さであって、他人の偉大さは自分の偉大さを際立たせる箔でしかないのだ、ということがすぐに分かりました。それで諦めました。彼に対する極めつけの侮辱は、私の妻がすぐにもやってのけました。遺稿については、彼はどうやら何も知っていません。ベンヤミンが手持ちのモルヒネの半分を自分に与えてくれた、と彼は言いました。ベンヤミンがもっと気前よくなかったのは残念です。というのも、友人ケストラーはリスボンで全部飲んで、ふたたび吐き出したからです。何て健康な若者でしょう！　モスクワ裁判についての彼の本が、唯一、私が彼のために褒めることができるものです。[7]

あなたは私が何を書いているか知りたがっていますね。私はさまざまな興味深いことをヘブライ語で書いています。それはあなたには役立ちませんが、学問には役立ちます。それにくわえて、この夏は腰を据えて、〔『〕〈主潮流〉〔英〕〔』〕の第二版を作らねばなりません。それはページ数を増やして、おそらくは二巻本で、来年アメリカで出版されるはずです。[8] それにはたいへんな労力が必要で、学期の始まりまでに終えられるよう、目下、その仕事に集中するよう試みています。それで、〔『〕レコード〔』〕のための意義深い記事については、さほど進みそうにありません。あの雑誌の新たなあり方を、どのみち私は気に入っていません。新たな方針についてのコーエン氏の送付物は、私も受け取りました。あなたの注釈がなければ、私はここで何が問題なのか、理解できなかったでしょう。[9] いずれにせよ、私の研究についてこの間、世の中にさらに追加して伝えたいと望んでいることを、あなたは多少とも満足しながら英語で読むことができるでしょう。私はいくつか新しい章を書き、他の章を膨らませ、それによって、次の世代の宗教史家と思慮深い人々に是非とも考慮してほしいと思っていることの概略をまとめます。もちろん、追加部分は、飛び切り秘密めかした暗示といったものより、歴史的な側面での積極的な情報と追加的な分析をより多く含むことになります。追加部分を私はヘブライ語で書いています。新しい翻訳者がその仕事をきちんとこなしてくれることを祈るばかりです。[10] 私は彼を厳しく監視しています。そのためには私の英語力で十分です。当然ながら、その本が印刷されるまでには、たっぷり時間がかかります。あなたの書評がそれより先に掲載されることがありましたら、お送りいただければうれしく思います。さもないと、あなたはあの書評をますます塩漬け状態に置くことになります。その仕事が終われば、ふたたび無味乾燥な学問と古文書学に取り組むまえに、いくつかのエッセイの仕事に勇んで向かうつもりでいます。

戦後五分[(1)]での私たちの出会いは、ヨーロッパでの戦争は終わったにもかかわらず、ご覧のとおり延期されています。いまでは詳細な報告の全容がこちらに届いています。それが関係者個々人に及ぼす具体的な影響は、何百万人の死を一般的に知る場合よりも、当然ながら遥かに深刻です。それらの情報が人々に及ぼしている破壊的な作用は途方もなく強烈です。この種のことなら知るよりも知らないほうがよかったと誰しも自らに言い聞かせていますが、それらの情報を避ける方法は存在しません。

ショッケンはどうやら最終的にアメリカから離れたようです。今年のはじめから彼のことはもう何も聞いていませんので、あなたが彼に会われたのかどうか、私は分かりません。彼は目下イギリスにいます。そこでさまざまな会議に顔を出してうまくいったはずがありません。彼にはもっと栄誉のある退場を私は願っていました。秋までに彼がこちらにやって来ることはなさそうです。ところで、マックス・シュトラウスはどうしていますか？ 相変わらず自惚れで膨れあがった輩ですか、それとも二八年前に私が見出した彼のよりよい側面がふたたび姿を見せていますか？[11] もちろん、彼は知性を欠いているのではないのですが、際限なく堕落しました。

妻がくれぐれも挨拶をと申しています。この一〇日間、彼女はきわめて不快なリューマチないしはそれに類した病気を抱えて、ベッドに横たわっています。とはいえ、そちらであなたとお会いするよりも先に、こちらであなたと私たちが会うこともまったくあり得ないことではないと、ブルーメンフェルトからうかがって、私たちはうれしく思いました。あなたがその決断を実行されるなら、心から歓迎することを保証します。さしあたりは、この悪い例によい例で報いて、このいささか長くなった手紙にすぐに返信をください。

あなたがたお二人に心からの感謝を

あなたの

ゲアハルト・ショーレム［手書き］

［LoC、アーレントの遺品。原本。タイプライター原稿］

1 旅団については第3書簡、注2を参照。

2 ヘブライ大学で古典文献学を講じていた親友で同僚だったハンス・レーヴィのために、ショーレムは追悼文を起草した。「一九四五年一一月一八日、ヘブライ大学の追悼式で語られた、ヨハナン・レーヴィを追憶する言葉」。以下に（ヘブライ語で）印刷されている――Gershom Scholem. *Es ist etwas daran* (hebr.), 2. Teil, Jerusalem 1975.

3 エッバ・P・ラーナーは、一九四四年に、市場社会主義的なさまざまな考えで特徴づけられる著作『〈制御の経済学――福祉経済の諸原理〉〔英〕』で有名になっていた。

4 ショーレムのベンヤミン・コレクションに保管されている追悼号には、小さな紙が挟みこまれていて、「〈ショーレム様／よろしく〉〔英〕／A」という鉛筆での手書きの挨拶が記されている。追悼号の印刷された献辞は以下のとおり。「これらの寄稿論文を私たちはヴァルター・ベンヤミンの追憶に捧げる。巻頭の歴史哲学テーゼは、彼の絶筆である」。

5 一九四五年七月四日付、ショーレムのアドルノ宛の書簡。

以下を参照——Scholem. *Briefe* I. S. 299.

6　ヴァルター・ベンヤミンの妹、ドーラ・ベンヤミンは当時チューリヒで暮らしていて、一九四六年にそこで亡くなった。彼女は、兄の遺稿のうち自分の手元にあったものを、兄の死後、一九四一年にマルティン・ドムケを介してニューヨークのアドルノのもとに届けるよう、手配した。第4書簡、注13を参照。

7　Arthur Koestler. *Darkness at Noon.* 1940〔アーサー・ケストラー『真昼の暗黒』〕(ドイツ語版——*Sonnenfinsternis*)。

8　『〈主潮流〉〔英〕』の第二版のために計画されていた増補については、第10書簡を参照。

9　グリーンバーグの編集していた『CJR』はコーエンの編集する雑誌『コメンタリー』によって一一月に引き継がれた。第15書簡を参照。

10　一九四一年の『〈主潮流〉〔英〕』初版のための原稿をショーレムはドイツ語で書いた。それは、ジョージ・リヒトハイムによって英語に翻訳された。計画されていた、ヘブライ語で書かれた増補部分の「新しい翻訳者」に誰が予定されていたのか、不明。

11　ショーレムはマックス・シュトラウスに一九一七年にベルリンで初めて出会った。そのすぐあとに、彼を介して、ショーレムは作家アグノン——シュトラウスはアグノンの最初の翻訳者だった——およびザルマン・ショッケンと知り合った(以下を参照——Scholem. *Von Berlin nach Jerusalem.* S. 103-105. 119〔ショーレム『ベルリンからエルサレムへ』九八—一〇二頁〕)。

(1)　アーレントが第13書簡で、ヤロスラフ・ハシェクの『兵士シュヴェイクの冒険』を踏まえて、五時に会おうと綴っていたことと関連しているだろう。

[17　アーレントからショーレムへ
ニューヨーク、一九四五年九月二二日]

ニューヨーク州、ニューヨーク市二五、九五番通り西、三一七

一九四五年九月二二日

親愛なるゲアハルト様——

私は、本来ならばハンス・レーヴィの死後すぐに、あなたにお手紙しようと思っていましたが——そうはしませんでした。おそらくご存知でしょうが、エルサレムからの電報は兄がいることを知らせてはくれなかったので、グリューネヴァルトと私があちらへ赴かねばなりませんでした。家族に報告すること、それは本当に困ったことでした。そうこうするうちに、私たちはみんな、二、三週間前そこに

いました――すなわち、プリンツ、グリューネヴァルト、ティシェルです。[1] いささか幽霊じみた様子でした。映画館を所有する博識な兄がいて、彼にくっついている妻、そして母親です。母親は、身体的には若々しく生き生きとしていますが、どういうわけかもはやひとことも言葉を発しません――私の思い違いかもしれませんが、年寄りにはよくあることです（どうか神様が私たちを老人の心の惰性からお守りくださいますように）。私はレーヴィのことをほとんど知らず、エルサレムにいた当時に初めて知り合い、彼のことをとても好ましく思っていたのですが、彼の家族の雰囲気には不快な印象を持ちました。[2]

クルト・B〔ブルーメンフェルト〕には親切にしてあげてください。あなたが正しくも言い当てましたように、彼はいまなお、彼がいつも喧嘩してもいる彼のどの友人たちよりもずっとよい人です。私が彼のことを好ましく思ってきたのは、彼がどんな欠点を持っていようと、まぎれもなく肉と血からなる一人の人間であって、幽霊ではないからです。アメリカに関する彼の判断は、まったくもって一面的です。彼は、この国の基本的な悪習のいくつかを目にしてきたにもかかわらず、この国のことを一度たりとも理解したことはありません。もっとも、大学のこと、そして人々を比較的わずかな給料でエルサレムに受け入れる可能性に関して言いますと、あなたは思い違いをしています。お金が問題ではありません。あなたがたにとってハンディキャップとなっているのは言葉の問題です。忘れないでいただきたいのですが、あなたにとってヘブライ語を学ぶことは同時に専門に関わることですが――、経済学者や歴史家や物理学者にさらに追加した努力が要求される場合は、まったく話が違います。私は、自分の苦い経験から、いかに西欧言語――英語やフランス語――の学習とヘブライ語の学習が異なっているかを理解しています。ヘブライ語の学習は、成人でありながら、あるいはいずれにしろ慢性的に過剰な負担をおった人間でありながら、数年間の自分の仕事を犠牲にしなければならないことを意味しています。そしてこの犠牲は、金銭の犠牲よりもかなり重いものです。このことは、ごく若い人々については異なるかもしれませんが、一定の年齢を経たのち、人がおよそまったく別の言語を否応なしに習得しなければならないとすれば、そうした課題はただパニックを引き起こすだけです。あなたがこんなことを聞きたくないのは分かっています。しかし、私の言うことを信じていただきたいのですが、「世界的な名声」についても、この件の金銭的な面についても、あなたは正しくありません。私は、〈ニュー・スクール〉〔英〕のラーナーのことを知りません。ただ、それが〔『〕PM〔』〕と〔『〕リパブリック〔『』〕に寄稿し、その傍らでときおり講義もしている、あのジャーナリストのラーナーではないことを望むばかりです。[3] といいますのも、それなら私は彼を知っていますが、彼とは再会したくないからです。まるで、ウィーンかその他の場所からやって来たかのような、本当のユダヤ人ジャーナリストです。

ベンジ〔ベンヤミン〕の遺稿に関してあなたの言われているることがよく分かりません。彼の妹はとても重い病気ですが、私の知る限り、亡くなってはいません。彼女はスイスで生活していて、私たちは、つい最近、彼女と会って話をしたというスイスからの来訪者と、二、三週間前にこちらで会いました。これに対して、ゲオルクは、強制収容所でどこかの時点で〔私が思うには五年前にはすでに〕殺害されました。[4] 妹がベンヤミンの遺稿を手にしたことはありませんでした。遺稿は、彼の最後の手紙で、彼からの遺産として、はっきりと研究所〔社会研究所〕に委ねられました。それはこちらに到着しました――そして、まだ誰もそれを目にしたことがありません。本質的に重要なのは、彼自身が〈国立図書館〉〔仏〕にしまい込み、誰かがパリからこちらへ持ち出したいくつかの箱です。[5] ホルクハイマーは、金庫にしまっていると主張していますが、ただし、どこにその金庫があるのかは確かめられていません。すでにあなたに書きましたように、私はあの連中と張り合うことができません。私は、もしかしたらショッケンが刊行への決心をして、私が彼らに対して一押しできるのではないかと小さな期待を抱いていました。しかし、あなたもご存知のように、ショッケンはもっぱらユーデントゥームの「永遠の価値」に取り組んでおり、ベンヤミンをそこに属する者と見なさず、私には文字どおりこう説明しました。自分にとっては、カフカさえ、すでに〈境界事例〉〔英〕なのだ、と。彼はシュトラウスに手助けされています。シュトラウスは、まずあまり仕事ができませんし、それにおそらく、ショッケンがなさねばならず、なし得るかもしれないいくつかの重要な事柄について、彼自身はさほど関心がありません。

ケストラーについては、もちろんあなたのおっしゃるとおりです。彼は、それでも何とかよいルポルタージュをさらに書きました――〈大地の屑〉〔英〕[6]――概して彼は、彼のきわめてハンガリー的な飾りたてと無教養において、一般的な精神の状態を示すよき計測器です。彼もまた、精神科医のフリッツ・フランケルと一緒にドンバル通り一〇に住んでいました。この医師もまた、そうこうしているうちに亡くなりました。

私たちはみんな、〔『』〕〈主潮流〉〔英〕〔『』〕の増補版を心待ちにしています。私はそれまで私の書評を引っ込めておくつもりです。それは現時点では本当に意味のないものになってしまうでしょうから。〔『〕メノーラ〔』〕、すなわち、まずは原稿を印刷しない術《すべ》において、続いて原稿を手放さない術において、いずれも天才であるハーウィッツは、いまでも私の書評を手にしていて、それを理解できないときおり愚痴をこぼしています。〔「〕〈シオニズム再考〉〔英〕〔」〕は、一〇月か一一月にはとうとう掲載されます。とても残念なことに、それは古びたものにも時代遅れのものにもなっていません。

あの恐ろしい知らせに関しては――私がもっとも恐れているのは、どのように人々がそれに反応するか、あるいは反応しないかということです。あなたはおそらく、〔『〕アウフバウ〔』〕でヤスパースのハイデルベルク大学での就任講演から数行をお読みになるでしょう。私はそれを偶然にもドイツの新聞から手に入れました。[7] 彼は、これまでのところ、はっきりと形而上学的な〈ショック〉〔英〕を受けた――どんな国籍であれ――初めての人物です。それなくしては引き続き頭を悩ませることが本当に無意味となってしまうような〈ショック〉です。〈ムッシュウ〉〔仏〕も私も、二人ともが少しは救われています。なぜなら、私たちはもはやそれほど孤独を感じていないからです。もちろん、〈ムッシュウ〉〔仏〕は、何といってもドイツ人ですから、なおいくらか孤独を感じています。それは、目下のところ本当に喜ばしくないことです。こちらでは、非ユダヤ人と同様にユダヤ人によって広く支持されているドイツ的な社会民主主義が、古い国家主義的な角笛を鳴らしています――それがあまりに際限なく激昂しなければおもしろいものになり得るでしょう。そして私たちのもとでは、「だって、私はありがたくもあんなふうにはなっていないもの」という気分が、あの破局への本当の洞察として、ますます大手を振っています（私はあなたに、ついでにこの件に関する二つの記事を送りました。一つは今年初めの〔『〕ジューイッシュ・フロンティア〔』〕のもので、こちらでは注目を集めました――つまり、増刷しなければなりませんでした。あなたはそれらを受け取られましたか？　あなたはいつも保存用の一冊を受け取ることになっています。あなたに送らないとすれば、これらのものをいったい誰に送るべきでしょう！）。[8]

戦争はいまや原子爆弾によってようやく終わりました。それはおそらく、私たちについ先ごろまで欠けていたすべてのことのようです。勝利の陶酔にいたるあらゆる理由が存在していておかしくないのですが、こちらでは勝利の陶酔はありません。その代わりにあるのは、差し迫る失業を理由とした暗黙のパニックと、産業における階級闘争の激しい噴出です。ヨーロッパと同様こちらでも、もはや戦争ではなく失業が本当の地獄であると受け取られていて、人々はとにかく失業さえしなければ、ますますあらゆることを行う覚悟がある、つまり戦争に備え、戦場に赴き、民族を根絶する等々の覚悟があるとの印象を、私は抱いています。確かに、私たちが学んでしまったように、「仕事」といってもたくさんありますからね。

ファーニアによろしくお伝えください。リューマチがまたよくなりますように。それがとても嫌なものであることは、私も経験からよく理解しています。さて、戦後の五分のことですが、私たちはいまだにあの角のカフェでお会いする約束ができずにいます。

心からのご挨拶を
あなたの
ハンナ。［手書き］

〈ムッシュウ〉〔仏〕がくれぐれも挨拶をと申しています。

［NLI、ショーレムの遺品。原本。タイプライター原稿］

1　ラビのヨアヒム・プリンツならびに、ラビで〈中欧ユダヤ人アメリカ連盟〉〔英〕の指導者マックス・グリューネヴァルト。ティシェルについては不明。

2　アーレントがハンス・レーヴィ（第16書簡を参照）と知り合ったのは、一九三五年にパレスチナを旅していたときのことだった。そこで彼女は、青年アリヤーのための仕事をしていた。「［…］私は当時、彼のことをとても好ましく思っていました。彼は物事に本当によく通じていて、言葉の最良の意味で、きわめて教養のある人でした」（一九四五年八月二日付のクルト・ブルーメンフェルト宛の手紙）。

3　マックスウェル・アラン・ラーナーは、『ニュー・リパブリック』およびニューヨークの左派系日刊紙『PM』に寄稿していた著名な左派コラムニストだった。彼は四〇年間、副業として〈ニュー・スクール・フォー・ソーシャル・リサーチ〉〔英〕で教えていた。

4　ゲオルク・ベンヤミンはヴァルター・ベンヤミンの弟。

5　アーレントの誤解。まだ〈国立図書館〉〔仏〕にあったベンヤミンの遺稿については、第4書簡、注13を参照。

6　Arthur Koestler, *Scum of the Earth*（ドイツ語版 —— *Abschaum der Erde*）, New York 1941.

7　カール・ヤスパースの講演「大学の革新 Erneuerung der Universität」は、一九四五年八月一五日にハイデルベルク大学の医学コースの開講に向けて行われ、以下に初めて掲載された —— *Die Wandlung* I, 1945/46, S. 66–74（以下も参照 —— Arendt/Jaspers, *Briefwechsel*, S. 58f.〔『アーレント＝ヤスパース往復書簡1』二六頁〕）。

8　ここで問題となっているのは、以下に掲載されたエッセイ「組織された罪と普遍的責任」である —— *Jewish Frontier*

12, 1945, Heft 1, S. 19–23〔『アーレント政治思想集成 1』一六五―一八〇頁〕。このテーマに関する第二のテクストは、「ドイツ問題へのアプローチ」であると思われる――*PR*, 1945, Nr. 1, S. 93–106〔『アーレント政治思想集成 1』一四五―一六四頁〕。

〔**18** ショーレムからアーレントへ
エルサレム、一九四五年一二月一六日〕

G・ショーレム教授

エルサレム、一九四五年一二月一六日
アバルバネル通り二八

親愛なる友へ、

九月二二日付のあなたの手紙は、とても遅れてこちらに届きました。ですがそれ以降、由々しきことに、私もまたあなたにお返事することなく数週間を過ごしてしまいました。その一方、友好的な贈り物をすることで埋め合わせができると思っています。それを同日付の便ですが、普通郵便で送付します。私はヴァルターの二つの論考をお送りしますが、それは差し当たり、ただあなただけに向けられたものです――あるいは、それらを公表する可能性を有しておられれば〔他に回していただいてかまいません〕。その論考とはすなわち、ヘルダーリンの二つの詩「詩人の勇気」と「内気さ」に関するものと、フランツ・カフカに関するものです。[1] ほとんど四年ものあいだ私に一行も手紙を書かず、数カ月前に研究所〔社会研究所〕が当時発行した追悼号を一冊、手紙を添えるわけでもなくただ送ってきたヴィーゼングルントの態度は不可解なものですし、研究所に属している遺稿をことごとく出し惜しみしている彼らの不可思議なやり方について、あなたからの親切な意見も聞きました。そのため私は、この二つの論考を研究所へ送るのではなく、まずあなたに委ねようという気持ちになったのです。もしあなたが、法律関係について私をいくらか啓蒙してくだされば、私はそういう事柄に関して素人ですので、たいへん感謝します。研究所が所有しておらず、私やあなた、あるいはその他の人のもとにあるベンヤミンの未公刊の著作の所有権は、一体誰が有しているのでしょう？　戦争が終結したいま、彼の妻は何を持っているのか、場合によってはベルリンのグスタフ・グリュックやエルンスト・シェーンなどのもとには何が残されているのかを確かめることができるはずです。研究所がこれらの原稿の所有権を有しているのは、あり得ないことではないでしょうか？　あなたにお送りした二つの論考に関しては、それらが研究所にあるはずがないと確信しています。チューリヒにいるヴァルターの妹から最近手紙を受け取りましたが、彼女は詳細を述べずに、奇妙に形式ばって、フランス語の雑誌のヴァルターの追悼号に協力するよう依頼してきました。私は彼女に、ヴァルター自身の著作が陽の目を見ることのほうが、彼についてのどんなに優れた論文よりも重要であると返事をしたためたのですが、彼女は後者〔ベンヤミン論〕の形で力を尽くしたいようです[2]。そして、私たちはいままさに遺稿の話をしているのですから、彼の手紙のコレクションが私にはたいへん高い価値を持つように思われるということを、あなたにも伝えておきたく思います。それらの多くはやはりまだ存在しているに違いありません。彼が比較的頻繁にやり取りしていた相手を知っている人が、何人もいることでしょう[3]。一九三〇年までの時期に関しては、もちろん彼の以前の妻がそのことをもっともよく知っているでしょう。これらの手紙の受取人が手紙を隅に打ち捨てていないか、私は心配しています。もちろん、他のすべての事柄と同様、この件に関しても言葉の問題があります。原文の文体の魅力は翻訳できないものですし、彼の手紙の文体の魅力はなおさらそうです。

先週、私の本の第二版のために原稿をアメリカへ送りました。一五カ所ほどの比較的長い増補を付け加えた、初版の改訂版です[4]。その際、私にとって大きな失望と断念がありました。私が夏のあいだじゅう新しい章による増補に取り組み、すべてをヘブライ語で書き終えたあとになって、頼りにしていた、その能力も申し分なかった唯一の翻訳者が私を見捨ててしまいました。じつに難解なテクストの読みやすい英語へのきちんとした翻訳をできる限り実現するという絶望的な試みが、頓挫することになったのです。パレスチナでは英語への翻訳は、ただ脆弱な基盤で、政治的なプロパガンダなどのためだけになされ得るということを、想像してみてください。ショッケンは、アメリカでもドイツ語からの翻訳者しか知らない、と言いました。私は、これらのあらゆることにまったく消耗し、私自身の著作にもはやすでに我慢ならなくなっているので、一一五〇年から一二五〇年にかけてのカバラーの成立について書いた、無意味になった箇所すべて（およそ一二〇―一四〇ページ分）をもう一度ドイツ語で書き下ろす気には到底ならず、この本がともかくも有している、いわば「古典的」な形式にとどめておき、欠けているものはすべて別の本で埋め合わせるほうが望ましいと決断するにいたりました。来年中に、この夏の仕事をヘブライ語で小冊子として出版できればと思っています。[5] もしかすると、ただ息を長くして十分に待っていれば、英語に関してもきちんとした翻訳者が見つかるかもしれません。ショッケンは、別冊の形でも快くそれを出版してくれるでしょう。したがって、私はあなたがたみんなをおよそまる一年間ほど無益に待たせてしまったことになります。というのも、当然ながら、いまのものと同様の新版を、当時すでに出版できたはずですから。他方ではしたがって、書評を書き換えていただく必要はありません。ちなみに、あの最後の一文は、[6] 歴史の推移に関するある見解を不当にも私に帰したものでしたが、私はその見解を心の底から拒絶することができますし、そもそもそれと関わる私の結論部のなかには、あのような見解を私に押し付ける十分な根拠をあなたはまったく見出せないでしょう。[7] しかし、これはたいしたことではありません。著者が書評者に影響を及ぼそうと望むことほど、誤ったことはありません。

こんな具合で、この本と翻訳の苦悩にまったく集中していましたから、私はあなたの友人クレメント・グリーンバーグのためのエッセイもまだ書いていません。来年、すなわち、三月一日から一一月一日まで、［私は］いわゆるサバティカルです。もともとは、手稿の研究を終わらせるためにイギリスへ行くつもりでした。しかし、真剣に吟味したあとに気づいたのは、抱えている創造的な仕事をこの貴重な時間に可能な限り集中的に進め、とりわけとっくに時期を逸してしまったサバタイ主義についての長大な本を完結させてしまうほうが、結局のところ本来は画期的なことがもはや期待できない五〇の手稿に目を通すよりもいっそう重要だ、ということでした。[8] そのため、こちらで、あるいは集中することにいっそう適しているならせいぜいキプロスで、仕事に費やすことのできる有益で多くの時間を期待しています。しかし、私たちがおそらくは目に涙を浮かべて意見の一致を見るであろう政治が、この最後の瞬間に砲撃戦あるいはレボルバーの一撃でこの高貴な計画を消し去りはしないかどうか、私はむろん予測できません。ともかく私が言っておきたいのは、こちらで支配的な、イギリスに対する度を越して厳しい態度を見て多くの人が推測していたよりも、当面のところは平穏な状況が続いているということです。[9] あなたには以前の手紙で、このような趣旨の予言をすでにしていたと思います。[10] イギリス人がこれといった挑発を行わなければ――むろん、こちらではどの隠れた手によって糸が引かれているのか、そんなに正確に言うことは誰にもできないのですが――この冬に何か変わったことはほとんど起こらないだろうと考えています。思うに、そのことに大きく寄与しているのは、この時点でこちらでは、私たちが決議において叫び求めていた、現実的な大衆の受け入れに対してまともな準備がまったくできておらず、トルーマン氏の一〇万人のユダヤ人が合法的に明日にでも移住してくれれば、破局を引き起こすことになるだろう、という広く行き渡っている感情です。[11] もちろん、それなりに意味のあるこの考え方は、若者の行動への渇望を抑制することはないにしろ、多くの人々がそれに関連することを熟考する際、とても大きな役割を果たしています。

ショッケンがこちらにやって来て、何一つ決断できずに、数カ月滞在しています。彼は、二カ月にわたる私との話し合いと対話の後でさえも、私のカバラー研究所を五年間財政支援することに署名できずにいますし、[12] 常軌を逸したひどくくだらないおしゃべりをしていますが、結局のところ、それなりに聡明ではあります。この紳士を手助けすることはもはやできません。ハンナ・ブリュッヒャーの件での彼に対する私の非難を、そちらでもお聞きになったでしょうが、ツヴィッカウの世界の流れのなかであれほど印象的に形成された性格を、誰も変えることはできないでしょう。[13] とはいえ、またいつか、この奇妙な人物の分析をまったく無償であなたに提供できればと願っています。ふたたびマックス・シュトラウスのことですが、彼はまったく自然で怠惰な態度を有していて、あの態度のおかげで、他人は快く語るように仕向けられ、そのことをうれしく思いもするのです。そういう計り知れない貴重な長所をシュトラウスは持っています。あなたはそのことを忘れてはなりません。そして、私の記憶が確かであれば、あの性質は一九一七年にすでに私の心を捕えていたのでした。彼自身は、あなたが書いておられるように、ショッケンがなし得るいくつかのことにそれほど興味を持っていないだけでなく、本当のところはそれよりずっと慎ましやかです。つまり、そもそも彼は何事にも関心を持っておらず、それが彼の力となっているのです。それは、果てしのないものを暗示はしても、何一つ成し遂げはしない、きちんとした風貌の老紳士が噛み殺している欠伸のようなものです。

まったく散発的にしか『アウフバウ』を読んでいないのですが、あなたが言及しておられたハイデルベルク大学の開講に際してのヤスパースの演説を、近々私たちの友人ヨーナスから受け取ることができればと思います。彼は静かなうなりをあげながら、ユダヤ人旅団から市民生活に戻ってきました。そして、あなたの興味を引くことと思うのですが、こちらで若い女性と結婚しました。その女性は、ファーニアと私の確信に従えば、彼にとてもお似合いで、とてもすばらしい心情の持ち主です。[14] ヨーナスはゲッティンゲン大学の一九四五年冬学期の講義一覧を一緒に持ってきてくれたのですが、それもまたまんざらのものではありません。そこから読み取れるのは、ゴーガルテンのような神学的な豚が引き続き公職に就き、当然もはや何も期待できないエマニュエル・ヒルシュだけがただ一人逃げ出さねばならなかった、ということです。私たちはヨーナスから、大学の進展についてさまざまな興味深いことを聞きました。彼自身は、どうやら自分自身の哲学体系をこちらで築き上げたいと思っているようです[15]。

言葉の問題に関して、あなたの意見はもちろんまったく正しいものです。しかしながら、もし私たちが申し分のない金額を支払うことができれば、いっそう確実に優秀な人材を採用することができるでしょう。驚くことにあなたがご存知なかったラーナーも(彼はジャーナリストではなく、エッバという名前の経済学者です)その間に申し入れを断りましたが、彼はヘブライ語を身に付けていましたので、きっと言語上の理由からではありません。私たちがふさわしい後継者を得る難しさは、異常なほどに増しており、私たちはそのことを十分心得ています。

本日のところは筆を擱かねばなりません。上述した原稿が普通郵便で届くまで返事を控えるのではなく、一通よりも二通書いてくださることだけをお願いしておきます。クルト・ブルーメンフェルトが(彼についてはまた別の機会に)、場合によってはあなたがご主人と一緒にこちらにやって来ることを望んでいると語っていました。しかし、そのことについてあなた自身の手紙のなかでは何も言われていませんでした。彼はどこでそのことを知ったのでしょう? ひとりでに生じてきたことでしょうか? あなたを切に必要としている、パリの青年アリヤーに参加する気はまったくありませんか[16]?

考えられる限り、ありとあらゆる方面の人々に、よろしくお伝えください。そして、あなた自身に心からの挨拶を送ります

あなたの

ゲアハルト・ショーレム［手書き］

心からのご挨拶を

きみの

ハンス・J

［LoC、アーレントの遺品。原本。ハンス・Jの挨拶のみ手書きの、タイプライター原稿］

1　この論考は»Zwei Gedichte von Friedrich Hölderlin«(*Gesammelte Schriften* II-1, S. 104-126〔ベンヤミン『ドイツ・ロマン主

義における芸術批評の概念』二六七—三三〇頁)と、ベンヤミンの生前には部分的にしか発表されていなかったカフカについてのエッセイの完全な原稿(»Franz Kafka. Eine Würdigung. Zur zehnten Wiederkehr seines Todestages«)を指している。初出は以下——*Jüdische Rundschau*, 1934, Nr. 102/103, S. 8ff. und Nr. 104, S. 6ff. (GS II-2, S. 409-438『ベンヤミン・コレクション2』一〇七—一六三頁)。

2　この時期の、二次文献を掲載するフランス語の本については不明。ベンヤミンの友人ピエール・ミサの翻訳により、一九四二年にアドルノとホルクハイマーが公刊した版で「歴史哲学テーゼ」が一九四七年に出版された(»Sur le concept d'histoire«)。このフランス語訳は以下に収録——*Les Temps Modernes* 2, 1946/47, No. 25, 1947, S. 623-634, Oktober 1947.

3　存在しているかもしれないベンヤミンの手紙を入手し、収集するために、ショーレムは——アーレントの援助のもと——戦争直後に何人ものヴァルター・ベンヤミンの友人と手紙のやり取りをしていた。そのなかには、エルンスト・シェーン、グスタフ・グリュックとドーラ・ベンヤミンに加え、ハンス・コーンとフリッツ・リープがいた(以下を参照——NLI, Arc 4° 1598, 1)。

4　『〈主潮流〉〔英〕』の第二版は、一九四六年にニューヨークのショッケン・ブックスで、改訂版として公刊された。しかしながら、計画されていた、ヘブライ語による膨大な増補はなく、とりわけ、企図されていたカバラーの始まりに関する新たな章は組み込まれなかった(第16書簡を参照)。

5　一九四六年に、論文「カバラーの起源」(ヘブライ語)が以下に掲載された——*Buchreihe im Gedenken an Bialik* (hebr.) 10, 5702, 1946/7, S. 179-228.

6　書評の原稿の最後の文章にはこう書かれている。「〈神秘主義的思考が行為と私たち自身の歴史の政治的な現実化に向けて私たちの意志を駆り立ててきたことに私たちがどれほど魅惑されようとも、私たちが忘れてはならない事実がある。すなわち、自らの政治的運命についての決定は、究極的には人間に課せられているのであって、その破局的な歩みをショーレムが私たちに明らかにしてくれた「不可視の流れ」に課せられているものでは決してない、ということである〉〔英〕」(以下を参照——Scholem, *Briefe* I, S. 449)。一九四八年に掲載された版では、この最後の数段落は削除された(本書の「関連資料」に収録されている完全な形のテクストを参照。本書四〇二頁以下)。

別のところで、アーレントは神秘主義の運動についての彼女の解釈をいっそう明瞭に記している。「二〇〇〇年にわたるディアスポラの推移のなかで、ユダヤ民族は二回だけ直接的な政治的行動によって状況を変革しようと試みた。最初の試みは、サバタイ・ツヴィー運動であり、ユーデントゥームの救済のための神秘主義的・政治的運動だった。それは、ユダヤ民族の中世を破局のうちに終わらせたのだが、この破局の結果は、二〇〇年以上にわたり、ユダヤ民族の態度と基本的信条を決定することになった。ユダヤ人たちが一六世紀半ばに、自ら「メシア」と名乗ったサバタイ・ツヴィーに従い、パレスチナへ帰還しようとしたとき、彼らは、メシア的な千年王国への希望がいまや叶えられると信じたのだった。ツヴィーの時代まで、彼らが共同体の問題を解決できたのは、想像の領域にのみ存する政治の手段によって、つまり、前史への想起と遠い未来への希望によってだった。サバタイ・ツヴィーの運動とともに、この何百年と続いた想起と希望が、熱狂的な一瞬のうちに頂点に達した。この破局的な余波により――おそらく決定的に――終結したのは、ただ宗教だけが、政治的、精神的、そして世俗的欲求の充足を可能にする確かな枠組みをユダヤ人たちに提供できた時代だった。[…]ユダヤ教の世俗化は、最終的に、ディアスポラを終結する二つ目の試みで頂点に達した。それはシオニズム運動の台頭だった」。ヘルツルの『ユダヤ人国家』の公刊五〇周年記念に書かれたこの論文の結論部分で、アーレントはサバタイ主義について再度言及している。「ヘルツルの教義は、反ユダヤ主義の持つ有益な性質に抱いていた元来の信頼をいまや奪われており、自殺行為に等しい身振りをするよう鼓舞できるだけである。そしてその教義の目的のために、死に通じた人間たちの持つ生来のヒロイズムが、簡単に搾取され得るのである。[…]ヘルツルのシオニズムのなかには、抑止力として作用し得るものが何もない。反対に、彼が政治的行動へのユダヤ人たちの意志を飾りたてるために用いる、ユートピア的でイデオロギー的な性質は、まず間違いなく、ユダヤ人たちをただもう一度現実から――それとともに、政治的に行為がなされる領域から――引き離すことになるだけだろう。パレスチナで破局にいたるとき、世界中のユダヤ人たちに、そしてユダヤ民族の歴史に将来どのようなことが降りかかるのか、私には分からないし、まったく分かりたくもない。しかし、サバタイ・ツヴィーのエピソードとの類似性は、驚くほど顕著になってきている」。以下を参照――Arendt, »The Jewish State: 50 Years After. Where Have Herzl's Politics Led?« in: *Commentary* 1, 1945/46, Nr. 7, S. 1-8. ドイツ語版 »Der Judenstaat: Fünfzig Jahre danach, oder: Wohin hat die Politik Herzls geführt?« は以下に収録――Arendt, *Krise des Zionismus*, S. 61-81〔アーレント『アイヒマン論争』一九二―二〇九頁〕。

7 ショーレムは、彼の本の結論部で、ユダヤ神秘主義の最新の展開についての解釈として、ある歴史を描写している。その歴史が明らかにしているのは、幾世代ものハシディズムの説教者たちによる伝承を経たのちに、どのようにして神秘的な出来事についての物語だけがわずかに残るにいたったのか、である。そして、それでもなお、神秘もそのなかでまだ力を有しているとされる。「それと関わる結論部」ではこう書かれている。「[…]〈結局のところ、神秘のなかで残っているものはすべて物語だった。それが、私たちがこんにち存在している場、あるいはユダヤ神秘主義が存在している場である。物語は終わっていないし、まだ歴史になってもいない。そして、それの持つ秘密の生は、明日あなたのなかに、あるいは私のなかに、現われ得る。どのような様相で、このユダヤ神秘主義の目に見えない潮流がふたたび姿を現わすのか、私は語ることができない。しかし、私がここにいるのは、私たちがそれを知っているとおりに、ユダヤ神秘主義の主潮流をあなたたちに語るためだった。流浪の全歴史をつうじても類を見ないほど深く、ユダヤ民族を動乱させているこのきわだった大変動期に、まだ私たちのために生じてくるかもしれない神秘主義の歩みを語ることは――私はそれが存在することを今度だけは信じているのだが――預言者の仕事であって、研究者の仕事ではない〉〔英〕」(*Major Trends*. 1941. S. 345〔ショーレム『ユダヤ神秘主義』四六五―四六六頁〕)。

8　サバタイ主義運動に関する本については、第8書簡、注6を参照。

9　一九四五年夏、イギリスにおいて労働党政権が選挙で選ばれたあと、多くのシオニストたちが抱いていた、保守政権のもとで公布された〈パレスチナへの移民の制限を伴った〉〈白書〉〔英〕の撤廃への期待は、失望に変わった。というのも、移住制限は廃棄されず、非合法の移住が引き続き試みられたからである。一九四五年一〇月以来、ユダヤ人による地下組織(とりわけ〈ハガナー〉〔へ〕)は、イギリスの施設への襲撃を始めた。一二月になると、事態は一時的に鎮静化した。

10　第14書簡における彼の詳細な記述を参照。

11　アメリカ大統領ハリー・S・トルーマンは、DP〔難民〕キャンプのユダヤ人生存者の取り扱いを激しく批判した一九四五年八月のハリソン・レポートに従って、そこで提案されている対策を敢行しようとして、戦後ヨーロッパにおけるDPキャンプの解消のために、冬の始まるまえの適切な時期に、一〇万人のユダヤ人難民をパレスチナへ移住させるよう要求した。しかし、イギリス人たちはこの提案を拒絶した。

12　一九四〇年初頭から、ザルマン・ショッケンは資金および彼の蔵書にある資料で、「ユダヤ神秘主義」についての研究プログラムを援助していた。一九四〇年の研究プログラムに書かれているように、研究代表ショーレムと、彼の二人の生徒I・ティシュバイとC・ヴィルシュビスキーは「いまだ包括的に研究されていないユダヤ神秘主義の領域を批判的に研究する」という目標を持って、文献を解読し、分析した。その成果は、可能な限りエルサレムの〈ショッケン・パブリッシング・ハウス〉〔英〕で公刊されることになっていた(1. Oktober 1940. NLI. Arc 4° 1599. Corr.)。一九四五年秋、ショッケンがパレスチナへやって来て、ショーレムが「カバラー研究所」への長期にわたる財政支援を求めたとき、ショッケンはこれまでの公刊物に対する不満を示し、とりわけショーレムが他の出版社と出版契約を結んだことを批判した。長い交渉の末に、一九四六年に、一九五〇年までの研究プロジェクトへのさらなる財政支援が実現した。

13　ショッケンが長く暮らしていた、ザクセン州ツヴィッカウには、百貨店の本店「ショッケン・ゼーネ一号店」があった。ユダヤの文化事業のための委員会(一九一七／一八)での共同作業の一環で、ショーレムは一九一八年にツヴィッカウのショッケンを訪ねた。

14　「若い女性」ということで話題になっているのは、エレオノーレ〔ローレ〕・ヨーナス、旧姓ヴァイナー。

15 ハンス・ヨーナスは当時、「存在に根づいている」諸価値を探り当てようと、哲学的生命論のアプローチに着手していた(Hans Jonas. *Organismus und Freiheit. Ansätze zu einer philosophischen Biologie.* Göttingen 1973〔ヨーナス『生命の哲学』〕)。

16 アーレントは三〇年代パリにおいて、青年アリヤーで働き、ユダヤ人の若者たち〔とりわけ、ドイツと東ヨーロッパの若者たち〕がパレスチナで生活するために行っている準備を指導していた。

[**19** ショーレムからアーレントへ
エルサレム、一九四六年一月二八日]

G・ショーレム教授

エルサレム、一九四六年一月二八日
アバルバネル通り二八

私の親愛なる友に、

私はあなたのいくつかの論考ならびに、私のもとに直接送られてきた一冊の『メノーラ・ジャーナル』からなる郵便物を受け取り、あなたにとても感謝しています。[1] 私は、徹底的に[2]〔生死を賭して〕、あなたと意見の仲たがいをすることなく、あなたの論考「〈シオニズム再考〉〔英〕」について私の意見をあなたに述べねばならないという、たいへん困った立場にあります。これほど甚だしく私を失望させ——正直に言いますと——一部は憤激させた論考について、何か言わねばならない細部のすべてにわたって批判することは、私には不可能です。言わねばならない点がとても多いのです。とはいえ、私の意見をあなたに辛辣な形で表現することになっても、どうか悪く思わないでください。

あなたの論考の第一段落の冒頭部分では、私は基本的にあなたと意見を同じくしていたのですが、[3] その後の記述はただただ大きくかぶりを振りながらしか、読むことができませんでした。私は、あなたがこの記事を書いたとき、実際どのような信条を掲げていたのだろうかと無益にも自問しました。あなたの論考はシオニズムに対する問いかけではなく、はっきりと反シオニズム的な性質を備えた、コミュニストの立場からの威勢のいい新手の批判です。そこには、曖昧なままになっているゴルス・ナショナリズム[4]が混在しています。そのナショナリズムは、パレスチナ人たち[5]にお前たちは月の上で暮らしていると易々と非難することもできれば、また他方で、同じパレスチナ人が、あなたがその悪しき状態を絶えず強調されているところの世界において、どうにかこうにかやりくりしている試みに、易々と嘲笑を浴びせることもできるのです――その嘲笑自体、月からやって来るものですが。あなたの議論のまぜこぜ具合はきわめて風変わりで、まったく異質なタイプと立場のものですから、シオニズムというテーマを反動的な問題としてそこから自分を切り離したいと望んでいる誰かがあらゆる方面からかき集めることができたものを、一切合切詰め込んだ復習教材としてしか、私は読むことができません。ヘルツルの反動的な性質、シオニストのプロパガンダのために反ユダヤ主義を恥知らずな形で利用したこと、反ユダヤ主義の永遠性についての救いがたい理論、ユダヤ民族のことをまったく気にかけてもいない月の上の貴族主義的キブツのセクト主義、ユダヤ民族全体の問題と比較すればパレスチナ問題のすべては些細な事柄であること、さまざまな同盟の時代においてもなお国家という共同体組織は意味を持つかもしれないという考え方の残存、〔資産の〕移送の時期のボイコットを前代未聞の形で打ち破ってヒトラーに色目を使ったこと、そして最後に、やはりもっとよく知っていて当然のユダヤ人の歴史に対するシオニストたちの完全な無知さ加減――こういったことは、親愛なる友よ、反シオニズム的議論の申し分なく美しい詰め合わせです。あなたの論考を、〈失礼ながら〉[6]〔羅〕政治的愚行と見なす自分の判断を根拠づけるためには、そのような反シオニズム的議論に対して、私は個々の点でそもそも自分の立場を明らかにしなければならないでしょう。あなたの政治的愚行に対して私ができるのは、私の断固とした異議申し立てを、あなたのよりよい洞察と自己批判に先立って、提示しておくことだけです。当然ながら、シオニストの政治にはまったく適切でない多くの点が存在していますし、当然ながら、あなたはまったく正当にそれらの弱点に力点を置いています。しかし、そうする際あなたは、シオニスト的根拠からではなく、明確にトロツキスト的、反シオニスト的根拠から行っています。あなたにとってこのことがもしいままで明白でなかったのならば、あなたの論考の掲載はそのことを自覚させるでしょう。然るべきときにパレスチナに渡ることをユダヤ人に呼びかけるといったとても重要な問題において、シオニズムが無力さを曝け出した後で、シオニストであることが無条件に推奨されるべきことかどうか、私には分かりません。これが私の理解できるすべてです。私が理解できないのは、あなたの問題設定の立場から、シオニズムがなおどのようにして可能か、ということです。その際のシオニズムとは、たとえ五万人ないしは五〇万人の集団〔セクト〕においてのみ生じている出来事とはいえ、パレスチナで起こっている事柄は、いずれにせよ、私たちの世代のユダヤ人の歴史にとって決定的な出来事である、という考えのことです。あなたがいまやシオニズムに帰している罪の大半に私が責任を負っていることを、私はきわめて冷静に打ち明けます。私はナショナリストであって、進歩的と称する熱弁にはまったく心を動かされません。人々は、私のごく若いころから、そんな考え方は時代遅れだと、再三私に示してくれましたが。反ユダヤ主義は、人間の目から見れば「永遠」であるような持続力を備えている、と私は思っています。反ユダヤ主義は、その都度新たな理由を抜け目なく分析することを通じて、新たな状況において新たな理由を生み出すことを妨げられはしないでしょう。私は「セクト人間」であり、セクト主義には何か決定的な側面、積極的な側面があるという自分の信念を、印刷して広く知らしめることを、決して恥ずかしく思ったことはありませんでした。国家の問題は私にはまったくどうでもよい事柄です。というのも、ユダヤ民族の刷新という問題は、その政治的組織の問題、いや、それどころか社会的組織の問題にすら依存していない、と私は考えているからです。私の政治的信条は、何かそういうものがあるとすれば——アナーキズムです。とはいえ、もし彼らが他の誰一人実行してこなかった進歩的な理論を考慮していないからといって、私はユダヤ人を悪く思うことはできません。私は——それぞれの解決策における大きな違いについて分かったうえで——いやいやながら、両民族国家にも、〈分割〉〔英〕[7]にも、賛成するでしょう。あなたは両方の解決策を、本当に驚くべき無知さから、笑いものにしていますが。アラブ人たちは、それがユダヤ人の移住と結びついている限りは、連邦制であれ、国家であれ、両民族的なものであれ、どの解決策にも同意しません[8]。そして私は、アラブ人たちと議論するうえでは、〈分割〉〔英〕といった〈既成事実〉〔仏〕を基盤にするほうが、そういう基盤がない場合よりも遥かにたやすいだろう、と確信しています。いずれにしろ、〔移住の〕許可を得るためにシオニストたちがそもそも何をするべきなのか、私には分かりません。私たちそれぞれは許可などなしにこの土地にやって来たのであり——まだ遠方にとどまっている場合には——引き続き許可なしにこの土地にやって来る準備をしているはずです。もしもシオニストの政治家が、イギリス政府による妨害という条件のもとでは、いまだかつていかなる種類の了解の基盤も実現の見通しを持っていなかったと弁明しても、残念なことに、まったくバカげた話ではないのです。私自身は、確かに元ブリット・シャローム[9]の人間として対立者側に属していますが、あえて次のような無鉄砲な主張はしないでしょう。すなわち、〔私たちの政治が違っていれば〕まずもって私たちの道徳的ないしは政治的な態度にではなく、そもそも私たちが存在するかしないかに関心を抱くような、まさしくいまと同じアラブ人の敵対者に、私たちの政治は出くわすことはなかっただろう、というような主張です。

あなたの議論は事実と食い違っていて、しばしば私は驚いてしまいます。パレスチナやキブツの人々さえも、パレスチナの外にいるユダヤ民族に関心を持っていないなどと、[10]誰があなたに語ったのでしょうか、その人物を私はぜひ知りたく思います。それは大バカ者に違いありません。あなたがそうしたバカげたことを書かれたのを、私は腹立たしく思います。私は二二年来ここに暮らし、同胞たちの内的状況と心理状態をある程度理解していると考えています。そして、私は自ら独立独歩のセクト主義者として、私たちに向かって何が言われているか、よく心得ていますが、こちらの人間がユダヤ民族に関心を持っていないなどと思ったことなどとにかくありません。私は、ユダヤ人の歴史を人生の長いあいだ、額に汗して学んできましたので、私たちの生活形態における弱点について啓発的な評論を書くこともできます。とはいえ、あなたのもとで威勢のいいアメリカ式の我関知せずの傍らに姿を見せている人畜無害なゴルス・ナショナリズムを、私たちの生活形態から引き出された理論と見なすことは、他のシオニストと同じように、私にもできません。

ヒトラーへのボイコットに対する反対、ユダヤ軍、さらにはロンメルについてのあなたの議論をまえにして、私は啞然としています。パレスチナの門前にロンメルが出現したことがパレスチナ建設についてのシオニストの確固とした考えの愚かさを証明した、などという文章をあなたが書けるということ、それは、私の考えによれば、あなたに対するたいへんな怒りを正当にも引き起こすことになるでしょう。[11] メシアの登場に先立つパレスチナが、地震によってであれ、大潮によってであれ、道徳的な激震などによってであれ、破壊されることがあり得ないと主張したシオニストなど、いまだかつて存在していません。一八一ページのこの段落は、私にはあなたの論考の他のどの箇所にもまして、私を怒らせました。なぜなら、それは私たちがもはや同じ次元で議論していないことを表わしているからです。パレスチナの建設は反ユダヤ主義に対する私たちの回答であるというヴァイツマンの格言以外に、彼に反対することが私になければ、幸いだったでしょう。というのも、もっと単純な真理を彼が口にすることはめったになかったからです。あの格言に反対してあなたがされているような議論ができるところを見ると、あなたは大いなる反パレスチナ・コンプレックスを自分のなかで培ってこられたに違いありません。

〔資産の〕振替問題が大きな道徳的ジレンマであった[12]ことは、あのことについて熟慮してきた私たちのそれぞれがよく理解していることだと私は思っていますし、そう信じています。あなたはそもそも次のことを知っておくべきでした。すなわち、あの政策に責任を負う必要がなかったがゆえに、あのジレンマのなかで、振替政策を弾劾する熱弁をふるって満足できる、唯一の人々こそ修正主義者たち[13]だった、ということです！ 私たちのそれぞれが同じ立場であれば、シオニスト機構が行ったのと同じことを行ったに違いないということを、この間の経験が証明してくれたと、私は信じています。嘆かれるべきことがあるとすれば、それは唯一、ファシズムの手からユダヤ人をしかるべき時に救い出すために、あの一つの可能性を思い切って用いることが忌まわしい世界においてもはやなされなくなっていった、ということでしょう。あなたは次のことを知っておくべきでしたし――もしもいまもご存知でないならば、大いに強調してあなたに伝えておかねばならないことです。すなわち、私たちは戦時中に、ゲシュタポに身代金を払ってユダヤ人の身請けをする用意をしていた、ということです。そのために、ジョイント〔アメリカ・ユダヤ合同分配委員会〕やシオニストたちの安定したたっぷりとした資金が同じようにしてかなりの額、ドイツに流れ込んでいたのです。そして、このデリケートな事業を行っていたのは、あなたの論理に従えばそう烙印を押されるに違いないユダヤ民族の裏切り者などではなく、自らの責務を果たしていた人々なのです。もしもヴァルター・ベンヤミンの命がそのような事業と繋がっていたとすれば、彼の命をその種の取引をつうじて私たちが救い出すことが許されなかったものか、私は知りたいと思います！ 私はこうも言わなければなりません。私は弁証法的な状況に対してあなたがもっと理解されているものと期待していましたし、あなたの素朴な憤慨は私には、その問題自体においても、シオニズム自体の功績に関する議論においても、場違いであると思われます、と。

ユダヤ軍に対するシオニストたちの態度[14]についてのあなたの憤慨も、同様に根拠がなく、それどころか、振替問題におけるように弁証法的な道徳的状況によって覆われてさえいないがゆえに、いっそう腹立たしくさえあります。あなたの怒りを長いあいだ買うことになるかと思いますが、この点についてのあなたの意見は、純然たるナンセンスのように思われます。この六年間、パレスチナのヘブライ語新聞を読んできて、軍およびユダヤ人部隊の編成に対する態度についての議論に参加してきたすべての人々が知っている事実は、あなたが主張していることとはまったく正反対のことです。〈機関〉〔英〕〔ユダヤ機関〕が、おそらくはヒトラーとの取引に興味はあってもヒトラーとの戦いには興味を持つ必要がなかった反動的なセクト的気分から、ユダヤ軍を妨害しているという発想は、こちらで暮らしているすべての人間にとってはとてもグロテスクで非現実的であって、あなたの情報源についても、あなたの情報源の解釈についても、驚くほかありません。

さて、最後に、あなたにおいてそれなりの役割を果たしている、反動に関する用語法について、もうひとこと言わせてください。社会主義の道徳的瓦解は、その最後の世代の歴史において、何一つ比べようがないほどのものでした——というのも、ファシズムはすでに道徳的理念の解体を内包していたために、擁護すべき道徳的理念など結局のところ有していなかったからです。社会主義の道徳的崩壊は、そもそも何が古い反動的なことで、何が新たな進歩的なことか、あるいはその逆か、といったことについての考え方を、大いに混乱に追いやりました。そのため私には、そういった概念で何か賢明なことを始めることは不可能です。こんにちでは誰もが、何らかの観点から、大抵は十分に擁護されるべき観点からして、反動的人物です。そして、あなたの論考のさまざまなページにありありとうかがわれる、絶対にこのカテゴリーに組み込まれてはならないという願望は、賢明なユダヤ人のもとで見られるもっとも哀れな現象の一つであって、ほんの一例をあげれば、あなたが一緒に送ってくださった『パーティザン・レヴュー』のいくつかの号を読むときに、再三再四、私の目についた現象です。私自身は自分の思想において十分に自由だと感じており、反動的な態度だという非難にも平然としていることができます。私の態度が反動的であることは、実際のところ、たんに私が自認している宗教的態度によってだけでなく、次のような確信によっても、十分示されています。すなわち、社会革命は、どんなに望ましいものであっても、一般に考えられているよりもメシアとの関わりが薄い、という確信です。私には完全に明らかなことであり、おそらくまたあなたにもほとんど強調する必要のないことですが、シオニズムの政治的な道筋は、もっぱら反動的に規定された世界において、まさしくそれが月の上で歩まれたものでなかったがゆえに、もっとも疑わしく、もっとも憂慮すべき状況、もっとも不名誉な状況を作り出しました。それについて、私はどんな幻想も抱いていません。シオニズムの運動は、現実的なものとその破局的な可能性のあいだの弁証法という経験を、この世界で実際に何かを変革しようと企ててきたほかの運動とともに、分かち合っています。この二〇年来の事態が示しているとおり、どんなに社会主義的な政治も、帝国主義というカリブディスから私たちを逃れさせてくれた場合でも、[15]現実の権力としてのスターリニズムというスキュラの罠に陥ることから私たちを守ってはくれませんでした。いずれにしろ、私たちはとことん妥協してきたのでしょう。そのことを私はこんにち、一五年前よりもいっそうの確信をもって口にすることができます。一五年前には私はそれを、人畜無害な弁証法という姿で、ひょっとすれば回避可能な事態と見なしていたのです（そのことについては、私のヘブライ語の長い論考と、私たちが次に会うときにあなたに読み聞かせるための手紙があります）[16]。とはいえ、私はすでに一九二〇年にはテオドーア・ヘルツルの反動性を熟知していましたが、あなたがこんにちでもなお、彼の著作のうちにその反動的性質以外を見出すことができないのであれば、私にはとても残念なことです。私はあなたに言わねばなりませんが、私はこんにちヘルツルの著作を身震いすることなしに読むことができませんし、現実の統一体としての一人の人間のうちにまさしく愚かさと偉大さが共存し得ることが、私を深く感動させるのです。ヘルツルを罵倒するのは考えられないぐらい容易なことですから、私はそういうことは止めにしたのです。あなたの言うとおりだとすれば、あの反動家〈ヘルツル〉は、そもそもユダヤ人が何をすべきか、何一つ知らなかったことになります。私はあなたに、あなたもやはり無縁ではあり得ない弁証法的性質を持った、もっと穏やかな熟慮の時間を、一時間なりと持っていただきたいと願うばかりです。ヘルツルのさまざまな洞察に対して、彼のきわめて素朴な歩みを論拠にして異議を唱える議論ができると信じている人は、私たちのことを何一つ理解してこなかった人です。私には図太いところがあって、自分の党派の純粋無欠さを何としても貫こうとは思いません。そして、礼儀にかなった仕方で恭しくこのことも書き留めておきますが、ユダヤ民族の死活に関わる問題に対する崇高で進歩的な議論があなたのもとで持ち出される際のシニシズムは、そういう問題から離れようなどという気を私にまったく起こさせません。あなたと了解し合うよりもベン゠グリオンと了解し合うほうがたやすいことになるなどとは、私は思ってもいませんでした！　あなたの論考を読んだあとでは、そのことはもはや疑いの余地はあり得ません。私はベン゠グリオンの政治的路線は災いだったと見なしていますが、それでも、あなたの考えに従った場合に私たちに差し迫ってくる災いよりももっと高貴な災い、もっと小さな災いであるとさえ見なしています。あなたは、自分がすでに〈アメリカ・ユダヤ人委員会〉[17]

〔英〕にどれほど近い立場にいるか、まったくご存知でないようですが、あなたの論考の読者たちにとっては、そのことが隠されたままであることは不可能です。あなたの胸のうちには、まだ言葉になって伝えられていない、もっと崇高な数々の深淵があるものと私は予期しています。あなたの書き物が証言している道の途上では、あなたは私と会うことはないでしょう。

あるがままの、年長の宗教的な反動家として、私はあなたにこうしてただ悔い改めだけを期待します。あるいは、かの年老いたブーバーがすばらしい文体でそう翻訳するのを常としていた言葉でいうと、改心を、です。

いわば決然とした態度で〔騙されないぞ！ という決然たる態度で〕とはいえ、心から

あなたの

ゲアハルト・ショーレム〔手書き〕

追伸　この手紙をあなたに発送しようとしていたちょうどそのとき、今年の六月に私をN・ヨーク〔ニューヨーク〕に招待するというスティーヴン・ワイズの電報が届きました。けれども、差し迫った理由から、この日程では私は受諾することができないでしょう。日程を次の冬にうまく動かすことができれば――私はあなたのもとにうかがいます！！[18]

〔LoC、アーレントの遺品。原本。手書きの追伸を伴った、タイプライター原稿〕

1　アーレントがどの論考を送付したのかは不明。論考「〈シオニズム再考〉〔英〕」は『メノーラ・ジャーナル』に掲載された。

2　クルト・ブルーメンフェルトは、マルティン・ローゼンブリュート宛の書簡のなかで、ショーレムがアーレントの「〈シオニズム再考〉〔英〕」の論文を携えて訪問したことを伝えている。それによると、ショーレムの批判はブルーメンフェルトよりいっそう苛烈なもので「ショーレムはおそらくこの論考に応答するでしょう」。さらに、こうも書いている。「私は、いままで一度もハンナのシオニズムを信じたことはありませんでした。私は一度、ある会議の席上で、彼女に「私たちのあいだには生死を賭した闘いがありますね」と言いました。それは興奮した話しぶりのせいだったのですが、そのとき私が感じたことは間違っていませんでした。私はハンナの論文に公然と反対するところまでゆくかどうか分かりません。[…]この手紙は、当然ハンナにも宛てられています。私の胸にこたえているこの問題について、どうかあなたの意見を述べてください」〔クルト・ブルーメンフェルトからマルティン・ローゼンブリュート宛、一九四六年一月一七日付の書簡より。以下に掲載――*Im Kampf um den Zionismus.* S. 197〕。第11書簡、

注7も参照。

3　この論考は次の文章から始まっている――ここでは、のちにフリードリヒ・グリーゼによってなされた翻訳から引用している。「五〇年におよぶシオニストの政治の最終的な帰結は、世界シオニスト機構のもっとも大きくもっとも影響力のある部会の、最近の決議に現われている。一九四四年一〇月にアトランティック・シティで行われた最近の年次会議において、アメリカのシオニストは左派から右派まで満場一致で「全パレスチナを分割も削減もせずに包括すべき[…]自由で民主的なユダヤ人国家(Gemeinwesen)」への要求を掲げた。この決議文は、長いあいだしっかりと押さえつけられてきたシオニストたちのプログラムがやはり最終的に勝利を収めたのだから、シオニストの歴史における一つの転機を意味している。このアトランティック・シティ決議は、少数派たるユダヤ人が多数派たるアラブ人にマイノリティの権利を与えるビルトモア綱領(一九四二年)からさらに一歩踏み出しさえしている。いまやアラブ人には端的にまったく言及されておらず、その結果、彼らには、自発的な移住か二級市民としての生活かを選ぶ以外の道は明らかに残されていない。この決議文とともに、あたかも以下のことが認められたかのようである。すなわち、シオニストの運動がその目標イメージを明らかにするのを妨げられてきたのは、もっぱら日和見主義的な熟慮のせいだった、ということである。いまやこの目標イメージは、パレスチナの将来の政治体制に関しては、急進派シオニストの目標イメージと完全に一致しているように見える。この決議は、アラブ人とユダヤ人のあいだの相互理解が不可欠であることを倦むことなく説いてきたパレスチナのユダヤ人の諸党派に、致命的な打撃を与えた。その一方この決議は、ベン＝グリオンに率いられた多数派にとっては、強い後押しを意味している。彼らは、パレスチナにおける数々の不当なこと、そしてヨーロッパにおける恐るべき破局をつうじて、これまでなかったようなナショナリズムに駆り立てられたからである」(»Der Zionismus aus heutiger Sicht«, 以下に収録――*Verborgene Tradition*, S. 127〔アーレント『アイヒマン論争』一四八―一四九頁〕)。

4　「ゴルス」(イディッシュ語)はヘブライ語の「ガルート」すなわち、追放・離散の意味。

5　ここでは、委任統治下パレスチナでのユダヤ人居住者のこと。

6　ラテン語で「次の言葉を許してください」。

7　両民族国家というモデルについては第13書簡の注7、分割については第14書簡を参照。

8　委任統治終結後の両民族国家やユダヤ人国家の計画に反対して、アーレントはその論考で、無制限の移住権を伴った、地域的、領域的、超領域的な次元をそなえた連邦制の構想を説いた。「確かに私たちは人類の歴史の次の段階を予見することはできないが、その選択肢は明らかなように思われる。政治組織にふたたび現われた問題は、帝国の形態か連邦の形態か、どちらかにおいて解決されるだろう。後者の解決策は、ユダヤ民族とその他の少数民族に、生き残るための一定の機会を提供するだろう」(*Verborgene Tradition*, S. 165〔アーレント『アイヒマン論争』一八七頁〕)。

9　ブリット・シャローム(平和同盟)は、一九二〇年代半ばに、ユダヤ・アラブ理解を協議事項に加え両民族的な国家形態を支持する、とくにヘブライ大学の学者たちによる政治的組織として発足した。その会員には、ショーレムの他に、マルティン・ブーバー、ハンス・コーン、ヴェルナー・ゼナートア、エルンスト・ジーモンが属していた。このグループは、アラブ人からと同様にシオニストの大半からの反対に遭い、三〇年代初頭に解散した。

10　アーレントはその論考で、こう論じている。「小さなサークルのなかで彼らの理想を実現することができた」パレスチナの入植者たちは、ユダヤ人の政治にもパレスチナの政治にもほとんど興味がなく、シオニストは世界中のユダヤ人の運命には無自覚だった〔アーレント『アイヒマン論争』一五七頁〕。ガルートのなかで、ユダヤ人の生活は避けがたく衰退するという彼らの教義によって、パレスチナのユダヤ人は「周囲の世界に対する冷淡な態度と自己中心的な姿勢〔…〕」を示すようになった(S. 152〔同上、一七三頁〕)。

11　ショーレムがここで引き合いに出しているのは、ハンナ・アーレントの論考の次の一節である。「シオニズムの哲学の内部でパレスチナにあてがわれた立場は、根本において非政治的な態度から来る〔…〕一つの帰結だった。そのもっとも明瞭な表現はおそらく、三〇年代のヴァイツマンの「パレスチナの建設は反ユダヤ主義に対するわれわれの回答である」という声明に見出された。彼の愚かさは、わずか数年後に、ロンメルの軍隊がパレスチナのユダヤ人をヨーロッパ諸国のユダヤ人とまさに同じ運命に陥れようとしたときに、明らかになった。反ユダヤ主義はナショナリズムに自然に付随するものと見なされていたため、世界のユーデントゥームの、国民国家として建設された部分に対してなら反ユダヤ主義は扇動されないものと想定されていた。いわば、パレスチナはユダヤ人にとって反ユダヤ主義から逃れ得る場所、その唯一の場所として、考えられたのである。パレスチナでユダヤ人は敵から守られている、いや、それどころか、奇跡的に敵は友人に変化するだろう、と想定されていたのである」(S. 150f.〔アーレント『アイヒマン論争』一七二頁〕)。

12　これは、一九三三年のドイツ・シオニスト連合(ZVfD)およびアングロ・パレスチナ銀行と、帝国経済省によって締結された、ハアヴァラー(振替)協定を意味している。ドイツ製品の購入を見越した一つの条項により、この協定は、ドイツからパレスチナへの移住を望むユダヤ人のための間接的な資産の振替を可能にした。

13　ヴラジミール・ヤボチンスキーによって一九二五年に創設されたシオニストの潮流および党派。リベラルな労働党諸派によって規定された公的なシオニストの政策に対する反対勢力の中心。その中心には、ヘルツルの遺産の名のもとに、その公的な政策の「修正」を求める要求が置かれていた。彼らは、ヘルツルの遺産を、「ヨルダン河の両岸」にまたがるユダヤ人国家の創設のための公然たる政治的(そして軍事的)闘いと解釈していた。修正主義者たちは、ユダヤ人の側での、ハアヴァラー協定に対するもっとも先鋭な批判者に属していた。彼らはその協定をナチ体制に対するボイコットを破るものと見なしていた。

14　シオニストの指導部のユダヤ軍に対する態度に、アーレントは「奴隷民族の古いメンタリティ」を認めていた。それはいわば、「戦いに応じても報いられることはなく、生き延びることを望むのであれば、戦いを忌避して逃げなければならない〔という信念である〕。この信念がどれほど深く根を下ろしていたかは、最初の数年間に見出される。シオニスト機構は世界中のユダヤ人からの圧力のもとでのみ、ユダヤ軍創設の要求へと突き動かされ得たのである――そして、これは実際には、ヒトラーに対する戦いにおいて唯一重要な問題だった。しかし、ヴァイツマンはそれを政治的に主要な問題とすることを拒み続け、「いわゆるユダヤ軍」と軽蔑したように語った。戦争開始から五年後、とうとう「ユダヤ旅団」を受け入れたが、その重要性を、〈ユダヤ機関〉〔英〕の別のスポークスマンは大急ぎで引き下げた。ヴァイツマンたちにとって重要なのは、パレスチナ・ユダヤ人の名誉の問題だけだった。ユダヤ人がユダヤ人として、早い時期に、明確なそれと分かる方法で戦いに参加することが、戦争に勝利するまえにすでにユダヤ人をその勝利の寄生者として描いていた、反ユダヤ主義的なおしゃべりを阻止するために決定的に重要な機会であるはずだったのに、ヴァイツマンたちには明らかにこのことが思い浮かばなかったのである」（S. 151〔アーレント『アイヒマン論争』一七二―一七三頁〕）。

15　その論考のなかで、これについてアーレントはこう書いていた。「実際、私たちは世界中のシオニストのうちに、ソビエト・ロシアに対する新しい共感を見出している。〔…〕ユダヤ人に対するソ連の確固たる友情を信じることは、間違いなく、かつてイギリスを信頼したのと同じくらいナイーヴなことだろう。私たちの時代の、あらゆる政治的および民族的運動がロシアに対してもっとも注目していること――すなわち、諸民族の対立に対するまったく新しい、成功の見込みのある解決策と、国民的平等という基盤のもとでの異なった民族の新たな組織化の形態――は、敵味方双方から見過ごされてしまったのである」（ドイツ語版からの引用――*Verborgene Tradition*. S. 150〔アーレント『アイヒマン論争』一七一頁〕）。

16　論考「何が議論の焦点なのか」（ヘブライ語）は以下に収録――*Unsere Bestrebungen*. 2. 5691. 1930 / 31. Heft 6. S. 193-203. くわえて、ショーレムの『わが友ベンヤミン』に収められている、一九三一年八月一日付のベンヤミン宛の書簡も参照――Scholem. ***Freundschaft***. S. 211-217〔ショーレム『わが友ベンヤミン』二〇七―二一二頁〕。ショーレムの遺品のなかに、この論考の翻訳を掲載した、ドイツ語版『ヘハルーツ』の小冊子『インフォルマティオーンスブラット』（4. 1931. Nr. 39. S. 15-19）の一冊が存在している。その末尾はこう結ばれている。「復興運動が勝利者の側に見出されたということ、いやむしろ、もっと正しく言えば、復興運動が戦争の勝利者の保護下へと逃げ延びたことは、正しかったのだろうか？　私たちのなかの多くの社会主義者がこうした問題を問われることを好まず、私たちがバルフォア宣言によって結びついている帝国主義について語ると、彼らは激高する。〔…〕シオニズムは天上に存在するのではないのであって、それが炎と水を結びつけるのは不可能である。シオニズムは、帝国主義の奔流とともに押し流されてしまうのか、それとも、目覚め始めた東洋の勃興という炎に焼きつくされるかのどちらかである。どちらにおいても〔シオニズムの〕生命は危機に曝されている。それでもシオニズムの運動は決断しなければならない。シオニズム、すなわち相変わらずパレスチナに中心を打ち立てようと望んでいる小さな党派が、完全に政治から解放され、政治から切り離され得るものか（これが理想的な解決策であるだろうが、明らかにユートピアである）、私は疑わしく思っている。したがって、二つの危機のあいだで一つを選択することが不可避であるように思われる――議論はこの選択に関わってのものなのだ。進路を変更して、来るべき時代の相貌を規定する諸勢力と結びつくよう試みることが、運動全体にとってまだ可能なのかどうか、私には分からない。私に分かっているのは、運動にとってこの試み以外に道は存在しないということである。勝利と称されている目下の時代においてシオニズムが裏切ってしまったその源泉に、シオニズムは立ち戻らなければならない。その運動がもう一度小さなものとなっても、しかしその道を認識し、未来のすべての可能性を手にするのは、運動が解体と自己欺瞞のうちにとどまり、勝利と称されているものの原罪の結果としてそれが引きずっている反動勢力とともに没落してゆくよりも、ずっとよいことである。たとえ私たちが勝利せず、変革の炎が私たちを滅ぼすとしても、私たちがバリケードの正当な側に見出されるのがよいだろう」――NLI. Arc 4°1959 に保管されている写しに記された「ついでのおりに返却されたしG・S」という手書きの注記、および、第32書簡におけるアーレントの感謝からすると、ショーレムはこのテクストをアーレントに送付したと推測できる。手書きの注記にはさらにこう書かれている。「ヒトラーは私たちを論駁したように見えます――でもそうでしょうか？」。

17　ＡＪＣに対するショーレムの態度については、第14書簡、注4を参照。

18　ＪＩＲのヒルダ・スティック・ストルーク講演の枠内での、二度目の新たな連続講演への招待。第12書簡、注6を参照。ショーレムは、ヘブライ大学およびイスラエル国立図書館の付託によるヨーロッパ旅行を間近に控えていたため、延期を願い出るとともに、ヨーロッパ旅行と繋げたもう少し長期の合衆国への滞在を計画していた。

20

〔アーレントからショーレムへ　ニューヨーク、一九四六年四月二一日〕

一九四六年四月二一日

親愛なる友へ——

もし、私が〈まずやるべきことを第一に〉〔英〕の原則に従って、ベンジ〔ベンヤミン〕の遺稿に関するさまざまな事柄がまず片付くのを待とうとしなかったなら、私はあなたの苦く怒りのこもった手紙にとうにお返事していたことでしょう。〈以下のとおりです〉〔仏〕。私がぜひとも掲載されるのを目にしたいと思ってきた「歴史哲学テーゼ」が、「あまりに哲学的」であるために、こちらでは掲載され得ない〔人々は、あのテーゼを真に理解せず、まったくナンセンスだと見なし、〈文芸批評〉〔英〕などだけを求めています〕ということが判明しました。そういう長いあれこれののちに、私は、エリック・ベントレー〔若いイギリス人作家で、こちらの大学で学び、ドイツ語に優れています〕から、まずもってベンヤミンの〔「〕ブレヒトとの対話〔」〕を〔『〕ケニヨン・レヴュー〔』〕に掲載し、そののちに選んだエッセイを精選して〔テーゼとともに〕一巻にまとめたものを、レイナルド・アンド・ヒッチコック社に持ちかけてみる、という約束を得ています。ベントレーはそこの一種の編集顧問です。[1] それに続いて、ブレヒトとの長い交渉がありました。「ベンヤミンの死は、ヒトラーがもたらしたドイツ文学の唯一の本当の損失である」と真剣に考えているB〔ブレヒト〕は、その原稿をすでにホルクハイマーの一味から「借り出し」、それにいくつかの必要な傍注を付すつもりです。[2] 彼は、本当に出版の機会があればすぐにでも、残りの原稿も彼らから引き出すことを望んでいます。いずれにせよ、ベントレーはブレヒトの翻訳者であり、とにかくブレヒトに関わる仕事の一部を担当していて、レイナルド・アンド・H〔ヒッチコック〕はブレヒトの版元です。全集は、ドイツかスイスの出版社においてのみ可能となり、ブレヒトはきっとできる限りのことをするでしょう。考えられる唯一の別の出版社はショッケンかもしれません——しかし、あそこは当然ながら他のどこよりも望み薄です。ベンヤミンをユダヤ系の出版社で出版できないこと、そのテーゼをユダヤ系の雑誌に掲載できないことに、私はむしゃくしゃしています。しかし残念ながら、それは一つの事実です。一方には、アメリカの俗物根性、他方には中欧の似非教養的な小市民生活——。

すべての仕事は、秋まえには実現しそうにないので、私たちはおそらく、その件をこちらで話し合う機会を持つでしょう。あなたの所持されている原稿の一覧表をお持ちください。そして、どのようなエッセイや論文を取り入れるべきかよく考えてください。しかしながら、私がこちらで伺ったところでは、あなたは確か、夏にはヨーロッパにいらっしゃるそうですね。そこでお願いなのですが、スイスにも寄り道して、そちらで（a）出版業者と話し合い、（b）実際のところ誰に〈著作権〉〔英〕があるのか、少しは知っているいると思われるドーラ・B〔ベンヤミン〕と話し合っていただけないでしょうか。私は、そのためにシュトラウスと話し合い、彼に研究所〔社会研究所〕に電話を掛けさせました。彼らは〈著作権〉〔英〕を持っていないようです。そうすると、おそらくベンヤミンの息子が権利を持っていることになりそうです。そうしたすべてのことを私たちは明らかにするよう試みなければならないのでしょう。アメリカの出版社はとても用心深く、雑誌への掲載以上のことをしたとたんに生じる法的問題について、シュトラウスはひどく頭を悩ませていました。――私にとってもっとも本質的なことの一つは、ブレヒトが研究所との交渉を引き受けてくれていることです。彼はいくらかの圧力を加えることのできる唯一の人物であり、ことによると彼らが恐れを抱くであろう唯一の人物かもしれません。それにくわえて、彼はあの連中をよく知っています。あなたがブレヒトを好ましく思っていないことは承知していますが、私を信じてください。ヴィーゼングルント〔アドルノ〕〈プラス〉〔英〕ホルクハイマーと比べて、彼はたんに〈紳士〉〔英〕であるだけでなく、犠牲を辞さない友人でもあるのです。

これでもって、きょうのところは残念ながら、私が何とかしてあなたと同意見でありたいと望んでいるすべてのことは、片づいたように思います。いくつかの一般的な事柄から始めさせてください。つまり、私にはまったく不可解な事柄を数え上げることから始めさせていただきたいのです。私が理解できない最初のこと、あなたの信条告白においてもっとも重要な事柄（というのも、残念ながら、あなたはそれ以外のことを私に伝える必要があるとは見なしていなかったからです）は、以下のことです。すなわち、一人の人間が生涯にわたって哲学と神学に取り組み、しかも真剣に取り組んだうえで、その取り組みから生じて来るであろうさまざまな見解に妨げられることも悩まされることもなく、ある主義の信奉者となるなどということが、どうして可能なのか、ということです。私はその際、あなたと微妙な意味の違いをめぐって言い争うつもりはありません――たとえば、社会主義よりもナショナリズムの方がいいのか、共産主義よりもシオニズムの方がいいのか、トロツキズムよりもスターリニズムの方がいいのか、あるいは私の知らない何かよりもマルクス主義の方がいいのか。それは、根本において私には無関係なことです。なぜなら、一方でファナティズム、他方で現実逃避がそれらすべてに共通しており、そのことがここで問題となる唯一の事柄だからです。言い換えますと、私はいつも、ユダヤ人としてのあなたの立場を政治的に理解していると信じてきましたし、ある政治的現実をパレスチナにおいて実現するというあなたの決断に対して、大いに尊敬の念を抱いてきました。正直に申しますと、だからといって、あなたが一つのシオニズム的な「世界観」を持っておられるだろうなどとは、夢にも思っていなかったのです。このことは、あなたがそんなものをお持ちでないことを私が切に望んでいただけに、なおさらそうでした。次に、私に浮かんで来ざるをえない二番目の一般的な問いです。私の記事は「反パレスチナ・コンプレックス」から書かれたのではなく、パレスチナをめぐるほとんどパニックに近い不安から書かれたということを見逃すのは、本来は不可能であるように思われます。もっとも、私がコンプレックスを抱いているとすれば、このパニックめいた不安のコンプレックスでしょうし、確かにこうした「コンプレックス」を私は一〇年近く抱いてきました。しかし、私にとってそのことよりももっと重要であるのは、あなたがそもそもいかなる不安も抱いておられないように思われることです。ここであなたは、不安に駆られて決心するとろくなことはない、と落ち着き払っておっしゃることでしょう。政治的な力関係、とりわけ自分自身の力を正確に評価する能力がないということ(また、この政治的愚鈍さは、反ユダヤ主義は私たちにとって有利な力となり得るという、あなたの愛するヘルツルのバカげた考えに始まりました)は、遥かに危険なことです。

細部に立ち入りましょう。この記事は「コミュニストからの新手の批判」であるという主張は、当該の論考を読んでいるあなたにしては、いくらか奇異に思われます。どうやらあなたは、そのことを記事からではなく、私が『パーティザン・レヴュー』に寄稿していることからお察しになったようです——当誌は、こんにちこちらではもっとも有名な文芸誌ですが、あなたの言うトロツキズムとはこれっぽっちも関わりがありません。こうしたことは、いまさら言うまでもない情報です。私に関して言いますと、私は一度もマルクス主義者だったことはありませんし(「弁証法的」でもありませんでした)、こちらではいたるところで反マルクス主義者と見なされました。その方が、遥かに真実に近いです。私たちの根本的な相違は、むしろ私があなたとは反対に、ユダヤ民族の刷新がその政治的な再組織化、それどころか社会的な再組織化の問題にさえ完全に依存していると確信していることにあります。もっとも、これに関して私には、政治的な再組織化の方がいっそう重要であるように思われますが。私は断じてアナーキストではありません——あなたがアナーキストであることは、あなたの「シオニズム」にとって真の基盤であるように思われます。

——一九三九年以前の時代におけるディアスポラのユーデントゥームに対するキブッと〈イシューヴ〉〔へ〕〔入植地〕の態度については、失礼ながら、これらのことはまったく周知のことです。そして、パレスチナ内外のキブッツ員との無数の会話のなかで、私はそれらのことを何度も確認してきました。多すぎて立ち入ることができないほどです。問題は、その態度をどう評価するかだけです。ユダヤ軍について は、私はそれに対するヘブライ語新聞の態度について書いたのではありませんし、ましてや〈イシューヴ〉〔へ〕の態度について書いてなどいません。そうではなく、ただその指導者の態度、とくにヴァイツマンの「〈いわゆるユダヤ軍〉〔英〕」に関する彼の態度をめぐって書いたに過ぎません。[3] この要請〔ユダヤ軍の要請〕の背後には、ユダヤ民族全体が控えています。——パレスチナの建設に関するヴァイツマンの発言とロンメルの軍隊に関しては、あなたはどうやら誤解されたようです。私が述べたことは、ロンメルの軍隊がパレスチナに反対する論拠だったということではなく（明らかにナンセンス）、パレスチナの建設は反ユダヤ主義に対する回答たり得るという、シオニストのイデオロギーに反対する論拠だった、ということです。ロンメルは、パレスチナにおいて、やはりユダヤ人の友になったりはしなかったでしょう。——私は、あなたがナショナリストであることを押しとどめることはできません、もっとも、私はあなたがナショナリストであることをどうしてそんなに誇りに思っていられるのか、きちんと理解することもできないのですが。私も、ナショナリズムが死んだとは思っていません。その反対です。死んだのは国民、もっと適切に言えば、諸民族の組織体としての国民国家です。このことは、国民がその主権に依存していること、つまり政府、人民、領土の同一性に依存していることを理解している、どの歴史家にとっても明らかでしょう。国民が永遠でないことは、ヨーロッパに国民が存在するのが一六世紀以降なのか、一八世紀以降なのかをめぐってせいぜい議論がなされ得るだけだ、ということを弁えている者であれば——その際、私は後者の意見に傾いていますが——さして誰も驚かないでしょう。こうした諸般の事情のもとで、首尾一貫したナショナリストには、人種差別主義者になるほか何も残されないだろうというのは、とても恐るべきことです。親しき友よ、この恐れは、人がアナーキストでもあると言って弱まるものではありません。民族が人種集団へと変貌することは、私たちの時代に継続している一つの恐れです。あなたは、民族というものが刷新には忌々しいほど縁がなく、衰退とは忌々しいほど縁があることについて、私に同意なさるでしょう。ユダヤ民族だけが直面しているのではなく、また、アラブ人を理由としてパレスチナにだけあるのではない問題、それはごく単純に理性的な政治的組織体の問題です。ユダヤ人の国民国家というものは危険で愚かな冗談であると私は強く思っていますが、それと同じぐらい強くあなたのアナーキズムに反対であって、あの提案〔ユダヤ人の国民国家〕自体をいっそ擁護したくなるほどです。――〈分割〉〔英〕に関して言いますと、私に望めることは、私たちがそれを回避することだけです。分割は、あらゆる問題を先鋭化させ、JVA[4]を不可能にするでしょう――それは移住にとって、また土地にとって一つの破局でしょう。イギリス人たちが、まさしくJVAを不可能にするために〈分割〉〔英〕を提案することは、私は十分にあり得ることとも思っています。――振替に関しては、この問題は、戦時中および絶滅期間中になされた、ユダヤ人の命の身請けとは何の関わりもありません。そもそも、戦時中において私たちに唯一、可能な政治的行為は、ユダヤ軍の創設しかなかったのです。これが失敗したとき――どのような理由からであれ――当然ながら、いかなる手段も厭われませんでした。しかし、そのことが意味しているのは、政治はもはや存在していなかった、ということです。

あなたは、私に改悛が望めないことを何とか理解しなければならないでしょう。そのため失礼ながら申し上げますと、ブーバーの引用もさほど影響力を持たないでしょう。問題はむしろ、私たちが誠実さをぶつけ合ったこの無礼講のあとで、お互いにどのように折り合うかにあるように思われます。私はあなたの手紙を少しも悪く受け取りませんでした。あなたが私の手紙をどのように思われているか分かりませんが。結局のところ、あなたは〈男性〉〔羅〕であって、そのため自然なこととして、〈おそらく〉いっそう感情を害しやすいのです。このような手紙ではありますが、お願いですから、私を誠実狂などと思わないでください。私には、人間関係の方がいわゆる「忌憚のない議論」などより遥かに大切なのです。今回の場合あなたは、ごく当然である以上の挑発的な言葉を私に帰しました。ひょっとすると、今回の場合、あなたも私と同じように振る舞うよう決意することが可能かもしれません。つまり、一人の人間には、その人の抱いている意見以上の価値があるということです。それは単純な理由からで、〈事実として〉〔羅〕の人は、考えていること、行為している事柄以上の存在だからです。

それでは、早くこちらへいらしてください〔秋はもうすぐです〕。そして、私たちを友人同士でいさせてください。

あなたとファーニアに心からのご挨拶を

あなたの

ハンナ。［手書き］

［NLI、ショーレムの遺品。原本。タイプライター原稿］

1 まずもってブレヒトの翻訳者であるエリック・ベントレーは、知られている限りでは、この両プロジェクトを実現できなかった。一九四八年に以下が掲載された――Walter Benjamin, »Notes on Brecht's Epic Theatre«, trans. by Edward Landberg, in: *Western Review*, Vol. 12, No. 1, 1948, S. 167–173.「ブレヒトとの対話」でどのテクストが問題になっているのか不明。アーレントは、一九四一年八月七日にギュンター・アンダースに宛ててこう書いた。ブレヒトは、「ベンヤミンの遺稿のなかに、B〔ベンヤミン〕がいつも高く評価していた原稿「ブレヒトとの対話」があったことをもちろん知る」ことになるでしょう（Schöttker/Wizisla, *Arendt und Benjamin*, S. 150）。後に、「ブレヒトとの対話」というタイトルのもと、一九三四年の夏におけるベンヤミンのスヴェンボルでの覚書、ならびに一九三八年の日記の記録が以下に掲載された――Walter Benjamin, *Versuche über Brecht*, S. 117–135〔『ベンヤミン・コレクション7』二一一―二四二頁〕。

2 ブレヒトとの交渉については何も残されていない。一九四四年二月九日にグレーテル・アドルノは、ホルクハイマーに宛てて以下のように書いた。「〈おそらくブレヒトはあなたにベンヤミンの手書きのノートを渡すでしょう。それは不幸にもテディー〔テオドーア・アドルノの愛称〕が彼に貸していたものです。策略として、私はブレヒト夫人に、出版にふさわしいものがあるかもしれないので、研究所〔社会研究所〕はこれら〔の〕ノートに目を通さなければならない、と伝えました。彼らにノートの返却を思い出させる直接的な方法は、うまくゆきませんでした〉〔英〕」。以下より引用――»Von Walter Benjamins Archiven zum Walter Benjamin Archiv«, S. 160.

3 ハイーム・ヴァイツマンは、ニューヨークのホテル・ビルトモアでの臨時シオニスト会議における基調報告（一九四二年五月）で、「〈いわゆるユダヤ軍〉〔英〕」について話した。これをアーレントは、それ以降、シオニストの指導部がヒトラーに抗する独自のユダヤ軍を創設する考えを放棄したという、彼女の判断の証拠と見なした。彼女の論考「いわゆるユダヤ軍」については以下を参照――*Aufbau*, 22. Mai 1942（以下に収録――Arendt, *Vor Antisemitismus*, S. 56–62〔アーレント『反ユダヤ主義』二二九―二三四頁〕）。

4 アメリカの専門家によって提案され、すでに議論されていた〈ヨルダン渓谷開発庁〉〔英〕（JVA）の計画は、大規模な灌漑およびエネルギー事業計画を予定していた。この計画によって、全委任統治領が発展するとされ、超域的な共同作業の展望が与えられた。この事業の明確な目的は、入植者の増加のために土地の受容能力を高めることにあった。そのためこの計画は、シオニストから支持された。

［**21** ショーレムからアーレントおよびブリュッヒャーへ
パリ、日付なし、ハガキ］

ショーレム、パリ八区、テエラン通り、〇一九、AJDC気付

〈親愛なる友へ〉〔仏〕――〈何と憂鬱な眺めでしょう、ふたたびパリにいて、過去の日々を思い出していると。[1]私は来週のあいだにフランクフルトへ行かねばなりません。[2]右記の住所をつうじてあなたはいつでも私に連絡できるでしょう。もっと平穏なときに、あなたに手紙を書ければと思っています。あなたの、〉〔英〕

ゲアハルト・ショーレム

［LoC、アーレントの遺品。原本。手書き。ハガキ、九五番通り西、三一七宛］

1　「〈過去の日々〉〔英〕」が指しているのは、一九三八年にパレスチナ―ニューヨーク間を往復する途中、ヴァルター・ベンヤミン、ハンナ・アーレント、そしてハインリヒ・ブリュッヒャーとともに過ごした日々のこと（第3書簡、注1を参照。このハガキは本書、**口絵の3**として掲載されている）。

2　ショーレムの旅の目的地は、とりわけフランクフルト・アム・マインだった。その近郊で、全国指導者ローゼンベルクの特捜隊によってヨーロッパ全土で盗まれた、大量のユダヤ文化財をアメリカ軍が発見していた。一九四五年の終わり以降、それらは、隣接するオッフェンバッハにある、かつてのIGファルベン工業の倉庫に保管されていた。そこでは、「〈オッフェンバッハ・アーカイヴ倉庫〉〔英〕」が、アメリカ占領地区で発見された、書籍、印刷物、資料、そしてユダヤ関連の文化財などすべてのための、アメリカ軍政府の集約地の役割を果たしていた。ショーレムは、旅の途中JNULの特使としてそこに立ち寄り、ヨーロッパにいた同僚とともに、ユダヤ文化財の所在についての情報を収集した。

［**22** アーレントからショーレムへ
ニューヨーク、一九四六年五月二〇日］

〈ユダヤ人諸関係協議会財団内、ヨーロッパ・ユダヤ文化再興委員会用箋〉[1]〔英〕

一九四六年五月二〇日

親愛なる友へ——

パリからのあなたのハガキがちょうど届きました。こんな職務用の便箋をお許しください——私はいま事務所にいて、急いであなたに少しだけ書き送りたく思ったのです。[2]あなたはもうきっとフランクフルトにいらっしゃるのでしょうね。[3]パリでの悲哀は悪夢だったに違いありません。あなたとご一緒できたらよかったのですが——それも何の慰めにもならなかったでしょうが。とはいえ、ときには過ぎ去りし日の証人は、少なくともメランコリーの空しさを乗り越える手助けとなります。

あなたがまだパリにいらっしゃるか、あるいはふたたびパリに戻られたとき、〈孤独〉〔英〕を感じていらっしゃるなら、私の友人のアンネ・ヴァイルとエーリヒ・ヴァイル夫妻、そしてケーテ・メンデルスゾーンの家のベルを鳴らしてください（パリ郊外、セーヌ県／クラマール、ルネ・サミュエル通り一）。二人の女性は私の唯一の子ども時代からの友人で、とりわけアンヒェン〔アンネの愛称〕は一四歳[4]のときから私の「〈最良の〉〔英〕」友人です。——ハイデルベルクで、あなたはおそらくヤスパースと面会されるでしょう——私も彼のために、彼を訪問できるようにするためだけに、いろんな準備をしたいところです。いまのところまだ成功していません。よろしければ、私の紹介で来たと、ヤスパースに（もしくは彼の夫人に）お伝えください。残念なことに、断りもなく私の名前を出している人々がもういるようです——そのことは、私がいくつも小包を送ることができるという利点を、ともあれもたらしたのですが。ヤスパースは普段よりも体調が優れないのでは、と思います。あなたが彼のことをどう思われたか、私に書き送ってください。私は絶えず不安に思っていますが、ヤスパースに手紙を書くときには、彼の体調のことを詳しく訊ねたくありません。あなたがハイデルベルクにいらっしゃるあいだに、優れた人物で、私の旧い学友でもあって、現在は〔『〕ヴァンドルング〔』〕[5]の編集者を務めているドルフ・シュテルンベルガーを訪ねてください。〈そうそう〉〔仏〕〔『〕ヴァンドルング〔』〕については、私が欠かさずその号を手にしたがっている、とシュテルンベルガーに伝えてください。またそれが可能になれば、すぐに支払いをするつもりです。ヤスパースは創刊号を送ってくれました。第二号はこちらのどこかで入手しました。それ以後はからっきしです。ベルリンに行かれるのでしたら、シュリューター通り五三のガルテンハウスのエルンスト・グルマッハをお訪ねください。彼はベルリンのユダヤ関係の蔵書の状態にいちばん精通しています。というのも彼は、ゲシュタポからユダヤ系の蔵書の管理を委託されていたからです。[6]グルマッハはとても年長の私の友人でもありますが、一九三〇年からは連絡が途絶えています。グルマッハは優れた古典文献学者であり、ヘブライカ〔ヘブライ文化に関する、主としてヘブライ語による文献〕にもいくぶん通じています。

さて、私は職務用の便箋に書き綴っているのですから、私たちがフィリップ・バーンスタイン〔新しい〈アメリカ占領地区のユダヤ人顧問〉〔英〕〕に与えた覚書を、あなたへの案内として同封しますが、もちろんこれは内密のものです。[7] こちらではそろそろ上院議員とベン＝グリオンらとの交渉が始まります。マグネスには、日を追うごとに期待感が高まっています。[8] ピンソンはここで私がするよりももっとうまく、そのことについてそちらであなたに報告できるでしょう。[9]

たくさんの、たくさんの幸運を祈ります。心から

あなたの

ハンナ〔手書き〕

〈ムッシュウ〉〔仏〕からの挨拶を送ります。

〔NLI、ショーレムの遺品。原本。タイプライター原稿〕

〔同封物〕

ラビのフィリップ・S・バーンスタインへ宛てて
ヨーロッパ・ユダヤ文化再興委員会によって提出された覚書〔原文すべて大文字〕

一九四六年五月一七日

〈ヨーロッパ・ユダヤ文化再興委員会は、ヨーロッパのユダヤ人の文化的ならびに宗教的資産の救出、賠償、最終的な再分配のための国際諮問委員会を、連合国政府に対して組織するために、イギリス〔英国ユダヤ歴史学会〕とパレスチナ〔ヘブライ大学〕にある類似の組織を結びつけることを最終目標とする調査機関として、一年前に発足した。

喪失物の持ち主の確認、所在地の特定、そして喪失物の最終的な総計の確定を支援するために、委員会は広範な目録――「枢軸国占領下の国々におけるユダヤ文化資産の暫定リスト」――を出版した。それはナチの押収以前に存在していたあらゆるユダヤ系図書館、博物館、文書館の目録であり、それにはまた、非ユダヤ系図書館、文書館、博物館の比較的重要な収蔵品についての目録も付されている。

一九四五年一〇月、この委員会の事務局長コッペル・S・ピンソン教授は、アメリカ・ユダヤ合同分配委員会の教育部門長としてドイツに赴いた。その後間もなく、ピン

ソン教授はリフキンド判事からアメリカ占領地区、とりわけオッフェンバッハのユダイカ〔ユダヤ文化に関する文献〕とヘブライカの巨大な倉庫を担当する、三人委員会を率いるよう命じられた。

過去一年にわたって、以下のユダヤ機関は、略奪されたユダヤ人の書籍や美術品のコレクションが、何らかの形で認知されるよう試みた――イギリスのユダヤ人代表者理事会、アメリカ・ユダヤ人協議会、世界ユダヤ人会議、およびパレスチナのユダヤ機関によって署名された覚書は、パレスチナのヘブライ大学をヨーロッパにおけるユダヤ文化遺産の唯一の管財人とすることを提案した。ヘブライ大学自体は、連合国派遣軍最高司令部アメリカ部門やエルサレムのアメリカ総領事といった、異なる機関と接触していた。ヘブライ大学の全般的な主張に対する回答はなされなかったが、二人の専門家が輸送の便宜を認められ、近々ドイツに渡る予定である。

一九四六年三月、委員会はポムレンツェ大尉とピンソン博士から、以下の点を強調する何通かの手紙を受け取った。

1　ソビエト連邦が、法的所有権とは無関係に、ロシア、ポーランド、リトアニア、バルト三国、チェコスロヴァキア、およびロシア占領下のドイツに由来するすべてのものへの所有権を主張しかねないという、差し迫ったきわめて大きな危険があるため、オッフェンバッハ倉庫のすべての持ち主不明の収蔵品（おそらくそこの大部分がそうである）をアメリカに運ぶことが望ましい。

2　現時点でのパレスチナからの公的な要求は、収蔵品のどの部分もパレスチナに由来せず、またパレスチナは不幸にも、返還手続きにおいてどのような法的要求も認められていない国家であるがゆえに、承認されないだけでなく、ロシアの主張を刺激する可能性がある。

3　公式の代理権を確保していた議会図書館の使節団は、持ち主不明の書籍を合衆国に送付させる手立てを有しているだろう。そして、合衆国で、ヨーロッパ・ユダヤ文化再興委員会がその仕事を引き継ぎ、最終的に再分配を支援することができる。このことは、一刻も早くドイツの書籍を入手するという中心的な問題を解決するだろう。

そこでただちに、委員会は国務省と陸軍省および議会図書館と連絡を取った。議会図書館のルーサー・エヴァンズ博士との広範な話し合いを行ったが、そのなかで、彼は以下の態度を明確にした。

1　彼の確信によれば、私たちがユダヤ人として国際的な管財人の地位を得ることはない。もっぱら、どのような民間組織も軍事当局とうまくゆく見込みはないという理由からである。

2　軍占領当局がそれぞれの国立図書館をそれぞれの占領区で発見されたすべてのユダヤ文化資産の管財人に指定し、これら管財人がさらに、顧問として活動するユダヤ人組織を指定すべきである、と彼は提案した。

3　議会図書館は、いずれにせよ、管財人の資格を進んで受け入れるだろう。梱包、輸送、目録化はその責務だろう。委員会に任命されたユダヤ人の専門家たちは、自らの権限で職員を雇い入れるだろう。彼らは、ドイツでの任務のために、ユダヤ人の専門家を加える準備ができている。

4　相続人のいない持ち主不明の資産の再分配は、ユダヤ人組織の助言に従ってなされるだろう。

5　判別可能な東欧ユダヤ人のコレクションをロシアが要求する場合には、ロシアもしくはロシアの支配地に由来するユダヤ文化資産と引き換えに、現在アメリカ占領地区内にある軍事図書館をロシアが引き受ける可能性があることを、エヴァンズは示唆した。

6　占領軍が軍関連もしくは党関連のコレクションすべてを掌握することを決定したことを強調して、エヴァンズは話を締めくくった。いずれにしろ、党コレクションに関する規定はオッフェンバッハの倉庫に適用されるだろう。なぜなら、その資産の大半はローゼンベルクの党機関に由来しているからである。持ち主が特定できる連合国の資産でなければ、押収することが可能である。

その後委員会は、以下の全米のユダヤ機関と接触し、委員会が存続しているあいだ、密接に協力し合ってきた。すなわち、アメリカ・ユダヤ人委員会、アメリカ・ユダヤ人協議会、世界ユダヤ人会議である。五月一二日の委員会の総会において、議会図書館の提案を基本的に受諾する覚書を、国務省に提出することが決定した。これは、ユダヤ人の芸術、アーカイヴ資料、書籍のコレクションを収めた、アメリカ占領地区に存在するすべての倉庫の管財人に、アメリカ政府が議会図書館を任命することを意味する——この管財権は、ユダヤ民族に裨益する形で、ユダヤ民族の文化的・宗教的な価値を再興することを目的として行使されるものである。本委員会は、作業のあらゆる局面において、とりわけ返還と再分配の問題に関して、助言者の役割を果たすものと承認されねばならない。この点に関して、本委員会は以下の方針を採択した。

1　個人所有者に帰属する持ち主の特定可能な物品は、当の所有者もしくはその相続権の所有者に返還される。

2　ドイツもしくはオーストリアのユダヤ人信徒共同体の

かつての資産と特定できる物品は、次の方法で対処されねばならない。すなわち、それらの信徒共同体が取るに足らない規模にまで縮小したこと、以前の構成員の大部分がいまでは他国に暮らしていること、現在の構成員の大部分が近い将来移住しようとしていること、これらの事実に照らして、それらの物品は単純に共同体に返還されてはならない。それらの物品は、共同体が売却したり散逸させたりすることなく、宗教的・文化的目的に用いることが可能であると判断されるまで、一定期間保管されるべきである。

3　高等教育機関や神学校、その他の法人組織の所有者に属する物品については、次の事実を考慮することが決定された。すなわち、それらすべての施設は、たんに当該地域のユダヤ人だけでなく、ヨーロッパのユダヤ人全体、ひいては世界中のユダヤ人の必要を満たしていた、という事実である。言い換えれば、ウィーン、ベルリン、ブレスラウといった神学研究機関の生徒と教師の大多数は外国人だった、ということである。それらの研究機関で研鑽を積んだラビたちは、国籍に関係なく、東欧や中欧全域の信徒共同体、さらにはアメリカの信徒共同体においてさえも活動していた。これらの機関の設立および支援のための資金は、第一次世界大戦勃発まではヨーロッパの国々からもたらされていたが、二〇年代初頭のインフレーションのあとでは、それらの支援は主にアメリカのユダヤ人に依存していた。さらには、それらの財団はどれも再建されなかったがゆえに、それらの物品は、最終的に再分配されることになっている、共同利用資源に組み込むことが決定された。

4　その共同利用資源は、持ち主不明のすべての物品、相続者や請求者のないすべての物品、および返還されないすべての信徒共同体の資産を含んでいる。

5　再分配は、ナチの手によって被害を受けたユダヤ人はもとより、世界中のユダヤ民族の文化的・宗教的要請によって、決定される。数百万人のヨーロッパ・ユダヤ人の虐殺を追悼するヘブライ大学の記念図書館の建設は、真剣に検討されるべきである。〉〔英〕

〔NLI、JCRのアーカイヴ。タイプライター原稿〕

1　〈ユダヤ人諸関係協議会（ＣｏｎｆＪＲ）〉〔英〕は、哲学教授モリス・ラファエル・コーエン（ニューヨーク市立大学）を中心とした、主として大学人のサークル。ナチスの政策に対抗することを目的として一九三六年にニューヨークで正式に発足し、一九五五年からは〈ユダヤ社会研究会議〉〔英〕として雑誌『Ｊ

ＳＳ』を発行した。――ＣｏｎｆＪＲは、一九四四年の夏、ザーロ・バロンを指導者として〈ヨーロッパ・ユダヤ文化再興委員会（ＣＥＪＣＲ）〉〔英〕を設立した。それが主な目的としていたのは、略奪された文化財の返還であり、それが不可能な場合には、ナチス後のユダヤ人の境遇が公平になるよう、資産を新たに分配することだった。この目的を達成するために、この委員会からユダヤ人の国際的な結びつきが生まれ、文化資産に関するユダヤ人の共通の要求を認めるよう、連合国に働きかけることが目標とされた。そのためにＣＥＪＣＲは他国の類似の主唱者たち、とりわけエルサレムのＨＵと連絡を取った。――そのころ、アメリカ人たちは、すでに〈オッフェンバッハ・アーカイヴ倉庫〉〔英〕およびその他の〈収集所〉〔英〕で、国外に由来する物品を元来の国へと償還することを始めていた。これについては、一九四六年六月二日付のショーレムからのレーオ・ベック宛ての以下の書簡を参照――Scholem. *Briefe*. I. S. 315.

2　アーレントは、歴史学者で図書館司書のアレクサンダー・マルクスの管轄下で、ＣＥＪＣＲの〈調査部門〉〔英〕を切り盛りしていた。その調査団の仕事は、とくに、ヨーロッパにおけるナチスの略奪戦争と殲滅戦争以前に存在していた（動産としての）ユダヤ文化の貴重品の広範な目録を作成することだった。この〈調査部門〉〔英〕によって作成された「〈枢軸国占領下の国々におけるユダヤ文化資産の暫定リスト〉〔英〕」は、一九四六年に『ＪＳＳ』の付録として出版され、続く数年間にわたって増補された。そこには、アルトナからザグレブ、ロッテルダムからオデッサにいたる、ユダヤ人の文化資産を備えた、ヨーロッパ全土の図書館、文書館、博物館、その他の施設が記載されている。この目録には、個々のコレクションの（一九三八年の時点までの）それぞれの規模とその特徴的な性格が記されていて、一九四六年から一九四八年のあいだ、アメリカ当局と粘り強く交渉を続ける際に、まだ存在していたユダヤ人の文化財を救出するために包括的な手段を緊急に取る必要性を根拠づけるのに役立った。戦後ヨーロッパにおけるユダヤ人の文化資産を発掘し確認するうえで、この目録は主要な立脚点となったのである。

3　ショーレムは、必要な書類が到着していなかったために、当時、最初はパリからフランクフルトへと旅を延長することができなかった。そこで彼は、まずプラハとウィーンに向かい、ユダヤ人の文化資産の所在状況を調査し、とくにその地のユダヤ人信徒共同体において、ＨＵ／ＪＮＵＬが受託者として承認されるよう、力を尽くした（チェコスロヴァキアについては第26書簡、注5を参照）。彼はプラハからの手紙でこう書いていた。「昨日私は、一時間ほど一人きりで、古いユダヤ人墓地を言いようのない気持ちで歩きました。涙をこらえることができませんでした。ここには、墓地と博物館となったシナゴーグ以外には、何も残らないだろうと思いました」（一九四六年六月八日付、ジークムント・フルヴィッツ宛の以下の手紙――Scholem. *Briefe* I. S. 318）。一九四六年七月、とうとうショーレムはフランクフルトへとさらに旅を続けることができた。

4　アンネ・ヴァイルの旧姓はメンデルスゾーンで、アーレントにラーエル・ファルンハーゲンについて教えたのは、彼女だった。「一九二一年来の、アンネに」と、後にその本の献辞に記された。ケーテ・メンデルスゾーンはアンネ・ヴァイルの姉妹。

5　ドルフ・シュテルンベルガーは、彼を共同設立者の一人として一九四五年に創刊され、一九四九年まで継続された、政治的・文化的な月刊誌『ヴァンドルング』の発行人かつ編集者だった。共同発行人カール・ヤスパースは、創刊号の序文にこう書いた。「私たちはほとんどすべての物を失った〔…〕その虚無をまえにして、私たちは勇気を奮って立ち上がる。私たちは公的に語り合うことができる。それでは、私たちが話し合わねばならないことを確認しよう」(*Die Wandlung* 1 (1945/46), H. 1, S. 3)。

6　エルンスト・グルマッハは、一九四一年から一九四五年まで、ベルリンの国家保安本部（RSHA）のために、RSHAによって押収された蔵書を収めたアイゼナハ通りの〈倉庫〉〔英〕で強制労働をさせられた。以前はフリーメイソンのグランド・ロッジだった部屋に、当時、推定二〇〇万冊から三〇〇万冊におよぶRSHAの「敵性図書」が収められ、そこには「教会」蔵書、「フリーメイソン」蔵書、「マルクス主義」蔵書と並んで、とりわけ「ユーデントゥーム」の蔵書が含まれていた。戦争終結後すぐに、グルマッハは倉庫の蔵書について、再建されつつあったベルリンの戦後信徒共同体のために、報告書を起草した。「〔…〕たとえば、ブレスラウにあるフレンケルのラビ神学校〔ユダヤ神学校〕の旧蔵書、ユダヤ教学塾〔ユダヤ学大学〕の蔵書、ブレスラウ、グライヴィッツ、ハンブルク、ミュンヘン、ワルシャワ、ウィーンの信徒共同体の蔵書、その他多くのもっと小さな信徒共同体の蔵書やフリーメイソン支部の蔵書、さらには一般的な個人の蔵書の枠を越え出ている、著名なユダヤ人の蔵書、たとえばアムステルダムの著名なユダヤ人収集家ジークムント・ゼーリヒマン、フランス人作家アンドレ・モロア、ピアニストのルービンシュタイン、プロイ〔セン〕の文書館顧問ポスナー、歴史家アーノルド・バーナイなど、その他多くの蔵書である。その結果、ここには、おそらくこれまで世界のどこにもなかったほどの完全な規模のユダヤ関係の蔵書が収集されていた」（グルマッハの日付のない報告。以下より引用——*Schidorski. Confiscation*: S. 358）。

7　ヨーロッパのアメリカ軍総司令官およびドイツの軍政官のもとでのユダヤ人問題の顧問だった、フィリップ・バーンスタインに宛てた一九四六年五月一七日付の上記の覚書のなかで、CEJCRは、ナチス時代に奪われたユダヤ人の文化資産を自分たちの組織がどのように取り扱うかを説明した。その中心にあるのは、ヨーロッパのユダヤ人が所有していた「相続人不明」で返還請求のない文化資産をどうすべきかの決定に、ユダヤ人が参加できるよう努めることである。法的に私的な組織がアメリカ政府のもとで発言権を持つために、その覚書が引き合いに出しているのは、資産の管財人として米国の国立図書館自体を指定し、再分配に際してCEJCR

の決定的な影響力を保証する、という〈議会図書館〉〔英〕の見解である。他方、その覚書は、ユダヤ民族の文化的受諾者として国際的に登場する資格と権限を有するのはHU／JNULのみであるという、パレスチナからの要求に対しては、懐疑的な意見を述べている。

8 「相続人不明」で返還請求のないヨーロッパのユダヤ資産に関して共通の立場を確立するためのニューヨークでのユダヤ人内部の交渉について、ショーレムは少しあとでレーオ・ベック宛ての手紙で報告している。「マグネス博士は目下、合衆国にいて、考慮されるべきユダヤ人組織すべての統一代表団の創設に向けて働いています。その代表団は、相互の競合や相反する要求を回避して、アメリカ政府の最高機関に意見を届け、正当な所有者がもはや存在しないか、もしくは特定不可能な物品を、ユダヤ人組織に譲渡することを促すものです。[…]すべてがエルサレムもしくはパレスチナに属しているのでなく、アメリカから正当な議論を起こし得ることもまた、私たちには明らかです。マグネス博士がこれら収集品の今後の扱いについて、友好的な協定に達することを、私たちは期待しています」(スイスからベックに宛てられた一九四六年六月二日付の以下の書簡を参照――*Briefe* I, 132, S. 315f.)。一九四六年の時間の経過のなかで、アメリカ政府は、CEJCRおよび他のユダヤ人の代表団と、返還不可能なユダヤ人文化財の受諾者として承認されるべき、国際的なユダヤ人組織の創設に同意した。この展開が、後にアーレントとショーレムが働くことになる、一九四七年の「〈ユダヤ文化再興財団〉〔英〕」の創設に繋がった(第51書簡、注1を参照)。

9 CEJCRの実務指導者〈事務局長〉〔英〕コッペル・S・ピンソンは、ドイツとオーストリアの〈難民〉〔英〕のための〈アメリカ・ユダヤ合同分配委員会〉〔英〕(ジョイント)の教育プログラムの指導者として、一九四五年一〇月から一九四六年九月までオッフェンバッハとフランクフルト・アム・マインに滞在し、彼もまたそこでCEJCRの利害を代表することになっていた。その地で彼はショーレムと出会った。

［**23** アーレントからショーレムへ
ニューヨーク、一九四六年九月二日］

四六年九月二日

親愛なる友へ――

私はあなたに〈気の狂った〉〔イ〕電報[1]を送ってしまいましたが、いまこうしてあなたにおそらくそれに劣らず〈気の狂った〉〔イ〕手紙を書こうとしています。ショッケンが私を驚かせました。あなたがおそらく、しかもとんでもない誤解から、こちらへはいらっしゃらないだろうと告げたの[2]です。それでパニックになって、電報を差し上げた次第です。[3]

いまさらあなたを説得しようとはもちろん思いません。私はとても失望するでしょうが、それは実際、分かりきったことです。マリー・シルキン[4]に会ったところ、彼女は私に、私の知らなかったことを言いました。あのとき、私の記事があなたを憤慨させただけでなく（確かにあなたは、その点をはっきりと表に出していらっしゃいました）、狼狽もさせた、ということです。私はそのようなことを知らず、考慮にも入れず、私の返事でも考えたことがなかったので、そのことが今度は私の側で大変な狼狽をもたらしたのです。[5]

私がずっとお手紙せずにいたのは、あなたがちょっとしたハガキしか送ってくださらなかったからではなく、あなたが早く現われてくださるのをいつも当てにしていたからであり、手紙を書くのがひどく厭わしいからです。私がショッケンの出版社にいることはもちろんご存知ですね[6]――それに関してさしあたりまだ言うべきことはありません、少なくとも手紙で伝えることは。お分かりでしょうが、私はまだ口頭でお伝えする期待を決して棄てていないのです。

これらのことを度外視すれば、若干のことを報告できるでしょう。私は昨年中ずっと働き通しで、ほとんど我に返ることができないほどでした。ですが私はここ数カ月来、気分がよいのです。私はいまや二、三のごくわずかな悟りを手にしました。確かにそんな悟りに私が身を落ち着けることはないでしょうが、それらの悟りはちょっとした道具を与えてくれます。その道具とは、それなくしてはすべてのものがシーシュポスの仕事のように見えるものです。それにくわえて、避けることのできない、あらかじめ予想されてもいた、だからといってその現実性が軽減されることもない戦後の宿酔およびヒトラー後の宿酔が、私の四肢からゆっくりとゆっくりと抜けてゆきつつあります。

パレスチナでの状況が少しでも破滅的でなく見えれば、生き残ったユダヤ人たちの運命が想像を絶するほど酷いものでないのなら、私は自分がふたたび少しばかり満たされつつあるような気がするでしょうに。

ファーニアによろしくお伝えください。そして、あなたをこちらでいまなお待ち続けている者がいることをお忘れにならないでください。

あなたの
ハンナ。［手書き］

ハンナ・ブリュッヒャー
ニューヨーク市
九五番通り西、三一七

［ＮＬＩ、ショーレムの遺品。原本。タイプライター原稿］

1　この電報は発見されていない。

2　ショーレムの合衆国での研究滞在は、ショッケンならびにＪＩＲでの連続講演（スティーヴン・ワイズの招待に基づく）によって出資されることになっていたが、その準備の過程で、どの出版社で彼の作品を出版すべきかをめぐって意見の相違が生じた。ショッケンが自分の出版社で成果を刊行する場合に限って旅費の一部を出資しようとしたのに対して、ワイズはＪＩＲを通してショーレムの講演を出版することを計画していた。一九四六年七月一六日に、ショーレムはドイツからショッケンに宛てた手紙でこう書いた。「交渉のあれこれからして、すでに私はひどく腹立たしい思いでいます。［…］ワイズおよびあなたとのこれらの交渉が私を苦しめるのです。［…］お願いですから、いずれかはっきりさせていただけないでしょうか」（NLI, Arc 4° 1599, Corr.）。当分のあいだ、意見は一致しなかった。ショーレムは旅行を断った。

3　一九四六年八月二九日にアーレントは、ザーロ・バロンに宛ててショーレムからの音沙汰がないと書いた。「〈あなたはパリで彼に会うことでしょう。ショッケンが私にショーレムはアメリカに来るつもりがないと告げたので、個人的にたいへん困惑しています。できましたら、少し働き掛けていただけませんか？　打ち明けますが、個人的な理由なのです〉〔英〕」（以下のバロン宛のアーレントの書簡――SUL, Box 39, Folder 2）。

4　ニューヨークのジャーナリスト、マリー・シルキンは、一九四五年から一九四六年にかけてパレスチナを旅して、そこで彼女の以下の著書のために、強制収容所とレジスタンスを生き延びたユダヤ人たちを取材した――*Blessed Is the Match*, 1947.

5　ショーレムの批判（第19書簡）およびアーレントの返答（第20書簡）を参照。

6　アーレントは一九四六年の夏までＣＥＪＣＲに勤務していた。それと並行してアーレントは、一九五一年にアメリカで『全体主義の起源』（ドイツ語版は以下――*Elemente und Ursprünge totaler Herrschaft*, 1955）として出版された著書を執筆していた。一九四六年七月末、彼女はショッケン・ブックスに職場を変え、その編集顧問となり、さしあたりカフカの日記の英語版の共同責任者となった。彼女は七月一日に、ザーロ・バロンにショッケン・ブックスへの突然の転身をはっきりと知らせるために、「〈私にはこの手紙を書くよりも、三つの記事を書く方がずっとよいのですが〉〔英〕」と告げた。また、その手紙のなかで彼女は、ＣＥＪＣＲの諸般の状況をこう要約している。この組織は岐路に立っており、調査がさしあたり完結したいまや、「〈いくらかの公的な地位〉〔英〕」を得ることが重要である。受託業務を推進するためには「〈第一級の顧問団〉〔英〕」が求められ、文化財を救い出し、評価し、保存するためには「〈第一級の専門家たち〉〔英〕」が求められるが、自分はそのどちらでもないと（以下のバロン宛のアーレントの書簡——SUL, Box 39, Folder 2)。

24

［アーレントからショーレムへ
ニューヨーク、一九四六年九月九日］

差出人——ハンナ・アーレント　ニューヨーク州、ニューヨーク市九五番通り西、三一七
宛　先——ゲアハルト・ショーレム　パレスチナ、エルサレム　アバルバネル通り二八

九月九日

親愛なる友へ——

私は自分が憤っているのか、それとも悲しんでいるのかよく分かりませんし、それを突き止めたいとも思いません。産み落とされた卵、あるいはむしろ産み落とされていない卵について、大声で喚いても仕方がありません。私は悲しく、失望しており、あなたをどうしても理解できません。

パリに宛てたあなたへの手紙も書きました。その手紙はそのうちあなたに届くでしょう。あなたはいま、休みの数カ月、何をしてお過ごしですか？　いつ〔『〕サバタイ・ツヴィー〔』〕は完成するのでしょう？[1]　それはおそらくこちらで慰めとなり得る唯一のことになりますし、あなたがもう一度償いを果たす唯一のチャンスともなるでしょう。それに対して、罪の意識はなく、道徳的にいわば潔白と感じていらっしゃるなら、あなたはきっと間違っています。たとえば、ベンジ〔ベンヤミン〕の遺稿はどうなるのでしょう？　ドーラが亡くなったいまや、原稿を取り扱う権限は誰が持っているのでしょうか（すべては何と恐ろしいことでしょう。昨日まではまだ私たちみんなが居合わせていたのですから）。あなたはゲオルクの妻とその子どもの住所をご存知ですか？[2]　ドーラは兄〔ゲオルク〕のことをとても頼りにしていました。彼の妻はとても立派な人だそうです。彼女と面識はありませんが、大学時代から彼女と共通の友人がありましたので、彼女がどういう人か、私は知っています。彼女が生きていて、その子どもも生きているなら、少なくとも小包ぐらい送らねばならないでしょう。そう思われませんか？

出版社の方は順調です。つまり、私にはとてつもなく楽しいのです。とても頭がよく、とても生き生きとした、かの老人に、私は少しばかり恋をしました。彼は私を魅了し、私を差し当たり十分に自由にさせてくれます。書きものに関して言いますと、私は〈人権〉〔英〕および〈権力の哲学〉[3]

〔英〕のあと（いつのことか私たちの友情のために、あなたにはもう何も送らないでおこうと決心したのですが、これはあなたにお送りするつもりです）は、数カ月は何も書かないつもりです。つまり、私にはパニックのない二、三カ月が待っていて、それだけでもう気持ちが楽になるのです。

出版社では、ぜひともショッケン文庫としてバール・カツェネルソンを出版したいと思っています。崇拝すべき私の神です。こちらでは〔『〕J〔ジューイッシュ〕・フロンティア〔』〕に、青年アリヤーの〈マドリヒーム〉〔へ〕に対する彼のスピーチの抜粋が掲載されました。そこには、私が知っている印刷された文章のなかで、ファシズムについての最良のことが語られています。[4] 第二アリヤーにとって普遍的な意味を持つ、彼の「パレスチナへの道」についての偉大な演説からのそうした断片の数々は、とてもすばらしい本を生み出すことができるでしょう。SS[5]は、あなたが彼の親しい友人だったと告げました。あなたが選者を引き受け、二、三ページの序文を書くのはいかがでしょうか?? どうですか?

クルトの調子はいかがですか?[6] 私が言っているのは、健康のことです。

私があなたの具合をお尋ねしなければならないということ、つまり手紙でお尋ねしなければならないということは、私をひどく憤慨させますので差し控えたいと思います。どのみち人間のために設置されているのではない近代的なデスクにはもはやインク壺がありませんが、いまその一つでも壁に投げつけることができれば、何とすばらしいことでしょう。

こうした意味で、あなたの

ハンナ。〔手書き〕

〔NLI、ショーレムの遺品。原本。タイプライター原稿〕

1 サバタイ・ツヴィーに関して計画されていた仕事については第8書簡を参照。

2 ヴァルター・ベンヤミンの弟ゲオルクの妻ヒルデ・ベンヤミンは、のちの東ドイツ法務大臣であり、彼女の息子ミヒャエルは、ユダヤ人の出自を理由として一九四二年以降、通学を許されなかったが、母の両親のもとでナチズムを生き延びた。

3 『全体主義の起源』の下準備となった論考「〈拡大ならびに権力の哲学〉〔英〕」は以下に掲載された――*Sewanee Review* 54, 1946, Nr. 4, S. 601-616.

4 『ジューイッシュ・フロンティア』九号（一二七号）、一九四五年九月、二〇―二四頁に掲載された「若者たちへの言葉」のなかで、バール・カツェネルソンは、青年指導者たち〈へブライ語「マドリヒーム」）に、伝統的な（社会主義的な）信念にしがみついて（「〈国民解放の旗のもとで闘い……労働者階級を信じた、つまりそれが最後の階級であると信じた私たちの世代〉〔英〕」）、現実から自分を引き離すのではなく、自らを生産的に混乱させておくことを求めている。「〈私たちは混乱しても当然ではないか？　私たちは最善の人間の理想――何世代にもわたる文化の蒸留物――が破壊され、冒瀆され、汚されるのを目にしてきたのだ。私たちが混乱せずにいることが可能だろうか？〉〔英〕」。もしも「〈ガリバルディの根からムッソリーニが育ち、ロシア革命の心臓からスターリンが現われた〉〔英〕」ことが分かっているなら、非常事態とテロルのもとで育った青年たちに何を教えることができようか。ファシズムをもあるがままに認識することが重要である。自分の祖国においても、人はファシズムの誘惑に対して抵抗力を持たないと彼は述べ、その蔓延している誘惑を「〈人間の価値を計る手段としての……権力崇拝〉〔英〕」と明言している。そして、こう問いかけている、「〈ファシズムの辛辣な敵である私たちは、力の価値をあまりに過大評価して、それを私たちの価値尺度のまさしく中心に置いていないだろうか？〉〔英〕」。

5　ザルマン・ショッケンは、しばしばこの略称で彼の手紙に署名した。

6　クルト・ブルーメンフェルトのこと。

［25 アーレントからショーレムへ
ニューヨーク、一九四六年九月二五日
ショッケン・ブックス社用箋］

一九四六年九月二五日

親愛なる友へ――

すべてのよき願いを。[1] 私があなたに願っていることは、〔『〕サバタイ・ツヴィー〔』〕の完成であり、私たちすべてに願っていることは、来年の終わりにはもはや一人のユダヤ人も強制収容所に存在しないことです。これがいまのところ、私たちの唯一の政治的綱領であるべきだと、あなたは思わないでしょうか？　私は本当のところ、私たちの合意できる事柄を損なわないように、政治について語りたいとも書きたいとも思いません。でも、もしあなたがそうすることができ、そうすべきだとお考えであるならば、〈お願いですから〉〔英〕そのために何か試みてください――新聞を入手するなど、その類いのことを。強制収容所は、絶滅収容所の始まりです。それはこの問題の論理的必然なのです。[2]

　こういうことを書きたくはなかったのですが、ここ数週間、他のことは何一つまともに考えることができないので、こんな具合にタイプライターを打ってしまいました。私が新年にあなたに書きたかったのは、とてもすばらしいこと、つまりショッケンがベンジ〔ベンヤミン〕の一巻の選集の出版を決定したことだったのです。来年中の刊行ですが、できるだけ早く刊行することに私は大賛成です。

どうか以下の選択に関して、どのようにお考えか、急いでお返事ください。

1〔「〕親和力〔」〕[3]、2〔「〕ボードレール〔」〕[4]、3あなたがお持ちの増補版〔「〕カフカ〔」〕[5]、場合によってはあなた宛てのすばらしい手紙の最後の方のページからの抜粋付きで[6]、4〔「〕物語るという技術〔」〕（リープの雑誌に掲載されているもの）[7]、5〔「〕カール・クラウス〔」〕（フランクフルト新聞から）[8]、6場合によっては、〔「〕複製技術時代の芸術作品〔」〕（私はこのエッセイが好きではありませんが、ベンヤミンにとってはとても重要でした）[9]、7遺稿から〔「〕歴史哲学テーゼ〔」〕[10]、8〔「〕ブレヒトとの対話〔」〕（これは、ありがたいことにB〔ブレヒト〕が何とかして研究所のサメどもから奪ってくれたものです）[11]。

さらなるお願いです。序文となるエッセイを書いていただけないでしょうか。

カツェネルソンの件に関して。ヴィルヘルム[12]は、ショッケン・フェアラークで出版されたアグノンの追想録のことを私に書いてきました[13]。あなたがそれを十分と見なし、自分では書こうと思われないのなら、おそらくそれで何とかなるでしょう。どうか率直にあなたの意見をお聞かせください。

さて、目下のところは以上です。ちょうどいま、私たちは〔『〕神秘主義〔』〕のためのあなたの写真を探しています（つまり、私たちの〈制作者〉〔英〕がやって来て、原版を持っていないか、私に尋ねたところです）[14]。それ以外のことでも、私たちはあなたのことを考えています、本来なら悪魔に連れ去られてしまえ、とでも言いたいところですが――あなたもお分かりですね。

心からあなたの

ハンナ。［手書き］

［NLI、ショーレムの遺品。原本。タイプライター原稿］

1 〔ユダヤ暦での〕新年の祝辞。

2 アーレントは、ハイファのアトリットおよびキプロス島にある、移住を拒絶されたユダヤ人用のイギリス抑留民収容所の迅速な解体を強く支持していた。一九四六年八月一七日に彼女はカール・ヤスパースに宛ててこう書いている。「〔…〕私たちユダヤ人にとって、強制収容所（あるいは抑留民収容所）の解体は、そもそももっとも重要な政治的要求です。これが生存そのものの問題であることは、実際、明らかです。ドイツ人たちの側から積極的な意志の表明がなされるとすれば、私にとってとても重要なことでしょう。それは単純な理由からで、こんにち起きているすべて、つまりドイツの〈難民キャンプ〉〔英〕からパレスチナのアトリット〈収容所〉〔英〕を経由して、キプロス島の強制収容所への難民の流浪が起こり得ているのは、全世界がこれらの収容所をアウシュヴィッツと比べて「〈人道的〉〔英〕」と見なしているからです。あらゆる演説や声明を別とすれば、絶滅収容所が結果としてもたらしたのは、人々がユダヤ人をいわばア・プリオリに潜在的な強制収容所住人と見なすようになっている、ということでした」（Hannah Arendt/Karl Jaspers. *Briefwechsel*. S. 90〔『アーレント＝ヤスパース往復書簡1』六一頁〕）。

3　Walter Benjamin. »Goethes Wahlverwandtschaften« (*Gesammelte Schriften* I-1. S. 123-202.〔『ベンヤミン・コレクション1』三九―一八四頁〕)

4　Walter Benjamin. »Über einige Motive bei Baudelaire« (*Gesammelte Schriften* I-2. S. 605-654.〔『ベンヤミン・コレクション1』四一七―四八八頁〕)

5　ショーレムは、一九三四年に書かれたヴァルター・ベンヤミンのカフカ論の完全なタイプライター原稿を所持していた。それは、『ユーディッシェ・ルントシャウ』(»Franz Kafka. Zur zehnten Wiederkehr seines Todestages«, 21. und 28. Dezember 1934)では、半分程度しか掲載されなかった。

6　ベンヤミンが、自らのカフカ研究計画の説明として、一九三八年六月一二日にショーレムに宛てた手紙（以下を参照――Benjamin/Scholem. *Briefwechsel*. S. 226-273〔『ベンヤミン－ショーレム往復書簡』三四〇―三五三頁〕）。

7　ヴァルター・ベンヤミン「物語作者――ニコライ・レスコフの作品についての考察」は一九三六年から一九三七年にかけてリープによって出版されていた雑誌『オリエント・ウント・オクツィデント』の以下に初めて掲載された――*Orient und Okzident*. NF. Jg. 1936. Heft 3 (Oktober). S. 16-33. 一九三六年一〇月に予告されていた号は一九三七年六月に発売された。以下を参照――*Gesammelte Schriften* II-2. S. 438-465〔『ベンヤミン・コレクション2』二八三―三三四頁〕。

8　Walter Benjamin. »Karl Kraus« (*Gesammelte Schriften* II-1. S. 334-367.〔『ベンヤミン・コレクション2』四八五―五五四頁〕)

9　Walter Benjamin. »Das Kunstwerk im Zeitalter seiner technischen Reproduzierbarkeit« (*Gesammelte Schriften* I-2. S. 435-508.〔『ベンヤミン・コレクション1』五八三―六四〇頁〕)

10　Walter Benjamin. »Über den Begriff der Geschichte« (*Gesammelte Schriften* I-2. S. 691-704.〔『ベンヤミン・コレクション1』六四三―六六五頁〕)

11　ブレヒトが研究所〔社会研究所〕から受け取った「ブレヒトとの対話」については、第20書簡、注1および2を参照。

12　ラビのクルト・ヴィルヘルムは当時、パレスチナで〈ショッケン・パブリッシング・ハウス〉〔英〕の常勤職員だった。

13　ショッケンは、このヘブライ語作家でのちのノーベル賞受賞者（一九六六年）の本を一九二六年から出版していた。バール・カツェネルソンに関するS・J・アグノンの追悼文は、一九四四年にショッケンのもと、ヘブライ語で刊行された。

14　ニューヨークで出版される『〈ユダヤ神秘主義の主潮流〉〔英〕』の第二版については、第18書簡を参照。

［**26** ショーレムからアーレントへ
エルサレム、一九四六年一一月六日］

エルサレム
アバルバネル通り二八
［四六年一一月六日］

親愛なるハンナ様

ヨーロッパから精魂尽きた状態で戻って来たため、私はとにかく疲れ果てていて、ようやくゆっくりと回復しつつあります。[1] それでいまにいたるまで、手紙を書くなどという集中力を要することに向かうことができませんでした。なにせ、何日も寝椅子に横たわってまどろんでいたのですから。あと三週間たてばなんとか回復して、私の休暇をいま取って、サバタイ主義についてのヘブライ語の本に向かい、[2] SS〔ザルマン・ショッケン〕の交渉術ですっかり台無しになってしまったアメリカの話を丸ごと論外とするか（ここだけの話ですが、彼の振る舞いは信じがたいものでした）、それともいまは講義を続けて、休暇は翌年に取っておくか、決定することができるでしょう。体調がよいと感じれば、私は前者を選択して、六カ月かそれ以上ものあいだ、学問をとても遠くに追いやる事柄にばかり従事したり体験したりしたあとで、とうとうふたたび生産的な事柄に着手することになります。あなたに対してだけでなく、誰に対しても、私はヨーロッパから手紙を書くことはしませんでした。そのことから、私がとても手紙を書ける状態でなかったことを理解してくださると思います。私が目にしたことは、手紙を書く気にさせるよりも、私の憂鬱をなおいっそう強めるばかりでした。あなたの挨拶をヤスパースに伝え、J〔ヤスパース〕の献辞のある罪責問題についての彼の本を〔パリ経由で〕お送りもしましたが、九月二日付と九日付の二通の手紙であなたがそのことに触れておられないことからすると、とても残念なことに、あなたはそれを受け取っておられないと推測せざるを得ません。差し当たり、あちらの人々は直接、物を送ることができません――送っても戻ってきてしまいます。そこで、あなたのためにその本を持ち出すことを、私から申し出たのです。ヤスパースはあなたのことをとても誇りに思っていて、そこでも、つまりいま述べた小著のなかでも、あなたの言葉をたっぷり引用しています。[3] もしもアメリカ人たちがきょうハイデルベルクから撤収するなら、ヤスパースは――私が話したドイツ人たちがこう表現したのですが――三日で死んでしまうだろう。この言葉はドイツの状況を示しています。あらゆる立場から私に請け合われたことですが、どういう論じられ方であろうと、ドイツ人の罪というテーマはD〔ドイツ〕ではそれ自体タブーなのです。[4]

報道は蔵書のもっとも重要な部分はオッフェンバッハにあると信じこませていますが、まったくそうではありません。そこにあるものが（パレスチナにおける文化的利用という観点のもとでは）どれほど重要であれ、もっとも重要な部分はチェコスロヴァキアに隠されています。[5] 誰かがそれらの蔵書にまでたどり着き、こちらのために入手できればいいのですが。

私のヨーロッパでの経験はとても陰鬱で意気消沈させるもので、私はひどく滅入った気持ちで帰宅しました。ヨーロッパ、アメリカ、パレスチナにおけるそれぞれのユーデントゥームのあいだの距離は、私の考えでは、破局的であって、どんな理論を考案しようと、もはや取り戻すことができません。いっさいが砕け散り、私たちはもはや互いに理解し合うことがありません。私たちは、ヨーロッパのユダヤ人に何が起こっているか、まったく理解できませんし、ヨーロッパのユダヤ人たちは、こちらで起こっていることを理解できません。彼らが少しでも理解するとしても、世界のいたるところを駆けまわっても、こちらにだけはやって来ることはないでしょう。というのも、彼らが私たちに期待しているもの――そもそも彼らが何かを期待しているとしてのことですが――を、私たちは何一つ差し出すことができないからです。すなわち、彼らが期待しているのは安らぎ、安らぎであって、〈ゴイ〉〔イ〕〔異教徒、不信仰者〕などではないのです。だからといって、彼らのことを誰が不快に思うことができるでしょう？　くわえて、フランスやその他の地域では、きわめて根本的な同化が進んでいます。それについては、たっぷりとこの目で見てきました。

私は確かに、自分が派遣された際の目的物のすべてを目にしました（結局のところ、蔵書は、合衆国経由などで、こちらに到着することを期待しています）が、この旅は私の心を打ち砕いたと思います――心なんてものが（私の想定するとおりに）あれば、の話ですが。いずれにしろ、私の数々の希望はヨーロッパに置き去りにしてきました。どこでそれをふたたび見出すことができるか、自分でも知りたいところです。

それではあなたの手紙について。私はヘルツルについてのあなたの記念論文を読み（一週間前です）、あなたの〔『〕メノーラ〔』〕誌の論考——これも帰還した際にこちらではじめて机に置いてあるのを目にしました（ファーニアは、私が旅先で気をまわさないように、そうしたと言います）——についての私の短い手紙に対するあなたの答えから得たのは、もっぱら私たちの距離の大きさに対する新たな驚きでもありました。そうしたあとでは、あなたがもはや私にあなたのお仕事を送ってこようとされないことを、私はよく理解しています。しかし、これはやはり私たちにとって残念なことです——ある種のアナーキズム的な根本信条において私はあなたと一致していると考えていましたが、あなたはそれに同情しか寄せておられません。とはいえ、あなたの反シオニズム的な仕事において、私をいっそう傷つけるのは、いくらでも議論のできるその内容よりも、何と言ってもその口調です。それは議論を排除するものです。これについては止めておきましょう。

——三週間後です。

この間、私は回復の途上にあって、実際いくらか元気を取り戻しています。あなたからの新しい手紙——また、あなたに届くはずのヤスパースの本も、よく分からない理由でパリから届きました。私はそれをここからもう一度あなたにお送りしました。同時に、ショッケンも姿を見せました。こちらが仕事で関わろうとしない限り、彼はとても気持ちのいい相手ですが、できるだけ仕事で関わるように自分を仕向けることでしょう。私のアメリカへの旅を彼が台無しにしてしまい、いまや、彼は呵責の念を覚えていて、私にお金の山を提示してくれています。それを飜らないように、十分注意することにいたしましょう。彼は不幸な男です。

グルマッハとはベルリンで何度か会いました。とても知性豊かな人物です。シュテルンベルガーにも会いましたが、『ヴァンドルング』に載った彼の論文はそんなによくありませんでした。ちなみに、W[7]はあなたに送付されたのですが、検閲によって送り返されました——ポツダム決議のアメリカ人たちの突拍子もない解釈に基づいて、ドイツの文献を外国に送ることは禁じられているのです。これは現時点でおそらく変わりつつあるか、すでに変わっているかもしれません。というのも、書物に関するこういう扱いの理不尽さは、言語道断だからです。出版されているものはすべてこちらに持って来ました——ドイツの状況の恐るべき兆候が見られます。薄弱で、時代遅れで、まるで一九三二年のフランクフルト新聞です。非常にわずかながら、それを打ち破っている印象的で感動的ですらあるものが、一部は詩のなかにあります。それらについては、ドイツにいた時点でとても劇的ないくつかを目にしました。

ヴァルター・ベンヤミンの遺稿について。私の考えでは、血縁相続者としての著作権を有しているのは、彼の息子のシュテファン〔ロンドン、W二、レンスター・スクエア一六三〕です。私は、W〔ヴァルター〕の妻ドーラに会いましたが、同じく、シュテファンにもロンドンで会ったことがあります。ベンヤミンの妹ドーラは、たとえ生きていたとしても、権利を有していないでしょう。ゲオルク〔ベンヤミンの弟〕の妻については、あいにく私は住所を知りません。チューリヒで知る機会を逸してしまいました。彼女はドイツにいます。彼女の子どもも同様です。彼女はKPD〔ドイツ共産党員〕ですので、ドイツで住所を確かめることが可能かもしれません。

バール〔・カッツェネルソン〕について書くことに関しては、ヴァルターについて書くのと同じ状態です――私はできそうにありません。[8] それで、あなたに何もお送りできません。WB〔ヴァルター・ベンヤミン〕について何かを紙に書き留めようと繰り返し試みましたが。あなたが計画されている選集はよいと思います。追加するとすれば、短いながら重要な、ケラー、ジュリアン・グリーンについての概略的な批評でしょう。[9] ショッケンがいまブロートのスキャンダラスなカフカ伝を英語でも出版しようとしていますので、私宛の手紙のなかの、ヴァルターの致命的な批判を公表したく思います〔場合によっては『ジューイッシュ・フロンティア』で?〕。あなたは写しをそちらでお持ちですか?[10]

アグノンのバールに関する追悼論文は、とても美しく書かれているとはいえ、まったく不十分です。バールは偉大な書き手ではなく、むしろ明快で優れた稀代の語り手でした。ですので、彼の講演の速記録のほうが彼の書いたものよりもずっと優れています。彼は中心的な存在であり、近代的な「レッベ」[(1)]という稀な人物であって、その点が捉えにくいところです。

ヴァルターの原稿は、私たちが合衆国に行くことを考えていた春に、私のものと一緒に封印し、荷造りをしておきました。兵隊染みた家宅捜査で掻き乱されたくなかったもので。ですので、ヴァルターの原稿はそのままで、さらに推奨できるものがあるか、すぐに確かめることができません。研究所〔社会研究所〕がWB〔ヴァルター・ベンヤミン〕の遺稿をどうしようとしているか、何か新しい知らせがありますか? そもそも研究所の雑誌は再刊されるのでしょうか? 私とはあらゆる関係が途絶しています。遺稿のなかに、ホルクハイマーについて思ったままの考えを述べた私からの手紙を、彼らが見つけたのではないかと推測したくなるくらいです。[11] 他方で私は妹さんから、国図〔国立図書館〕にあったパリのトランクはまだ発送すらされておらず、ケ・ヴォルテールの誰かのところにあると聞きました。[12] 帰路につくまえに三日間、もっぱらパリで過ごしていて、そこを訪れてみましたが、当然ながらその人物は〈他のみんな〉〔仏〕と同様に、田舎に出かけていました。

さて、私たちがいつもう一度あなたのもとへ行けるかは、出来事の経過次第で、とても不透明です。私の推測では、この二年のあいだのいつか、とはいえ、今回計画していたような長期の滞在にはならないでしょう。すでに一度は示唆されてもいたことですが、私を丸一年交換教授として招聘する考えが誰かに訪れない限りは。

この手紙をとうとう発送し、私が相変わらずここにいることをあなたに示さなければなりません。それでは、ふたたび手紙をしたためるまで、あなたのご主人とあなたに、心からの挨拶を送ります。あなたの

ゲアハルト・ショーレム

四六年一一月六日

追伸　ブルーメンフェルトの具合がよくありません。四分の三は廃人で、見ていると胸が張り裂け、涙が出ます。

ラーヴィとエリエゼル・ヨッフェについてのバールのエッセイは十分推奨に値します（九月一一日付の問い合わせに対して）。[13]

［LoC、アーレントの遺品。原本。手書き原稿］

1　ヨーロッパ旅行については、第21書簡、注2を参照。

2　サバタイ主義についての大きな研究については、第8書簡を参照。

3　Karl Jaspers. *Die Schuldfrage*. Heidelberg/Zürich 1946. S. 75.〔ヤスパース『責罪論』一一九－一二〇頁〕

4　ハイデルベルクでの滞在について、ショーレムはエルンスト・ジーモンにこう書いている。「〔…〕きのうハイデルベルクを訪れました。私は八時間そこにいて、そのうち三時間をショッケン・フェアラークの元編集長でシュピツァーの友人、ランベルト・シュナイダーと、一時間をブーバーの友人、フォン・ヴァイツゼッカー教授と、二時間をヤスパース（そのつどやって来た女性客もくわえて）と過ごしました。〔…〕シュナイダーは燃えるような関心を持っていました。〔…〕みんなわずかのことしか知らず、こちらでは何も耳にしていない状態です。というのも、ドイツでは差し当たり、外国の文献を読むことも、ドイツの文献を外国に送ることも、不可能なのです（禁止なのです!!!　反ナチ文献が!!　どうしてこんなことになったのでしょうか）。〔…〕彼は、多くの人々（非ユダヤ人）がそれをとても求めているから、ユダヤ関係の出版物をこちらで新たに印刷したい、と言っていました。他方で彼は、こちらの精神

状態はとても冷え冷えとしていると判断しています。彼によると、半数は相変わらずナチであって、アメリカ人たちがあす撤収するならば、『ヴァンドルング』(そのすべての号を、他のものと一緒に私は持ち帰ります)の関係者、とりわけヤスパースは、二、三日のうちに、白昼堂々と射殺されるだろう、とのことです。[…]罪については誰も耳にしたがりません。あまりに分かりやすいことです。[…]〔『〕ヴァンドルング〔』〕は一九三三年以前からの昔ながらの非ナチのメンバーからなる、本当に立派な雑誌です。それでいて、いままでその名前は不当に貶められています(シュテルンベルガーは三週間の旅に出ていて、それで私は会えませんでした)。/夕食はヤスパース宅でいただきました。女性の「シオニスト」がパレスチナ報告をめぐってとても興奮していました(テルアビブの三人の兄弟姉妹)、いたるところで、テロルとイギリス人という問いについての同じ会話です。ヤスパースとはハノッホ[ハンナ]・アーレントについて、ヨーナスについて、私たちの大学事情(私講師制度?・)、それに戦中の私たちの仕事について、話しました。私が本来行っている研究がユダヤ神秘主義と知ると、ヤスパースとヴァイツゼッカーの二人は興奮して、詳しいことを知りたがりました」(一九四六年七月一九日付の、ジーモン宛のショーレムの手紙から抜粋したもの。写しは以下——NLI, Arc 4° 709(ブーバーの遺品)、コピーは以下——NLI, Arc 4° 1599/Arendt Corr.)。

5　ボヘミアは、戦時中ナチが文化財を疎開させていた中心地域の一つ。チェコスロヴァキアの解放後、北ボヘミアの城郭だけで、約六五万点にのぼる、書籍、手稿、記録文書が発見された。そのなかには、RSHAの蔵書に由来するユダイカの大部分が含まれていた(第22書簡、注3を参照)。チェコスロヴァキアにおける、ユダヤ人に由来する文献の二番目に大きな蔵書は、テレージエンシュタット収容所のもので、その大半はドイツから移送されたユダヤ人および破壊されたユダヤ人の施設から押収されたものであって、そこには価値の高いヘブライカも含まれていた。

6　Hannah Arendt, »The Jewish State: 50 Years After, Where Have Herzl's Politics Led«, in: *Commentary* 1, 1945/46, Nr. 7, S. 1-8〔アーレント『アイヒマン論争』一九二―二〇九頁〕. 第18書簡、注6を参照。

7　『ヴァンドルング』の一冊。

8　第24書簡におけるアーレントの依頼を参照。

9　ヴァルター・ベンヤミン「ゴットフリート・ケラー」の初出は以下——*Die Literarische Welt*, 5. August 1927, Jg. 3, Nr. 31, S. 1f.（*Gesammelte Schriften* II-1, S. 283-295〔『ベンヤミン・コレクション4』五〇―七六頁〕)。「ジュリアン・グリーン」の初出は以下——*Schweizer Rundschau*, XXIII. Jahrgang, Heft 4, April 1930, S. 259-264（*Gesammelte Schriften* II-1, S. 328-334〔『ベンヤミン・コレクション2』四六九―四八二頁〕)。

10　ベンヤミンへの経済的な援助を手配するために、ショーレムはベンヤミンに、フランツ・カフカについての研究計画を自分宛ての手紙の形で示すよう求めていた。ショーレムはそれを、研究申請書の代わりとしてショッケンに転送するつもりだった。一九三八年六月一二日付のショーレム宛てのベンヤミンのその手紙（Benjamin/Scholem. *Briefwechsel*. S. 266–273〔『ベンヤミン－ショーレム往復書簡』三四〇－三五〇頁〕）には、一九三七年にベルリンでショッケン・フェアラークによって刊行されたマックス・ブロートのカフカ伝に対する根本的な批判が含まれていた。その手紙を『ジューイッシュ・フロンティア』に掲載するというショーレムの計画は実現されなかった。

11　一九三八年一一月六日／八日付のエルサレムからの手紙のなかで、ショーレムはホルクハイマーについて、ベンヤミンにこう書いていた。「彼のまえでは、ほんの少しでもまともな話をするのは不可能です。その会話のなかでは、どうしようもないほど退屈を露にした彼の顔が、あなたの（あるいはむしろ私の）口のなかで言葉を死なせないわけにはゆかないのです。［…］いつか彼が豚野郎〔卑劣・下品な男〕と分かっても、少しも驚きません」（Benjamin/Scholem. *Briefwechsel*. S. 284f.〔『ベンヤミン－ショーレム往復書簡』三六五頁〕）。この手紙は残されていないが、ショーレムが自分で作成した写しがＮＬＩに存在している。この手紙がホルクハイマーの手に渡ったかどうかは不明。

12　ここで言われているのは、おそらく、ベンヤミンの翻訳者で友人のピエール・ミサの住所（ケ・ヴォルテール一七）だろう。占領期間中、パリの〈国立図書館〉〔仏〕に秘匿されていたベンヤミンの原稿の一部を、バタイユは一九四五年に彼に委ねた（第4書簡、注13を参照）。

13　第24書簡における、バール・カツェネルソンの文章をまとめた本に関する、アーレントの問い合わせへの返答（アーレントの書簡の日付は九月九日）。

（1）「レッベ」はハシディズムにおける、ラビに相当する精神的指導者。

［**27**　アーレントからショーレムへ
ニューヨーク、一九四六年一一月八日］

ハンナ・アーレント　ニューヨーク州、ニューヨーク市二五、九五番通り西、三一七

一九四六年一一月八日

親愛なるショーレム様――

おそらく、あなたはまた怒っていらっしゃるのでしょう。私にはどうしようもありません。しかし、どうして、〈何ということでしょう〉〔英〕、ベンヤミンに関する私の手紙に返事をくださらないのですか。ショッケンはベンヤミン

にとって適任の出版人であり、そのことをまだ彼が分かっていないだけだ、と私たち二人が考えていた時期がありました。いまや、彼はついにそのことを理解し、ようやく私たちはその件を問題なく進めることができます。私は、あなたなしには何もできません。私の手元にいかなる原稿もないという理由だけからしてもそうです。私はあなたの名高いアーカイヴをあてにしています。あなた抜きでこの件をわずかなりとも進めたくありません――第一に「どのように」進めるか、第二に「そもそも」進めるか、に関して。研究所〔社会研究所〕の人々〔人々とは一つの婉曲表現です〕と関わると考えるだけで、体調が悪くなります。私たちが〈著作権〉〔英〕のためにそうしなければならないとしても、それはシュトラウスができることです。本の原稿自体は、とにかくあなたが提供してくださらなければならないでしょう。〈このことは「どのように」を解決してくれます〉〔英〕。「そもそも」については、これ以上何も申し上げる必要がないとよいのですが。

体調はいかがですか? 「眼が痛んでいる」とはどういうことですか??[1] 一体、どうなさったのですか?

あなたがたお二人に心からのご挨拶を

ハンナ〔手書き〕

〔NLI、ショーレムの遺品。原本。タイプライター原稿〕

1 この手紙は、ショーレムの一一月六日付の手紙と行き違ったのかもしれない。アーレントがいつ、どこから眼の痛みと言われていることについて耳にしたのかは不明。

〔**28** アーレントからショーレムへ ニューヨーク、一九四六年一一月二七日〕

一九四六年一一月二七日

親愛なるゲアハルト様――

あなたの手紙はここ数週間ひどく重く私の魂にのしかかっています、まるでもう数年間のように思えるほど。私が返事しましたのはひとえに――そもそもあなたが返事を半ば遮断されているにもかかわらず――私の魂がこんな状態に慣れるまで待ちたくないからです。

これは世界が崩壊した後の大洪水である、とあなたも理解しておられると思うので、ある意味ではもちろん、心の負担は軽くなります。いまや私たち一対の生存者は〔確かに私たち生存者は、なお生きているということに対して、実際そもそも何もできません。だからこそ、生きていることをふたたび安らかに——喜ばしくではなく——意識すべきなのでしょう)、方舟のノアのようです。その方舟に私たちは、もっとも必要なものすらまだ救い出すことができていません。さらに悪いことは、私たち一対のノアが、私たちの方舟をまさしく互いにすれ違い、出会えない方向へ進めてゆく、さらなる不器用さにとりつかれていると思われることです。たとえ、すべてのノアを一つの方舟に乗せること——これは残念ながら容易いことでしょう、何が起きているか理解している者の数はごくわずかですから——に私が反対だとしても、二、三艘の小舟が互いに縄で結ばれていることができ、あるいは少なくとも「こんにちは」と「ごきげんいかが?」と声を掛け合えるように舵を取ることができるなら、その光景を見ることには、喜ばしさ以上のものがあります[1]。

ああ、ゲアハルト、どうかあなたの魂をふたたび縫い合わせてください。それをオデュッセウスのように成し遂げてください。神々さえも彼には不屈の魂を一つ与えることしかできませんでした。なぜなら、満ち満ちた狡猾さで彼が絶えず魂を自ら新たにしたからです。あなたはこれがまだ結末でないことをご存知ですし、事態はなおいっそう悪くなり得ます。しかし、そういう結末にも人は堪え忍ぶ覚悟ができていなければなりません(これは、必ずしも生き延びることを意味していません)。

ブロートの駄文に関するヴァルターの手紙を掲載するというあなたの計画は、本当に愉快で、気分を軽くしてくれます。それはすばらしい一撃となることでしょう。ただ、私たちは差し当たって、それをすべきではありません。なぜなら、ブロートが自分の関わっている遺稿のことで厄介ごとを持ち込むか、ショッケンが私のベンヤミン計画を台無しにするのではないかと、私は不安に思うからです。その計画が保証され、遺稿がブロート氏の手から離れ次第、私たちは直ちに手紙の公表に取り掛かるべきです。ベンヤミンの原稿に関して言いますと、もしあなたがあなたのアーカイヴを開放してくださらないとすれば、原稿をこちらで入手するのに、私はたいへんな困難を抱えることになるでしょう。私はとりわけ〔「〕親和力〔」〕、〔「〕カール・クラウス〔」〕(できれば)、〔「〕物語るという技術〔」〕(必ず)、そしてあなたのおっしゃっていたケラー、ジュリアン・グリーンなどに関する小さな作品類を必要としています。これらの作品がどこに掲載されているかさえ、もはや私は分からないのです。こちらではまもなく、ブレヒトの叙事演劇に関するW〔「ヴァルター」〕の論考が雑誌〔『〕ヴュー[2]〔』〕に掲載されます。ひどい訳にくわえて、論考自体、私の考えではそれほどよくありません。あの論考では彼はあまりにブレヒトに影響されていました。でも、たぶん私が間違っているのでしょう。もし、トランクがパリから発送されていなかったなら、研究所〔社会研究所〕はひどい嘘をついていたことになります。そのことはしかし、すべての〈つじつまの合わない事柄〉〔英〕を一挙に明らかにしてくれますし、したがって、もっともらしく聞こえます。あなたがいかなる返答も受け取られていないことは、あの紳士連中に特有の高慢、恐れ、秘密主義の混淆からも説明できます。——あなたの序文に関して言いますと、私はあなたをそのことで差し当たりこれ以上、煩わせるつもりはありません。

ドイツについては、まったくあなたのおっしゃるとおりです。いまのうちにヤスパースに〔ドイツを〕出てしまう決心ができればよいのですが。まるで一九三二年と同様のおしゃべり、廃墟のもとでの戯言の継続はひどいことです。さらにひどいのは、活力のなさ、とくにシュテルンベルガーの諸論文に顕著な怒りや憤激の欠如です。シュテルンベルガーは心優しくてお上品な人です。

クルトからはずいぶん以前から何の音沙汰もありません[3]。私たちが突然、彼に死なれるのではないかという不安を、私はいつも抱いています。少なくともジェニー[4]は彼を落ち着かせているのでしょうか？　私は、リリーがエルサレムに来るかもしれないと聞きました[5]。それはクルトにとっては最善の解決策でしょう。——ローゼンブリュートはこちらに到着しました。私は先日、彼のもとにいました。私は彼のことをとても好ましく思っていますが、あの堅物的な落ち着きぶりには入り込む余地が本当にありません。

〈私の魂はあなたの方へと溢れ出します〉〔英〕——つまり、私の魂は、パスポートも、お金も、「休暇」も必要としないので、ただ一枚の〈チケット〉〔英〕を手に入れて、心穏やかに旅客クラスでパレスチナへと船旅を続けています。あなたはこれからハイファで港に立ち、私の魂が上陸しないように取り計らうことでしょう〔交換教授の方がずっとよいでしょう。シュピーゲルはそれを手配できないのでしょうか？　あなたが戦後の五時にカフェでお会いする私たちの約束を守ってくださらなかったことに、私は憤りを感じています。けれども、どういうわけかそのカフェがもう存在しないことを、私は認めます〕。

あなたがたお二人のご幸運をお祈りいたします。〈ムッシュウ〉〔仏〕が挨拶をと申しています。

あなたの
ハンナ。〔手書き〕
ハンナ

［NLI、ショーレムの遺品。原本。タイプライター原稿］

1　ノアと方舟のイメージは、一九四八年にランベルト・シュナイダーのもとで出版された『六つのエッセイ』への彼女の序文（「カール・ヤスパースへの献辞」）にも見られる。「もしも事実の地盤が深淵となってしまったならば、人がその淵から離れる限り、いわば虚しい空間とは、人がその淵から離れる限り、いわば虚しい空間である。そこにはもはや、国民や民族は存在せず、個人しか存在しない。そうした個人にとって、多数者がそのつど考えていることは、たとえ自らの民族の多数者の考えていることであれ、さほど重要ではない。こんにち、地上のすべての民族と国民のなかに存在する、こうした個人たちのあいだに不可欠な相互理解のために重要なことは、彼らが自らの国民的な過去に懸命にしがみつくのを止めることを学ぶことである――過去は何も説明しないのだから（というのは、アウシュヴィッツはドイツ人の歴史からもユダヤ人の歴史からもおよそ説明がつかないからである）。重要なのは、何らかの形で日々、繰り返し私たちを襲うかもしれない大洪水を、自分たちがただ偶然に生き延びた者にすぎないことを忘れないこと、それゆえそれぞれの方舟のなかでノアのようであってよいこと、そして最後に、絶望や人間蔑視の誘惑に屈することなく、世界の海を漂いながら自らの方舟をできるだけ近く互いに引き寄せようと舵を取っているノアたちが比較的まだ多く存在していることに感謝すること、である」（S. 10〔『アーレント政治思想集成2』五―六頁〕）。

2　雑誌『ヴュー――スルー・ジ・アイズ・オブ・ポエッツ』は、一九四六年から一九四七年にかけての第七号で廃刊となった。その最終号「一九四七年春号」の第三ページで「五月のシアター・ヴュー」という見出しのもと、W・ベンヤミンの記事が次号に予告されている。――「〈ブレヒトの叙事的演劇についてのノート〉〔英〕」はエドワード・ランドバーグによって翻訳され、一九四八年に以下に掲載された――*The Western Review* 12, 1947/48, S. 167-173.

3　クルト・ブルーメンフェルトのこと。

4　ジェニー・ブルーメンフェルトのこと。

5　リリー・メンデルスゾーン（彼女はロンドンの〈ユダヤ機関〉〔英〕に勤務し、建国後の一九四八年からはイスラエルの公使館の事務局長だった）は、ブルーメンフェルトが二〇年間、大いに可愛がってきた相手だった。

29

〔アーレントからショーレムへ
ニューヨーク、一九四六年一二月一六日
ショッケン・ブックス社用箋〕

一九四六年一二月一六日

ゲルショム・ショーレム教授
パレスチナ、エルサレム

アバルバネル通り二八

〈親愛なるショーレム様――

　アルフレート・コーンからきょう届いた手紙の写しを、あなたに同封して送ります。シェーンの考えについてどう思われるか、知らせていただきたく存じます。

　彼の計画に対するあなたの意見を聞くまでは、シェーン[1]に返事を書くことを見送りますので、どうか至急、あなたのお考えを聞かせてください。

　それと、あなたがヴァルター・ベンヤミンの「《複製技術時代の芸術作品》〔仏〕」のドイツ語原文をお持ちかどうかも教えていただけませんか。もしお持ちでしたら、しばらくのあいだ私たちに貸していただければ、おおいに感謝いたします。といいますのも、私たちはフランス語訳のテクストからではなく、ドイツ語の原文から英語への翻訳[2]を行いたいと考えているからです。

　それではまた、

あなたの、〉〔英〕

ハンナ。〔手書き〕

ハンナ・アーレント

　こんな「〈事務的〉〔英〕」な連絡を許してください。やるべきことがたくさんあります。『罪責論』が到着しました。〈ありがとう〉〔仏〕！

あなたのH。

〔NLI、ショーレムの遺品。原本。手書きの追伸付きの、タイプライター原稿〕

〔同封物〕

T・g・G.〔タルヌ＝エ＝ガロンヌ県〕、モアサック　モンテベロ通り

四六年一二月一日

親愛なるハンナ様

　概して報告すべき新しいことはありませんので、すぐに単刀直入にお話しします。ヴァルター・ベンヤミンと私の共通の知人だったエルンスト・シェーンが、ヴァルターの遺稿がどのような状況にあるか、私に尋ねています。私はこう返事しました――私がヴァルター自身から聞いたところによると、一方では彼の写真複写されたすべての原稿は〈社会研究所〉〔英〕にあり、他方ではエルサレム大学のゲルショム・ショーレムのもとにある、と。

　遺稿がどこにあるか、詳細を私は何も知りません。こん

にちでは、おそらく他の誰にも劣らぬほどヴァルターの一連の思考に精通していて、それを論じることのできるエルンスト・シェーンが、ベンヤミンの遺稿出版に共同で取り組むことを申し出ているのです。そもそも遺稿の出版を考えるのであれば、この提案は受け入れられるものと確信していますし、あなたに私の友人の能力をとくに説明する必要もないと思っています。

あなたがエルンスト・シェーンと直接連絡を取って、すべてを詳細に話し合うのがおそらくもっとも簡単です。彼はこう書いています。「おそらく君はBl.＝A〔ブリュッヒャー・アーレント〕氏に、私がゲアハルト・ショーレムに書き送ったのと同じことを言うことができるでしょう。その考えを私はまったく正しいと確信しています。つまり、パレスチナもまたアメリカも、その種の出版に適した場所ではなく、まず初めに絶対にドイツ語で、したがってこんにちではスイスで出版され、その後おそらくフランス語の翻訳が出版されるべきだ、ということです。なぜなら、フランスはいまもまだ彼の思考過程をもっとも迅速に理解することが期待できる国だからです。そして最終的に、最後の最後に、イギリスとアメリカの限られた読者層に向けて出版されるべきです。こういったことすべてを、しかもまさしくこの順番で貫くこと、それができればやってみたいと私が考えていることなのです……」。

〈さて〉〔仏〕、親愛なるハンナ様、私はここではただの仲介者ですが、この計画の迅速な実施にもっとも熱心で、自分自身でも関心を抱いている者でもあります。私は、ヴァルターがあなたに、エルンスト・シェーンのことを話していたと確信しています。彼は本来、音楽家ですが、あらゆる精神的な事柄に深く関わっていて、長年にわたってロンドン放送局の計画立案者を務めています。住所は以下のとおりです。

イングランド、サリー州
イースト・モールジー
キングフィッシャー・コート四三

私は自分の義務を果たしました、あるいは目的を達成しましたから、間もなく生じる結果が積極的な帰結であることを心から願っています。

さらにもう一つ。エルンスト・シェーンは、フランクフルター・ラジオで活動していたときから、ヴィーゼングルントと深刻な仲違いをしています。ヴィーゼングルントが自分の計画を知ることがないようにしてほしいと、彼ははっきりと依頼しました。あなたがヴィーゼングルント・アドルノと何か繋がりがあるのかどうか、私には見当もつきません。また、アドルノがヴァルターの遺稿に興味があるのかどうかも、私には分かりません。いずれにせよ、あなたがシェーンの願いを尊重してくださるよう願っています。

　ひとことでよろしいので、連絡が途切れてしまわないよう、よろしくお願いいたします。あなたに心からの挨拶を送ります

あなたのアルフレート・コーン

［NLI、ショーレムの遺品。写し。タイプライター原稿］

1　エルンスト・シェーンはヴァルター・ベンヤミンの友人だった。この手紙への同封物も参照。

2　アーレントは、「複製技術時代の芸術作品」の完全なドイツ語版の原稿を探していた。その論考は、ベンヤミンの生前には、以下の、圧縮された、しかもフランス語版（翻訳、ピエール・クロソウスキー）でしか掲載されなかった――»L'œuvre d'art à l'époque de sa reproduction mécanisée«, in: ***ZfS*** 5. Heft 1. 1936. S. 40–68. この原稿をめぐる議論については以下も参照――Benjamin, *Gesammelte Schriften* I-2. Anmerkungen zu S. 435–508 und 709–739. フランス語版では、内容の簡略化とともに、ベンヤミンの意志に反して、原文の序章にあたる部分が削除されていた。

［**30**　ショーレムからアーレントへ
エルサレム、一九四六年一二月二五日］

エルサレム、一九四六年一二月二五日
アバルバネル通り二八

親愛なるハンナ様、

あなたの一一月二七日付の手紙とともに、一二月一六日付の、アルフレート・コーンの文書を同封した手紙がいまでは私のまえにあります――あとの手紙は、昨日届きました。ちょうどエルンスト・シェーンに手紙を書いて三日後のことでした。その手紙のなかで、あなた〔アーレント〕の配慮のもと、ショッケンで一冊出版できることを私たち〔アーレントとショーレム〕が希望していること、〔ショッケンのもとで〕出版にいたる確かな見通しがある限り、その計画の妨げになることを私は何一つしたくないということ、そして、もしもショッケンとうまく連絡が取れない場合には、あなたと私が彼〔シェーン〕の友情に満ちた提案を喜んで伝える、という私の考えを書きました。シェーン自身はヴァルターの原稿をもはや何一つ所持していないようです（私にとっては大きな失望です）[1]。一方、ヴィーゼングルント〔アドルノ〕は一九四一年に、アルフレート・コーン（私はこの人

についてほんのわずかしか知らないのですが——やはりヴァルターの最初の婚約者の夫でしょうか?)が彼の原稿をたくさん所持していると手紙で伝えて来ました。ただし、私のところに写真複写があるとコーンが誤って思い込んでいることからあなたにも分かるとおり(彼のことを私が決して勘違いしているのでない限り)、これらの情報はとても不確かなままであると思えます。[2] そういうわけで、場合によってはショッケンの出版物に含まれる可能性のあるものをあなたがシェーンに書き送ること、そしてシェーンに快く接すること(彼は支離滅裂であるとはいえ、とても善良な人物です)を、あなたに勧めます。シェーンは私に、彼がヴィーゼングルントのことを〈詰まらぬ俗物〉〔英〕と評した言葉をヴィーゼングルントが聞き知って、自分のことを怒っていると書いていました。私との手紙のやり取りのあからさまな途絶にも、似たようなことが背景にあるのでは、と思っています。たとえば、研究所〔社会研究所〕について記したヴァルター宛の私の手紙です。

続いて、とても残念なことですが、複製技術時代の芸術作品についての論考のドイツ語テクストを、私は所持していません。パリのヴァルターのところで私はそれを目にしました。すぐに私のアーカイヴのために取っておこうとしたのですが、ヴァルターは渡したがりませんでした。写しがほかにないと言ったのです。パリでまだ暮らしている翻訳者のピエール・クロソウスキーがひょっとするとまだ原本をたまたま所持しているかもしれません。フランス語からドイツ語に戻すのは、まさにあのような論考の場合、とても難しいことでしょう。

私は、ヴィルヘルム博士の立ち合いのもと、あなたが必要とするヴァルターの原稿の写真を撮らせるつもりです(直接に、したがって、かの老人〔ショッケン〕がふたたび介入する可能性のない状態で)。それに対して、〔「〕親和力〔」〕は、コロンビア大学、イェール大学、ハーバード大学の三つのドイツ文学コレクションの一つにきっとある『ノイエ・ドイチェ・バイトレーゲ』から、たやすく書き写すことができるはずです。「カール・クラウス」は、印刷されたものよりもっとよい状態のものを私は所持しています。修正の入ったタイプライター原稿です。レスコフ、カフカ等については、同じように写真を撮らせます——いや、カフカはすでにグスタフ・ショッケンがもう写しを作らせていましたので、照合を済ませた写しをあなたにお送りします。

ブロートからそう聞かされた人たちからこちらで耳にしたことですが、われらが老人、父親のショッケンが、ブロートの目のまえでカフカについてのベンヤミンの手紙をひらひらさせながら、ブロートに手渡さず、読ませなかった、ということです。彼〔ショッケン〕が伝記の英語版を出版するなら、あの手紙を公表すると私が彼に言ったとき、彼はきわめて満足げな様子でこう口にしました。「それは、ぜひとも、きっと刺激的なことになるでしょう」。とはいえ、あなたの言われるのが正しくて、深刻な事態にいたった場合〔とくに私が居合わせていないなら〕彼は違った反応をするかもしれません。

私はヘブライ語でのサバタイ・ツヴィー〔論〕を書いています――はじめてのことです。

〔『〕暗黒の書〔』〕とヴァインライヒに対するあなたのとても興味深い批評を掲載した〔『〕コメンタリー〔』〕九月号を、あなたから〔間接的に〕受け取りました。[3] 後者の本を私は読んで、まったく胃に悪いと思いました。くわえてあの本を私は、著者のいくらか高慢な無知さ加減を正しく感知できる環境、すなわちベルリンで読んだのです。どうか私にもっと糧を与えてください――私は是非とも収集したく思います。

私がNY〔ニューヨーク〕にいつ行くか、について。ここだけの話ですが、あなたの手紙が届くまえに、交換教授について適切な機関で、NY行きを私は申し出ていました。そんなにすぐに結果が現われるとは思っていませんし、くわえて、場合によっては、私は十分ふさわしい者ではないかもしれません。そうでなければ、すでにうまく行っているでしょう。そして、あなたが私のオデュッセウスとしての本性を引き合いに出されていることで言えば〔たとえそういう喩えが私においてはもはや完全に理解可能な連関にあるのではないにしましても〕、もちろんそういう心がけですぐにいくつかのことを始めましょう。

ブリュッヒャーとあなたに心からの感謝を

あなたのゲアハルト・ショーレム

〔LoC、アーレントの遺品。原本。手書き原稿〕

1 アドルノのショーレム宛の手紙〔一九四二年二月一九日付〕については第5書簡、注3を参照〔ショーレムの手紙に書かれているのとは一年ずれている〕。

2 コーンの間違った推測に従えば、ショーレムのもとに集約されているはずの、ベンヤミンのテクストの写真複写。

3 ハンナ・アーレント「地獄絵図」は『〈暗黒の書――ユダヤ民族に対するナチの犯罪〉〔英〕』(compiled and edited by the World Jewish Congress et al. New York, Duell, Sloan & Pearce 1946) ならびにマックス・ヴァインライヒ『〈ヒトラーの教授たち〉〔英〕』(New York 1946) の書評であって、その書評は以下に掲載された――*Commentary* 2, 1946, S. 291-295〔『アーレント政治思想集成1』二六八―二七八頁〕。

〔**31** アーレントからショーレムへ
ニューヨーク、一九四七年一月七日
ショッケン・ブックス社用箋〕

一九四七年一月七日

G・ショーレム教授様
パレスチナ、エルサレム
アバルバネル通り二八

親愛なるショーレム様——

一二月二五日付のお手紙、本当にありがとうございました。あなたからは〔「〕カール・クラウス〔」〕と〔「〕レスコフ〔」〕のみお願いします。〔「〕カフカ〔」〕はあなたがすでに一度送ってくださっていますし、その他すべてはもちろんこちらで簡単に入手できます。

あのブロートの逸話はとてもおもしろかったです、とりわけ、私は彼とかなりぞっとする手紙のやり取りをしたことがあるので。そのやり取りにいたったのは、たんに彼がまさに我慢のならない相手、無駄に威張り返った、実に不愉快な輩だからという以外に、「〈さしたる理由もなし〉〔英〕」にです。[1]——

ベンヤミンの話に戻りましょう。私たちはその仕事の真っ最中ですが、〔ベンヤミンの〕息子と契約を結びました。何か障害になることがさらに生じることは、少なくともありそうにないと私は見ています。シェーンにもすぐに手紙を書くつもりです。

ブロッホの本をお送りしたいと思います、[2] ただ、あなたがお好きでしたら、ですが。クルトはショッケンからもらったブロッホの本を持っていて、それにとても熱狂しています（クルトに、私はあなたを愛しているけれど、そのことを手紙に書く時間がないのです、とお伝えください）。クルトの持っているブロッホの本を覗いてみてください。お望みでしたら、あなたにお送りします。あなたのための本は、私の机の上にすでに置いてあります。

心から
あなたの
ハンナ。〔手書き〕

〔NLI、ショーレムの遺品。原本。タイプライター原稿〕

1　ハンナ・アーレントとマックス・ブロートの、カフカ〔の著作〕の出版に関する往復書簡は見つかっていない。

2　一九四六年にヘルマン・ブロッホと出会ったあと、アーレントは彼の長篇小説『ウェルギリウスの死』を『ネーション』で書評した。それがきっかけとなって、ハンナ・アーレントとハインリヒ・ブリュッヒャー夫妻とヘルマン・ブロッホの親密な交友関係も出来上がった。

［32　アーレントからショーレムへ　ニューヨーク、一九四七年二月二〇日　ショッケン・ブックス社用箋］

一九四七年二月二〇日

ゲルショム・G・ショーレム教授
パレスチナ、エルサレム
アバルバネル通り二八

〈親愛なるショーレム様――
あなたはいま、私が存じ上げない種類の団体の名誉会員ということです。名誉なのかどうか、あなたは五ドル支払うことになっています。こういった催促をあなたはどう思われますか？　私たちはカール・クラウス論とレスコフ論を受け取りました。感謝です。

あなたが送ってくださった古い記事[1]にもお礼申し上げます。すばらしいですね。私たちは何についての口論をしているのか、不思議に思えてきます。まあ、口論しているにせよしていないにせよ、この国でいますぐこの記事を発表するのがよいと思います。何か異論がおありですか？

あなたの、〉〔英〕
ハンナ。〔手書き〕
ハンナ・アーレント

同封物[2]

［NLI、ショーレムの遺品。原本。タイプライター原稿］

1　おそらくはショーレムのブリット・シャローム時代の一九三〇年から一九三一年にかけての論考のこと（第19書簡、注16を参照）。

2　この同封物ないし名誉会員に関しては確認できなかった。

［**33** アーレントからショーレムへ
一九四七年二月二五日
ショッケン・ブックス社用箋］

一九四七年二月二五日

ゲルショム・G・ショーレム教授
パレスチナ／エルサレム
アバルバネル通り二八

〈親愛なるショーレム様――

あなたの手紙とベンヤミンの原稿[1]を受け取りました。感謝します。

言語の問題――私はあなたにドイツ語版[2]のことを申し上げたことはありません。

いちいち数え上げる気にならないとても多くの理由から、ドイツ語版の出版は私たちには不可能でした。つまり、私たちが出版しようとしているのは英語版です。いえむしろ、英語版となることでしょう。〔推測的な言い方をするのは〕そうこうしているあいだにS・S〔ザルマン・ショッケン〕がこの計画の「延期」を決定したからです。そんなに深刻な問題ではありませんが、あなたからの手紙がとても望ましい効果をあげるだろうと、いまでも私は感じています。

他方、私は次に述べる理由から延期を喜んでもいます。研究所〔社会研究所〕によって刊行された〔「〕ボードレール〔」〕とは別に、パサージュ論のなかから準備されていたもっと多くの章があったのを覚えています。私はそれらを入手したいと考えています。ブレヒト論を私は手にしていませんが、手にしようとは思いません。ホルクハイマーの取り巻きたち[3]との関係を台無しにしたくないとブレヒトが考えているのは明らかだからです。本当に困難なのはもちろん、ベンヤミンが研究所にはっきりと委ねた未刊行の遺稿を出版する権利を、私たちが持っているのかどうか、私にはとても疑わしく思われる、ということです。私たちが原稿を手に入れるために、あるいはその一部を出版する許可を得るために、私たちが支払わねばならぬ代償は、おそらくアドルノが序文を書くことになる、ということです。この点をどう思われますか？

ヘルダーリン論を受け取りました。感謝です。別の名誉会員資格も同封いたします[4]。

いつも変わらぬ、
あなたの、〉〔英〕
ハンナ〔手書き〕
ハンナ・アーレント

［NLI、ショーレムの遺品。原本。タイプライター原稿］

1　おそらく、未発見のショーレムの手紙、またベンヤミンの他の原稿のこと。

2　ヨーロッパでのベンヤミンの本の出版のために、ショッケン版の計画を妨害するようなことを何一つ自分はしない、というショーレムの言葉（第30書簡を参照）を引き合いに出して、アーレントはここで以下のことを明確にしている。すなわち、ショッケン版ではベンヤミンのエッセイ集を英語で出版することになっているので、それは、彼女の考えでは、エルンスト・シェーンをつうじたスイスもしくはドイツでの出版にとって決して妨害にならない、ということである。

3　「ブレヒトとの対話」については第20書簡、注1を参照。

4　同封物は見つかっていない。

［34　ショーレムからアーレントへ
エルサレム、一九四七年三月一六日］

エルサレム、一九四七年三月一六日

ハンナ・アーレント博士
ショッケン・ブックス社
ニューヨーク州、ニューヨーク市一七

〈親愛なるアーレント博士――

ショッケン版のベンヤミンのエッセイ集においてアドルノ博士が担当するかもしれない箇所に関する彼からの手紙のことで、あなたに手紙を書いています。[1]

ショッケン・ブックスが数巻にわたるベンヤミンの作品の完全版を計画していると、アドルノは考えているように、私には思われます。ベンヤミンの哲学的な理念に関してアドルノが担当する包括的なエッセイは、しかるべく収録され、釣り合いを失うことはおそらくないでしょう。しかし他方で、彼の担当するあまりに長大なエッセイで何かが得られるか、疑わしく思っています。先週お書きしたと思うのですが、[2]とにかく、彼の所持しているいくつかの原稿を手渡してもらうためにだけあなたが彼を必要としているか、あるいはあなた自身が序文のエッセイを書きたくない場合に限って、彼による序文に賛成しようと私は思っています。その場合、全体の分量に対して適切な割合に、彼の序文を制限するのが望ましいかもしれません。

アドルノの手紙では奇妙な言葉遣いがなされていたので、私が序文を書くことを彼は「恐れている」のだ、と考えました。彼がそのように〈言葉ではっきりと〉〔羅〕書いているわけではありませんが。この巻の本当の目的に関して、あなたが彼にいくらか情報を与えたと思っています。そして、もしあなたが彼に協力してほしいなら、あらゆる手段を使ってそうしてください。とにかく、そのことは害にはならないでしょう。

彼の手紙から、原稿が少なくともこの冬まではまだパリにあって、研究所〔社会研究所〕はまったく所持していなかったという私の推測が正しかったのが分かりました。それゆえ、彼らがそれを隠していたはずはありませんし、近いうちに彼らがそれを調査することを期待しています。

心からの敬意をもって、

あなたの、〉〔英〕

G・ショーレム

〔NLI、ショーレムの遺品。カーボン紙による写し。タイプライター原稿〕

1　一九四七年三月一日付の手紙でアドルノはアーレントに、ショッケンのもとで計画されているベンヤミン著作集への助力を申し出ていて、ハンナ・アーレントはショーレムにその手紙の写しが届くようにしていた。アドルノの手紙にはこう書かれている。「多方面から、ショッケン・フェアラークがベンヤミンの著作集の刊行を計画していることを耳にしました[…]。私がどれほどその著作集の刊行を喜んでいるか、あなたに申し上げる必要はほとんどないでしょう。その計画のために、このことを知っておいていただくのは、おそらくきわめて重要なことかもしれません。すなわち、ヴァルター・ベンヤミンは遺稿のすべてを私に委ねていましたが、戦争のあいだパリで隠されていて、おそらくは彼の晩年のもっとも重要な理論的構想を含んでいるパサージュ論の束が、ちょうどいまニューヨークに着き、絶対に安全な方法が見つかり、私がかけがえのない原稿を受け取るまではそこで保管されることになっている、ということです。私自身、ベンヤミンの原稿のうち、彼自身が携えていたものを保管しています。

一九三八年の一月、サン・レモで最後にベンヤミンに会ったときでさえ、私たちのあいだでは、私が彼の哲学的な構想について比較的大きな梗概を書くことで意見が一致していました。私たちが細部にいたるまで議論し合ったこの計画の実行が、拘束力のある義務の遂行のように思われるだけではありません。それにくわえて、ほかの誰よりもこの仕事に適任であると私が考えていたとしても、不遜ではないと私は信じています——私がベンヤミンの精神的な風土と親密な関係を結んでいるとともに、私たちの哲学が中心において一致していたからです。ひょっとすると、今回の出版が、あの計画を実現する機会を提供してくれるかもしれません」(NLI, Arc 4.

1599. Arendt Corr.)。

2　不明の手紙。

［35　アーレントからショーレムへ
ニューヨーク、一九四七年三月一九日］

ショッケン・ブックス　ニューヨーク州ニューヨーク市
マディソン街三四二

一九四七年三月一九日

ゲルショム・ショーレム教授
アバルバネル通り二八
パレスチナ〔原文大文字〕　エルサレム

親愛なる友へ――

どうか好きなだけ不明瞭な筆跡で気兼ねなくお書きください。いずれにしろ読むことはできるのですから。といいますのも、もちろん私も、悲しいかな、ときおりは自分の筆跡を判読しなければならず、ヤスパースからの手紙によっても、とてもよい練習が続けられるからです。[1]　そして、いつも大いに楽しみながら、長く書いてください。

〈第一に〉〔イ〕。グルマッハあての何冊かの本（ご存知ですか？　彼は私の初恋の相手だったのですよ。私が一三歳から一七歳にかけてのすばらしい年頃のことです）が発送されましたが、ヤスパースは本が届いたことを手紙で私に伝えてきました。[2]しかし、ヤスパースは言語〔英語〕のせいで、その本を読むことが難しいだろうと付言しています。ブルトマンとシェーダーも同様に本を受け取りました。ただし遅れてです。当時、まだ印刷物のドイツへの郵送が認められておらず、私が彼らのアメリカの住所を知らなかったためです。

書評については、あなたはやはりまだ本当のところ期待することはできません。私は〔『〕ＮＹ〔ニューヨーク・〕タイムズ〔』〕の編集委員の一人と話し合い、ニーバーに本を送るよう求めました。それはニーバー自身承諾したことでした。〔『〕ネーション〔』〕誌は、その〈文芸の編集主任〉〔英〕と私は友好な関係にありますので、書評を掲載してくれると思います。[3]　しかし、どこであれおおよそ四カ月から六カ月はかかるでしょう。

ティリヒに促されて（ちなみに、あなたは彼に少しは手紙を書かれるべきでした。というのも、彼は自分をあなたの友人と感じていますし、いずれにしろ親切な人物なのですから）、私はこの国の何人かの教授に本を送り（あなたはそのリストをお持ちです〉、それに対して二通のとても熱意のある手紙を受け取りました〈その写しを同封しています〉。私は決まりきった手紙〈けれどもそんなに悪いものではありません〉で返事をしておきましたが、あなた自身も返事をなさることにしていれば、よかったかもしれません。あなたには今後、そうしたあらゆる機会が絶え間なく、訪れることになります。

私は、いくつかの〈名誉会員〉〔英〕への入会案内を、どちらかと言うと物珍しさからお送りしました。ですので、私はそれらにまったく返答しないことに賛成です。しかし、もしもあなたがお望みでしたら、ショーレム氏はいまパレスチナにいるので云々といったありきたりな返事を送っておきます。その場合にはしかし、名前と住所を私にあらためて送っていただく必要があります。私はそれらの入会案内をそのままあなたに送ってしまったのですから。

シェプス氏についてあなたはどう思われますか？　でも、私が感じている以上に評価しているなどと、どうか言わないでください。もしああいう物書きたちが派手で無定見なジャーナリストに姿を変えるなら、私たちにはどの道、役に立たないでしょう。やはり、彼にドイツ語版の権利を与えない方がよいと私は思います。[4] くわえて、私がこの件でショッケンと話し合ったところ、自分自身ドイツ語版の出版事業に再度取り組む可能性がないとまだ明言できないので、この一年はドイツ語版の権利を与えるつもりはない、と彼は私に語りました。

私は出版社に勤めていますから、私が書いた書評を発表するのは、いまでは本来もう得策ではありません。[5]〔『〕メノーラ〔』〕は私の書評を是非とも掲載したがっていますので、場合によると脚注を手助けにして、この窮状から私たちは逃れられることになるかもしれません。残念ながら、私はもう自分の覚書の写しを持っていないのですが、おそらくハーウィッツが彼のもとにあるものを送ってくれるでしょう。[6]

ベンヤミン——私はそれでなくても惨めな気分ですが、あなたがアドルノのことを引き合いに出されるときほど、惨めな気持ちになることはほとんどありません。とはいえ、すでにあなたに書きましたが、あの一味がいまやパリからパサージュ論の束を入手しました。私は、〔「〕ボードレール〔」〕との関連でその一部を是非とも印刷したいと願っていますが、あの男〔アドルノ〕がそれについておしゃべりする〔序文を書く〕ことができなければ、私はもちろん手に入れることができないでしょう。アドルノの公式な申し出のあと、私はとても慎重に、まずは一度ベンヤミンの遺稿を是非とも見てみたいと書き送りました。そのあとは音沙汰なしです。

私自身に関して――それに反対する多くの理由、とりわけ、事実として、以下の理由があります。すなわち、私がベンジ〔ベンヤミン〕の最後の年月しか知らず、ベンジの生い立ちをほとんど知らないこと、それ以上に重要なのは、彼の属していたあらゆる仲間たち、あるいはもっと正確には、人生の異なった時期に彼が接触していた仲間たちのことを、私は知らない、ということです。いいですか、私の知り合いは哲学教授か、哲学教授になろうとしている連中ばかりだという、私の友人ヨーナスの何年も何年もまえのいささか辛辣な批評には、残念なことに、一片の真理（あくまで一片のですが）があったのです。私の個人的な反対理由はもっといっそう真実味のあるものです。すなわち、私はヴァルターの死を決して受け入れることができておらず、したがって、彼の死後過ぎ去った何年ものあいだ、ヴァルター「について」書くための適切な距離を得たことが一度もない、ということです。ところで、友人の責務ということで言えば、あなたがすっかりご存知のとおり、あなたが一番近いのです。ついでながら、ギュンター・シュテルンから、ベンヤミンが一三歳のときのすてきな写真を受け取りました。もしお持ちでないようでしたら、あなた用に写真の複写を作ってもらいます。[7]

ゴットフリート・ケラー論とレスコフ論はどちらもすばらしい出来ですが、私はレスコフだけを収録することを提案します。というのも、こちらではケラーの偉大さはまったく知られておらず、英米文学では似たような作家が知られていないからです。単純に、ケラー論の収録はあまりに奇妙な印象を与えるでしょう。程度は異なるとはいえ、同じことが親和力論にも当てはまります。とはいえ、いずれにしろ、親和力論は収録しないわけにはゆきません。場合によっては、いくらか圧縮した形となるかもしれません。私はもう一度〔『〕ゲゼルシャフト〔』〕[8]を調べてみるつもりです。ちなみに、私は一九三〇年までにベンジが執筆したすべての文献目録をこちらで所持しています（どこで手に入れたのかは言いたくありません。盗んだのです）。私たちはこちらで目録を完全なものにしようとしています。おそらくあなたはお持ちでしょうが、もしお持ちでなければ、あなたのアーカイヴに基づいてもっとよいものにしてくださるという条件のもとで、あなたの分の写しを作らせてください（もちろん、「条件のもとで」というのは冗談です。どういたしましょう、まるで私があなたの足を踏んだかのようにあなたが言われるものです（から）[1]、私はとても神経質になっています。とはいえ、何を書いたかまったく覚えていませんが、私が考えているとあなたが考えておられることを、私が考えていなかったことは、確かです。やれやれ！　私があなたの足を踏みつけにさえしていなければ、あなたは気安くとにかく何でも書き送ってくださることができたでしょうに〉。

ヨーロッパへ送られた〔『〕〈主潮流〉〔英〕〔』〕の本——コイレが親切にも集めてくれたリストによると、とても多くの本がちょうどいまフランスに運ばれています。コイレ自身も一冊を受け取りました。他にご希望がありましたら、気兼ねなく書き送ってください。

お二人に心からのご挨拶を

あなたの

ハンナ。［手書き］

［NLI、ショーレムの遺品。原本。タイプライター原稿］

写し

［同封物1］

〈オーバリン大学
オハイオ州、オーバリン
神学大学院
ウォルター・M・ホートン
哲学・キリスト教学部

一九四七年二月一五日

編集者　ハンナ・アーレント
ショッケン・ブックス社
ニューヨーク市
マディソン街三四二

親愛なるアーレント様——

ティリヒ教授の推薦に基づいて、ゲルショム・ショーレムの『ユダヤ神秘主義の主潮流』を送ってくださったことに感謝いたします。この本は、宗教思想史における重大な空白を埋めるものと思われます。私は、イスラエル・ベン・エリエゼル〔バアル・シェム・トーブ〕の名にまつわる近代のハシディズム運動の重要性を認識し、彼がカバラーに影響を受けたことも存じていました。しかし私は、ショーレムの豊富な史料を用いた研究によって示されているような、中世を貫くハシディズム運動の連続性には、まったく気付いていませんでした。私は決してこの分野の権威ではありませんが、この本を目にしたとたん、信用に足る作品と評価できると思いました。ユダヤ神秘主義が議論になる度に、今後私は生徒たちにこの本を紹介しなければなりません。

敬具

ウォルター・M・ホートン〈サイン〉〕〔英〕

［NLI、ショーレムの遺品。写し。タイプライター原稿］

［同封物2］

写し

〈ユニオン神学校
ニューヨーク州ニューヨーク市二七
一二〇番通りブロードウェイ

一九四七年三月三一〔ママ〕日

編集者　ハンナ・アーレント様
ショッケン・ブックス社
ニューヨーク州ニューヨーク市一七
マディソン街三四二

親愛なるアーレント様——

ゲルショム・ショーレムの〔『〕ユダヤ神秘主義の主潮流〔』〕に心からのお礼を申し上げます。私はこの本で取り上げられている領域の専門家ではありませんが、それが第一級の仕事であるという印象を受けました。疑いようもなく、カバラーとその宗教的・哲学的意味の理解のために重要な貢献を果たすものです。探究は実に見事であって、私の見る限り、資料の扱いは賢明で公平なものです。議論はきわめて明晰で、洞察力に富んでいます。とりわけ、私にとってユダヤ教のなかで常々困難で複雑であり、ときにはきわめて不愉快であった領域が、深遠で魅力的なものとして捉えられています。この価値ある作品を送ってくださったあなたに、深く感謝いたします。

敬具

〈サイン〉

ジェームス・ミュレンバーグ〉〔英〕

［NLI、ショーレムの遺品。写し。タイプライター原稿］

1　ショーレムの未発見の手紙で、おそらくまえの手紙〔第34書簡〕で言及されているもの。

2　アーレントは『〈主潮流〉〔英〕』の第二版〔ニューヨーク、一九四六年〕をドイツのさまざまな人に送っていた。

3　『ネーション』の当時の「〈文芸の編集主任〉〔英〕」は、詩人で文芸評論のランダル・ジャレル――彼はハンナ・アーレントおよびハインリヒ・ブリュッヒャーの友人だった。

4　宗教史家ハンス＝ヨアヒム・シェプスは一九三一年にマックス・ブロートとともにショッケンのもとでフランツ・カフカの短編集を出版し、ドイツでカフカの短編集を出版する提案をショーレムに持ちかけていた。

5　ショーレムの一九四一年に出版された『〈主潮流〉〔英〕』についてのアーレントの覚書は、本書「関連資料」の四〇二頁以下を参照。

6　同日、アーレントはヘンリー・ハーウィッツに相談して、テクストが印刷されるまえに、校正刷を自分に送るよう、依頼した（Ms col #2. AJA. sor 1. folder 1/16 HA. cor 42-59）。

7　この写真はこんにち以下の場所に保管されている――NLI, Arc 4° 1598（本書、**口絵の2**を参照）。

8　ベンヤミンは一九三二年までに、社会民主主義の雑誌『ゲゼルシャフト』にいくつかの文化論的なエッセイを発表していた。その雑誌は、一九二八年から一九三二年にかけて彼の友人アルベルト・ザロモンが主宰していた。

（1）「足を踏む」は、知らずに他人の感情を傷つけてしまうことを表わす、ドイツ語の慣用表現。

[**36** ショーレムからアーレントへ

エルサレム、日付なし[1]

ゲルショム・ショーレム教授用箋、エルサレム、レハヴィア〔ヘブライ語〕]

親愛なるハンナ様、私はたったいまショッケンに宛てて長い手紙を書いたところですが、あなた宛にももう一通書くことができれば、と願っています――不明瞭な手書き（夜の一〇時ともなれば口述筆記をしてくれる秘書もいませんので、そうせざるを得ませんし、それに、普段は嫌々ながら抑制しているものの、個人的なやり取りは直筆で行いたい気持ちがあるからです）のうえに、目下のところ〈外出禁止〉[2]〔英〕という形で表面化し、講義のない日々を私にもたらしてくれている政治状況にも置かれているのですが。

本日ショッケンに手紙を書いたのはW・B〔ヴァルター・ベンヤミン〕の原稿のことで、それを繰り返そうとは思いません。圧縮には反対で、ケラー論〔の収録〕に賛成です[3]。そちらでケラーが知られているかどうかは、まったくどうでもよいことです。〈音楽を作るのは音です〉〔仏〕。それではあなたは、ほかの原稿はさほど「奇妙な」印象を与えないと思われるのですか？　それには納得できません。エルンスト・シェーンに、彼が出かけるときのために[4]、あなたがたの賛同を得てドイツ語でのスイス版に取り掛かるよう、少なくともそれを試みるよう、励ましておきました。

ヴァルターの一三歳のときの写真は持っていません。私が所持しているのは、ゲルマイネ・クルルが撮影した、成年になったあとのパリでの写真だけです。

いったい、あなたが望むものをアドルノが遺稿から渡してくれると思いますか？　あなたはそもそもそれを必要としていますか？　この友好関係の進展について、最新の情報をどうか私に教えてください。計画されているのは個々のエッセイからなる一冊の選集であって、全集ではないことを、あなたはアドルノに伝えましたか？

あなたが一面では言及され、また一面では盗んだと言われる（論理学でいう、不完全な選言です！）一九三〇年までの文献目録は持ち合わせていません。何としても、折を見てそれを受け取りたいと思います。よろしくお願いします！

私の本について。これまでのところ、私があの本を送るようにお願いしていたすべての人のなかで、マルガレーテ・ズースマンとユング、そしてロンドンにいるベンヤミンの親族からだけ、受領の挨拶を受け取りました。フランスとイギリス、そしてドイツにいるほかのすべての人たちは黙っているか、あるいはあなたにだけ（ヤスパースのように）伝えたようです。ヤスパースは、その本を手にすることでどれだけ彼の関心が引き立てられるかを、私に語りました。もし、彼がまったく英語を読まないことを知っていれば、送りはしなかったでしょう。四六年一一月付の私の手紙に、彼も返事をしてきませんでした。それに対して、私の側では、どんなに親切なものであっても、出版社に宛てられた義務的な〈謝意〉〔英〕への返事は個人的にはやめておくつもりです。そんなことは私には過剰に思われます。ある一人の教授が至極正当にも私の本を〈すばらしい寄与〉〔英〕と見なしたという理由だけで、一体全体なぜ、そして何を突然その人に対してあれこれと書き送るべきなのでしょうか。その人は、その本を贈られただけで、まだ自分の名前で書評すら公表していないのですから。それがアメリカ式だと思われますし、何ら反対ではありませんが、私自身もまたそのために手紙を書かねばならないのでしょうか？　ティリヒはもちろん例外です。私からの挨拶を彼と彼の夫人にお伝えください。しかるべき理由があれば、私からも彼に手紙を書くことでしょう。彼らは二人とも、私に対して不躾ではない態度をとってくれました。〈名誉会員〉〔英〕に関しては、私にはその性質がはっきりしませんでしたので、反応いたしません。

これまでのところ、私はシェプス氏のことをまったく取るに足りない人物と思っています。ドイツ語版の権利に関して、彼にはただ皮肉めかして、あなたは熱心に求めていましたね、とだけ言っておきました。ちなみに、私の考えでは、彼は無定見なジャーナリストではありません。それとはいくらか異なる者ですが、もっと優れているとは言えません。失礼ながら、あなたはこの点においても、私のもっとも有名な論争的文書の一つが、シェプス氏に宛てた公開書簡であることをご存知でないように思われます（〈ユダヤ属〉〔羅〕や〈パレスチナ属〉〔羅〕には実によくあることですが、ええ、ええ）。その手紙は一九三二年のもので、私の八〇歳の記念に準備している、ユダヤ民族の愚かさの研究とユダヤ民族の悪意への批判からなる巻を飾る予定です[5]（あなたがその手紙を出版社あるいはショッケンに求めるなら、ヴィルヘルムが写真版をあなたのために作らせるに違いありません）。この一年来、いまになって突然、あの若い、挫折したナチスユダヤ人[6]（彼は〈語るも恐ろしい〉〔羅〕この表現をどうやら真剣に使ってさえいたのです）が尊敬の念をもって私について回るのです。ですから、書評用の本を一冊送ること以上に、彼に何かをする必要はありません。なぜブルトマンがマールブルク大学へ受け入れたのか、私には謎のままです。私たちのようなものには理解できない、生来の熱意から生じていると思われるシェプスの大変な活動力の賜物としか思えません。書評のための本を一冊、バーゼルのカール・ルートヴィヒ・シュミット教授へ、彼の神学と歴史の（とても真摯な）雑誌のために、そして、当時みんなが多かれ少なかれ黙殺していた、イギリスの哲学と宗教史の雑誌へ送るように助言しておきます。

当時〔『〕ジューイッシュ・フロンティア〔』〕[7]で初版の折に掲載された書評を送っていただけませんか？　現時点で書評がまだ新たに掲載され得ないのは、私にはまったく明らかですし、安んじて待つことができます。くわえて、もちろんのことですが、とりわけ公衆にまず買ってほしいものです！　すでに読まれた書評（あるいはむしろ読まれてもいない書評）が公衆に働きかけることなどできないでしょうが、私はこれをやり抜かねばならない古めかしい儀式と見なしています。その効用はむしろ非理性的な地平にあるのです（ありえないことに思われますが、私はたとえば、ショッケンがそういうものからとても影響されやすいのを見てきました）。

「私の著作の一人の読者」がミシガンから私たちに書いてきた手紙の写しを添えておきます。ショッケンにその気のない場合には、ルーリアのカバラーについてのティシュバイの本の翻訳に財政支援をしたいと申し出てくれています[8]。彼に何と返事をすべきでしょうか？　その人は裕福なイディッシュ語話者ですが、ヘブライ語ができないので、そのような切実な関心を正当にも抱いているのです。

さて、最後に、やはりあなたのために何かしなければなりませんし、先週届いた手紙に感謝を申しあげねばなりません。あれほど広範な手紙ですから目を通すのをしばらく延期しておかねばなりませんでしたが、これからどうなることかと、わくわくしています。いずれにせよ、とても内容の詰まった贈り物であるように思われます。

今年が、記念論集の年およびヨベルの年〔五〇年に一度の記念日〕として、暗鬱たるものになるのではないか、と恐れています。つまり、七〇歳で尊敬されたいと望む計り知れない数の人々を離れたところで、何か生産的な仕事について考える可能性を見いだせない、ということです。事態をまえにしてぞっとします。関わりのあるあらゆる人たちが、一九四七年七月と一九四八年七月のあいだに記念祭を祝うという現象が突然起きました。目のまえは真っ暗です。あなたにお尋ねしましょう。「そんなん許されることなんけ」。イディッシュ語の言い回しのようですね!?　そういうわけで、まさしくさまざまな賛辞を並べたてることになって、理性的に集中することはできないでしょう。

私はお送りしたかったのですが、あなたはヘブライ語を読まれないので、役に立つ形ではあなたに私の原稿を送ることができません。「気安くとにかく何でも書き送ってください」というあなたの呼びかけはまさに時宜にかなったものですが、私はこれまで英語を書いてきませんでした——そうした方向で私が最初に試みたもの（もちろん上述した記念論集のため!!!）を原稿にして、今週ザルマン・ショッケンに送りました。ただ、私がたどたどしく英語を綴っている様子を彼が見て楽しむことになるだけでしょう——しかも、私がそんなことをできるのも、比較的軽い、歴史的な主題にかぎってのことで、もっと難しいものとなるとそれも無理です。ドイツ語はもはや存在していません。[9] あなたがたみんなが、この上ない友好の念を持って、ヘブライ語を学ぼうとしてくれるわけにはいきませんか？　そうなれば私はすでに、何かは分かりませんが、あれやこれやたくさんのものを持っていますし、そのうえあなたがたは〔ヘブライ語という〕楽園に足を踏み入れることになるのですから。たとえば、ユダヤ学の破綻についての私の論文は本格的なものであって、それゆえあまり一般には好かれません。もしあなたがそれを英語に翻訳《ユーバーゼッツェン》されるとすれば（それはこの上ない文体で書かれています、おほん）、多くを損《フェアレッツェン》なうことになるでしょうし、あなた自身こう言われる《ザーゲン》でしょう。まことに、よりよき日々《ターゲン》から来る響きだと。[10] いま私は韻を踏ませながら宣伝に力を込めました！　いずれにせよ目下のところ、机の上には「カバラーの成立」についての最新の本の初校があります（翻訳できなかったために第二版から削除された新たな章であり、かなり強いタバコで、一般的な教養を持った心臓向きではほとんどないでしょう）。[11] そして、その本とサバタイ主義の讃歌と歌謡についての本を今年仕上げることができれば、喜ばねばならないに違いありません。[12] 長大で、もっとも私の心を占めている、サバタイ主義革命の全体についての専門書は、目下のところこのような状況で捗っておらず、こうした障害に私はとても苦しんでいます（私には何が必要でしょう？ 仕事から解放された、一年間の完全な平穏と休暇。そうなれば、少なくともサバタイ主義に関しては安泰です）[13]——ああ、これで手紙を中断せねばなりません。ご覧のように、私は物をちょこちょこ書くのが好きなのです。さまざまな方面へ（〈ハアドン〉[14]〔へ〕ブリュッヒャーはどうですか？）、私とファーニアからの心からのご挨拶をお伝えください

あなたのゲルショム・ショーレム

〔LoC、アーレントの遺品。原本。手書き原稿〕

1　ショーレムのこの手紙は、第35書簡への返信である。

2　ユダヤ人の軍事組織（イルグーン、シュテルン・グルッペ）との、ますます増大する、武装闘争を根拠として、一九四七年の初めから、英国の委任政府はエルサレムのユダヤ人地区とそのほかの場所に、外出禁止令を何度も課していた。

3　一九四七年三月二四日に、ショッケンはショーレムに宛てこう手紙を書いた。自分は、ショーレムも知っているとおり、〔ベンヤミンの〕エッセイ集の計画に絶えず肯定的な立場を取ってきた。ところが、「出版社の本来的にユダヤ的なプログラム」はとても停滞していて、新たに計画されていた「出版社の第二の分野」もまた延期となった。パレスチナから届いたベンヤミンの諸論考を、自分はとても興味深く読んだ。「ベンヤミンの論集が意義あるものであり、出版社にとっても重要な本になり得ることを、私は疑いません。しかし、論考の多くは圧縮を必要としていると思います。たとえば親和力論に存在するさまざまな論争はおそらくはそのままでは駄目だろうと思っています。結局のところ、グンドルフが何を意味するか、ここアメリカで誰が知っているでしょう？」。くわえてショッケンは、「アドルノによる「個人的に」重要な導入的文章」など望んでいない、その種の「付属物」にはある種のアレルギーを覚える体質なので、と述べている。さらに、その手紙にはこう書かれている。「カフカの独占をブロートに認めることなど私が何一つ行っていないことを、あなたはご存知でしょう。もし私たちが別の道を取ることができていれば、うれしかったことでしょう。そして、もしもあなたがもっと詳しい事情をお知りになれば、この点でどれほど私たちがマックス・ブロートと関係を持たずにやっているか、お分かりになるでしょう。計画中の本は確かに目下のと

ころ長いあいだ延期されていますが、そのなかでカフカ論を掲載したとしても、その選択は、あなたが話されている方向性にとって、さほど決定的でもなければ、すぐに効果を発揮する振る舞いでもありません。また、この論文をまったく別の形で出版することは、おそらく考えられません。そもそも、自分の社から出ている作者についての論考を宣伝するのは、出版社の仕事ではないのです。ベンヤミンによる二つ目のカフカ論が、あまりに辛辣な批判とそれほどまで密接に関係していなければ（あなたはそれを、もしかするとそれほど厳しいものだと思わないかもしれませんが）、ひょっとするとまた別の計画を考えることができるかもしれません」（NLI. Arc 4°1599. Schocken Corr.）。ショッケンがどのような計画を意図していたかは不明である。

4　一九三三年にイングランドへ移住したエルンスト・シェーンは、一九四七年にドイツとフランス、そしてスイスへの旅に出た。

5　一九三二年にショーレムは、H・J・シェプスの著作『この時代におけるユダヤ民族の信仰』への応答を、公開書簡で行った。その手紙が公表されたのは、一九三二年八月一五日、『バイエリッシェ・イスラエリティッシェ・ゲマインデツァイトゥング』においてである。この公開書簡とシェプスの返答は以下に収録されている――Hans-Joachim Schoeps. *Ja – Nein – und Trotzdem.* S. 33-55.

6　一九三三年にシェプスは、反シオニズム的で、東ヨーロッパのユダヤ人に対抗した組織「ドイツ先遣隊――ドイツ・ユダヤ人の随行隊」を創設した。それは、ドイツ国民というあり方を基盤として、国民社会主義〔ナチズム〕と折り合おうとするものだった。

7　ジョシュア・トラクテンバーグは、『〈主潮流〉〔英〕』の第一版の書評を以下で掲載した――*Jewish Frontier*. September 1943. S. 28-34（以下を参照――Scholem Library R 320. Sch）。

8　彼の学生イザイア・ティシュバイの学士試験論文『ルーリアのカバラーにおける悪と殻の教え』（ヘブライ語）は、一九四二年にショッケンのもと、エルサレムで出版された。手紙は見つかっていない。

9　一九三八年から一九五〇年のあいだ、ショーレムはもはやドイツ語で原稿を公表していなかった。そして、戦後最初の彼のドイツ語テクストはスイスで発表された。

10　「ユダヤ学についての考察」（ヘブライ語）は以下に収録されている――*Jahrbuch der Haaretz*, Tel Aviv 1944. S. 94-112. ドイツ語版は以下――*Judaica*, Bd. 6. S. 7-52.

11　一九四八年に『カバラーの起源』（ヘブライ語）がショッケンのもと、エルサレムとテルアビブで出版された（エラノス出版局の枠組みでは、第18書簡、注5を参照）。

12　『サバタイ派の歌謡と讃歌の書』（ヘブライ語）、Tel Aviv 1947/48.

13　数年来計画されてきた長大なサバタイ・ツヴィー研究については、第8書簡、注6を参照。

14　ヘブライ語で「～様」の意（英語の Mr.）。

［**37** アーレントからショーレムへ
ニューヨーク、一九四七年五月一四日
ショッケン・ブックスの個人用箋］

一九四七年五月一四日

親愛なるショーレム様——

この手紙は、あなたの長い手紙に対する返事ではなく、ブルトマンの手紙[1]を添えた、ただのちょっとした挨拶です。私はブルトマンに手紙を書いて、あなたの住所を伝えました。

他に新しいことはありません——というのも、私はあなたの長い手紙に返事をしたためるつもりではないからです。ベンヤミンの本がとにかく出版にいたるのを願っていますが、私はとても疑わしく思っています。あなたはこの状況を、私よりもずっと長いあいだ、ずっと詳しくご存知ですね。諾が諾ではなく、否が否でもないことを。(1) ギデオン(2)はとても親切な若者ですが、息子たちはそれほど多くのことを理解していません。つまり、彼らはあてになりません。ちなみに、すべてのことは見渡すことも制御することもできない、計り知れないものに依存しています。お分かりでしょう、私は憤慨しています。

私は忙しく働いています。ありがたいことに、七月には休暇に出かけるのですが、きょうもまだ鼻風邪をひいているので、世界について一般的なことやいくつかの特殊なことでことさら腹を立ててしまいます。

すぐに、もっと長くてもっとよい手紙を書きます。

お二人に心を込めて

あなたの
ハンナ。［手書き］

［NLI、ショーレムの遺品。原本。タイプライター原稿］

1　ブルトマンからの手紙は見つかっていない。

（1）　ショッケンが出版すると言っているから出版されるわけではなく、出版しないと言っているから出版されないわけでもない、ということ。
（2）　ギデオン・ヴァルター・ショッケン（一九一九—一九八一）。グスタフ・ショッケン（一九一二—一九九〇）とともにザルマン・ショッケンの息子と思われるが、原書巻末での紹介ではザルマン・ショッケンの息子との記載はない（グスタフにはそういう記載がある）。

［38　アーレントからショーレムへ
ニューヨーク、一九四七年六月六日
ショッケン・ブックス社用箋］

一九四七年六月六日

ゲルショム・G・ショーレム教授
パレスチナ、エルサレム
アバルバネル通り二八

親愛なるショーレム様、

この間に届いた書評は、近日中にグラッツァー博士からあなたのもとへ届くでしょう。〔『〕ニューヨーク・タイムズ〔』〕は、デ・ソラ・プールの書評を載せると約束しました（私はそれほど喜んでいません）。他のもっとよい人物を提案しようと試みましたが、プールの書評も悪くありません。今回は普段は私たちが決してしないこと、つまり〈書籍部門〉〔英〕の〈編集主任〉〔英〕に直接手紙を書くことさえ私は行い、それは〈〈奇跡的に〉〔英〕〉うまくゆきました。その書評は六月一日の日曜日に掲載されました。数日中にあなたに送付します。[1]『ネーション』の〈書籍部門の編集主任〉〔英〕と私は親しくしていますが、その『ネーション』誌が、〈ユニオン神学校〉〔英〕のファン・ドゥーセンにあなたの本を送り、ドゥーセンが〔書評を〕受諾しました。

どうか短気を起こさないでください！　どうか短気にならないでください、たとえ、ヤスパース等々のように、あなたが本を送った人たちから返事がないとしても。あなたはどのようにお考えでしょうか？　あなたの本を真面目に読むには、少なくとも一週間か二週間の完全に自由な時間が必要です。たとえば、私もさほど呑み込みの悪い方ではありませんが、もっと時間が必要でした。

七月に私は休暇に出かけますが、そこで私は、長く、礼儀正しい、きちんとした手紙を書くための何らかの漠然とした考えを手にすることでしょう。この手紙はまたもやいつもの事務所の慌ただしさ、仕事の慌ただしさのなかで書かれています。

いったい全体、どうしてあなたはいらしてくださらないのですか？

心からあなたの
ハンナ。〔手書き〕

追伸　近日中にあなたはベンジ〔ベンヤミン〕の写真と書籍

目録を受け取られるでしょう。

［NLI、ショーレムの遺品。原本。タイプライター原稿］

1　David de Sola Pool, »The Mystic's Contribution to Judah«, in: *New York Times*, 8. Juni 1947.

［**39**　ショーレムからアーレントへ
　エルサレム、一九四七年六月一五日］

エルサレム、一九四七年六月一五日

〈親愛なるハンナ様、

　昨日、六月六日付のあなたの手紙を受け取りました。たいへん感謝いたします。あなたが知らせてくださっているいくつかの書評を待つことは可能ですし、それらが私たちの共通の利益となれば幸いです。あの本の売れ行きに満足しておられますか？　休暇をお過ごしのあいだに、あなたから長い手紙を受け取ることができれば幸いです。そして、あなたの幸運をお祈りします。

　あなたがお元気になる手助けをするために、同封されていた数通の手紙をお返しするのがもっともよいだろうと考えています。あなたの仕事場で誰かが空想に耽っていたせいでしょうが、私宛のあなたの手紙と一緒にそれらを発見したのです。それらの手紙が手元に戻るとあなたは喜ばれるだろうと思います。とりわけ、少しまえに、ありとあらゆることを私があなたに宛てて書いた、日付のない長い手紙はそうでしょう。[1] もしそれらの手紙を意図的に送り返されたのであれば、もう一度私のもとへ送り返してください。私はそれを読みとおして、とても魅力的なドキュメントだと思ったのですが……。

　少しまえに、本を送りたいと思っている人の名前を尋ねてくださいました。以下の人たちに本を郵送していただけますよう、本日お願いできますか。

1　A・D・ノック教授
ハーバード大学
（彼は比較宗教学の教授です）

2　メナヒェム・ライバロウ氏
編集主任
ハドアル・ヘブライ・ウィークリー

3　ディートリヒ・ゲアハルト教授
エアランゲン
ドイツ－アメリカ占領地区

へネ通り八

最後の人物は、これまで私が会ったキリスト教徒のなかでもっとも礼儀正しい人物の一人の息子です。彼の父は、ナチ政権のあいだも、ハレですばらしい成果を出し続けていました。[2] 彼はユダヤ関連の事柄にとても興味を持っていますので、私の本を届けたく思います。私たちはロシア占領地区にいる彼に直接送ることはできませんので、エアランゲンにいる彼の息子をつうじてそれを送ってみる手はずを整えました。

もしもあなたが手助けしてくださるのであれば、お願いしたい小さな問題が別にあります。リオデジャネイロにいる私の叔父が、私にお金を送ろうとしてくれているのですが、そこからパレスチナへ送金するにはいくつかの困難があります。叔父に、その合計六〇ドルのお金をあなたに直接送ってもらうので、それをチューリヒ、リジ通り五四のジークムント・フルヴィッツ博士へ転送いただくようお願いしたいのです。私は彼にお金をいくらか借りています。こんな問題で、仲介役として働いてもらうようお願いするのはご負担でしょうか？

次回はもっと精神的なお話をできればと思います！　ブリュッヒャーとあなたへ心からのご挨拶を。

あなたの、〉〔英〕

［NLI、ショーレムの遺品。カーボン紙による写し。タイプライター原稿］

1　どうやら誤って、アーレントはショーレムに彼の手紙のいくつかを送り返してしまっていたようである。そのなかに第36書簡も含まれていた。

2　おそらくショーレムが語っているのは、動物学者ウルリヒ・カール・フリードリヒ・ゲアハルトと、その息子、スラヴ文学研究者ディートリヒ・ゲアハルトのことである。

40

アーレントからショーレムへ

ニューハンプシャー州、ハノーヴァー[1]、一九四七年七月二九日］

一九四七年七月二九日

親愛なるゲアハルト様――

いまやお馴染みの休暇はほとんど終わりかけていて、ニューヨークはすでに不安な近さにまで迫っています。それでも休暇はすばらしく、私は本当にもう一度集中して仕事をしたり、散策したり、香りを楽しんだり、泳いだり、趣味的な読書を少しばかり楽しむこともできました。――

あなたからきちんとしたことを聞くことがいまではもうまったくありませんが、必要に迫られてほとんど業務的な手紙しか出せなかったので、それも自然なことと思います。あなたがこちらに来られる話はどうなったのでしょう？　私はときおり、ちょっとした噂を耳にします。私にはどうしようもないことですが、あなたがた二人が少しこちらに来られるのはきっと申し分ないことと思います。あのときだってとてもすばらしかったではないですか。確かに、こちらで誰がとりわけ魅力的か、私にもきちんとイメージできないのですが、そんなことはさほど重要ではありません。大学に関わること以外では、この国ではあらゆることが興味深く、多くのことがとても快適です。大学関係には確かにぞっとさせられます。

ベンヤミンの件のために、私は老ショッケンとうまくやってゆけません。あなたは私よりショッケンのことをよくご存知ですから、私が長々と何を話すべきでしょう。彼が恥知らずであるのは別にしても、富というものは災いです。そして、ショッケンにとって富は本当に災いになりました。目下のところ、彼はまたもやあまりに「ユダヤ的」となって、ベンジ〔ベンヤミン〕について何も知ろうとしません。当然これは変化し得ることですが。二人の若者についてはさほど変わりはありません。前述の通りです。

ブルトマンから素敵な手紙を受け取りました。[1] なぜ彼がシェプスに大学教員資格を与えねばならないか私にもはっきりとは分からないのですが、いえ、〈本当のことを言えば〉〔英〕あまりに明らかです。またもや昔からあることですが、一方の人々は、相手がユダヤ人であるために、ユダヤ人を受け入れません。そのせいで、他の人々は、ユダヤ人である相手を全員受け入れざるを得ないのです。ちなみに、ブルトマンはハンス・ヨーナス（まだ習慣から過去と呼んでいる遠い、遠い昔に、私たちはマールブルクで一緒に勉強しました）について書いていたのですが、彼はパレスチナに手紙を送ることができないそうです。何とバカげたことでしょう？　それが真実であろうとなかろうと、どうかハンスに、ブルトマンの以下の挨拶を伝えてやってください（私はハンスの住所を知りません）。「あなたの哲学的研究から何か意義深いものが生まれることを期待しています」「しかしまた、あなたのグノーシスの仕事がうまく仕上がることも強く願っています」。〈そして感謝〉〔英〕。

あなたはハンス・シュラーダーと連絡を取られていますか？　リヒャルト・ハルダーがどうなっているか、彼に尋ねてくださいませんか？　私は彼がひどい行状に陥っているのではないかと恐れていますが、確信はしていません。彼はかつて私の友人でした。[2]

私は少しだけニューヨークを恐れています。私はそこでは、業務に埋没してしまう絶え間のない不安、自分の仕事のための時間を何とか確保しようとする絶え間のない闘い、何らかの交友関係を作るための時間が絶え間なく不足した状態のなかにいます。こういったすべては、とてもひどく、とても甚だしく私の気質（そのようなものがあるとすれば）に反していますので、どんな賢明な人でも成り行きの見当がつけられないでしょう――こちらでは、もちろんすばらしく過ごせました。いずれにしろ、人々が私をいとも容易く辟易させるのは、たいしたことではありません。私にとっては昔からそうでした。少なくとももっと傲慢であればとも思いますが、きっとそんなふうになることはいまではもう無理なのでしょう。

あなたたちお二人に心からの友情を込めて。

あなたの
ハンナ。［手書き］

［NLI、ショーレムの遺品。原本。タイプライター原稿］

1　一九四七年五月二七日付の手紙で、ブルトマンはかつての教え子だったアーレントに、彼女の手紙と彼女のおかげで読むことができた『ヴァンドルング』の記事に感謝を述べた。さらに彼はこう書いている。「［…］四五年の秋、部隊が駐留していたベルギーからハンス・ヨーナスがこちらへ私を訪ねてきました。私たちが古い想い出話を語り合っているとき、私たちはあなたのことにも想いを馳せました。ハンス・ヨーナスとは可能な限り連絡を取り合っていたのですが、連絡を再開させることになったあの彼の訪問は、大きな喜びでした。彼がパレスチナに戻ったいまや、もちろん差し当たり手紙を送ることが不可能ですが、機会があれば彼によろしくお伝えください。私は彼の哲学的な研究から何か意義深いものが生じるのを期待していますが、グノーシスについての彼の仕事がうまく仕上がることも強く願っています。私はまた、あなたがこの間どのような研究をされてきたのか、今後の研究をどのような方向で行われるのか、ぜひとも知りたく思っています。いまや国境を越えてもう一度学術的なやり取りができるのは一つの恩恵です。かつて結ばれていた精神的共同体がまだ存続していることを経験できるのは、とりわけ気分を爽快にしてくれます」（LoC, Box 9）。

2　古典文献学者リヒャルト・ハルダーのもとでアーレントはギリシア語を学んだ。一九三三年、ハルダーはハイデガーの就任演説を高く評価し、その後は確信的なナチ党員として活動（「インド・ゲルマン人精神史研究所」の共同設立者など）、一九四五年以後はナチの過去から距離を置いていた。一九五六年にハルダーと再会したとき、ハルダーが自らのナチ加担と集中的に向き合っている様子にアーレントは印象付けられた（アーレントのブリュッヒャー宛の一九五六年一一月五日付の手紙も参照（『アーレント＝ブリュッヒャー往復書簡』四〇八－四〇九頁））。

（1）このころアーレントは毎年、夏の休暇を、ニューハンプシャー州ハノーヴァーで、ケーニヒスベルク時代からの知り合い、ユーリエ・ブラウン・フォーゲルシュタインと、フォーゲルシュタインが借りていたサマーハウスで過ごしていた。

［**41** アーレントからショーレムへ
ニューヨーク、一九四七年九月三〇日
ショッケン・ブックス社用箋］

一九四七年九月三〇日

G・G・ショーレム教授
パレスチナ、エルサレム
アバルバネル通り二八

〈親愛なるショーレム様――

私はいま、シカゴ大での講義のために到着したばかりのコイレ――（ついでながら、私は彼が大好きです）――と、フランスでのあなたの本の書評についての長い会話を終えました。コイレ自身〔『〕ルヴュー・フィロゾフィック〔』〕のために書評を書いています。ヴァスタ[1]（この名前が正しく綴られているか自信がありません）が〔『〕ルヴュー・ディストワール〔ド・リストワール〕・デ・ルリジョン〔』〕のために書評を書いていて、三つ目の批評は〔『〕ルヴュー・ディストワール・エ・ド・フィロゾフィー・ルリジューズ〔』〕に掲載されることになっています。[2]

〔『〕クリティック〔』〕に掲載された、あなたの本の長い書評[3]をご覧になりましたか？ まだでしたらお送りいたします。

あなたの〉〔英〕
ハンナ。〔手書き〕
ハンナ・アーレント

［NLI、ショーレムの遺品。原本。タイプライター原稿］

1 ジョルジュ・ヴァイダのこと。この書簡の注3を参照。

2 この手紙は、ショッケン・ブックスのマリリン・ゴラブに宛てた一九四七年八月二〇日付のショーレムの手紙に対する返信でもある。その手紙でショーレムは書評の質の低さをこう非難した。「〈私は手にした書評の類いにずいぶん失望しました。程度の差こそあれ、それらは思慮を欠いた代物であって、あなたがいま少し聡明で、包括的なものを書いてくれる人物を探してくださることを望みます。とはいえ、これはもちろんあなたの過失ではありません。私は胸の内を口にしているだけです！　どうかこの短い手紙をアーレント氏にお見せいただき、くれぐれもよろしくお伝えください。私も彼女にすぐに手紙を書きます〉〔英〕」。

3　「〈カバラーについての詳細〉〔仏〕」のタイトルで、ジョルジュ・ヴァイダは『クリティック』一九四七年六月／七月号で、アンリ・セルラの『カバラー』とともにショーレムの本を論評した。その他の書評は以下に掲載されている——*Revue des* ***Etudes Juives***, vol. CVII, 1947, S. 7-33. および以下——»Les origines et le développement de la Kabbala juive d'après quelques travaux récents« in: ***Revue*** *de l'histoire des religions*, 1949 (NLI, Scholem Library, R 320)。

［**42**　ショーレムからアーレントへ　エルサレム、一九四七年一〇月一五日］

エルサレム、一九四七年一〇月一五日

ハンナ・アーレント博士
ショッケン・ブックス社
ニューヨーク州、ニューヨーク市一七

〈親愛なるハンナ——

ナハリヤ[1]から帰ってきて、九月三〇日付のあなたの手紙を見つけました。フランスの雑誌によって約束された書評について聞くことができ、とてもうれしく思います。あなたが手紙で言及されている『クリティック』に掲載されている書評をどうか私に送ってください。まだ見ていないのです。

さらに、少しまえにザルマン・ショッケン氏から、ジャン・ヴァールがあの本についての記事を書く意志あるいは熱意を示してきたという趣旨の情報を受け取りました。あれ以来、その件については何も聞いていませんが。

フランスでコイレに会いました。彼はとても優れた知性の持ち主ですが、恐るべき同化主義者です。そのせいで、彼の鋭い知性があの本のいっそう優れた箇所から目を背けることにならないように、と願っています。私たちは、ある宵に、エドモン・フレッグの家で長い時間議論しました。[1]

〔『〕ルヴュー・トミスト〔』〕と〔『〕ヴィギリアエ・クリスティアーナエ〔』〕から受け取った二通の手紙の写しを同封しています。両者とも、重要な学術雑誌で、詳細な書評を掲載するために私の本を欲しがっています。[2] どうか、両誌への送付が早急に取り図られるよう手配してください。私たちは両誌の書評に強い関心を持つべきだと思います。その書評を通じて、ヨーロッパの読者があの本の存在に気づくようになるかもしれませんから。私から両誌に手紙を書き、両誌の手紙をあなたに取り次いだことを伝えておきました。

幸運をお祈りしています、そして心からのご挨拶を、〉

G・ショーレム

〔英〕

［NLI、ショーレムの遺品。カーボン紙による写し。タイプライター原稿］

［同封物1］

写し

一九四七年一〇月一〇日

〈教授様、

『ルヴュー・トミスト』は、あなたの著作『《ユダヤ神秘主義の主潮流》〔英〕』がきわめて重要であることを認識し、時評欄の一つで書評を掲載したいと思っています。そのことについて最近私が話し合ったジョルジュ・ヴァイダ氏は、あなたに手紙を書き、批評のために一冊送ってもらうことが可能かどうか尋ねるよう、私に提案しました。私たちが考えているのは、簡潔な短い批評ではなく、十分な長さを持った批評です。私の考えによれば、あなたの本の価値がそのことを要求しているのです。

私たちが次の号で取り上げることができるように、できましたら、速やかに私たちに送付してくださればありがたく存じます（おそらくそれは一九四八年の最初の号で、そこにヴァイダ氏の論考が掲載される予定です。そのために、私たちはあなたの本を一カ月中に入手しなければなりません）。

あらかじめ私たちの全き感謝をお伝えするとともに、どうか教授が、私たちの心をこめた思いの表われに答えてくださることを祈っています。

住所　M・ルイ・ガルド

『ルヴュー・トミスト』

神学学校

聖マクシミリアン

（ヴァール）

フランス

追伸——もちろん、あなたの著作の批評の「抜刷」を数部、

公刊されればすぐにお送りいたします。〉〔仏〕

［NLI、ショーレムの遺品。写し。タイプライター原稿］

［同封物2］

写し

ライデン、一九四七年九月三日

〈拝啓――

私が今年エラノス会議の集まりのための講演を行う目的でアスコナにいたとき、フレーベ〔＝カプタイン〕氏から、あなたが来年来られる予定だとお聞きしました。来年私は講演のためにバジリデに招待されましたので、その際にお互いにお会いできれば幸いです。

レーオ・ベック氏がユダヤ神秘主義についてのあなたの本を薦めてきたのですが、現在私はキリスト教の起源に関して研究しているので、その本は大きな助けとなるだろうと思われます。批評のための一冊を私の住所に送っていただくことは可能でしょうか？　そうしていただければ、私たちの定期刊行物〔『〕ヴィギリアエ・クリスティアーナエ〔』〕で私がその本の書評を書かせていただきます。

心からのご挨拶を

敬具、〉〔英〕

G・キスペル

ライデン〔オランダ〕

デ・ズィッターラーン六六a

［NLI、ショーレムの遺品。写し。タイプライター原稿］

1　宗教学者エドモン・フレッグも『〈主潮流〉〔英〕』の以下に掲載されている書評「〈G・G・ショーレムによるユダヤ神秘主義の大きな流れ〉〔仏〕」を書いていた――*Revue de la pensée juive*, vol. 1, nr. 3, S. 134-137.

2　ルイ・ガルドの書評「〈精神の神学の年代記〉〔仏〕」は以下に掲載されている――*Revue Thomiste*, no. 3, 1948, S. 621-630.

（1）　ナハリヤはイスラエル北端の地中海に面した都市。ショーレムはこの夏、そこで比較的長期の休暇を過ごした。

［43 アーレントからショーレムへ
ニューヨーク、一九四七年一一月一〇日
ショッケン・ブックス社用箋］

一九四七年一一月一〇日

ゲルショム・G・ショーレム博士
パレスチナ、エルサレム
アバルバネル通り二八

〈親愛なるショーレム様――
この間に、あなたは〔『〕クリティック〔』〕の書評を受け取られたことでしょう。私はニューヨークでジャン・ヴァールと会って、あなたの本について話し合いました。もちろん彼はあなたの本を賞賛していますが、自分が書評を書くことについては何一つ口にしませんでした。それどころか、あの本について何か書いているかと、私に訊ねたのです。あなたもご存知の、昔の風変わりな批評を〔彼に送ることを〕約束しました〔でも送るのを忘れていました〕。ついでながら、あれは〔『〕メノーラ〔』〕では印刷されません。私の書評をバカげていると考える、新しい編集者がいるからです。[1]私たちは〔『〕ルヴュー・トミスト〔』〕に書評用の本を郵送しましたが、同じことは〔『〕ヴィギリアエ・クリスティアーナエ〔』〕にはしませんでした。あなたの場合、私たちは書評本や贈呈本についてとても寛大に対応し続けましたし、〔『〕ヴィギリアエ・クリスティアーナエ〔』〕は創刊されたばかりの雑誌〔第一巻、第一号〕だ、という気分がこちらにはあります。このことについて、私にできることは何もありませんでした――少なくとも、現時点では〔お願いですから、腹を立てないでください。どうか信じてください、他のどんな出版社であっても、していたことはもっとずっと少なかったはずです〕。

私はエルンスト・ジーモン[2]に会いました。あなたがどんな具合か、どんな暮らしぶりか、わずかばかりのイメージをとにかく彼は私に伝えてくれました。ファーニアに私の愛を〔文字どおりの愛を〕クルト[3]に与えるように、お伝えください。それを、彼が望むだけのキスで示して欲しいのです。まさにいま、私はとにかく彼がいないのがひどく淋しい思いです。これといった理由はないのですけれど。

あなたの、〉〔英〕
ハンナ。〔手書き〕
ハンナ・アーレント

［NLI、ショーレムの遺品。原本。タイプライター原稿］

1　四月に『メノーラ』の編集者ハーウィッツは、アーレントに彼女の批評を雑誌の秋号に掲載すると伝え、編集した（「英語化した」）原稿を彼女に送り返してきた。八月に、アーレントは新たに編集された校正刷を編集部から受け取ったが、八月七日にその掲載を断わった。彼女の批評はその後――削減されて――『ジューイッシュ・フロンティア』に掲載された（Ms col #2. AJA. sor 1. folder 1/16. HA. cor 42-59）。

2　エルンスト・ジーモンは一九四七年から一九四八年にかけて、ニューヨークのJTSの客員教授を務めた。

3　クルト・ブルーメンフェルトのこと。

［44　ショーレムからアーレントへ
エルサレム、一九四七年一二月五日／六日］

一九四七年一二月五日／六日
エルサレム

親愛なるハンナ様

私たちはもっぱら散発的にしか連絡を取り合えていません。最後には、あなたはファーニアにK・B〔クルト・ブルーメンフェルト〕への口づけを依頼されました。彼女は忠実にその役割を果たしました。もっとも、それでなくても彼は愛の告白全般に関してあまりに甘やかされた人物だと彼女が言っていますので、うまく代わりになれていなかったかもしれません。ともかく、最近彼はよい数週間を過ごし、ショッケンの誕生日に彼に宛てた実に傑出した手紙を通じて、歴史への本格的な寄与を果たしました。それは、ブルーメンフェルトの数少ない文学への寄与と比べても引けを取らない、栄誉あるものです。どうかその手紙をお読みください。そちらで見せてもらえないようでしたら、それ自体は決して不可能なことではありませんので、著者に写しを求めてみてください[1]。

あなたがご自身の論考を印刷に回されなかったのは、残念です。結局のところ私は屑のような論評を読むことができるだけです。そして、私が完全に同意している点ですが（私が頑なに反対の意見を抱いているとあなたは考えられているようですが、それはとても不当なことです）、あなたはすでに私の本のために実に多くのことをしてくださいました。ですので、いまはただ安んじて事の経過に任せるつもりです。

もしそちらで当地での騒乱について読まれることがあれば、どうかあまりに深刻には受け取らないでください（少なくとも当面のあいだは）[2]。事態は外から見た様子とはまったく異なっていますから。

私自身合衆国へ行きたいと思っていましたが、それほどすぐに誰かがふたたび招待してくれるとは思いません。そして、ファーニアはショッケンの申し出を受けることにきっぱりと反対しています。そのため、あなたが私たちと直接会話に興じること、あるいは何か別の方法で口頭でのコミュニケーションを望んでおられるなら、まだ待っていただかなくてはなりません。その代わりに、あなたがいまエルンスト・ジーモンと何かまともな付き合いを始めることができるかどうか、私には分かりません。もちろん、そうなれば喜ばしいのですが。彼はあなたとは合わないだろうと思い、それで、彼にあなたへの直接の挨拶を託しませんでした。ところで、最近、私は、私と私の著作についての長く、本当に風変わりな手紙を、チューリヒ出身の若い男性から受け取りました。彼は現在、ニューヨークの〈ユダヤ神学校〉〔英〕で研究しており、そこそこ才能のある人物です。私はこの人を個人的にはまったく知りませんが、ヤーコプ・タウベス博士と言います。もしそのうち彼に会われる機会がありましたら、あなたの印象を私に伝えていただけるとありがたく思います。[3] 彼はどうやら私のことを熱心に研究しているようです。

お元気でいてください、そして心からのご挨拶を
あなたの
ゲアハルト・ショーレム

［LoC、アーレントの遺品。原本。手書き原稿］

1　K・ブルーメンフェルトからショッケンに送られた誕生日の手紙は見つかっていない。

2　一九四七年一一月二九日の国連〔による〕分割計画の議決ののち、パレスチナでは新たに暴動が起こっていた。

3　ヤーコプ・タウベスは、JTSの奨学生になることを希望してニューヨークへ向かう途中、一九四七年一〇月二七日に船上からショーレムに宛てて「切なる願いは、あなたの教え子になれることです」と手紙を書き送っていた（以下に印刷されている――*Der Preis des Messianismus*. S. 95）。その後すぐに、ショーレムは彼をエルサレムのヘブライ大学に招聘した。そこで、彼は〈研究員〉〔英〕として授業を行い、ショーレムのセミナーに参加していた。一九五一年に、ショーレムはタウベスとの連絡を絶った（以下を参照――Scholem. *Briefe* II. S. 25-28）。

［45　アーレントからショーレムへ
ニューヨーク、一九四八年一月八日］

一九四八年一月八日

ゲアハルト・ショーレム教授
パレスチナ、エルサレム
アバルバネル通り二八

親愛なるゲアハルト様、
大急ぎで書評の問題についてだけ申し上げます。あなたが目にすることになっているのは「屑のような論評」だけではありません。そんな不当なことは言わないでください！　いますぐにそのことについてもっと詳しく立ち入ることはできません。それを示すためには、こちらでさまざまな書類のなかからあなたの〈書評ファイル〉［英］を取り出してもらわねばならないでしょうが、いまはその気になりません。

その一方、私はあなたの依頼に基づいて、私の覚書を『ジューイッシュ・フロンティア』に渡しました。といいますのは、同誌は、あの本の書評をあらためて掲載するつもりはなかったからです（彼らは初版に際して一つ書評を掲載していました）[1]。

ですからそれは、神とハイム・グリーンバーグの親切な手助けによって掲載されることになるでしょう。出版社の編集者というものは、その出版社が刊行した本の書評まで書くために存在しているのではありません。その点で、この件はとっても割り切れない気分です。私の言い訳は、あれは書評ではない、ということです。

ヤーコプ・タウバー[2]のことは存じませんが、もし彼に会うことがありましたら覚えておきます。――エルンスト・ジーモンと彼の妻は、ある晩を私たちのもとで過ごしました。とても親切で本当に知的な方です。ああいう人たちにたくさん会うのは難しいでしょう。嘆くつもりはありませんが、私の日々がどんな様子か、実際のところあなたには想像できないと思います。事情の奇妙な結びつきと労働意欲に満ち溢れたこちらの土地柄が私に勤勉であることを強いてきましたが、生来怠惰な私ですから、そのことに相変わらず心穏やかではいられないのです。

すぐにもっと書きます。心からのご挨拶を。あなたがたのハンナ［手書き］

［NLI、ショーレムの遺品。原本。タイプライター原稿］

1　アーレントのテクストは、ハイム・グリーンバーグを編集長とする『ジューイッシュ・フロンティア』第一五号、一九四八年三月号の三四頁から三八頁に削減のうえ掲載された。冒頭には、次の注記が添えられていた。「〈ゲルショム・ショーレムの『ユダヤ神秘主義の主潮流』の初版に関するジョシュア・トラクテンバーグの書評は『ジューイッシュ・フロンティア』一九四三年九月号に掲載された。いくらか異なった視点で、また独特の挑発的な文体で書かれた、ハンナ・アーレントによるあの本についての以下の議論にも、その読者は関心を持つものと、編集部は考えている〉〔英〕」。『JF』は、アーレントがその本の出版された出版社で働いていることには一切ふれなかった。

2　念頭に置かれているのはヤーコプ・タウベスのこと〔アーレントは Tauber と綴っている〕。

46

［アーレントからショーレムへ
ニューヨーク、一九四八年一月二六日］

一九四八年一月二六日

親愛なるゲアハルト様――

取り急ぎこれだけはお伝えしなければと思います。ショッケンがとうとうベンヤミン〔の選集〕を出版しないと決定してしまいました。表向きの理由は、彼があまりに〈ハイ・ブラウ〉〔英〕で、十分に「ユダヤ的」であると思われない、ということです（彼〔ベンヤミン〕は、この「ユダヤ人のビスマルク」と同じくらいはユダヤ的だと言ってもよいでしょうが、これはついでの話です）。もちろん、本当の理由にはさまざまな動機が入り混じっています。そこには私に対する恨みが働いており、おそらくはまた、よく分からないことですが、あなたに対する恨みも働いているかもしれません。いっそう重要なのは、かの老人が当然ながらベンヤミンを正しく理解できない、ということです。端的に言って、ベンヤミンは難しすぎるのです。要するに、彼が理解できない仕方で書く人々に対して、たとえそれがカントその人であったとしても、強い恨みを抱き、そういう連中はただ彼を苦しめるためにだけそんなものを書いているのだ、と思ってしまうのです。〈そういう次第です〉〔仏〕。すると、どうすべきか、とゼウスが問うでしょう。私はシェーンに、是非ともスイスで試みて欲しい、と手紙を書くつもりですし、こちらでスイスとのよい関係を持っているブロッホと話すことになるでしょう。そのほかに、私は二つのエッセイをこちらで採用してもらいました。一つはブレヒトに関[1]するもので、もう一つはボードレールに関するものです。

後者はちょうど私の監修で翻訳されているところで、こちらで格別な関心を引き起こしています。ベンヤミンがこちらでは売れないというのは、まったくバカげた推測です。その逆が正しいのです。まさにいまこちらに広まっているのは、直接ベンジ〔ベンヤミン〕に役立ち得るある種の関心です。もちろん、〈ベストセラー〉〔英〕にはなれないでしょうけれど――こうした事情は、私にあなたのかつての提案、つまりあなたに宛てたプロートに関する手紙を一種の書評として公表する、という提案を思い起こさせます。いまとなっては、もはや私に異論はありません。ただあの当時は、かの老人がベンヤミンを出版してくれると私がまだ期待していたために、彼の機嫌を損ねたくなかっただけです。

オフィスからは書きたくなかったもう一つの用件があります。私がよく分からないのは、どうしてあなたがたが、どんな場合でもとにかくショッケンからはお金をお受け取りにならず、こちらにいらっしゃらないのか、ということです。私は、ファーニアの気品の高さを理解していますが、彼女に同意はしません。〔『〕ハアレツ〔』〕のあなたの記事に対してだけでも、彼は快く優に二〇〇〇ドルはお支払いすべきところでしたのに。[2] その種のお金がそもそも存在しているのは、あなたのような人々が然るべき仕方でお金を使うことに心を煩わされないようにするためです。かの老人がひとたび死んでしまえば、その種の大盤振る舞いはいずれにせよお仕舞いになるでしょう。

きょうのところは以上です。さて最後に、あなたがあなたのシオニズムの手紙でなさったのと同じことをこの手紙ではなさらないこと、つまり手紙をかの老人にお見せにならないことを望みます。[3] ここだけの話ですが、あれは多くの事柄にとって、とりわけベンヤミン〔の選集〕にとって、さほど賢明なことではありませんでした。

あなたがたお二人に心からのご挨拶を

ハンナ。〔手書き〕

〔NLI、ショーレムの遺品。原本。タイプライター原稿。ショーレムがすぐに返事を書いたことがヘブライ語の手書きで注記されている〕

1　確認できなかった。

2　アーレントは、『ハアレツ』の年報でのユダヤ学に関する論文を引き合いに出しているのかもしれない（第36書簡を参照）。

3　ショーレムは、アーレントの論文「〈シオニズム再考〉〔英〕」についての議論との関わりで、ショーレム宛てのアーレントの手紙と自分の返答を、ザルマン・ショッケンに見せたようである（第19書簡および第20書簡を参照）。

［47 ショーレムからアーレントへ
エルサレム、一九四八年二月一日］

四八年二月一日

親愛なるハンナ様、

このところ、たくさんの手紙が届いていないようですが（私はほとんど一通も受け取っていません――二五〇通の郵便物が盗難に遭いました）――一月二六日付のあなたの手紙は、きょう早々ときちんと届きました。そこで、折り返し、お返事を差し上げます。

残念なことにとても悪い知らせであるとはいえ、あなたの報告は、全体の進展具合からして、また昨年のあなたの報告からして、私が予測しておかねばならないものでした。昨年四月以来だと思いますが、ショッケンからは一行も受け取っていませんので、私の反応を示すのは（そもそも私の反応があなたにとって何か意味があるとして）、有効で相応しい仕方で提示できる機会がやって来るまで、待つことにします。いつかそういう機会が必ずやって来ます――その点はどうか信頼してお任せください。ところで、「ユダヤ人のビスマルク」とは何のことですか、その文献学的な知識を私が持っているものと不当にもあなたは前提にされているのですが。私が目下収集している〔 〕ゾーハル〔 〕関係のアンソロジー[1]以外には、ショッケンの企画について私は何も知りません。ショッケンは自分の出版社をまもなく倒産させてしまうのではないかと、私は思っています（これだけの赤字をまだしばらくどうにかやり繰りできるほどの収入をどこかから得ているのでない限り。そんな収入先について、私は確かなことは何も知りません）。ブロートについての私宛のあの手紙を、出典を付して、遠慮なくあなたは公表することができます[2]。ただし、公表される際には是非とも私にご連絡ください。公表に際してあなた自身は身を引いていたいと思われるのであれば――そうなさってください。（問い合わせがあった場合の）連絡先として直接私の名前を出すことにします。私は遠慮なく言いたいことが言える立場にありますし、Sch.[3]は「報復」するかどうか、三回も熟考することでしょう。

ショッケンから仕事に対する報酬（一つの原稿に対して二〇〇〇ドルであっても――あなたはどんな原稿のことを考えておられるのでしょう？）を受け取ることに異存はありませんが、何らかの形の前払いで受け取ることには、懸念を感じます。かつては[4]（Fの意見に反して）そういう心づもりがありましたが、いまの状況では、そうすることには大いに疑念を覚えます。ショッケンの資金とは無関係にN〔ニュー〕ヨークへ行けないのであれば、むしろ行きたくありません。しかも、差し当たりはそんな様子なのです（よくある仕方で招待をコネで獲得することは望みませんし、そんな機会は目下のところありません）。

おりを見て、〔『〕ジューイッシュ・フロンティア〔』〕に掲載された私の本の以前の書評を、私のアーカイヴのために送ってくださいませんか。私がまだ読んだことがないものです[5]。

もしも、ヴァルター・B〔ベンヤミン〕の件で、かの老人とあなたのあいだで交わされた何らかの書類がありましたら、是非ともお送りいただければ幸いです。議論が起こったときの準備をしておきたく思います。ちなみに、シオニズムからのあなたの訣別は、ショッケン自身が取っている方向ときわめて近かったため（こういう言い方が彼に相応しいとしてですが）、それに対する私の〈意見〉〔英〕があなたに損害を与えることはあり得なかったでしょう――むしろ逆で、あの男はまったくあなたの側に立っていたのです。もちろん、あなたの考えをいっそう真剣に（空しくも）受けとめていた、あなたの（用心深く警告する）ゲアハルト

〔LoC、アーレントの遺品。原本。手書き原稿〕

1　*Zohar, the book of Splendor*, selected and edited by Gershom G. Scholem, New York (Schocken Books) 1949.

2　知られている限り、当時は公表されなかった。

3　一九四七年にマックス・ブロートのカフカ伝を出版した、ザルマン・ショッケンのこと。

4　ファーニア・ショーレムのこと。

5　トラクテンバーグの書評については、第36書簡、注7および第45書簡、注1も参照。

〔48　アーレントからショーレムへ

ニューヨーク、一九四八年四月四日〕

一九四八年四月四日

親愛なるゲアハルト様――

私がお手紙を出さなかったのは、今回は、手紙を書くことがまったく不可能なほど、新聞から否応なくあなたがたのことをさんざん考えさせられていたことに尽きます。私はきょうでもそうしたくはありません。ただ、実際にはあ

なたがたのこと以外に考えることができないでいるときに、あなたがたのことを考えていないなどと思われたくないだけです。[1]

そうこうするうちに、私にはあらゆる憤りやそれとともにあらゆる楽しみが消え失せてしまい、あなたからベンジ〔ベンヤミン〕に関する許可を得ても何もしませんでした。とにかくいまは、まるで体が麻痺しているかのように何一つできないのです(ところで、あなたは一つ誤解されましたが、「ユダヤ人のビスマルク」というのは、私がときどきそう呼んでいるかの老人〔ショッケン〕のことでした)。

私は現在、もちろんエルンスト・ジーモンと実に頻繁に会って話をしています。彼は相変わらず、どこか生き生きした感じをとどめていて、私はそのことで彼のことをときどき羨ましく思います。つまり、私は彼のことを好ましく思っているのです。

もしもあなたがこんなにまったくもって嵐の中心にいらっしゃるのでなければ、そして私たちがやはりぎりぎりのところで政治的に合意し合えるとの確信を私が多少とも持つことができているのなら(実際のところ、私はたいていそう信じているのですが)、あなたにアメリカのユダヤ人の位置の信じ難い突然の急変、つまり、アメリカに対する彼らの立場、彼らに対するアメリカの立場の急変について、書くでしょう。[2] 用心のために、私はそれをしません。それは、かつて私に起きたなかでもっともセンセーショナルで、もっとも気遣わしい、まったく突然の状況の激変の一つです。

それでも私は、そうしたことのすべてにもかかわらず、研究を試みています。私の出版社から本の最初の三分の二について、とても好意的な評価を受け取りました。[3] いまちょうど、強制収容所について書き終えたところです。

『ヴァンドルング』にも掲載されるかもしれません。そのときには、それをお送りします。[4]

あなたがとにかくこちらにいらしてくだされば、と思います。[5] それは、公的にも遥かに有意義なことでしょう。こちらでは、いまのところ私たちのよきエルンスト・ジーモン以上に役立つ人はいません。[6]

私はありがたいことにぎっくり腰になって、事務所に行くことができなかったので、少しばかり休養し、研究を進めました。

ともかく、あなたが実際のところお考えになっていることを手紙に書いていただけないでしょうか?

私が途方もなくひどい手紙を書くことになるだろう、と分かっていました。だから、何も書かなかったのです。きょうのところはこんな手紙で我慢なさって、ご立腹なさいませんように。

どうかお元気で、そして心からのご挨拶を

あなたのハンナ〔手書き〕

〔NLI、ショーレムの遺品。原本。タイプライター原稿〕

1　旧委任統治領における闘争は、一九四七年一一月二九日に国連〔による〕分割計画が可決されてから一段と激化した。包囲されたエルサレムのユダヤ人地区は、一九四八年三月には物資の配給をほぼ得られなくなった。四月にユダヤ人地下武装組織ハガナーが全土で攻撃に出た。

2　アメリカのユダヤ人社会の内部における「決定的な変化」に関して、アーレントは一九四八年にこう書いた（ここでは、後にアイケ・ガイゼルによってドイツ語に翻訳されたものを引用する）。「つい先ごろまでシオニズムを頭の悪い連中のためのイデオロギーとして貶め、ユダヤ人郷土の建設を見込みのない企てと見なし、その企てがそもそもまだ着手されないうちに彼らの偉大な叡智においてそれを拒否してきたユダヤ人の左派知識人。いかにしてユダヤ人は新聞の見出しに載らずに済ませられるかという、特別に重大な問題によって、ユダヤ政策への関心が常に規定されていたユダヤ人実業家。パレスチナがおそろしく費用の掛かる慈善事業であり、それが他の「割に合う」計画から資金を流出させることに憤っていたユダヤ人慈善家。たとえナイーヴであるとしても、数十年間ごくまじめにアメリカが約束の地であることを確信してきたイディッシュ語新聞の読者――こうしたすべての人々をブロンクスからパーク・アヴェニュー、グリニッチ・ヴィレッジを経由してブルックリンにいたるまでこんにち一つにしているのは、次のような揺るぎない確信である。つまり、ユダヤ人国家は不可欠であり、アメリカはユダヤ民族を裏切り、イルグーンやシュテルンのグループによって行われた恐怖政治は多少なりとも正当であって、ラビ・シルヴァー、ダヴィッド・ベン＝グリオン、モーシェ・シェルトクはいささか穏健すぎるにしても、ユダヤ民族の真の政治家である、という確信である」(Arendt. *Krise des Zionismus.* S. 86)。オリジナル・テクスト »To Save the Jewish Homeland. There is Still Time« は、以下に掲載された――*Commentary* 5. 1948. Nr. 5. S. 398-406〔アーレント『アイヒマン論争』二一〇―二二九頁〕。

3　『全体主義の起源』の「反ユダヤ主義」と「帝国主義」の章。

4　論考「強制収容所」は以下に掲載された――*PR* 15. 1948. Nr. 7. S. 743-763. ドイツ語版は以下に掲載された――*Die Wandlung* 3. 1948. Nr. 4. S. 309-330.

5　アーレントは当時、とりわけ、この時代にノートルダム大学で教えていたヴァルデマー・グリアンの仲介によって、ショーレムを「〈客員講師〉〔英〕」としてシカゴ〔大学〕へ招聘しようと試みていた。四月一二日にアーレントは、ジョン・ネフに宛てた手紙のなかで、ショーレムをカバラー関係の権威と紹介した。「〈彼は、神秘主義的な思索に対する真のアプローチを見出しました。彼は、キリスト教およびグノーシス派の神秘主義に深く通じており、それゆえユダヤ神秘主義を西洋宗教思想のいっそう大きな枠組みで捉えることをなし得てきました〉〔英〕」。四月一四日にグリアンからの推薦状が、ジョン・ネフとエドワード・シルズの住所に届いた。四月二七日にアーレントは、グリアンに次のように伝えた。「〈私は、ショーレムがユダヤ宗教学院での講演の招待を受け入れたといま耳にしたところです。私はこのことがシカゴ〔大学〕の案件の妨げになるとは思いませんが、あなたは同様にお考えではないかもしれませんし、すべてを取り消したいと思われるかもしれません〉〔英〕」（二通の書簡は以下より——LoC. Box 11）。

6　エルンスト・ジーモンは、一つの多層的な連合国家の枠内で両民族主義のために尽力する組織イフード〔統一〕を、一九四二年にパレスチナで共同設立した。アーレントがローベルト・ヴェルチュ宛ての一九四八年七月二五日付の手紙で説明したところでは、ジーモンは彼のニューヨークでの滞在期間に「マグネスを囲む会」、すなわち、パレスチナでのイフードの活動を広げるために資金を集める二〇人から二五人の人々からなるグループに加わった。彼らは、マグネスとその連合国家計画への支持において団結し、政党でもなければイフードの支部でもなく、アラブ-ユダヤ人合意の路線に沿ってユダヤ人と一般大衆の意見をふたたび方向づけることに役立つすべてのことを支持することを望んでいた。さらにアーレントはこう書いている。この団体のもう一つの任務は「周知のごとく〈ユダヤ機関〉〔英〕と目下のところさほど異ならない」ＡＪＣに一定の影響力を行使することにある（LBI Weltsch 5/A-H）。マグネスを囲む会には、ＡＪＣの何人かの指導的な立場の構成員ならびに『コメンタリー』のとくにエリオット・コーエンなどが属していた。

［**49** ショーレムからアーレントへ
エルサレム、一九四八年四月一八日］

エルサレム
アバルバネル通り二八
一九四八年四月一八日

ハンナ・アーレント博士
ショッケン・ブックス社
ニューヨーク州、ニューヨーク市一七

〈親愛なるハンナ様、

私たちの国々のあいだの郵便事業に鉄のカーテンが降りるまえに、この機会を利用して、四月四日付のあなたの手紙と、私の本についての二本の書評を含んだ『ジューイッシュ・フロンティア』の切り抜きに対する感謝を申し上げます。それらは、周知のエルサレムの第一次包囲を打ち破った大規模な護衛団によって、ついさっき届けられたものです。（これが最後の包囲であることを祈りましょう！）

ここ数日、私は精神に関わる事柄で忙しくしていて、もっともアクチュアルな問題である魔術の研究、そしてサバタイ主義に、全身全霊を捧げていました。サバタイ主義のほうは、私たちの時代に生じてしまっていることにぴったりの墓碑銘の役割を果たすでしょう。

しかし、いまや、キリスト教会ならより世俗的と呼ぶだろう事柄に向かわなければならなくなるだろうと、私たちは考えています。そういうわけで、私はタンクに水を満たし、食べる魚を入手し、パンに付けるジャムを手に入れるのに、忙しくしています（パンは目下のところ、列に並ばずに入手できる唯一のもののようです）。エルサレムにいるあなたがたの友人や崇拝者を支えるために、莫大な貯蔵品が持ち込まれているという噂があります。そのうえ、まだはっきりとはしていないいくつかの責務を引き受けるために、私はユダヤ民間救護活動から招集されました[1]。ヘブライ大学へ向かう道で起こったこのあいだの虐殺に際して、私の親友の一人が殺されました。その結果、今度は私たちの番ではないかという恐れが私から消え去ることがないとはいえ、しばらくは教授陣を大学に送りこむことはなされないようです[2]。とにかくこちらでは人員が不足していますので、あの場所を守るだけの人数を確保できていません。ですから、必要とされているところに誰もが行かねばなりません。

私たちについてあなたがよく考えてくださっていることに感謝するとともに、私たちに届くであろう最後の手紙、あるいは、郵便事業が望むらくは別の機関のもとで刷新されたあとで届くであろう手紙で、ご連絡いただきたく思います[3]。どうかファーニアと私の挨拶を、ショッケン・ブックスの内部であれ外部であれ、垣根を越えて、必要としている人にお伝えください。とりわけ、エルンスト・ジーモンにお伝えください。彼には数日前に手紙を出したのですが、いまや、どの手紙が目的地に届くものやら、まったく見当もつきません。

アメリカへの一種の招待があって、来年それを受けたいと思っているのですが、ショッケンとの以前のやっかいな問題が解決しないと、不可能です。ショッケンがかつて四六年に引き起こしたようなやっかいなことを今回はしないで、何らかの合意にいたることを願っています。何もかもが順調に行けば、四九年にはやはりお会いできることでしょう。とはいえ、これはまだ公表されていないことですので、内密にお願いします。心からのご挨拶を、ブリュッヒャーとあなたに送ります。

あなたの、〉〔英〕

ゲアハルト・ショーレム〔手書き〕

〔LoC、アーレントの遺品。原本。タイプライター原稿〕

1　一九四七年九月に編成されたユダヤ人の民間救護団体〈ミシュマル・マアム〉〔ヘ〕が、攻防の地となり、包囲されていたエルサレムで、食糧と医薬品の配給、堡塁の構築、その他の仕事を組織していた。

2　数日前、一九四八年四月一三日の朝、アラブ人の民兵団が補給品の輸送団を襲った。その輸送団は、エルサレム西部のユダヤ人地区から、とくにHU／JNULのある北東のスコープス山に向かっていた。同行者の七八人が命を落としたが、そのなかに、ショーレムの友人、アブラハム・ハイム・フライマンがいた。イサク・レオ・ゼーリヒマン宛の一九四八年八月三日付の手紙で、ショーレムはこう書いている。「フライマンの死は、私たちすべてにとって、もっとも恐ろしいショックの一つでした。彼の乗っていた装甲車がアラブ人たちの炎のなかに五、六時間置かれたあと、彼はすべての同乗者とともに焼け死にました。どうしてこんなことにならなければならなかったのか、私たちの側からもそれは本当に回避不可能なことだったのか、そういう問いが私たちすべてを苦しめ、私たちの気持ちを滅入らせています」(Scholem. *Briefe* II. S. 7)。

3　一九四八年四月中に、〈英国郵便局〉〔英〕はパレスチナにおける事業を中止した。

50 ショーレムからアーレントへ
エルサレム、一九四八年一一月二三日
エルサレム、ヘブライ大学用箋〕

一九四八年一一月二三日

親愛なるハンナ様、

昨日、エルンスト・ジーモンがあなたの献辞付きの『六つのエッセイ』を私に与えてくれました。そこで、取り急ぎ、あなたに感謝を申し上げます。私が以前から知っていたのはエッセイのうち私に関わる部分だけですので、他の部分を楽しみにしています。[1] 三月あたりに計画している旅行の見込みが実現して、妻と私が三カ月ないし四カ月ニューヨークに滞在することができるなら、あなたのエッセイについてきっと話し合うことができるでしょう。私は招待を受け、受諾しましたが、旅に出るまでには、こんにちの状況のもとでは、まだ長くかかります。いずれにしろ、そのあいだに何かが起こるとしても、今回は私のせいではないはずです。[2]

ここ何カ月もあなたから何も連絡がありませんでしたので、あなたがショッケン・フェアラークを去られたこと（彼の会社が閉鎖に向かっているといったことと関係していますか？）を、ついこのあいだようやく知った次第です。[3] 私にとっては不安を掻き立てる知らせでした。

あなたが私のために宣伝してくださり、四月か五月に、場合によってはどこかでとても報酬のよい講演の機会をさらに二、三回、提供いただけるのでしたら、私から異存はまったくありません。そうでなければ、ファーニアと私自身を、それ相応にもっと質素な生活状態にしておかねばなりません。

心からの挨拶を
あなたの
ゲアハルト・ショーレム

［LoC、アーレントの遺品。原本。手書き原稿］

1　エルサレムのショーレムの蔵書には、以下の献辞付きの一冊（ハンナ・アーレント『六つのエッセイ』。本書、**口絵の13**を参照）が含まれている。「ゲアハルト・ショーレム様、私の責任ではない多くの誤植を添えて。／ハンナ／一九四八年一〇月」。「エッセイのうち私に関わる部分」は、アーレントがすでに彼に送っていたエッセイを念頭に置いている。

2　ショーレムは一九四九年の初頭にニューヨークへ向けて出発し、ニューヨークのＪＩＲでハシディズムについての連続講演を行った（とりわけ、「〈デヴェクート〉［へ］もしくは神との合一」は以下に掲載されている――*Review of Religion* 14, 1949/1950, S. 115–139）。

3　アーレントは一九四八年春にショッケン・ブックスでの仕事を終えた。ショッケンが名づけた「出版社の第二分野」（時代の歴史的かつアクチュアルな普遍的問いに寄与するユダヤ的なものの出版）は、実現しなかった。

［**51** アーレントからショーレムへ
ニューヨーク、一九四九年九月八日
ユダヤ文化再興財団用箋[1]］

一九四九年九月八日

G・ショーレム博士
スイス、チューリヒ[2]
リーギ通り五四
S・フルヴィッツ博士方

〈親愛なるショーレム様――

九月五日付のあなたの手紙[3]――ヘラー博士は九月一五日頃にアメリカに戻ります。あなたはヴィースバーデンで実際の責任者であるローヴェンタール博士に会うでしょう。[4]

ヘルマン・コーエン蔵書[5]――次回の諮問委員会の会議は、九月一九日です。ヘブライ大学の要求に関して困難が生じ得るとは、私は思っていません。[6] 何といっても、あなたがたに最優先権があるのですから。[7] ヴィースバーデンに着かれましたら、ヘブライ大学もまた、まだヴィースバーデンにあり、私たちが目録を受け取った一一〇〇冊の稀覯本を要求するだろうという、私の想定が正しいかどうかお知らせください。

とはいえ、JCR〔ユダヤ文化再興財団〕がまだこれらのまとまった書籍に対する正式な権限を受け取っていないことを心に留めてください。[8] 私の知る限り、ローヴェンタールはいま、ブレスラウ神学校の一万二〇〇〇冊の蔵書で忙しくしています。[9]

あなたに、ローヴェンタールと議論していただきたく思っているもう一つの問題があります。おそらくあなたは、私たちがまだ大学や他の公的なドイツの図書館で出てくるかもしれない、あるいは書店にあるかもしれない、ユダヤ・コレクションの行方の調査を計画していることを耳にされたのではないかと思います。[10] ローヴェンタールは三つの西側地区でのこの任務のために、彼の時間のほとんどを捧げることになっていて、私は彼のしようとしていることの計画書を彼に求めました。もちろん、そこにはさまざまな法律上の問題があって、そのもっとも深刻なものは、ドイツの諸機関が、ナチ政権下で受け取ってきたかもしれない押収されたすべてのユダヤ系資産を報告することになっていたにもかかわらず、これまでにそのような報告を一つもしてこなかったことです。[11] この件で求められているのは、ある種の探偵的な能力で、そのことにかけては私があなたに絶大な信頼を抱いていることを打ち明けなければなりません。

あなたがヨーロッパでとてもよいひと時を過ごされたと聞いてうれしく思います。ブレヒトはベルリンにいます。《特別号》〔独〕「ベルトルト・ブレヒト」が『ジン・ウント・フォルム』誌によって出版され、ベルリンで刊行されたとお伝えすると、あなたは興味を持たれるかもしれません。そこには、詩についてのブレヒトの長篇エッセイが掲載されています。[12] 私はまだ目にしていません。もしあなたがその号を二冊、手にされる機会がありましたら、一冊をいただけるとうれしく思います。

ファニーによろしくお伝えください。

あなたの、

ハンナ。〔手書き〕

ハンナ・アーレント

事務局長〉〔英〕

追伸　ヴァルターの、保存されている最初の著作を同封します。これは一八九九年に書かれたもので、ヴィリアム・シュテルンとクララ・シュテルンの結婚のために書かれました。私はこれがあなたの収集家本能を喜ばせるだろうと思いました。心から、ハンナ。[13]

〔NLI、JCRアーカイヴ。原本。手書きの追伸を伴ったタイプライター原稿。裏面には、ヘブライ語で書かれたファーニアからの以下の挨拶〔ショーレム宛の伝言〕。

「愛する人へ。あなたの小包はまだ届いていません。こちらでは、届くのに時間が掛かり、私は多くの関税を支払わなければならないだろうと言われています。あなたがそれも一緒に持ち帰ってくださらなかったのが残念です。ヴァルター・ベンヤミンの小さな冊子は、あなたの書類と一緒にしておきました。あなたもこの手紙の書き方はひどいと思いませんか？　私はこの婦人が好きではありません。急いでパリについて書いてください。あなたのファーニア」〕

〔同封物〔小冊子、本書、口絵の11を参照〕〕

ヴァルター・ベンヤミンによって朗読された、ポルターアーベント[1]の戯れの詩

やっとのことで着きました
さあ、よく知っているこの場所で
花嫁さん、早くぼくに手を差し出して！
言ってよ、すぐにぼくだと分かりましたか？

やっぱりぼくはだらしのない、いたずらっ子
いつもあなたを困らせた
あなたが機転をきらめかせて
みんなをすばらしくまとめているときに！

あなたが花嫁になってしまったいま
言ってよ、冗句や笑いはどこに行ったの？
あなたのいたずらっ子をどこに隠したの？
クララさん、いそがしそうに何をしているの！

あなたのいたずらっ子が消えたと思っているの？
そんなことないですよ、あなたの新しい家で

ぼくは小さな場所を見つけました
いつもあなたたちと一緒にいられる場所を
あなたたちが若いカップルとして
戸口の敷居をまたぐときには、
ぼくはいつもあなたたちのもとにいます
もうそこから離れはしませんからね

〔NLI、ベンヤミンのアーカイヴ。手書き〕

1　用箋の頭書きについては、本書、**口絵の10**を参照。ユダヤ文化再興財団〔JCR〕は、長い交渉の末（第22書簡、注8を参照）、ユダヤ人の諸団体および諸機関の連合として一九四七年四月にニューヨークで設立された。それは、救出されたものの、所有者や相続人に返却できなかったユダヤ文化財の管財機関として活動することを目的としていた。ザーロ・バロンの指揮する最上級委員会はニューヨークの理事会であって、相続人のない資産の分配を決定することになっていた。

JCRは、ドイツの合衆国軍政府によって一九四九年二月になされた認可に従い、最初の資産を受け取った。この認可によって、アメリカ占領地区で発見された、ユダヤ人所有の書籍、草稿、アーカイヴ資料、祭具やその他の略奪された文化財のうち、所有者の確認できなかったすべての資産がJCRを受託者として譲渡された。これに基づいてJCRは、一九四九年の春から「持ち主不明」のユダヤ人資産——それ自身の試算によれば約二五万点の書籍、約一万点の祭具、約七〇〇巻のトーラー——を整理して、新たな送り先に分配した。その後、JCRは引き続き認可された資産、とくに出所の確認できる資料としてJCRとアメリカ軍政府とのあいだの取り決めに該当しなかった、旧ドイツ・ユダヤ人の信徒共同体および諸機関の収集品に由来する資産を承認された——アーレントは、ジョシュア・スターの後任として一九四九年八月一日以降、「〈事務局長〉〔英〕」としてニューヨークでJCRの日常業務を指揮し、この団体の委任により一九四九年一一月から一九五〇年四月にかけてドイツで調査と交渉を行った。ショーレムは、ジュダー・L・マグネスの後任として、一九四九年一月一一日に、JCRの理事会におけるHUの代表ならびにJCRの副代表の一人に選ばれた。

2　ショーレムは、一九四九年の夏にアメリカからヨーロッパに旅立ち、とくにスイスではじめてエラノス・グループの会議を訪れた（第76書簡、注1を参照）。彼は、秋には数週間、ドイツに滞在した。

3　発見されていない。

4　ラビのバーナード・ヘラーは、一九四九年の春から九月にかけて、調整にあたるJCRの〈現場責任者〉〔英〕として、最初はオッフェンバッハの資料倉庫（第21書簡、注2を参照）で勤務し、この倉庫が一九四九年五月から六月にかけて引き払われたあとは〈ヴィースバーデン中央収集所〉〔英〕に勤めた。ヴィースバーデンの倉庫で一九五一年まで彼の後継人となったのは、エルンスト・ゴットフリート・ローヴェンタールだった。

5　哲学者ヘルマン・コーエンの個人蔵書には、哲学書を中心に約五〇〇〇冊が含まれていた。彼の手で多数の線引きと書込みのなされた本を含んだこの蔵書は、彼の死後、一九一八年に特別の部門としてフランクフルト・イスラエル信徒共同体図書館に移管された。そこでは、ユダイカ関連の書籍が一般的な哲学書とは分けて登録され、図書館に配架された。一九三八年の一一月ポグロムのあいだに、ナチスは信徒共同体図書館を略奪した。その蔵書はおそらく、アルフレート・ローゼンベルクのフランクフルト「ユダヤ問題研究所」のものとなった。戦後、コーエンの蔵書の比較的大きな部分が、ふたたびオッフェンバッハの倉庫に現われた。ショーレムは、一九四六年にドイツ旅行の途中、オッフェンバッハにはヘルマン・コーエンの蔵書のおよそ半分がある、とエルサレムに宛てて書いた。以下から引用——Hartwig Wiedebach. *Die Hermann-Cohen-Bibliothek*. S. 24. コーエンの蔵書にあったユダイカおよびヘブライカのコレクションは紛失したと見なされている。それに対して、ショーレムの報告によれば、哲学関連の書籍はほとんど破損がなかった。

6　ショーレムは、コーエンの蔵書がＪＣＲ内部の一般的な取り決めに即して分配されるのではなく、まとめてエルサレムに移されるべきだと提言していた。その理由として、ショーレムは以下のことを挙げていた。「〈その理由は、これが現に損なわれることなく保存されているコレクションであるだけでなく、大部分、非ユダヤ的な性格を持つ哲学関連の一つの蔵書であるからです。このコレクションは、ヘブライ大学の哲学研究室でこの偉大なユダヤ人思想家を追憶するのにうってつけであるはずです〉〔英〕」（一九四九年三月三一日付の、ショーレムのバロン宛の書簡——NLI, Arc 4° 793）。ＪＣＲの諮問委員会（Advisory Committee）は、アーレントが言及した一九四九年九月一九日の会議でショーレムの提案を支持することを進言し、一九四九年一〇月一七日には理事会も同意した。こんにち、移管されたこの書籍類は——登録されている限りでは——独自の整理番号を付して、ＮＬＩの別枠の書架に置かれている。

7　一九四九年二月一一日に執行部によって下された共同作業に関する決定に従い、関係団体は文化財の分配に関する基本原則を定めていた。そこでは、ＪＮＵＬの蔵書に欠落しているすべての書籍についてＨＵおよびＪＮＵＬが最優先権を持つとされた。ユダヤ人所有の非ユダヤ的な内容の書籍も同様に、ＨＵに引き渡されるとされていた。——さらに、活動の開始とともに、イスラエルに四〇パーセント、北アメリカに四〇パーセント、その他の地域に残りの二〇パーセントを割り当てるとする分配率が作りあげられた。

8　法的請求権を欠いているという指摘は、ここで言及されている「〈稀覯本〉〔英〕」の蔵書にも、ヘルマン・コーエンの蔵書にも関連している。後者は、かつてフランクフルト信徒共同体の蔵書の一部をなしていたものとして「〈機関コレクシヨン〉〔英〕」の一つに数えられていた。――「〈稀覯本〉〔英〕」で問題となったのは、持ち主不明の資産で稀覯本に分類されながらも、ユダイカでもヘブライカでもなかったために、さしあたり軍政府によってJCRに分配権が認められなかったものである。JCRは、発見場所に基づいて、かつてのユダヤ人所有物としてそれらの蔵書を要求した。アメリカ当局は、一九四九年一一月になってはじめて、これらの「〈稀覯本〉〔英〕」の約三分の二を引き渡した。――「〈機関コレクション〉〔英〕」、すなわちドイツの信徒共同体および諸機関の収集物に由来する物件は、出所の確認できる資産であって、JCRと合衆国軍政府との取り決めに該当しなかった（この書簡の注1を参照）。それらは、一九四七年の軍政府法律第五九号、アメリカ占領地区返還法に該当していた。この法律に基づくともはや合法的な相続人の存在しなかったユダヤ人資産のために、〈ユダヤ人返還継承機関（JRSO）〉〔英〕が後任団体として計画され、この機関は第一義的に文化的価値を持った資産をふたたびJCRに分配のために引き渡した。このようにして、オッフェンバッハの倉庫にあった「〈機関コレクション〉〔英〕」の資産は、秋にはJCRへの帰属が法的に認められた。

9　保守的な特色を持つフレンケル財団のブレスラウ・ユダヤ神学校は、ベルリンにあるリベラルなユダヤ学大学および正統派のラビ神学校と並んで、ドイツにある国際的な評判の高い三つの大きなユダヤ教育機関の一つだった。その蔵書については、アーレントによって共同で起草された「〈暫定リスト〉〔英〕」のなかで、以下のように書かれている（第22書簡、注2を参照）。「〈これは、古代文献、ユダイカ、オリエント文献に関する、ユダヤ人の所有していたドイツでもっとも価値のあるコレクションである〉〔英〕」。その図書館は、閉鎖以前には約四万冊の書籍、ならびに数百の貴重な草稿およびインキュナブラを所蔵していた。特別な価値を有していたのは、ドレスデンの民間学者、ベルンハルト・ベールの収集品に由来する蔵書ならびに、トリエステの商人で学者のレオン・ヴィタ・サヴァラルの収集物だった。その収集物のなかの草稿は、一三世紀に遡るヨーロッパ、北アフリカ、オリエントに由来するものだった。一九三八年の一一月ポグロムにおいて、蔵書が部分的に破壊されたことは明らかだった。一年後、蔵書は略奪され、約二万八〇〇〇冊がベルリンのRSHAへと移され、後に一部は疎開された。一九四五年以降、約一万冊がオッフェンバッハの倉庫にふたたび現われた。アーレントは、他の部分がワルシャワにあると報告した（本書「関連資料」の「調査報告12」、四一九頁以下を参照）。ボヘミアでも収集品の残りが見つかった。価値の高い手書き草稿の運命については、第100書簡、注4を参照。

10　アメリカ軍政府によってJCRに譲渡されたユダヤ系の蔵書で問題となっていたのは、戦時中にドイツ人によって疎開させられ、一九四五年以降、連合国によって当該の倉庫で発見されたものだった。一九三三年から一九四五年のあいだに押収され、ドイツの諸機関のコレクションに統合されたり、また私的な市場で売却されたりしたユダヤ文化財の所在については、まったく不明のままだった。

11 アーレントが「〈法律上の問題〉〔英〕」について述べているのは、おそらく、自分たちの収集物や倉庫のなかにユダヤ人の文化財があることをJCRに認めたドイツ人の責任者たちが、一九四七年の軍政府法律第五九号に従うなら、原則的に処罰の対象となり得たからだと思われる。その法律によると、盗まれた資産（総価値が一〇〇〇ライヒスマルク以上の場合）は連合当局に届け出なければならなかったが、これまでドイツ側からユダヤ人の文化財が申告されたことはなかった。アーレントは、ドイツの諸機関のなかからユダヤ人の文化財を見つけ出すためには、それらの機関と協力するほかないと見ていた。彼女がその後まもなく、「〈ドイツでの調査〉〔英〕」という覚書で書き留めている言い方では、ドイツ人たちに連合国から効果的な圧力を加えることはおそらく成功せず、秘密調査は困難で高くつくため、これが唯一、実行可能な方法なのである（一九四九年一〇月一七日付、ハンナ・アーレントの覚書——NLI. Arc 4°793. 288）。

12 『ジン・ウント・フォルム』特別号「ベルトルト・ブレヒト[I]」ポツダム、一九四九年。詩についてのベルトルト・ブレヒトの論考は発見されなかった。

13 同封物で問題となっているのは、NLIのベンヤミンのアーカイヴ（Arc 4°1598. 100）で保管されている詩の草稿「ヴァルター・ベンヤミンによって朗読された、ポルターアーベントの戯れの詩」である。これは、ベンヤミンがヴィリアム・シュテルンと彼の伯母クララ〔実際にはクララはベンヤミンの伯母の娘〕、つまりギュンター・シュテルン（ハンナ・アーレントの最初の夫であるギュンター・アンダース）の両親の結婚式のために書いたもの。クララ・シュテルンは一九四八年にアメリカへの亡命中に亡くなった。これに関しては、以下を参照——Knott, *»Aus einer Totenpost«*.

（1） 結婚式前夜の習慣。親戚や友人が新婦の家のまえに集まり、食器等を投げて割って祝う騒ぎを指す。

52 ショーレムからアーレントへ

ヴィースバーデン、一九四九年九月二九日

［〈ヴィースバーデン、一九四九年九月二九日付のショーレム氏からの手紙の写し〉］

親愛なるハンナ様——

私はドイツを去る最後の日にこの手紙を書いています。そして、この機会を利用して、一九四九年九月八日付のあなたの親切な手紙のなかで指摘されているいくつかの点に答えておきます。その手紙が私に届いたのはプラハにおいてでしたが、プラハで私は、まだそこからなされねばならない書籍類の次の発送の手筈を整えようとしていたのです（チェコ政府の強奪者的な策略に直面して、発送にはなおしばらく時間がかかるでしょう。私たちはその策略に従うつもりはありません）[1]。

ベルリンに関しては、シュナミ[2]が昨日、私がそこで発見したものの写真を一枚、あなたに送付しました。あなたに知っていただくために、九月二六日付の、ラビのシュワルツシルト宛の私の手紙の写しを同封しています。少しの忍耐力と指導力を発揮すれば、ベルリンの状況に対処するのは何ら難しくないと思っています[3]。

コーエンの蔵書についてのあなたの決断に感謝します。

一一〇〇冊の稀覯本に関しては、エルサレムに届いた他のヘブライ語の稀覯本と同様に、エルサレムに発送する準備が整っていた、とお伝えしたく思います。ところが、軍政当局[4]が、彼ら自身の側の理由によって妨害し、発送を認めませんでした。近い将来、それらが自由に発送されることを願っていますし、委員会の決定に従っても、未所蔵の書籍に対する優先権をエルサレムが有していることは明らかだと思います。他方で、これらの書籍のとても多くが私たちによって要求されているものではなく、合衆国に向かってしまうことも、疑いの余地はあり得ないでしょう。いずれにせよ、この「コレクション」をどう扱うかについて、特別な規定のための事例は存在しません。私から控え目に見ても、この種のコレクションはまったく存在すべきではありませんでした。

西側地区での探偵的作業についてのあなたの問いに関して、私はこう思います。

(a) なされるべき仕事はとてもたくさんある。

(b) バーンスタイン氏[5]はこの種の仕事には不向きである。

(c) この仕事を行うためにはもっと学問的な素養のある人物が必要だろうが、そういう人物を見つけることはきわめて困難であるだろう（こういう使命のために私の大学が私を派遣してくれるかどうか、かなり疑わしく思います）。

(d) ドイツの図書館が報告に対して決して積極的でないことには疑いの余地がない。図書館はすべて、「《私の名前はハーゼです。私は何も知りません》(1)〔独〕」という、昔懐かしい流儀に徹している。ベルリンにいたときに、噂を耳にしていたきわめて疑わしい図書館に問いかけたが――図書館の関係者たちはみんな子どものように無邪気だった。

ローヴェンタールが休暇で出ていて、この問題について彼と話し合えなかったことが残念です。とはいえ、L（ローヴェンタール）はとても「《折り目正しい》〔独〕」人物ですが、秘匿されているものを見つけ出すのに必要な仕事は、かなり性質の異なったものです。それについてあなたに説明しなくてもよいでしょう。
バロンとあなた自身に、心からの挨拶を申し上げます。

追伸――一〇月一五日までの私の住所はチューリヒの住所となります。あす、私はパリに向かい一週間ほど滞在します。一〇月一五日以降の手紙はすべてエルサレム宛でお願いします。〉〔英〕

［SUL、ザーロ・バロン用箋。アーレントによる写し。タイプライター原稿。署名なし。一枚目の左上の隅に、「ザーロ・バロンへ」という手書きによるアーレントの注記］

1　ショーレムもその一人だったHU／JNULの特使たちは、奪われたユダヤ系の資産を取り戻す仕事に、戦後、集中的に取り組んだ。その時点で彼らが取り組んだ資産は、戦時中はナチによってボヘミアに、したがって一九四五年以降はチェコスロヴァキアの領土に、保管されていたものだった（第26書簡、注5を参照）。これらの資産が「元来の持ち主の国家」に返還されなかった場合、それらは、ボヘミアおよびモラヴィアのユダヤ人信徒共同体の評議会、ならびにプラハ・ユダヤ博物館の評議会に、受託管理されていた。ユダヤ人信徒共同体の評議会は、チェコスロヴァキアに由来するものでない限り、ユダヤ人の所有していた書籍をイスラエルに送ることに同意した。HU／JNULの代表たちは、テレージエンシュタット強制収容所に由来する一万六二一五冊の書籍、および北ボヘミアの城で発見された約四万五千冊の書籍を選んだ。彼らが「重複本」の引き渡しを申告したとき、チェコスロヴァキア当局の同意を得ることができたのである。箱詰めがなされたあとで、テレージエンシュタット強制収容所から書籍を運び出すために当局は一〇〇万クローネ弱を要求してきた。その後、北部の城からの認可された書籍とともに、テレージエンシュタット強制収容所に由来するとくに価値の高い書籍が、少しずつ密かに国外に運び出された。一九四八年から四九年にかけての戦争のため、これらの書籍がエルサレムに到着したのは、ようやく一九五〇年の初頭になってのことだった。

2　シュロモ・シュナミは、ヴィースバーデン倉庫におけるHUの代表だった。

3　ショーレムが引き合いに出しているのは、終戦とともに、市の東側管理区に設置されたベルリンの戦後信徒共同体のさまざまな部屋にあった、二、三千点にのぼる、書籍、草稿、アーカイヴ資料のことである。その際、対象となっていたのはどうやら、かつての信徒共同体の大きな蔵書の一部ではなく、ないしはほとんどその一部ではなく、そこに収蔵されていた他の資料だと思われる。ショーレムは一九四九年に、当時ベルリンでリベラルなラビとして活動していたシュワルツシルトと、これらの資料の引き渡しについて話し合った。その引き渡しに対して、JCRは、見返りとして、共同体生活に必要な書籍をベルリン信徒共同体が自由に使えるように提供することになっていた。ここで言及されている同封の手紙は現存していないが、ヨーロッパから帰還したあと、一九四九年一一月に、ショーレムはエルサレムからシュワルツシルトに宛ててこう書いていた。「ドイツを去るまえに、ヴィースバーデンから私はあなたに手紙を書いて、私とあなたのあいだで合意したとおりに、［ベルリン］信徒共同体の要求には配慮がなされるだろう、とお伝えしました。［…］したがって、合意のうち私たちが果たすべきことを私たちが実現するのを、あなたは目にされることでしょう。ですから、あなたがたもまたあなたがたの果たすべきことを行われることを期待しています［…］」（一九四九年一一月二九日付の、シュワルツシルト宛のショーレムの手紙、カーボン紙による写し――NLI, Arc 4°793/288）。

4　一九四五年から一九四九年にかけてのドイツに対する合衆国の軍政府。

5　モルデハイ・バーンスタインはYIVO（ユダヤ学研究所に対するイディッシュ語の略称）の委託を受けて、「図書探査者」として、とくにユダヤ人の信徒共同体のアーカイヴ資料を探索し、とりわけ一連の特別目録の作成にあたっていた。ドイツに滞在しているあいだ、彼はJCRのための調査の委託も受けていた。彼がイディッシュ語で書いた調査報告は、JCR内で英語で要約されて、保管されていた。

（1）決闘で相手を殺した学生の逃亡を幇助したとして取り調べを受けたハーゼという人物が「私の名前はハーゼです。私は何も知りません」と語ったことに基づく慣用表現。「私の名前はハーゼです」だけで用いられることが多い。

53　アーレントからショーレムへ

ニューヨーク、一九四九年一〇月一一日

［ユダヤ文化再興財団用箋］

一九四九年一〇月一一日

G・ショーレム博士
スイス、チューリヒ
リーギ通り五四
S・フルヴィッツ博士方

〈親愛なるショーレム様――〉

この手紙は、あなたの九月二九日付の手紙に対する公式の返答ではありません。

私が書くのは主として稀覯本のためで、あなたに次のことを知っていただきたく思います。マルクスとキーフはともに、分配において自分たちの要求が考慮されるべきだと強く確信しています。[1] キーフは、もしあなたがたがあなたがた自身の目録を調べれば、いわゆる稀覯本のうち、ヘブライ大学の図書館にないのは高々一〇パーセントだと分かるだろう、と言いました。それゆえ彼は、全一式がこちらへ発送されるべきであり、ヘブライ大学が受け取るべき蔵書は定期刊行物とともにこちらから向こうの人々に宛てて発送できる、と提案しました。[2]

またキーフは、彼の選んだ本〔ドイツ語のユダイカ〕が、あなたも覚えていらっしゃるように、ユダヤ宗教学院に創設することが決定されたドイツ・ユダヤ記念図書館のために、彼に譲渡されるべきだと主張しています。[3]

一つ提案をさせてください。あなたは、ヴィースバーデンにあるこれらの稀覯本のリストをお持ちでしょう。ですから、現にヘブライ大学が求めているのはどの本なのか、エルサレムで調べるのは、あなたには容易いことでしょう。その情報を私が得ればすぐにでも、私たちがこの問題について合意できると私は確信しています。

探偵仕事については、別の機会に書きます。私は、基本的にあなたが手助けしようとしてくださることを、とても満たされた思いで受けとめました。《総合文書館》〔独〕の案件がまもなく解決されるよう願っています。[4]

変わらず、
あなたのものである、
ハンナ。〔手書き〕
ハンナ・アーレント
事務局長〉〔英〕

〔NLI、JCRのアーカイヴ。原本。タイプライター原稿〕

1　ニューヨークのJTSの司書アレクサンダー・マルクスとJIRの司書アイザック・エドワード・キーフは、自分たちの図書館のためにヴィースバーデンの「〈稀覯本〉〔英〕」のストックから書籍を要求していた。

2　通常、イスラエルに指定された資産は直接、ヨーロッパで選別され、発送されていたが、その場合にも、定期刊行物はニューヨークのJCRの倉庫に保管され、そこからイスラエルに転送されることになっていた。

3　JCRの理事会は、一九四九年夏の決議で、ドイツ・ユダヤ人のための研究兼記念図書館の設立を支持していた。この図書館はニューヨークのJIRに付設されることになっており、その図書館のためにキーフはJCRの書籍資産からユダイカを要求していた。この記念図書館のアイデアをめぐっては議論があった。このアイデアは、一九四五年にアメリカ、パレスチナ、イギリスのドイツ・ユダヤ人移民の諸団体によって形成された連合〈ドイツ・ユダヤ人の権利および利益の保護を求める評議会（ＣＪＧ）〉〔英〕から出されたものであり、この評議会の議長であるレーオ・ベックによってこう理由が述べられていた。「〈アメリカ、イギリス、南アメリカで明確な構成員となっている旧ドイツ・ユダヤ人は、かつて自分たちの信徒共同体や機関に帰属していた文化財の分配を受け取るべきである〉〔英〕」。この要請は、「〈それらの歴史的な繋がりがなお存在していること、そしてその繋がりとともに深く感じられている自らの遺産への意識が存在すること〉〔英〕」を強調している（一九四九年四月一二日付、ベックのバロン宛書簡の写し――NLI. Arc 4°793/288）。この計画に対して、とりわけ異議を唱えたのがゲルショム・ショーレムだった。「〈ＪＣＲは、主にこの財団の資産を核として利用することを意図して、事実上、第二次世界大戦後にはじめて設立された諸機関に多くの書籍を分配することを推奨すべきでしょうか？ […]さらに言えば、ドイツ系《移民》〔仏〕の学術団体はあまりに暫定的な性格のもので、継続的な発展をわれわれに保証できるかどうか、議論の余地があります〉〔英〕」（一九四九年五月三一日付、ショーレムのバロン宛書簡の写し――NLI. Arc 4°793/288）。――さらに、ＪＩＲと記念図書館の主導者とのあいだで、後者が新たな施設の独立性を大きく求めたことから、困難が加わった。図書館は設立されず、ＣＪＧは一九五五年にレーオ・ベック研究所を設立した。

4 「ドイツ・ユダヤ人総合文書館」は、ユダヤ人信徒共同体のアーカイヴ資料を体系的かつ学術的な基準に従って収集し、保管し、活用するために、一九〇五年に「ブネイ・ブリット独立団」（「ブネイ・ブリット」はヘブライ語で「同盟の息子たち」）および「ドイツ・イスラエルの民・信徒共同体連盟」によって設立された。総合文書館は、預託契約という枠組で文書館に譲渡された、現時点で利用の必要のないドイツ信徒共同体の文書および記録（出生および死亡登録簿、議事録、信徒共同体刊行物など）と並んで、ユダヤ人組織や団体のアーカイヴ資料、個人の遺品、ドイツ・ユダヤ人の歴史に関するその他の資料も受け取った。一九一〇年以降、総合文書館は、オラニエンブルク通りのベルリン信徒共同体の本部内の中央図書館に併設されていた。一九三三年以降、総合文書館は個人の出生に関する情報をナチ党員に提供しなければならなかった。一九三八年の一一月ポグロムののち、総合文書館の各部屋は差し押さえられた。「帝国民族局」（当初は「民族研究のための帝国局」）は、そこに一つの事業所、「ユダヤ人戸籍に関する中央局」を設立した。「総合文書館」のユダヤ人職員は当局を補佐しなければならず、「国内ユダヤ人」に関わる事柄、すなわち、身分証明書、移住許可証、各種証明書などの発行を担当した。一九四三年に、ついに指導者ヤーコプ・ヤーコプゾンがテレージエンシュタットに移送されると、総合文書館は最終的に解体された。総合文書館の「戸籍資料」は「歴史的」資料から切り離され、マイクロフィルム化され、その原本は破棄されたと見なされている。「歴史的資料」はさらに、大部分がプロイセン機密国家文書館に移管され、戦時中には疎開させられ、戦後、ソ連の部隊によってメルゼブルクへと移された。そこで、後の東ドイツ中央国家文書館である、ポツダムのドイツ中央文書館の管理下に置かれた。そのほかに、終戦時においてもなお、総合文書館の資料がオラニエンブルク通りのいくつかの部屋に残存していた（本書「関連資料」の「調査報告16」、四四四頁以下を参照）。

「総合文書館の案件」とは、メルゼブルクの倉庫にある総合文書館のアーカイヴ資料の一部を将来的な研究のために、イスラエルへ移管しようとするイスラエルの試みを示している。そのために、ベルリンのユダヤ人信徒共同体は、さしあたりこの資産の獲得に尽力することになっていた。この戦後共同体の取り組みに対するショーレムの評価について、ヴィースバーデン倉庫のHUの代表者は、少しまえにアーレントにこう報告した。「I　総合文書館のアーカイヴ資料について。〈ショーレム博士の考えでは、それを得るためにベルリン信徒共同体は何も効果的なことを行ってきませんでした。［…］関係者が誰でもそう思うように、ショーレム博士もまた、もし適切な手続きが踏まれるなら、信徒共同体は総合文書館のアーカイヴ資料を獲得するだろう、との見解を抱いています〉〔英〕」（一九四九年九月二八日付、シュナミのアーレント宛書簡の写し——NLI, Arc 4° 793/288）。

54　ショーレムからアーレントへ

エルサレム、一九四九年一〇月二三日

［電報］

一九四九／一〇／二三

NLT〔夜間通信電報〕

ニューヨーク　ブロードウェイ

一八四一　JCR〔ユダヤ文化再興財団〕

〈帰還しエルサレムにヴィースバーデン稀観本リストの写しのないこと判明すぐ写しか写真版送られたし〔。〕エルサレムにない本への優先権を大学は主張せねばならず〔。〕この必須の部分に関し異なる手続きの理由なしよろしく〉〔英〕

ショーレム

［NLI、JCRのアーカイヴ。カーボン紙による写し。紙の左上に赤い色鉛筆で「ニューヨーク／ユダヤ文化再興」の書き込み］

《贈り物》〔独〕に厚くお礼を申し上げます。[1]
あなたがたお二人に心からのご挨拶を、

あなたの、
ハンナ〔手書き〕
ハンナ・アーレント
事務局長〉〔英〕

［NLI、JCRのアーカイヴ。原本。タイプライター原稿］

［同封物］

一九四九年一〇月二四日

C・ヴォルマン博士
ヘブライ大学
パレスチナ、エルサレム

〈親愛なるヴォルマン博士――

私がまだお返事をいただいていない、九月一九日付の手紙のことを思い出していただけますか？

私は本日、ショーレム博士から電報を受け取りました。彼は、最近JCRに譲渡され、まだヴィースバーデンに置かれている稀覯本のリストをヘブライ大学は受け取っていないと知らせてきました。私はヴィースバーデンに宛てて、

55 アーレントからショーレムへ
ニューヨーク、一九四九年一〇月二四日
ユダヤ文化再興財団用箋］

一九四九年一〇月二四日

G・ショーレム博士
ヘブライ大学
パレスチナ、エルサレム

〈親愛なるショーレム様――

あなたの電報を受け取りました。ヘブライ大学図書館の優先権については、これまでに何の変化も考えられていません。一〇月一一日付の手紙であなたに書きましたように、ヘブライ大学が所有していないのは、これらの「稀覯」本のごく一部だと、こちらでは感じられました。

とはいえ、シュナミ博士がヘブライ大学にこのリストの写しを送らなかったことに失望しています。同封のヴォルマン博士に宛てた私の手紙の写しからお分かりのように、私はローヴェンタール博士に、すぐにあなたに写しを送ってくださるようお願いしました。私はまた、写しが残っていなければ、私たちに電報するようお願いしました。

あなたにリストの写しを送るよう、電報を打ちました。それらの本のうちヘブライ大学に欠けていて、あなたがたが求められているものを、そちらの都合がつき次第、私にお知らせいただければありがたく存じます。

なお、私はローヴェンタール博士に、ブレスラウ・コレクションの残存物から見つかった定期刊行物のリストの写しを、あなたがたに送るようお願いしました。もし、それらの刊行物の大部分を、あなたがたかイスラエルの他の図書館が求めるのであれば、ブレスラウのすべての定期刊行物を直接、イスラエルに送るよう提言したいと思います。

このことであなたがたがニューヨークの倉庫から受け取る定期刊行物は少なくなり、私たちは輸送に掛かる経費を節約できることになるでしょう。どうか誤解しないでいただきたいのですが、あなたがたがすでに受け取られた刊行物だけは、ニューヨークから送ることができなかったものなのです。

心からのご挨拶を、

ハンナ・アーレント

ハンナ・アーレント

事務局長

〈ショーレム博士への写し〉〔英〕

［NLI、JCRのアーカイヴ。カーボン紙による写し。タイプライター原稿］

1　確認できなかった。考えられるとすれば、一〇月一四日のアーレントの誕生日に対する贈り物のことかもしれない。

56

アーレントからショーレムへ

ニューヨーク、一九四九年一一月七日

［ユダヤ文化再興財団用箋］

一九四九年一一月七日

G・ショーレム博士

ヘブライ大学

パレスチナ、エルサレム

〈親愛なるショーレム様――

同封しているのは、ブレスラウ・コレクションについての、シュナミへ宛てた私の手紙の写しです。[1] 私はたったいま、電話をとおして読み上げられる形で、あなたのバロン宛ての手紙を知りました。私はまだバロンと話していませんが、あなたに最初の感想をお伝えします。

シュナミはドイツ・ユダヤ人機関のコレクションに関する決定を誤解しました。[2] あなたは理事会会議の議事録をこの間に受け取っておられることと思います。「ヴィースバーデンから適切な情報が届いたのち、それぞれのコレクションの送り先は個別に考えられるべきである」ということだけが決められました。[3] たとえば、もし私たちがいまシュナミの提案に従うなら、[4] ブレスラウ・コレクションのおよそ二五パーセントがヘブライ大学を含むイスラエルへ向かうことになり、以前の合言葉だった四〇パーセントではありません。言い換えれば、それぞれのコレクションの送り先ないし到達場所は個別に検討される、ということです。

ヘブライ大学がブレスラウ・コレクションの蔵書に関心を持っていることを、シュナミが私に伝え損ねたのはいくぶん不運なことです。ヘブライ大学はそうした蔵書のどれも要求しないだろうと、私は思い込んでいました。さらに、そうしたすべての要求に関しては、一方ではヘブライ大学の、他方ではイスラエルの諸機関での分割を、私は必要とするでしょう。

ブレスラウの一式を完全な状態でスイスに送るという決定については、あなたが一〇〇パーセント正しいと私は考えていると、お伝えしなければなりません。ここでの私たちの困難は、「ドイツ・ユダヤ人の権利および利益の保護を求める評議会」の代表者たちが、次の事実と折り合うことがいくぶん難しいことです。それは、私たちが取り扱っているのは残された蔵書にすぎず、それらは以前のコレクションを反映したものではなく、有機的な統一体を形成してはいない、ということです。[5] もちろん、キルヒハイムやヘルマン・コーエンのコレクションに関してこれは当てはまりません。[6]

しかしながら、この結びつきに関して、私はあなたに、さらにまた別の要因に気づいていただきたいのです。ドイツ・ユダヤ人機関のコレクションは、オッフェンバッハの資料とは異なって、法律第五九号の下でJRSO〔ユダヤ人返還継承機関〕によって要求されてきました。[7] また、JRSOはそれら書籍の分配に、直接JCR〔ユダヤ文化再興財団〕に委ねられた他の書籍についてよりも、遥かに強い関心を持ちそうです。私はまだこの新しい影響がどのような効果を与えるのか分かりませんが、しかし私は、ドイツ・ユダヤ人の過去と現在の信徒共同体に関する問題を、JRSOも抱えていることをよく知っています。[8]

この手紙で問題の片が付くことを願っています。私は来る数日間、理事たちからブレスラウ・コレクションについての票を集めてまわるつもりです。「ドイツ・ユダヤ人の権利および利益の保護を求める評議会」を除いて、面倒事はないだろうと考えています。[9]

あなたの、
ハンナ。〔手書き〕
ハンナ・アーレント
事務局長〉〔英〉

〔NLI、JCRのアーカイヴ。原本。タイプライター原稿〕

〔同封物〕

〈S・シュナミ様
M・G・クラブ
ドイツ、ヴィースバーデン
アレクサンドラ通り六—八

電話：回転式　五—七八二六

ユダヤ文化再興財団
ニューヨーク州ニューヨーク市二三、ブロードウェイ一八四一

財団職員

一九四九年一一月七日

S・シュナミ様
M・G・クラブ
ドイツ、ヴィースバーデン
アレクサンドラ通り六—八

親愛なるシュナミ様——

ブレスラウ・コレクションについての、一一月二日付のあなたの手紙についてお伝えします。私の意見を確かにしてくれるものでしたので、あなたの手紙をとてもうれしく思いました。あなたとショーレム博士のご参考のために、お伝えします。ドイツ・ユダヤ人の権利および利益の保護を求める評議会の代表マックス・グリューネヴァルト博士は、理事会会議のあいだ、ブレスラウ・コレクションを完全なままに留めるよう要求しました。そしてまた、あなたが容易に想像できるまったくのイデオロギー的な理由から、それらはスイスに置かれるべきだと望みました。これはブレスラウ神学校のコレクションではなくその残存物であること、コレクションを完全な状態に留めておくのはそれほ

ど理にかなったことではないことを、私たちが繰り返し強調しても無駄でした。

私はいま理事会の提案を諮問委員会に差し戻しました。また、私はまだすべての投票用紙を受け取っていませんが、コレクションを完全なままにしておくことに反対する投票を行った人はかなりの数にのぼる、とお伝えできます。

この決定が、スイスの信徒共同体図書館から私たちが受けとった要求とは無関係に下されたという事実にも注目していただきたく思います。バロン教授も私も、ブレスラウ・コレクションの分配がそういった特定の要求に相応しくないだろうということを、よく心得ていました。

ブレスラウ・コレクションの分類とともに、イスラエルから要求されている書籍のリストを送ってくださらなかったことを、残念に思います。それは問題を単純にしてくれたことでしょう。

私はいま、諮問委員会の目をあなたの提案に向けさせようとしており、この方法で理事会から再考を引き出すことができると期待しています。

また、一〇月三一日の手紙と、同封されていた目録のリスト、ありがとうございました。

ハンブルクのアーカイヴ資料についての一一月八日付の手紙と、稀覯本、定期刊行の雑誌、ヘルマン・コーエン・コレクションについての一一月二日付の手紙にも、感謝いたします。

私たちは、どうしてまだ稀覯本の所有権を持っていないのでしょう？ このことについて何らかの情報をお教えいただければ幸いです。

あなたに忠実な
ハンナ・アーレント
事務局長

〈ショーレムのための写し〉〔英〕

〔NLI、JCRのアーカイヴ。カーボン紙による写し。タイプライター原稿〕

1 ヴィースバーデン倉庫におけるHUの代表シュロモ・シュナミは、一一月二日付の手紙で、ブレスラウ・ユダヤ神学校の蔵書の、倉庫に現存している残りを、JCRの理事会で議論されているような形で、ひとまとまりのものとしてスイスへ引き渡すべきである、という主張に異議を唱えた。彼は、そうではなくて、イスラエルのためにブレスラウの書籍の一部を要求し、「〈ブレスラウ・コレクション／イスラエルから要請されている書籍目録〉〔英〕」というリストを添えた。彼はこう理由を挙げている。「〈小規模で学究的ではないイェシヴァーを除けば）高等教育機関を持たない、約二万人のスイスのユダヤ人にとって、ユダヤ世界でもっとも学術的な研究用の蔵書の一つを表わすこのコレクションは、「《宝の持ち腐れ》〔仏〕」を意味するでしょう。彼らがそれらを扱うことができるのでしょうか〉〔英〕」（一九四九年一一月二日付のシュナミのアーレント宛書簡――NLI. Arc 4°1599, Arendt Corr.）。

2　アーレントがここで言及しているのは、一九四九年一〇月三〇日付の、ショーレムがJCRの代表バロンに宛てた手紙の一節である。ショーレムは、彼に宛てられたシュナミの電報から、こう推測した。ブレスラウのユダヤ神学校の蔵書をスイスのユダヤ人信徒共同体に送るという計画は、今後、ドイツ・ユダヤ人機関（ちょうど一九四九年の秋からJCRの管轄下にあった）のすべての書籍を、概して、完結したひとまとまりのものとして分配するという根本的な意図と結びついている、と。それに対してショーレムは、これまでのやり方に従い、定められた優先規則に則って、必要に応じて書籍の分配を行うことを求めた（一九四九年一〇月三〇日付のショーレムのバロン宛書簡――NLI. Arc 4°793/288）。

3　一九四九年一〇月一七日の理事会の議事録では、ドイツ・ユダヤ人の諸機関の資料に関しては、以前オッフェンバッハで持ち主不明の約二五万冊の本を取り扱うなかで形成された、以前の分配基準に必ずしも従う必要はない、ということが定められている。むしろ、それらの書籍に対しては、新たな基準が考慮されねばならなかった。JCRの会議の議事録にはこう書かれている。「〈以下のことが決定された。すなわち、現在、分配されつつあるドイツ・ユダヤ人の諸機関への資料の割り当ては、オッフェンバッハ倉庫の二五万冊が分配された際の規則、すなわち、四〇パーセントはそれぞれイスラエルと西半球に、残りはほかの国々に、という規則にはそのまま従うべきではなく、ヴィースバーデンから適切な情報が届いた後、それぞれのコレクションの送り先は個別に考えられるべきである〉〔英〕」（一九四九年一〇月一七日の理事会の議事録――NLI. Arc 4°793, 288）。

4　「〈ブレスラウ・コレクション／イスラエルから要請されている書籍目録〉〔英〕」（この書簡の注1を参照）というシュナミのリストも、アーレントによれば、それまで行われてきた分配基準に従っていなかった。

5　一九四九年一〇月一七日のJCR理事会の議事録によれば、CJGのマックス・グリューネヴァルトは、蔵書の統一性を維持するという目的で、ブレスラウ神学校の残存する蔵書をスイスに与える提案をした。

6　アーレントはここで、バロン宛てのショーレムの手紙（一九四九年一〇月三〇日付）における、ブレスラウ神学校の研究蔵書から救出された書籍の一部は以前の分割のやり方に対する例外を正当化するものではない、というショーレムの主張を支持している。エルサレムに一括して送られることになったヘルマン・コーエンの再発見された蔵書の内容がまとまりを持っていて、そのようなものとして保存されるべきであるのに対して、ショーレムによれば、再発見されたブレスラウのコレクションは、もともとの蔵書のたった五分の一しか含んでいなかった。——ナチス体制によって略奪される以前にフランクフルトのイスラエル信徒共同体の神学校および信徒共同体の蔵書に組み込まれていた、在野の研究者ラファエル・(ジーモン・)キルヒハイムの蔵書から、いくつかの部分がJCRの保護下に入っていた。厳密にどの部分が問題になっていたのか、それがどのような根拠でJNULに指定されたのかは不明である。オッフェンバッハ倉庫に集められた、その蔵書票のあるすべての書籍は、一九五〇年の初頭にイスラエルへ運ばれたようである。

7　ドイツの信徒共同体および機関のコレクションから救出された品々は、出所が特定可能な資産であり、そのため、軍政府法の第五九号、アメリカ占領地区の返済法に基づいて、継承組織として認められたJRSOによって要求されていた(第51書簡、注8を参照)。

8　まだ一九四九年秋にはJCRはオッフェンバッハ倉庫の「〈機関コレクション〉〔英〕」に対する正当な処分権を有していたが、かつてのドイツ・ユダヤ人の信徒共同体および機関の資産に関しては、当時、法的な不明瞭さが存在していた。ドイツの戦後のユダヤ人信徒共同体のいくつかが、以前のユダヤ人の信徒共同体および機関の相続人と自らを見なし、返還法に基づいて、JRSOと競合する主張を掲げていたからである。アーレントは、数日後に彼女がJRSOの代表者と交わした会話について、内部報告した。「〈JRSOは、現在のユダヤ人信徒共同体を、ドイツ・ユダヤ人の信徒共同体および機関によって所持されていた資産の法的な相続人として、認めていない〉〔英〕」。さらに、こう述べられている。「〈JRSOは、もちろん、ぜひとも訴訟を免れたいと考えている。ドイツのユダヤ人信徒共同体に関しては、JRSOは、共同体が必要としているものを与え、使用権[1]に基づいて、不動産やその他の資産を彼らに委ねようとしている〉〔英〕」(一九四九年一一月一二日付、ハンナ・アーレントからザーロ・バロンとジェローム・マイケル宛の覚書——CAHJP JRSO files 923b)。——五〇年代半ばまで続いたこうした対立の大半は、JRSOと戦後信徒共同体のあいだでの裁判外の合意によって解決された。

9　一九四九年一一月二五日、アーレントは、理事会および諮問委員会に、ブレスラウ・コレクションの一部に関わるHUの要求について、郵便を通じた投票によって評決することを促した(一九五〇年四月一二日の理事会の議事録——NLI. Arc 4. 493/288)。

(1)　「使用権」は、他人の物件に変更を加えたり、損害を与えたりしないことを条件に、当の物件を使用する権利。「用益権」と呼ばれることもある。

［**57** ショーレムからアーレントへ
エルサレム、一九四九年一一月一〇日］

四九年一一月一〇日

ハンナ・アーレント博士、事務局長
ユダヤ文化再興財団
ニューヨーク州、ニューヨーク市

〈親愛なるアーレント博士、

一〇月一七日の理事会会議の議事録を受け取りましたが、第三節「分配の問題」、とくにその部分の第一段落と第三段落にとても不安を感じています。[1]

指摘しておきたいのは、ヘブライ大学は諮問委員会に代表を出していないが、私たちは明らかに公的な利害を代表している、ということです。その利害は、私たちに相談することなく決定することはできないでしょうし、決定してはならないものです。[2]一九四九年一月になされた決定および優先権に真っ向から矛盾する方向での諮問委員会の決定を、私たちは受け入れることができません。

大学は、あの決定によって認められた一定の優先権を行使しなければなりません。確かに、どこかの機関のコレクションの一つか二つが他の場所に配分されることになら、私たちは同意するかもしれません――それは公平というしかないでしょう――が、それが倉庫にいるシュナミ氏に相談することなしになされてよいとは思いません。

私が自分で吟味した、ブレスラウ・コレクションに関して言うと、あれは間違いなく、私たちが関心を寄せているコレクションで、キルヒハイム・コレクションおよびベルリンの信徒共同体の書籍と同様です。[3]したがって、私は理事会に、この問題について再考していただくこと、以前に承認された優先権を大学に認めていただくことを、要求いたします。

大学の学問的な仕事にとって特別な価値を持ったまさしくあれらの資料が、もしも事前に私たちに相談することなく行く先を決定されるようなことがあれば、この上なく不幸なことです。あれらの蔵書には、これまで持ち主不明として分配されてきた代物には期待することができなかった多くの書籍が含まれています。基本的に非ユダヤ的資料を含んでいるヘルマン・コーエンの蔵書は、例外でした。あの蔵書について審議されていたときには、他の蔵書はすでに認められていた優先権の規則に従って分配されることが明言されていました。

この問題にすべての関係者が注意を払うようにしていただければと思います。

それではよろしく、あなたの忠実な、

G・ショーレム、V・P〔副代表〕

ユダヤ文化再興財団〉〔英〕

［NLI、JCRのアーカイヴ。カーボン紙による写し。タイプライター原稿］

1　ショーレムはおそらく一九四九年一一月七日付のアーレントの手紙をまだ受け取っておらず、ここでもう一度、ヴィースバーデンの倉庫にあった、ブレスラウ・ユダヤ神学校の蔵書を丸ごとスイスに与えるという提案に反対して議論している。

2　ブレスラウ神学校の蔵書の分配について審議することになっていたJCRの諮問委員会は、もっぱらアメリカ合衆国のユダヤ機関の代表からなっていた。

3　ラファエル・キルヒハイムのコレクションについては第56書簡、注6を参照。一九〇二年に開設されたベルリンのユダヤ人信徒共同体の図書館に由来する、約六万四千冊におよぶ蔵書、五六二点の手稿――ショーレムが彼の「幸福な教養」の「多く」を負っているもの（『ベルリンからエルサレムへ』三九頁）――の大部分は、一九三九年の略奪のあと、RSHAの図書室に運ばれた。一九四五年以降、約七千冊の書籍および雑誌がJCRの監督下に置かれた。

58　ショーレムからアーレントへ

［エルサレム、日付なし
電報］

JCR
ニューヨーク　ブロードウェイ　一九四一

〈一一月七日付のあなたのお知らせに深謝　提案の方向は私たちを満足させるもの　のちに手紙を送付〉〔英〕

ゲアハルト・ショーレム

［NLI、JCRのアーカイヴ。カーボン紙による写し。左上に赤の色鉛筆で「ニューヨーク・ユダヤ文化再興財団」。ヘブライ語で「大学をつうじて送られた」の注記］

59　ショーレムからアーレントへ

［エルサレム、一九四九年一一月一六日］

一九四九年一一月一六日

ハンナ・アーレント博士、事務局長

ユダヤ文化再興財団
ニューヨーク州、ニューヨーク市二三
ブロードウェイ一八四一

〈親愛なるハンナ様、

一一月七日付のあなたの手紙が二日前に届きました。そして、あなたのお知らせとあなたの個人としての考えを知って、とてもうれしく思ったことをお伝えしたく思います。あなたの意見は、私の精神状態において可能な限り、私を安心させるものです。本日私は電報でこう送っています。

「一一月七日付のあなたのお知らせに深謝　提案の方向は私たちを満足させるもの　のちに手紙を送付」

これはもちろん、あなたが手紙のなかで取られている方向に従って事態が進むならば、私が一〇日前のあなたへの公的な手紙で考えていたような他の方法を取る理由はもはや存在しない、ということも意味しています。比較的重要なコレクションがどれ一つとして私たちに相談することなく他の場所へ移管されることはないものと理解しています。このことは、きわめて望ましい資料、ときには絶対に必要な資料を一定量含んでいる、ベルリン、ブレスラウ、キルヒハイムにとくにあてはまります。シュナミはこれについて具体的な提案をするでしょうし、あなたがその提案を支持する準備があることを知って、私はとてもうれしく思います。私たちの最後のいくつかの手紙から、私たちの要求が決して理不尽なものでないこと、そして、私たちが不可欠としているもののリストはかなり限定したものであって、とくに稀覯本のコレクションが私たちの注目を集めていることを、理解してくださったと思います。[1] あなたがたの考えは、コレクションの全体ではないにしろ、少なくともある特別なテーマに関するすべての資料を一つの場所に配分することである、とシュナミは理解しています。それが彼をとても不安にさせています。いくつかの部門では、イスラエルに行くべき一定量の資料が散乱した状態にあるからです。この点が考慮されるべきだと私は思います。

ブレスラウと他のコレクションに関する限り、ヘブライ大学と他のイスラエルの機関のあいだでの分割をあなたが必要としているという意見について、私が言うことができるのは、確かに私たちはあなたの要求を受け入れることができるが、シュナミによって選ばれた書籍の全リストを見ないうちには、あるいは、そのようなリストが存在しないなら、書籍それ自体を見ないうちには、私たちの側からリストを提示することは不可能である、ということだけです。定期刊行物の場合は例外で容易な例でした。なぜなら、私たちはリストを手にしていて、それが私たちの行動を促し

させるのが、効果的かもしれません。おそらくあなたは、あなたの側からこの問題を扱う穏便な方法をご存知でしょう。次の会議のまえにサルペーター氏に電話するのがよいかもしれません。[2]

一一月か一二月にあなたが計画されていたドイツへの旅はどうなっていますか？　延期されるのですか？　そんなに高くつかないで、それでいて、そこに確かに存在している隠された宝物を効果的に掘り出せるメカニズムをドイツで組みあげるのは、とても難しいだろうと思います。おそらく、このテーマに関してはあなたに考えがあれば、私に教えてくださることでしょう。

ブレヒトの特集号を楽しまれたことと思います。[3] 私は自分の持っている雑誌を見る時間がこれまでありませんでした。二五〇巻もの書物が私の注意を求めてわめきちらし、悪魔と深い海のあいだで、[4] 私はまさしく何もできないでいます。

変わらず
あなたのものである〉〔英〕
G・ショーレム

たからです。

ブレスラウの一式をスイスに送るという奇妙な考えは、しかるべき仕方できちんとお払い箱にしていただきたく思います。

書籍の分配におけるＪＲＳＯ〔ユダヤ人返還継承機関〕の関心との関係でのあなたの心配を、私はあなたと共有していません。彼らとのあいだでやっかいなことは生じないと私は考えています。ドイツ・ユダヤ人の信徒共同体の記念碑の構想に関しては、あなたもご存知のとおり、その種のものをラビのキーフの責任のもとで、ユダヤ宗教学院に建立することが決定されました。そして、現在のドイツ・ユダヤ人の信徒共同体のための書籍に関しては、実際上問題は存在しないでしょう。というのも、彼らが求めている書籍は、どこかの学問的な研究所が興味を持つカテゴリーには属していないからです。

ここだけの話ですが、一〇月一七日の理事会会議にヘブライ大学の代表が欠席であったのを知って、私はいささか驚きました。私たちの利害のことも考慮すべきだという丁重な暗示を彼らに与えることが可能だと、あなたは思われますか――私たちの側から私はそういうことをしましたが、ヘブライ大学の代表が出席していない《欠席裁判》〔仏〕で物事は決定されてしまうかもしれない、ということを思い出

同送――理事長
アラン氏

ヴォルマン博士

［NLI、JCRのアーカイヴ。カーボン紙による写し。タイプライター原稿］

1　ヴィースバーデンの倉庫のJCRの指導者の報告には、JCRに委ねられていた「〈稀覯本〉〔英〕」のうち一八三冊がエルサレムへ、四三七冊がニューヨークへ送られたとある（ローヴェンタール「調査報告11」――ZfA. Am Fed 14/52）。

2　ハイ・サルペーターは、「〈ヘブライ大学のアメリカン・フレンズ〉〔英〕」の実務担当の副代表として、一九四九年一月からJCRの理事会におけるヘブライ大学代表だった。

3　『ジン・ウント・フォルム』のブレヒト特別号（第51書簡、注12を参照）。

4　この表現はドイツ語の「板挟み状態」に対応している。

［**60** ショーレムからアーレントへ
エルサレム、一九四九年一一月二〇日］

一九四九年一一月二〇日

親愛なるハンナ様、

同封の形で、本日、私がヴァルター・ベンヤミンの件でシュテルンベルガー氏に手書きで書いた手紙の写しをあなたに送ります。[1] 私に問い合わせるよう彼に指示したのはあなたであり、しかも、私たちの対話のなかでこの問題について私の記憶のなかからあなたに語ったことを完全に意識されたうえでのこと、と私は理解しています。この間に、シュテルンベルガーの本に対する〔ベンヤミンの〕批判、それに、彼がST〔シュテルンベルガー〕の本それ自体を「厚かましい剽窃の試み」と特徴づけている手紙を見つけました。[2] 彼は勘違いしていたのでしょうか、そうではないのでしょうか？　STが彼の『ノイエ・ルントシャウ』に掲載するベンヤミンの著作を選ぶうえで私に助言や援助を求めてきたり、文章によるW・B〔ヴァルター・ベンヤミン〕の肖像を描いてほしいなどとさえ求めてきたりしても、同封の手紙において答えた仕方でしか私にはまったく答えようがないことを、あなたは疑いの余地なく分かっておられたことでしょう。こういうとてもデリケートな問題で私が最大限の慇懃な態度を取った証拠を、あなたは見て取られることでしょう。手紙の写しをあなたに送るとは彼に伝えてはいませんが、事態がどうなっているか、知っておいていただきたく思います。あなたはこの間に『パノラマ』という本を読まれましたか？

追記――W・Bの死についてのグルラントさんの書きつけ〔一九四〇年一〇月一一日〕をもう一度読んでみました。そこからは、少なくとも自殺のまえに、ヴィーゼングルント〔アドルノ〕に有利なような、いかなる遺言的な指示も彼は残さなかった、ということが明瞭にうかがえます。残されたのはたった五行で、そのなかで彼は彼女に、自分のことをアドルノと息子に伝えることだけを願っていました。[3] ですから、もしもW〔ヴァルター・ベンヤミン〕が途中でヴィーゼングルントのために法的な拘束力のある形で何かを残していたとすれば、それはずっと以前に起こったことに違いないでしょう。そういったことを何か覚えていらっしゃいますか?[4]

きょうはここまでとします。心からの挨拶をこめて

あなたのゲアハルト・ショーレム

〔LoC、アーレントの遺品。原本。手書き原稿〕

〔同封物〕

写し　ハンナ・アーレント

G・ショーレム
エルサレム
アバルバネル通り二八

一九四九年一一月二〇日

敬愛するシュテルンベルガー博士

一九四九年一一月一〇日付のあなたの手紙を昨日、拝受しました。それで、お問い合わせにお答えいたします。ヴァルター・ベンヤミンの息子の住所は以下のとおりです。シュテファン・ベンヤミン、ロンドンW二、レンスター・スクエア一六三。

あなたの他の問い合わせは私をある種の当惑に追いやるものであって、その当惑には、率直に話し合うことによって以外に、私にはうまく対処しようがないものです。あなたの特別な問い合わせと依頼から生じる差し迫った理由なしには、こんなことを私があなたにお伝えしないことを、どうかはっきりと理解しようとしてください。私はあなたについて個人的にはきわめて一般的な印象しか抱いていません。そして、それ以上のこととしては、あなたが一九三三年以前からお知り合いだったハンナ・アーレントのような人物たちから、あなたについてよいことをうかがってきました。ですから、あなたを傷つける意図はまったくありませんし、結局のところあなたが説明することのできる一

つの誤解が問題である可能性を私は考慮しなければならないのですから、なおさらです。

問題は以下の事柄です。ヴァルター・ベンヤミンの原稿と私宛の彼の手紙のなかに、一九三八年に出版されたあなたの本『パノラマ』についての、怒り心頭に発した意見が書かれています。一九三九年初頭のものです。一九三九年の初頭にヴァルター・ベンヤミンはあなたの本についての、掲載を予定されていた（そして、おそらくは当時掲載されもした？）論考の写しを私に送ってきました。その尋常ではない辛辣な批評は、あなたの本を読んではいない私には検証することができない事柄に関して、あなたに非難を浴びせています。彼は（七ページにわたって）あなたのテーゼと見解のいくつかを分析し、それらのうちに、少なくとも部分的にあなたが彼の著作に負っている知見の継承ないし借用を、見て取っています。ただし同時に彼は、あなたがそれらの知見を順応主義的なものへと歪曲していることも非難しており、あなたがその考えの由来の痕跡をうまく消し去ったことに対しても、同じく辛辣に異議申し立てをしています。その際、彼がとくに強く念頭に置いていたのは、「ドイツ悲劇の根源」についての彼の本のなかの、アレゴリーのまったく新しい解釈だったに違いありません。というのも、彼はアレゴリーについてのあなたの記述にとくに辛辣な考察を向けているからです。私宛の手紙のなかでは、いまはじめてもう一度読み返したのですが、もっと辛辣な意見を述べています。とはいえ、時代状況とヒトラーのもとでのあのような本の執筆が、精神的な所有権にいつもことさら敏感であったヴァルター・ベンヤミンをして、あなたの態度に関する判断を不適切な方向へと歪めさせた、ということがあり得るかもしれません。他方で、ハンナ・アーレントからだったか、二カ月前にドイツに滞在した折のことだったのかもう覚えていないのですが、あなたがあなたの著作を今度新たに出版されたと聞きました。そこで知りたいのですが、その機会に、それとも何か他の機会に、ヴァルター・ベンヤミンの著作に対するあなたの関係、あるいはあなたが彼に負っているものについて、公的に説明されたでしょうか――もしもベンヤミンの根本的な主張が決して間違っておらず、彼があなたに（ひょっとすると不当にも？）罪を帰している、B〔ベンヤミン〕の思想や他の何人かの思想の借用をあなたが行っていなかったのだとすれば。なぜ私がこのような事柄をまさしくあなたの問い合わせとの関連で持ち出すのか、あなたはただちに理解されることでしょう。あなたの問い合わせから窺われるのは、何と言っても、私にとって最高の価値を持つヴァルター・ベンヤミンの思想遺産と著作を世に広める準備を、あなたがなさっているということなのですから。そして、そのことは私を喜ばせもすれば、心の琴線にふれることでもありますので、ベンヤミンのために尽力している一九四九年のシュテルンベルガーとベンヤミンによって非難された一九三八年のシュテルンベルガーのぶつかり合いを私は回避することができません。あなたにこのやっかいな事態をお伝えしなければ、私はあなたに対して誠実に振る舞ったことにはならないでしょう。一九三八年のあなたの本におけるあなたの態度を、人々が振り返って、違った具合に判断し得ること、当時W・B〔ヴァルター・ベンヤミン〕が取ったのとはひょっとすると正反対の形でさえ判断し得るということも、十分私は想像することができます。しかし、あなたが当時W・Bの思想遺産に対してどういう態度を取られていたのか、それとも少なくともとりわけヒトラーのあとでそれについてどのように公的に説明されてきたのか、という問いを、私は抑えることができません。ベンヤミンの名前と追憶を彼にふさわしい位置に置こうとするあなたが計画されている試みに際して、私の助言と最良の知見であなたを支えることを可能にしてくれるような回答を、あなたから得ることができれば、幸いに存じます。そのような希望をもってあなたにご挨拶いたします

あなたの忠実なる

〔署名〕ゲアハルト・ショーレム。

〔NLI、ショーレムの遺品。写し。タイプライター原稿〕

1　一九四九年一一月一〇日付の手紙で、シュテルンベルガーはショーレムに『ヴァンドルング』から『ノイエ・ルントシャウ』に移ったことを知らせ、編集責任者としての新たな仕事として、『ノイエ・ルントシャウ』に今後ベンヤミンのテクストを掲載するつもりであって、そのためにショーレムの援助が欲しい、と書いていた。「それから、可能なかぎり、ベンヤミンの遺稿から彼の著作を〔『〕ルントシャウ〔』〕に是非とも掲載したいと思っています。そしてそのために、私たちの共通の友人であるハンナ・アーレントとすでに手紙のやり取りをしました。彼女はあなたに手紙を書くように勧めました。差し当たり私が望んでいるのは、W・B〔ヴァルター・ベンヤミン〕が一九三六年に『オリエント・ウント・オクツィデント』に発表し、おそらくはすっかり知られないままになっている、レスコフについてのすばらしいエッセイをもう一度掲載することであり、ベンヤミンの息子にその件で了解を得たいと思っています」(NLI, Arc 4° 1598, Mappe 173)。

一九五〇年に『ノイエ・ルントシャウ』にベンヤミンのテーゼ「歴史の概念について」(Heft 4, S. 560–570)がアドルノの「ベンヤミンの特性描写」(S. 571–584)とともに掲載された。『ノイエ・ルントシャウ』にベンヤミンのテクストがさらに

掲載されることはなかった。

2　一九三九年二月四日付のショーレム宛の手紙でベンヤミンはシュテルンベルガーの本の書評の送付を伝え、それ自体ショーレムに「謹呈」したものと見なして欲しいと書いていた（Benjamin/Scholem. *Briefwechsel*. S. 290-294〔『ベンヤミン－ショーレム往復書簡』三七二―三七九頁〕、hier 295〔引用箇所、同書、三七五頁〕）。その書評は以下にはじめて掲載された――Benjamin. ***Gesammelte Schriften*** III. S. 572-579〔『ベンヤミン・コレクション4』六四〇―六五五頁〕。

3　ヘニー・グルラントは、ベンヤミンがピレネー山脈を越えて一緒に逃げ延びようとしたグループの一人だった。ショーレムはメモ書きの写しをアドルノから受け取っていた（第4書簡、注1を参照）。そのなかでグルラントはベンヤミンの最後の手紙についてこう報告している。「いずれにしろ〔状況は〕、アドルノ宛の手紙も私宛の手紙も、読んだあとで破棄しなければならないような状態でした。そこには五行だけ書かれていて、それは、彼、ベンヤミンはこれ以上無理で、逃げ道は見えない、彼〔アドルノ〕は私〔グルラント〕から話を聞いてほしい、同じく彼〔ベンヤミン〕の息子も、と述べていました」（Scholem. ***Freundschaft***. S. 281〔ショーレム『わが友ベンヤミン』二七五頁〕）。グルラントによってのちに復元された、いったん破棄されたベンヤミンの手紙は以下に収録されている――Walter Benjamin. ***Gesammelte Schriften*** V-2. S. 1203〔『ベンヤミン／アドルノ往復書簡』三五六―三五七頁〕。

4　ベンヤミンは一九三二年に、遺言状のなかで、ショーレムを自分の著作の遺稿管理人に指名した。その後ベンヤミンは、アドルノに遺稿の管理を委ねることを、口頭で指示した（ベンヤミンの妹ドーラの一九四六年二月一三日付のアドルノ宛の以下の手紙を参照――Walter Benjamin. ***Gesammelte Schriften*** V-2. S. 1071）。遺産相続人として著作権を有していたベンヤミンの息子シュテファンは、一九五〇年に『一九〇〇年頃のベルリンの幼年時代』がはじめて本として出版されたのをきっかけとして、アドルノに全権を委ねることを認めた。

［**61**　アーレントからショーレムへ　ヴィースバーデン、一九四九年一二月一〇日］

ヴィースバーデン駅

一九四九年一二月一〇日

親愛なるショーレム様、

私の読みにくい字で書かれたこの手紙を、あなたが読むことができるのを期待しています。シュテルンベルガーについてのあなたの手紙は、こちらには遅れて到着しました。私がSt.〔シュテルンベルガー〕に、あなたに相談すべきだと言ったとき、当然ながら、私はベンヤミンの側から剽窃という非難があったことをはっきりと認識していました。まさしくだからこそ、でした。というのも――一方では――シュテルンベルガーは〔『〕ノイエ・ルントシャウ〔』〕の編集者としてベンヤミンの原稿を掲載しようとしているのですから、ベンヤミンの原稿を彼から単純に取り上げるのは得策でないと思われたからです。さらには、あなたにニューヨークでお話ししたように、私がその話について少しでも知るまえに、すでにもういくつかのエッセイを、読んでもらうために彼に手渡していたのです。

事柄そのものについて――St.はあなたがご自身で判断できるように、〔『〕パノラマ〔』〕を送るでしょう。私は再度あの本を吟味してみました。剽窃を証明する必要がないほどに、影響は明らかだと私には思われます。通常の状況下でなら、はっきりとベンヤミンの名前を挙げる必要がないほどに、St.はベンヤミンの弟子として登場していたかもしれません。その場合でも、もしかしたら――いえ、むしろほとんど――確かなことは、ベンヤミン自身は、その順応的な傾向ゆえに、この本についてさほど喜ばなかっただろう、ということです。

私はSt.と話し合いました。あなたの手紙はまったく傷つけるようなものではなく、抑制がきいていてかつ明晰であるお手本です。私がその手紙を知っているとは少しも考えていないSt.は、あなたが非常に友好的に書いてくれて、まったく傷つけるものではなかったと言っていました。彼はこう考えを述べました。(a)当時の大混乱のなかで、剽窃という非難は日常茶飯事〔もしくはそのようなもの〕であった、(b)ベンヤミンをできるだけ早くドイツでふたたび出版するという彼自身の確かに重要な願望が、自分の最良の証明になる。〈そういうわけです！〉〔仏〕

その他のあらゆることは、また後ほど。ドイツは恐ろしいです。私はさまざまなことに追い立てられ、内面は嫌悪で一杯です。〈ぞっとします〉〔仏〕。どの会話も嫌な後味を残すのです。

心から
いつもあなたの
ハンナ。

ド〔イツ〕での住所
ユダヤ文化再興財団
ヴィースバーデン州立博物館

〔NLI、ベンヤミンのアーカイヴ。原本。手書き原稿〕

62［ショーレムからアーレントへ
エルサレム、一九五〇年一月二〇日］

一九五〇年一月二〇日

ヴィースバーデン
ハンナ・アーレント博士様

親愛なるハンナ様、

続いて手紙を送ると書かれていた、シュテルンベルガーの件でのお手紙以来、あなたから何もお便りをいただいていませんでしたが、本日、あなたの「〈調査報告12〉〔英〕」を、ニューヨーク経由で受け取りました。[1] 私の見るところ、そうこうするうちに、私たちにとって問題となっていたブレスラウの件が、私たちの望む形で片が付きました。このことについて、私たちみんなに祝辞を述べておきます。[2] 本日、ベルリンの件に関する私の投票用紙も発送します。[3] シュナミが要求したイスラエルのための〈発送〉〔英〕をすべて、ヴィースバーデンが近い将来、実行できることを願っています。当地での本の価値は、もしかすると十分明瞭には伝わらないかもしれませんが、三倍に跳ね上がりました。スコーパス山と図書館の蔵書がずっとせき止められているためです。それは、学術研究にとっても学生にとっても、第一級の困難をもたらしています。[4] それゆえ、こちらで利用できるのは、私たちが何とか入手できるものだけでしょう。スコーパス山をめぐる政治的な事柄が早急に解決されると信じている、何人かの紳士連中のオプティミズムを、私は残念ながら共有していません。

あなたの〈調査報告〉〔英〕はとても興味深いものです。あなたが考えられている、ドイツ諸州の教育大臣による布告がきちんと実現できることを願っていますが、やはり次のことを指摘しておきたく思います（あなたにはおそらく余計なことかもしれませんが）。私の印象では、そのような布告もまた、顕著な実際的成果に繋がることは決してないでしょう。[5] 私はドイツ滞在中にあなたが挙げておられた人々の多くと話しましたが、そこで大きな成果を見込める印象は持ちませんでした。このことは、あなたもお分かりになることかもしれません。私はエッペルスハイマーと立ち入って話し合いました。彼は確かにたいへん善良ですが、並外れて無能な人物です。あなたが背中を向けるや否や、これ以上何も起きないということを、必ずや確信されることでしょう。[6] あなたの報告の五ページ目について述べておくことがあります。あなたが望ましいと考えている、プロイセン州立図書館のオリエント部門のヘーニッシュ博士とのコンタクトを、私はベルリンでずいぶん以前に取っていました。私は、彼および図書館の館長と、まさしくあなたが取り上げられている問題について長いあいだ話し合いました。[7]彼ら二人が強調して説明したところでは、彼らのもとには、ゲシュタポの蔵書あるいはそれに類する出所の、ユダヤ関連の本はまったくない、ということでした。実際はそうではないという「〈絶えまないうわさ〉〔英〕」が広がっていますよ、という私の非難に対して、彼らは道徳的にたいへん憤慨していました。二人は、ナチスのもとで解任されたり追放されたりした、かつての社会民主党員で、彼ら自体はまったく善良で礼儀正しい人たちです。それでもやはり、誰も信用できないのだと、私は主張しておきます。二人の説明の趣旨は、こうでした。ナチス政権下にあった州立図書館の以前の館長は、政権に好意を持っていない保守的な考えの役人であって、ゲシュタポやそれに類する機関によって調達されたコレクションと何らかの関係を持つことを頑なに拒否した。[8]戦争終結の直前に、ゲシュタポがある程度の量の本を州立図書館の地下室に運び込んだことはおそらくあり得ることだが、それらはしかし、ロシア人たちによって運び出されたし、また自分たちの知る限り、それらはユダヤ的な資料とは関係がなかった。彼らはまた、慎重な仕方でこう示唆しました。ロシア人たちがベルリンでとても多くの本を持ち去ったが、その際、きっとこれはあなたもよくご存知のことでしょうが、ロシア人たちはもっぱらアメリカ人のやり方に倣ったのだと。後者のアメリカ人に関しては、たとえば、あなたが三ページで引き合いに出している、ミュンヘンのユダヤ人問題研究所の問題との関連で思い起こしていただきたいことがあります。[9]私が一九四六年にミュンヘンに滞在していたあいだはまだそこの人々の記憶はずっと鮮明でしたが、アメリカ人の将校たちが、彼らがミュンヘンで発見した限りのそれらのコレクションの相当な部分をアメリカへ船便で送った、と私に打ち明けたのです。この船便について書類の形での証拠を私は求めましたが、よく分かる理由によって拒否されました。しかし、〈議会図書館派遣団〉〔英〕、また他のアメリカ関係機関は、私たちに告げられている以上に多くのものを押収していたと、あなたに請け合うことができます。[10]

いずれにせよ、ヴィースバーデンに向けて、もしヴィースバーデンがもう存在していなければJRSO〔ユダヤ人返還継承機関〕に向けて、あなたが挙げておられたさまざまな蔵書に由来する、特定可能なすべての収集品を引き渡すよう取り計らってくだされば、この上なく喜ばしいことです。もちろん、ドイツに長く滞在し、さまざまな所へ絶えず圧力をかければ、比較的短期の訪問よりも多くの成果を生み出すことでしょう。用心するのがいかに賢明なことか、ヘルトとミュンヘンの州立図書館についてのあなたの報告からも私は学んでいます。[11] 私はヘルトのことを個人的にとてもよく知っています。彼は有頂天の様子で、カバラー主義的な言葉を口から迸らせながら私を迎えましたが、一九四六年も一九四九年のときも、彼自身の図書館のなかに存在している、不当な出所を持つユダヤ関連の収集品について私に伝えることが必要だと、彼は思っていませんでした――私の訪問の意味と目的を決して彼に隠していなかったのですが。この点で私たちがどれほど不安定な地盤に立っているかをあなたに理解していただきたくて、このことを記しました。

私がＪＲＳＯのクロイツベルガー博士に提案したことを、あなたに知っておいてほしく思います。ユダヤ人資産の返還に関して、バイエルン州との財政交渉が大筋で結ばれた場合には、[12] およそ五〇万マルクの資産価値に相当する象徴的な行為として、バイエルン州の所有している歴史的に重要なヘブライ語の手写本のいくつかを譲渡するよう、ＪＲＳＯが要求すべきである、という提案です。そのなかには、とりわけユダヤ民族にとってこの上なく貴重で、唯一保存されている、欠けるところのないタルムードの手写本、すなわち、ミュンヘンの州立図書館のヘブライ語コレクションにある「古文書九五」の譲渡も含まれています。[13] 私は、この手写本について、ドイツで直接交渉したいと思っていましたが、イスラエル国家とドイツの関係に対する政治的配慮から、実現できませんでした。おそらく話を持ち出すことはできたでしょうが、もっぱら、私たちの部署がこれまで準備してこなかった、そのような象徴的行為に対するイスラエルの公的な反応を、いつも背景に置いてのことです。とはいえ、少なくともミュンヘンのタルムードをＪＲＳＯ経由で移送できるよう努力することを断念すべきではありません。クロイツベルガーはその可能性にとても魅せられていました。そして、もしかするとあなたは、彼およびフェレンツとともにこの問題をもう一度、お取り上げになるかもしれません。いずれにせよ、あなたが私の努力を知っておいてくださるのはよいことです。当然ながらＪＣＲ〔ユダヤ文化再興財団〕を通じては公的には何も進展しません。ドイツの図書館が手写本の法的な所有権を有しているのは確かだからです。

ベルリンは以前に、総合文書館の件で、私とバイン博士にあらゆることを約束してくれましたが、実際に何がなされるか、残念ながら相変わらず待たなければなりません。[14] きょうのところはここまでにしておきます。親愛なるハンナ、技術的に可能である場合、あなたの次回の〈調査報告〉〔英〕の写しをヴィースバーデンから私に直接送付することを考えてくだされば、ありがたく存じます。それをつうじて、事態の進展ともっとうまく触れていることができるでしょう。

約束されていたシュテルンベルガーの本をこんにちにいたるまでまだ受け取っておらず、それゆえ、彼の手紙に返事をすることができません。[15] ドイツにはどれだけのあいだ滞在される予定ですか？

心を込めて
あなたの
G・ショーレム教授

写し――ヴォルマン博士

［出典、NLI、JCRのアーカイヴ。カーボン紙による写し。タイプライター原稿］

1　ヨーロッパにいる他のJCRの共同作業員たちと同様、ドイツ滞在中（一九四九年一一月から一九五〇年三月まで）アーレントは、理事会のために、〈調査報告〉〔英〕（FR）を定期的に書き、それはエルサレムにも送られた。彼女の訪問の目的は、ドイツの図書館にあるナチスによって押収された書籍の探索と、ドイツの当該機関で、助言し協力してくれる適切なパートナーを探すことだった（本書「関連資料」に所収の、アーレントによって書かれた最終報告書と「調査報告」12、15、16、18を参照）。

2　一九四九年一二月一九日の会議で、スイスと並んでHU／JNULもブレスラウ神学校の書籍の一部の受け取り手に定めるという提案に、執行部は賛同した（一九五〇年四月一二日の理事会議事録――NLI. Arc 4°. 493/288. また第56書簡におけるアーレントの詳しい記述も参照）。

3　一九五〇年一月、JCRの理事会員たちは、ヴィースバーデンの倉庫にあった、かつてのベルリン信徒共同体図書館の書籍と雑誌の一部をエルサレムに移送するというHU／JNULの提案に対して、手紙での投票を求められた。このことについては第56書簡、注9を参照。

4　当時HUとJNULがあったエルサレム北東部のスコーパス山への道は、一九四七年の終わりから、戦闘と襲撃によってしばしば通行不可能となっていた。一九四八年四月の大虐殺のあと（第49書簡、注2を参照）、スコーパス山でのあらゆる学術的な活動は停止された。一九四八年一一月と一九四九年四月のイスラエル－ヨルダン間停戦協約に従えば、スコーパス山は非武装化された飛び地として確かにイスラエルに属していたが、そこへの通行路は絶えず紛争の焦点となっていた。それゆえ、次第にJNULの蔵書はエルサレムの仮設図書館に移された。一九五三年、エルサレム西部ギヴァト・ラムに新たなキャンパスを建設する活動が始まった。一九六〇年、そこにＪＮＵＬの新しい建物（現在のＮＬＩ）が移設された。

5　「調査報告12」のなかでアーレントはこう報告している。彼女は、バイエルン州の文部大臣（ＣＳＵ）であり、文部大臣会議議長アロイス・フントハマーに、大臣たちの集まる会議で議決されるべき布告の議案を送った。その布告によれば、あらゆる州立および市立図書館、大学機関、文書館、博物館は、ユダヤ人に由来するものを対象に蔵書を調査し、その結果をヴィースバーデンにあるＪＣＲに報告すべきとされていた。――同時に、アーレントはバイエルン州立図書館の館長グスタフ・ホフマンと、「ドイツ司書協会」の機関誌にアピールを掲載する合意を得た。そのアピールは、「ドイツの図書館におけるユダヤ人に由来する蔵書についての報告」という表題のもと、一九五〇年四月に掲載された。そこにはこう記されている。「かつて押収されたユダヤ人に由来する資産が、いまもドイツの公的な図書館にさまざまな形で存在していると想定することができる。これまでのところ、かつてのユダヤ人信徒共同体や学術機関、そして神学校等々の大きなコレクションのごく一部が日の目を見たにすぎない。[…]ヴィースバーデンの州立博物館で活動するユダヤ文化再興財団は目下、たとえばドイツの図書館に存在するこの種の蔵書すべてを発見し、再興財団に報告することを求めている」(*Nachrichten für wiss. Bibliotheken*. 3. 1950. S. 62. 以下に再掲載――ebd., 5. 1952. S. 220)。

6　ハンス・ヴィルヘルム・エッペルスハイマーは、一九四六年から一九五八年まで、フランクフルト・アム・マインの市立図書館兼大学図書館の館長だった。同時に彼は、一九四七年から一九五九年まで、ドイツ図書館の初代館長だった。

7　「調査報告12」でアーレントがとくに記しているのは、プロイセン州立図書館がナチ機関のコレクションから書籍を引き取り、図書館のオリエント部門に組み入れたことである（本書「関連資料」四一九頁以下を参照）。この時点でのプロイセン州立図書館（一九四六年から一九五四年までは公共学術図書館）の館長は、ルドルフ・ヘッカーだった（一九五〇年に解任）。

8　プロイセン州立図書館の館長は、一九二五年から一九四五年四月に自殺するまでのあいだ、フーゴ・アンドレス・クリュスだった。

9　一九三五年にベルリンで開設された「新しいドイツの歴史のための帝国研究所」に属する、ミュンヘンの「ユダヤ人問題局」は、ヴァルター・フランクの下で運営されていた。大部分は押収されてきたものからなるその蔵書は、一九四五年にはおよそ三万五〇〇〇タイトルに及んだ（そこには、反ユダヤ主義的な著作に加え、数多くの貴重なユダイカがあった）。その一部は現在バイエルン州立図書館にあり、残りの部分はアメリカの軍事当局が――非ユダヤ系の――難民キャンプに分け与えた、とアーレントは報告している（「調査報告12」、本書「関連資料」四二四頁を参照）。

10　一九四五年から一九四七年のあいだヨーロッパで活動していた〈議会図書館派遣団〉（英）の任務は、歴史的なドキュメントとする目的のために、押収されたナチスの著作を引き取ることだった。くわえて、彼らはヨーロッパの書籍市場で、独自の入手活動を行っていた。

11 アーレントは「調査報告12」のなかで、ミュンヘン市立図書館にある元来ユダヤ人が所有していた本について報告し、ナチスによって解任され、一九四五年に再任された館長ハンス・ルートヴィヒ・ヘルト（彼はとくに一九二七年にゴーレムについての研究を執筆し、一九三三年には「もっとも忠実なる信奉者の誓い」[1]に署名した）を「いささか神秘的な、ユダヤ人たちの偉大な友」と特徴づけている（「調査報告12」、本書「関連資料」四二一頁を参照）。一九四六年にヘルトを訪問したあと、ショーレムはこう記していた。「〈私たちのために活動してくれている、ミュンヘンのヘルト教授は、傑出した反ナチの人物で、ドイツでは数少ない、ユダヤに関する事柄にとても精通している人物の一人です。私は彼のことを昔から知っていますし、高い地位についていることを喜ばしく思います〉〔英〕」（一九四六年七月二九日付のショーレムのHU宛書簡――Scholem. *Briefe* I. S. 320f.）。

12 JRSOは、一九四七年の償還法に則って申告していた、相続人のない、ユダヤ人に由来することが「特定可能な」資産に対する返還要求を連邦諸州に対して手放すことで、包括的和解を得ようと努力していた。というのも、その要求の検討がほとんど進展しなかったからである。最初のその種の「包括協定」は一九五一年二月にヘッセン州とのあいだで実現し、長引く交渉の末、一九五二年七月にバイエルン州とのあいだで実現した。

13 バイエルン州立図書館の、ヘブライ古文書九五。一三四二年の羊皮紙写本で、保存されている唯一の手写本として、バビロニア・タルムードをほとんど完全な形で含んでいる。――すでに一九四六年のドイツ滞在のあいだに、絶滅させられたユダヤ文化資産に対する自発的な補償的返還（「〈現物での復元〉〔英〕」）として、ドイツのコレクションのなかのユダヤ人の個々の文化遺産をパレスチナのユダヤ機関に譲渡するよう、ショーレムは提案していた。すでに当時彼はハンス・ルートヴィヒ・ヘルトに、バイエルン州政府はユダヤ民族に、ヘブライ古文書九五の手写本を譲渡すべきだ、という考えを提示していた。多くのことは、HUの申し出がどのような精神で起草されるかに掛かっているとヘルトは答えたに違いない。「〈大学〔ヘブライ大学〕は二つのドイツの存在を思い起こすことになるかもしれませんし、いずれにせよ、大学が常に支持してきた、一般的なヒューマニズムと自由主義の原則に則った態度を取ることでしょう、と私は言いました。〔…〕ドイツが公的に所有している蔵書のなかから、善意に満ちた活動を通じてヘブライ語の手写本を獲得することは、ユダヤ人が所有していた蔵書から実質的にすべての手写本が消え去ったことで生み出された溝を埋める重要な一歩となるかもしれません。それらの手写本の消失はこちらでの私の経験のなかでももっとも悪しき局面の一つです〉〔英〕」（一九四六年七月二九日付のショーレムのHU宛書簡――Scholem. *Briefe* I. S. 320f.）。ヘブライ古文書九五は、こんにちでもバイエルン州立図書館に所蔵されている。

14　ベルリンのユダヤ人信徒共同体は、ポツダムの中央文書館に保管されている総合文書館のアーカイヴ資料（第53書簡、注4を参照）の一部を手渡すように、ＤＤＲ〔東ドイツ〕当局にもっと強く求め、エルサレムへの発送を可能にするよう、イスラエル側から迫られていた（第88書簡を参照）。シオニスト中央文書館館長アレックス・バインは、ポツダム帝国文書館の元司書としての知見と人脈を理由に、イスラエルの側に立っての、ドイツ・ユダヤ人の総合文書館のアーカイヴ資料返還についての交渉を任されていた。

15　一九四九年一二月一四日付の手紙で、シュテルンベルガーは剽窃批判について意見を述べ、ショーレムが自ら判断を下すことができるように、出版社がパノラマ本の新版をショーレム宛てにすでに送った、とショーレムに知らせていた（NLI, Arc 4° 1599, Arendt Corr.）。

（1）　一九三三年一〇月、ドイツの詩人、作家八八人が署名して発表された、ヒトラーを支持する声明文書。ヘルトはこの署名文書が新聞に発表された翌日、古くからのナチス支持者たちによって逆に攻撃され、解職に追いやられた。

63　アーレントからショーレムへ
バーゼル、一九五〇年一月五日
［ユダヤ文化再興財団用箋］

一九五〇年一月五日

親愛なるショーレム様――

私は、静かな数分とバーゼル（ヤスパースはつぎつぎと過ぎてゆく現象のなかの本当に安らげる場所です[1]）での週末を利用して、急いであなたに手紙を書き、一月二〇日付のあなたの手紙に対する感謝を綴ります（ところで、一二月末にバーゼルからお送りしたコーヒーとチョコレートは届いたでしょうか？）。

〈イスラエルへの発送〉〔英〕――すべては順調です。ベルリン図書館の、シュナミから要求されている分も、すでにニューヨークで承認されました。難しいのは、キーフから同時に要求された、いくつかのドイツ・ユダヤ人の雑誌と、同じくキーフが強く望んでいる、数点の稀覯本[1]だけです。どうにかして、五〇対五〇で合意できるものと思います。最終的にあなたがたは不満に思ってはなりません。あなたがたは実際、望むものすべてを手にしたのですから。ここで問題になっているのは大きな蔵書ではありませんし、私の見る限り、さほど高価な蔵書でもありません。シュナミはヴュンシェ・コレクションの残存書籍も望んでおり、そのことはニューヨークにすでに伝えてあります。[2] ここで問題になっているのは非ユダヤ的なものだけですから、決定は純粋に形式的なものです。別の問題ですが、私たちはヴィースバーデンに非ユダヤ的な性質の、かなり大量の大衆文学を有しています。特別なものでもありませんし、実に劣悪な書物も含まれています。イスラエルはその分配に興味がありますか?〈どうでしょうか……〉〔英〕。

さて、私のしていることについて――私は、大きく期待することなく、必要であり、可能であると思われるすべてのことを行っています。不信感は当然です〈当たり前です〉〔英〕が、盲目的な信頼と同じくらい盲目的な不信感というものもまた存在しています。言い換えれば、みんな嘘をつき、みんな隠し、誰も善意のある人物ではない、という立場に立つこともできます――とはいえ、その場合、私たちはたんに会話だけでなく、すべての可能な行動も遠ざけてしまいます。具体的にはこう申し上げることができます。ドイツの公的な機関のトップには、しばしばすばらしい人材がいますと(ゲアハルト、どうか憤慨なさらないでください。これは単純な真実です!)。とはいえ、私はすでにどこのオフィスでも、あの手この手で妨害しようとする人々を目にしてきましたし、彼らの名前を挙げることもできます。信頼できる人々の力は、疑いもなく決して大きなものではありませんし、目下のところ――非ナチ化の流れの反転により――絶えざる消失の過程にあります。にもかかわらず、私は自分のしてきたことを行わざるを得ませんでした。私たちは調査のための何らかの基盤を持たねばならないのですから。いわば探偵の一団をドイツの全土に送り込むというゼナートアのアイデアは[3]、しばらくすると実行されるかもしれません。目下のところ、私はそれにはほとんど意味がないと考えています。結局のところ、その探偵は誰一人として、封をして積み上げられた箱のなかに入りこんで、何が入っているか確かめることはできません。これは純粋に技術的な問題です。そして、ドイツの状況(代替倉庫、地下室に収められている蔵書、大規模な人員の入れ替え、以前の職員のとても多くが戦死したこと)は、純粋に技術的なものであって、誰も実情を知ることができないのです。

ベルリン州立図書館について――オリエント部門は、実際に、自分たちに絶えず差し出されていた蔵書から何一つ購入しなかったようです。それに対して、戦後、何十万冊もの書籍がベルリンに流れ込みましたが、そこにはとても優れたユダヤ関係の蔵書が存在している可能性があります。ロシアが大量の蔵書を押収し、あっさり持ち去ったというのは、疑いようもない事実です。また、〈議会図書館〉〔英〕に関するあなたの推測はまったく正しいと思います。とりわけ、ミュンヘンとその〈収集所〉〔英〕の管理部はきわめて怪しい場所であって、まさしくその〈収集所〉〔英〕を誰かにもう一度調査してもらうよう試みます。そこにはまだ、〈祭具〉〔英〕が存在するかもしれませんので。[4]

ＪＲＳＯ〔ユダヤ人返還継承機関〕が私たちの指示に基づいて、目下のところ何を返還請求しているのか、あなたは私の次の公式報告から知られるでしょう。[5]そのなかでもっとも重要なものは、フランクフルトの歴史博物館によい状態で保管され保護されてきた、フランクフルト・ユダヤ博物館に由来する一八の箱と二つの黄金の杯です。[6]そこの館長の振る舞いは、盲目的な不信感が損害となる、模範的な一例です。そこの管理部は、ゲシュタポが二つの黄金の杯を溶かしてしまわないように、黄金の杯だけのために、ゲシュタポに戦前の価格で六〇〇〇マルクを支払ったのでした。館長はすぐに私にこう言ったのです。「当然ながら私たちは〔六〇〇〇マルクを〕受け取り直したりしません。できる限りの品々を救い、あなたがたに返還できることを、私はうれしく思います」。

ミュンヘン――私はヘルトが好きではありませんが、ともかく直ちに、すべての書籍〔およそ二五〇〇冊〕のリストを、私のために仕上げさせることはできました。すべてドイツ語のユダイカです。大したものではないのですが。

クロイツベルガーとの交渉に関するあなたの知らせに感謝します。その交渉をとても有益だと思いますが、また、この二つの完全に異なった作戦を引き離しておくことが最良の方法だとも考えます。

目下のところもっとも困難な問題は、ユダヤ人信徒共同体、すなわち、自分たちこそがユダヤ人信徒共同体だ、と主張する人々、個々人です。危険なのは、彼らに返還されると、あっさり売り払われてしまう、ということです。売却することができ、現に売却するであろう信徒共同体の別の資産を彼らは十分に有しているのですから、物質的な必要性はほとんど存在していません。これは本当にやっかいな問題です。あなたはシュナミからマインツとその図書館について聞かれているでしょう。[7]それにくわえて、そこの博物館の蔵書も救出されていて、さしあたりマインツ市の博物館の資産となっています。[8]さらに、マインツの人々はすでにヴォルムス市の品々を占有しようと試みており、不幸なことにフランス法によって彼らは権利を認められています。[9]マンハイムは、レムレ・クラウスの蔵書を三〇〇〇ドルで売却したことを、ひどく自慢しています。[10]これに関しては、その蔵書は信徒共同体のものではなく、消滅した特別な財団のものであって、その財団に対しては間違いなくJRSOが相続権を有しています。

私はベルリンに約一〇日間いて、次にイギリス占領地区へまわり、最後に家に帰ります。私は本当に疲れ切っています、ドイツの一般的な状況――ユダヤ人と非ユダヤ人の状況――の厭わしさに、しばしば喉が詰まりそうです。

要約して述べます。ひょっとするとあなたはご存知でしょうが、私はドイツに存在している比較的重要な資料のすべて、とりわけドイツが所有している手稿本とアーカイヴ資料を、マイクロフィルム化することを提案しました。それについて、私はすでにドイツの部局と暫定的な交渉も行いました。これにはさほど費用をかける必要はないのですが、とても重要な意味を持ち得るものです。同様に、私たちが現在、返還を待っている〈バイエルン州およびヴュルテンベルクで〈JRSOが返還要求している〉〔英〕〉アーカイヴ資料も、分配されるまえに、マイクロフィルム化したいと思っています。[11] 総合文書館のアーカイヴ資料も、まずはこの目的のために、ヴィースバーデンにやって来るべきだと思います。

このマイクロフィルム活動を通して私たちはドイツの収蔵庫へ自由に立ち入ることができるでしょうし、したがって、探索活動はマイクロフィルム化計画と結びつけられるべきだと思います。これについては次の〈報告〉〔英〕[12]に書きますが、私はそれをあなたに知っておいていただきたいですし、あなたがそれをどう思われるか、できればすぐに知らせていただきたく思います。この件の技術的な側面は、新しく設立されたマイクロフィルム化のための中心部局によってドイツではよい条件で解決されるでしょう。

シュテルンベルガー――誓って言いますが、あの本は発送されました。フランス占領地区での成果をまず待ちたいがために、ようやく来週末に書くつもりの〈調査報告〉〔英〕の写しを、あなたは入手されるでしょう。私はクイーン・メアリー号で三月一五日にニューヨークに向かいます。あなたとファーニアはお元気ですか？　食料品は足りていますか？

長文の手紙となってしまいました。

心から
あなたの
ハンナ
ハンナ。〔手書き〕

〔NLI、JCRのアーカイヴ。原本。タイプライター原稿〕

1　「〈稀覯本〉〔英〕」をめぐる争いについては、第53書簡を参照。

2　キリスト教徒のヘブライ学者、アウグスト・ヴュンシェの蔵書は、とりわけかなりの数の宗教史や聖書研究の書籍を有しており、一九一一年にドレスデンのイスラエル人信徒共同体によってひとまとまりのものとして購入された。それは、ドレスデンの信徒共同体図書館と一緒にナチスによって強奪され、RSHA図書館へ運ばれた。ヴュンシェの蔵書の一部は、一九四五年以後、JCRの監督下に置かれた。

3　ヴェルナー・ゼナートア。HUの副学長。

4　一九四五年ミュンヘンで、NSDAP〔国民社会主義ドイツ労働者党＝ナチ党〕の本部に、また当初は隣接する代表機関の建物、いわゆる「総統の館」にも、「〈芸術品中央収集所〉〔英〕」とともに、アメリカ占領地区内で最大規模の倉庫が設置された。そこには「リンツ総統博物館」、「ヘルマン・ゲーリング・コレクション」、「全国指導者ローゼンベルク特捜隊」の押収物を含む、ドイツの芸術作品と強奪された芸術作品が集められた。一九四九年の春、オッフェンバッハとヴィースバーデンの倉庫で、JCRのために祭具を精査したエルサレムのベツァレル博物館の館長モルデカイ・ナルキスは、一九四九年の夏、所有関係の不確かな、残存する押収品がドイツの役所へ引き渡されるまえに、ユダヤ人に由来する返還請求のない芸術品を求めて、ミュンヘンの倉庫を詳しく探索した。ドイツの役所はその倉庫を一九六二年まで「文化財の信託管理所」として維持した。その後、残っていた品々は、主にドイツの博物館および官庁に「貸出」という形で移管された。

5　一九五〇年二月一〇日付の「調査報告15」（本書「関連資料」四三〇頁以下を参照）。JRSOについては、第56書簡、注7を参照。

6　JRSOは、アメリカの返還法に従って、アーレントが言及しているフランクフルト・アム・マインの歴史博物館に収められている約五〇〇点の収蔵品への返還要求を掲げた。焦点となっていたのは、一九二二年からユダヤ人信徒共同体公会堂で開設されていた「ユダヤ古代博物館」および「ロスチャイルド博物館」の収蔵品である。一九三八年の一一月ポグロムで、博物館の部屋は破壊され、収蔵品は盗まれ、残されたコレクションは最終的にゲシュタポによって押収された。フランクフルト歴史博物館とフランクフルト市は、ユダヤ博物館とユダヤ人信徒共同体の数多くの収蔵品を確保することに成功した。アーレントが触れている二つの黄金の杯は、そういう収蔵品の一部だった。フランクフルト市長のクレブスは一九三九年に次の理由でそれらの杯を要求した。すなわち、それらは「ドイツ人金細工師の作品」であり、「裕福なユダヤ人たちがたまたま購入し、ユダヤ人信徒共同体に寄贈したものである」（一九三九年一月二四日付のフリードリヒ・クレブスの地方長官への書簡。以下に収録――*Was übrig blieb.* Frankfurt 1988. S. 51）。さらにフランクフルト市は、一九三八／一九三九年の「ユダヤ人資産の活用」に関する政令に基づいてフランクフルトのユダヤ人から強奪された、個人所有の無数の祭具を、質屋から入手した。こうして、一九四五年以後、フランクフルト市の歴史博物館には、さまざまな由来のユダヤ人文化財が収蔵されていた。JCRの委託により、美術史家で、かつてユダヤ博物館のスタッフだったグイドー・シェーンベルガーは、フランクフルト市および一九三八年からグラーフ・エルンストット・ツー・ゾルムズ＝ラウバッハが館長を務めていた歴史博物館と、裁判によらない合意に達しようと試みた。

7　マインツ・イスラエル人信徒共同体の図書館とその文書館は、貴重な手稿と印刷物を保管していた。そのなかには、数多くの記録帳、すなわち中世および近代の手書きの典礼書が含まれており、そこには、祈禱文や重要な人物の死者名簿、殉教者名簿（反ユダヤ的迫害の犠牲者とその場所を付したもの）があって、一部にはユダヤ人信仰共同体の生活の出来事が記されていた。一二九六年に作られた最古の「ニュルンベルク」の記録帳は、マインツのコレクションの一つである。その図書館と文書館は、一九三八年の一一月ポグロムで破壊され、略奪され、押収された。ナチス時代およびナチス時代直後に、個々の品は国外へ運ばれた。しかし、一九四五年以降、フランス占領当局は、市立図書館に移管された略奪された収蔵品の大半を、マインツの戦後信徒共同体に帰属するものと認めた。一九五〇年一月末のマインツ訪問のあとで、アーレントはこう書いた。「〈さらに――マインツのユダヤ人信徒共同体は、［…］数日前に申し込まないと閲覧することができない蔵書をいまだに所有している。［…］何もかもが途方もないことだが、これに関して私たちにできることはほとんどない〉［英］」（一九五〇年二月の「調査報告15」、本書「関連資料」四三八頁以下を参照）。マインツの信徒共同体は、一六世紀にまで遡る約五五〇〇冊の書籍と手稿を、ヨハネス・グーテンベルク・マインツ大学の神学部に引き渡したようである。

8　新しい中央シナゴーグの側翼部に置かれる形で一九二六年に創設されたマインツの「ユダヤ古代文化遺産保護協会」の博物館は、とりわけ、聖櫃を覆う垂れ幕パロヒェトのコレクションを有していた。一九四五年以降のことだが、新たに設立されたユダヤ人信徒共同体は、市の古代博物館のユダイカ部門で見つかったいくつかの収蔵品をそのままにしておく、と意見を述べた。

9　フランスの占領法によれば、ユダヤ人の戦後信徒共同体は当時、以前の信徒共同体の法的相続人であるだけでなく、そこに新たな信徒共同体が創設されていない限りは隣接する信徒共同体の法的相続人でもある、と見なされていた。この理由から、マインツの戦後信徒共同体は、かつてのヴォルムスの信徒共同体の法的相続人とも見なされていた。ヴォルムスの信徒共同体文書館は、一六世紀以来の皇帝から与えられた特権の記録と、一二七二／一二七三年の最古の（挿絵付きの）アシュケナージのマヘゼル（ユダヤ人の一年の暦のなかでの祭日および特別な安息日のための祈禱書）を有していて、一九三三年以前は、ドイツのもっとも重要な文書館の一つと見なされていた。「調査報告15」におけるアーレントの記述によれば、フランス占領地区の法的状態が意味していたのは「〈マインツのわずかのユダヤ人がヴォルムス信徒共同体の貴重な手稿アーカイヴ、トーラーの巻物、銀製品［…］を「相続する」ことになるだろう〉〔英〕」ということだった（本書「関連資料」四三二頁以下を参照）。マインツの戦後信徒共同体は、一時的な規定を設けて、それらの品をヴォルムス市に貸し出した（第86書簡、注4を参照）。

10　レムレ・モーゼス・クラウス基金図書館は、一八世紀初頭の信徒共同体の代表レムレ・モーゼス・ラインガヌムの名前にちなんでいる（「クラウス」は、中世ラテン語の「クルーサ」、ドイツ語の「クラウゼ」であり、通例はシナゴーグも備えた、個人が所有するユダヤ人学校の呼称）。クラウス基金図書館の豊かな蔵書は、近代ユダイカと近代ヘブライカのほかに、初期の印刷物、インキュナブラや羊皮紙の手書き草稿の貴重なコレクションを含んでいた。手書き草稿のなかには、高名な解釈者であるラビ、シュロモ・ベン・イサク（ラシ）による聖書注解書の二つの手書き草稿と、一五〇五年に印刷された、ヴォルムスのエレアザル・ベン・ユダの『ロケアハの書』(2)を含んでいた。エレアザルは、一二世紀から一三世紀にかけての神秘主義的で敬虔な、ハシディ・アシュケナーズ(3)の中心的な説教師だった。書籍の一部は、ナチ時代の後、市立図書館内で発見され、マンハイムの小さなユダヤ人戦後信徒共同体へと送られた。おそらくアーレントは、残された書籍が売却されたということを前提にして、彼女の「調査報告」のなかでは、戦後信徒共同体が自分たちに委ねられた物品を処分する可能性を有していることに、異議を申し立てた（「調査報告15」、本書の「関連資料」四三〇頁以下）。五〇年代の初頭、マンハイムの信徒共同体は、ある従軍ラビをつうじて、書籍を、シンシナティのヘブライ・ユニオン・カレッジ（ＨＵＣ）へと移管させた。

11　ＪＣＲのためにＪＲＳＯは、バイエルン州およびヴュルテンベルク＝バーデン州のかつてのユダヤ人信徒共同体のアーカイヴに対する要求を、提出することになっていた。そのほとんどすべてが完全な形でゲシュタポによってバイエルン州立文書館に移送されていたがゆえに、バイエルン州のアーカイヴはとりわけ興味深いものだった。

12　「調査報告15」（本書「関連資料」四三〇頁以下を参照）。

(1)　本書の英訳版によると、この表現はシラーの長篇詩「散歩 Der Spaziergang」の次の一節を踏まえているという。「けれども賢者は沈思しつつ、静かな部屋で意義深い図を描き／探究しつつ創造的精神に近づいてゆく、／物質の力を、磁石の憎しみと愛とを、検証し／空気をくぐる響きに従い、エーテルをくぐる光線に従い／偶然というおそるべき奇跡のなかに信頼するに足る法則を求め／次々と過ぎてゆく現象のなかに静止した極を求めるのだ」（Friedrich Schiller, *Werke und Briefe* Bd. 1 Gedichte, Frankfurt am Main, 1992, S. 39）。

(2)　「ロケアハ」はヘブライ語で「香油調合人」の意味。

(3)　「ハシディ・アシュケナーズ」はヘブライ語で「ドイツの敬虔な人々」の意味。

［**64** ショーレムからアーレントへ
エルサレム、一九五〇年二月一六日］

一九五〇年二月一六日

ハンナ・アーレント博士
ユダヤ文化再興財団
ＣＣＰ〔中央指揮所〕
ヴィースバーデン、
州立博物館

親愛なるハンナ様、

昨日、二月五日付のバーゼルからのあなたの手紙を受け取りました。折り返し返事いたします。バーゼルからのあなたの親切な送付物については、二月の初めにすでに受領確認をしたと思います。すべて首尾よく到着しており、私たちはとても満足しました。

「〈イスラエルへの送付〉〔英〕」――私たちの要件でいつもとても友好的に振る舞ってくれる、ラビのキーフと分別を持って折り合ううえで、もちろん大学の側から私たちが面倒ごとを起こすつもりはありません。とはいえ、私たちのあいだで最終的に考え出される譲歩案がどんなものであろうと、それらの書籍が可能な限り早くこちらへ船で送られるのがよいと、提言します。キーフへ譲渡することになる定期刊行物や稀覯本をそのあとでこちらから移送することに、大学はいかなる異議申し立ても行わないと、私はあなたに公式に約束します。私の提案は〔ヴォルマン博士とこの点に関して話し合いましたが、彼は私とまったく同意見でした〕、キーフが私たちと重複して求めている定期刊行物と稀覯本の、合わせて二つのリストを私たちが入手する、ということになるでしょう。これまでのところ、私たちはこの種の詳細なリストを受け取っていないように思われます。リストがあれば、譲歩案のためにどの物品を放棄するのがもっとも賢明か、私たちの側で喜んで検討させていただきます。円満な解決の妨げになることがあるとは、私には想像できません。

ヴュンシェ・コレクションに関しては、きっと順調に進むことでしょう。あなたが尋ねておられた、非ユダヤ的な性質の大衆文学は送付しないよう、提言します。それは私たちの機関にとって不要な重荷となるだけでしょう。その機関にはむしろ、私たちがヴィースバーデンから勝ち取る有意義なものの扱いで苦労してもらいたいと思います。

あなたの行っておられる事業の幸運を祈ります。そして、あなたの成し遂げられるのがどんなことであろうと、私は喜ばしく思います。フランクフルト・ユダヤ博物館の物品は実際、それでも可能なことに関する、すばらしい一例です。ヴォルムスの物品をマインツ〔信徒共同体の人々〕の強欲から引き離し、普遍的なユダヤ民族の利益へと導くことがあなたに可能であれば、すばらしいことでしょう。レムレ・クラウス蔵書に関して訴訟を起こすと言って、それを不法に売却したマンハイム〔信徒共同体の人々〕を脅すことはできないでしょうか？　いずれにせよ、公開書簡で〈人の目に触れる形で〉〔英〕手続きすべきなのかもしれません。

　ドイツにある手稿やアーカイヴ資料のマイクロフィルム化はとても喜ばしいことですが、誰がその費用を負担すべきでしょうか？　すでに私たちはこの企ての全体に関わる出費を大いに気にしなければならない状態ですので、さらにまだどれだけ捻出できるか、私には分かりません。私たちがすでに何千ポンドというお金を活動に費やしたことを、忘れないでください。その活動には、ドイツだけでなく、ポーランド、イタリア、チェコスロヴァキア、そしていまではモロッコへの特別派遣も含まれようとしています。

　ドイツから旅立たれるまえに、さらにお便りをいただければ幸いです。シュテルンベルガーの本は三日前に届き、あなたの判断がかなり正しいように思われます。その本をさらに詳しく見てみることにします。ローヴェンタール博士に心からのご挨拶をお伝えください。そして、是非ともあなたの調査報告の写しをすべて直接私に送ってください。ニューヨーク経由で遅延が生じないようにするためです。

心からあなたの

［NLI、JCRのアーカイヴ。カーボン紙による写し。タイプライター原稿］

［**65** ショーレムからアーレントへ
エルサレム、一九五〇年三月六日］

一九五〇年三月六日

親愛なるハンナ様、

二月の二つのご報告、とりわけベルリンについての特別な報告に、心から感謝申し上げます。ベルリンの報告はとくに興味深いものでした。[1] あなたがドイツを出発されるまえにこの手紙が届くこと、そしてそちらでのあなたの任務の完了とイギリス占領地区から受けたあなたの印象についてすぐに私たちに聞かせてくださることを、私は願っています。

ベルリンに関して、二人の異なる人間〔ショーレムとアーレント〕が同じ出所から得ている情報をこんにち比較してみるのは、とても興味深いことです。それどころか私が発見したのは、同一の人物、つまりグルマッハ教授が、三年来きわめて異なったことを私に語ってきたのであり、彼が大いに確信を持って発言したことすべてが必ずしもつじつまが合っていたわけではない、ということです。帝国民族局による蔵書の移管に関する報告と、その件におけるユダヤ人信徒共同体幹部の振る舞いは、まったく矛盾に満ちています。私自身、一九四六年にこれらの本を見て、二日間にわたって目を通しました。しかし、その蔵書群にユダヤ関連のものはなく（私が手にすることができなかったアーカイヴ資料にはもしかするとあったかもしれませんが）、あったのはドイツ史、とくに系譜学についての一般書であり、実際のところ大部分が私たちの関心外のものでした。[2] アイゼナハ通りと、一九四六年時点でそこにあったユダヤ関連の中心コレクションの大部分の存在について、あなたがされている報告には、ここでもまた人々はあなたに半分の情報しか伝えなかったということを、指摘しなければなりません。[3] 事実はこうです。私がオッフェンバッハに滞在しているときに、何台もの貨車に積まれた書物――およそ一五万冊と私は見積もっています――がまさしくアイゼナハ通りのその蔵書群から移送されてきたのです。それがオッフェンバッハに到着したとき、私はそれを見たのです。その多く、いやそれどころかこう言いたいと思いますが、そのほとんどすべての部分がユダヤ関連のものではなく、まことに残念ながら、ユダヤ部門のものより遥かに価値のあるものでした。もはや何も残っていないだろうと、ベルリンでは当時主張されており、同様のことをオッフェンバッハの代表、ベンコヴィッツ〈大尉〉〔英〕も語っていました。アイゼナハ通りの残存書籍を略奪し尽くす際に、〔ベルリン〕州立図書館と救出局がどの程度関与していたかは、私にはまったく分かりません。[4] オッフェンバッハへの移送の日時である一九四六年七月以前に、彼らがそれらの書籍を受け取った、もしくは、押収したかもしれません。

総合文書館のアーカイヴ資料の件で、残念ながら私はあなたの懐疑を共有していますし、私たちのうちの誰かが何らかのことを達成できれば、とてもうれしい驚きとなることでしょう。[5]

あなたがご覧になったベルリン信徒共同体の蔵書に関して、シュワルツシルトは私たちに非ユダヤ関連のものを約束してくれたのですが、当然のことながら彼はこの件について何の配慮もしませんでした。[6] とりわけ『ディ・ツークンフト』[7]の全シリーズと、アリストテレスのアカデミー版[8]には、あなたが言及されているユダヤ関連の定期刊行物以上に、私は興味を持ちました。きわめて知的であるにもかかわらず、残念ながらまったくもって表面的で頼りにならない人物と見なさねばならないシュワルツシルトは、非ユダヤ的な内容の、愛書家向けの文献の傑出したコレクションは持ち主が特定可能であって譲渡できない、と主張しました。このことについて、彼はあなたに何も語らなかったようですね。そこ〔ベルリン信徒共同体〕のアーカイヴ資料はとりわけ価値の高いものであって、私たちのためにヴィースバーデンへ、あるいは信徒共同体の決定次第では直接エルサレムへ送られることになっていました。あなたもご覧のように、もちろん何も起こっていません。信徒共同体の幹部は、闇市のハイエナの親分や極めつけのサメたちで構成されていますので、彼らと関わりあいが少なければ少ないほどよいでしょう。古くからのドイツの信徒共同体、とりわけベルリンやブレスラウ、ポーゼン〔ポズナン〕の歴史的に本当に価値があっても、ベルリンじゅうを探しても誰一人読むことすらできないピンカスを[9]、私たちが救い出すことができるかどうかは、誰の目にも明らかなその資料のドルでの価値を勘案すると、不確かです。私はそれらをベルリンから直接持ってきて、ヴィースバーデンにある私たちの手稿本コレクションに加えようと試みました。すると、シュワルツシルトに阻止されました。彼がそれらの資料を私たちＪＣＲ〔ユダヤ文化再興財団〕に引き渡してくれても、それらの資料があるかどうか、今後誰一人気にとめるはずがないことが疑いないにもかかわらず、です。これらのドキュメントがトーラーの巻物より重要なものであると、あなたに強調する必要はないでしょう。[10]ＪＣＲが関心を持っている資料を譲渡するよう信徒共同体を促すというシュワルツシルトの約束に基づいて、私はヴィースバーデンで、現在の信徒共同体に必要な、役に立つ資料の入ったいくつかの箱を選り分けるよう急き立てました。私の知る限りそれは実現しましたが、あなたの報告からも分かるように、信徒共同体は私たちのために何もしてくれていません。

あなたが私の以前の手紙を受け取られ、私の提案に従って、稀覯本を差し当たり仕分けせずにこちらへ船で送るよう取り計らってくださっていれば幸いです。その場合には、キーフが望んでいた書籍に関して、私たちが友好的な精神をもって穏やかな合意に達するであろうことを、きっと理解されることでしょう。この件に関してその方向で手配をしてくださっていれば、心より感謝申し上げます。

あなたの情報に対して私もまた伝えておきたいことがあります。それは、私たちが一部は移送し、一部はまだプラハのユダヤ人信徒共同体にある、私たちに約束されたテレージエンシュタットとニエメス〔城〕のコレクションを除いて（私たちはそのために必要な一〇〇万クローネという法外な身代金の支払いを拒否しています）、実はチェコ政府が、他の城で見つかった少なからぬヘブライカとユダイカを世界市場で売っている、ということです。チェコ政府自体は、一九四六年の有名な法律第二号によってそうする権利を与えられていました。[11] それらの書籍の一部はスイスへ行き、元の所有者およびその生存している相続人が蔵書票からはっきりと特定可能であるにもかかわらず（いまはエルサレムにいる、アムステルダムのゼーリヒマンのように）、純然たる私法に照らして合法的な要求に対してあからさまな嘲笑を浴びせています。[12] 私自身、そのような書籍をチューリヒの古書店で見つけ、そのうち二冊をこちらへ持ってきました。そうしたとても膨大な数の書籍を、プラハの政府はヴァールマンに売却しました。残念ながら、あらゆる状況を客観的に評価してみると、これらの書籍を購入することでヴァールマンがユダヤ民族の利害に反して行動したと言うことすらできません。結果としてそれらがいまや一般の古書店に出回っているのですから。[13] 彼が購入を拒絶しても、そこから生じる帰結は、書籍が他の買い手に渡るか、ないしはチェコ政府から政府自身の図書館へ分配される、もしくは、それらの書籍がドルを産み出さないならば、つぶしてパルプにされている、ということだけだったでしょう。ドイツに由来するユダヤ人の書籍をも、政府が是非とも必要としている外貨に変えようというプラハの政府の決意は、まったくもって明らかです。プラハの政府は、ドイツに由来する書籍と一緒に、プラハのユダヤ研究に関わる個人蔵書に由来するとても多くの数のユダヤおよびヘブライ関連の資料も、売却しました。私がこれまで確認できた範囲では、ブレスラウの蔵書は、売却されたもののなかにはないように思われます。

帰路お気をつけて、早いうちにあなたからお返事をいただければ幸いです。心を込めて

あなたの

ゲルショム・ショーレム〔鉛筆による手書き〕

［NLI、JCRのアーカイヴ。カーボン紙による写し。タイプライター原稿］

1 「調査報告15と16」のこと。「調査報告16」でアーレントは、彼女のベルリン訪問の成果を書き留めている（本書「関連資料」四四四頁以下を参照）。

2 帝国民族局が事務局を構えていたオラニエンブルク通りの

いくつかの部屋には、一九四五年以後、総合文書館の書籍の山に加えて、帝国民族局の蔵書に由来するコレクションも残っていた。そのなかには、（非ユダヤ的な）系譜学と紋章学を研究する協会「ヘロルド〔中世の「紋章官」〕」の所有していた、およそ二万冊から四万冊の書籍があった。その協会の蔵書を、帝国民族局は押収していたのである。

3　戦時中はベルリンに存在していた、RSHAの「ユダヤ中央蔵書」の大部分は焼失した。にもかかわらず、戦後、アイゼナハ通りにあるRSHAの倉庫にはまだ何十万もの書籍、とくに雑誌が存在していた。グルマッハが作業をしなければならなかった倉庫については、第22書簡、注6を参照。その大部分は戦後、残存部分をアメリカ軍が押収し、オッフェンバッハの倉庫へ運ぶ以前に、略奪された。

4　アーレントは彼女の調査報告でこう書いている。一九四五年以降ベルリンのいたるところに保管されていた、ユダヤ人に由来するものを含む何十万冊の書籍から、望むものなら何でもドイツの図書館が持ち去っていったが、それはとりわけ「救出局」をつうじてなされた（「調査報告16」、本書「関連資料」四四九頁を参照）。一九四五年七月から一九四六年二月まで存在していた、ベルリン市当局の「学術蔵書〔とアーカイヴ〕の」ための救出局」は、ナチス関連の文献を押収したうえ、疎開させられていた「持ち主不明」の蔵書コレクションを救出したが、それはベルリンの図書館にそれらの書籍を返還したり、またその再建に貢献したりするためだった。

5　「調査報告16」でアーレントはこう書いた。「総合文書館のアーカイヴ資料――〈バイン氏の言うことが正しくて、これを取り戻す希望がいくらか残されていることを私は願っている。ベルリンで聞いたことを踏まえると、私はそんなに希望を持てない〉〔英〕」（本書「関連資料」四五〇頁を参照。総合文書館のアーカイヴ資料に関しては、第53書簡、注4を参照）。

6　オラニエンブルク通りの信徒共同体の各部屋の状態に関して、アーレントは「調査報告16」でこう書いていた。「〈信徒共同体の建物にはまだ、推定八〇〇〇冊から一万冊の書籍、ならびに多くのアーカイヴ資料や記録文書などがある。この「図書室」から、小さな階段が屋根裏部屋に直接通じている。そこで私は書類の山を発見したが、よく調べてみると、《総合文書館のアーカイヴ資料》〔独〕の一部であることが判明した――どの程度の割合を占めているかは不明、見積もるのは不可能だった。――〔…〕司書と称する、フィンク氏という人物の持つ、この図書室の「カタログ」はひどい代物で、彼は、私が階段を登り、手を「汚す」のを懸命に阻止した〉〔英〕」（本書「関連資料」四四六―四四七頁を参照）。ショーレムとシュワルツシルトとの取り決めに関しては、第52書簡、注3を参照。

7　『ディ・ツークンフト』は、マクシミリアン・ハルデンが編集・発行していた、文化と政治に関する週刊誌で、一八九二年から一九二二年にかけて刊行されていた。

8　一八三一年から一八三七年にかけて刊行された、アリストテレスの『著作集』は、プロイセン科学アカデミーによって編集・発行されていた。

9　ピンカス（コレクション、目録）とは、ユダヤ人信徒共同体の、近代における記録書。そこには、信徒共同体の諸規定（タカノート）(1)や、責任者の選挙、構成員のリスト、会計簿、重要な決議と判決、およびその他、その都度の信徒共同体にとって重要な日付や出来事が記録されていた。それは、近代の信徒共同体の生活と、非ユダヤ的な周囲の世界との関係についての、重要な資料である。

10　ベルリン信徒共同体のメンバーたちが、ベルリンとプロイセンのシナゴーグに由来するトーラーの巻物を――数冊の書籍と祭具と一緒に――ベルリンのヴァイセンゼーにある大きなユダヤ人墓地に隠していた。それらについて、アーレントは「調査報告16」で報告した（本書「関連資料」四四六頁を参照）。

11　一九四五年二月一日の政令第二号、およびそれに続く「チェコスロヴァキア政府大統領による政令」は、敵国のものと規定された資産の押収を命じ、占領と追放の圧力の下でなされた取引すべてを無効と宣言した。この法律によって、ドイツ人たちがチェコスロヴァキア内外で奪い、チェコスロヴァキアの領域に存在している文化資産もまた、チェコスロヴァキア国家の管理下に置かれるようになった。テレージエンシュタットおよびニエメス城の蔵書をめぐる、HU／JNULの努力については第52書簡、注1を参照。

12　イサク・レオ・ゼーリヒマンは、アムステルダムの書誌学者、歴史家でシオニストだったジークムント・ゼーリヒマンの息子。一万八〇〇〇冊を超える、ジークムント・ゼーリヒマンのよく知られた広範な蔵書は、一九四一年に略奪され、RSHAの蔵書に組み込まれ、ボヘミアへ疎開されていた。

13　エルサレムの古書店バンベルガー&ヴァールマンは、一九四七年に、プラハ・ユダヤ博物館の書籍から、他のユダイカおよびヘブライカと引き換えに、およそ一〇〇〇冊を受け取った。

（1）「タカノート」はヘブライ語「タカナー」の複数形。「タカナー」は「改善する」から派生した名詞で、ユダヤ教徒の生活を律する「ハラハー」が時代の変化などで個別的な状況に合わない場合、ラビがそれを「改善」して、信徒共同体の成員に正当な規則を課した。

［**66**　アーレントからショーレムへ
ニューヨーク、一九五〇年三月三一日
ユダヤ文化再興財団用箋］

一九五〇年三月三一日

ゲルショム・ショーレム博士
ヘブライ大学
パレスチナ、エルサレム

〈親愛なるショーレム様――

ちょうどいま肝心の手紙を見つけることができずにいるのですが、あなたからのその手紙に感謝します。どういうわけか行方不明になったのですが、きっとまた出てくるでしょう。私はたったいま帰ってきました、あるいは、つい先ほど、です。書類といわゆる緊急事項の山の外に、自分の鼻先だけを突き出しています。それらがここで私を待っていて、いまや私を埋もれさせたのです。

　そんなわけですから、取り急ぎです。
1　同封物をご覧になりましたか？[1]　説明くださるか、解決策を教えていただけませんか？　ドイツでの私たち自身のマイクロフィルム化計画のために、私はもちろん関心がありますし、私たちが重複する努力をしようとしていることになっていないか、心配しています。どうかできるだけ早くご連絡ください。
2　あなた、もしくは〔ヘブライ大学の〕図書館は、これまでミュンヘンのコズマン・ヴェルナー・コレクションに含まれる、インキュナブラと古い印刷物に関する印刷物のリストを受け取られましたか？[2]　ヘブライ大学は関心がありますか？　全部で一三点あるのですが、もしリストを受け取っておられないなら、どうぞ急いでご連絡ください。
　ゼナートアにお伝えください、こちらに戻ってようやくあなたの手紙に気付きました、すぐに返事をするつもりです、と。そして彼にどうぞよろしくお伝えください。

《シャローム、(1)シャローム！》〔ヘ〕

ハンナ。〔手書き〕
ハンナ・アーレント
事務局長〉〔英〕

〔NLI、JCRのアーカイヴ。原本。タイプライター原稿〕

1　同封物――おそらく、計画されていたイスラエルでのマイクロフィルム化計画に関する、通信社「ユダヤ通信局（JTA）」による記事と思われるが、ショーレムの遺品からは見つかっていない。ショーレムと他の人々からの提案に応えて、一九五〇年三月にイスラエル政府は「ヘブライ語手稿研究所」を設立し、世界中のあらゆる現存する歴史的に重要なヘブライ語手稿をマイクロフィルムに撮影することを決定した。ここから、こんにちの「〈エルサレム・マイクロフィルム化されたヘブライ語手稿研究所〉〔英〕」が生まれた。
2　コズマン・ヴェルナーの蔵書は、ミュンヘン・イスラエルの民・祭式共同体の蔵書であり、多数派信徒共同体のラビ、コズマン・ヴェルナーにちなんで名づけられた。それは約二五〇〇冊のヘブライカとユダイカであり、そのなかには数点の初期の印刷物が含まれており、さらに約一万冊の小冊子と雑誌から成っていた。ナチス時代、蔵書のごくわずかな部分は旧ユダヤ人墓地に隠されていて、救出することができた。一九四九年に、JCRは、かつての信徒共同体図書館に由来する、二二〇冊の雑誌、六二冊の書籍、一三点のインキュナブラと古い印刷物を確認した。

（1）ヘブライ語でもっとも一般的な出会いもしくは別れの際の挨拶。原義は「平安あれ」。

［67 ショーレムからアーレントへ
エルサレム、一九五〇年四月六日］

一九五〇年四月六日

ハンナ・アーレント博士、事務局長
ユダヤ文化再興財団
ニューヨーク州、ニューヨーク市二三
ブロードウェイ一八四一

〈親愛なるアーレント博士、

もうすでにニューヨークにお戻りになり、不幸にも私が出席することのできない、理事会への報告の準備をされていることと思います。しかし、この手紙のなかで提起しなければならないと私が感じている問題が、あなたやバロン教授のお力で、会議で注目されるよう願っています。

私が気にしているのは、ドイツでの作業に関して、ヴィースバーデンにいるローヴェンタール博士の最新の報告から間接的に知っているある事実です。それらの報告によれば、ドイツで収集されているアーカイヴ資料は即座にニューヨークへ送られることになります。[1] その報告のいくつかから私が理解するところでは、ユダヤ宗教学院の図書館の一部として建設予定の記念図書館に、この資料を組み込もうと計画している人がいる、ということです。[2] その際の論拠はしかし、ドイツ・ユダヤ人の歴史に関する書籍およびユダイカのきちんとしたコレクションがJIR〔ユダヤ宗教学院〕に集められるべきだと私たち全員が同意した、ということです。とはいえ、このコレクションのために、私たちが一点しか存在していない資料（これは疑いもなく手稿やアーカイヴ資料に当てはまることです）に対する優先権を放棄すべきだとするいかなる提案も、ヘブライ大学にはこれまで届いていません。申し訳ありませんが、この問題に関して私は一度も尋ねられたことがありません。ヘブライ大学の立場が、関係者全員に明確になることがとても大事だと考えています。アメリカへ輸送されるアーカイヴ資料は、アメリカの機関の立場でのみ決定が下される問題ではありませんし、私たちと協議せずになされる決定を私たちは望んでいません。なぜその資料がまずイスラエルへ送られなかったのか、私は理解できません。それを合衆国へ送る技術的な必要性を考慮することはできますが、そのことは、その資料をヘブライ大学へ配分するよう求める大学側の原則的な主張を変えるものではありません。そのなかのあるものを諦めるよう私たちに求められるとすれば、関係する他の諸機関と友好的に同意するために、こちら側の善意がきっと必要となるでしょう。どこか一カ所へ配分することが可能な資料があります。たとえば、ダルムシュタット・アーカイヴは、私たちの要求の不可欠な部分を成すものと、私たちは考えています。[3] あれは一八世紀初頭以降の重要なドキュメントを含んでおり、分割されるべきではありません。他の地域に由来するアーカイヴがあれば、その特徴に関して見解をまとめることのできる、何らかの説明書を受け取りたいと思います。ヘブライ大学は、そうしたコレクションの割り当てに関して、思慮深い提案であればどんなものでも同意することができるでしょう。しかし、こうした事柄が、配分委員会のように、私たちが出席していない委員会で決定されることには、同意いたしません。[4] それゆえ、理事会が、ヘブライ大学が不可欠と考えている手稿資料に関して、大学側の優先権を認める決議をするよう提案します。当然これは、イスラエルとアメリカの両地で保管しておくために、マイクロフィルムでそれらの資料すべてのコピーを作成するという提案を退けるものではありません――その事業がＪＣＲ〔ユダヤ文化再興財団〕によって決定され、資金提供がなされるのだとすれば。私たちは疑いなくそのような手続きに異論はありません、大賛成です。

問い合わせていた発送される稀覯本の運命について、それ以上の報告は受け取っていません。もしあなたが、何が起きたのか、そして私がこのまえの手紙で提案しておいた友好的な歩み寄りの精神で、ラビのキーフとともにこの問題に取り組まれたかどうかを知らせてくだされば、心より感謝申し上げます。[5]

最後に、議論しておきたい点があります。あなたは、メルゼブルクのアーカイヴに関するベルリンとのやり取りに言及しておられます。[6] このメルゼブルクの出来事がとてもデリケートな問題であることを、きっと理解されていることでしょう。しかし、ほとんど疑いの余地なく、この件に関してはＪＣＲによっていかなる前進もなされ得ないでしょう。《ドイツ人民共和国》〔独〕当局が、形式的にはアメリカ的性質を持つＪＣＲに、そうした資料が譲渡されるのを許可することはないでしょうから。彼らはその点をきわめて明確にしました。もしその資料を手に入れる何らかの希望が残されているとすれば、イスラエルにとってのみでしょう。エルサレム・シオニスト中央文書館がこれらの交渉を担当していますが、私が恐れているのは、まったく何も入手できないということが、競合によって得られる唯一の成果に終わる可能性です。それは、私たちがプラハで経験したのと同様の事態です。ただし、反アメリカの政策方針がより率直に語られるようになって以来、政治状況がいっそう不安定になり始めたという点を除けばですが。[7] それゆえ、この件に関して、JCRが単独で対策を講じないよう提案します。JCRの単独行動は、ロシア人〔ロシア〕当局、あるいは偽‐ロシア人〔東ヨーロッパ〕当局を警戒させることでしょう。ベルリンからのあなたの報告を読んで、重要人物、すなわちユリウス・マイヤー氏に会われていないことが分かりました。私たちが移送を成し遂げるよう試みているのはまさに彼をつうじてですし、彼の助力を得るならこの計画が良い結果に終わることを十分な根拠をもって望むことができる、と私は思います。残念ながら、ラビのシュワルツシルトはこの件全体において、まったく非協力的であることが分かりました。しかしそれは、彼が一人のアメリカ人として、このような問題において実質的な影響力を有していないということなのかもしれません。

近いうちにお便りをいただければ幸いです。

あなたとバロン教授に心からの挨拶を

あなたの誠実なる、〉〔英〕

G・ショーレム教授

〔NLI、JCRのアーカイヴ。カーボン紙による写し。署名のないタイプライター原稿〕

1　ローヴェンタールは、「調査報告14」（一九五〇年一月）と「調査報告17」（一九五〇年二月）で、いくつかの価値あるアーカイヴ資料が、ニューヨークへの移送のためにとって置かれていると報告していた（NLI, Arc 4° 793/299）。

2　どうやらアーレント自身がこの提案を行っていたようである。一九四九年一二月一九日に行われた、理事会の臨時会議の議事録にはこうある。「〈《総合文書館のアーカイヴ資料》〔独〕はエルサレムに送られるだろう。その一方、他の都市のアーカイヴ資料は、アーレント博士の〔報告にある〕提案に従って、ドイツ・ユダヤ人の記念図書館に収蔵されるべきである〉〔英〕」（NLI, Arc 4° 793/288）。「〈記念図書館〉〔英〕」については、第53書簡、注3を参照。

3　ダルムシュタット・イスラエル人信徒共同体の文書館は、ヘッセン州のユダヤ人社会の歴史に関する豊富な資料を有していたため、学問的にとくに価値のあるものと見なされていた。ユダヤ人信徒共同体は、そのアーカイヴ資料の一部を、ベルリンの「総合文書館」に譲渡していた。残された資料は、戦争中に、ゲシュタポによって押収され、ゲシュタポは迫害を目的としてその時点での戸籍を取り出した。戦争終結に際してダルムシュタット城の地下室で発見された「歴史的」資料は大部分、ＪＣＲに譲渡された。

4　ニューヨークでは、ＪＣＲのさまざまな委員会が設置されていた。そのなかには「〈配分委員会〉〔英〕」もあって、そこには、諮問委員会と同様、アメリカ・ユダヤ人機関の代表者だけが出席していた。

5　ショーレムの提案は、「〈稀覯本〉〔英〕」をまずはイスラエルに送ったのちに、そこから分割を行い、ラビのキーフとの取り決めに従って権利を申し立てている残りの場所へ送るというものだった（第64書簡と第65書簡を参照）。

6　メルゼブルク倉庫は、ポツダム中央文書館の支所であって、そこには「ドイツ・ユダヤ人総合文書館」のアーカイヴ資料の一部が保管されていた（この時点まで徒労に終わっていた、総合文書館のアーカイヴ資料をめぐる努力に関しては、第65書簡を参照）。ヴィースバーデン倉庫の指揮官ローヴェンタールの報告によれば、アーレントのドイツ訪問との関連で、ヴィースバーデンと他のさまざまなドイツの機関とのあいだで広範な手紙のやり取りが始まったが、とりわけ、総合文書館に由来する歴史的資料を有していたために、ポツダム中央文書館とのやり取りは活発だった（ローヴェンタール「調査報告17」一九五〇年二月――NLI, Arc 4° 793/288）。

7　チェコスロヴァキア当局との面倒ごとに関しては、第65書簡、注11を参照。

［**68**　ショーレムからアーレントへ
エルサレム、一九五〇年四月九日］

一九五〇年四月九日

ハンナ・アーレント博士
ユダヤ文化再興財団
ニューヨーク

親愛なるハンナ様、

三月三一日付のあなたの手紙が届いたとき、三日前にあなたに発送した、公的な性質の速達便に添えるつもりだった手紙もまだ手元にあることにちょうど気づきました。そのため、私はそれら二つの事柄を結びつけて一緒に綴ることにします。

手稿のマイクロフィルム化をめぐるＪＴＡ（ユダヤ通信局）の報道に関する問い合わせについて――私は、政府とその件を話し合うことになっている委員会の一員であって、そこではアサフとヴォルマン博士とともに大学を代表することになっています。いままでのところ会議はまだまったく招集されていません。とはいえ私たちは、近日中にそのような会議が行われるのを期待していますし、大学側ではすでに、私たちの提案する、この件において取られるべき方針の基本線を議論しました。このことから果たして何かが生まれるか、あなたに言うのはまだ尚早です。というのも、それは完全には見通せない二つの要因次第だからです。すなわち、費用の問題つまりは大蔵大臣と、私たちがこの件で関わりを持つだろう飛び切りの堅物のラビ、マイモンです。当然のことながら、JCR〔ユダヤ文化再興財団〕の活動と、政府によって計画された活動が重ならないように注意します。もっと詳しいことが分かれば、あなたにお知らせします。

私たちは、コズマン・ヴェルナーのインキュナブラ・コレクションのリストを持っていませんので、もちろん、それを可能な限り早く入手したく思っています。まえもってあなたにはこの件でお礼を申し上げておきます。

さて、さらに公的な手紙として——そちらで生じているアーカイヴ資料の問題を調整するうえで、あなたの援助を期待しています。率直に申し上げて、その問題の展開が私には不明瞭です。私が一員となっていない、配分のための委員会とやらで、私たちが合意しておらず、その根拠が不可解な決定が下されたのは本当でしょうか？　一九四九年一月にこの件に関して、一方的には撤回され得ない一つの原則的な決定が下されたあとですから、二重の意味で不可解です。[1] 私にとってはこの件についてはすべてが不可解です。もちろん、もっとも不可解なのは、事柄全体にまえもって方向を与える性質をもった一歩が取られたことです。この件がどれほど自分たちに関わる事柄と私たちが感じているか、あなたは理解してくださっていると確信しています。

また、あなたが不在のおりに、私がJCRに送った法律上の問い合わせへの返事を配慮してくださると、ありがたく思います。それは、ベルリンのユーディッシャー・フェアラークの以前の所有者の恥知らずな要求によって必要となったのでした。[2] 私は、ベン＝ホリン氏から、法律の専門家たちに問い合わせます、と知らせを受け取っただけで、それ以降は何も聞いていません。私たちにとって重要なのは、公表されている記録に基づいてそちらで事態がどう判断されるかを知ることです。どうか私が送る書類を一度あなた自身でご覧になってください。

ヨーロッパでの最後の数週間について、あなたが書かれた最終報告のようなものを近いうちに読むことができると思っています。[3] あなたはひょっとすると夏にもう一度行かれるつもりですか？　場合によると私は九月の初めにパリでの歴史家会議に出席することになるかもしれませんので、もしかすると私たちが落ち合うことも可能かもしれません。

いずれにせよ、公的な手紙で問い合わせた質問に対するあなたの個人としての考えを私に知らせてくだされば幸いです。実際、理事会の議事録は啓発的とは言えず、そこから実際の状況について何も推察することができません。実際の議論のイメージを、もしそれが行われていたとするならば、教えていただけると、たいへんありがたく思います。速達でこの手紙を送りました。開催される理事たちの〈会議〉〔英〕の俎上に、この問題が正式に載ることが私にとって重要だからです。

差し当たり、心を込めて
あなたの
G・S

［NLI、JCRのアーカイヴ。カーボン紙による写し。タイプライター原稿］

1　決議については、第51書簡、注7を参照。

2　ナチによって接収されたユーディッシャー・フェアラークのかつての所有者だった、ジークムント・カツェネルソンは、一九三一年四月にパレスチナでジューイッシュ・パブリッシング・ハウスを創設していた。彼はその出版社で、とりわけ自らのベルリンの出版社の本を刊行していた。彼は次のこと、すなわち、救い出された、持ち主不在の書籍から、JNULが以前のベルリンの出版社から出された数多くの書籍を受け取り、それをイスラエルのさまざまな機関へ転送しようとしていることに対して、異議申し立てを行った。一九五〇年二月八日に、ゲルショム・ショーレムは、「訴訟屋」ジークムント・カツェネルソンの権利請求について法律上の相談に乗ってくれるよう、ザーロ・バロンに願い出ていた(以下の写し——NLI. Arc 4°793/288)。カツェネルソンはおそらく、ドイツからの本の供給過剰によって、イスラエルで出版されている本の売れ行きが危うくなると考えて、JCRはこれらの書籍の法的に正当な所有者ではないとすることで、自分の異議申し立ておよび危うい自分の法的措置の根拠としていた。「〈ナチスに由来する書籍を押収することで得られた所有は、「合法的に」獲得されたものではありません〉〔英〕」。さらに彼はこう述べている。著作権に関しては、ただ合法的に移送された書籍に限って売却や譲渡等々もなされ得ると定められており、非合法な措置によって獲得された大量の書籍がイスラエルの公衆のもとに現われるのは不当な競争と見なされ得ることであって、阻止されねばならないだろう(一九五〇年一月一八日付のカツェネルソンのシュナミ宛書簡——NLI. Arc 4°793/288)。

3　アーレントは、一九五〇年四月一二日に最終報告「〈私のドイツへの派遣に関する報告〉〔英〕」を提出した（本書「関連資料」四六五頁を参照）。

［**69**アーレントからショーレムへ
ニューヨーク、一九五〇年四月一三日
ユダヤ文化再興財団用箋］

一九五〇年四月一三日

G・ショーレム博士
ヘブライ大学
パレスチナ、エルサレム

〈親愛なるショーレム様――

四月六日付の手紙を受け取りました。アーカイヴ資料に関するあなたの推測はすべて間違っています。これまでにどのような決定もなされていません。そのため、数カ月前と同様いまでも、ショーレム教授の手紙がハンナ・アーレント博士に宛てて書かれることは、まったく不要でした。

1　アーカイヴ資料――いままでのところJCR〔ユダヤ文化再興財団〕は、ダルムシュタットのアーカイヴのみを受け取ってきました。その他のアーカイヴ資料は、主にバイエルン州からですが、JRSO〔ユダヤ人返還継承機関〕を介して要求されてきました。こうしたアーカイヴ資料から最終的にどれほどのものが私たちの手に入るのか、私たちにはまだ分かりません。差し当たり、いかなる輸送も計画されていません。ローヴェンタールは到着次第アーカイヴ資料を受け取ること、そして、差し当たりそれに関して何もしないことを、命じられています。

アーカイヴ資料の最終的な扱いは、二つの要因次第でしょう。(a)イスラエルが首尾よく《総合文書館のアーカイヴ資料》〔独〕を手に入れれば、理事会のメンバーのあいだに、各信徒共同体のアーカイヴ資料はアメリカに向かうべきとする感情が生じるかもしれません。数週間前の諮問委員会の会議のあいだ、私は、そうした〔イスラエルの〕努力の結果はかなり疑わしいと説明しました。(b)二つ目の要因ですが、アーカイヴ資料の特別な性質を考慮して、理事会の多くのメンバーは、分配が書籍や美術品のように行われるべきではなく、それらの記録の価値は一つの機関へ集中できるかどうかにかかっている、と感じています。もちろん、このことは《総合文書館のアーカイヴ資料》〔独〕および信徒共同体のアーカイヴ資料が一つの機関へ送られるべきだということを意味しません。しかしながら、私たちがどれほど多くのアーカイヴ資料から、どういった種類の記録を最終的に受け取ることになるのかを知らない限り、分配に関するあらゆる議論は早計だと思われます。

国外に発送されるまえに、ヴィースバーデンのアーカイヴ資料をマイクロフィルム化するのが望ましいという、諮問委員会のメンバーの合意もありました。その場合、ある国の一つの機関が原本を受け取り、別の国の別の機関は完全なマイクロフィルム一式を受け取るべきだと。ここで述べられていた国々とは、もちろん、イスラエルとアメリカです。

2　稀覯本――ラビのキーフとヘブライ大学のあいだには、対立する要求はほんのわずかしかありません。したがって、いますぐに、問題となっているわずかな資料を最初にニューヨークに送るか、それともイスラエルに送るかを決めるのは、重要ではないでしょう。それは技術的な問題ですし、あなたが提案したような方法でヴィースバーデンにおいて対処され得るかどうか、私にはまだ分かりません。要するに、私たちは一つか二つの資料のために、箱の包みを開け、それを包み直すことはしたくないのです。

3　メルゼブルクの件――この問題に関してはあなたが正しいです。ローヴェンタールは私の留守中に手紙を書きました。私も、東側の役人たちがJCRと接触することには、まったくもって反対です。あなたとユリウス・マイヤーとの交渉がうまくゆくように願っています。

私はあなたの手紙をバロン博士に見せますが、これまで述べた理由により、今回の会議で理事会にこの件を提示する必要はないと考えています。私は分配の決定に関してヘブライ大学が意見を求められておらず、重要な地位にいないという事例をただの一つも聞いたことがありません。このことは今後も変わらないでしょう。

心からあなたの、
ハンナ・アーレント〔手書き〕
ハンナ・アーレント博士
事務局長〉〔英〕

同送――バロン博士
ブラットバーグ博士
サルペーター氏

［NLI、JCRのアーカイヴ。原本。タイプライター原稿］

［**70** アーレントからショーレムへ
ニューヨーク、一九五〇年四月一八日
ユダヤ文化再興財団用箋］

一九五〇年四月一八日

G・ショーレム博士
ヘブライ大学
パレスチナ、エルサレム

〈親愛なるショーレム様――

四月九日付の手紙、ありがとうございました。ユダヤ機関の執行部に宛てた、同封の私の手紙の写しをどうかご覧ください。[1] ゲーリング博士が、私が目にしていないナルキスの報告について、ニュルンベルクのＪＲＳＯ〔ユダヤ人返還継承機関〕に手紙を書きました。[2] しかしながら、私はドイツで見つかった絵画に対するナルキスの査定額〔五万ポンド〕は完全な間違いであると証明されたことを、あなたにお伝えしたく思います。私が知る限りでは、そのコレクションは現在五千ドルから一万ドルと見積もられていますが、この数字については私が間違っているかもしれません。[3] 売却するにせよしないにせよ、この件に関して誰も格別幸福でないことは、あなたに保証してもよいでしょう。

マイクロフィルムの作業について、引き続きご連絡ください。

インキュナブラのリストについての同封物をどうぞご確認ください。私はまだそれをニューヨークの司書たちに見せていません。近いうちにＨＵＬ〔ヘブライ大学図書館〕から希望リストが届くものと期待しています。

アーカイヴ資料〔の問題〕は差し当たり《解決済み》〔独〕と考えています。

《ユーディッシャー・フェアラーク》〔独〕――これまでのところまだ法的な助言を受け取っていませんが、そのことを関係者に思い出させているところです。

この間に私の最後の「調査報告」と理事会への報告を受け取っておられると思います。[4] これまでどおり、どうかあなたの印象を詳細に知らせてください。

お願いですから、アーカイヴ資料のことは心配なさらないでください。第一に、私たちはまだそれを受け取っておりません。第二に、厄介ごとが起こるのは、エルサレムが《総合文書館のアーカイヴ資料》〔独〕を手に入れた場合だけでしょう。

アーカイヴ資料についてのもう一つの質問――もとはバンベルクで難民だったベンヤミン・オーレンシュタイン氏

という人物が、一九四六年にバンベルクの《州立文書館》〔独〕の館長から、書籍、祭具、トーラーの巻物、そして《驚くなかれ》〔独〕、一六五八年から一九三八年にわたる記録の三一〇のフォルダー、一八一四年から一八七六年の信徒共同体の二九巻のアーカイヴ資料、そして誕生、死没、婚姻についての大量の登録簿を受け取ったのです。ドイツで、私は《バイエルン州連盟》〔独〕〔バイエルン・イスラエルの民・祭式共同体連盟〕の関係者たちから、オーレンシュタイン氏がこのコレクションを持ってドイツを離れた、と聞きました。とうとう私たちは、とても苦労してですが、現在カナダに住んでいるオーレンシュタイン氏と連絡を取ることができました。彼は、すべてのアーカイヴ資料はミュンヘンの《歴史委員会》[5]〔独〕をつうじてイスラエルに送られたと私たちに書いてきました。二四の信徒共同体にくわえて都市の文書館に由来する何万という記録について、彼は話題にしています。これらの資料がどうなったか、何か情報をお持ちですか？　あるいは、どこでならせめてその情報を探る試みができるでしょうか？

どうぞよろしく、
〔心から〕[6]あなたの、
ハンナ〔手書き〕
ハンナ・アーレント

事務局長〉〔英〕

同封物——インキュナブラ
ゲーリング宛の手紙の写し

〔NLI、JCRのアーカイヴ。原本。タイプライター原稿〕

〔同封物1〕

一九五〇年四月一八日

H・ゲーリング博士
ユダヤ機関執行部
パレスチナ、エルサレム
私書箱九二

〈親愛なるゲーリング博士——

カッツェンシュタイン博士が、博士に宛てたあなたの三月二六日付の手紙の写しを送ってくださいました。ユダヤ人の文化遺産の調査のために、ドイツに一〇人からなる一つのチームを送り込む計画に言及した手紙です。

私もちょうどまったく同じ目的のためにドイツでほとんど四カ月を費やしました。私は三つの西側地区とベルリンを訪問し、三つの地区それぞれの調査結果について、詳細な報告を書きました。

ナルキス博士の三つの論点に対する私の印象は、次のとおりです。(1)[1]ユダヤ文化再興財団はユダヤ的な性質を持つユダヤ人の所有物を要求するだけだが、シュナミ博士の助言に従い、私はある例外を設けた。すなわち、かつてアメリカ軍事当局は、オッフェンバッハの倉庫から、非ユダヤ的な内容の書籍およびユダヤ人の名前と無関係の書籍を一〇万冊以上、ヘッセン州政府に譲渡した。一般的なドイツ文学と、特別な価値を持たないものを含むこれらの書籍は、現在フランクフルトのエッペルスハイマー博士の管理下に置かれている。その大部分は、所有権について確認できない。適切な請求者へ返還後、引き取り手のない書籍はドイツの図書館に譲渡されることになっていた。これらの書籍は間違いなくかつてのユダヤ人の個人資産であることから、その五〇パーセントはJCR〔ユダヤ文化再興財団〕に返却されるべきである、という暫定的な合意に、私とエッペルスハイマー教授は達した。

2　ドイツの物質的な状況(建物の破壊、戦時中の隠し場所からの大量の資料の返還、人員の大掛かりな入れ替え)のために、最終的にどれくらいの資料が見つかるのか予測することはいまだ不可能である。箱の開封には、多くの場合、何年もかかるだろう。とはいえ、あたかも書籍よりも多くのアーカイヴ資料や多くの祭具が救い出されたように見えるのは、概して次の理由による。すなわち、ドイツ・ユダヤ人の書籍コレクションがいっそう厳格にベルリンに集中させられる一方で、シナゴーグの銀製品やアーカイヴ資料は、もっと頻繁に地方の機関に紛れ込んでいたのである。

ドイツの諸機関から今後まだ期待し得る書籍の量に対するナルキス博士の楽観主義を、不幸にも私は共有することができません。状況は、簡潔には以下のように思われます。国外のユダヤ人コレクションから区別されたドイツ・ユダヤ人のコレクションは、ベルリンにあるゲシュタポの異なったいくつかの倉庫に厳重に集められた。私たちが期待できるのは、何らかの奇跡によって、この集中化を逃れた資料のみである(こうした奇跡はハンブルクで生じた)。ベルリンの資料は、一部は東ドイツとチェコスロヴァキアの戦時中の隠し場所に置かれ、一部はベルリンの東側地区に位置するドイツの図書館のなかへと消え去った。

3　大部分は物質的な状況によるとはいえ、他にも技術的かつ心理的な理由のために、私たちはドイツ人の善意にかなりの程度依存していること、その他のどんな調査方法も役立たないことを、私はいまでは以前よりもいっそう確信している。ほんの二つ例を挙げてみよう。(a)ナチ体制の時代にユダヤ人の押収物が保管されていたバイエルン州のいくつかの文書館を発見するのに、私たちの図書調査員は四週間以上もの激務を要した。バイエルン州の文書館の、最高責任者へのたった一通の手紙が、その調査員の「発見」を網羅した、そういう場所のおそらく完全なリストを返信としてもたらした。(b)私は、どのような探偵的な方法も用いることなく、さまざまな博物館の館長との連絡を通じて、貴重なフランクフルトの芸術コレクションを発見した。

ＪＲＳＯ〔ユダヤ人返還継承機関〕が取り戻した絵画については、ユダヤ機関の代表たちが満場一致で賛成したニューヨークのＪＲＳＯの決定が、この間にもナルキス博士には知らされていることと思います。不幸なことに、絵画は大部分、過大評価されていました。イスラエルから要求されている何枚もの絵画は、イスラエルに運ばれるでしょう。

結論として、一〇人チームの派遣がそれにかかる費用を正当化するだけの発見にいたるかどうかは、議論の余地のある問いである、と言わせていただきたく思います。連合国当局たちが見つけることができなかった、おそらくまだ存在していて、旧ＳＳたちがひた隠しにしている、そういう隠し場所を、組織だった調査が見つけだす可能性は、もちろん、常に存在しています。とりわけ、イギリス占領地区内のそうした隠し場所の存在について、私は耳にしたことがあります。

この情報が、あなたの目的のために役立ちますことを祈りつつ、

私の、
心からの敬意とともに、
ハンナ・アーレント
事務局長〉〔英〕

同送 カッツェンシュタイン様
ショーレム様

〔ＮＬＩ、ＪＣＲのアーカイヴ。カーボン紙による写し。タイプライター原稿〕

〔同封物2〕

一九四九年一二月一三日
ミュンヘン・イスラエルの民・祭式共同体の〈コズマン・ヴェルナー蔵書に含まれている、インキュナブラと初期の印刷物の目録〉〔英〕

1 『〈地球の形と天上の星々の姿〉〔ヘ〕』

著者　R・アブラハム・バール・ハイヤ
セバスティアン・ミュンスターによるラテン語への翻訳
バジーリア〔バーゼル〕
一五四六年

2　『〈トーラーに関する注解〉〔へ〕』（聖書注釈。イザヤ書）
著者　ラダク＝ラビ・ダヴィド・キムヒ[2]
ソンチーノ
一四八五年

3　『〈トーラーに関する注解〉〔へ〕』（聖書注釈。エゼキエル書）
著者　ラダク＝ラビ・ダヴィド・キムヒ
ソンチーノ
一四八五年

4　『〈五巻の巻物[3]の注解〉〔へ〕』（聖書注釈）
著者　ドン・ヨセフ・ベン・ダヴィド・ヤヒヤ
ボローニャ
一五三七―一五三八年

5　『〈ぶどう酒の価格[4]〉〔へ〕』
著者　レム＝ラビ・モーゼス・イッセルレス[5]
クレモナ
一五五九年

6　『〈星座の知恵〉〔へ〕』
著者　――
セバスティアン・ミュンスターによるラテン語への翻訳
ラヴェッド＝アブラハム・ベン・ダヴィドによる「世界の秩序（小）[6]」の縮約版を含む
バーゼル
一五二七年

7　『〈トーラーに関する注解〉〔へ〕』（聖書注釈、エレミヤ書）
著者　ラダク＝ダヴィド・キムヒ
ソンチーノ
一四八五年

8　『〈知恵の始まり〉〔へ〕』
著者　エリヤ・デ・ヴィーダース
ヴェネツィア〔ヴェニス〕
一五七九年

9　『〈雅歌注解〉〔ヘ〕』
著者　エリシャ・ガリコ
ヴェネツィア
一五八七年

10　『〈神の業〉〔ヘ〕』
著者　ドン・イツハク・アブラバネル
ヴェネツィア
一五九二年

11　『〈トーラーに関する注解〉〔ヘ〕』
著者　ラダク＝ラビ・ダヴィド・キムヒ
ソンチーノ
一四八六年

12　『〈トーラーに関する注解〉〔ヘ〕』
著者　ラルバグ＝ラビ・レヴィ・ベン・ゲルション(7)
マンチュア〔マントヴァ〕
一四七六―八〇年

13　『新約聖書のシリア語訳』
アントヴェルペン〔アントワープ〕
一五七五年〔印刷　クリストフ・プランタン〕
〔NLI、JCRのアーカイヴ。写し。タイプライター原稿〕

1　エルサレムの「〈ユダヤ機関執行部〉〔英〕」で賠償部門の副代表を務めていたハインツ・ゲーリング博士宛ての同封の書簡のなかで、ユダヤ人の文化遺産をさらに発見するために一〇人からなる一団をドイツに派遣するという彼の提案に対して、アーレントは自分の意見を述べている（この手紙への同封物を参照）。

2　ゲーリングからのJRSO宛ての手紙およびベツァレル博物館の館長ナルキスの報告は確認されなかった。

3　ミュンヘンの「〈芸術品中央収集所〉〔英〕」（第63書簡、注4を参照）を綿密に調査した際、ナルキスがユダヤ人に由来すると判断した約七〇〇点（他の情報では約一〇〇〇点）の芸術作品が見つかり、ニュルンベルクのJRSOに送られた。比較的古い絵画のうち三五点はベツァレル博物館に運ばれたが、一方、残された芸術作品は、もし所有者が見つからなければ売却することに決まった。一九五〇年五月と一九五一年五月の売却で獲得された価格は、ナルキスの見積もりを遥かに下回った。売れ残った絵画は、のちにイスラエルへ送られた。

4　「調査報告18」（一九五〇年二月／三月）と「〈私のドイツへの派遣に関する報告〔最終報告〕／一九五〇年四月一二日の会議に向けて／理事会に謹んで提出します〉〔英〕」（本書「関連資料」

四五三頁以下を参照)。

5　ミュンヘンのユダヤ人難民たちは、一九四五／一九四六年に、〈中央歴史委員会〉〔イ〕を創設した。それは、迫害や絶滅、また破壊されたユダヤ人信徒共同体の歴史についての、証言や記録を収集する委員会だった。アメリカ占領地区の難民収容所で多数の支部を持っていたミュンヘン歴史委員会は、バンベルク州立文書館からゲシュタポが押収していたバンベルクとバイロイトの信徒共同体のアーカイヴ資料、およびもっと小さな地域の信徒共同体のアーカイヴ資料を入手した。一九四九年に委員会が解散したとき、委員会はその資料をイスラエルに譲渡した。

6　抹消されている。

(1)　この「(1)」はあとの「2」、「3」と対応しているものと思われる。

(2)　「ラダク」は、称号および名前の頭文字を並べた通称。

(3)　「五巻の巻物」(ヘブライ語で「フマッシュ・メギロート」)は、聖書のうち、雅歌、ルツ記、哀歌、伝道の書、エステル記を指す。

(4)　『ぶどう酒の価格』はエステル記の注解書。

(5)　「レム」は、称号および名前の頭文字を並べた通称。

(6)　「世界の秩序(小) Sejder Olam Suta」は九世紀ごろに成立したとされる、匿名の作者によるユダヤ人の年代記。「世界の秩序(大) Sejder Olam Rabbah」と対比させて、そう呼ばれている。

(7)　「ラルバグ」は、称号および名前の頭文字を並べた通称。

71 ショーレムからアーレントへ

エルサレム、一九五〇年四月三〇日

［エルサレム、ヘブライ大学用箋］

一九五〇年四月三〇日

ハンナ・アーレント博士
事務局長
ユダヤ文化再興財団
ニューヨーク州、ニューヨーク市二三
ブロードウェイ一八四一

〈親愛なるハンナ様、

四月一三日付と一八日付の手紙、ありがとうございました。アーカイヴ資料の件で私たちの抱いていた危惧が誤解に基づくものだと知って、とてもうれしく思っています。私たちは到着する資料に関するあらゆる問題をこの件の実情に応じて取り上げるつもりです、とたいへん満足した気持ちで書き記しておきます。いままでのところ、ミュンヘンのイスラエル領事からの手紙を除けば、「《総合文書館のアーカイヴ資料》〔独〕」について信頼できるニュースはありません。その手紙には、ファイルがミュンヘンに送られる予定であるとすでにベルリンから聞いたと記されていました。[1]このことは、そのファイルが実際に移送中であればとても大きな意味を持ちますし、たんにもっともらしい意図のお知らせであれば何の意味もないでしょう。しかし、ドイツ側の担当役人が、資料がイスラエルに送られるという見通しをもって、ベルリン信徒共同体に引き渡されるのを強く望んでいますので、物事が正しい方向へ進む可能性が実際にあるかもしれません。

このこととの関わりで、バンベルク州立文書館についてのあなたの質問にお答えしたく思います。私はその問題に取り組みました。資料はミュンヘンの歴史委員会によってイスラエルに引き渡され、《ヤド・ヴァシェム》〔へ〕に委ねられたと思われます。[2]いまでは、あなたもご存知かもしれないように、《ヤド・ヴァシェム》〔へ〕は死産児です。それは、ヒトラーの戦争で亡くなったユダヤ人たちの記念館を設立するための中央機関として計画されたものでした。また、ヒトラーのもとでのユダヤ人の歴史に関する記念図書館と文書類のコレクションを作る目的も備えていました。私たちはいつもこの事業全体にきわめて懐疑的であり、発起人たちの法外な夢に反対してきました。なされてきた唯一のことは、目下の件に関して言えば、害のあることばかりです。どんなことがあっても彼らに送られるべきでなかった資料が、かなり無責任な仕方で、機能しなくなった機関に譲渡されたのでした。実際のところ、いまとなっては相談相手はいませんし、そのファイルをどこに行けばきちんと見つけ出すことができるかという捜索の問題に、一緒に取り組める人たちもいません。私たちは、ファイルをヘブライ大学および歴史協会の歴史文書館へ送るという考えをもって、この混乱状態を解消できるよう試みるつもりです。いまこのときにもなお、まだ持ち出されていない歴史委員会からの文書の箱がハイファ港には一二個もあるということです。事柄全体が不合理です。私たちがこの件に関して何かできるかもしれないときに、私の注意をそちらに向けてくださり、うれしく思います。しかし、こちらで私が知る限り、ミュンヘンからの資料に主に含まれているのは、ここ四年のあいだミュンヘン委員会によって収集された記録や目撃者の証言です。あなたが聞かされたように、本当にそれらが二四の信徒共同体から集められた何万もの文書にあたるのか、私はとても疑わしく思います。[3]

興味深い報告、まことにありがとうございます。もしあなたが、いわゆる非ユダヤ系の資料の五〇パーセントに関して、エッペルスハイマーとの交渉を望ましい形で決着できれば、すばらしいことでしょう。[4] 九月にフランクフルトに行くことで、何かお手伝いできることがあるでしょうか？　その時までには、関連する原則についてきっと何らかの決定が下されているでしょう。ドイツ側が書籍を私たちに引き渡す決定をした場合、書籍の選定のできる者がドイツには誰かいますか？　この資料のなかのとても多くの書籍が、オリエント学者向けの文献であるかもしれないと、強い危惧を抱いています。そうした文献を私はオッフェンバッハで目にしましたが、私の抗議にもかかわらず、ユダヤ的なものに含まれたり分類されたりはしませんでした。もちろん私たちには、ドイツの小説やその類いのものを一冊すら移送することに関心はありませんが、他にとてもたくさんの貴重な資料がきっと存在することでしょう。

私たちはローヴェンタール博士から、問い合わせていた稀覯本と、こちらに配分されたブレスラウとベルリンの資料がイスラエルに移送中であると報告を受けました。それを聞き、私たちはとてもうれしく思っています。

あなたとバロンの注意を、あるきわめて遺憾なインタビューに向けていただきたく思います。バーナード・ヘラー博士が、ドイツでの彼の活動に関して、〔『〕イディッシュ・フォルヴェルツ〔』〕(五〇年二月一二日号)で答えるのにぴったりと考えたインタビューです。[5] この人物はとんでもないバカ者のようです。私たちは、イスラエルに移送されたバルト諸国関連の書籍に関する彼の発言に、とても不快感を抱いています。[6] バルト諸国関連のコレクションの問題がきわめて繊細なものであり、どんな形でも公表されるべきでないことは理解されていましたし、この人物もそのことについて弁えておくべきだったでしょう。私たちは、それらの書籍を、約束の期間が終わるまで、開封せず、いかなる騒ぎも起こさずに、保管しておく予定でした。いまでは、ヘラー博士は、関心のある資料のためにニューヨークでイディッシュ語新聞を読み漁っているかもしれないロシア人たちに、手がかりを与えてしまいました。彼らがやってきて、私たちが保持しているとされている、ロシア領域に由来する書籍の権利を主張することで、私たちを厄介な状況に追い込むかもしれません。これらの領域に関して、イスラエルと合衆国が取っている外交上の立場は、同じではありません。そうなれば、もちろん私たちはすべて否定するでしょう。新聞はたくさんの嘘をつくことができるものです。しかし、ヘラー博士がこの種の事実を漏らすことで犯した無思慮に関して、ＪＣＲ〔ユダヤ文化再興財団〕がヘブライ大学に代わって抗議の意を示すべきであると思います。

マイクロフィルムの問題をあなたのメモで提案されている形で取り上げ、政府委員会が召集されるならば、そこで議論の俎上に載せるつもりです。[7]会議の日程を確定するよう私たちが繰り返し要求しているにもかかわらず、これまで何も行われていません。しかし、あなたの詳細なご提案を手にしてとてもうれしく思っています。私たちはきっとそれについて結論を出すでしょう。概して私たちは、通常の大きさで複写したい気持ちが強いのですが、もちろん、あなたが提案されているやり方にも多くの利点があります。

H・ゲーリング氏へのあなたの手紙に関して、彼と話しました。探索の仕事のために、ドイツに一〇人からなる一団を派遣する考えは、私にはまったく不適切だと思われます。ドイツに隠されている資料を突き止めるうえでは、多少ともあなたと意見を共有している旨、彼に明確にしておきました。彼には以下のように述べて、彼も同意しました。すなわち、目下の状況でもっとも正当と考えられるのは、試験的に六カ月から九カ月間、一人ないしは二人を派遣することであり、それも、バーンスタイン氏のようなタイプの人間ではなく、[8]アカデミックな地位にあって、ドイツ語を自由に使いこなせ、責任を持ってドイツ当局と協議でき、たとえ友好的ではないにしても、少なくとも相互の信頼を築けるであろう人物を派遣することが前提である。そうした信頼なしには、何事も得ることはできないから、と。もちろん、たとえ機関〔ユダヤ機関〕が費用を進んで負担してくれたとしても、問題は適切な人物を探すことでしょう。ゲーリングは、何かする際には、事前に私と相談すると約束してくれました。[9]

きょうはこれで十分でしょう。最後に、ベルト・ブレヒトについてのあなたの最新の論考を、この上なく満足して読んだことを伝えさせてください。[10]ベルリンで彼と会われましたか？　私は会いました。[11]実に風変わりな人物です。彼とヴァルター・ベンヤミンの原稿について話しました。しかし、彼にとって、もはや自分の偉大さを称揚することのない故人には用がない、ということは明らかでした。『ノイエ・ルントシャウ』と『デア・モナート』の両方が、少なくとも五〇パーセントはユダヤ人によって書かれているのはどういうことか、と考えてしまいます。

心を込めて、あなたの、

ゲアハルト〔手書き〕

ゲアハルト・ショーレム

追伸　コズマン・ヴェルナー蔵書のインキュナブラについて、シュナミがローヴェンタールにすでに手紙を書いたことを、あなたに伝え忘れていました。リスト全体のなかか

ら私たちが要求していたのは、図書館に所蔵していない四ないし五巻だけだと思います。〉〔英〕

G・S

［スタンフォード大学図書館（SUL）のバロン用箋。原本。「〈バロン教授へ／返却をお願いします〉〔英〕」とアーレントの手書きのメモがあるタイプライター原稿］

1　ミュンヘンのイスラエル領事エリアフ・リヴネーは、イスラエル国家の代表として、一九四八年から一九五三年のあいだアメリカ軍政府へ派遣されていた。

2　パレスチナにおけるユダヤ人の自治政府、国民評議会〈ヴァアド・レウミ〉[1]〔へ〕の発議で、一九四六年に、ディアスポラの地の破壊された信徒共同体と虐殺されたユダヤ人のために研究と追想を行う場所「〈ヤド・ヴァシェム〉〔へ〕」（記念碑と名前[2]）を設立する委員会が生まれた。〈ヤド・ヴァシェム〉〔へ〕はとりわけ、ヨーロッパにおけるユダヤ人絶滅の研究のための、博物館、文書館、図書館、会議や教育の場となる予定だった。一九四八年から一九四九年にかけて生じた戦争により、その発議は効力を失い、一九五三年になってようやく、再提起された。

3　さまざまなユダヤ人歴史委員会や類似した自発的な団体によってヨーロッパ全土で収集された文書や体験者の証言は、〈ヤド・ヴァシェム〉〔へ〕文書館の核となっているが、それらにくわえて、ミュンヘン歴史委員会の庇護下にあった、バンベルク、バイロイト、さらにもっと小さな地区の信徒共同体のアーカイヴ資料も一九五〇年にイスラエルに届いた。ショーレムの提案に従って、それは、こんにちの「〈ユダヤ民族史中央文書館〉〔英〕」（CAHJP）である「〈ユダヤ人歴史総合文書館〉〔英〕」（JHGA）に収蔵された。

4　アーレントは、ドイツへの旅のあいだに、およそ一〇万冊から一五万冊の、持ち主が特定できない書籍について、ハンス・ヴィルヘルム・エッペルスハイマーと協議した。それらの書籍は、一九四九年春にオッフェンバッハの〈合衆国の倉庫〉〔英〕が閉鎖される際、合衆国軍当局がJCRではなく、ヘッセン州へ引き渡したものだった。合衆国当局は、それらの書籍の内容が「非ユダヤ的」であるために、その元来の所有者がユダヤ人たちだったということを議論の出発点にしていなかった。協議のなかで（「調査報告18」のアーレントの説明によれば）フランクフルト図書館館長エッペルスハイマーは、これらの書籍の五〇パーセントをJCRに譲渡することで同意した。

5　»Jewish Books and Religious Articles Found in the Hand of Nazis«, in: ***Forverts***. 12. Februar 1950, S. 8.

6　アメリカ合衆国はソビエト連邦によるバルト諸国の併合を承認していなかったので、合衆国当局は、自らの占領地区で発見された、バルト地域に由来する押収書籍を、ソビエト連邦に引き渡さなかった。しかし、資料をもとの所有国に返還するという、一九四五年の夏以来行われてきた政策に対するこの例外的措置は、公然となされたのではなかった。これに関するソ連当局からの申し立ては、一九四六年以降、もはや議論の対象とならなかった。このような理由で、「バルト・コレクション」と名付けられた蔵書が、一九四九年七月にJCRの監督下に入った。それはおよそ二万九〇〇〇冊の書籍であって、そのうち約二万冊がユダヤ人のコレクションだった。このことによって、合衆国当局は、場合によっては書籍を返還できるように、本を特定可能な持ち主ごとに整理し、その持ち主を探し出し、書籍類を二年間にわたってきちんと保管しておく、という義務を負うことになった。一九四九年の終わりに、所有者が特定可能な一万六三四六冊の書籍の入った一三六個の箱が、パリのジョイントの倉庫に届けられた。所有者が探索されているあいだ、それらの書籍は一九五一年八月までその場で保管されることになっていた。そのほか、所有者が特定できないかあるいは、その時点でイスラエルに在住している所有者の書籍、一万二四一八冊の詰まった七八箱が、イスラエルへ送られた。この本の移管が事前に知れ渡ったことがショーレムを不安にさせた。

7　おそらく、アーレントによって書かれた「〈一九五〇年四月一二日の理事会に提出する、ドイツでのマイクロフィルム化に関する覚書〉〔英〕」(NLI, Arc 4°793/288)のこと。

8　モルデハイ・バーンスタインのこと。第52書簡も参照。

9　ハインツ・ゲーリングは当時、〈イスラエルのためのユダヤ機関〉〔英〕で働いていた。

10　Arendt, »Der Dichter Bertolt Brecht«, in: *Die neue Rundschau*, 61 (1950), Nr. 1, S. 53-67.

11　この訪問についてブレヒトはあるメモを残している。以下を参照 —— Schöttker / Wizisla, *Benjamin und Brecht*, Abb. 37.

（1）「ヴァアド・レウミ」はヘブライ語で「国民会議」の意。

（2）「ヤド・ヴァシェム」はヘブライ語で「記念碑（ヤド）と名前（シェム）」の意。

72　アーレントからショーレムへ

ニューヨーク、一九五〇年五月五日

[ユダヤ文化再興財団用箋]

一九五〇年五月五日

G・ショーレム博士
ヘブライ大学
パレスチナ、エルサレム

〈親愛なるショーレム様——

あなたは私のモンバートの蔵書についての報告を覚えて

おいでしょう。[1]不幸にも、あのコレクションは返還を要求され、JCR〔ユダヤ文化再興財団〕の準備が整う数週間前に、モンバートの姪のもとへ返還されました。いまは、蔵書はカールスルーエにあって、クララ・フォーゲル夫人（G・B〔グレート・ブリテン〕、ウェールズ、ランダフ＝カーディフ市、ヘンドレガーデンス通り、グリーン・リー）が所有しています。蔵書は売りに出されています。モンバートの友人の一人で、一九四〇年に、ゲシュタポが公開オークションで売却しようとするのを防いだリヒャルト・ベンツ博士によれば、その蔵書は四〇〇〇冊から五〇〇〇冊より成っていて、主な分類は以下のとおりだそうです。

ほぼ完全な定期刊行物のコレクションを含む、ドイツ詩およびドイツ文学

ドイツ哲学

現代文学、大半が謹呈されたもの

英訳されたインド宗教

旅行記のすばらしいコレクション、その多くが稀覯本初版のバッハオーフェンなど、神秘主義的文献

ギリシア音楽についてのわずかなコレクション

私は、大学が興味を持つかもしれないので、念のためにこのような詳細を書きとめました。興味がおありでしたら、フォーゲル夫人と直接連絡を取られるのが最良の方法です。

あなたの、

ハンナ。〔手書き〕

ハンナ・アーレント

事務局長

ちょうどいまあなたの四月三〇日付の手紙を受け取りました。感謝します。バロンはすでに、ヘラー問題について、ヘラー氏と取り掛かりました。私たちも取り掛かられました――驚きに。〉〔英〕

〔NLI、JCRのアーカイヴ。タイプライター原稿、手書きによる追伸〕

1　「調査報告12」（本書「関連資料」四二五および四二六頁を参照）で、アーレントは、フランスへの国外追放ののちスイスに逃れ、一九四二年にその地で亡くなった、法律家で作家のアルフレート・モンバートの蔵書の行く末について報告した。戦後、英国へ移住した彼の姪で相続人のクララ・フォーゲル＝グートマンは、大半がヨーロッパ文学と歴史に関する、書籍と手書き草稿を譲り受けた。彼女は後に、書籍をカールスルーエのバーデン州立図書館へ何度かに分けて譲渡した。

［73　アーレントからショーレムへ
ニューヨーク、一九五〇年六月二日
ユダヤ文化再興財団用箋］

一九五〇年六月二日

G・ショーレム博士
パレ〔スチナ〕、エルサレム
アバルバネル通り二八

〈親愛なるショーレム様――

四月三〇日付の手紙と、《総合文書館》〔独〕の資料およびバンベルクの資料に関する情報、ありがとうございました。

現在、エッペルスハイマーの管理下にある資料について言えば、どうしてあなたはそこにオリエント文献やその他の貴重資料が含まれていると思われるのでしょうか。エッペルスハイマーは私に、これらの本の大多数は近代ドイツ小説とグンドルフのような「学術的な」書籍などであると語りました[1]。

ヘラー――問題となっているインタビューは、私たちの知らないうちに掲載されました。私がそれに気づいたのは偶然でした。つまり、事務所に新聞は届かなかったのです。私はすぐさまバロンに電話し、彼はヘラーに抗議しました。数日後、私はニュルンベルクのJRSO〔ユダヤ人返還継承機関〕からの抗議文を受け取り、それをヘラーに転送しました。私自身、彼に電話を掛け、手紙を書きました――当座はこれで十分だと思います。

次の月曜の理事会ではマイクロフィルム計画に関してあらためて議論することになりますが、見通しはよくありません。私は、二〇万ページにおよぶ手稿のネガフィルムのために三万五〇〇〇マルクの予算を提案するつもりです。ポジフィルムについては、この国でなら中央ドイツ・マイクロフィルム協会が私に提示した金額よりも安く行うことができます。JRSOが私たちにマルク予算を認めてくれるかどうかきわめて疑わしいですし、追加のドル予算を別の出所から得なければならないのは、ほぼ確実です。けれども、このマイクロフィルム化の作業は、ゆくゆくはJCR〔ユダヤ文化再興財団〕によるユダヤ人の文化生活に対するもっとも継続的な貢献であることが明らかとなるでしょう。とくに、私たちがドイツをたんに出発点として見なして、一種の回転資金〔少なくとも費用の一部を返済してくれる世界中の受け入れ図書館〕をつうじて、オーストリア、イタリア、場合によってはフランスにある手稿資料をマイクロフィルム化できれば、なおさらそうです。

ヴォルマン博士は私に、エルサレムにいるあなたがたがＪＲＳＯとドイツ当局とのあいだのどの包括協定にも文化財が含まれないように望んでいる、と書いてきました[2]。実は、フェレンツ氏は、ニューヨークにいたときに、文化財を含める可能性を話に出していたのですが、私たちはその点の議論はしませんでした。あなたがたの不安は分かりますが、あなたがたに次のことを指摘したいと思います。

１　もしＪＲＳＯとドイツ政府とのあいだで包括協定が実現するなら、それはドイツにあるＪＲＳＯの事務所がたちまち撤退することを意味しているだろう。そのことはさらに、もはや後継機関がドイツの諸機関の手中にある文化財を要求できなくなることを意味するだろう。

２　ＪＲＳＯは、予算上の理由からＪＣＲの活動を終結させることを切に望んでいる。私たちはこの年末までの予算を持たせるのでぎりぎりの状態である。たとえ仕上げの仕事を来年にまわすことがあり得るとしても、おそらくこれがドイツでの作業のための最後の予算となるだろう。

言い換えますと、包括協定に代わるものは何でしょうか？――包括協定が明らかに文化財にとって良策でないとはいいえ。さらに言えば、あなたがたはドイツの公的な諸機関にあるユダヤ人が所有していた資料の質も量も、過大に評価しているのではないか、と私には思われます。

あなたがたに現状がどうなっているか理解していただけるように、最近あったＪＲＳＯの執行委員の会議でのことを話させてください。この会議では、おそらくＪＲＳＯがフランス占領地区で後継機関として承認を得るだろうと報告されました。最初のいくつかの作業のためにどんなにわずかのドルであれ支払うことに強力な反対がありました。つまり、ＪＲＳＯがフランス占領地区で後継機関となるのを望むかどうか、疑わしく思われたのです。こうした最近の展開すべての背景にある理由は、きわめて単純です。ドイツに「相続人のない」ユダヤ人の資産はほとんど存在せず、およそすべての資産がしかるべき経路をつうじて要求されてきた、ということです[3]。

『ジン・ウント・フォルム』に復刻された形で掲載された、ベンヤミンのボードレール論をご覧になりましたか[4]？　私はブレヒトには会いませんでしたし、彼を好ましく思ったことは一度もありません。さらに彼は、明瞭な政治的理由から、『ルントシャウ』の私の論考にきっと憤慨しているに違いありません。

あなたの〉〔英〕
ハンナ。〔手書き〕
ハンナ・アーレント

［NLI、JCRのアーカイヴ。原本。タイプライター原稿。手紙の左下の余白に、アーレントによる以下の手書きのメモ——「〈この手紙の二枚目の写しをヴォルマン博士に郵送〉〔英〕」］

1　ベンヤミンの論考「ゲーテの親和力」における、文学研究者フリードリヒ・グンドルフ（アーレントはハイデルベルクで彼の講義も受けていた）に対する激しい批判を参照——*Gesammelte Werke* I-1, S. 125–201.〔『ベンヤミン・コレクション1』四一—一八四頁〕

2　ここで言及されている「包括協定」に関する交渉については、第62書簡および第62書簡、注12を参照。

3　フランス占領地区では通常、旧ユダヤ人信徒共同体の資産は、ユダヤ人の戦後信徒共同体のものとなり、相続人のない他のユダヤ人の資産は、連邦諸州の「〈共通基金〉〔仏〕」に流れ込んだ（第63書簡、注9を参照）。度重なる抗議ののち、一九四九年の秋以降、ユダヤ人代表らと新しいフランス民政とのあいだで、旧フランス占領地区でJCRに類似した後継機関が認められるべきかどうかをめぐる交渉があった。一九五二年に、ユダヤ信託会社〈フランス支部〉〔仏〕が発足した。

4　ヴァルター・ベンヤミンの「ボードレールにおけるいくつかのモティーフについて」は、一九四九年に以下に掲載された——*Sinn und Form* Heft 4. 1. Jahrgang. S. 5–47.「復刻された形で掲載された」というアーレントの指摘は、おそらく『ジン・ウント・フォルム』がこのテクストに関する社会研究所との——ブレヒトも周知の——いくつかの論争を指摘することなく、『社会研究誌』に掲載された版をそのまま印刷したことに関連している。

［**74**　ショーレムからアーレントへ
エルサレム、一九五〇年六月七日］

一九五〇年六月七日

ハンナ・アーレント博士、事務局長
ユダヤ文化再興財団
ニューヨーク

〈親愛なるハンナ様、

あなたとヴォルマン博士、シュナミ氏のあいだで、いくつかの保留問題が解決を求められつつあること、了解しました。私はそれらの問題に立ち入る必要はありませんが、他の事柄についてあなたに報告しておきたく思います。

モンバートの蔵書についてのお知らせに感謝します。購入しなければならないのであれば、私たちがそれに関心を持つことはあり得ません。ドイツ語文献は私たちの優先順位のなかで高位を占めていません。私たちがドイツ語で所持しているのと同じだけ、他の文献でも所持できるように、神がなしたまわんことを。

　マイクロフィルム化のプロジェクトに関しては、提案に沿って進めることをJCR〔ユダヤ文化再興財団〕の会議で決定したものと思います。その場合私には、計画されている一式について各一部をイスラエル国家が取得したい旨、宣言する公的な資格が与えられています。いま、首相および教育大臣との会合を終えて、利用可能なヘブライ語の手稿テクストすべての写真コレクションを作成する準備を進めることが決定しました。政府およびヘブライ大学の代表からなる「ヘブライ語手稿の撮影のための委員会」が、この問題の扱いに関して責任ある組織となるでしょうし、政府によって割り当てられる予算の管理を負うことになるでしょう。写真それ自体――写真と撮影装置とマイクロフィルム――は、政府の委託によって大学が保持することになります。私たちは一人の専門家を指名しますが、その人物が政府の役人の資格でこの問題全般に関わります。それとは別にもう一人の専門家を私たちは指名するつもりです。そちらは、手稿が写真に撮影されるべき場所へ旅する役割を果たすことでしょう。

　もしもJCRがドイツでのマイクロフィルム化のプログラムに踏み出すのでしたら、私たちはそちらに参加し、私たち自身で別個の形で着手することはしません。私は計画の詳細を知りたいですし、実行のための人と機材が八月ないしは九月までには準備が整うのかどうか、情報を得たく思います。八月に私はヨーロッパに滞在し、九月一〇日以降は自由の身でしばらくドイツに行くこともできます。そのころまでに作業が進んでいれば、私自身が出かけて計画がどんな具合に実行に移されているか、確認するのが望ましいかもしれません。その間に、他の国々、とくに人民民主主義の国々〔共産党の支配する東欧圏〕で、同じ作業のための準備を進めてゆくでしょう。

　スイスに向けて、エルサレムを八月一五日ごろに発つつもりでいます。ドイツへ行くのか行かないでおくのか、決定するために、計画の実行についての詳細を十分にお知らせいただければ幸いです。

「《総合文書館のアーカイヴ資料》〔独〕」に関して私たちは情報を得ていません。何か知らせが入れば、すぐにあなたにお伝えします。

心からあなたのものである、〉〔英〕

G・ショーレム。

［NLI、ショーレムの遺品。カーボン紙による写し。タイプライター原稿］

75　アーレントからショーレムへ

［ニューヨーク、一九五〇年六月一五日
ユダヤ文化再興財団用箋］

一九五〇年六月一五日

G・ショーレム博士
ヘブライ大学
イスラエル、エルサレム

〈親愛なるショーレム様――

六月七日付のお手紙をありがとうございます。あなたは、一週間かそれくらいのうちに私たちの前回の理事会会議の議事録を受け取られ、私たちのマイクロフィルム計画の予算は承認されたが、金銭に関する限りJDC〔アメリカ・ユダヤ合同分配委員会、ジョイント〕とユダヤ機関が私たちを拒絶した、ということがお分かりになるでしょう。また、私たちが現在、アメリカの基金の一つから補助金を得ようとしていることもお分かりになるでしょう。私たちは、二万五〇〇〇ドルを申請するつもりで、そのときにはドイツだけでなく、少なくともオーストリア、イタリア、フランスでもマイクロフィルム化を行うつもりです。

私たちは、財政上の困難にもかかわらず、少なくとも私たちのドイツでのマイクロフィルム計画を実行するために、必要なあらゆる対策を講じるつもりです。七月には、マイアー・ベン＝ホリンをドイツに派遣します。彼はヘブライ語（ヘブライ大学のかつての学生です）を知っていますし、多かれ少なかれ私たちのドイツでの全活動に携わることになるでしょう。[1] 私たちは、フランクフルトのジャーマン・ドキュメンテーション・サービスにネガフィルムの作製を依頼しようと計画しています。一方、ポジフィルムはこちらのセントラル・マイクロフィルミング社によって印刷されるでしょう。これが事を進めるのにもっとも安価な方法と思われます。

ベン＝ホリン氏はドイツに渡り、ヘブライ語手稿が利用可能かどうか（すでに包みが解かれているか、など）を調査します。もし、あなたが九月にドイツにいることができれば、そのときまでには私たちはそれぞれの場所の資料の状態を把握しているでしょうから、まさしくすばらしいのですが。

もちろん私たちは、何よりもまず、ミュンヘン、ハンブルク、フランクフルト、ベルリンの手稿コレクションのことを考えています。私の情報が正しければ、ベルリンの手稿は現在、マールブルクとゲッティンゲンにあるはずです。[2] フランクフルトの手稿の一部は、返還協定をつうじてニューヨークの私人に売却されました。[3] 私たちはそれらの手稿をこちらでマイクロフィルム化できるかもしれません。私は、レーヴィ・コレクションを含むハンブルクの手稿をこの目で見ました。それらはすべて揃っているように思えました。[4] ミュンヘンでは、すべての手稿——およそ四〇〇点近く——が救い出されたと伝えられました。[5]

他の大学図書館にある手稿について、もしあなたが手元にあるはずの暫定リストから、私たちの見落としていた機関のリストを作成してくださるなら、たいへんありがたく思います。

新たに生じた別の問題があります。マルクスは、聖書手稿のマイクロフィルム化が賢明なことかどうか疑問を感じ、ハンブルクのためのシュタインシュナイダーのカタログのうち、次の品目を除外することを提案しました。[6]

1-13, 15-30, 36, 39, 43, 44, 47, 49, 50, 54, 58, 59, 61, 62, 63-66, 70-82, 100, 157, 159, 161-165, 167-168, 172, 174, 200, 221, 223-24, 226-28, 235-45, 252(?), 254, 259-62, 268-81, 298, 311, 315, 317, 322B, 331, 337, 338-351;
スペイン語およびポルトガル語(?)、352, 354, 355.
H・B・レーヴィ——4, 7, 9, 17, 26, 28-34, 40, 64-67, 80-92, 99, 103, 107, 108, 110, 111, 116, 117, 119, 125, 139, 140, 141, 142, 143, 164-167.

こちらでは、ドイツの文書館にあるユダヤ部門のカタログを写真複写することも含めて、全部で二〇万ページの手稿になると私たちは考えています。

もし、イスラエル政府が人民民主主義の諸国で同種の仕事をなし得るならば、たいへん価値のあることでしょう。忘れないでいただきたいのは、マイクロフィルムの一式を合衆国のユダヤ系の図書館や一般の図書館に「売る」可能性があるだろう、ということです。シンシナティ[7]、ユダヤ神学校、ニューヨーク公共図書館が「顧客」となることは、ほぼ確実だと分かりました。

予約してくれる図書館からの支払いで費用の一部を補塡する可能性についてはまだ十分調べていませんが、私たちの予算策定のうえでは、回転資金の範囲で考えてきました。言うまでもありませんが、イスラエル国家が全一式の写しを引き取り、(おそらく)その費用負担も引き受けると聞いてうれしく思います。

感謝をこめて
あなたのものである

ハンナ〔手書き〕

ハンナ・アーレント

ちょうど、ドイツから次の情報を受け取りました――

(1)ベルリンのヘブライ語手稿――これらは一式として一つの場所に入れられておらず、さまざまな品目が他の手稿とともに別々の場所に入れられていた。そのため、それぞれの手稿の所在を明確にしなければならない。

(2)あなたはファルンハーゲンのアーカイヴ資料がシレジア〔シュレージエン〕に送られ、それがどうなったのか誰も知らないことを知って、関心を持たれるだろう。おそらくあなたもご存知のように、そのアーカイヴ資料には解放初期におけるユダヤ人たちの書簡が相当数、含まれていた。[8]〉

〔英〕

ハンナ〔手書き〕

〔NLI、JCRのアーカイヴ。原本。タイプライター原稿〕

1　マイアー・ベン＝ホリンは、一九五〇年の夏に、宙吊りの問題を解決するために〈現場責任者〉〔英〕としてニューヨークからドイツとオーストリアに派遣された。その問題には、JCRのマイクロフィルム計画が可能かどうか調査すること、そのための試験的な撮影を実施することが含まれていた（ベン＝ホリン「調査報告21」一九五〇年七月／八月――NLI, Arc 4. 793/288)。

2　ベルリンでは、プロイセン州立図書館のオリエント部門がヘブライ語の手稿と印刷物の膨大なコレクションを有していた。それらはとくに、その図書館の司書であり、ユダヤ学者で、ヘブライ書誌学の創始者でもある、モーリッツ・シュタインシュナイダーの取得したものを基盤としていた。戦時中、州立図書館の蔵書は、数々の倉庫に分散されていた。第二次世界大戦後、西側にあった州立図書館の蔵書の大部分はマールブルクへ集められ、それによって西ドイツ図書館が設立された。オリエント部門のヘブライ語の手稿は、一九四八年以降、テュービンゲン大学の図書館に収蔵された。ヘブライ語の印刷物を含む、オリエント部門の他の部分は、戦時中にシュレージエンに疎開させられていた。

3　フランクフルト市立図書館の手稿コレクションは、ヨーロッパでもっとも有名なヘブライカおよびユダイカのコレクションの一つだった。このコレクションは一九世紀後半に、とりわけフランクフルトのユダヤ人たちの支持によって作り上げられた。国民社会主義時代には、ヘブライカおよびユダイカの全コレクションは、アルフレート・ローゼンベルクのものとして、フランクフルトの「ユダヤ人問題研究所」に委ねられることになった。ユダイカが戦争を生き延びたのに対して、ヘブライ語の書籍のほぼすべてが焼失した。そこには、世界に一つしかない貴重な手稿も含まれていた。ヘブライ語の手稿コレクションに関して、戦後、差し当たり知られていたのは、展示されていた書籍が救い出されたということだけだった。これらの八八冊の救出された展示書籍は、一九五〇年に三者間での交換の対象となった。フランクフルト出身のニューヨークのレーヴィ一族は、フランクフルトの不動産所有者として市の側から――都市計画の措置に従って――補償金を受け取る権限を有していた。この一族は、金銭の支払いに代えて、市立図書館に由来するヘブライ語の手稿を受け取ることを求めた。それゆえ、図書館は市から金銭を受け取ることになり、それを新規購入のために用いることができた。四月に市がその提案に同意したのち、中世後期に成立したきわめて価値のある、多くの挿絵が描かれた手稿を含む八八の手稿が、ニューヨークに渡った。――六〇年代の初頭に、焼失したと思われていた残りのヘブライ語の手稿が、図書館の書庫として利用されていた地下壕で再発見された。

4　ハンブルクでは、かつてのハンブルク市立図書館である州立大学図書館が、ヘブライ語の手稿コレクションを有していた。それらの手稿は、一部は一三世紀にまで遡るものだった。それらは、戦時中の広範囲にわたる図書館の破壊を生き延びた。その資料には、ここで言及されているハンブルクの弁護士、H・B・レーヴィの所有していた、一七七点の手稿コレクションが含まれていた。

5　世界でもっとも貴重な手稿に属するバイエルン州立図書館の手稿コレクションは、ほどんと無傷で第二次世界大戦を生き延びた（第62書簡、注13を参照）。

6　『ハンブルク市立図書館のヘブライ語の手稿目録』は、モーリッツ・シュタインシュナイダーによって一八七八年に、したがって、一九〇六年にH・B・レーヴィ・コレクションが獲得されるまえに、公刊されていた。

7　〈アメリカ・ユダヤ文書館〉〔英〕（AJA）は、一九四七年にシンシナティのHUCのキャンパスに開設された。

8　戦時中にシュレージエンに持ち出されたプロイセン州立図書館のオリエント部門の一部とともに、一九三三年以前にアーレントが研究していたファルンハーゲン・フォン・エンゼ夫妻の手書きの遺稿もまた疎開させられた。その遺稿は、こんにち、クラクフ大学のヤギェウォ図書館にある。

［76　ショーレムからアーレントへ
エルサレム、一九五〇年六月二六日］

一九五〇年六月二六日

ハンナ・アーレント博士、事務局長
ユダヤ文化再興財団
ニューヨーク州、ニューヨーク市二三、
ブロードウェイ一八四一

〈親愛なるハンナ様、

あなたの六月一五日付の手紙を受け取りました。取り急ぎ、返答します。最初に思い起こしていただきたいのは、およそ五カ月前にJCR〔ユダヤ文化再興財団〕が持ちかけられていた法律上の問題です。それは、元はベルリンの「《ユーディッシャー・フェアラーク》〔独〕」、現在はエルサレムのジューイッシュ・パブリケーションにいるカツェネルソン博士の著作権要求に関わるものでした。この問題のすべての法的な側面について、もとより、私たちは詳しい見解をいまでは有しておくべきです。イスラエルの他の諸機関が強く求めている多数の書籍を含むこの問題を、どうか忘れないでください。

このまえの理事会会議の詳細を私はお待ちしています。マイクロフィルム化のプロジェクトに関しては、どうやら誤解があって、深刻な重複を来たしそうだと私は認めなければならないようです。JCRはフランス、イタリア、オーストリアを含むつもりだ、とあなたは書いています。フランスとイタリアに関してはJCRがこの領域にどうして関わり合わねばならないのか、私には分かりません。イスラエル政府が計画しているマイクロフィルム化のプロジェクトはあらゆるところのヘブライ語手稿を含むことになる、と私はあなたに申し上げました。それは東ヨーロッパの国々に限定されたものには決してならない、ということです。東ヨーロッパでは、実際のところ、達成されるものはごくわずかにとどまりそうです。ロシアの手稿は当面、利用できませんし、チェコスロヴァキアとポーランドにはほとんど残っていません。ルーマニアには価値のあるものはまったくありませんでした。こうしてこの活動は、ハンガリーでの作業に多少とも集中することになるかもしれません――ハンガリーでは、ブダペスト・ラビ神学校〔ブダペスト全国ラビ神学校〕の人々によって、とにかく作業がなされるかもしれませんから。イスラエルに移住するときに、蔵書のすべてとともに手稿の原本を移動させられない場合には、すべてのマイクロフィルムを携えてゆく、と彼らは私たちにすでに語っています。

政府によって設立されるこの部門は、この問題に関する一人の専門家の責任に委ねられますが、ベン＝ホリン氏は論外です――彼がほかにどんな才覚をそなえていようと。ですから、JCRがドイツのプロジェクト、場合によってはオーストリアのプロジェクトに取り掛かるのであれば、それだけにとどめておいて、その他の部分はイスラエル政府の活動と財務責任に委ねておくべきだと思います。イスラエル政府は、進んで会計負担を負い、政府として、この作業の全体を政府の外交的な活動と見なそうとしているようです。

フランクフルトの手稿の一部がニューヨークの個人に売却されたというあなたの知らせに私たちは多大な関心を寄せ、また興味深く思っています。あなたが入手されている限りの詳細な情報を私に知らせてください。その人物はニューヨークの誰で、どんな手稿を手に入れたのですか？　私がフランクフルトに滞在していたときには、ヘブライ語の手稿は、ショーケースのなかのもの以外はすべて焼失したと聞かされました。それが本当なら、返還協定は、たとえ価値の高いものであったとしても、ごくわずかの手稿だけを対象とするはずです。

ベルリンにあったヘブライ語の手稿の大半はテュービンゲンとマールブルクにあり、シレジア〔シュレージエン〕に送られたものがあったとしてもごくわずかですし、もちろん、クラクフ大学のコレクションのなかに発見できない限り、当面は失われたものと見なされます。

さて、私の移動に関して——私は、おそらく八月一七日に、スイスに向けてイスラエルを発ちます。アスコナでのエラノス会議[1]に出席しなければならないでしょうから、ベルンの連合国許可事務所を訪れて、ドイツのヴィザが取得できるかどうか、確認する時間はないでしょう。その場合には、直接パリに向けて発ち、二、三日だけパリにも滞在するでしょう。ドイツに行って、九月一〇日ごろにベン＝ホリン氏と会うのが望ましいと判明するようなことがあれば、私のヴィザの手配を連合国許可事務所もしくはアムステルダムのアメリカ領事館を相手にしなければなりません。アムステルダムには九月三日から一〇日まで滞在することになりそうです。昨年の経験からすると、アメリカ当局にとっての「緊急事例」という口実を使って私の入国許可を得ようとしても、何はともあれＪＲＳＯ〔ユダヤ人返還継承機関〕の難民では意味なしでした。それは無駄話そのものでした。ですから、ＪＣＲの副代表として私がＪＣＲのためにドイツに短期滞在できる許可証を取得できるよう、ＪＣＲで主張いただければと思います。あなたのほうから許可証を手配しようとしてくださる場合にそなえて、私のパスポートの必要なデータを下に記しています。あなたの手助けが得られるなら、私がアムステルダムに着いてすぐにその許可証を利用できる準備を整えることができるはずです。ベン＝ホリン氏と出会ううえでは、アムステルダムやパリでの会合を手配するよりも、ドイツで、望むらくはフランクフルトかハンブルクで出会うほうがもちろんよいでしょう。とにかく、私たちのあいだで協力のための実際上の歩みがなされ、個人的な出会いが実現すれば、私はうれしく思います。

私はまた、ドイツに行く場合には、その旅費として一〇〇ドルをJCRに支出いただくことを提案します。そのお金はアムステルダムの私のところにお送りいただきたく思います。

敬意をこめて
心からあなたのものである、
G・ショーレム教授。

追伸　アムステルダムでは両替が困難という事態に私は直面するかもしれない、と忠告を受けました。したがって、むしろ、お金は八月二〇日に利用可能なように、スイスにお送りください（アスコナ、オルガ・フレーベ〔＝カプタイン〕夫人方、カーサ・ガブリエラ）。もしくは、ベン＝ホリン氏に、私たちが会ったときに支払うよう指示しておいてください。〉〔英〕

［NLI、JCRのアーカイヴ。カーボン紙による写し。タイプライター原稿］

1　前年の夏、ショーレムははじめてエラノス会議で講演を行い、以来、一九七九年まで毎年会議に参加し続けた（これについては、ショーレムの回想「同一化と距離」を参照）。オルガ・フレーベ＝カプタインが、C・G・ユングとルドルフ・オットーの援助のもとで、アスコナ近郊、マッジョーレ湖岸の「カーサ・ガブリエラ」で一九三三年にはじめた会議は、宗教、精神世界、人間学やその他の領域に関する包括的な問題設定をそなえた、分野を越えた講演プログラムによってよく知られていた。午前中に講演がなされる一方、たいていは一〇日間にわたった会議は、講演者間の、また招待された人々との意見の交換に費やされた。それらの講演は、『エラノス年鑑』の形で、最初はスイス・ライン・フェアラークから、その後はインゼル・フェアラークから、出版された。

77

アーレントからショーレムへ
ニューヨーク、一九五〇年七月七日
［ユダヤ文化再興財団用箋］

一九五〇年七月七日

G・ショーレム博士
ヘブライ大学
イスラエル、エルサレム

〈親愛なるショーレム博士——
六月二六日付のあなたの手紙に急いで返事します。といいますのは、これから四週間の休暇なのです。もし、私に連絡を取りたいと思われることがありましたら、住所は以下の通りです。マサチューセッツ州、マノメット、S・フランク夫人方。

私は、バロン博士とあなたの手紙について話し合いました。彼は、イスラエル政府が本当にマイクロフィルム計画を実行するつもりならば、JCR〔ユダヤ文化再興財団〕はそこから完全に手を引く方がいいだろうと考えています。結局のところ、これは私たち自身の活動から脇道にそれた展開に過ぎませんし、それに出資するのに多大な困難を抱えることになるでしょう。とはいえ、ベン゠ホリン氏はドイツにいるあいだにおそらくハンブルクの手稿を手始めとして、予備撮影を実行するでしょう。私たちの経験をあなたがたに活かしていただければと思います。

ニューヨークでのフランクフルト手稿の売却に関しては、ニューヨーク州、ニューヨーク市、ブロードウェイ三〇八〇、ユダヤ神学校、アレクサンダー・マルクス教授と連絡を取ることをお勧めします。私が知っているのは次のことです。すなわち、八八点の手稿がフランクフルト市によってかつてフランクフルトにいたニューヨークのレーヴィ氏なる人物に売却された。その売買は、フランクフルト行政当局とレーヴィ氏とのあいだの返還協定として行われた。私は彼がどの手稿を受け取ったのか知りません。エッペルスハイマーはフランクフルトで私に、自分はフランクフルト図書館にあったすべての手稿を売却した、と語りました。とはいえ、これは真実でないように思われます。これについては、ベン゠ホリン氏が近々、エッペルスハイマーと話し合うでしょう。

あなたの情報――ベルリンに由来するヘブライ語の手稿の一部がテュービンゲンにあるということ。本当ですか？それらはゲッティンゲンにあると私は聞きました。

あなたのドイツ渡航――私たちがマイクロフィルム計画を取り止めるとしても、さしあたり私たちがアメリカ占領地区の資料をもっと受け取るなら、あなたの渡航はなお望ましいことかもしれません。私たちとしては、エッペルスハイマーの監督下にある書籍の分配を得られるよう、もう一度、試みてみましょう。しかし、そうでなければ、あなたにどんな利点があるだろうか、と思います。

あなたがどこにいらしても、ドイツへの滞在許可を受け取るのはごく容易でしょう。あなたが私たちの支援を必要とするとは思えませんが、あなたにとって事が容易に運ぶよう、JRSO〔ユダヤ人返還継承機関〕にお願いしておきます。現在いくつかの問題が生じているため、こちらの人間がドイツに行くまえに軍をつうじた便宜を確保することは、

ＪＲＳＯにとってはおよそ不可能となりました。旅行者用ヴィザは、現在のところ実際にすべての人が取得可能です。

もしあなたが、ドイツでの滞在を今後の二、三カ月の事態の展開の結果、不可欠であると判断なさるなら、私たちはもちろん、あなたの渡航費として一〇〇ドルをお支払いいたします。

あなたの

Bg[1]をつうじて、ハンナ・アーレント〔手書き〕

ハンナ・アーレント

事務局長〉〔英〕

〔ＮＬＩ、ＪＣＲのアーカイヴ。原本。タイプライター原稿。別人の手による署名〕

1　Bg――ベルタ・グルーナー。ＪＣＲの女性メンバー。

〔**78**　ショーレムからアーレントへ

エルサレム、一九五〇年七月二五日〕

一九五〇年七月二五日

ハンナ・アーレント博士、事務局長、

ユダヤ文化再興財団

ニューヨーク

親愛なるハンナ様、

あなたが休養する機会を取られることをうれしく思うとともに、よい休暇になることを願っています。私自身は、私の休暇を旅立ちとともに始めます。

六月二七日付のあなたのこのまえの手紙[1]に対して、ごく短く伝えておきたく思います。二、三週間ドイツに滞在するためのヴィザを私は入手しました。したがって、ドイツへ赴く用意ができています。二、三日でも滞在することに意味があるかどうか確認するために、総合文書館のアーカイヴ資料の件に関するベルリンからの情報を待っているところです。その資料がメルゼブルクからこの間に本当に運ばれてしまったのであれば（ユリウス・マイヤーがここ数日のあいだそこへ行こうとしていたのですが）、ミュンヘンのイスラエル領事館への移送が実際になされていることを「〈現場〉〔英〕」で確認するために、ベルリンへ私自らが赴くことは、確かに正しいことでしょう。その場合には、イスラエル領事館が転送を引き受けたのです。その場合には、ベルリンへの旅を行うことにします。とはいえ、この問題のすべてをどう考えるかは、当然ながら、書類を目にしてからになります。差し当たりは、事柄全体を空しい願いと見なしておくことにします。

私は、いずれにしろドイツでベン＝ホリン氏と会うこと、しかもローシュ・ハ＝シャナー[1]の直後にハンブルクで（そうすれば、私はそこからベルリンに飛ぶことができます）、ドイツを去るまえにフランクフルトで会うことを提案しておきましょう。ベン＝ホリンに連絡を届けることのできる住所をお教えいただき――ヴィースバーデンはまだ開いていて、いまも中心なのですか？――、休暇を終えられたあとで、私たちがすべてを手配できるように、ベン＝ホリンと連絡を取っていただければ、幸いです。私の住所は下記のとおりです。

八月一七―二七日　ティチーノ州、アスコナ、フレーベ〔＝カプタイン〕夫人方、カーサ・ガブリエラ

八月二八日―九月二日　パリ、パリ一区、ルジェ・ド・リール通り三、ホテル・ルイ＝ル＝グラン

九月一―一〇日　アムステルダム、マウリッツ通り六三、インド研究所、宗教史会議方

これらの住所もベン＝ホリンに伝えてください。

ローヴェンタール博士はＪＣＲ〔ユダヤ文化再興財団〕の部署から離れたのですか？[2]

マイクロフィルム化プロジェクトの件で、私が旅に出るまえに、私たちからあなたに連絡します。私は旅に行かせる人物はすでに見つけたのですが、こちらで作業に従事する人物をまだ見つけることができていません。ここ数日のあいだに、この件は決定されることになると思っています。ドイツでのプロジェクトがＪＣＲによって遂行され得るのであれば、当然ながら費用が安くつくでしょうから、もちろん私たちはそれを好ましく思います。もしもＪＣＲが、とくにたとえば資金不足から、完全に身を引くのであれば、この件にも私たちが乗り出さねばなりません。フランクフルトの手稿についてのあなたの連絡に心から感謝します。エッペルスハイマーは別の人々にはずいぶん異なったことを語っていたようです。

ふたたびベルリンの手稿――こちらに関しては、あなたの側で聞き間違いがあるに違いありません。ゲッティンゲンに送られたものは何もなく、オリエントの手稿の大部分はおそらくテュービンゲンにあって、他の部分はマールブルクにあり、また別の部分はシュレージエンで失われた可能性があります。私はヘーニッシュ教授のこの報告を直接書き留めただけでなく、テュービンゲンからシリア語版の写真を一枚注文もしました。ゲッティンゲンに何かがある

のであれば、それは私にとってとても驚くべきことです。ひょっとすると行って確かめる必要があります。

戻られたあと、私か、私がもう不在の場合にはヴォルマン博士に、相変わらずお答えいただいていないカツェネルソン博士の法律上の問題について、手紙を書くのを忘れないでください。誰しも田舎に行ってしまう時期ですから、あなたの匿名の法律助言者の専門的な所見は一〇月にまでずれこんでしまうかもしれません。

差し当たり、あなたの幸運を祈るとともに心からの挨拶を送ります。

あなたの
G・ショーレム〔鉛筆での加筆〕

〔NLI、JCRのアーカイヴ。カーボン紙による写し。タイプライター原稿〕

1　おそらく念頭にあるのは一九五〇年七月七日付のハンナ・アーレントの書簡（第77書簡）。
2　E・G・ローヴェンタールはこの時点で、相続人のいないユダヤ人資産のための、新たに設立されたイギリス占領地区の継承機関〈ドイツのためのユダヤ信託会社〉（英）（JTC）の指導者のひとりに予定されていた（第79書簡、注4を参照）。
（1）「ローシュ・ハ＝シャナー」はユダヤ教における「新年」。西欧暦での九月半ばから終わりに相当する。ちなみに、一九五〇年のローシュ・ハ＝シャナーは九月一二日だった。

79　アーレントからショーレムへ

ニューヨーク、一九五〇年八月八日
〔ユダヤ文化再興財団用箋〕

一九五〇年八月八日

G・ショーレム博士
ヘブライ大学
イスラエル、エルサレム

〈親愛なるショーレム博士――
七月二五日付のあなたのお手紙に感謝いたします。あなたがまだこの手紙をエルサレムでご覧になっているとよいのですが。
1　マイクロフィルム化――ミュンヘン州立図書館はいく

つかの困難な事柄を提示し、私たちの意見では受け入れられない、いくつかの条件を設定してきました。問題はそれらだけです。同様のことは、ハンブルクやベルリンの手稿には当てはまりません。とはいえ、いずれにせよイスラエル政府がヨーロッパでマイクロフィルム化の実施を望んでいるのであり、あらゆる外交交渉については私たちよりも政府の方が適任なのは確かでしょうから、政府がドイツの仕事も同様に引き受けるのがよいかもしれません。それでも、私たちはハンブルクかベルリンの手稿で予備撮影を実施することができます。この件について、ベン＝ホリンがあなたと詳細を話し合うことになっています。

もう一つの問題はいくつかのアーカイヴのマイクロフィルム化です。これについてもベン＝ホリンがあなたと話し合うでしょう。

2　ベン＝ホリンは、九月七日にはニューヨークに向けてパリを発たねばなりません。ですから、あなたにとって最善なのは、彼が出発するまえにアムステルダムで会うことでしょう。あなたはドイツに行くことを不可欠だと思われるでしょうから、私たちはあなたに一〇〇ドルの小切手をお送りします。金銭を受け取りになりたい日時と場所をお知らせください。

3　あなたにとってドイツ渡航がよいと思われる一つの理由は、ヘッセン州の《文部省》〔独〕が、エッペルスハイマーと私とのあいだの暫定的合意に従う用意のあることを私に知らせてきたことです。この合意によれば、私たちはエッペルスハイマーの監督下にある書籍の五〇パーセントを手にすることになっています。ただし、これらの書籍の質はよくない（七〇パーセントが小冊子か綴じられていないもの）と私は彼らから聞いています。地下室にあるそれらの書籍を、いまにいたるまで調査できずにいます。あなたはこの件を調査したいと思われることでしょう。

4　テュービンゲンにあるベルリンの手稿についてはあなたのおっしゃるとおりでした。

5　あなたが計画したベルリン渡航について、同封しました、信徒共同体の関係者からのすてきな手紙(1)をご覧ください。[1] あなたの情報に関して、それらの書籍は現在、オラニエンブルク通りの屋根裏にあります。そちらに行かれる際には、屋根裏からもう一つ上の屋根裏に続く小さな階段を上るのをお忘れにならないでください。[2]

6　あなたへの一般的な情報のために——イギリスの受託基金が設立されました。[3] ベン＝ホリンはロンドンに行きます。JCR〔ユダヤ文化再興財団〕が仕事を引き継ぐのか、それとも大陸ユダヤ博物館・図書館・文書館再興委員会、すなわちセシル・ロス＝ラビノヴィッツの団体が仕事を引き継ぐのか、判断するためです。[4] 私たちはそんなに心配していませんが、仕事を引き継ぐよう求められるならば、そうするでしょう。アメリカ占領地区でのJCRの仕事は、一二月か、ひょっとするとそれ以前に、確実に終了するでしょう。時おり荷物が到着していますが、フランクフルトの芸術コレクションやバイエルン州のアーカイヴといった大きな要求品は、まだ届いていません。[5] 後者は、バイエルン州連盟〔バイエルン・イスラエルの民・祭式共同体連盟〕によっても求められています。アウエルバッハはとても忙しく動き回って、私たちがやりたいと思っているすべてのことを妨げるのにも成功しています。この人物の活動についての私の意見は、もはやタイプに打ち出すのにさえ適しません（ところで、ドイツの高官に対する彼の影響力は、この件の政治的にもっとも興味深いところです）。

7　カツェネルソン――とうとう私たちの顧問弁護士から意見を得ましたので、それらをヴォルマンに宛てて送っているところです。アメリカ法およびイギリス法によれば、カツェネルソンの要求は成立しません。[6]

あなたの

ハンナ〔手書き〕

ハンナ・アーレント

事務局長〉〔英〕

〔NLI、JCRのアーカイヴ。原本。ファーニア・ショーレムによる手書きの加筆のある、タイプライター原稿。手紙の裏面に、ファーニア・ショーレムから夫ショーレム宛ての、ヘブライ語で書かれた、私的な、詳しい手書きの挨拶〕

〔同封物〕

写し

ベルリン・ユダヤ人信徒共同体
理事会

ヨアヒムシュタール通り一三、西一五

ベルリン、一九五〇年六月一四日

フラ〔イアー〕とロー〔ヴェンタール〕の件

スター氏、ショーレム教授、バイン博士、アーレント博士、ヘラー博士によってなされていた申し立て、すなわち、大量のユダヤ人関連書籍およびヘブライ語関連書籍がベルリンのオラニエンブルク通り二八の地下室に収蔵されているという申し立てが、誤りに基づいていることを、私たちはここに表明します。それらの書籍は氏族登録簿でした。もしかすると、そこにはいくつかのユダヤ人関連書籍もあったかもしれませんが、刑事警察の立会いのもとですべてベルリン行政当局に引き渡されねばなりませんでした。私たちの信徒共同体図書館は空っぽになっています。約束されている書籍は、こんにちにいたるまで到着していません。私たちのメンバーは精神的な資産に飢《かつ》えています。私たちが信徒共同体の構成員に対して、こうした精神的な方向でも義務を果たせるよう、どうか迅速にお力添えをいただきたく存じます。

署名　ハインツ・ガリンスキー

［NLI、JCRのアーカイヴ。写し。タイプライター原稿］

1　ファーニアは、この手紙をヨーロッパのショーレムに転送したと思われる。彼女は、一九五〇年六月一四日の表明書を同封するのではなく、アーレントの手紙の下の余白に同封の文書からの要約を手書きで加筆したようだ（NLI. Arc 4° 1599. Arendt-Corr.）。第65書簡、注2を参照。

2　第65書簡、注6を参照。

3　一九五〇年六月に、ユダヤ人団体の代表相互での、またイギリス当局とのあいだでの長い交渉ののちに、請求者も相続人もいないユダヤ人資産の継承組織として、〈ドイツのためのユダヤ信託会社〉〔英〕（JTC）がイギリス占領地区で設立された。

4　JCRがアメリカ占領地区でJRSOのために行っていたように、どのような機関がJTCのために、相続人のないユダヤ文化財を保護し、管理し、分配すべきか、をめぐって議論があった。CRCJMは、一九四三年イギリスで、ユダヤ文化財の保護と賠償を目的として創設されていて、その創始者には、歴史家のセシル・ロスと、銀行家で作家のオスカー・ラビノヴィッツが含まれていた。最終的にJTCは、信徒共同体の資産のために独自の部門を設立した。発見された動産の文化財もその部門の担当となった。この部門は、同時にCRCJMのメンバーだったエルンスト・G・ローヴェンタールによって、JCRに関する彼の仕事との関連で、一九五一年から一九五三年まで指揮された。

5　「〈フランクフルトの芸術コレクション〉〔英〕」ということで、ここでアーレントが述べているのは、かつてのフランクフルト・アム・マイン・ユダヤ博物館の資産である。それらは、フランクフルトの戦後信徒共同体によっても要求されていた（第63書簡、注6を参照）。――「〈バイエルン州のアーカイヴ〉〔英〕」は、JRSO／JCRによって要求され、大部分保管されたままだった、かつてのバイエルン・ユダヤ人信徒共同体のアーカイヴである（第63書簡、注11を参照）。フィリップ・アウエルバッハに率いられたイスラエルの民・祭式共同体州連盟は、バイエルン州のアーカイヴ資料をそのままにしておくために力を注いでいた。アーレントは、ドイツでの旅行中にアウエルバッハと会った。彼は――ドイツ・ユダヤ人中央評議会の取締役員ならびにバイエルン州賠償局の局長という二重の役割においても――ドイツでのユダヤ人の生活を維持するために大きな力を尽くし、相続人のないユダヤ人資産をドイツの戦後信徒共同体の支援およびドイツでの犠牲者の賠償に役立てることに努めていた。彼は、JRSOとバイエルン州とのあいだの「包括協定」にも反対した(包括協定については、第62書簡、注12を参照)。

6　JCRの共同創始者で法学教授ジェローム・マイケルは、二つの所見に基づいて、一九五〇年七月二五日にハンナ・アーレント宛てに手紙を書いた。それによれば、ユーディッシャー・フェアラークの旧所有者カツェネルソンの苦情(第68書簡、注2を参照)には根拠がない。なぜなら、個々の書籍に対する出版社の要求権は、元来のユダヤ人所有者が書籍を合法的に取得した時点で、失効しているからである。さらに言えば、JCRはこれらの書籍を、ナチ党員の継承者として引き継ぐのではなく、アメリカの法律に則って、ナチスによって迫害され、殺害されたユダヤ人所有者の権利継承者として引き継いだのである(NLI, Arc 4°793)。

(1)「すてきな手紙」の原語はa lovely note。皮肉の意味で用いられていると思われる。

［**80** ショーレムからアーレントへ
エルサレム、一九五〇年八月一六日］

一九五〇年八月一六日

ハンナ・アーレント博士、事務局長
ユダヤ文化再興財団
ニューヨーク

〈親愛なるハンナ様、

あなたが休暇から戻られたことを知ってうれしく思うとともに、八月八日付と九日付のヴォルマン博士宛のあなたの手紙[1]をちょうど読みました。カツェネルソンの問題に関する法的な見解に大いに感謝します。私たちはそれをいずれ利用することにします。

政府によるマイクロフィルム化のプロジェクトは、私たちの作業を開始するための予算の最終配分を待つところまで進んでいます。この間に私たちは二人の人物を指名しました。すなわち、パリ出身で、全イスラエル連合の元司書で、いまでは名前をモシェ・カタンに変えている、ポール・クラン博士です。彼は習熟した図書館員です。二人目はネヘミヤ・アロニ博士で、作業の手配のために秋には外国へ行くことになっています。JCR〔ユダヤ文化再興財団〕がドイツのマイクロフィルム化のプロジェクトを続行するのかしないのかを知ることが、私たちにはとても重要です。後者の場合には、アロニ博士が今秋、ドイツに派遣されることになります。この件で、七月二五日付の私の手紙であなたにお伝えしたヨーロッパの宛先の一つに手紙を送られる場合には、その写しを、この計画に責任を負っている政府委員会のメンバーの一人、ヴォルマン博士に送ってください。彼に情報が途切れないようにするためです。ともあれ私たちは、財政的な困難さからJCRがこの試みの企てに乗り気でないと想定して作業を開始していて、アロニ博士にドイツのためにも準備をしておくよう指示を与えました。

スイスかパリで、遅くともアムステルダムでは、ベン゠ホリンとの会合の可能性について、あなたから連絡をいただきたく思っています。ベン゠ホリンは、ヴィースバーデンの元の住所に滞在し続けているものと私は思っています。この間に、《総合文書館のアーカイヴ資料》〔独〕の件は進んでいるように見えます。メルゼブルクの資料の我が民のもとへの正式の移送はまだなされていませんが、最後の瞬間に障害が生じないことを願っています。この件と関連して、私がベルリンに赴くことも十分あり得るでしょう。私がベルリンに——場合によってはハンブルクにも——赴く場合、私がフランクフルトとヴィースバーデンに立ち寄るのは、ドイツを出国する際に、ということになります。

あなたは、この旅の費用に対して JCRが一〇〇ドル支払う、と約束してくれました。それを私の名義での小切手の形でチューリヒの私の住所〔クラッテントゥルム通り、クーアハウス・リギブリック〕にお送りいただきたく思います。九月の終わりにはそこに届くようにしてください。それまでは、費用は私の基金から支払います。

あなたから連絡をいただければと思います。変わらぬ敬意をこめて

あなたの
G・ショーレム教授

追伸　私はシュテルンベルガー博士に〔『〕パノラマ〔』〕問題について注意深い言葉を使った手紙を書きましたが、彼からは音沙汰がありません。ドイツを通ってゆく際、彼に電話すべきとお考えですか？　目下のところ彼がいるのは、フランクフルトでしょうか、ベルリンでしょうか、それともハイデルベルクでしょうか？〉〔英〕

〔NLI、JCRのアーカイヴ。カーボン紙による写し。タイプ

ライター原稿〕

1　一九五〇年八月八日付の手紙のなかで、アーレントはカッェネルソンの要求に関する法的な所見をヴォルマンに書き送った。一九五〇年八月九日付の手紙では、ドイツの図書館でさらに書籍を発見できる可能性について、懐疑的な意見を述べていた。それには何年もかかるがＪＣＲは活動を今年の末に終えようとしている、と(NLI, Arc 4° 793/288)。

［**81**　アーレントからショーレムへ

ニューヨーク、一九五〇年八月二四日

ユダヤ文化再興財団用箋〕

一九五〇年八月二四日

Ｇ・ショーレム博士

フランス、パリ一区

ルジェ・ド・リール通り三

ホテル　ルイ＝ル＝グラン

〈親愛なるショーレム様――

八月一六日付のお手紙、ありがとうございました。イスラエルのマイクロフィルム計画が順調に進んでいるのが分かり、うれしく思います。

ベン＝ホリンは、私たちがドイツで手稿をマイクロフィルム化する試験作業を実施したとあなたに伝えるでしょう（彼がハンブルクか、マールブルクおよびテュービンゲンのどちらの手稿をマイクロフィルム化することにしたのか、私はまだ知りません。前者はマルクス教授が手稿を選択しましたが、後者についてはあなたに手稿の選択をお願いできればと思っています）。いずれにせよ、この作業の結果はあなたの役に立つでしょうが、私たちはその後この計画から完全に手を引き、アーカイヴ資料のマイクロフィルム化計画の実現可能性、あるいはむしろその望ましさだけを、心に留めておきたいと思います。

ベン＝ホリンは、九月の第一週にパリであなたにお会いするでしょう。事態がどうなっているのか、私たちが何をあなたに期待しているのか、あなたにご理解いただけるよう、彼に宛てた手紙の写しを同封しておきます。けれども、ロンドンとの私たちの交渉が未決着の段階ですので、どうかこの手紙を事務所内部のこととして、とどめておいてください。

あなたがベルリンに渡ってからのこと――私たちは、ラビのフライアーからベルリンのユダヤ人信徒共同体のために蔵書を求める怒りに満ちた申請書を受け取りました。彼は、一五〇〇冊から二〇〇〇冊の蔵書を求めており、私たちは基本的にそれらを彼に譲渡するつもりです。しかしその代わりに、私たちはオラニエンブルク通りの蔵書と資料を求めています。いまのところ、善意の表明として、彼に五〇〇冊——主としてヘブライカとユダイカからなる書籍——を譲渡します。これをもとに、交渉をあなたにお願いできますか?

お求めになったとおり、あなたは小切手を受け取られるでしょう。私たちはいつも月初めに小切手を発行しますので、指定されたよりも早くあなたは小切手を手にすることになるでしょう。

シュテルンベルガー——シュテルンベルガーと連絡を取るには、いまでも昔のハイデルベルクの住所が一番よいでしょう。エッペルスハイマーなら彼の居場所を知っているはずです。彼はこの秋に合衆国に来るつもりだと思います。

敬意をこめて
心からあなたの
ハンナ。〔手書き〕
ハンナ・アーレント
事務局長〉〔英〕

同送——ヴォルマン博士、エルサレム〔手書き〕

〔NLI、JCRのアーカイヴ。原本。タイプライター原稿、便箋の頭書きに「写し、どうぞよろしく、ゲルショム」(ヘブライ語)、および「既読、K・W」(ヘブライ語。別人の筆跡)という手書きメモ〕

〔同封物〕

宛先
ベン＝ホリン氏
ヴィースバーデン、アメリカ占領地区
アレクサンダー通り六―八
M・Gクラブ

〈親愛なるベン＝ホリン様、
ラビノヴィッツ博士に宛てた私の手紙の写しを同封しますので、お受け取りください。その手紙についての説明は不要だと思います。

1　イギリス占領地区で利用できる資料の少なさからして、イギリス占領地区での仕事は副次的にしかなり得ません。

彼らの予算は私には多過ぎると思われます。しかし、もし彼らがまったく新しい機関を望み、その設立に成功するなら、彼らに任せます。私たちは何の実行力も持たずに責任を引き受けるべきではありません。ラビノヴィッツ博士の提案に従うのなら、私たちが責任を引き受けることになるでしょう。

この点をより明確にするために、私たちがイギリス占領地区で期待できることをあなたに要約させてください。

(a)　ハンブルクのセファルディ・アーカイヴ資料。これらは信徒共同体のアーカイヴ資料でした。おそらく私たちはこれらを入手できないでしょう。

(b)　ハンブルクにある二〇〇〇キログラムの銀製品。これは、(1)ユダヤ人が所有していましたが、非ユダヤ的なものです。つまり、厳密には私たちの範疇ではありません。また、(2)かつて個人の資産であったその大部分は、きわめて高い価値があるため、間違いなく厳格に要求されるでしょう。

(c)ユダヤ人が所有していたアーカイヴ資料から作成されたデュッセルドルフのマイクロフィルム。マイクロフィルム自体はドイツ帝国によって作られたので、イギリス当局がユダヤ人のために、この資料の押収を決定する見込みはごくごくわずかです。そうした押収が可能であるとしても、今度はユダヤ人信徒共同体があります。彼らは、ほぼ確実にそれらを要求するでしょう。

(d)　ハンブルクのユダヤ人信徒共同体は、祭式用の高価な銀製品を持っています。それは、イギリス当局によって彼らの管理下に置かれたものですが、ハンブルクのユダヤ人信徒共同体のものでは決してありませんでした。私には、彼らがこれらの品を手放すとはとても思えません。

(e)　いくつかの細々としたものがあります。アルトナの博物館にあるいくつかの祭具、ゴスラーにあるケーニヒスベルクのアーカイヴ資料など。分かりますね？

しかしながら、ある種の協力や、少なくとも相互の情報交換の基盤は、JCR〔ユダヤ文化再興財団〕とJTC〔ユダヤ信託会社〕のOR〔指令部〕とのあいだで発展してゆくと思います。率直に言いますと、バロン博士も私も、ラビノヴィッツ博士に宛てた私の手紙から推察いただけますように多くの不幸な経験のあとで、この機関をJCRを引き継ぐ宛先、すなわち一九五一年一月一日以降の宛先に選ぶのがそれほど賢明であるとは考えていません。最善の解決策は、JRSO〔ユダヤ人返還継承機関〕をつうじてはっきりとした要求を送ってもらうことでしょう。後日、JRSOがドイツを去ったあと、何か新しいことが起きた場合には、私たちはユダヤ機関に未解決の問題や、新たにやって来た情報などを処理する依頼をするかもしれません。
2　ローヴェンタール。これについては、あなたが戻ってくるまで先に延ばしましょう。個人的に所有されていた蔵書の分割は、いまのところ可能でないばかりか、まったく必要でもないでしょうから、彼が常勤で何をすることになっているのか、私にはまったく分かりません。主要な仕事はヴィースバーデンの倉庫を片付けることです。

もし、フランクフルト・コレクションが私たちに委ねられるなら、私たちはそれを未開封のまま、直接ニューヨークに輸送します。分配は専門家の助言があって初めて可能となります。この分野ではユダヤ博物館のシェーンベルガーがもっとも適任です。

真の頭痛の種はバイエルン州のアーカイヴ資料でしょう。この問題に対しては、何ごとに対しても記録係が役に立つということのほか、いかなる解決策も私には見あたりません。何人かの記録係がバーンスタインによって派遣されました。記録係が利用できるこれらのアーカイヴ資料のリストをバーンスタインとともに作成するよう、ローヴェンタールに依頼するのは、意義のあることでしょう。
3　あなたは、ドイツを発つまえにニュルンベルクに滞在されることとでしょう。どうか、ケイガンとともに次のことに取り掛かっていただけないでしょうか――

JCRはドイツでの活動をできるだけ早く終わらせたいと強く願っており、年末までにそうするつもりですので、私たちが望むのは、未解決になっているであろう二、三の事柄について、JRSOが私たちを支援できること、しかも快く支援してくれることです。もちろん、私たちが求めるのは、輸送の仕事に限らせていただきます。現在、私たちが理解する限り、これらの以下の輸送が必要でしょう

――
(a)　ニューヨークに直接、輸送されるべきフランクフルト・コレクション(前記を参照)。
(b)　エッペルスハイマーの蔵書。それらは、もし仕分けされていなければ、整理され、箱詰めされ、箱の数が私たちに伝えられたあと、おそらくはイスラエルとニューヨークに輸送されることになります。
(c)　細々とした資料について。その分配は、それぞれ個別に決定されるべきです。

私はケイガンに宛てて書くつもりでしたが、この問題については、あなたが彼と議論する方があなたにとってずっと望ましいと思います。この手続きは一月一日より早く始まるかもしれません。私たちはそれまでに倉庫を完全に片付けてもらいたいと思っているからです。もちろんこのことはローヴェンタール《にとって》〔独〕パートタイム労働の

終わりだけでなく、彼の任務の完了も意味するでしょう。

4　私はエッペルスハイマーの蔵書に関するショーレムの意見を待っています。主な問題は、この資料には、カテゴリーに応じて仕分けし、処理するために必要な時間を確保するだけの価値があるか、ということです。資料がそれほどよいものでなければ、私が以前に指示した仕方で私たちはそれを輸送すべきです。それに対して、ショーレムの意見が異なるのであれば、もう一度、ヴィースバーデンで活動を全面的に再開することになるかもしれません。しかし、ここに本当の問題があります。ローヴェンタールの一般教養と、〔行政的な事柄とは区別されるところの〕文化的な事柄に対する注意の度合いを知ったあとでは、彼がこの仕事に適任とは思えません（あなたにお話ししたことかと思いますが、「ディルタイ草稿」は、ディルタイの出版した本の一つから抜粋したノートであることが判明しました――しかも、最初のページの冒頭にそう書いてあったのです）。これはドイツ語の資料ばかりですので、私は容易にそれができるでしょうし、その仕事をするためにドイツに行くことも可能です。とはいえ、費用を掛ける価値があるのか疑問です。実のところ私は、近い将来、ドイツに行く理由など他にないと思っています。たとえあなたが何度、そのことを強調されるとしても、です。私がアウエルバッハ氏と張り合えるなどとは思わないでください。そんなつもりはありません。イギリス占領地区の仕事がどう展開しようと、そこにある資料は多大な犠牲に値するものではありません。

敬意をこめて
心からあなたの
ハンナ・アーレント
事務局長〉〔英〕

［NLI、JCRのアーカイヴ。カーボン紙による写し。タイプライター原稿］

82

ショーレムからアーレントへ
フランクフルト、一九五〇年九月一四日］

フランクフルト・ア〔ム〕・マイン。一九五〇年九月一四日

ハンナ・アーレント博士
ユダヤ文化再興財団
ニューヨーク州、ニューヨーク市二三、ブロードウェイ一八四一
ニュー－ヨーク

親愛なるハンナ様、

JRSO〔ユダヤ人返還継承機関〕のフランクフルト支所から、周知の事務所の状態のもとで、あなたにドイツ語で手紙を書きます。この手紙の主題は、エッペルスハイマー教授のもとにある、ヘッセン州の蔵書に関する私の見解です。[1]

Ⅰ　所見

二日間にわたって、ヴィッテルスバッハー通りの地下壕の蔵書を確認しました。一人の研究員に手伝ってもらって、地下深くにまで進んで、可能なかぎりの場所で、抽出検査を実施しました。この調査は、そこの蔵書について、またそれらをどうすべきかについて、まずまず信頼できる判断を下すことを可能にするものと思います。

そこは、ほとんど天井まで本のいっぱい詰まったコンクリートの二つの部屋と、もう一つのほとんど冊子類でいっぱいのそれに続く部屋、さらに書棚を設えた約六つの部屋からなっていて、その六つの部屋にはすでに試験的に取り出された書籍が並んでいます。私の計算によれば、これらの書籍が必要とする全空間は、五〇センチメートルから六〇センチメートルだろうと思います。[2]

内容は、ユダイカ、社会主義と経済学、歴史、哲学、心理学、精神分析学、芸術、ドイツ文学、イギリス文学、またいくらかのフランス文学、そして雑誌に分かれています。くわえて、大量のカタログ、軍事文献、ドイツの大学の一般的な博士論文もとてもたくさんあるようです。工学的なものは私の抽出検査ではごくわずかで、住所録やその類いの、まったく無意味なものも大量にありました。

この調査によって二つのことを確信できました。

1　ここには、私たちが想定していたよりも多くのユダイカが存在しています。いくつかの箇所で、ユダヤ関係の書籍と冊子の大きなまとまりに行き着きました。ユダイカからなるこれらの箱すべてはおそらく、いまではほとんどもう確かめようもないまったく不分明な理由から、いわゆる非ユダヤ的な文献のなかに紛れ込み、軍政府の財務局によってオッフェンバッハ・アム・マインからは一度として供出され得なかったのだと思われます。ユダイカが蔵書全体のなかで占めている割合は、五パーセント、ひょっとすると一〇パーセントにさえ達すると、私は推測します。さらに重要なことですが、これらのユダイカは、私たちにとって、とくにイスラエルとエルサレムの大学図書館にとって、重要なものと私は確信しています。私は本当に価値のある文献を見つけました。一七世紀、一八世紀の保存状態のよいユダイカ、一八世紀の解放問題に関する文献、そしてユダヤ人の歴史書です。収集されている冊子類はきわめて重要なものと判断しました。それらは、他のユダイカともども、すべてイスラエルに引き渡す準備がなされていてしかるべきものです。私は、自分が見つけたすべてのユダヤ文献を、すでに区分けされているユダヤ関連の資料に、ただちに追加させました。雑誌類でも、確かに欠号なしとはゆきませんが、製本された各号をたくさん見つけられると期待できます。

2　非ユダヤ的な文献に関しては、社会主義的、経済学的、哲学・心理学的、芸術的文献の一部は、十分に価値あるものと判断しました。その際、当然ながら、もっと多くの巻からなっていてその一部だけが存在しているといったものも多くありますが、他方で、その他の文献、たとえば、哲学、社会主義、歴史といった領域での文献の価値はまったく軽視されるべきではありません。文学は私の関心を引きません。芸術についての文献の一部は優れていて、実際、価値があります。

したがって、ＪＣＲ〔ユダヤ文化再興財団〕がこれらの書籍を〈最初から〉〔羅〕放棄すべきだ、などと言うことはできません。ですから、どのように進めるべきかという問題が生じます。

Ⅱ　提案

私は二度にわたって、エッペルスハイマー教授および、地下壕の資料類を管理しているヴェーマー博士と、この件について長く話し合いました。私たちはさまざまな技術的な可能性について吟味しました。私たちにとって明らかであるに違いないのは、私たちが友好的な立場で交わした納得ずくの合意に基づいてのみ手続きを進めることができる、ということです。エッペルスハイマーからこの方向で問題が生じることはあり得ません。問われているのはどうするか、です。二つの可能性があります。

1　フランクフルト・アム・マイン自体で、しかも地下壕で、私がすぐに指示する一般的な方向で、選別ないし分割を行い、そこから、イスラエルへ、あるいは雑誌類はニューヨークの共同の保管庫へ、直接発送する、というやり方。

2　すべてをヴィースバーデンへ送りなおすやり方。この場合には、軍当局の許可をもう一度得ることが必要であるだけでなく、たいへん高価になる輸送費用のことも考慮しなければなりません。

もちろん、これに関しては、私には判断することのできない、法的ならびに行政上の諸問題が存在しています。というのも、どうやらエッペルスハイマーは、彼ないしはヘッセン州がこれらの資料に対する処分権を有していて、ヴィースバーデンからはせいぜい許可を得ればよく、私たちに引き渡すことに何ら問題は存在しない、といった見解を抱いているようだからです。

何か意図をもって分割がもう一度なされるなら、それは〈収集所〉〔英〕〔ヴィースバーデン〕でなされねばならない、とヴィースバーデンがひょっとすると主張しないかどうか、私には判断がつきません。その場合にはかなりの費用が発生しますので、JCRにとっての問題でもあります。

分割方法として、たとえばヴィースバーデンでなされたような種々の専門分野等による下位分割を伴った、完全に新しい分割方法からは、私は何も期待できないと思っています。私が提案したいのは、もっとはっきりと単純化した方法で、たとえば以下のようなものです。

JCRが、ローヴェンタール博士に、彼が作業をしていない半分の時間を、この件にあてることを依頼し、ローヴェンタール博士は、彼にあてがわれた二人の作業員とともに、十分な棚を設えられたフランクフルト・アム・マインの地下壕の空っぽの部屋に彼のために置かれている書籍を、順番に点検する。その際、ユダイカはすべて私たちのために取り除けておく。そもそも私たちの関心を引かないものも同様に、ただちに区分けする。これによって、フランクフルトの人々は、自分たちのしたいようにできますし、欲しいものをすぐに箱詰めに回すこともできます〔フランクフルトの人々にとっての中心課題は、これらの資料を取り除き、抜き去ることであるのを忘れないでください。というのも、彼らは地下壕を空っぽにしなければならないからです〕。私たちが関心を持っている非ユダヤ的な部門は、ローヴェンタール博士とエッペルスハイマーの全権委任者の友好的な同意のもと、一対一の比率で、あるいはとても多くのユダイカを私たちが取り出した場合には一対二の比率で、または求められている書籍の価値に応じて、分割する。この点で互いに鷹揚に折り合えることに私は何ら困難を感じていません。

疑わしい場合には、私たちはきっと常にエッペルスハイマー博士の側に立つようにするでしょう。JCRが、私の提案に従って、ニューヨークに送られるべきユダヤ関係の雑誌を例外として、これらの蔵書をイスラエルに発送する気があるのでしたら、箱詰めがすぐになされるでしょうし、分類の問題がさらに生じることはありません。ここで私たちが問題にしている蔵書の性質からして、私たちは、非ユダヤ的な学問文献をも完全に価値評価できる、もっとも自然な、最良の関係者でもある、と私は考えます。さもなければ、イスラエルと他の国々のあいだで複雑な分配をすることになるに違いありません。そんな分配をしなければならない理由が私には分かりません。

フランクフルト自体でこの方法が取られるならば、エッペルスハイマーは私の提案しているやり方に同意するでしょう。その際、問題になるのは、費用のことです。

　ＪＣＲがローヴェンタール博士、および一人の作業員に支払う（月二〇〇から二三〇ドイツマルク）。ローヴェンタールが自由に使えるのはせいぜい〔一週間のうち〕三日でしょうから、その作業員が私たちのもとで働かない期間、彼は図書館での仕事に従事して、その費用は私たちが補塡する。二人目の作業員には、フランクフルト・アム・マインの図書館から支払う。私たちの想像では、私がここで提案したような単純な方法に従う場合、そのような手助けがあれば、整理と箱詰めが結局のところ迅速に、規則的に順序よく遂行できる、ということです。たとえヴィースバーデンへの発送がなされねばならないような場合でさえ、そのような迅速な方法を私は支持し、分類作業に立ち入ることは控えるよう助言することでしょう。これに関する決定はあなたがたに委ねなければなりません。私に忠告できるのは、速やかに結論にいたっていただき、エッペルスハイマーと直接、ないしはヴィースバーデンの〈財務局〉〔英〕およびハインリヒ氏と交渉していただきたい、ということだけです。というのも、地下壕には暖房設備はなく、そこの労働環境は冬にはとても厳しいからです。ローヴェンタール博士が仕事をするだろう小さな部屋は、小さなストーブで特別に暖めることができます。そのうえ、ローヴェンタールに私たちの仕事をしてもらえるのは、何といってもあと三カ月だけです。したがって、こうした意味でも、この件のできるだけ迅速な整備と交渉の開始を私は助言します。

　この件はここまでです。あす私はベルリンに飛び、そこに一週間ほど滞在して、総合文書館のアーカイヴ資料についていっそう詳しいことを知るよう尽力します。

　これは、あなたへの必要な案内として申し上げました。

　心からの挨拶をもって、あなたの昔ながらの友

G・ショーレム
ゲアハルト・ショーレム

〔NLI、ＪＣＲのアーカイヴ。カーボン紙による写し。タイプライター原稿に、以下の手書きの追伸。「親愛なる君よ、私はあすベルリンに行きます（ヘブライ語）。ツォーのホテルで（ドイツ語）、八日後にチューリヒに戻ります（ヘブライ語）。クーアハウス・リギブリックです（ドイツ語）。それが君の仕事を軽減することになるよう、願っています（ヘブライ語）」[1]〕

1　念頭に置かれているのは、フランクフルト・アム・マイン市の、市立・大学図書館の管理下にある所有者不明の書籍類である（第71書簡、注4を参照）。
2　念頭にあるのは明らかに、立方メートルのこと。

（1） このヘブライ語とドイツ語で書かれた「追伸」が誰宛のものか、不明。冒頭は相手が男性であることを示している。おそらく、ショーレムの教え子でもあったベン＝ホリン宛ではないかと思われる。

83 ショーレムからアーレントへ
［ベルリン、一九五〇年九月二〇日］

ベルリン＝ツェーレンドルフ
フィッシャーヒュッテン通り二四
一九五〇年九月二〇日

ハンナ・アーレント博士
ユダヤ文化再興財団
ニューヨーク州、ニューヨーク市二三
ブロードウェイ一八四一

親愛なるハンナ様、

ベルリンから出発するまえに、ここで私たちに関心のある二つの錯綜した問題の交渉と状況について、急いであなたに報告します。

1 総合文書館のアーカイヴ資料

私は関係者すべてと話し合いました。資料の四分の三は、ベルリンに一〇日前に到着していて、私はオラニエンブルク通りでそれを目にしました。残りの四分の一は来週、届くことでしょう。その際、ユダヤ人の側とドイツ人の側のあいだで、引き渡しに関わるさまざまな手続き上の問題が生じます。その手続きは、あなたも理解されるように、ある種の心理上の困難さをもたらします。とはいえ、手続き上の問題は次の二週間から四週間で解決される、と見込むことができます。その時点で生じる事態についても、スイスからあなたに手紙を書きます。総合文書館のアーカイヴ資料には、こちらに存在している信徒共同体の他の古い文書類も付け加えられます。こちらにおいても、あなた自身が実際ご存知のように、イスラエルへの輸送は現在の条件においてのみ可能であって、関係者たちは、基本的には、資料をエルサレムの中央文書館もしくはヘブライ大学に（いずれにしろ、資料は実際、前述の場所に行きますが）引き渡すことに同意しています。[1] 私たちは、あなたが当時こちらでご覧になった蔵書の最初の区分けを実施させることを請け負いました。したがって、大まかに述べれば、重要な文書類のすべてがこちらからエルサレムに運ばれ得ると、見込むことができます。とはいえ、大急ぎで忠告しておきますと、少なくともミュンヘンまで輸送が実際になされたという連絡をあなたが受け取られるまで、お待ちください。私自身、そのときになってようやく確信できることでしょう。このことは、JCR〔ユダヤ文化再興財団〕が扱う他の文書類について何らかの決定を行う問題が生じる際にも、重要です。

2　信徒共同体の蔵書

こちらのラビのフライアー博士および信徒共同体の理事の面々から、いまにいたるまでヴィースバーデンからは何も送られてきていない、という切実な嘆きを私は聞かされました。大急ぎで忠告しますと、もしもローヴェンタール博士が必要な権限をJCRからまだ受け取っていないのだとすれば、ベルリンのために取り出されている蔵書を折り返しベルリンに送るよう、あなたはすぐに指示を出すべきです。私がローヴェンタール博士の言葉を正しく理解したのだとすれば、こちらの信徒共同体が必要としているさまざまなカテゴリーの書籍約五〇〇巻がいままでに選び出されているはずです。とはいえ、少なくともその二倍の数の書籍が運ばれるところが目にされるべきだと私は思います。とくにこちらで人々は、ラビ用の基本文献のいくつかを求めています。フライアー博士は、読み上げたり、物事を調べたりするための、完全なタルムードがベルリンには一冊たりともない、と説明しました。同様に、もっとも重要な三ないし四冊の法典集〈ポセキム〉〔へ〕もない。[2] ゴルトシュミットによるタルムードのドイツ語翻訳も一冊もなく、その一方で、たとえばロンドンには、出所不明のものが五冊ある。[3] それと同じくらい信徒共同体にとって差し迫って必要なものに、ザムゾン・ラーファエル・ヒルシュの注釈付きのモーセ五書があって、それも同様にヴィースバーデンに何冊もあった。テオドーア・ヘルツルの著作、その他の基本的なシオニスト文献も同様、とのことです。F〔フライアー〕博士の説明によれば、およそ三〇名から四〇名の人々がこちらで彼とともにあるいはまた独学で学んでいて、その種の書籍に対して差し迫った関心を持っている、ということです。F博士のあげる数字や言明がすべて一〇〇パーセント正しいと完全に確信することができないとはいえ、JCRがこれらの必要や要請を考慮に入れたとしても、何一つ失うものはないだろう、と私は思います。うまく手筈が整うよう、私からできることはすべてすぐに行う、と私は彼らに説明しました。

こちらの信徒共同体がヴィースバーデンからの最初の発送物を受け取りさえすれば——ひょっとするとラビノヴィッツ博士の同意によって、ロンドンの何冊かの関連図書も手配することができるでしょうか？――、JCRは何ら障害なく、学問的なユダイカ、比較的新しいヘブライカ、とりわけ定期刊行物をすぐさま譲渡されることでしょう。これらのものに、私はJCRの関心として実質的に最大の力点を置いています。私はここからでも信徒共同体宛てにさらに手紙を書いて、そのなかで、これらの蔵書をJCRに譲渡してほしいと、こちら側からの要請を記すつもりです。[4]この件に関して、信徒共同体の理事会からはそうではありませんが、フライアー博士からは障害しか期待できないと残念ながらお伝えしなければなりません。私の申し出に対して、フライアー博士はこう述べたのです。JCRの側で求めている発送を実際に実現しようとするなら、ローヴェンタール博士が求めている少なくとも一〇〇巻のトーラーの巻物も、JCRの側で自由に使えるように提供できるはずだ、と。[5]要するに、よき意志を伝える一歩を私たちの側で踏み出さねばさらに歩むことはできない、ということです。

ブレスラウの蔵書がスイスの信徒共同体の理事会に譲渡されたという知らせは、[6]私たちにかなりの心理的な打撃をもたらしました。こちらでは何人かの人々がそのことでとても憤慨しています。人々は繰り返しそのことを口にしていました。実際のところ、スイスの蔵書が――私の理解しているかぎり――台無しになることは疑いないのですから（これについて、スイスの分配委員会のメンバーの一人と、私はすでに悲しい会話を交わしました）、あの件についても、私たちはさほど賢明に振る舞えていなかったのではないかと、私は疑っています。まだ何かできることがあるとお考えですか？　ラビ文献をイスラエルに与えることはできないものでしょうか？　きょうはここまでです。

差し当たり、エルンスト・グルマッハの心からの挨拶とともに、

私からも心からの挨拶を送ります

G・ショ〔ーレム〕
（G・ショーレム）

〔NLI、JCRのアーカイヴ。カーボン紙による写し。タイプライター原稿〕

1　一日前の九月一九日に、ユリウス・マイヤーは、DDR〔東ドイツ〕のユダヤ人信徒共同体連盟の代表として、DDRの内務省にこう手紙を書いていた。「ベルリン北四の、民主共和国ユダヤ人信徒共同体国家連盟は、ドイツ・ユダヤ人の総合文書館のアーカイヴ資料をエルサレムの大学に譲渡することへの同意を求めます。このように考えるにいたったのは、

生き延びたわずかのユダヤ人の大半があの国で暮らしていること、さらには、あの資料に関する学問的な探究と利用がこちらのメンバーでは不可能であり、イスラエル国に存在している、学問的な訓練を積んだ関心を持つメンバーによってのみ可能である、ということによります。それに関わる利害はもっぱらユダヤ人内部のものであって、決してドイツの政治的利害とは関係ありません」（一九五〇年九月一九日付、マイヤーのコルフェス宛書簡の写し――NLI. Arc 4°793/288）。翌日ショーレムは、シオニスト中央文書館の文書係アレックス・バインに説明のための手紙を書いた。「ユリウス・マイヤーは、この要請を、イスラエル国家が登場する形では書きたがりませんでした。「シオニズム」という言葉のゆえに、あなたの文書館の名前を直接挙げることも望みませんでした。というのも、外国へ輸出するうえでは、ロシア当局の同意が必要だからです。そこで、すでに発送されている要請文のなかに、私たちは受け手として、またもっとも人畜無害な宛先として、大学の名を書き込みました。［…］「ドイツ民主共和国」政府は、どのような財団であろうとも、イスラエルの当該のユダヤ機関に譲渡することを公的な行為と結びつけることに、決定的な重要性を置いています。［…］私は［ミュンヘンのイスラエル領事］リヴネーと二度にわたって電話で長いあいだ話し合いました。彼について、元来私とユリウス・マイヤーは、事態がある程度進めば、イスラエルのユダヤ人側受け入れ機関のたんなる代表として、ベルリンにやって来る準備がある、と考えていました。残念ながらここで政治がはじまります。L［ローヴェンタール］博士は、あなたが実際十分にご存知の理由によって、そのような行為に形式的に関わるのを［イスラエルの］外務省がリヴネーに認めるかどうか、大きな疑念を抱いています。西側地区で生じ得る反発だけからしても、そうです。博士は本日テルアビブに電報を打ち、もしもリヴネーに私たちの側から大学ないしは文書館の代表として登場する許可が与えられない場合、事態が進展した暁には、親愛なるバイン博士、あなたがはるばるエルサレムから姿を見せるべきだと提案します」（一九五〇年九月二〇日付、ショーレムのバイン宛書簡の写し――NLI. Arc 4°793/288）。

2　ポセキム（ヘブライ語で「仲裁者」）は、宗教上の権威でありラビ文献の精通者であって、包括的な戒律の連関のなかでその一部として遵守される、拘束力を持った宗教戒律の決定を下す者のこと［ここではその判例集］。

3　一九三〇年から一九三六年にかけて、ジークムント・カツェネルソンが経営していたベルリンのユーディッシャー・フェアラークで、ラザルス・ゴルトシュミットによる『バビロニア・タルムード』のはじめての完全なドイツ語訳が出版された。その後、ユーディッシャー・フェアラーク（フランクフルト・アム・マイン）で、その一二巻本は、何回も版を重ねた。

4　同じ日にショーレムはガリンスキーに手紙を書いた。「1　JCRの側から、あなたがたが必要とされているカテゴリーの書籍を信徒共同体に手配するうえで、何ら障害があるとは思いません。［…］2　そちらの信徒共同体に届けられるべきそれらの書籍の代わりに、JCRの名において私は、そちらの信徒共同体によっては必要とされていない以下の蔵書を、私たちのために用立てていただき、できるかぎり、ヴィースバーデンの〈収集所〉〔英〕、州立博物館にお送りいただくよう、お願いいたします。(a) 学問的なユダイカ、(b) そちらでもはや必要とされていない限りの、新しいヘブライ語の文献および古いラビ文献、(c) ヘブライ語およびドイツ語の定期刊行物。定期刊行物のうち、とくに私たちにとって重要なものの名前を挙げますと、〔『〕ユーデントゥームの歴史と学問のための月刊誌〔』〕、ハンブルクの〔『〕イスラエル人の家族誌〔』〕(一連の製本されたもの)、〔『〕アーカイヴ・エクセンプラール〔』〕、〔『〕CV新聞〔』〕、ハルデンの〔『〕ツークンフト〔』〕(全巻揃いのもの)、ヘブライ語の雑誌、とくに〔『〕〈ハマギッド〉〔ヘ〕〔』〕、〔『〕〈ハシャハル〉〔ヘ〕〔』〕、〔『〕〈ハテクファ〉〔ヘ〕〔』〕、〔『〕〈ハシロアー〉[1]〔ヘ〕〔』〕。(d) 非ユダヤ的な学問的文献」(一九五〇年九月二〇日付、ショーレムのガリンスキー宛書簡の写し——NLI, Arc 4° 793/288)。

5 ベルリンのトーラーの巻物については、第65書簡、注10を参照。

6 「ブレスラウの蔵書」の分配については、第62書簡、注2を参照。

(1) ここに登場する雑誌について簡単に紹介しておく。『ユーデントゥームの歴史と学問のための月刊誌』はブダペストのラビ神学校の教授ダーフィト・カウフマンが一八九二年に創刊した著名な月刊誌。『イスラエル人の家族誌』は一八九八年にマイ・レスマンによってハンブルクで創刊された代表的な週刊誌。『アーカイヴ・エクセンプラール』は調べがつかなかった。『CV新聞』は「ユダヤ教徒ドイツ国民中央協会」によって一八九五年に創刊された同化主義的な傾向を持つ代表的な月刊誌。『ツークンフト』は、マクシミリアン・ハルデンの編集のもと、一八九二年から一九二二年まで刊行された週刊誌(第65書簡、注7も参照)。『ハマギッド〔宣言者〕』は一八五六年に東プロイセンで創刊された、最初のヘブライ語新聞。週刊新聞としてベルリン、クラクフと発行地を替えながら、一九〇三年に最後はガリツィアで終刊した。『ハシャハル〔夜明け〕』はペレツ・スモレンスキンの編集のもとウィーンで一八六八年から一八八四年まで刊行されたヘブライ語雑誌。月刊誌だったが、刊行期間はまちまちだった。『ハテクファ〔季節〕』は一九一八年にモスクワで創刊され、その後、ベルリン、テルアビブ、ニューヨークと刊行地を替えながら、一九五〇年まで刊行された、ヘブライ語雑誌。当初は季刊、のちに年刊となる。『ハシロアー』は、アハド・ハアムの編集のもと一八九六年にオデッサ(およびワルシャワ)で創刊され、一九二六年にエルサレムで終刊。三〇年間で四六巻を刊行。ヘルツルの政治的シオニズムに対して文化シオニズムの主張を論争的に展開した。

［84　ショーレムからアーレントへ
発信地と日付、不明
一枚目から七枚目は発見されていない］

―八―

ヴァルター・ベンヤミンは、彼が私に提示したものを仕上げました。[1] さらに彼は、パサージュ断章〔『パサージュ論』〕の草稿を書きましたが、それらの断章は、実際のところ、せいぜい遺稿出版の際にアフォリズムとしてすこし役立つにしろ、利用できるような長めのテクストを提供してくれるものではありません。[2]

私はもちろん、著作のそのような出版に必要な、草稿や資料の準備に際して彼〔アドルノ〕の手助けをしました。[3] 彼は自分のことを、必ずしもバカと見せかけなかったにしろ、純粋無垢とは見せかけていました。ポルクハイマー(1)についての自分の考えを、私はまったく隠し立てしませんでした。

あなたに必要な案内としてこのことをお伝えします。

心からの感謝をこめて、あなたの昔ながらの

ゲアハルト・ショーレム

追伸

1　バロンおよびベン＝ホリンからの心からの挨拶を送ります。ホリンとはパリで二度にわたってとても筋道立った話を交わしました。彼は昔の私の教え子として見事に成長を遂げていました。

2　アドルノが〔『〕ノイエ・ルントシャウ〔』〕の次号に、没後一〇年にあたってのヴァルター・ベンヤミンについての、部分的には十分優れた論考を書きました。私はちょうど原稿で読んだところです。あなたも興味を持たれることでしょう。[4]

私はいまもう一度、完全に保存されていると言われていた、フランクフルト市立図書館のユダイカの蔵書の残部を見てきました。明らかになったのは、およそ一から六〇〇〇までの番号を付されたものだけが存在していて、その番号のなかにも欠落があって、それらはまさしく価値の高いパンフレットやその類いを含んでいたことです。[5] フライマンの目録に含まれているような、その他の十分包括的なユダイカ、したがって倍以上の数の書籍類は、他の番号を付されていたものであって、ほとんど完全に焼失してしまいました。そのうちのほとんどが価値の高いものです。これは不快な知らせですね。たとえば、一八世紀以前の、ユダヤ研究に関わる学術論文。ユダヤ・ドイツ語〔イディッシュ語〕〔の文献〕のごくわずかの残余もありますが、大半はここでも焼失しました。手稿についてはメルツバッハーの二箱

が保存されていて、そのうち一つを開けさせたところ、五六点のヘブライ語手稿を数えることができました。[6] したがって、およそ八〇〇点のヘブライ語手稿のうち約一〇〇点が保存されていて、市立図書館にまだ存在しています。この割合は、したがって、私たちがこれまで想定していたよりもさらに悪いものです。

［NLI、JCRのアーカイヴ。カーボン紙による写し。タイプライター原稿の八枚目と九枚目］

1　もっぱら断片的な形で保存されているこの書簡において、おそらくショーレムはアーレントに、一九五〇年のフランクフルト・アム・マインでのアドルノとの会合について報告しているのだろう。一九四九年五月、ベンヤミンの著作の出版に際して、七年の沈黙ののちにアドルノがショーレムに援助を求めてきたあとのことである（*Adorno Blätter* V. S. 157–159）。一九五〇年九月二九日付で、ペーター・ズーアカンプ宛にアドルノは手紙を書いている。「若いころの作品はショーレムのもとにあります。私たちがあの荒々しいカバリストを宥めることができたのは、とてもよいことです。私が長いあいだ、無愛想に沈黙していただけでなく、グレーテルが彼にひどい言葉を投げつけたあとでもあったからです。彼女は、彼が主張している形態のユダヤ神秘主義はまさしく戒律の廃棄を本質としていると考えているのですが、その考えは、ちなみに、彼の理論からして十分正当なものです。とはいえ、彼はいまではもうそんなにメシア主義的ではありませんでした」（*Adorno und seine Frankfurter Verleger. Der Briefwechsel.* S. 19）。

2　アドルノは、ベンヤミンの『パサージュ論』のメモ書きをすでに合衆国で受け取っていた（第4書簡、注13を参照）。一九四九年五月九日付でアドルノはショーレムに宛ててこう書いた。「昨年のはじめに、私はとうとう、〈国立図書館〉（仏）に秘匿されていたパサージュに関する原稿を受け取りました。その原稿を昨年の夏、きわめて詳細に検討しました。その際、あなたと議論し合わなければならないさまざまな問題が生じました。本日、私はあなたにその問題を少なくとも示唆しておきたく思います。一番やっかいなのは、貴重で膨大な抜き書きの山に対して、理論的な思考の表現がはなはだ後景に退いている点です」（*Adorno Blätter* V. S. 157–159, hier 158）。

3　すでに一九五〇年にアドルノはペーター・ズーアカンプと、ベンヤミンのエッセイの複数巻での出版について話し合っていた。ショーレムはこの目的で、フランクフルトにおけるズーアカンプ社の会議に出席した。版元の最初の企画として、アドルノの促しによって、一九五〇年にズーアカンプ社でベンヤミンの『一九〇〇年頃のベルリンの幼年時代』が出版された。

4　テオドーア・W・アドルノの論考「ヴァルター・ベンヤミンの特性描写」（Heft 4. S. 571–584）を、ドルフ・シュテルンベルガーは、一九五〇年にベンヤミンのテーゼ「歴史の概念について」(Heft 4, S. 560-570)と一緒に掲載した。第60書簡、注1も参照。

5　救出されたユダイカ・コレクションについては第75書簡、注3を参照。

6　一部を破壊されたユダイカ・コレクションについては第75書簡、注3を参照。ミュンヘンの銀行家アブラハム・メルツバッハーの個人コレクションは、一九〇三年、彼の息子の死後、ユダヤ人たちが寄付を募って市立図書館のために買い取られていたが、そのうち約六〇〇〇冊の書籍が焼失した。そのなかには、価値の高い数多くのタルムードの印刷物があった。一五六点の手稿が戦争を生き延びた。

(1)　ショーレムは、ホルクハイマー Horkheimer の名前をポルクハイマー Porkheimer とわざと記して、英語の pork(豚肉)を重ねて皮肉っているのだと思われる。

85　アーレントからショーレムへ

ニューヨーク、一九五〇年九月二七日

［ユダヤ文化再興財団用箋］

一九五〇年九月二七日

G・ショーレム博士
スイス、チューリヒ
クーアハウス・リギブリック

〈親愛なるゲアハルト様――

九月一四日付と二〇日付の二通のお手紙に深く感謝いたします。フランクフルトに関するあなたの報告を受け取ったあと、あなたの提案に細部まで従う形で、すぐにローヴェンタール博士に宛てて手紙を書きました。私はエッペルスハイマー教授にも手紙を書くつもりですし、フランクフルトでの作業が一〇月一日に始まることを願っています。

分配の問題に関して――一〇月九日に理事会の会議があります。そこで、私たちはあなたの提案を提出します。私は、非ユダヤ的な資料の大半がエルサレムに行くものと強く確信しています。ユダイカはまた別の問題です。どうか私があなたのために最善を尽くそうとしていることを信じてください。とはいえ、こうした分配問題のすべては、公式にも非公式にも、断じて私が決定するのではありません。あなたを支持する私の主張は、次のようになるでしょう。JCR〔ユダヤ文化再興財団〕は原則として非ユダヤ的な内容の蔵書を要求しないが、もっぱら、この資料に対するヘブライ大学の(シュナミの)特別な関心のゆえに、私は交渉を始めたのだ、と。

あなたがベルリンでの交渉に実際に成功すれば、すばらしいでしょう。ローヴェンタール博士に宛てた同封の私の手紙をご覧ください。そこから、私たちがこれを実現するために、できる限りのすべてのことをするつもりであるのがお分かりになるでしょう。

スイスに関して、この決定がなされたのは、私たちの取り戻された資料の一つの重要な部分をヨーロッパにとどめるべきだと感じられたからです。私は、チューリヒにいたときにチューリヒの信徒共同体図書館を見ましたが、状態はよいように思われました。そのとき私は、この資料がチューリヒの図書館に組み入れられるなら、そこに備わっている特別なシステムをつうじて、それらの蔵書は西ヨーロッパ諸国のすべての研究者に利用可能となるだろう、と言われました。[1] 残念ながら、私はこの約束をブレスラウの蔵書の分配に《必須の》〔羅〕条件とする立場にはありませんでした。なぜなら、あなたもご存知のように、私たちの原則に従えば、それぞれの国内での分配に干渉する権限は、私たちにはないからです。あなたはいま、チューリヒにいらっしゃるので、もしかしたらそれに関して何かできるかもしれません。私は当時、ラビのタウベスや信徒共同体の何人かの人々と話し合いました。不幸にも、ブルンシュヴィヒに会うことはできませんでした。

ベン＝ホリン氏は、パリでのあなたとの会合を喜んで報告してきました。あなたがスイスの件に反対していることは、すでに彼から聞きました（あなたはこの分配に反対した唯一の人でした。このことをお忘れなく）。

私たちはいま、ドイツにあるどの手稿もマイクロフィルム化しないこと、そして、私たちの事前交渉に関する完全な報告書をあなたに渡すことを、決議しました。[2] エルサレムに戻られたら、その報告書が届いていることでしょう。一方、バロン教授はアーカイヴのマイクロフィルム化のことをまだ考えています。それがどうなるのか分かりませんが、私たちはヴォルムスのアーカイヴ資料に関する試験作業を行うことになるでしょう。[3]

最後に、とはいえ、大事なことですが、もう一度、オーストリアに関するローヴェンタール博士の報告をお読みください。[4] ヘブライ大学は、これについて何かするつもりでしょうか？　私の見る限り、主要なコレクションは次の二つです。

（1）タンツェンベルク・コレクションの残存物。もともとこれは、おそらくオッフェンバッハにあるローゼンベルク・コレクションと同様の性質を持っていたもの。この残存物は、以下のものからなる。(a)クラーゲンフルトにある四〇〇個の箱、これは「ケルンテン[1]に譲渡される見込み」（それが何を意味するのであれ）。(b)二〇〇個の箱、こちらはまだクラーゲンフルトにあるが、おそらくウィーンへの輸送途中。四〇〇個の箱の所有者は特定できないように思われ、一方、二〇〇個の箱は個人所有者の名前のついた蔵書を含んでいる。タンツェンベルクの資料に含まれているのは、ベルリン、ケーニヒスベルク、カールスルーエの信徒共同体に由来するユダイカであるように思われる。

(2)ウィーンにある相続人のない二五万冊の蔵書。それらの一部は〔出所の〕特定が可能で、フランクフルトにあるエッペルスハイマーの蔵書におそらく匹敵する。

　私たちは、ウィーンのJDC〔アメリカ・ユダヤ合同分配委員会〕の理事、ハロルド・トローベ氏と話し合い、現在、タンツェンベルク・コレクションがイギリス占領当局とオーストリア政府のどちらの管理下にあるのか確認するようお願いしました。もし、これらの書籍がまだイギリス当局の管理下にあるなら、私たちはロンドンのJTC〔ユダヤ信託会社〕にロンドンの現場で何かさせようと思っています。私たちは、二五万冊の非ユダヤ的な蔵書に関しては、何の措置も講じませんでした。なぜなら、それらは厳密に言えば、私たちの領分ではないからです。

　あなたが提起できる考えや提案があれば、お知らせください。何かできることがあるのか確認するためにヴォルマン博士がウィーンに行くこと、ひょっとするとクラーゲンフルトに行くことが、賢明かもしれません。

　マインツのことを忘れていました。信徒共同体との協議はまとまりましたか？　もしそうでなければ、JCRは交渉を受け入れる用意があるでしょう。この件でも、私たちはヴォルマン博士から専門家の詳細な意見を必要とするでしょう。

　いまのところは以上です。どうぞお元気で。

あなたの〉〔英〕

ハンナ。〔手書き〕

ハンナ・アーレント

　ズーアカンプはよい解決となるかもしれません。ヴィーゼングルントが本当に何かすると思いますか？

〔NLI、JCRのアーカイヴ。原本。タイプライター原稿。追伸は手書き〕

〔同封物〕

一九五〇年九月二五日

〈親愛なるローヴェンタール博士――

私はちょうどショーレム教授から彼のベルリンでの交渉に関する報告を受け取りました。それは大成功でした。次の情報は内密のものです。

1　《総合文書館のアーカイヴ資料》〔独〕は、二週間から四週間のうちに移送される見込みである（《機密事項》〔独〕）。オラニエンブルク通りで私が見た、その他のアーカイヴ資料も、おそらくエルサレムへ輸送される。

2　ショーレム教授は、彼が文面ではっきりと記したことによると、現在のベルリン信徒共同体が所持している次のものはＪＣＲの蔵書と交換する、との契約を口頭で結んだ。それは、学術的なユダイカ、〔信徒共同体によって〕必要とされていないラビ文献を含むヘブライカ、ヘブライ語とドイツ語の定期刊行物、非ユダヤ的な学術的文献。

　代わりに、ベルリン信徒共同体は、私たちが取りのけておいた五〇〇巻に加えて、以下のカテゴリーの書籍を必要としている。

（ａ）可能であれば、一点か二点の、完全に揃ったタルムード
（ｂ）ポセキム
（ｃ）注釈付きのモーセ五書
（ｄ）シオニズム文献
（ｅ）ゴルトシュミット・タルムード

フライアー博士がショーレムに話したところでは、五セット（?）のゴルトシュミット・タルムードが誰も必要とする者のいないロンドンに輸送されました。これは真実でしょうか？　もしそうであれば、私たちは少なくとも一セットを返却するよう、ラビノヴィッツ博士にお願いしてはどうかと思います。これについて、あなたの意見を聞かせてください。

　信徒共同体は、好意的にも私たちに一〇〇巻のトーラーの巻物まで譲渡してくれるようです。

　もしもベルリンの〔求めている〕五〇〇冊の蔵書がまだヴィースバーデンを離れていないようでしたら、技術上の困難が克服され次第、できるだけ早くお送りください。そして、フライアー博士とガリンスキー氏〔ヨアヒム・シュタール通り一三〕に、蔵書が《発送途上》〔仏〕にあることをお知らせください。

　また、あなたが南アメリカへの割り当て分から書籍を引き抜かねばならないとしても、右記の信徒共同体の要求を満たすよう、できる限りのことを試みてください。彼らは、最低でも一〇〇〇冊、最大一五〇〇冊の書籍を手にするべきです。

　いまのところ、あなたがベルリンに行く必要があると私

はまったく思っていません。事態がどうなるか見てみましょう。あなたから書籍が輸送されると聞き次第、私はガリンスキーに宛てて手紙を書くつもりです。ショーレム教授によれば、彼はフライアーよりも私たちの要求に好意的です。

敬意をこめて
心からあなたの
ハンナ・アーレント
事務局長〉〔英〉

［NLI、JCRのアーカイヴ。カーボン紙による写し。タイプライター原稿］

1　「スイスの図書館におけるユダイカとヘブライカの中央目録」において、スイスのなかの関連するユダヤ系図書館と公共図書館の目録内容が集成されていた。

2　ベン＝ホリンによる「調査報告21」（一九五〇年七月／八月）のこと。彼はJCRのマイクロフィルム化計画の可能性を報告することになっていた。

3　ヴォルムスのかつてのユダヤ人信徒共同体のアーカイヴ資料は、一九五一年四月から七月にかけてJCRによってマイクロフィルム化された（第98書簡も参照）。

4　ローヴェンタール「調査報告20」（オーストリア）、一九五〇年六月一七日から二三日（NLI, Arc 4° 1599/288）。

5　一九四五年五月にイギリス人によってケルンテンのタンツェンベルク城で五〇万冊を超える書籍――アルフレート・ローゼンベルクによって計画されたナチ党の大学「ホーエ・シューレ」の疎開されていた「中央図書」――が発見された。イギリス人は、その大部分を一九四八年までにもとの国々に返還した。残った書籍は、オーストリアの資産管理・経済計画省に譲渡され、そうこうするうちにクラーゲンフルトに移された。当初、議論されていたのは、「タンツェンベルク」の蔵書を研究用図書館に編入して、ケルンテンに置いたままにしておくことだった（「〈ケルンテンに譲渡される見込み〉〔英〕」）。実際には、同省は一九五〇年になってようやく、それらの蔵書をウィーンのノイエ・ホーフブルクにある書籍選別所に譲渡することを決定した。そこでは、戦後、書籍選別所と呼ばれるものが設立され、「持ち主のない」書籍が保管され、選別され、分配されることになっていた。それらの書籍は、一部はウィーンのオークション兼質屋のドロテウム、オーストリアの国立図書館、ウィーンの国家警察署の図書室、そして、のちにくわわったタンツェンベルクの蔵書の残存物に由来していた。ローヴェンタールは、ウィーン大学図書館のかつての館長アロイス・イェズィンガー（一九三八年から一九四五年）の管理下にあった書籍選別所について、こう書いた。「〈コレクションのざっとした調査、そして私がイェズィンガー博士から何とか「搾り出す」ことのできたものからすると、その大部分、おそらくほぼすべてがユダヤ人（ウィーンの！）に由来するものであると報告するのが妥当である〉〔英〕」。また、持ち主の特定できる書籍に対して要求があればそれは満たされるだろう、というイェズィンガーの主張について、こう書いた。「〈しかし、どのようにして？　まだこれらの書籍が存在すること、そしてその扱い全般について公的に知られてはいない〉〔英〕」（「調査報告20」JNUL 1599/23）。一九五一年の書籍選別所の最終報告によれば、選別所は処理された二三万三五二〇冊の全書籍のうち二万三五三〇冊の書籍を将来の返還のために取っておき、残りをオーストリアのさまざまな機関に分配した。

（1）「ケルンテン」は、現在は、オーストリア南部、スロヴェニアとの国境近くの州の名。その州都がクラーゲンフルト。ケルンテンには、一一世紀からユダヤ人が存在していた記録がある。

［**86** ショーレムからアーレントへ
エルサレム[1]、一九五〇年一〇月四日］

〈**写し**（G・ショーレム教授からH・アーレント博士への書簡）〉

一九五〇年一〇月四日

親愛なるハンナ様、

この手紙がJCR〔ユダヤ文化再興財団〕の会議のまえにあなたに届くことを願っています。昨日ローヴェンタール博士が私のもとにやって来て、私たちはエッペルスハイマーの蔵書の問題全体について、詳しく議論しました。彼がE〔エッペルスハイマー〕の件の取り組みを始め、その仕事を果たせるかどうか、判断するでしょう。木枠に詰めるなど技術的な援助のために、私が予想していたよりもずっと大きな予算が必要だろう、と彼は考えています。もっと多くの作業員も必要、など。しかし、これについては彼が自分で確かめます。残っている一[1]〇週間で作業を終えられる何らかの見通しがあるとすれば、細々とした官僚的な事柄をすべて無視するきわめて単純化された手続きによってなされる場合のみです。ぐずぐずしている時間はありませんので、重複本と他の貴重な資料をより分けることは忘れたほうがよいでしょう。それは作業をいっそう困難にするだけですから――いずれにしろ、地下壕での作業という条件下では、それはもとより困難でしょう。

私はJCRの理事会に、ユダイカを分割することなく、丸ごとすべてをエルサレムに配分するよう、心をこめて訴えます。それらには私たちにとって特別の価値のある資料が含まれています。とりわけ、古いユダイカと冊子類です。

何千冊もの書籍が誰も必要としていないスイスに送られ、どんな重要な目的にも役立たないまま、失われようとしています。そんなあとで、イスラエルでとても必要とされている書籍を別の場所に分配するような誤りを、JCRは繰り返してはなりません。あなたの役に立つようでしたら、私の名前を出してください。

《総合文書館のアーカイヴ資料》〔独〕をイスラエルのために私たちが実際に獲得するまでは、アーカイヴ資料の分配についていかなる最終的な決定も下さないでください[2]。そして、もしもあなたがベルリンでの私たちの交渉に言及せざるを得ないのであれば、出席の人々に、何としてもこの件を口外しないように、中途半端な状態で問題を公表しないように、どうか依頼してください。この警告の持つ明々白々たる理由をあなたは理解されるでしょう。いまのところ、東ドイツ政府の最終決定についての説明は、私たちのもとに届いていませんが、届き次第、資料を受け取る（そして、それを箱詰めし、発送する）ために、誰かがベルリンへ行くことになります——私自身か、バイン博士が。私はこの日曜日（一〇月八日）にエルサレムに戻る予定でいますので、おそらくバイン博士になるでしょう。イスラエル政府は私たちのどちらかが行くことに同意しました。

タンツェンベルク、その他について。この問題については私はヴォルマンと話をすることしかできません[3]。マインツに関しても《同様》〔独〕、私には行ける時間がありません。マインツについては、事態が進展すれば、私たちはコレクションに対して支払える状態であると確信しています（穏当な額です）[4]。

敬意をこめて
あなたの〉〔英〕
（署名）ゲアハルト

［SUL、バロンの遺品。写し。タイプライター原稿］

1　JCRのドイツでの活動は一九五〇年の末に終えることが予定されていた。

2　もしもイスラエルがベルリンの総合文書館のアーカイヴ資料を獲得するならば、ユダヤ人信徒共同体の他のアーカイヴ資料はイスラエルに送られるべきではない、というJCRの内部での議論については、第69書簡におけるアーレントの説明を参照。

3　一九五一年の末、JNULはウィーン・イスラエルの民・祭式共同体（IKG）に、アーレントないしはローヴェンタールが言及しているウィーンの蔵書への要求をするうえで、自分たちを援助してほしい、と依頼を行った。一九五六年に、

「書籍選別所」がオーストリアの諸機関に分配していた「持ち主なし」の蔵書について、和解が達せられた。その和解において、オーストリアの国立図書館に由来するこれらの蔵書の六〇パーセント、大学図書館に由来する蔵書の七〇パーセントがＩＫＧに移され、ＩＫＧはその後それらの蔵書をイスラエルのＪＮＵＬに転送した。

4　ショーレムがおそらく彼のドイツ訪問のあいだに達しようと努めた、マインツのユダヤ人信徒共同体との合意――救出されたかつてのヴォルムス信徒共同体の文化財と同様にかつてのマインツ信徒共同体図書館の残存物を譲渡することに関する合意――が挫折した場合のために、アーレントはそれに対する金銭の支払いを提案した。マインツの戦後信徒共同体は、両方の文化財の所有権を主張していた（第63書簡の注7および注9を参照）[(2)]。

（1）　この手紙はショーレムのドイツ滞在中に書かれていて、この記載は誤りと思われる。本書の英訳版はこれを削除している。

（2）　この原注は、原書では第85書簡に、本文に注番号が付されないまま、注6として記載されているが、内容からしてこの箇所に移した。

［**87**　アーレントからショーレムへ
ニューヨーク、一九五〇年一〇月一一日
ユダヤ文化再興財団用箋］

一九五〇年一〇月一一日

Ｇ・ショーレム博士
ヘブライ大学
イスラエル、エルサレム

〈親愛なるショーレム様――
一〇月四日付のお手紙、ありがとうございました。理事会会議に何とか間に合いました。

エッペルスハイマーの蔵書――官僚的な細かな点は捨象すべきだという、あなたの考えに強く同意します。とはいえ、私はまだローヴェンタール博士から知らせを受けていないので心配しています。彼は優れた行政官ですが、官僚的な手続きに凝りすぎます。

あなたはおそらく来週中に理事会会議の議事録をお受け取りになるでしょう。ユダイカを分割するのではなく、全一式をエルサレムに分配することが決定されました。非ユダヤ的な蔵書に関しては、三分の二がエルサレムに向かい、三分の一がニューヨークに向かいます。それが私たちにできた最善のことです。アーカイヴ資料について、最終的な決定はなされませんでした。[1]

つけくわえて言いますと、最終的にあなたの利害の立場で発言するはずの、サルペーター氏もベン・ハルパーン氏も出席しませんでした。[2] しかも、返信のハガキで出席すると記していたにもかかわらずです。

マインツ——あなたは誤解されていると思います。あの人々は一〇〇〇マルクを求めているのではありません。彼らが求めているのは一〇〇〇ドルです。大きな違いです！[3]

変わらないあなたの、
ハンナ。［手書き］
ハンナ・アーレント
事務局長〉〔英〕

［NLI、JCRのアーカイヴ。原本。タイプライター原稿］

1　議事録によれば、アーレントは一九五〇年一〇月九日の当該の理事会で、ドイツでのJCRの活動が終了するために、新たに到着するアーカイヴ資料を直接イスラエルに輸送するのが最善であると説明した。ラビのキーフはこれに反対して、イスラエルの困難な政治状況を理由に、アメリカにアーカイヴ資料を置く方が学者たちに有益であるとして、資料をシンシナティのAJAに移送することを支持した（一九五〇年一〇月九日、理事会臨時会議——NLI, Arc 4° 793/288）。

2　ベン（ジャミン）・ハルパーンとハイ・サルペーターは、ニューヨークのJCRの理事会でヘブライ大学を代表することになっていた。

3　マインツの戦後信徒共同体との合意は実現しなかった。かつてのマインツのユダヤ人信徒共同体の図書館の蔵書と手稿は、一九五五年以降、マインツの戦後信徒共同体からの貸与としてヨハネス・グーテンベルク大学にある。一九五二年にフランス占領地区でも国際的なユダヤ人継承機関が承認されたのち、同様にマインツの戦後信徒共同体によって要求された、かつてのヴォルムス信徒共同体の文化財に関して、数年におよぶ権利をめぐる争いとなった。一九五七年に行われた裁判外の和解において、アーカイヴ資料は、エルサレムのJHGA、すなわちこんにちのCAHJPに譲渡されることになった。

88　ショーレムからアーレントへ

［エルサレム、一九五〇年一二月七日］

一九五〇年一二月七日

ハンナ・アーレント博士、事務局長
ユダヤ文化再興財団
ニューヨーク

〈親愛なるハンナ様、

一一月二八日の年次総会の通告を同封で添えていただきありがとうございます。[1] ヴォルマン教授とその問題について話し合いました。以下で、ヘブライ大学代表として、私の見解を述べ、また提言したく思います。

（1）《に関して》〔羅〕§1b[2]「《総合文書館のアーカイヴ資料》〔独〕」に関する問題がまだ最終的に解決されておらず、私たちはこの最終的な解決を期待しているので、この点に関していかなる決定もなさらないようお願いします。私たちはすべてのアーカイヴ資料を引き受けるつもりであり、そこにはバイエルン・ユダヤ人信徒共同体のアーカイヴ資料も含まれます。もし「《総合文書館のアーカイヴ資料》〔独〕」の移送が最後の瞬間に困難に陥るとすれば――実際にそうならないように願っていますが――バイエルン州のアーカイヴ資料はヘブライ大学に配分されるべきであると感じています。ところで、イスラエル国家が正式に「《総合文書館のアーカイヴ資料》〔独〕」の移送を願い出た文書を、ベルリン当局が求めてきました。その文書はほんの最近になって、ベルリンのドイツ当局へ手渡されました。もし必要があれば、バイン博士がもう一度ベルリンへ行くでしょう。

（2）《に関して》〔羅〕§2[3]ドイツ諸州の政府が発表することをあなたが期待している布告に関して、私に異論はありませんが、懐疑の念を出さずにはいられない気持ちにはなります。この種の布告をつうじて、将来発見される書籍コレクションや、それに類する資料を私たちが実際に受け取ることになるとは思えません。強調しましたように、私たち全員が探し求めている、個人や機関の有するヘブライ語手稿が、まとまった形で、あるいは部分的な形で見つかるとすれば、そのような布告は実際に有効でしょう。それがあれば、移送の実施に関して合法的な手続きが可能となるでしょう。この移送はユダヤ民族全体にとってとても重要なことですので、法的な問題を確実にしておくことは有益だと思われます。この場合には、解体した機関の資産や個人の所有物が含まれているので、その問題はJRSO〔ユダヤ人返還継承機関〕の管轄下にあります。とはいえ、まさにドイツでそうした資料が見つかる可能性が大いにある、あるいは来る二年のあいだに発見されるだろうと、私が考えているかのような印象を与えたくはありません。むしろ、ポーランドで、それらの資料が【自ずと】見つけられ、特定され得るだろうと思います。イスラエル政府のためにポーランドでマイクロフィルム化を担当する人物が——私たちは彼が一九五一年の初めには開始してくれることを願っています（予算という主要な困難は間もなく解決されると思われます！）——この問題を引き受けるよう特別に要請されました。

(4)《に関して》〔羅〕§4[4]法的手続きがベルリンで何か成果を産み出すとは思いません。ユダヤ人信徒共同体が物品を私たちに譲渡するよう説得されるとすれば、友好的に結ばれた協定に従ってのことでしょう。いずれにせよ、考慮されるべきは、多くのものが火事などによって破壊されたこと、ベルリンにはもはや隠し場所が存在しないかもしれない、ということです。こうした理由から、JCR〔ユダヤ文化再興財団〕が来年、新たに労力を割くべきだとは、進言しません。

(6)《に関して》〔羅〕§6[5]個人所有の、一万二〇〇〇冊から一万四〇〇〇冊のヘブライカとユダイカの書籍をアメリカのさまざまな機関へ分配することで対処できるのであれば、私たちからはこの点について何も言うことはありません。しかし、対処できるのが一部でしかないのであれば、残りはヴィースバーデンから直接イスラエルへ送るよう提案します。私たちはこちらでそれらの書籍を分配のために利用することができます。この代案を考慮していただけるようお願いします。私たちは、それ以上分類しないままでそれらの蔵書を詰めた未開封の箱を、いつでもお引き受けします。

(7)《に関して》〔羅〕§7a[6]請求者が見当たらない定期刊行物の重複本が残るのであれば、私たちはイスラエルのために、ヘブライ語とイディッシュ語の定期刊行物（後者はアメリカの日刊紙を除く）だけを求めます。他の言語の重複本は必要ではありませんが、ヘブライ語とイディッシュ語の重複本はイスラエルへ送られることを私たちは願っています。

(7d)[7]《に関して》〔羅〕上述したのと同様の原則が残存の書籍にも当てはまります。私たちは喜んで、ヘブライ語とイディッシュ語の書籍を引き取ります。私たちがこの資料を手に入れられるよう取り計らっていただくこと、どんなことがあってもアメリカの図書館に提供したり市場で売却したりしないことを、提案します。

(8)[8]《に関して》〔羅〕同封で、フランスの資料に関する、エルサレムのヘブライ大学の要求を送ります。私たちはそのすべてを引き取る心づもりをしています。この決定を受け入れ、分類やさまざまな分配に着手しないよう、とりわけ心からあなたにお願いします。すでに明らかになったように、ラビ関連文献は——そして、パリの蔵書は主要部分がそうした資料からなっています——とにかく、イスラエルでのみ必要とされています。宗務省も教育文化省もしばしば私たちに問い合わせ、新たな入植地のためにこの種の資料をもっとたくさん提供できないか、尋ねてきました。私たちのためにこの点を明言してくださるようお願いします。ブレスラウのラビ文献の先例から私たちは学ばなければなりません。スイスに滞在しているあいだ、スイスに割り当てられたブレスラウのラビ文献の運命を徹底的に調べました。調査の結果からおそらく言えることは、せいぜい五、六人の人間しかこの七〇〇〇冊の書籍を使用しないだろう、ということです。この資料に対してイスラエルに存在する公共の関心を重視して、これらをすでに受け入れられている率に従って配分しないよう、お願いします。このことが意味しているのは、誰も求めていない資料がヨーロッパに移送されることはなく、最終的に書籍が書店に送られるのを阻止することができる、ということです。私たちはまた、その内容をとてもよく知っているバルト関連資料も求めています。疑いなく、そのすべてをこちらで活用することができます。パリにある個人所有の書籍に関しては、持ち主から請求されるのはそのうちのせいぜい一〇パーセントだろうと私たちは感じています。その大半はイスラエルにとって極めて重要なヘブライ語の書籍でしょう。私たちは持ち主に返還できなかった資料はすべてイスラエルに送られるべきであると提案します。私たちの提案を受け入れてくだされば、手続きは容易になるでしょう。私たちは収納箱の詳細な目録を持っていますので、バルト関連書籍については整理される必要がまったくなく、来年、五一年の九月初頭には移送できるでしょう。

万が一、個人所有の書籍に関して特別な問題が生じるならば、ＪＣＲが自由に扱えるように、ヘブライ大学が関係者を派遣する可能性があるでしょう。その場合、必要となれば、その人物はパリに赴くでしょう。しかし、私が提案した簡単な手続きを取ることで、そうした派遣は不必要になるでしょう。シャピロ博士は、独力でこの件を処理できます。[9]

上述のように、私たちは書籍の一〇パーセント以上が請求されることはないだろうと予想しています。あなたが予測されている追加分の仕事を軽減できるよう、できる限りのことをするつもりです。詳細は追って決定されるでしょう。[10]

（9）《に関して》〔羅〕あなたが言及されている資料が、ＪＣＲの活動が終了したあとで、エルサレムのヘブライ大学に譲渡されるよう、提案します。それは国立文書館に加えられるべきものです。ＪＣＲのアーカイヴ資料はユダヤ民族全体にとって意義のあるものと信じていますし、興味深い時代や重要な出来事を網羅しているそうした文書類がエルサレムに保管されるのは適切なことです。

親愛なるハンナ、私のために会議に提出してくださるようお願いしている提案があなたの仕事を助けることになる、と私は信じています。その活動の最後の年となると思われる時期に際して、JCRの幸運をお祈りします。

個人的な敬意と願いをこめて

心からあなたの、

G・ショーレム教授

追伸　〔『〕コメンタリー〔』〕に掲載された、ドイツについてのあなたの記事を読みました。ほぼ全面的に同意します。感謝します。[11]〉〔英〕

［NLI、JCRのアーカイヴ。カーボン紙による写し。タイプライター原稿］

1　ニューヨークで一九五〇年一二月二一日に行われる理事会の年次総会のために書かれた、一九五〇年一一月二八日付のハンナ・アーレントの案内とメモ書き（NLI. Arc 4°793/288）。

2　JCR年次総会のメモ書きの項目1bで、アーレントは、JCRが獲得のために努力していたバイエルンの信徒共同体アーカイヴ資料（第63書簡、注11を参照）の話題を記していた。アーレントは、それがJCRに譲渡される場合には、JCRの負担削減のために、分配するのではなくまとめて一つの機関へ送る、という提案をしていた。別の箇所でアーレントは、エルサレムが「総合文書館のアーカイヴ資料」を受け取るなら、残りの信徒共同体のアーカイヴ資料はアメリカへ送られるべきである、という理事会の考えを指摘していた（第69書簡を参照）。

3　メモ書きの項目2で、アーレントは、一九五〇年の終わりにドイツでのJCRの活動が終了したのちに、諸州の文部大臣に布告を促す彼女の試みを継続すべきかどうか、問うている。その布告は、ドイツの諸機関に、それぞれのコレクションにあるユダヤ人に関わる物品を申告するよう求めるものだった。それについて、彼女はこう述べている。「〈これはまたもやかなりの量の仕事を含むことになるかもしれない。それゆえ、あなたがたは完全に放棄することを決断してもかまわない〉〔英〕」（メモ書き――NLI. Arc 4°793/288）。

4　項目4でアーレントは、JCRの活動がほとんど成果をあげられないままになっていたベルリンの状況を取り上げている。「〈私たちはこれ以上何もせずにいるべきか、あるいは来年に新たに尽力すべきか、という問いが生じている〉〔英〕」（NLI. Arc 4°793/288）。

5　メモ書きの項目6は、個人所有の書籍を取り上げていた。すなわち、所有者が特定可能で、したがって返還法の対象であったにもかかわらず、合衆国当局がヴィースバーデンの倉庫を閉鎖しようと考えていたので、JCRへと引き渡された書籍について、である。約四万五〇〇〇冊のこの蔵書から、返還申請がなされたもの、また、六冊以上の書籍の所有者として特定可能な人物の書籍が選別された。このカテゴリーから明らかに外れたおよそ一万二〇〇〇冊から一万四〇〇〇冊のユダイカとヘブライカに関して、アーレントは、各機関によるその後の返還を可能にすると同時に軽減するためにも、それらの書籍がこれ以上分別されずにまとめて、少数の機関に保管されるべきである、と提案していた。

6　メモ書きの項目7aは、閉鎖される予定になっていた、ニューヨークのJCR倉庫に残っている雑誌と新聞を取り上げている。

7　7dの項目でアーレントが議論の俎上に載せているのは、残った書籍をHUや〈ワシントン議会図書館〉〔英〕、あるいは——両方ともうまくゆかなければ——個人に売却すべきか、という問題だった。

8　項目8でアーレントは、パリのジョイントの倉庫で、JCRのために保管されていた、所有者が特定可能な書籍を取り上げている。その際に問題になっていたのは、六冊以上の所有者の蔵書だった。「〈バルト・コレクション〉〔英〕」の約一万六〇〇〇冊、個人所有の約一万五〇〇〇冊がそれにあたる。JCRが自ら所有者を探したいと考えていたこれらの書籍は、起こり得る個人の返還請求に備え、一九五一年の半ばまで保管されることになっていた。議論の対象となっていたのは、この期間の終了後に返還されていない書籍はどうすべきか、だった。

9　ジュダ・シャピロは当時、JCRも使用していたパリにあるジョイントの倉庫を担当していた。

10　項目9でアーレントは、JCRの記録類は——活動の終結後——どうすべきかという問いを提出していた。

11　以下に掲載されたアーレントの論考「ナチス支配の余波——ドイツからの報告」——*Commentary* 4〔邦訳ではX/10の表示〕, 1950, S. 343-353〔『アーレント政治思想集成2』四七—七四頁〕。死後公刊されたドイツ語版は以下——»Besuch in Deutschland«, in: Arendt, *Zur Zeit*, S. 43-70.

89　アーレントからショーレムへ

［ニューヨーク、一九五〇年一二月二七日
ユダヤ文化再興財団用箋］

一九五〇年一二月二七日

G・ショーレム博士
ヘブライ大学
イスラエル、エルサレム

〈親愛なるゲアハルト様――

一二月七日付のあなたの手紙に感謝します。あの手紙は一二月二一日の理事会会議の席上で正当にも読み上げられました。まもなく議事録を受け取られるでしょうから、まずは私に手短に説明させてください。

すべてのアーカイヴ資料はエルサレムに向かうことになるでしょうが、あなたは、マイクロフィルムを別の機関、とりわけシンシナティで利用できる手筈を整えるよう、強く要求されるでしょう（トイプラー夫妻などのことです）[1]。

布告についてはあなたにまったく賛成です。とはいえ、これは原則に関わる問題だという感じがこちらにはありますので、私は継続するよう言われています。私もまた、政治状況が根本的に変化したなかで、ドイツの《州》〔独〕政府から何かを期待できるか、疑問に思っています。フランクフルトおよびヘッセン州全域は例外ですが[2]。

たったいまヴィースバーデンに、残っているすべてのヘブライカをイスラエルに輸送するよう、電報を打ちました。個人所有の書物が高い割合でヘブライカだ、とするあなたの推定は間違っています。私たちの見積もりでは、二五パーセント以上ではありません。定期刊行物に関しては、ヘブライ語の重複本は利用できません。私たちが所有しているのは、ドイツ・ユダヤ系の定期刊行物の重複本だけです。ラテン・アメリカの国々を含め、「残存物」に対するかなりの数の要求があります。売却は考えられないでしょう。フランスの資料についてはいかなる決定にもいたっていませんが、あなたがたにはチャンスがあります[3]。とはいえ、あなたがたはきっとバルト・コレクションにしか興味がないでしょう。個人所有の書籍のなかにはヘブライカは本当にわずかしかありません。何であれアメリカに向けた輸送は期待していませんが、この資料の取り扱いに関してとても協力的だったJDC〔アメリカ・ユダヤ合同分配委員会〕のヨーロッパ支部は、ヨーロッパのさまざまな信徒共同体に書籍を分配するという、一定の要求を掲げるでしょう。

あなたは〔『〕カバラーと神話〔』〕を私に送ってくださっていませんね[4]。どうかご送付ください。私はこちらで『《ベルリンの幼年時代》〔独〕』を手に入れようと試みてみましょう[5]。シュテルンベルガーは私に連絡してきませんでした。

万事滞りありませんか？　チョコレートやコーヒーの配給はどうですか？

あなたの、〉〔英〕

ハンナ〔手書き〕

ハンナ・アーレント

［NLI、JCRのアーカイヴ。原本。タイプライター原稿］

1　歴史家ゼルマ・シュテルン＝トイプラーはＡＪＡで文書係として働いていた。彼女の夫で歴史家のオイゲン・トイプラーは、シンシナティのＨＵＣで教鞭を執っていた。

2　ヘッセン州はすぐあとで、ナチス時代のあいだに持ち込まれたかつてのユダヤ人文化財の報告をドイツの機関に促す布告を、州として最初に発表した（第94書簡、注6を参照）。

3　一九五〇年末のＪＣＲの年次総会において、フランスに保管されている蔵書（「〈バルト書籍〉〔英〕」、および個人所有の書籍）に関する決定は、延期された。

4　以下に掲載の「カバラーと神話」のこと——*Eranos-Jahrbuch* XVII (1949), S. 287-334〔ショーレム『カバラとその象徴的表現』一一七―一六三頁〕。

5　ヴァルター・ベンヤミンの『一九〇〇年頃のベルリンの幼年時代』は、一九五〇年にズーアカンプ・フェアラークから出版された。

［**90** ショーレムからアーレントへ
エルサレム、一九五一年一月二九日］

一九五一年一月二九日

ハンナ・アーレント博士、事務局長
ユダヤ文化再興財団
ニューヨーク

〈親愛なるハンナ様、

一九五〇年一二月二一日のＪＣＲ〔ユダヤ文化再興財団〕の議事録と、添付されていた報告書が手元にあります[1]。先週体調を崩していて、すぐにあなたに返事ができませんでした。しかし、インフルエンザから回復しましたので、あなたにお礼を言う最初の機会を利用しています。はなはだ注意深く議事録を読み、いただいた助力に対してあなたとバロンに感謝を申し上げます。万事順調に行くよう願っています。アーカイヴ資料に関する限り、こちらへ届けられたあとでその資料のリストを作成し、シンシナティへ送るよう最善を尽くします、と述べておきたく思います（あるいは、私たちはそれをあなたへ送り、シンシナティへ転送していただくべきでしょうか?）。そのリストがあれば、彼らはどの資料をマイクロフィルム化してほしいのか述べることができるはずです。彼らにとって本当に価値があるのはそのほんの一部だろうと思っています。いずれにせよ、誰が費用を負担するのかを知りたく思います。私たちは、受け取る機関が費用を支払うものと考えています。いまのところ、私たちは発送された資料について知らせを受け取っていませんが、これは数週間の問題だと思います。その資料を収めた箱が私たちの手元に届き次第、こちらからあなたにお知らせします。どうか、シンシナティの方々にこのことをお知らせください。ヘブライ大学が主張した一般的な方針に対して、実質的な関係者全員が示された好意的な態度に、私たちは心から感謝しています。

フランクフルト博物館に関して、ラビノヴィッツ博士がそれに関する決定の再考を求めてきた、と私は理解しています。そうした議論が再開される場合に備えて、私はきっとイギリスの委員会の提案に賛成票を投じるだろう、と述べておきたく思います。[2]

パリの書籍、とりわけバルト・コレクションに関して、最終的な決定にいたるまでに、さらなる交渉が行われる、と私は理解しています。そのときまでに、これらの書籍が実に緊急に必要とされているイスラエルへ送られるべきであると、あらゆる方面で同意にいたるよう願っています。分かっていただきたいのですが、新旧の入植地に設立している図書館のために、この種の本をもっともっと渡すように迫る、宗務省の人々からの絶えまない圧力に私たちは曝されており、それは実際、私たちがこちらで果たすべき重要な職務の一つであって、ＪＣＲも多大な関心をもって関与するであろうことです。これらの書籍はいまでは購入できませんし、出回っているものは法外な値段でのみ入手できるのです。こうした事情から、イスラエルへの最大限の分配を私たちは主張せざるを得ないのです。

いつものように、敬意をこめて、
心からあなたの、〉〔英〕
Ｇ・ショーレム教授

［ＮＬＩ、ＪＣＲのアーカイヴ。カーボン紙による写し。タイプライター原稿］

1　一九五〇年一二月二一日の理事会と年次総会。
2　ＪＣＲの理事会は、ＪＣＲが求めていたかつてのフランクフルトのユダヤ博物館の物品（第63書簡、注6を参照）に関して、イスラエルのベツァレル博物館はＪＣＲに与えられた物品からもっとも価値のある祭具を受け取ってきたのだからこれまでのように最優先権を持つべきではない、と決議した。この決議に対して、ＨＵとベツァレル博物館の代表と並んで、オスカー・ラビノヴィッツも、理事会で異議申し立てをした。ラビノヴィッツは、大陸ユダヤ博物館・図書館・文書館再興ロンドン支部委員会に属していた。彼は、資料群をまとめてテルアビブ市の博物館に譲渡することを提案した（一九五〇年一二月二一日の理事会――NLI, Arc 4°793/288）。一九五一年夏に理事会は、今回の事例ではアメリカ合衆国の博物館に最優先権を認めることを決定した。その直後、イギリスの委員会はイスラエルの諸機関のために〔自分たちの要求を〕放棄した。最終的に一九五一年の八月、JCR、フランクフルト市、戦後信徒共同体の三者が合意に達したのち、それに応じてJCRに譲渡されていた物品の分配が行われた。

91

〔アーレントからショーレムへ
ニューヨーク、一九五一年三月六日
ユダヤ文化再興財団用箋〕

一九五一年三月六日

G・ショーレム教授
ユダヤ国立および大学図書館
イスラエル、エルサレム
私書箱五〇三

〈親愛なるショーレム様――

これは一月二九日付のあなたの手紙に対する返信です。彼らがアーカイヴ資料のどの部分をマイクロフィルム化したいのかを決めることができるように、資料リストをシンシナティに送ることが最善だろう、というあなたの意見に賛成します。私はまた、マイクロフィルム化の費用は、受け取り先の機関が負担すべきだという考えに傾いています。とはいえ、理事会はこの件についていかなる決定も行っておらず、私は再度この問題を持ち出さねばならないと思っています。

バルト・コレクション――私たちは現在、個人として六冊以上所有されていた書籍に対する返還請求者への手続きを整えています。書籍のなかで見つかった人々の名前を示す名簿に、私たちは、バルト・コレクションの所有者らの名前を、同じ原則に基づいて含めました。つまり、私たちは六冊以上の書籍を有していた個人所有者のみを公表するのであって、少なくとも当面のあいだ、バルト書籍の大半が属していた、バルト三国の機関名は公表しないつもりだ、ということです。返還要求のないバルト・コレクションの大半をイスラエルに分配させるうえで、あなたが困難に突き当たるとは信じられません。たとえこうした種類の書籍に対する要求が、アメリカ合衆国だけでなく西半球のすべての国々（ラテン・アメリカの国々）においても強力なものだとしても、です。

二月一二日に、私はヴォルマン博士に宗務大臣でラビのマイモンとの話し合いについて書き送りました。私は自分の意見を繰り返したくありませんし、申し訳ありませんが、あなたのために手紙の写しを送る手間を省いてしまいました。そこからあなたは、私たちもまた、いまでは「絶え間ない圧力の下にある」ことをご理解くださるでしょう。[1]

敬意をこめて
あなたの〉〔英〕
ハンナ。〔手書き〕
ハンナ・アーレント

［NLI、JCRのアーカイヴ。原本。タイプライター原稿］

1　JNULの館長ヴォルマン宛ての一九五一年二月一二日の手紙で、アーレントは、バロンと彼女が交わした、イスラエルの宗務大臣でラビのマイモンとの話し合いについて報告した。その報告では、JCRに委ねられた資料群のHU／JNULを介したイスラエルの他の機関への分配について、JCRが求めているその記録の文書化――その時点まで不十分なものにとどまっていた――があらためて論じられていた（NLI, Arc 4° 793/288）。

［**92**　アーレントからショーレムへ
ニューヨーク、一九五一年三月二六日
ユダヤ文化再興財団用箋］

一九五一年三月二六日

G・ショーレム博士
ヘブライ大学
イスラエル、エルサレム

〈親愛なるショーレム様――
ヴォルマン博士宛ての手紙の写しを同封しています。その手紙は一目瞭然だと思います。[1]
あなたからのグスタフ・ショッケンへの電話が、〔『〕ハアレツ(1)〔』〕にリストを公表するよう説得できるかもしれないと思い、それをお願いしています。[2]
私はたったいま、シンシナティのアメリカ・ユダヤ文書館から手紙を受け取りました。その手紙でマーカス博士は、彼らが求めている資料をマイクロフィルム化するための費用を快く支払うと思う、と伝えてくれました。他方で、自分たちがこのアーカイヴの書籍のリスト化を請け負うべきでないことは明白だとも。

敬意をこめて
あなたの〉〔英〕
ハンナ。〔手書き〕
ハンナ・アーレント

〔JNUL、JCRのアーカイヴ。原本。タイプライター原稿〕

〔同封物〕

同封物

一九五一年三月二十六日
C・ヴォルマン博士
ユダヤ国立および大学図書館
イスラエル、エルサレム
私書箱五〇三

〈親愛なるヴォルマン博士――

私は、個人所有の書籍の件であなたにご協力をお願いしました、三月一三日付の手紙に話を戻させていただきます。『アウフバウ』とロンドンの『ジューイッシュ・クロニクル』はこの間に、掲載費なしで、数回にわたって、それらの名前〔書籍の元来の所有者の名前〕を掲載することに賛同してくれました。これらの先例に倣って、『パレスチナ・ポスト』と『ハアレツ』で同様の手筈をあなたは整えることができるとお考えですか?

私たちは、それらの要求の締切を六月三〇日に設定せねばなりません。つまり、私たちは急いでいるということです。そのため、私は勝手ながら、印刷用に準備された一〇〇〇人の名前を、どうしてもそれに不可欠の新聞の告知記事とともに、あなたに送付しています。あなたご自身のご参考のために、私たちに連絡してきた人すべてに郵送予定の「返還請求者の手引き」も同封しておきます。

私はちょうどいま、祭具とトーラーの断片に関わる四つの事例についてのあなたの三月二〇日付の手紙を受け取りました。

ありがとうございました。

心からあなたの
ハンナ・アーレント
事務局長〉〔英〕

同送――ショーレム。

〔NLI、JCRのアーカイヴ。カーボン紙による写し。タイプ

ライター原稿〕

1 JCRは、JCRに与えられた蔵書から、約一〇〇〇名の、六冊以上の書籍の個人所有者を登録した名簿を作成した（第88書簡、注8を参照）。アーレントは、JNULの館長ヴォルマン宛てに手紙を書き、すでにアメリカ合衆国の『アウフバウ』とイギリスの『ジューイッシュ・クロニクル』で行われたように、イスラエルの新聞『ハアレツ』と『パレスチナ・ポスト』で、このリストを公表することを提案した（一九五一年三月一三日付のアーレントのヴォルマン宛の書簡――NLI. Arc 4°793/288）。

2 グスタフ・ショッケンは、当時、父ザルマン・ショッケンが一九三五年に買収した、イスラエルのリベラルな日刊紙『ハアレツ』を経営していた。

（1）『ハアレツ』（ヘブライ語で「この国」の意）は、一九一九年にテルアビブで創刊されたヘブライ語の日刊紙。原注2に記されているように、ザルマン・ショッケンが途中で買い取るが、『エンサイクロペディア・ユダイカ ***ENCYCLOPAEDIA JUDAICA***』（エルサレム、一九九六年）の記述によれば、それは原注にある一九三五年ではなく一九三七年。その時点で、ショッケンは息子のグスタフに編集を委ねていた。

〔93 ショーレムからアーレントへ エルサレム、一九五一年七月一九日〕

一九五一年七月一九日

親愛なるハンナ様、直接の返事はまったく別にしても、さまざまな点でこの上ない感謝をあなたに伝えねばならないまさにそのときに、実に不可解でまったくいわれのない状態で沈黙していた理由をあなたに説明しなければならない、そういうきわめて困惑した状況に私は置かれています。しかもその後、気持ちが沈んでしまい、手紙を書くのが次第に先延ばしになってしまいました。言える唯一のことはただ、この春の初めに患った肺炎が、普段なら実に健全で、きっとあなたもご存知の私の活動性を、まったく尋常でないほど麻痺させてしまったということだけです。何かしら書きものに近づこうとする気持ちが本当に起きませんでした。ちょうどそんなときに、あらゆる点で私の好みと習癖にかなったあなたの小包と、あなたのすばらしい本が届きました。[1] その本を私はこの上ない関心を持って読みましたし、それはあらゆる点で、自分の気持ちを伝えようという気に私をさせずにはいませんでした。しかし、言うことができるのはただ、ここ数カ月私のあらゆる仕事に及んでいた、あの絶え間のない麻痺状態はあなたの送付物に接した際の生き生きとした感情とはまったく無関係だということです。結局のところ明らかとなったのはむしろ、まったく単純なことに私はいささか消耗しているということです。近いうちに療養し手術を受けるでしょう。それが終われば、私がとても快活になって、ふたたび書き物机に腰かけているのをあなたはご覧になるでしょう。ですから、心よりお願いしますが、あなたの友情の証に対して寄る辺ない沈黙というこうした不当な態度を取る以外何もしなかったことを、どうかお許しください。この夏は、この国で必要な治療を続けます。秋になってようやく、その間置きっぱなしにしていた私の原稿に全力で戻ることができればと思います。

さしあたって、実に弁解の余地がないほど遅れましたが、あなたの〈傑作〉〔羅〕に祝辞を述べさせてください。すばらしく書かれている本であり、ありとあらゆる予期せぬ思考へと読者を誘うものです。実際合衆国においては、根本的なカテゴリーで思考することを企図した一冊の本は、あらゆる概念が色あせてしまっている支配的な状況のなかで、一羽の珍しい鳥のようなものでしょう。あなたはそちらで驚きの念を多く引き起こしていませんか？

基本的なことで述べておかねばならないのは、読了後も、反ユダヤ主義と全体主義の内的で必然的な結びつきに私は納得しなかった、ということです。事柄それ自体に関して言えば（たとえばユダヤ史〈の相のもとに〉〔羅〕）、第一巻のあなたの記述は大いに熟考に値すると思います。[2] しかしその一方で、全体主義という新たな現象がそこから解明されるとは思いません。全体主義はやはり結局のところ、帝国主義者ではなくレーニンとともに歴史に登場したのです。ちなみに私が推測するところでは（私の記憶が誤っていない限り）、あなたがあまり考慮されていない一九世紀の反社会主義の論争、とりわけ「反動的」な文献の側で、実現していない社会主義の全体主義的な側面が左翼の書き手よりいっそう鋭敏に看取されていました。もしあなたが、共産主義者による「コスモポリタニズム」の清算というイデオロギー現象を、根底から究明しようとするのであれば、それはこうした連関のなかで大きな価値を持つことになるでしょう。そのときには、実際に弁証法の模範的な事例を扱うことができるでしょう。本のなかで、あなたは当該の現象に対したいへん傑出した分析をされていますので、たとえば結論部で、そのことについてもっと詳細に取り組んでおられないのが、本当に残念です。

本の評判には満足しておられますか？　あなたの理解できる言葉で書かれた感謝の印として私からお送りできるの

は、去年アスコナで行ったエラノス講演だけです。それは、この手紙と一緒にあなたのもとへ発送されるでしょう。[3]

ＪＣＲ〔ユダヤ文化再興財団〕の件であなたの関心を引くことだと思いますが、長く筆舌に尽くし難いいざこざのあとで、ようやく政府のマイクロフィルム化の活動が（あまりに遅々としているとはいえ――外貨〔ドル〕なしで!!）動き始めます。[4]この数週間のうちに、アロニ博士はついに中央ヨーロッパへ、そしてもし可能であればとくに東ヨーロッパへの最初の旅に、出発できるでしょう。〈フォード基金〉〔英〕が資金を提供してくれれば――ＪＣＲがふたたびこのプロジェクトに着手するということを、このまえの議事録から知りました。事態がどうなっているかを、どうか手紙で知らせてください。というのも、よい方向へ進む場合には、あなたがたはこのプロジェクトに対するドル資金を私たちより多く所有しているでしょうし、共同で何ができるかを知っておくのはよいことでしょうから（私たちへの認可はこの時点でようやく一万五〇〇〇ドルに達しています）。

フランクフルトとヴィースバーデンからの荷箱がとうとう到着しました。ＪＣＲに対する私たちの約束と義務に従って、私たちはまず、ダルムシュタットのアーカイヴ資料の入った六つの箱を、目録作成のために文書館へ引き渡しました。[5]これは、シンシナティの人々のためのお知らせでもあります。

いったい誰がバルト関連書籍の分配を実施するのでしょう？　シャピロだけですか？　私は〈あとの祭り〉〔羅〕で嘆きたくはありませんし、ヨーロッパ諸国でこの書籍が有効に活用されるとはまったく思いません。〔それに対してこちらでは〕私たちが最初に（オッフェンバッハ〔の書籍〕に先立って）苦労して整理したポーランドのラビ文献を、人々は私たちから奪い取ってゆくありさまでした。私たちはもっとたくさんの書籍を利用できていたに違いないのです。[6]とはいえ、私たちに不利な形で賽は振られてしまっています。抗議しても甲斐なしです。

（サルペーターが大学を退職したあと）、秋にある残りの議事日程のためにＪＣＲの理事会に代表者を一人指名することに、まだ意味があるとお考えですか？　あるいは私たちはそのときにはすでに解散していますか？

親愛なるハンナ、〔沈黙することで〕同じことに同じことで仕返しをするのではなく、返事をください。そして、どうか私に心穏やかな状態をもたらしてください。

心からの感謝とご挨拶を

あなたの古くからの

ゲアハルト・ショーレム

［LoC、アーレントの遺品。原本。手書き原稿］

1　Arendt, *Origins*, 1951.〔アーレント『全体主義の起源』〕

2　『〔全体主義の〕起源』の第一巻のタイトルは「反ユダヤ主義」。

3　»Tradition und Neuschöpfung im Ritus der Kabbalisten«, in: ***Eranos-Jahrbuch*** XIX (1950), S. 121-180.〔ショーレム『カバラとその象徴的表現』一六四―二一七頁〕　抜刷がアーレントの蔵書にある。

4　ヘブライ語手稿のマイクロフィルム化というイスラエルの計画については、第80書簡を参照。

5　ここで考えられているのは、フランクフルト市立・大学図書館の監督下にあった持ち主不明の書籍（「〈エッペルスハイマー書籍〉〔英〕」）と、ヴィースバーデンの合衆国倉庫に由来する、イスラエルに予定されていた蔵書である。後者には、ダルムシュタットのユダヤ人信徒共同体のアーカイヴ資料も含まれていた（第67書簡、注3を参照）。そのアーカイヴ資料はマイクロフィルム化のために使用されることになっていた。

6　「ポーランドのラビ文献」で考えられているのはおそらく、オッフェンバッハの書籍ともJCRに由来する蔵書とも無関係にイスラエルへ送られ、そこで図書館や信徒共同体への分配がなされる際に、どうやらたくさんの問い合わせがあった書籍のことである。パリでジュダ・シャピロの管理下で、〈ジョイントの倉庫〉〔英〕に保管されていた「バルト・コレクション」においても、ラビ文献が同様に中心的な問題となった。しかし、「バルト・コレクション」のうち、請求者のいなかった書籍は、当初の見通しとは異なって、イスラエルへ与えられなかった（第88書簡、項目8を参照）。その代わり、JCRの理事会は、それらを以前の分配率に従ってさまざまな国へ分配することを決定した。

［**94**　アーレントからショーレムへ
ニューヨーク、一九五一年七月二六日］

一九五一年七月二六日
モーニングサイド・ドライヴ一三〇

親愛なるゲアハルト様――

すぐさまあなたに返事を書いています。なぜなら、私は不安を感じているとともに、人は最善の意志を持っていても手紙を書かないということがどんなに容易く生じるか、ということを知ってもいるからです。手術が終わったら一言お知らせください。そして、失われた仕事の時間のことで腹立たしく思わないでください。こういう事柄にはいつでも予期せぬ見返りがあるものです。必要なものがありましたら、どんなものでも正直におっしゃってください。礼状などまったく不要です、本当に！

　あなたが私の本について書いてくださったこと、うれしく思いました。なかでもとくに、あなたがあの本に対して、私自身と同じような批判を行っておられるところに関して。とはいえ、反ユダヤ主義についてはそうではありません。それはあなたが考えておられる以上に重要だと私は思います。おそらく「〈起源〉〔英〕」として、ではなく（この本はその点において〈誤称〉〔英〕です。それは〔『〕〈全〔体主義〕の諸要素〉〔英〕〔』〕と呼ばれるべきでした）、むしろ、まさしく結晶物のなかに流れ込んでいる一つの要素として。[1] しかし、私にはとりわけ、他の何かにそくしてよりも、ユダヤ人問題にそくしたほうが、ヨーロッパにおける国民国家の崩壊をよりよく提示できると思えました。社会主義の欠落に対するあなたの批判には賛成します。欠落させた私なりの根拠があります——すなわち、一方では、すべてのきわめておぞましい転向マルクス主義者たちと同調しないということ、[2]他方では、私の意見を口に出すのをわずかばかり控えているということです。[3] さらに、あなたがコスモポリタニズムについて書かれていることもまったく正しいです。ただしそれが明らかにされ得るのは、一方でマルクス主義に対する根本的なイデオロギー批判をとおして、他方ではレーニンからスターリンにいたる現実の展開に対する批判をとおして、です。ちょうどいま、こうした問題を少しばかり吟味しているところです——つまり、その問題を何度も何度も繰り返し吟味していて、その躊躇を後悔していません——たとえそれがあの本の価値を損なうとしても。[4]

　あなたが送ってくださるものなら何でも私はうれしく思いますので、エラノス会議の講演を楽しみにしています。

　ＪＣＲ〔ユダヤ文化再興財団〕——〈フォード基金〉〔英〕はきわめて不確実です。私はそこでコネとやらを持っているという、とある男性と知り合いになりました。そこで突然、私はこの案件をずるずる放置していることはできないと思われたので、それならと申請書を作成しました。それもまた、私にはまったく忌々しい作業でした。ここでは何ごとも「美しく」書かれねばならず——〈それがどんな意味であれ〉〔英〕——また、可能な限り長く書かれねばならないのです。しかし、さもなければ、私たちは実際に解散です。ところで、不意に約八〇〇冊の書籍が州立図書館（マールブルク）からニュルンベルクに届きました、[5] おそらくは〈布告〉〔英〕に基づくものです。けれどもその布告は、ヴュルテンベルク＝バーデン州ではもはや手に入れられそうにありません。[6] そうこうするうちに、私は〈個人所有の書籍に関する請求〉〔英〕（三〇〇件以上あり、くわえて、ある従兄弟とある姪のどちらが親等関係上近いのか常に調べなければならないのです！）にざっと目を通してみて、とてつもない量の貴重な個人所有の物品がやはり多かれ少なかれ姿を消していることに気づきました。

私は、〈バルト・コレクション〉〔英〕のために、ヴォルマンに手紙を書きました。ＨＵＬ〔ヘブライ大学図書館〕は、かつての〈請求優先権〉〔英〕を疑いもなく有しています。何が欲しいのかをあなたがたが口にされて初めて、シャピロは仕事に取り掛かることができます。当然ながら、あなたがたはすべてのラビ文献を手にすることはできませんが、現存の基準に照らして、あなたがたに最初の選択権があります。

サルペーター――私には分かりませんが、バロンに問い合わせています。相変わらず生じ得る採決に際して、もう一票の投票権を確保しておくために、あなたがたはやはり一人を指名すべきだと、私には思われます。

ちなみに、バロンは完全な解散を考えているわけではありません。事務所としての活動はない形での組織の存続を考えています。〈フォード基金〉〔英〕が実現すれば、当然ながらすべては変わってきます。

たくさんの、たくさんの幸運を祈って。あなたの旧友

ハンナ。［手書き］

［ＮＬＩ、ショーレムの遺品。原本。タイプライター原稿］

1　「〈諸要素そのものは決して何かを引き起こすのではない〉〔英〕」とアーレントは全体主義の本についてのメモに記している。「〈諸要素が起源となるのは、それらが固定化され一定の形態へと突然結晶する場合、また結晶するとき、である。そのとき、ただそのときにのみ、私たちはそれらの要素の歴史を過去へと辿ることが可能となる。出来事は自らの過去を照らし出すが、出来事は過去から決して演繹されえない〉〔英〕」(Arendt, »On the Nature of Totalitarianism«, Blatt 6 und 7. LoC, Box 76. 以下からの引用――Claudia Althaus, *Erfahrung denken. Hannah Arendts Weg von der Zeitgeschichte zur politischen Theorie*, S. 188)。

2　「きわめておぞましい転向マルクス主義者たち」に対するアーレントの批判については、とりわけ以下に掲載の「元共産党員」を参照――***The Commonwealth*** 57 (20. März 1953), Nr. 24, S. 595-599（ドイツ語版は以下――»Gestern waren sie noch Kommunisten«, in: ***Aufbau*** 19 [31. Juli 1953], Nr. 31, S. 19; [7. August 1953], Nr. 32, S. 13-16［『アーレント政治思想集成 2』二二九―二四二頁］）。

3　二年後の一九五三年、アーレントはプリンストン大学で「〈カール・マルクスと西欧政治思想の伝統〉〔英〕」についてのセミナーを行った。このマルクス講義は、抜粋の形で以下

に掲載されている――*Social Research.* Sommer 2002〔アーレント『カール・マルクスと西欧政治思想の伝統』〕。

4　『〔全体主義の〕起源と諸要素』〔『全体主義の起源』〕刊行後、一九五二年にアーレントはグッゲンハイム財団に「〈研究課題――マルクス主義の内部における全体主義的要素〉〔英〕」として研究助成申請書を提出した。そのなかで、彼女ははっきりと『〈起源〉〔英〕』のこの「欠陥」をこう記した。すなわち、「ボルシェヴィズムのさまざまなイデオロギー的背景を歴史的概念的に適切に論じることの不足」と。この計画は研究の過程で、断章にとどまったとはいえ、遺稿から編集・出版された「政治学入門」へと拡大されていった（Hannah Arendt. *Was ist Politik?* 1993〔アーレント『政治とは何か』〕）。

5　戦後、かつてのプロイセン州立図書館〔「西ドイツ図書館」〕の西側地区に疎開させられていた一部〔の書籍〕が、マールブルクに集約された。ニュルンベルクはJRSOの所在地だった。

6　JCRに促された、一九五一年一月一六日のヘッセン州教育文化省の布告、「かつてのユダヤ人所有に由来する文化財の返還」には、こう書かれていた。「すべての所轄機関殿。私はニューヨークのユダヤ文化再興財団の要請に応え、かつてのユダヤ人所有に由来する文化財――記録文書、公文書、書籍、芸術作品等々――は返還されるべきである、ということへの喚起を促します。文書館、図書館、博物館はこの当然の責務を久しく履行してきた、ということを私は前提にしています。とはいえ、どうか引き続きこの点を心に留め、こうした文化財を可能な限り迅速に、ニュルンベルク、フルター通り一一二、ユダヤ人返還継承機関気付、ユダヤ文化再興財団、に返還されるよう要請します。委託を受けて　ロブラ博士」（*Amtsbl. d. HMEV* 4. 1951. Nr. 1. S. 7. 第62書簡、注5も参照）。

［**95**　ショーレムからアーレントへ
エルサレム、一九五一年一〇月七日］

一九五一年一〇月七日
アバルバネル通り二八

親愛なるハンナ様、

私を大いに喜ばせてくれた七月二六日付のあなたの手紙にお返事できるまでに、長い時間がたってしまいました。その間に、おかげさまで私はいまふたたび健康になり、ご覧のようにペンを執ることができています。手術は終わり、片が付き、心配する理由はもはや存在しません。テルアビブの病院で数週間を過ごし（そこにこの国で最良の外科医がいます、残念ながら私たちのところの医学部ではなくて）、すばらしい治療を受けました。いまでは、新たに、快活な気分でふたたびすべての仕事に着手しようという、この上ない意図を持っていますし、病気ともども昨年のことを帳消しにしなければなりません。とても気分がよく、出せなかった手紙の借りを誠実に返し始めています！　よい兆候です。何か必要なものがないか、正直に手紙に書くよう、あなたはおっしゃっています。本当のことを言うと、この冬私たちは、本当に深刻で困難な状況に確実に置かれることになります。この春のような小包を一度か二度送ってくだされ[(1)]ば、たいへんうれしく思います、コシェルではなく、その正反対のものを（そのことで、新たに導入された独占主義的な機関を利用されないよう、忠告もします。この春のようにそちらで何か理屈に合ったものを自分で詰め合わせられれば、あなたは同じ金額でより多くのものを購入することができます[(2)]〔）〕。肉のほかに、場合によってはジャムやコンフィチュール、それにコンデンスミルクも必要です。タンやハムは相変わらず最高です。砂糖やバターも候補です。配給の改善がこちらでひょっとすれば春には可能になるだろうと考えていますが、目下のところ配給は本当に悲惨です。お礼の言葉はいらないと言われていましたが、ともかく、まことにありがとうございます！

二つ目のエラノス講義をあなたに送りましたので、届きましたらどうか確認をお願いします。一つ目の続きとして、ひょっとすると興味を持っていただけるかと思います。その間に、〔エラノスの〕人々が来年もう一度講演をするよう私を招待してくれました。受け入れて、それを他のいくつかの〈業績〉〔英〕に結び付けるのも悪い気はしません。あなたはもう一度あなたの愛するパリへ、あるいは他のメッカへお出かけになりますか？　それなら、私たちは本当の〈ランデヴー〉〔仏〕の約束ができます。ドイツ、とくにベルリンにおけるＪＣＲ〔ユダヤ文化再興財団〕の私たちの仕事の件で、内密に話しておきたいこともあります。要するに、アーカイヴ資料問題についての私の（というよりは私たちの）公的な場での沈黙を、まるで私たち大学側が何もしていないかのように受け取らないでください[1]。この十分肯定的な暗示で、〈当面は〉〔英〕満足していただきますよう、お願いします。私たちは公的には（どこかから問い合わせがあれば、あなたもそうでしょうが）、差し当たりベルリンでは克服できない政治的困難に直面しているという以外、何も分かっていないのです。ですから、ＪＣＲ宛てのいかなる公的な文書においても、私たちの対策に触れないようにしています。

地下壕からの書籍を私たちはいま取り出しました[2]――そのなかにはきわめてすばらしいものがあります。とりわけあなたと私は、この活動に対して互いに特別な祝辞を送り合うことができます。オッフェンバッハに由来する価値あるユダイカが、どれほど無関心にいそいそとドイツ人たちに引き渡されていたか、それはまったく信じられないほどです。

今週、アロニ博士が、政府の写真プロジェクトのために、最初の旅へ出発します。[3] 東ヨーロッパの日程が過ぎてしまっていて、差し当たり私たちが写真撮影できるのは西ヨーロッパでのみ、と私たちは考えています。すべてはこの忌々しい予算のせいです！〈フォード基金〉〔英〕はどうなりましたか？　何か動きがあれば、私たちの活動を〈調整〉〔英〕するよう提案します。

数カ月前、ブルーノ・バウアーの一八六二年のパンフレット『異郷のユダヤ教』を一冊見つけ出しました。それは、ヘーゲルから誰かしらにいたるまでの文献のなかでまったく注目されてきませんでしたが、九〇年前のもっとも純然たるナチス的なもののドキュメントとして、私をとても驚かせました。ヘーゲル研究を専門としていた、私の以前の学生が、これについて何か書こうとしています。[4] こうした問題全般に関心を持たれているあなたなら、もしニューヨークで手に入るのであれば、一度はこの驚くべき文書を読んでみられるとよいでしょう。

アドルノの『ミニマ・モラリア』を読まれましたか？　何かご意見がおありですか⁇　この作品に対して私は一種の道徳的ジレンマに陥っています。あなたも読まれていれば、きっとお分かりになるでしょう。それがヴァルター・B〔ベンヤミン〕ではなく、「マックス」【―】に捧げられていることを、彼に感謝すべきでしょうか。[5] あるいは、驚くべきでしょうか？　奇妙な連中です、本当に。

心を込めて
あなたのゲアハルト

［LoC、アーレントの遺品。原本。手書き原稿］

1　「総合文書館のアーカイヴ資料」のうち、ポツダムのドイツ中央文書館によってメルゼブルクの倉庫から全ベルリン・ユダヤ人信徒共同体へと譲渡され、この時点でオラニエンブルク通りの信徒共同体の建物に保管されていた部分を求めて、イスラエルは尽力していた。その一環として、シオニスト中央文書館の副館長アレックス・バインは、一九五一年の春にイスラエルの代表としてベルリンへ渡った。しかし、計画されていた譲渡は実現しなかった（総合文書館のアーカイヴ資料については、第83書簡におけるショーレムの詳しい記述を参照）。ただし、バインの証言によれば、オラニエンブルク通りの信徒共同体の建物には、メルゼブルクの倉庫に由来する資料だけでなく、戦時中からそこにずっと保管されていた総合文書館に由来する資料も存在していた。彼はエルサレムに宛ててこう書いている。「資料は部分的に図書館の蔵書のなかに散在しています。きわめて価値のある品々もあります――「〈ピンカス〉〔へ〕」、一般的な文書、州の文書館に由来する文書の写し。私たちはこれらの資料を西側へと持っていく予定です〔…〕。というのも、これらすべてが私たちの努力に値するものだからです〔…〕」（バインの一九五一年の日付なしのＪＨＧＡへの手紙。以下より引用――Rein, *Bestände*, S. 321）。ユリウス・マイヤーの援助によって、バインは一九五一年の春に、この資料をベルリンの西側地区へ持ち出すことができた。それは三五箱に詰められて、そこから、一九五一年九月にイスラエルに到着した。一九五六年にベルリンを訪れた際にバインは、少量の資料をさらに西ベルリン経由でイスラエルへと送ることができた。これらの資料はこんにちエルサレムのＣＡＨＪＰで保管されている。オラニエンブルク通りに残された資料は一九五八年にポツダムのドイツ中央文書館へ送られ、ＤＤＲが解体したのち、一九九六年に連邦公文書館からオラニエンブルク通りの〈ユダヤセンター〉[3]〔羅〕に譲渡された。総合文書館のアーカイヴ資料の残りのわずかな部分が、ヤーコプ・ヤーコプゾン・コレクションとともに、レーオ・ベック研究所の文書館に届けられた。

2　フランクフルト・アム・マインの市立・大学図書館の館長ハンス・ヴィルヘルム・エッペルスハイマーの管轄下にあった持ち主の特定できない書籍。そのおよそ五〇パーセントがＪＣＲに譲渡されていた。

3　イスラエル政府によるヘブライ語手稿のマイクロフィルム化プロジェクトに関しては、第66書簡、注1も参照。

4　以下に掲載のナータン・ローテンシュトライヒの「解放への賛否――ブルーノ・バウアー論争」――*LBYB*, IV（1959）, S. 3-36. 一九六六年のエッセイ「ユダヤ人とドイツ人」のなかでショーレムはこう書いている。「しかし、国民社会主義が天から降ってきたものであるとか、もっぱら第一次世界大戦後の状況の産物であるとかといった見解以上にバカげたものはない。国民社会主義をいわば歴史という事業の過失事故であるとするとても口あたりのよい理論がユダヤ人によって――もちろん、何も学ばず多くを忘れたユダヤ人たちによって――案出されたということは、この状況についてのユダヤ人の研究が抱える負の側面である。国民社会主義が絶え間なく残忍なことが起こるなかで伝染性を発揮することができたのは、長い前史があったからである。一九世紀に由来するユダヤ人を攻撃する少なからぬ著作は、のちのナチス的なもののまったくまぎれもないドキュメントとして読めるが、ブルーノ・バウアーによる一八六九年[4]の『異郷のユダヤ教』よりも不気味なものはきっとないだろう。そこにおいてすでに「千年王国」で説かれたことすべてを、負けず劣らず過激な形で読むことができる。しかもそれは、かつてのヘーゲル左派の指導者のペンで書かれているのである」（Gershom Scholem, *Judaica* 2, S. 20-46, hier: S. 41.〔ショーレム『ユダヤ主義と西欧』四一―四二頁〕）

5　以下には、「マックスのために／感謝と約束として」とある――Theodor W. Adorno, *Minima Moralia*, Frankfurt am Main 1950.〔アドルノ『ミニマ・モラリア』〕

（1）「コシェル」はユダヤ教で、戒律に則った食材および調理法で作られた料理。

（2）三行前の丸括弧に対応した終わりの丸括弧が見あたらないので、この箇所に補った。本書の英訳版はこの箇所の丸括弧を省略している。

（3）「ユダヤセンター」は元来、オラニエンブルク通りにあったかつてのドイツ最大のシナゴーグの再建のために、当時のドイツ民主共和国政府の援助によって一九八八年に設立された財団の名称。一九九五年に部分的に再建されたシナゴーグのなかに図書室、文書室、記録保管室が併設された。

（4）ブルーノ・バウアーのこのパンフレットの発行年は、書簡の本文では一八六二年となっている。

［**96** ショーレムからアーレントへ
エルサレム、一九五一年一一月二七日］

エルサレム、一九五一年一一月二七日

ハンナ・アーレント博士、事務局長
ユダヤ文化再興財団
ニューヨーク

〈親愛なるハンナ様、

おそらく活動の最後になると私が思っている、理事会の会議に関するあなたのこのあいだのお手紙に返事をしませんでした。[1] 返事をしなかった理由は、会議の議題に対して意味のある提案をしようと思ったからでした。しかし、何も思い浮かびませんでした。思うに、何も新しく追加すべきことはなく、以前からの仕事は止めねばならないのです。そのことは別にしても、私たちの友人であるヴォルマン博士がニューヨークにいる予定で、おそらく会議に参加しますので、あなたは彼とあらゆることを話し合うことができるでしょう。

フォード基金が手稿のマイクロフィルム化に要する資金を求めたあなたの申請を受理しなかったのは、残念です。しかし、私たちはこうした拒否を考慮に入れておくべきでした。私から報告できるのは、手稿の写真化が私たちの側から着手されたということです。アロニ博士は現在ドイツにいて、すでに撮影を始めました。バロン教授はこの件に興味を持つでしょう。来たる数年間仕事を続けることができるのに十分な外国通貨が得られるよう願いましょう。そうすれば、いっそう重要なテクストがこちらで利用可能になります。もちろん、すべては外国通貨の問題次第です。きょうのところはこのくらいです。あなたから個人的に便りをいただけることを願っています。ご多幸を祈って。

あなたの、〉〔英〕

［NLI、JCRのアーカイヴ。カーボン紙による写し。タイプライター原稿］

1　おそらくここで念頭に置かれているのは、一九五一年一二月一〇日の理事会および年次総会へのアーレントのメモだろう。

97　アーレントからショーレムへ
［ニューヨーク、一九五二年一月一日］

ハンナ・アーレント

一九五二年一月一日

親愛なるゲアハルト様――

なぜやっときょうになるまで返事をしなかったのか、私は自分でも分かりません。ですので、まずそれを説明しようとしないことにします。あなたがふたたび健康を取り戻されたことに、私はとても安心しました。とりわけ、そしてまずはじめに、あなたのエラノス講演に感謝いたします。それはたいへん興味深く、私にとってはいくぶん不気味でもありました。思弁のなかにすべてが留まっている限り、人は理解することが可能です。思弁が儀式のなかで現実となるとき、人はこの世界の本当に風変わりなあり方や奇妙なあり方を、それにふさわしい衝撃の形で、初めて経験するのです。[1]

三月末に私はヨーロッパに向かうことを予定しており、今回はパレスチナにも寄り道するつもりです。とはいえ、私はまだいつ〔そちらに〕姿を見せることになるか、分かりません。おそらく四月か五月でしょう。いつあなたはヨーロッパに向かわれるつもりですか。エラノス講演は毎年八月ではないでしょうか？　それでは私にとって、いくぶんすでに手遅れとなるでしょう。私がイスラエルに行くときには、きっと私たちはうまく会えるでしょう。

JCR〔ユダヤ文化再興財団〕は、あなたもご存知の通り、ちょうどいま苦労して〈やりくり〉〔英〕しながら、私が事務所仕舞いをしています。まるでこう思われるのです（おそらく単純に私が休暇なしで疲れているからですが）。この事務所仕舞いの仕事の苦労たるや、二年半の出来事全体が私を消耗させたよりももっと大きなものだ、と。実際に私は平穏な仕事をほとんど死ぬほど切望していますが、私の頭にはとても多くのバカげた考えが犇《ひし》めき合っていて、そこからはおそらく何かまともなものが生まれることは決してありません。あなたの論じるカバラー学者たちがもっぱら悪魔にとり憑かれているように、私は思いつきにとり憑かれています。いろいろ考えてもどのみち同じ結果となるのでしょう。

親愛なる友よ、あなたは、私のためのものとは知らなかった〔さもなければ阻止していました〕、〈晩餐会〉〔英〕と呼ばれるものに寄せて、魅力的で私を恥ずかしくさせる手紙を、書かれました。あの手紙にはお答えすることができませんし、何を申し上げればいいのかも分かりません。[2] ＪＣＲに関しては、どのみち最初から最後まで〈バロンの赤ん坊〉〔英〕でしたし、彼がそうあって欲しいと望んだように物事の手はずを彼のために整える以上のことを、私はさほど行いませんでした。

ヨーナスはこちらにいて、とても親切で友好的でした。それが私には心地よく、楽しかったです。[3] ヨーナスはたいへん人間味溢れる人物になっていて、頭のなかには優れた新しい考えを持っています。

ヴォルマンと私はこちらで会いました。彼はすばらしく堅実で、分別ある人物という印象です。おまけに彼は、大学が受け取った書籍のリストを、約束通り、あなたがたから私たちが入手できるよう取り計らってくれました——それをこちらの私たち全員は一種の〈奇跡〉〔英〕と受けとめ、心の底から感謝しています。[4]

私がドイツ語の布告を他の州で〔私はヘッセン州でのみ成功しました〕実現させるよう試みることを、バロンは望んでいます。詳しく言うと、ヘッセン州の布告によって、私たちは、すでにマールブルクの西ドイツ図書館から約三〇〇〇冊の書籍、さらに二、三の祭具を、受け取っています。いまのところ重要なものはありませんが、〔これからのことは〕誰にも分かりません。とはいえ、私はＪＣＲのために〔ドイツに〕出かけるのではありませんが、この仕事はもう一度取り組んでみるつもりです、とりわけバイエルン州で。私はまた、あなたがたのためにアーカイヴ資料のこともさらに問い合わせてみるつもりです。

総合文書館のアーカイヴ資料については心からお祝い申し上げます。[5] ベル〔リン〕の信徒共同体は、彼らの抱えている書籍をまだきっと吐き出しますね？　あなたもよくご存知のように、トーラーの巻物はどうにかこうにか、最終的に三〇〇巻を手に入れました。アウエルバッハが刑務所に捕われていることで、やはり私はうれしくなりました。[6]

それでは、きっと近日中に。楽しく、すばらしい新年となりますよう。

古くからの友情において　あなたのハンナ。［手書き］

［NLI、ショーレムの遺品。原本。タイプライター原稿］

1　エラノス講演「カバラーの儀式における伝統と創造」〔ショーレム『カバラとその象徴的表現』一六四―二一七頁〕。そこでショーレムは、ラビの儀式の復活、新解釈、変化において、また儀式の新しい創造において、カバラー学者たちの神表象がどのように現われていたかを、記述している。

2　一九五一年一二月二七日、ニューヨークでJCRの活動終了を祝した晩餐会が開催された。本書**口絵の5**を参照。その晩餐会では、アイザック・キーフに宛てたショーレムの手紙が読み上げられた。「〈親愛なるラビ、キーフ様。一二月一〇日の手紙、ありがとうございました。あなたが正しくも推測されているように、親切にも招待していただきましたJCRの職員を讃える晩餐会に、私は出席することはできないでしょう。わずかばかりの講演でもってすばらしい晩餐にありつくのは、悪い考えではありません。とはいえ、この身でもっての出席はかないませんので、あなたから関係者一同へ、とりわけハンナ・アーレント博士へ、私のもっとも心のこもった挨拶と、彼らの成し遂げたすべての仕事に対する感謝の気持ちをお伝えいただきますよう、お願い申し上げます。JCRによって成し遂げられてきたすばらしく建設的な仕事に対する私の満ち足りた思いと高い評価を表現させていただける、このような機会を得ることができましたことは、私にとってまことに大きな喜びです。JCRのさまざまな活動は、いまやそれにふさわしい完了へと徐々に手繰り寄せられています。私自身、最終的にJCRにおいて結晶化された、計画、希望、アイデアが生まれた最初期からいた人間の一人であり、JCRの理事会において、JCRの活動の主たる受益者であり、JCRがきわめて勇敢に奪還のために奮闘してきた宝の中心的な受取手である者たちを代表する栄誉を得てきました――つまり私は、成し遂げられたことすべてを達成するために打ち克たなければならなかった膨大な量の困難を、正しく理解できる立場にあります。今宵私たちが敬意を表する私たちの友人たちは、まったく容易ならざる任務に取り組んだのであり、彼らはそれを、関係団体すべてへの私心なき援助という精神に基づいて、完遂しました。多くの異なる利害関心が考慮されねばならず、多くの立場が秤にかけられねばならず、すべての要求を十全に満たすことは必然的に不可能でした。しかし、イスラエルの私たちに関する限り、私はこのことだけは言うことができます。それは、今宵の名誉ある来賓たる私たちの友人諸君が、多種多様な取り組みのすべてにおいて、いつも良識と完璧な協力をもって任務を遂行するのを、私たちはいつも目にしてきた、ということです。大きな悲哀とともに、ここで私たちの亡き友人、ジョシュア・スター博士に思いを馳せねばなりません。彼は私たちの仕事を組織するために、多くのことを執り行い、とりわけドイツの現場で膨大な量の仕事をこなしました。私たちがいまや彼に対してそれにふさわしい称賛を行えないのは、何と悲しいことでしょう。しかし――「《生者と死者を区別しましょう！》〔ヘ〕」――ハンナ・アーレントはもっとも尊敬に値する後継者であることを証明しました。私は、事務局長としての彼女の貢献に、JCRが浴してきたことがどれほど幸運であったかを、誇らしく思います。私は彼女の旧友であり、アーレント氏のことを魅力的な性格を持つ、みごとな知識人として崇拝していますが、そのキャリアの最新の段階で、彼女はさらにすばらしい資質を明らかにしました。彼女の繊細さと寛容さ、とどまるところを知らぬエネルギー、そして任務をこなす献身ぶり、いずれも最高の価値を有していました。私はいつも最高の喜びをもって、私たちの共同作業のこの期間のことを思い出すことでしょう。私たちは、ユダヤ人の文化的遺産の宝を掘り起こす興奮を分かち合い、それに関わる希望と落胆、また、発見と回収の喜びを分かち合ってきたのです。アーレント氏が、いつかよき日にイスラエルにやって来て、彼女の尽力とたゆみなき努力の成果や果実を、多くの場所で発見されることを願っています。

JCRの職員たちは、偉大で困難な仕事を我が身に引き受け、それを見事に果たしてきました。彼らはユダヤ民族からの称賛に十分値しています。私たちの心と感謝の気持ちは、彼らのもとへと注がれます。さようなら、すばらしき友たちよ。〉〔英〕〈シャローム！〉〔ヘ〕」（一九五一年一二月一八日付のキーフ宛てのショーレムの書簡――NLI, Arc 4°1599, Kiev Corr.）。

3　ハンス・ヨーナスは、一九五一年一〇月一〇日付のショーレム宛の書簡で、アーレントとの再会についてこう書いた。「私ができれば会いたかった多くの人々は、当然、夏の真っ盛りのニューヨークには居合わせていませんでした。しかし、そこにはハンナがいて、私たちの友情は一五年の中断を経たのちも、曇りなく新たなものとなりました――もっとも、私は彼女の最新の、とても才気に富んだ著作『〈全体主義の起源〉〔英〕』のユダヤ人問題の描き方に、強い（とはいえ、実りのない）反発を唱えねばなりませんでしたが」。彼はアーレントに宛てて、一九五一年一一月二〇日付の感謝の手紙を送った。「古くならないものを新しくすることは、私にとってとくにすばらしいことでした」（LoC, Box 12）。

4　アーレントはそのようなリストを求めていた（第91書簡を参照）。

5　総合文書館のアーカイヴ資料の一部が、イスラエルへ秘密裏に運ばれたことについては、第95書簡、注1を参照。

6　一九五一年三月、ドイツ当局によって、フィリップ・アウエルバッハ（第79書簡、注5を参照）は、詐欺と横領の嫌疑によって逮捕された。

［**98** アーレントからショーレムへ
ニューヨーク、一九五二年一月八日
ユダヤ文化再興財団用箋］

一九五二年一月八日

G・ショーレム博士
ヘブライ大学
イスラエル、エルサレム

〈親愛なるショーレム様――
あなたが理事会会議の公式の議事録を受け取られるまえに、お伝えしておきます。私たちの作成したヴォルムスのユダヤ人信徒共同体のアーカイヴ資料と、ヴォルムスの市立文書館のアーカイヴ資料ユダヤ部門の一部のマイクロフィルムのネガが、シンシナティのヘブライ・ユニオン・カレッジのアメリカ・ユダヤ文書館に、関心を持っているすべての図書館にそれらの資料のポジを実費で利用可能とするという条件で、預けられました。[1]

この国では費用はとても安く、私はエルサレムの国立文書館が、ポジの取得に関心を持つかもしれないと考えました。どうか彼らにご一報いただき、シンシナティのアメリカ・ユダヤ文書館と直接連絡を取っていただくようご依頼いただけませんか。というのも、私たちの組織は、多少とも「事業停止」の状態ですので。

あなたの〉［英］
ハンナ［手書き］
ハンナ・アーレント

［NLI、JCRのアーカイヴ。原本。タイプライター原稿。遺品のなかに、この手紙に付されたショーレム宛ての手書きのメッセージが見つかった――〈シオニスト中央文書館〉［英］、一九五二年一月二七日付。「敬愛する教授。〈シャローム〉［へ］。写しを取ったあと、感謝の気持ちを込めて手紙を返却します。私たちはシンシナティと連絡を取るつもりです。きっと財政上の案件は何とか調整できると確信しています。あなたのご助力に感謝いたします。似たような問題について話し合うために、すぐに電話で私の考えをお伝えします。／挨拶を添えて／アーカイヴ管理部」］

1　ヴォルムスの信徒共同体アーカイヴ資料のマイクロフィルム化については、第85書簡、注3を参照。

［**99** ゲアハルト・ショーレムとファーニア・ショーレムからアーレントへ
エルサレム、一九五二年二月一七日］

一九五二年二月一七日

親愛なるハンナ様、あなたからのすばらしい小包が（一九五一年一一月の発送分）、しかもきわめてよい状態で、先週こちらに届きました。心から感謝します。否定しようもないことですが、こうした時勢のなかであの小包が私たちのもとに届いたのは、まことに時宜にかなったことです！ くわえて言えば、入っているのはまさに適切な品々でした。もちろん、目下経済と通貨に関する措置[1]が取られるなか、種々の関税が遥かに高く引き上げられましたので、もう一度このような小包を送ってくださるよう、あなたにお願いすべきなのか、そんなことが許されるのか、私には分かりません。

あなたがこちらへ旅行されるという知らせは、電気が走ったように私を驚かせました。私たちはただ時期を逸しないように述べておきたいのですが、あなたは私たちのもとですばらしい部屋に泊まることができますし、そこに私たち二人は心からあなたを招待いたします。こちらのホテルでの宿泊は、あなたにとって本当に気の毒なことになるでしょう。いずれにせよ、それはたいへんよいお知らせですし、あなたと数日間すばらしい日々を過ごせることを願っています。私の旅行は八月から九月のあいだで計画されていましたが（八月二五日ごろシェヒナー（1）の概念についてエラノスで話すことになっています）[2]、しかし目下の外貨価格の変動のため、外国からの強力な助成金を見込むことができる場合にのみ、旅行をすることができるでしょう。もともと私が考えていたのは、書籍とアーカイヴ資料の件で二、三週間ドイツとプラハに行くことでした。二五〇ドルから五〇〇ドルの範囲でＪＣＲ（ユダヤ文化再興財団）が助成金を出してくれると思われますか？ 現状では、こちらの私の担当部局からは、大部分が他から賄われる場合にのみ、わずかの額を受け取ることができるだけです。この方面でお助けいただければ、感謝申し上げます。

それで、あなたはヨーロッパでは、他にどのような予定を考えておられますか？ もし、そこでもお会いできるのであれば、もちろんとてもすばらしいことです。

私の姪（死別した私の兄、旧共産党員ヴェルナーの娘です）を一度招待してみるお気持ちはありませんか？ 私に書いてきているところでは、彼女はローレンス・オリヴィエの一団とともに客演で合衆国にいて、そちらでは知り合いが誰もいません。二八歳のとても美しくて、メランコリックな女性です。ルネ・ゴダール夫人という名前で（すでに離婚しています！）、連絡先は、ニューヨーク市五四番通り（あるいはその近辺）、ジークフェルト劇場気付、です。交友を持つことはあなたにとってもしかすると意味があるかもしれません。彼女は、私の親族のなかで、私がもっとも気にかけているとともに、共感している相手です。

あなたがたのところにブーバーが現われたことについて、どうお考えですか？[3] 自分の考えが理解不可能であることを知らしめるのに、彼はもう成功していますか？ 私たちのアメリカ人の学生の一人はそちらからこう書いてきました。〈ブーバーは、ペプシコーラがアメリカを席巻して以来の快挙！〉〔英〕と。

ともあれ、とにかく元気でいらしてください。何しろ、私の経験によれば、ヨーロッパは人を病気にさせるものですから。

あなたのことやあなたの計画についてすぐに知らせてください。それと、宛先を書き送ってください。

心を込めて

あなたのゲアハルト

親愛なるハンナ様、私たちの食べもののことをたっぷり気遣ってくださることに胸を打たれましたので、あなたに心から感謝するため、私さえもペンを執らないわけにはゆきません。あらゆる徴候からして、私たちはおそらくやはり終末論的な時代の臨界にいますので、立ち直るために、相応の奇跡もまた期待しています。こちらに来られれば、あなたはもちろんすべてのことを経験されるでしょう。

あなたがエルサレムに滞在されるあいだ、私たちの客人となってくだされば、私たちにとってたいへん喜ばしいことです。食堂のベッドがすでにあなたを待ち受けています。

幸運をお祈りします、H・ブリュッヒャーにもくれぐれもよろしく

あなたのファーニア

［LoC、アーレントの遺品。原本。手書き原稿］

1 悪化する経済危機への対応として、一九五二年二月に政府は、経済と財政、そして通貨に関する一連の措置を伴った「〈新経済政策〉〔英〕」を議決した。

2 »Zur Entwicklungsgeschichte der kabbalistischen Konzeption der Schechinah«, in: *Eranos-Jahrbuch* XXI (1952), S. 45–107. 第108書簡も参照。

3 マルティン・ブーバーはこのとき、合衆国中をまわる数カ

月の講演旅行をしていた。

（1）「シェヒナー」は、ヘブライ語「ショヘン（住まう）」に由来する、ユダヤ教において神の臨在を表わす概念。神とシェヒナーの婚姻という形で、しばしば女性表象が付与されもする。

［100　アーレントからショーレムへ　バーゼル、一九五二年四月五日］

バーゼル、五二年四月五日

親愛なるゲアハルト様――

私は行けません。よい日時に、つまり私の予定に合わせて、飛行機の座席を手に入れることができませんでした。そして、考え得るすべての理由から、私は四月末には再度パリにいなければならなくなりました。そのため、約一週間の延期を行うことができませんでした。〈ペサハ〉[1]〔へ〕のせいで、ローマからテルアビブまでの予約を取るのはとても難しいだろうとは、ニューヨークで誰も教えてくれませんでしたし、私はパリで予約したかったのです。なぜならフランでの通貨価値の差額によって、約二五から三〇パーセント節約できるからです。これはそこそこの金額です。こうなっては、私たちは会うことができません。私は悲しみに沈んでいます。あなたはいつヨーロッパに滞在されていますか?? ひょっとするとまだ都合をつけることができるでしょう。私はおそらく七月に、七月末に、再度こちらにいると思います。ヤスパースと一緒にサンモリッツに行くためです――不確かな計画ではありますが！――でもきっと、チャンスには違いないですね？

私たちは現時点では、あなたのドイツ旅行、ないしはJCR〔ユダヤ文化再興財団〕の助成金についても、まだ話し合いができていません。あなたがなさろうとしていらっしゃることをもう少し詳しく述べた数行の手紙を、私かバロンに宛てて書いていただくことはできますか？　ヴォルマンが二、三のことをほのめかしましたが、その後、私たちはすべてを棚上げにしました。というのも、私があなたといずれお会いすることになっているためです。

私は上機嫌で世界中の海を漂い、できるだけ新聞を読まないことにしています。ヤスパースのもとでのこのバーゼルは、時代の砂漠に存在するまるでオアシスです。たゆまぬ対話によって、私はもう久しくなかったぐらい上機嫌です。その対話のなかでは、いつでもあらゆることを口にすることができ、自由な精神に満ちた返答を受け取ることが確信できるのです。その都度一方が他方を無理に強制しようとしなくても、ある話題が別の話題へとたやすく結びついてゆくのです――かの名高い「確証性〔強制的明証性〕」さえそこに伴っている必要はないのです。

昨日私はチューリヒに行きました。タウベスを訪れ、この図書館にも行きました。[1] チューリヒの図書館員、ブレードのことをどう思われますか？[2] ジュネーヴ、バーゼル、チューリヒの三つの信徒共同体は、JCRの書籍のために、いくらか粉飾に手を染めていました。ブレードは、チューリヒでは自分だけがきちんとした目録作りに従事することができる、と主張しています。[3] このことは〈ここだけの話〉〔仏〕でお願いします。そもそも私たちと関係のないことですし、私たちが何かをするのも難しいことです。けれども、私は万が一に備えてあなたの判断を伺っておきたく思います。バーゼルとジュネーヴも完全にきちんと管理されているだろう、というのがタウベスの確信に満ちた見解です。

くわえて彼、つまりタウベスは、この間にエルサレムはフレンケル財団の手稿をポーランド経由で入手した、と私に言いました。そうですか？　そうならすばらしいのですけれど！　それは本当ですか??[4]

ヴォルマンはもうすでにヨーロッパにいますが、まだ彼から連絡はありません。バロンはハーグ会議の議長ら――ゴルトマンなど――に、ドイツが所有している手稿について、手紙を書きました。[5] 私は来週、JDC〔アメリカ・ユダヤ合同分配委員会〕のリーヴィットと、パリかハーグで話し合います〔彼は数日前にこちらへ電話をかけてきました〕。機会がある場合には、あなたに情報を伝え続けます。[6]

どうぞお元気でいらしてください。どのようにして、いつ私たちがお会いできるか、お考えください。人生は短く、世界史なるものは不愉快で予期せぬ出来事に満ちています。五月の初め、あなたはパリの、スクリブ通り二、アメリカン・エクスプレスで、私に連絡をつけることができます。

真心を込めて
いつも変わらぬあなたの
ハンナ。［手書き］

［NLI、ショーレムの遺品。原本。タイプライター原稿］

1　念頭にあるのはラビのハイム・ツヴィー・タウベスのこと。
2　確認できなかった。
3　かつてのブレスラウ神学校図書館に由来し、JCRによってスイスに送られ、そこで、チューリヒ、ジュネーヴ、バーゼルの信徒共同体に分配されたそれらの書籍は、別々の蔵書として目録化されることになっていた。

4　アーレントが耳にした、ブレスラウ・ユダヤ神学校の手稿についての情報は、正しくなかったようである（フレンケル財団については、第51書簡、注9を参照）。JNULが入手したのは、一九四五年以後、個人が買うことができる、書籍市場に出回っていたブレスラウ神学校のコレクションに由来する、ごくわずかの手稿だった。シュレージエンのさまざまな倉庫で発見されたコレクションの別の部分は、一九四五年以後、ワルシャワのユダヤ史研究所とモスクワへ送られた。その他、三四点のきわめて貴重な手稿（サヴァラル・コレクションに由来する）がチェコスロヴァキアの領内で発見され、プラハ・カレル大学に届けられた。それらの手稿は、二〇〇四年にブレスラウのユダヤ人信徒共同体に譲渡され、信徒共同体はそれをブレスラウの大学図書館で保管している。戦争が勃発する前には四〇五点の手稿まで数えられた貴重な手稿コレクションの大半は、破壊されたか、こんにちにいたるまで行方不明とされている。

5　「ハーグ会議」で念頭にあるのは、一九五二年の三月に始まった、ドイツ連邦共和国とイスラエル、〈対ドイツ物的損害請求会議（JCC）〉〔英〕の交渉。――JCCは、世界ユダヤ人会議（WJC）代表、ナーウム・ゴルトマンを議長とする、二二のユダヤ人組織の連合である。ハーグ会議では、賠償と返還についてのさまざまな法規制とともに、連邦共和国のイスラエルとJCCに対する包括的な補償額についての交渉が行われた。ゴルトマン宛ての手紙でバロンは、失われたユダヤの文化遺産の補償返還（「〈現物補償〉〔英〕」）に対する以前からの要求を、交渉でふたたび取り上げるよう提案した。それは、一九四七年にJCR創設の際に合衆国の要請によって断念させられた要求だった。バロンはこう主張した。ドイツ政府の措置に基づいて、ユダヤ民族の比類のない文化遺産が失われたあとでは、ドイツの公的な機関が所持しているそれに匹敵する文化資産が、補償としてイスラエルに譲渡されねばならない。それらの文化資産は、結局のところ、ユダヤ人の寄付をつうじて研究機関の所有物となっていたことも少なくないのであって、こんにちドイツでは誰ももはや利用することがないのである（一九五二年三月二一日付のゴルトマン宛のバロンの書簡、写し――SUL, Baron-Nachlaß, Box 59, Folder 1）。イスラエル政府の委託を受けて、ショーレムもまたこの会議の代表団に対し、アーレントの報告によれば、次のように補償の履行を求めた。「〈1　HULによって選ばれた、一九三三年からこんにちにいたるまでのドイツ語の学術文献。2　今後一〇年間にわたるドイツ語の最新文献。3　HULによって選ばれた、「現物補償」としての一〇〇点から二〇〇点のヘブライ語手稿。彼〔ショーレム〕はとくにミュンヘンのタルムードを求めた。4　全手稿の複写版。5　HULもしくはむしろ国立文書館によって選ばれた、アーカイヴ資料〔…〕のマイクロフィルムの複写版。6　ユダヤ人の文化遺産の返還に関する法律（たんなる布告ではなく）〉〔英〕」（一九五二年四月二四日付のバロン宛のアーレントの書簡――SUL, Baron-Nachlaß, Box 59, Folder 1）。一九五二年九月一〇日、ドイツ連邦共和国、イスラエル政府およびＪＣＣのあいだで「ルクセンブルク協定」が締結された。イスラエル政府とＪＣＣに総額三五億ドイツマルクの支払額が確定したが、ユダヤの文化的遺産に対する補償・返還は考慮されなかった（これと並行する出版協会との交渉については、第104書簡、注1を参照）。

6　アーレントは、おそらくＪＣＣの交渉使節団の代表、ジョイント（ＪＤＣ）のモーゼス・Ａ・リーヴィットと会い、バロンが主導権を発揮できるように彼を味方につけようと考えていたようである。しかし、アーレントはデン・ハーグには行かなかった。

（1）「ペサハ」は、ユダヤ教の三大祭の一つで、出エジプトを記念する祭。「過ぎ越しの祭」とも呼ばれ、ユダヤ暦でニサンの月（西洋暦の三月から四月）の一五日から二一日まで祝われる。アーレントのこの書簡が書かれた一九五二年では、西洋暦で四月一〇日から一六日がペサハの祭期間に相当していた。

［**101**　アーレントからショーレムへ
パリ、一九五二年四月一〇日］

ハンナ・アーレント　ジャコブ通り四四　ホテル・ダングルテール

パリ六区
一九五二年四月一〇日

親愛なるゲアハルト様——

ソーセージ、チョコレート、コーヒーを発送しました。しかし、薬は処方箋なしでは手に入れることができませんでした。そのうえ、あなたはどうやら薬の名前を少し取り違えられているようです。

私はあなたの心のこもった手紙をバーゼルで受け取りました。こちらでの混乱に関して私には事実ほとんど責任はなく、あるとしてもごくわずかですが、にもかかわらず、私は強い良心の咎めを覚えました。[1] それには、当面のあいだお会いする見通しがないという自然な悲しみも加わりました。あなたのヨーロッパ計画はどうなってしまったのでしょうか？

お二人にたくさんの、たくさんの幸せを祈って。心からのご挨拶を

あなたの
ハンナ。［手書き］

私はまだ実質的なことは何も書くことができません。たったいま到着したばかりで、誰とも会っていないのです。

［NLI、ショーレムの遺品。原本。タイプライター原稿］

1　この「心のこもった手紙」は保管されていない。ハインリヒ・ブリュッヒャーに宛てて、アーレントは一九五二年四月一一日付でパリから次の手紙を書いた。「バーゼルでショーレムからの感動的な手紙を手にしました――［…］過ぎ越しの祭の招待状とともに。ああ、私があの国民的・宗教的な祝祭に列席するなんて。他にも私はとんだへまをしたために、自分で後始末をしなくてはなりません。私は愚か者ですね」（『アーレント＝ブリュッヒャー往復書簡 1936–1968』二〇五頁）。

102

［アーレントからショーレムへ　ミュンヘン、一九五二年五月一六日］

ハンナ・アーレント

ミュンヘン、一九五二年五月一六日

親愛なるゲアハルト様――

それでは、八月七日から一〇日にかけてが、とてもご都合がよいですね。[1] 私は先にサンモリッツにいて、気持ちよく散歩しながら下りてゆくでしょう。とてもうれしく思っています。うまくゆけば、なんとすばらしいことでしょう。

大急ぎで手紙をしたためています。JCR［ユダヤ文化再興財団］の〈仕事〉［英］に加えて、講演、そして書かなければいけないもの。これでは一頭の馬にだって荷が重すぎます。でも、もう一度世界中を歩き回るのは本当にすてきなことです。[2]

あなたに正確な住所をお伝えすることはできませんが、私がドイツに滞在しているあいだは、つまりまず六月二〇日までは、ニュルンベルク、フュルター通り一一二、JRSO［ユダヤ人返還継承機関］を介して、私にいつでも連絡していただくことができます。二〇日からはロンドンにいて、バロンと会います。七月一日ごろにはふたたび数日間パリに戻ってきて、まだ可能であれば、パリからベルリンへ向かいます。七月半ばからは、ふたたびドイツに滞在します。

JCRの助成金に関しては、いまならやはりあなたがバロンに直接手紙を書くのが一番よいと思います。[3] しかも、早ければ早いほどよいです。とはいえ、あなたはまだヴォルマンの到着を待ったほうがよいかもしれません。ちなみに、彼との共同作業は本当に喜ばしいもので、他のことでも彼と少し親しくなりました。彼がそちらに戻るまえに、私はおそらく彼ともう一度会います。つまり、私はブロッホの遺稿のために来週ルガーノに行かねばならず、どこかで、チューリヒかバーゼルかで、彼と会えるよう試みるつもりです。[4]

こちらからお伝えするほど大事なことはいまのところありません。あなたのためにアーカイヴ資料から何か引き出そうと試みましたが、それは遅々として進まないばかりか、まったく想像もできないような状況下に置かれています。[5]こちらでは、明らかに刑務所行きの候補者たちでさえ、いまだにかなりの権力を有しています。[6]総じてミュンヘンは、私がドイツで知っている都市のなかでもっとも不愉快な都市に等しいです。

あなたの幸せを祈って、心からのご挨拶を

ハンナ。［手書き］

ハンナ

［NLI、ショーレムの遺品。原本。タイプライター原稿］

1　ショーレムは見つかっていない手紙のなかで候補の日時を提案していたようである。

2　JCRのために、アーレントはとくにパリ、チューリヒ、ロンドン、ハイデルベルク、マインツを旅した。彼女は四週間滞在したパリから、バロンに手紙を書いた。「〈パリは純粋にすばらしいです。私は図書館と《ユダヤ資料センター》〔仏〕で研究しています。[…]この機会を手にできて、とてもうれしく思います。ドイツで出版される私の本〔『全体主義の起源』〕〔ドイツ語版〕と、その〔英語版〕第二版には、かなりのことを追記し、訂正しなければならないでしょう〉〔英〕」（一九五二年四月二四日――SUL Box 59. Folder 1）。アーレントは他にも、左派の全体主義についてのグッゲンハイム奨学金のための調査に着手したほか（第94書簡、注4を参照）、いくつかの講演を行い（とりわけハイデルベルク、ベルリン、テュービンゲン）、ヤスパースの記念刊行物への寄稿論文を執筆し（第106書簡、注1を参照）〔『全体主義の起源』第二版で増補された「イデオロギーとテロル」、第三巻二六八―三〇〇頁〕、同時に、以下に掲載されている「秘密警察」という論考を書いた――*Der Monat* 4. 1952. Nr. 46. S. 370-388.

3　一九五二年六月一二日付で、ショーレムはバロンに宛てて手紙を書いて、彼のドイツ滞在に対するJCRの助成金を申請した。東ドイツの領域とイギリス占領地区に存在しているかつてユダヤ人に由来していた書籍を見つけ出すための、助成金である（SUL. Baron-Nachlaß Box 43. Folder 5）。

4　一九五一年に亡くなった作家ヘルマン・ブロッホは、ハンナ・アーレントを自分の遺稿管理者に指定していた。彼女はライン・フェアラーク用に、遺稿をもとに二冊のエッセイ集『創作と認識　エッセイ集第一巻』、『認識と行為　エッセイ集第二巻』（両著とも、チューリヒ、一九五五年）を編集するために、ルガーノへ旅をした。

5　念頭にあるのは旧ユダヤ人信徒共同体のアーカイヴ資料をめぐる尽力のこと（第83書簡を参照）。このアーカイヴ資料について、JCR、JRSO、JHGAは、一九五四年までドイツの関係機関、とりわけバイエルン・イスラエルの民・祭式共同体州連盟およびドイツ・ユダヤ人中央評議会と交渉を行った。相手方は当初、文化財のイスラエルへの輸送に反対の意見表明をしていた。最終的にJHGAは要求を通すことに成功し、一九五四年末に、ほとんど例外なく、文化財はイスラエルに到着した。

6　このころ裁判を受けることになっていたフィリップ・アウエルバッハについては、第97書簡を参照。

103

［アーレントからショーレムへ
パリ、一九五二年七月三日］

ハンナ・アーレント

パリ、一九五二年七月三日

親愛なるゲアハルト様――

うまく事が運んだのは、なんてすばらしいことでしょう！[1]　七月三〇日以降あなたは、サンモリッツ／エンガディーン、ヴィラ・ニメット、ヤスパース教授気付で、私と一番うまく連絡が取れます。私はそちらに八月八日まで滞在しています。週末にかけての九日か一〇日に、どこかで落ち合うことを提案します。ヤスパースと一緒にいるときには、多くの時間を取ることができません。それはよくないでしょう。しかしいずれにせよ、あなたがエンガディーンに来られるときには、おそらく私たちはシルス・マリアでお会いできますね？　あなたの予定、それにスイスでの連絡先も、書いて知らせてください。

七月中、私は連絡が付きにくい状態です。とはいえ念のため、七月二〇日から二六日のあいだはおそらく、ベルリンの、ベルリン-ダーレム地区、フォンターネ通り一六、JRSO〔ユダヤ人返還継承機関〕気付、で連絡がつくはずです。私はそこでJCR〔ユダヤ文化再興財団〕の仕事はほとんどしないでしょうし、信徒共同体と関わり合うことは絶対にありません。しかしその代わり、私は講演を行い、あちこち歩き回ります。いつも私がすることです。

再会を本当に楽しみにしています。どうか頑固にならないでください！　楽しい数日を過ごしましょう。二人ともそうすることができると、私たちは分かっているのですから。

あなたとファーニアにご挨拶を。すぐにお会いしましょう！

古くからの友人である
あなたの
ハンナ。［手書き］

ところで、ロンドンでジョージ・リヒトハイムと知り合いになりました。彼のことはとても気に入りました。[2] お忘れなきよう。

［NLI、ショーレムの遺品。原本。タイプライター原稿］

1　ショーレムは、JCRの助成金を使ってドイツへ向かい、その後エラノス会議に出席するためにスイスへ旅することを予定していた。アーレントとショーレムはチューリヒで会った。

2　ショーレムの友人、ジョージ・リヒトハイムは、アーレントと出会った時点では、ロンドンで報道記者として暮らしていた。

［**104** ショーレムからアーレントへ　フランクフルト、一九五二年一〇月一日］

フランクフルト、一九五二年一〇月一日

ハンナ・アーレント博士
ニューヨーク州、ニューヨーク市二三
ブロードウェイ一八四一
ユダヤ文化再興財団気付

親愛なるハンナ様！

ドイツ旅行が終わり、きょうはロンドンに向かいます。そこでの連絡先は、およそ一〇月一六日まで、ヴァルター・ベンヤミンの妻のところ、ロンドンW一一、ペンブリッジ・クレセント、ドーラ・モーザー夫人気付、となります。

こちらでは、主として二つのことを片付けることができました。

(1)出版協会の件。これはきちんと処理されました。それも、私たちの政府の合意のもとで、エルサレム大学への直接の寄贈として。[1] そのため、バロンと私があれこれ考えていた、別のやり口は消えました。[2] この件からどれほどの額が生まれるかは予測できませんが、それでもランベルト・シュナイダーは、年に一万ドイツマルクを見込んでいます。書籍出版業者たちが財布の紐を固く締めたがっている点を考えれば、少なくともそこそこの額です。もっとも、私はもっと多くを考えていましたが。

（2）ベルリンでは、さまざまな協議と話し合いを行いました。その結果、私たちはそのうち、東ベルリン、シュヴェリーン、マクデブルク、それからおそらくはドレスデンからも、さまざまなものを引き出すことができる、と思っています。いずれにせよ、関係者たちと直接コンタクトを取るために私自身がそこに居合わせることができたのは（一四日間そこにいました）、とてもよいことでした。旅行の助力に対して、ＪＣＲ〔ユダヤ文化再興財団〕に深く感謝申し上げます。

バロンとあなたが、必要なら委員会で意思表示を行って、イスラエルへ移送する際の送付先の住所を変更するよう働きかけることを提案します。なぜなら、現在の送付先は、技術的に見て、とてもやっかいな事態や数カ月もの遅れを引き起こしているからです。これまでは、すべて〈ユダヤ機関〉〔英〕のドブキンのもとに送られています。何十万という物品がこの宛先に届き、そこではこの上ない無秩序が支配していますので、何も見つけることができない有様になっています。ナルキスの絵画の移送の経緯をよくご存知でしょう。これからさき行われるすべての送付物が、学術資料に関しては直接大学もしくは〈大学図書館〉〔英〕に、あらゆる美術品は直接ベツァレル博物館に送られることを、提案します。この件が処理されることができれば、ありがたく思います。

ベルリンで、博士のフォン・シュヴァルツコッペンさんと話しました。しかし、彼女の上役はまだ病気で、顔を出せるのは私が旅立ったあとになってようやく、ということでした。彼女は、上役から言われたことをあなたに書き送る、と約束してくれました[3]。

ベルリンのモーザー博士が語ったところによると、ベルリン市当局の法律顧問が、私たちが求めているような布告の可能性について、そういう資格がＪＣＲにあるか、またその布告をどう表現するかという点で、疑義を呈したそうです[4]。私がどう答えたか、想像できるでしょう。直ちにそのことを、いまベルリンにいて、とても感じよく出会ったフェレンツと、トゥーフ博士にとくに知らせました。彼らがその件を調査できるようにするためです。つまりモーザーは、この疑念はベルリンのアメリカの役所にいる彼らの同僚に伝えられたものだと主張したのです。もしもそれが本当なら、誰か下部の人間の誤解に帰せられ〔得る〕ことであって、きちんと対処されねばなりません。

私はまだ溌剌としていて健康です。イスラエルへの帰途につくまえに、数日間をパリで、その後ふたたびチューリヒで過ごせればと思っています。チューリヒではふたたび、ミューレバッハ通り一四〇、カッツェンシュタイン家、に滞在します。[5] ウィーンではゆっくりと事態が進展しています。現在シュナミがそこにいて、一〇月の終わりまでに私がウィーンへ赴くことに意味があるかどうか伝えてくれる予定です。もしも意味がなければ、一一月三日にイスラエルへ戻ります。

あなたと時間をともに過ごすことができ、たいへんうれしく思いました。あちら〔スイス〕でもしくはそちら〔合衆国〕で、また近いうちにお会いできれば幸いです。[6] 私にもまた、確かで実のある見込みがあります。

あなたと、私たちの友人であるバロンに心からの挨拶を、

あなたの古くからの友人より

〔NLI、ショーレムの遺品。カーボン紙による写し。タイプライター原稿〕

1　ドイツ連邦共和国とイスラエル、そしてJCCのあいだで一九五二年九月一〇日に結ばれた賠償協定と並行して（第100書簡、注5を参照）、ドイツ出版協会（ランベルト・シュナイダー）とJNULのあいだで、本を（毎年）寄贈することに関して合意にいたった。それは、一九五二年九月二四日、フランクフルト・アム・マインのパウロ教会で、ドイツ出版協会の平和賞が授与される際に、公的に告知される予定だった。同時にイスラエルの側からは、いかなる象徴的意義もこの件に付与しないために、式典に公的な代表者は出席すべきでないと主張された。ショーレムはそれに基づいて式典を欠席した。一九五二年一〇月一日付の、HUの事務局長に宛てた彼の総括はこう書かれている。「こうした行動のすべてが、こちらで強い反響を引き起こす、ないしは、政治的、プロパガンダ的に利用されるだろう、というあなたの考えは間違っています。事実はまったく異なっていて、いっそう厳しいものです。誰もこうした事柄に関心を持っておらず、これらはまったく注目されていないのです」（ゼナートアへの手紙――NLI, Arc 4° 1599）。

2　差し当たり考えられていたのは――政治的理由から出版協会とHUのあいだの直接のやりとりが望ましくない場合には――、JCRに寄贈してもらい、そのあとでエルサレムのHUに転送するという案である（以下のショーレムの一九五二年九月三日付のヴォルマン宛の手紙を参照――Scholem, *Briefe* II, S. 32 ff., hier S. 33）。

3　アーレントは図書館司書年次総会の折に、マインツで、ルイーゼ・フォン・シュヴァルツコッペンと出会った。彼女は長年プロイセン州立図書館で、最後には「交換部」の部長と

して働いていた。どうやらアーレントは、JCRにとって重要な、DDRにあるユダヤ人の所有していた書籍の情報を、彼女をつうじて得ることを期待していたようだ。ショーレムの遺品には、「フォン・シュヴァルツコッペン様」と宛名書きのある、一九五二年七月二五日付のアーレントの手紙の、カーボン紙による写しがある（住所は、ベルリン自由大学の大学図書館宛）。その手紙で、アーレントは、もう一度フォン・シュヴァルツコッペンに援助を求めていた（NLI, Arc 4°1599, Arendt-Corr.）。

4　司書フリッツ・モーザーは、当時、国民教育のための評議会（西ベルリン）の担当者で、のちのアメリカ記念図書館の創設を任されていた。――JCRは、ヘッセン州と同様ベルリンにおいても、それぞれのコレクションのなかにある、かつてユダヤ人の所有物だった文化財を探索し、それをJCRに申告するようドイツの諸機関に要求する、という内容の布告を出させようとしていた（第94書簡、注6を参照）。

5　ショーレムは、一九四九年にエラノス会議へ初めて参加する際、エーリヒ・カッツェンシュタインと、彼の妻ネッティー（ナネッテ）・カッツェンシュタインと知り合い、親交を結んだ。

6　アーレントとショーレムはチューリヒで会った。二人の共通の友人であるクルト・ブルーメンフェルトは、この会合のために、エルサレムでアーレントに宛てて次の手紙を書いて、ショーレムに手渡していた。その手紙はショーレムの遺品のなかにある。

「私の親愛なるハンナ様、

歴史のなかで唯一首尾一貫したものである偶然が、ゲアハルト・ショーレムの聞き落とすことのできない声で、私にこう囁きかけました。「私はチューリヒでハンナと会う約束があります。ハンナはサンモリッツのヤスパースのところにいます。彼女は、ヤスパースをふたたび彼の哲学的思考のいっそう高い段階へと連れて行ったあとで、私と楽しく食事をするために、チューリヒにやって来ます」。

あなたに手紙を書かざるを得なくさせてくれたことで、ショーレムに感謝しています。彼のことをどう考えているか、あらかじめあなたに言っておけば、私に関してよいことだけを彼はあなたに伝えようとするでしょう。ですから、打ち明けておきますと、ショーレムはとても賢いため、あなたでさえ彼からいくらか学ぶことができるでしょう。彼に話をさせるのは、容易いことではありません。彼の内面のもっとも奥深くに入り込もうとして繰り返した私の試みも、いまだ不十分なままです。

まず、おいしいもので彼を友好的な気持ちにさせなければなりません。役立つのは、カイエのアイス・チョコレート[1]を何枚も持って、彼に近づくことです。もっとも、商品が新鮮であることを確かめねばなりません。一番よいのは昨日作られたばかりのものです。彼の精神はしなやかですので、最高の質を備えていれば他のものでも刺激剤として感じ取ることができます。彼は大いなる朝食家であると私は推測していますが、残念ながらそれを経験から知っているわけではありません――貧しい七年という年月が、常に新たな貧しい七年に取って代わられるこの世界のどこで、そうした経験を積むことができるでしょう。朝食はときには〈ナイフを使った昼食〉〔仏〕であり、あるいは夕食または晩餐です。食事に際して、この言語の大家にとって問題なのは決して文献学ではないのです。

私もまた、この度の出会いから何がしかを得ようと思っていますので、すべてがどのような味わいであったか、正確に伝えてくれるよう、あなたたちにお願いしておきます。チェルティ[2]では、あなたはオーナーもしくは年配のウェイトレスと一番話が合うでしょう。そして、「ツンフトハウス・ツー・ツィマーロイテン[3]」なら、あなたにレシピを伝えるのを光栄に感じている給仕頭が相手ですね。もっとも私たちが「一二個の卵と一ポンドのバターを用いること」という大事な秘密を活かせないことを、彼はちゃんと心得ています。

でも、彼が知らないのは、あなたがハウフの童話「小人の鼻吉」で当然知っているはずの、「喜びのくしゃみ[4]」という薬草が私たちのもとで育っている、ということです。

とはいえ、私がずっと好ましく思っているのは、お姫様をガチョウやアヒルなどに変えること。「喜びのくしゃみ」という薬草が私のもとで育ち続けているのは、すでにアメリカで、そしてもっと以前に、私固有のものと呼んでいた、軽いアレルギーのなかでのみです。

このように、咳き込み、鼻をすすりながらあなたに自分の姿を伝えました。精神的な人格を持つものとしては、あえてあなたには近づかないでおきます。誰かにあなたのことを尋ねると、ただこう返事が戻ってくるのです。「ハンナ・アーレントは、大いに価値を認められてきました。彼女には偉大な未来があるのです」。以前に彼女からお前は本当にこう言われる栄誉に浴してきたのか、と繰り返し私は尋ねられます。「あなたの考えていることは全部古臭いことばかりだけど、叔父さんとしてのあなたに私はとっても共感します。〝大叔父さん〟と言わなかったことに、満足してくださいね」。

あなたのことで覚えているもの――それは、この上なく暖かな、心のこもった、最良の感情です。もし誰かが私にあなたのことを問い合わせてくるなら、こう答えることでしょう。「ハンナは、この上なく献身的な、最良の友人です。ハンナは、楽天家ではない、ごくわずかの人間の一人なのです」。『全体主義の起源』を私は徹底的に研究し尽くしていますので、こちらへ近いうちに来られるなら、あなたから試される準備ができています。

あなたがお金を持っていれば、私をチューリヒへ招待し、一緒に食事をさせてくれるところでしょう。私の記憶力は並外れて優れています。すべてがどんな味わいだったか、正確に分かります。あなたは、政治と哲学、それに歴史学の分野で活動していますが、私はすべてを味と香り、言わば舌で表わします。舌はあなただって道具として用いているものですからね。

これらすべてのことが、あなたをショーレムと食事をする気にさせてほしいものです。私は彼に、代理人としての全権を委ねました。彼は、〔私たち〕二人のために食事をし、飲むことを約束してくれたのです。あなたとの再会と、私の代理人として受け取る二重の歓待のことで、心の底から彼を羨ましく思います。

彼にこの手紙を見せなければなりません。そのことが、私の控えめな態度を説明してくれます。私の愛情のもっと大きな部分は、一通の特別の手紙の形で続くでしょう。あなたにキスを贈り、抱擁します。私は友情で結ばれています。

あなたのクルト

ジェニーが是非あなたに心からの挨拶を、と申していま す。」(Hannah Arendt/Kurt Blumenfeld. *In keinem Besitz verwurzelt*. S. 60.)

（1）「カイエ」はスイスで最古のチョコレートのブランド。

（2）「チェルティ」はおそらくチューリヒのカフェかレストランの名前。

（3）「ツンフトハウス・ツー・ツィマーロイテン」はチューリヒにいまもある著名なレストラン。字義どおりには「大工たちの組合の家」。

（4）「喜びのくしゃみ」は、ハウフの作品「小人の鼻吉」で、一二歳の主人公の少年が魔女の老婆によって醜い姿に変えられるとともに、そこから元の姿に戻る刺激ともなる薬草の名前。

105

アーレントからショーレムへ
ニューヨーク、一九五二年一〇月二〇日
〔ユダヤ文化再興財団用箋〕

一九五二年一〇月二〇日

ゲアハルト・ショーレム博士
イスラエル、エルサレム
アバルバネル通り二八

〈親愛なるゲアハルト様——

これはフランクフルトから届いたあなたの手紙に対する、遅ればせながらのお礼です。私はその手紙をザーロ〔・バロン〕に見せ、私たちは二人とも、それがとても興味深いものと思いました。

あなたに次のことをお伝えするためだけに、きょうは事務用箋で連絡させていただきます。私たちはすでに、今後は全芸術作品をふたたびナルキスのところへ送ることを決定いたしました。ところで、学術関係の書籍はいつも直接ヘブライ大学図書館へ届けられていました。

ロンドンで私が耳にしたとても不幸な出来事を、もう少しでお伝えするのを忘れるところでした。ケーニヒスベルクのユダヤ人信徒共同体アーカイヴ資料の残りの品々が、イギリス占領地区にあるゴスラーの州立文書館で見つかりました。[1] ユダヤ信託会社[2]のカプラリク博士が、この品々はロシア領(原文ママ)由来であるために、ロシアに返還されねばならない、と私に伝えました。私の方からのいくつかの無益な主張ののち、私は少なくとも、それらの品々を永遠に手放してしまうまえに、マイクロフィルム化されねばならないと提案しました。現在、カプラリクはマイクロフィルム化の費用を私たちが支払うことを期待していると書いていますが、当然ながらそんなわけにはゆきません。私の考えでは、ユダヤ信託会社がこの仕事を請け負う義務があると思いますが、もし彼らが本当にその支払いを断ったなら、エルサレムの国立文書館がそれを引き受けることができるかもしれません。この件について、あなたはカプラリク博士に連絡を取り合うことができると思われますか？あなたに事情を伝える旨、彼に一筆したためているところです。

敬意をこめて

あなたの〉〔英〕

心からの感謝をこめて

——すぐに手紙を書きます

ハンナ。〔手書き〕

ハンナ・アーレント

〈事務局長〉〔英〕

［NLI、ショーレムの遺品。原本。タイプライター原稿］

1　一九五〇年、ゴスラーの「地域アーカイヴ資料倉庫」で、ケーニヒスベルクの州立文書館に保管されていた収蔵品のうち、一七九一年に遡るケーニヒスベルクのシナゴーグ信徒共同体の文書の一部が見つかった。これは、一九二八年の締結に従って、ユダヤ人信徒共同体がベルリン総合文書館からケーニヒスベルクの州立文書館に委ねた文書類と部分的に関わっていた。移送は一九三七年まで続いた。——一九五二年、そのアーカイヴ資料倉庫はニーダーザクセン州の管理下に置かれた。ケーニヒスベルクの信徒共同体の文書類はソ連に譲渡されることなく、ニーダーザクセン州に残され、JHGA、JTC、そして州の三者による五〇年代末まで続く長い交渉ののち、エルサレムに移された。

2　JTCはイギリス占領地区のユダヤ人返還継承組織である。第79書簡、注3を参照。

106

［アーレントからショーレムへ
ニューヨーク、一九五三年四月九日］

一九五三年四月九日

親愛なるゲアハルト様――

サンバースキーがこちらにいます。私は彼をとても気に入りました。彼を訪問させてくださったことに、急いで少しばかりの感謝をお伝えします。チューリヒがまたしてもすぐ近くに感じられ、私たちはもう一度サーカス小屋に腰を下ろしているようでした。エラノス会議はいかがでしたか？　あなたの講演はまだ届いていません。代わりにヤスパースの記念論集から短い抜刷をお送りします。[1]

私は元気ですが、でもそれがすべてです。こちらでは事態がかなり忌まわしく思えるのです。こちらでサンバースキーが正当にも好んでくれたもの（彼が開かれた眼を持っていて、よい点に気付くのを目にするのは、うれしいことです）は、残念ながら、成果の残りかすとはまだ言わないまでも、とても脅かされているものです。[2]その際、おそらくあらゆることが外見上はきわめて迅速に当たり前のこととなってしまうせいで、人々に何かが根本的に「正常」でないと教えてくれる鈍い感覚さえ、決して残らなくなるでしょう。もしもロシアの平和攻勢が真剣なものであれば（今回はそうだと思います）、すなわち、数年間続くものであれば、そうなるでしょう。[3]この間、この国は目に見える形で、日ごと感じられる仕方で変化し続けていて、マッカーシー氏の権力は増大しています。[4]要するに、見ていて心地良いものではありません。

とはいえ、すでにお伝えしましたように、私は元気です。私は落ち着いて仕事をし、落ち着いて生活し、ときどきこう考えます。私は二、三のすばらしいものを見出し、足元にわずかな基盤、わずかな地盤を得ている、と。それは喜びであり、事実すでに十分すぎるほどの喜びです。

あなたがたのほうはいかがですか？　私は、古いマパムからいまや何が生じるのか、気がかりです。[5]住み慣れた家畜小屋と昔ながらの糞尿の匂いに帰ることで心が軽くなると信じるほどに、彼らは愚かです。でも、ひょっとするとあなたは違うご意見かもしれません。私には最初から、全体の経緯は反ユダヤ主義的な〈含意〉〔英〕を伴った反シオニスト的ないしは反イスラエル的な駆け引きであって、それ以上ではない、と思われました。ユダヤ人がモスクワから追放されたときにのみ、私は考えを変えるつもりでした。

あなたは何をしておられますか？　どんな仕事をしておられますか？　タウベスはもちろんこちらに姿を見せ、いつものように嘘をつき、恥知らずで、レバント人の賢さでもって人々にはったりを繰り返しました。[6] フィンケルスタインと一度だけ、少しの時間話しました。あなたの懸案の計画のいくつかはどうなっていますか？　ひょっとすると一年間こちらに来られるのでしたね？　アパートからJTS〔ユダヤ神学校〕までは、きっちり一ブロックの距離です。——何か変化がない限り、一九五五年までの私の旅行計画はすべて見合わせました。私は数年間の安らぎと普通の生活を活用するつもりです。それ以上となると、どのみち私は耐えられなくなるでしょう。途方もないヨーロッパ放浪のあと、当面のあいだは、そうするのが私にはとても相応しいことなのです。

　そのうち私に数行の手紙を書いてください。あなたがいま何を行っておられるのか、私にはまったく分かりません。もしも他にサンバースキーのような人物をご存知でしたら、私のところに来させてください。あなた自身が来てくださればずっとよいのですが！

　心からのご挨拶と友情をこめて

あなたの

ハンナ。〔手書き〕

〔NLI、ショーレムの遺品。原本。タイプライター原稿〕

1　Hannah Arendt, »Ideologie und Terror«, in: *Offener Horizont*. Festschrift für Karl Jaspers, hg. von Klaus Piper, München 1953.〔『全体主義の起源』第三巻、二六八—三〇〇頁〕

2　ショーレムの親しい友人でHUの物理学教授シュムエル・サンバースキーは一九五三年にアメリカからショーレムに宛てて手紙を書いた。「親イギリス派としていわば指定母乳のように吸い込んできた、古くからの自分の反アメリカ的〈偏見〉〔英〕を、私はこちらで根本的に一掃しました。〔…〕人を無知で邪《よこしま》にする欠陥についてのカール・クラウスの言葉が、人類の大部分に関して正しいことが確証されたあとで、このような大陸がまだあるのは喜ばしいことです。こちらでは、寛大と言えるまでに友好的で協力し合うという贅沢が可能なほど、人々はよい関係にあるのです」(NLI. Arc 4°1599. Corr. Samburski)。

3　アーレントが「平和攻勢」で念頭に置いているのは、ドイツの中立的な再統合という条件のもとで、西欧の列強に対して平和協定を提案した、一九五二年春のスターリンの外交文書のこと。

4　共和党上院議員。五〇年代前半、種々のメディアと「〈常設調査小委員会〉〔英〕」という上院委員会において、公的生活における「共産主義の浸透」に反対するキャンペーンを主導した。

5　マパム（統一労働党）は一九四八年に創設され、ベン＝グリオンと社会民主主義系のマパイ〔イスラエルの地労働者党〕によって率いられたイスラエルの臨時政府に参加していた。マパムは一九四九年の最初の選挙で野党となり、ソ連陣営への明確な方向付けを要求した。マパムは、そのことによって、アラブ人との調停も期待していた。東欧とソ連におけるさまざまな反ユダヤ主義キャンペーンによって、マパムは自らの親ソの姿勢を揺さぶられた。とりわけ、一九五二年末、プラハで陰謀への関与を理由に、マパムの代表モルデハイ・オーレンが公開裁判で有罪判決を下されたあとは、そうである。くわえて、一九五三年二月一一日、スターリンが、テルアビブのソ連大使館への攻撃によってイスラエルとの外交関係を断ち、その間、モスクワでは同時に〔ユダヤ人〕「医師団陰謀事件」に対するキャンペーンの一環で大量検挙が生じた。スターリンの死後〔一九五三年三月〕間もなく、その裁判は延期された。新たな方向性をめぐるその後の議論のなかで、マパムの多数派はソ連と決裂した。

6　一九五一年にショーレムと決裂したあと、ヤーコプ・タウベスは合衆国に移住し、一九六三年までいくつかの大学で教鞭を執った。当時、タウベスはベルリンにいた。

107 ショーレムからアーレントへ
エルサレム、一九五三年五月二四日〕

一九五三年五月二四日
エルサレム

親愛なるハンナ様、

四月九日付のあなたの手紙をたいへんうれしく思いました。私からすぐにお返事しなかったのは、ひょっとするとアメリカでの再会のようなことをあなたに約束できるかもしれない、と考えたからです。それは、そちらでの一年間の交換教授に関する事柄でした。大学のなかから一人派遣することになっていて、二人の候補者のうちの一人が私だったのです。しかし、もう五月の終わりで、いまのところウェリントンからはまったく音沙汰がなく、およそこの件全体からこれから何か事が運ぶのは、期待していません。私は、とりわけコロンビアを可能性のある場所として挙げておきました。そこなら、場合によっては私に関心を寄せてくれるかもしれません〔無料です！〈私たちの国務省〉〔英〕が全額支払ってくれます〕。しかし、およそ何かが着手された印象がありません。着手されたのなら、三月にきっとバロンが手紙を書いてきたことでしょう。ですので、おそらく私たちは次の〈ランデヴー〉〔仏〕を延期することになるでしょう。JTS〔ユダヤ神学校〕は私にとっておよそ相応しい場所ではありません。彼らは、ただ私が彼らのためにカリフォルニア[1]へ行くことにだけ関心を寄せ、それをとても強く望んでさえいます。しかし、ニューヨークでは彼らにとって私はラディカル過ぎるのです。しかも、私にはカリ〔フォルニア〕へ行きたい気持ちはありません。そこで私たちは、今年はおよそ六週間スイスへ行くことで満足するでしょう。それには私たちはきちんと招待されていて、一回のエラノス講演〔八月〕のためにすべてを準備してもらっています。つい先ほど、私の最初のエラノス講演の抜刷をようやく受け取りました。本日、印刷物としてあなたに送ります。ある象徴の歴史の、いくらか立ち入った〔研究の〕始まりとして、ひょっとするとあなたに興味を持っていただけるかもしれません。[2]私はたくさんのことを詰め込みました。現在は、次の仕事に取り掛かっており、それはゴーレムの表象についてです〔ショーレムがそこを歩いているのを見てごらん。彼いわく「ああ！　ゴーレムはなんと美しいのだ」——適切な形に直した、このサンバースキーの交換韻詩(1)で、締めくくりたいと思います〕。

今年は黙示録の文献に没頭していました。そして、来年は、先述したとおりアメリカから何も言ってこなければ、五四年の夏、もしくは一九五四から五五年にかけての冬のあいだに、八カ月から九カ月の〈サバティカル〉〔英〕を取って、サバタイ主義についての長大な本を仕上げるべく努めようと思っています[3]——金銭的に余裕がある場合には、ヨーロッパに行き、誰にも邪魔されずに六カ月間執筆できる図書館のある小さな町に身を置くつもりです。

サンバースキーを気に入られたようで、うれしく思います。先週、彼の〔二五歳ぐらいの〕娘が、一年から二年間の滞在のため、ニューヨークへ旅立ちました。とても内気ですが、親切なサブラの一人です。[4]マパムの教育を受けていますが、〔政治的な立場は〕まったく未確定です。しかも、世界について何も知りません。私たちは、彼女をあなたに紹介するのがよいでしょうか？〔紹介するのがよければ、ザウル・リーバーマンとの電話であなたは彼女の住所を聞き出すことができるでしょう。彼の妻は、彼女の従姉妹です〕

スターの追悼本が出版されたのを目にしました。[5]ひょっとするとあなたがたは私に一冊送ってくれましたか？　そうでなければ、一冊お願いできますか？　バロンにもよろしくお伝えください。

心からのご挨拶を

あなたの

ゲアハルト

［LoC、アーレントの遺品。原本。タイプライター原稿］

1　一九四七年にJTSは支部として〈ユダヤ学大学〉〔英〕をロサンゼルスに開設した。

2　»Zur Entwicklungsgeschichte der kabbalistischen Konzeption der Schechinah«, in: *Eranos-Jahrbuch*, XXI (1952), S. 45–107. 抜刷がバード・カレッジのアーレントとブリュッヒャーの蔵書のなかにある。

3　サバタイ主義運動について計画されていた本に関しては、第10書簡、第18書簡を参照。

4　「サブラ」（ヘブライ語で「サボテンの実」）は、イスラエルで生まれたユダヤ人を指す言葉。

5　*The Joshua Starr Memorial Volume: Studies in History and Philology*, hrsg. von der Conference on Jewish Relations, New York 1953.

（1）「交換韻詩」は、二つの語の語頭の子音を置き換えて語尾で韻を踏む方法。ショーレムないしサンバースキーの「詩」では、「ショーレム」と「ゴーレム」、「歩く（ゲーエン）」と「美しい（シェーエン）」〔原文はイディッシュ語の綴り〕がそれに相当する。

108　アーレントからショーレムへ

［ニューヨーク、一九五三年八月一六日］

五三年八月一六日

親愛なるゲアハルト様――

あなたのお手紙への返事として、とくに私がちょうど読み終えたシェヒナー〔論〕へのお礼として、取り急ぎ心からご挨拶を申し上げます。とてもすばらしい論文で、明晰で深みがあって、たくさんの考察を促してくれるものです。私はすっかり魅了され、誰かがあなたを少しばかりこちらにとどめてくれればいいのに、と思いました。おそらく、あなたはこの経験領域から「形象の蜂起」について普遍的な何かを書くことをいつか決心なさることでしょう。[1]

私がもっとも驚いたこと、ここでとても鮮明になっていることは、私たちの伝統のなかで顧みられることのないままにとどまっていて、それゆえ「形象の蜂起」において初めて表現されるにいたったすべての事柄です。ですから、それがユダヤ的な伝統かあるいはキリスト教的な伝統かどうかはそもそもどうでもいいことです。そこで放出されているものに目を向ければ、正統派たちは人々が思っている以上にやはり似通っています。ここで私が考えているのは、本質的に神の「生」ないし〈神の過程〉〔羅〕のことです。それは、あらゆる〈デュナミス〉〔羅〕（もともと力と可能性の二つを意味する）は現実態ではなく〈潜勢態〉〔羅〕でしかない、というアリストテレスの思想を反転させるものです。この考え方は、ヘーゲルにおいて初めて概念的な哲学に浸透してゆきました。[2]

さらに一つ質問です。「神の居住」は「神の遍在」を意味しないのではないでしょうか？ そうではなく、世界に住処を得て暮らす限りでの神、したがって、決していつどこにでも現前しているわけではない限りでの神ではありませんか？ 違いますか？

あなたの合衆国への計画に何か変更がありましたか？

私はフィンケルスタインにもうずっと以前から会っていません。彼はいまこの九月に、世界を道徳的に刷新する〈「世界を道徳的に目覚めさせる」原文のママ！〉〔英〕ことを計画していて、そのもっともバカげたことは彼がその際にとにかく私を議論の仲間に加えたことです。[3] 私は憤慨していますが、もはやどうすることもできません。

私はたいへんよく仕事をし、〈伝統への近代の挑戦〉〔英〕だと私が思っているある種の本を書いていて、それについてプリンストンで初めて〈連続講義〉〔英〕を行います。[4] 順調ですが、こちらではほとんどの人との交流をますます失っています――一部は政治的な理由から（マッカーシーの問題[5]は実に深刻で、意見の相違にはとても深いものがあります）、一部はみんなが哲学的な問題についての理解を持っていないからであり、私が当然ながら年を取っていくさなかに、しかるべき仕方で自分の原点に立ち返っているからです。

五四年から五五年にかけて冬にインドに行き、その帰りにイスラエルに行く可能性があります。差し当たりまだ漠然としていますが、いずれにせよ十分可能性があります。[6] ほかにもハインリヒと私は、大掛かりなイタリアおよびギリシア旅行を計画しています。少なくとも私に関しては、この旅行もあなたがたのもとで終えることができれば、と願っています（あえて、そんなふうに信じようとは思わないのですが）。もっとも、それよりまえにあなたがこちらにいらっしゃるべきです。何もかもあまりに遠い先の話ですから。

あなたはこの間にスターの追悼号を手にされたことでしょう。それはすでに発送されました。バロンはもう一度、〈アーカイヴ資料のマイクロフィルム化〉〔英〕のための資金を入手する計画を立てています。結果が分かればお知らせします。さもなければ、事務所は死にますが、埋葬はされません。ちなみに、私たちはちょうどいまアメリカ占領地区全体での「〈布告〉〔英〕」を手にしました。[7]

奥様とサンバースキーとヴォルマンによろしくお伝えく

ださい。心からのご挨拶を。

友であるあなたの
ハンナ〔手書き〕

〔NLI、ショーレムの遺品。原本。タイプライター原稿〕

1　ショーレムは一九五二年のエラノス講演で、神の居住／神の現前という伝統的なユダヤ教の概念〔「〕シェヒナー〔」〕に関する、カバラー特有の表象の成立と意味を問いかけている。この表象の前史に関してショーレムは、次のことを指摘している。すなわち、ユーデントゥームにおいて、カバラー以前には「たんなる詩的な擬人化やアレゴリーではない」本当の「神的諸力の実体化」は存在せず（*Eranos-Jahrbuch* 1952, S. 46）、宗教的な形象はアレゴリー的で「比喩的」な語りのなかで用いられた（ebd., S. 52）。「形象の蜂起」としてショーレムは、歴史的な経過を次のように（ユーデントゥームに限定することなく）示している。すなわち、それまでアレゴリー的あるいは比喩的に用いられてきた宗教的な形象が「その神話的な「負荷」（もしそれらの形象がそういうものを持つならば）を爆発させ始めた」。あるいは、カバラー主義者たちによってそうした形象が神話的な神の表象のために使われたのである。こうして、「形象の力が語り手の意識よりもいっそう強固なものとしてふたたび示されたとき、神的なものに関する見地の、新旧の層が糧を得ること」（ebd., S. 52f.）ができた。

2　ショーレムの講演ではこう述べられている。「カバラー主義的な神の概念において本質的なことは、その概念にそなわっている決定的なダイナミックな理解である。つまり、神の創造の力と生動性は、神の本性の無限の躍動において広がる。神の本性は、ただ外側へ、つまり被造物へと流れてゆくだけでなく、自らへも還流してくる。神の統一性をまさしくその本性の持つ秘められた生のうちに探し求め、見つけられると信じたこの動的な理解と、ユダヤ的な伝統とのあいだに生じたに違いない、根本的な矛盾は明らかである。実際、神の「不変性」、「不動性」は、そこにおいて預言者をつうじた神のお告げがアリストテレスの「不動の動者」の教えと一致するように思われた契機の一つだった。〔…〕こうして、カバラー主義者たちは神性の一つの層、その隠れた即自、根底、無底と、もう一つの別の層、すなわち創造的に発現へと突き進む本性とを区別する、巧みな方策を手にしている。〔…〕一方の層は、カバラー主義者の言葉ではエン・ソフである。[1]これは無差別の統一であって、永遠に自分のうちに安らいでいる根であり、あらゆる矛盾の一致である。もう一方の層は一〇のセフィロート[2]の世界である。これは聖なる名前であり、神の諸相および神の一〇の創造の言葉（「〈ロゴス〉〔希〕」）である。〔…〕そのセフィロートは神自身であるが、神の啓示の宿駅として、また、私たちに差し出されている姿での、またその限りでの神の本性の諸相として、とりわけ、活動的で創造的な力の担い手である。しばしばそう呼ばれるように、セフィロートが「力」と呼ばれるなら、この言葉は決して中世的な

〈現実態〉〔羅〉と〈可能態〉〔羅〉との対立の意味では理解し得ない。それらの力がそこにあるのは、徹底して、可能態に従ってではなく現実態に従って、なのである」(ebd. S. 65f.)。

3 ルイス・フィンケルスタインを代表とするJTSは、九月に「〈道徳的基準に関する会議〉〔英〕」と題する会議を開催した。アーレントはこの会議に参加した。そこでは、近代生活(統治から家族生活にいたるまで)のさまざまな領域における行為に対して道徳的価値の持つ意味が論じられた。

4 ハンナ・アーレントは、秋にプリンストンでカール・マルクスと西欧的伝統に関する講義を行った。それはグッゲンハイム研究助成金で行われた彼女の一連の研究(申請題目は「マルクス主義の全体主義的な諸要素」)に由来していた(第94書簡、注4を参照)。これに関連して生まれたエッセイのいくつかは以下に収録されることになった——*Fragwürdige Traditionsbestände im politischen Denken der Gegenwart.* Frankfurt 1957.

5 一九五三年、ハンナ・アーレントはジョセフ・マッカーシーの反共主義的なキャンペーンに対して、二度にわたって公的に反対の意見を述べた。まずは講演において(»The Eggs Speak Up«, in: *Essays in Understanding*. S. 270-284〔『アーレント政治思想集成2』七五−九三頁〕)、そのすぐあとの書評において(»The Ex-Communists«, in: *The Commonweal*. 57. 20. März 1953. Nr. 24. S. 595-599. 以下も参照——»Gestern waren sie noch Kommunisten«, in: Hannah Arendt. *In der Gegenwart*. S. 228-237〔『アーレント政治思想集成2』二二九−二四二頁〕)。彼女の考察の中心には、ある種の元共産党員に対する痛烈な批判があった。アーレントの考えによれば、彼らは、かつて共産主義を全能の世界観としたのとまさしく同様にいまや反共主義をそのように扱っていて、だからこそマッカーシーのキャンペーンに動員され得るのである。イニャツィオ・シローネ、クレメント・グリーンバーグ、エリオット・コーエン、シドニー・フック、ヴァリアン・フライなどのように、少なからぬ「元共産党員たち」が、かつては互いに友人であり同志だった。彼女の目には、それらの元共産党員らはまさしくあの言葉の鞘(自由と民主主義)の旗のもとで行進している「俗物」と映った。彼らはその言葉の鞘の持つ虚しさと偽りから、かつては(ニューディール時代に)共産主義へと逃亡したのだった。

6 アーレントの従姉妹、ニュータ・ゴッシュのもとに向かうインドへの旅行計画は実現しなかった。

7 ヘッセン州と同様にバイエルン州、バーデン=ヴュルテンベルク州においても、文部大臣の布告が出された。その布告は、それぞれのコレクションのなかの、略奪された可能性のあるユダヤ人文化財の申請をドイツの諸機関に求めるものだった(第94書簡、注6を参照)。

(1) 「エン・ソフ」はカバラーでの神に関わる重要な概念で、ヘブライ語で「無限」を意味する。

(2) 「セフィロート」(ヘブライ語で「数」の複数形)は、カバラーで神の属性を示す一〇の観念。しばしば樹木または人間の姿として描かれる。

109

ショーレムからアーレントへ
エルサレム、一九五三年一二月一八日
［エルサレム、ヘブライ大学用箋］

一九五三年一二月一八日

この上なく親愛なるハンナ様、今回は妻と二人だけで過ごしていたスイスから戻って初めて、八月のあなたの手紙を受け取り、ずっと感謝を述べようと思っていました。望むらくは、私の次のヨーロッパでの仕事もあなたにとってまた好ましいものになればと思います。ゴーレム〔論〕は、エラノス講演として来年の春に公刊されます。それとは別のもので、ベックの記念論集に収録された、ピーコ以前のキリスト教的カバラーについての論文（ドイツ語で読めます！）、三つ目はもっと長い論考で〔『〕ルヴュー・ド・リストワール・デ・ルリジヨン〔』〕にちょうどいま掲載されました。それらが印刷物として、同便であなたのところに届きます。[1] いまやあなたが（ポーランドにおけるサバタイ主義の〈詳細〉〔仏〕について）読むことを可能にしてくれているフランス語への翻訳は、パリのジョルジュ・ヴァイダの、本当に献身的な友情の賜物です。原文はヘブライ語です。

さて私の件――アメリカからは何一つ言ってきませんでしたが、しかし、サバティカルの半年をヨーロッパで過ごす可能性を手にしました。そこで、私の作品を執筆するつもりです。六カ月か七カ月間、静かに腰を据えたいと思います。私たちがイングランドに行くか、スイスに行くか（たとえばオックスフォードやロンドン、あるいは私が大好きなベルン）、まだ分かりません。話し合いによります。コペンハーゲンも悪くないでしょう（安価ですから！）。だいたい四月一日から一一月のはじめまでです。それから、もちろん遅くとも一九五五年の春にはあなたはイスラエルで私たちと再会することができます。そうなればとてもすばらしいでしょう。そのときにはレーオ・シュトラウスがこちらにいるでしょう。一〇カ月の予定です。

脇に置くことのできない仕事のためには、（すでにユダヤ研究所の所長である）私はイスラエルを離れていなければなりません。そうでなければ、私は休暇から何一つ得られませんし、ほんの少しも集中できません。私の書類はすでにあまりに高く積み上がっています。

マッカーシーの件の深刻さについてあなたが書かれていることは、確かに熟考に値します。あなたの友人のサークルでもそれに関して大きな意見の相違があるのですか？

どんな相違ですか？

スターの追悼号を拝受したこと、たいへん感謝しています。

あなたの質問に関して――「神」の居住そのものは、まだ遍在を意味する必要はない。それは、この居住がいたるところで(a)生じる、もしくは(b)生じ得るというもう一つのテーゼです。

心の底からのご挨拶を

あなたの古くからのゲアハルト

［LoC、アーレントの遺品。原本。手書き原稿］

1 »Die Vorstellung des Golem in ihren tellurischen und magischen Beziehungen«, in: *Eranos-Jahrbuch* XXII (1953), S. 235–289〔ショーレム『カバラとその象徴的表現』二一八–二七四頁〕: »Zur Geschichte der Anfänge der christlichen Kabbala«, in: *Essay presented to Leo Baeck*, London 1954, S. 158–193: »Le mouvement sabbataïste en Pologne«, in: *Revue de l'histoire des religions* 1953, Nr. 143, S. 30–90 und S. 209–232: Nr. 144, S. 42–47.

110

［アーレントからショーレムへ
ニューヨーク、一九五四年七月八日］

一九五四年七月八日

このうえなく親愛なるゲアハルト様――

事務所から転送されたあなたの短い手紙がちょうど届いたところです。ゴーレム〔論〕は昨日の早朝に届きました。[1]本当に、私は一体どうしてしまったのでしょう？　いつもあなたに手紙を書きたいと思っていましたが、書けないままでした。一つの理由は、あなたがチューリヒでのあらゆる期待に反して、こちらにいらっしゃらないことに私が憤慨していたからです。もう一つの理由は、私がそう遠くないうちにヨーロッパを訪ねることになると考えたからでもあります。もっとも、あなたもご存知のとおり、もう終わったことです。〈損害請求会議〉〔英〕はおそらく何らかの陰謀めいた理由から私たちの申請を拒否したのですから、私たちは申請をきっと九月に新しく行うことになるでしょう。[2]もっとも、もし会議が〔滅相もないことに〕認可したらどうなるのか、分かりません。私には関わることができないでしょうから。私は春に一学期のあいだ、カリフォルニアの大学に行きますが、その後ふたたび家を空けるのは難しいでしょう。この理由から、すでに一年間のカリフォルニア行きを断りました。

ゴーレム〔論〕をこの上なく楽しく読みました。近代主義的なナンセンスや闇雲に解釈する連中に特有の表層的なファンタジーなくして、歴史的なものと本質的なものを享受できるのは、なんとも心地のよいことです。私もあなたに何かをお送りします――まだ送っていないとよいのですが――きっとあなたを楽しませるものを。それは、私が昨年の秋にプリンストンで行った一連の講義のはじめの部分です。[3]

〈ところで〉〔仏〕講義について――その際にハーバードのタウベス氏に会いました。そこで彼は、自分は私〔アーレント〕の親しい友人だとすでに自己紹介していました。彼が神話学について述べている、ちょうど刊行されたばかりの〔『〕パーティザン・レヴュー〔』〕の最新号で〔私はまだ読んでいません！〕、彼は自分のことをこう書かせているのです。「〈エルサレムのHU〔ヘブライ大学〕で社会哲学を教え〔原文のママ！〕、現在はロックフェラー特別奨学金でアメリカにいる〉〔英〕」[4]。あなたは彼の悪行を止めさせたいと思いませんか、それとも関心がありませんか？　彼の方法は変わっていません。無作法きわまりないお世辞によって口説き落とせない人間はいない、と彼は考えています。[5] もちろん、その彼の考え方はかなりの程度で正しくもあります。

こちらでは、すべてのことがますます好ましくなくなっています〔言うまでもなく、これが私の長い沈黙の主たる理由の一つでした〕。あなたはきっと新聞からほぼすべてのことを見て取っていらっしゃるでしょうが、雰囲気がほぼ毎日変化する様子までは、おそらく正確には想像できないでしょう。――とはいえ、私たちは元気にやっています。私はこの冬のあいだ、たいへんよく働きましたので、いまはちょっとばかり怠けようとしているところです。私たちはそういう目的でニューヨーク、パレンヴィルのチェスナッツ・ロウンハウスに九月一日ころまで行きます。その後、ハインリヒは〈大学とニュー・スクール〉〔英〕に戻らなければなりません。〈ところで〉〔仏〕、たぶんご存知でしょうが、ヨーナスがニューヨークの〈ニュー・スクール〉〔英〕にやって来ます。〈大学院の哲学科〉〔英〕です。

さて、もっと深刻な問題――あなたのサバタイ・ツヴィーの本は一体どうなったのでしょう？　ヘブライ語ではすでに完成しているものの、ヨーロッパの言語にはなっていないということでしょうか？　私は数日前に偶然にも、それに関してクルト・ヴォルフと話し合う機会がありました。彼の意見は、必要かもしれない翻訳費の支払いと本の出版をボーリンガー〔財団〕が栄誉であり喜びと考えるだろう、とのことでした。[6]（もっとも、翻訳と出版というこの二つの事柄は、相互に区別されていなければなりません。前者は後者に影響を与えない〈助成金〉〔英〕によって行われます。これは〈印税〉〔英〕のために有利です!!）あなたはどのように思われますか？　数年前にあなたがニューヨークにいらしたときに、あなたは何もかもを――英語もしくはドイツ語へと――書き取ってくれる一人の秘書以外は何も必要でないと考えていました。しかし親愛なる友よ、事はそう簡単には進みません。どうか気を取り直して、いま一度少しお考えくださ い。そして、私にできることがあればお知らせください。

さらにゴーレム研究について――あなたははじめにアダムとの関係について言及し、アダム＝アダマーにおける大地の含意から少しばかり距離を取っています。とくにあなたはゴーレムにおける奉仕者という観念が遥かにのちのものだとお考えです。[7] そこで一つ質問です。それでもアダムがアダマーを守るために造られたことは、創世記にはっきりと書かれています。もちろん、ゴーレムの物語の意味においてではないとしても、ここでは大地の契機がすでに「奉仕」と結びついていると思われます。この箇所にはいつもある別の理由から私は関心がありました。労働が楽園からの追放と関係していることは当たり前のように思われています。しかし労働は、土地耕作の意味でははじめから創世記に示されているように私には思われます。そして、楽園からの追放のあととの違いは、テクストによれば、ただ労働が辛くて厳しいものになったということに過ぎません。[8]

あなたがたお二人がロンドンでどんな具合だったか、少しばかりお知らせください。[9] どうか仕返しはしないでください！　またエラノス会議に出かけられるのですか？

あなたとファーニアに心からのご挨拶を、

あなたの

ハンナ。〔手書き〕

〔NLI、ショーレムの遺品。原本。タイプライター原稿〕

1　この手紙は見つかっていない。「ゴーレム」は、ゴーレムの表象に関するエラノス論文を指している。

2　念頭に置かれているのは、ユダヤ人のアーカイヴ資料をフィルム化するための資金を調達するための、アーレントが言及していたバロンの計画に関わる申請（第108書簡を参照）。二回目の申請も〈損害請求会議〉〔英〕によって認可されなかった。

3　»Tradition and the Modern Age«, in: ***PR*** 1954, Nr. 1, S. 53-75. 一九五三年の一〇月から一一月にかけて〔〕批評についてのクリスチャン・ガウス・セミナー〔〕の一環で行われた講義。講義の題目は「〈カール・マルクスと西欧政治思想の伝統〉〔英〕」。第94書簡、注3も参照。

4　Jacob Taubes, »From Cult to Culture«, in: *PR*, 21, 1954, S. 387–400. タウベスは一九五四年にハーバードで教えていた。

5　一九五四年二月二二日に、ハンス・ヨーナスはアーレントに宛てた手紙でタウベスの以下の発言を引用した。「あなたはきっとハンナ・アーレントに会うでしょう――彼女にこうお伝えください。〔『〕パーティザン・レヴュー〔』〕のあなたの論文は、当然のことながら旋風を巻き起こしました、と。あれは間違いなく、政治理論に関するここ数年来、いえ、ことによるとプラトンの真理論に関するマルティン・ハイデガーの論文以来、もっとも重要な論文です。ハンナ・アーレントは、おそらくフライブルクの巨匠との比較を喜ばないでしょうが、第一に、プラトンからマルクスへの放物線は彼のプラトンからニーチェへの放物線を想起させますし、第二に、彼がやはりヨーロッパのもっとも本質的な思想家である限り、比較によって貶められることなど断じてあり得ません」(LoC. Box 12)

6　チューリヒ湖のC・G・ユングの邸宅にちなむ名を持つニューヨークの〈ボーリンガー財団〉〔英〕は、エラノス会議への有力な資金提供者だった。とくに、その財団はクルト・ヴォルフの〈パンテオン・ブックス〉〔英〕から、そこで行われた講演を「〈ボーリンガー・シリーズ〉〔英〕」として合衆国で出版し、何名かの研究報告者に奨学金と助成金を用意していた。ショーレムは一九五三年一二月に、彼のサバティカル期間におけるヨーロッパでのサバタイ主義研究のための「〈助成金〉〔英〕」を受け取った。

7　「大地の含意」に関して、ショーレムは「ゴーレム」論の冒頭でこう説明している。「神によって創造されたアダムと、ヘブライ語で大地を意味するアダマーとの語源的な繋がりは、なるほど奇妙なことに創世記の天地創造物語でははっきりと言及されておらず、私の理解する限り、オリエント学者のもとでもこの言語上の関連について決して異論がなかったわけではない。とはいえこの繋がりは、のちのラビおよびタルムードの天地創造物語の研究、実にしばしば太古的な動機に遡る研究において、大いに強調されて登場したと思われる」(S. 237〔ショーレム『カバラとその象徴的表現』二二一頁〕)。「奉仕者という観念」についてはこう書かれている。「創造者の魔術的な奉仕者としてのゴーレムは、古い伝承のどこにも現われてこない。ゴーレム論とその儀式を発展させたドイツ・ハシディズムの集団の英雄たちが中世後期に民衆伝説の対象となった一五世紀あるいは一六世紀になってはじめて、こうしたゴーレム表象が立証され得るのである」(ebd., S. 283〔同書、二六七―二六八頁〕)。

8　アーレントはのちに『活動的生』〔『人間の条件』のドイツ語版〕の三四〇頁（第三章、脚注五三）でこう書いている。「〔…〕楽園からの追放という罰は、労働や出産そのものにあるのではない。呪いがもたらしたのは、労働が過酷なものとなり、出産が苦痛を伴うものになった、ということである。創世記によれば、アダムという人間は、その名前（女性形のアダマー、

「土」の男性形〕と「土の塵からの」誕生が示しているように、土、アダマーに奉仕するために造られたのである。彼、すなわち神は、その人間を連れてゆき、エデンの園に置き、「それを世話し、守らせた」〔モーセの書一〔創世記〕第二章五―一五節〕。〔…〕労働そのものが呪いの結果であると考える一般的な誤解は、旧約聖書を無意識的にギリシア思想に照らして解釈することに由来している」〔アーレント『活動的生』四五九頁〕。

9　ショーレムは一九五四年春からの彼の研究期間中、サバタイ主義に関する彼の本を執筆するために、ロンドンに滞在した。

111

〔ショーレムからアーレントへ
ロンドン、一九五四年八月三日〕

一九五四年八月三日

親愛なるハンナ、昼間はあれこれのことについてペンで紙を引っ掻いていますので、疲れている夕方には、物を書きたい気持ちがほとんどゼロになっています――このことは、映画館が私をふたたび改心させる機会となるかもしれません。映画館ではいくらか寛ごうという気になります〔とはいえ、あの芸術〔映画〕はもうすっかり退屈です。エルサレムでは、ここ何年もそうであったように、ふたたび自宅に籠っていることでしょう！〕。

そこで、〈銀行休日〉〔英〕を利用して、あなたのすばらしい手紙に対する感謝をお伝えします。あなたが私について称賛してくださっていることを、私の本の全体において貫くことに成功するかどうか、私はうまくゆくことを願うばかりです。あなたは間違っています。あの本はヘブライ語で仕上がってなどいません。ちょうどいま、あのS〔サバタイ〕・ツヴィーがここロンドンの霧の海から浮かび上がろうとしているのです、とはいえまさにヘブライ語においてですが。

それは浩瀚な本になるでしょう。それで、これまで望んできたように、この休暇中に本を終えることができるかどうか、とても疑わしく思っています。信じられないほどの試掘および道の開拓を一五年続けたあとで、いまではとてもたくさんのすばらしい資料を手にしていますので、以前の草稿や下書きをほとんどすべて利用することができず、一切をほぼ完全に新たに書き直さねばならないのです。ボーリンガー〔財団〕が本のこの完成を可能にしてくれていますが、そのあとでさらに、彼らから英語の翻訳〔際限なく困難なものとなるでしょう〕を求めることができるのか、甚だ疑わしく思っています。彼らは私に〈助成金〉〔英〕を与えてくれましたし、私はちょうどいまそれを（研究計画に沿って）使っています。ヨーロッパの言葉で私が口述し直すことができるとすれば、ドイツ語でだけです。これは不幸なことです。ヘブライ語のテクストさえ、際限なくゆっくりと書いています。ごく小さな細部に宿る永遠性と言われるものをどう表現するか、それが私のもとでますます大きな障害となっているからです。いずれにしろ、それが来年であったとしても、草稿がいつか整うときまでは、何が起ころうと、いま私は中断することはしません。これが私の第一の関心事です。とはいえ、あなたはもちろん、そんなに研究の範囲を広げると、歴史的なものが本質的なもの（結局のところ、後者は前者より遥かに短く言うことができます）を台無しにしてしまう、と言われることでしょう。そこに私の本の兎《ハーゼ》（問題の核心）が埋葬されています〔存在しています〕！　我、関知せず、のあのハーゼです（1）!!

エラノスには出かけますが、講演はしません。というのも、そのテーマ（人間と変容）に関する仕上がったエッセイを手元に持っていることに、愚かにも私は、気づくのが遅すぎたのです。タイトルだけが違っていたのです!!!　つまり、一九四九年の私の講演の一つです[1]。しかし、来年にはそこでの講演をきっと引き受けることでしょう。

タウベスについて私に言えるのは、いずれにしろ彼とはもう関わりたくない、ということだけです。他の人々の（精神的な）負担に基づいて一人の天才ができあがるのは、たやすいことです。彼について私が思っていることのすべてをすでに彼に語ったあとでは[2]、そのような立身出世について私からとくにお祝いを言うことはできません。いずれにしろ、私たちよりもアメリカのほうが彼には相応しいと思います。彼はヨーナスにただちに私〔ショーレム〕の友人だ、と自己紹介することでしょう——どうか私の名においてヨーナスに警告しておいてください。けれども、おそらく彼はヨーナスの心を勝ち取ることでしょう。

農業労働が楽園の元々の使命と見なされていたことは、私が記憶している限り、中世以来のいくつかの創造物語の解釈で確定しています。あの物語の意味のなかにそのような大地への奉仕がすでに存在していたというあなたの考えは、まったく正しいものです。私は慎重になり過ぎていました——この件に関するオリエント学者の文献を読みすぎていたせいです。

ロンドンについて何も言うことはできません。というのも、ヴァールブルクの人々のもとでは仕事部屋の壁以外は何も目にするものがないからです[3]。

来年には、大学年度の丸一年（九カ月）のために場合によっては私が足かけ二年アメリカに行くかどうか、決定がなされます（密かな企みは、静かな場所でたいした気晴らしを持つことなしに、ふたたび何かを書くことです）。けれども、うまくゆくか、確信はありません。とはいえ、これが見通すことのできる唯一の有意義な合衆国への旅行の計画です。
私たちは、八月一五日から二八日までアスコナ（ヴィラ・ヴェラトゥム）に滞在しています。その後、一〇月二八日までふたたびここロンドンのＳＷ七、ヴァールブルク研究所気付、となります。

心からの挨拶を

あなたの古くからの

ゲアハルト

［ＬｏＣ、アーレントの遺品。原本。手書き原稿］

1　ニューヨークのＪＩＲにおけるハシディズムに関する一連の講演（第50書簡、注2を参照）。

2　一九五一年九月七日付のタウベス宛の以下のショーレムの書簡を参照——Scholem, *Briefe* II. S. 25-28.

3　念頭にあるのはヴァールブルク研究所。その研究所には、芸術史家アビ・ヴァールブルクによって創設された、古代文化の遺産に関する、領域横断的な文化史の蔵書が備わっていた。その蔵書は、ナチスの台頭とともに、ハンブルクからロンドンに移転されていた。ヴァールブルク研究所の所長は、ショーレムに自由に使える仕事部屋を与えていた。

（1）　ドイツ語で大切なものを表わす「兎 Hase」と「我、関知せず」の慣用表現となっている人名のハーゼを掛けた言い回しと思われる。人名としての「ハーゼ」については第52書簡、訳注（1）を参照。

112　ショーレムからアーレントへ[1]

［エルサレム、一九五五年五月］

親愛なるハンナ様、

この夏の私の計画が明らかになりそうなので、あなたに短く手紙を書いておきたく思います。あなたが（昨年書いておられたように）この夏ヨーロッパに、それどころかイスラエルにも滞在されるのであれば、私たちが出会えることを、できれば確かにしておくためです。私にとってはとても大事なことです。私は八月一五日までエルサレムにいて、その後二二日までほぼチューリヒ、九月一日までエラノス会議でアスコナにいるでしょう。そのあとは、約一〇日間、シルス・マリアで休暇を過ごし、そこから九月の終わりまで、一部はドイツで過ごすつもりです。とくに、いまでは期待できることですが、ズーアカンプのもとでとうとう出版されようとしているヴァルター・ベンヤミンの著作集の版が、九月の終わりにもう出来上がっていれば、そうするつもりです。[2] もっと早くにイスラエルに戻って、私の本の仕上げにかかりたかったのですが、その間に、ロンドン大学からとても栄誉に満ちた二、三回の講演依頼が私に届き、それを引き受けたいと思ったのです。[3] それらの講演をこの一〇月のうちに行うのであれば、私はだいたい一〇月一六日までロンドンに滞在し、そこから、場合によっては直接エルサレムへと飛ぶことになります。もしもロンドンへの旅が来年の春まで延びるのであれば(これはなさそうですが)、私は一〇月の初めにヨーロッパでの仕事を終えているでしょう。したがって問題は、あなたがどこにいらっしゃるか、です。あなたがイスラエルを訪問されるのであれば、それを私がすでにイスラエルに帰還している時期に設定していただくことは可能ですか？ それが無理ならば、ヨーロッパのどの駅で私たちは落ち合うことができるでしょうか？ ご覧のように、私たちがすれ違うことのないように、私はあなたに詳しい情報をお伝えしています。どうかよくお考えになって、あなたの計画を私にお知らせください。今年はおそらく一人で出かけることになります。私はひとえに、最大のハムシーン熱波[(1)]の時期にちょうどあなたがイスラエルにわざわざやって来られないことだけを希望します！ それを除けば、こちらは十分居心地がよいですし、世界は決して長くは続くものではありません[(2)](少なくとも平穏な状態では)。

心からの願いを込めて

あなたの古くからの

ゲアハルト

［LoC、アーレントの遺品。原本。手書き原稿］

1 手紙には日付がない。郵便スタンプの日付は一九五五年五月二三日。

2 一九五五年に、何度かの延期ののちに、ズーアカンプ・フェアラークで以下の二巻本が出版された――Walter Benjamin, *Schriften*, hrsg. von Theodor W. Adorno und Gretel Adorno unter Mitwirkung von Friedrich Podszus(第84書簡を参照)。一〇月半ばに、ショーレムはロンドンから、アドルノおよびペーター・ズーアカンプとの会合を提案し、彼はそのために一〇月一八日にフランクフルトを訪れた。アドルノとショーレムの共同作業を背景として、二巻本の『ベンヤミン書簡集』(一九六六年)も出来上がった。

3 一連の講演は一九五五年一〇月に行われ、一九五六年に「〈ユダヤ神秘主義におけるトーラーの意味〉〔英〕」として以下に掲載された——*Diogenes,* Nr. 14, S. 36–47; Nr. 15, S. 65–94.（ドイツ語版は以下——*Zur Kabbala und ihrer Symbolik.* Zürich 1960, S. 49–116.〔『カバラとその象徴的表現』四五—一一六頁〕）

（1）「ハムシーン」は、アラビア砂漠から吹いてくる熱い乾燥した南東風。

（2）この一節は、ヨハン・ネストロイ『悪霊ルンパチヴァガブンドゥス』に基づく喜劇に挿入されている風刺詩「彗星の歌」を踏まえているようだ。彗星の衝突によって生じる世界の破局を歌ったその歌では「世界はもう決して長くは続かない Die Welt steht auf kein' Fall mehr lang」という、ショーレムの手紙の言葉とほぼ同じリフレインが登場する。

113

［アーレントからショーレムへ
バークレー、一九五五年五月二八日］

バークレー、一九五五年五月二八日

親愛なるゲアハルト様——

私のあとを追いかけてこちらに届いたあなたのお手紙を受け取り、すぐに返信を書いているところです。こちらでは春学期に〈政治科学〉〔英〕の教授として働いていましたが、来月の中ごろにはふたたびニューヨークに戻ります。以前からずっと、あなたにお手紙をしたいと思っていましたが、いつも先延ばしになってしまいました。こちらで私はとうとう学期末にいたるまでびっくりするような渦のなかにいました。学生たちから自分を守るのは困難です。どうやって守るか知りませんし、その術《すべ》を身につけたいとも思いません。それはたいへんな喜びでした。少なくとも政治理論については、カリキュラムにかまうことなく、私の望んでいたとおりに行うことができました。[1] 私が気づいたのは、思索に耽りがちな私の傾向にもかかわらず、直接、人と接触する自分の能力をなお頼りにできるということです。

騒ぎの渦中で（まさしくそのとおりなのです）、私にミラノで行われる〈自由のための国際会議〉〔英〕への招待が舞い込んできました。[2] しかも、九月一二日から一七日の会議です。もちろんすぐに承諾しました。いまや事は動き出しています。私はその数日前にはイタリアへ行き、ヴェニスを見物することができます。ミラノでの一七日ののち、ローマで一週間、その後アテネとギリシアで約二週間半を過ごし〈この旅のメインディッシュです〉〔仏〕[3]、そこからイスラエルに向かいます。私が考え、望み、計画しているようにすべてがうまくゆけば、一〇月の中ごろに二、三週間、イスラエルに滞在します。その後、飛行機でバーゼル、ドイツ、ひょっとするとロンドンに飛び、それから一二月の前半には着くように家に戻るつもりです。〈そういう次第です!!!〉〔仏〕

あなたが書かれていることに従えば、私たちはエルサレムで会うのが最善でしょう。一〇月の後半には、いまの見込みでは確実に私がそこにいますから。そうですよね??

六月一五日ころまではこちらの住所にご連絡ください。カリフォルニア、バークレー四区、カレッジ・アヴェニュー二二〇〇、ウィメンズ・ファカルティ・クラブ。それ以降のニューヨークの住所については、ニューヨーク州、ニューヨーク市二七、モーニングサイド・ドライヴ一三〇、です。

親愛なるゲアハルト、手書きのお手紙をふたたび拝見できて光栄でした。すぐまたお目にかかれるのを楽しみにしています。いまはこれ以上書けません。——ただ予定を決めるためだけのお手紙です。

変わらない、
あなたの
ハンナ。〔手書き〕

ファーニアによろしくお伝えください。

〔NLI、ショーレムの遺品。原本。タイプライター原稿〕

1　アーレントは、一九五五年の春にバークレーで「〈政治理論の歴史〉〔英〕」（マキアヴェリ、ロック、ホッブズ、モンテスキュー、ド・トクヴィル、マルクスについて）と題するセミナーと、「〈カントの政治理論〉〔英〕」と題するセミナー、および「〈イデオロギー〉〔英〕」に関するセミナーを行った。

2　ミラノで「自由の未来」をテーマに行われた〈文化的自由のための会議〉〔英〕の大会で、アーレントは「二〇世紀における全体主義的・権威主義的な国家形態の勃興と展開」と題する講演を行った。この講演の記録は残されていない。〈文化的自由のための会議〉〔英〕——一九五〇年にベルリンで創設され、パリに本部を置いていた——は、（のちに明らかになったようにCIAの資金援助も得て）左派のリベラルな芸術家、作家、ジャーナリストの他に、反全体主義的な反共主義とリベラルデモクラシー的な価値を支持する立場にあると自ら見なしていた知識人を中心とするネットワークを設立し、これを支援した。自由、民主主義、近代芸術をめぐる議論の場の役割を果たしたのは、「会議」と結びついて資金援助されていた以下の雑誌である——『パーティザン・レヴュー』（合衆国）、『エンカウンター』（英国）、『プルーヴ』（フランス）、『デア・モナート』（ドイツ）、『テンポ・プレゼンテ』（イタリア）。

3　»Pièce de résistance«——ここでは、「旅の醍醐味」を指

す。

114

［ショーレムからアーレントへ
エルサレム、一九五五年六月五日
エルサレム、ヘブライ大学用箋］

一九五五年六月五日

親愛なるハンナ様、

折り返しあなたにお返事します。一〇月の後半はほぼ確実に私はふたたびエルサレムにいますが、もしもロンドン大学が私の講演を一〇月一〇日から一七日に設定した場合〈私の提案に対する返事を私はまだ受け取っていません〉、私が戻るのは一〇月二〇日ごろになるでしょう。つまり、その場合私たちがお会いできるのは、かろうじて二、三日ということになります。そこで、不測の事態に備えるためにも、どうか以下の私の提案を受け入れていただけるよう、お願いいたします。九月初めにチューリヒまで飛行機で行かれるとき、少なくとも二、三日はシルス・マリアにお越しください。私は九月三日から一五日まで、そこのホテル・アルペンローゼをすでに予約しています。あなたはそこから直接ミラノでも、ヴェニスでも、難なく移動することができます。何といっても、快適な環境のなかで過ごすことができるのは、確かでしょう。旅行計画をそのように変更してくだされば、大いにうれしく思います。さあ、〈灯台守よ!!〉〔西〕

ミラノには私は招待されていません〈ハンブルクには昨年《ママ》招待されましたが、私は欠席の届けを出しました――招待があれば、今年は行くでしょう〉[1]。シルスから私はおそらくドイツへ、そしてその後パリへ向かいます。イスラエルにいるのは八月一六日か一七日までです。

心からの挨拶と再会を期して。

あなたの
ゲアハルト

ファーニアは二、三日、テルアビブに出かけています。

［LoC、アーレントの遺品。原本。手書き原稿］

1　一九五三年七月二三日から二六日まで、文化的自由のための会議とハンブルク大学は、「学問と自由」というタイトルのもとで、大会を開催した。

115

［アーレントからショーレムへ
ニューヨーク、一九五五年七月一日］

ニューヨーク　七月一日

親愛なるゲアハルト様――

いまやすべてが整い始めています。私たちがヨーロッパで会えれば、たいへんすばらしいのですが、私はシルス・マリアへは行けません。そちらに向かうのが――チューリヒ経由で――どれほど困難なことか、あなたはご存知でしょう。私はここから直接、ミラノへ飛び立ちます。私は今回この旅を、イタリアを少しばかり見物するために用いなければなりません。これは、金銭ではなく時間的な理由から、おそらく数年間のうちで私にとって最後の大渡航になるでしょう。もし私の頭のなかを彷徨っているものや、私がそれとなくバークレーで開陳したことを完成させようとするなら、おそらく数年間、きちんと勉強机に座っていなければなりません。[1] それに、私は世界について、いわば公的で政治的な世界について書きたいと思っているので、私がそのあとほとんど関わることのない視点から、世界をもう一度、根本的に眺めたいと思っています。美しきもの、美的な世界という視点のもとで。

もっとも、私はこちらを九月一日に発ち、二日にはミラノを経由してヴェニスにいることができます。あなたはそちら〔シルス・マリア〕に向かうのは何てことないとお考えですから、こちら〔ヴェニス〕にいらしてはどうですか？いかがでしょう?? もっとも、私が準備できるように、早くお返事をいただきますようお願いします。まだどこに滞在するか分かりませんが、そのときまでにはきっと分かっているでしょう。私はいくつか比較的小さなよいホテルを知っています。ヴェニスをご検討ください――もっとも、あなたはすでにいらしたことがあるでしょうが。いいではありませんか。〈美しきことは二度、三度〉〔希〕――と、ギリシアの諺にあったでしょう。[2]

いずれにせよ、お目にかかりましょう。私が望むようにすべてが進むなら、私は一〇月七日にはイスラエルにいて、二八日まで、つまりたっぷり三週間、滞在します。

私は一週間前にふたたびこちらに戻り、少しずつ落ち着きを取り戻しつつあります。こちらはいまもすでにとても暑くなり始めていますから、八月に私たちはふたたびパレンヴィルにいるでしょう。私はそれほど問題ないのですが、ハインリヒにとってはとても厳しい暑さです。

ゲアハルト、チューリヒがいかにすばらしかったか考えてみてください。[3] そしてヴェニスにいらしてください！

あなたの
ハンナ。〔手書き〕

ファーニアによろしくお伝えください。

〔NLI、ショーレムの遺品。原本。タイプライター原稿。「ファーニアによろしくお伝えください」は手書き〕

1 そうして書かれたのが、『〈人間の条件〉〔英〕』一九五八年（ドイツ語版は以下――*Vita Activa*, 1961〔アーレント『活動的生』〕）。
2 字義どおりには、「美しいこと、二度、三度」。
3 アーレントとショーレムは、一九五二年にチューリヒで会っていた。第104書簡を参照。

116

〔ショーレムからアーレントへ
エルサレム、一九五五年七月一一日
エルサレム、ヘブライ大学用箋〕

一九五五年七月一一日

親愛なるハンナ様、

ヨーロッパでは、うまく再会することができないのでは、と危惧します。九月のヴェニスは〈あるいはその点ではミラノも〉〔英〕）、まさしく涼しさを求めている者にはまったく不向きです。私はエラノス会議のあと高地ですこし休養したいと思っていますし、エンガディーン〔シルス・マリアのある地方〕経由でチューリヒからヴェニスへ向かう旅程が決して最良のものでないことをもちろん認めます。あなたのことを悪く思うことはあり得ません。残念です！　とはいえ、さらに気がかりなのは一〇月です!!　私は一〇月一八日か一九日、あるいは二二日に、ようやくイスラエルに戻ります――つまり、あなたが最後の日々をエルサレムで過ごすように手配してくださるなら、いずれにせよ、まだ私たちは何とかうまく手筈を整えることができます。しかし本当に、あなたがそうしてくださる場合のみです！　ファーニア（足のことでいまはベッドに横たわっています）は、もしもあなたがそれより先にエルサレムに来られた場合でも、あなたは私たちのもとに居心地よく滞在できるし、心から歓迎します、と申しています。その場合、あなたは司書によって煩わされることなく、蔵書を自分自身で利用することができます。

飛行機の路線の予約はとにかく迅速かつ正確にしてくだ

さい――この時期はどこもかしこも一杯で、(このまえのように)座席がもうないとあとになって気づくことがないようにしていただきたいと思います。ですから、すぐに席を確保してくださ い、早過ぎるということはありません。(帰りの便も同様です!)[1]

心からの挨拶を

あなたのゲアハルト

[LoC、アーレントの遺品。原本。手書き原稿]

1　アーレントはイスラエル滞在の最後の日々(一〇月二八日まで)をエルサレムで過ごし、途中イスタンブールとスイスに立ち寄りながら、ニューヨークに戻った。

117

[ショーレムからアーレントへ
エルサレム、一九五六年一月二一日
エルサレム、ヘブライ大学用箋]

一九五六年一月二一日

親愛なるハンナ様、

あなたはこの間にきっと旧世界から戻られて、新しい仕事の準備を整えられていることでしょう。あなたの旅が満足のゆくものであったことを願います。私の眼前には、あなたに関する重要な二つの思い出が存在しています。『全体的支配の諸要素と起源』(『全体主義の起源』)のドイツ語版と、あなたが作られたブロッホのエッセイ集です。あなたの〈大作〉〔羅〕は、ドイツ語版で遥かに偉大な形で表現されているように思われます(私の言語上の親しみからして、不思議ではありません)。すべてがとても的確に収まっていて、いまもう一度全体を開き、読み通しても、無駄にはならないと思っています。[1]

まだ読む時間がないのですが、ブロッホのエッセイ集をとても楽しみにしています――S〔サバタイ〕・ツヴィーについて私の〈作品〉〔羅〕第一巻を印刷のために仕上げようと、腰を据えているところです。印刷は春には始まる予定で、それには自由な時間がとても多く必要になります――ブロッホのエッセイ集を読むのは、その大きな妨げになると思います。彼は、[2]私を個人的にことさら混乱させるいくつかの特徴的な文体を備えていて、読むのはたやすくありません(たとえば、二格の倒置は、私の感覚では、哲学的な言語用法の、まったくもって恐るべき習慣です)。あなたの愛情に満ちた、印象的な序論からは、いくつかのことが私にありありと迫って来るのが分かります。[3] すべてに心から感謝いたします。

ヴァルター・ベンヤミンの二巻の著作集の受容について、あなたはドイツで何かをお知りになりましたか？

遠からず、私が来年の秋にアメリカに行くのか、計画の全体が最終的に葬られるのか、おそらく決定がなされるでしょう。あなたはそれについて耳にされることでしょう。

それまで、心からの挨拶を
　　　　　　　　　あなたの昔からのゲアハルト

［LoC、アーレントの遺品。原本。手書き原稿］

1　アーレントは、元来の原稿の大部分がドイツ語で書かれていた『〈起源〉〔英〕』〔『全体主義の起源』〕のドイツ語版のために、原稿に手を加えるとともに、元来英語で書かれていた部分自体のドイツ語版を自ら作成した。

2　ヘルマン・ブロッホのこと。

3　一九五五年に出版されたブロッホの二巻本のエッセイ集（*Gesammelte Werke* 6 und 7）に付された、序論として書かれたアーレントの包括的なブロッホの肖像〔「その意に反した詩人」〕（Bd. 6. S. 5-42）は、英語でも掲載された（»Hermann Broch: 1886-1951«, in: *Men in Dark Times* [S. 111-153]〔アーレント『暗い時代の人々』一七七―二三七頁〕、以下のドイツ語版にも再録されている――*Menschen in finsteren Zeiten* [S. 131-171]）。

［118 ショーレムからアーレントへ
エルサレム、一九五六年四月一日
エルサレム、ヘブライ大学用箋］

　　　　　　　　　一九五六年四月一日
　　　　とはいえ、エイプリルフールの悪戯ではなく！

親愛なるハンナ様、

〈賽は投げられた〉〔羅〕、つまり、ブラウン大学からの一九五六年／五七年の大学年度の招聘を受諾しました。したがって、ファーニアと私は、九月にはプロヴィデンス市〔ブラウン大学の所在地〕に身を落ち着けることになります。行きの旅で、それにそれ以外でも、ひょっとするとニューヨークに〈途中下車〉〔英〕することになるでしょう。そんな機会には事欠かないでしょう。あなたがそういう場合に、ちょうどインドやチベット、あるいはカリフォルニアにいらっしゃらないことを願います。そういうわけで、私たちは九月の五日から一〇日のあいだにニューヨークに到着します。そのときもまだ夏の休暇中で、山間で過ごしたりされていますか？
私はいくらかお金を稼ぎたく思っています（稼がねばならないのです）が、できるだけ短い時間で済ませたく思っています。とても報酬のよいちょっとした講演の引き受け手を探す必要があなたに生じたりした場合、どうか私のことを思い出してください。
私の〈作品〉（羅）、〔『〕サバタイ・ツヴィー〔』〕第一巻が、今月、印刷所にまわされます。[1] 第二巻（フランクまでの続編）[2]の仕事を、できれば合衆国で行うつもりです。もしかすると英語への翻訳者も見つかるかもしれません。それはとても浩瀚な本です。
ベック研究所があなたのラーエル草稿を獲得したと聞いて、うれしく思っています。[3]
こちらでは、ひどい寒波が私たちの上を通り過ぎてゆきました、アメリカの冬に備える準備として。
イスラエルで、（大騒ぎしたあとで）戦争のことで私と賭けをしてくれる相手を探しましたが、見つかりませんでした。[4] それで明らかになっているのは、結局のところ、誰もが何も起こらないと信じていることです。それで私は「賭け相手なし」のままです。
具合はいかがですか？　連絡ができるように、どうかあなたのN・Y〔ニューヨーク〕の電話番号をお教えいただくよう、お願いします。[5]
心からの挨拶を、ファーニアからも
あなたのゲアハルト

［LoC、アーレントの遺品。原本。手書き原稿］

1　一九五七年にテルアビブの出版社アム・オヴェドでショーレムの二巻本の著作『サバタイ・ツヴィーと彼の生前のサバタイ派の運動』（ヘブライ語）が刊行された。ドイツ語の翻訳版（*Sabbatai Zwi. Der mystische Messias.* von Angelika Schweikhart, Frankfurt am Main 1992〔ショーレム『サバタイ・ツヴィ伝』〕）は、ショーレムのヘブライ語の原書とショーレムによって増補・修正された一九七三年の英語版に基づいている。これについては、第111書簡も参照。

2　ショーレムはサバタイ派の運動の、さらに拡張された包括的な書物を計画していて、その本は、「メシア」の死後の時代を、フランク主義まで扱うことになっていた。フランク主義は、ヤクプ・フランク（一七二六—一七九一）の支持者からなる、とくにポーランドに登場した異端的で根本的に反律法主義的なセクトの一つ。フランクは自らをS・ツヴィーならびにダヴィデ王の化身と見なし、ユダヤ教の伝統的な戒律の破壊をメシアの業として促した。

3　レーオ・ベック研究所はこの伝記の英語版の出版権を獲得していた。一九五七年に以下の書物が出版された——*Rahel*

Varnhagen: The Life of a Jewess, East and West Library, London (for the Leo Baeck Institute of Jews from Germany, translated from Germany by Richard and Clara Winston)〔アーレント『ラーエル・ファルンハーゲン』〕。

4　一九五六年には、スエズ危機において、イスラエルとエジプトのあいだの対立が激化し、一九五六年一〇月から一一月にかけて、イスラエルはガザ地区とシナイ半島を占領した。

5　ショーレムがニューヨークに滞在しているあいだに、アーレントとショーレムは会った。「ご存知でしょうが、ショーレムがこちらにいます。〔…〕私たちは双方とも努力しているのですが、やはり何一つうまくゆきません」と、アーレントは一九五七年五月一九日付のブルーメンフェルト宛の手紙で書いている —— Arendt/Blumenfeld, ***In keinem Besitz verwurzelt***, S. 191.

119

〔ショーレムからアーレントへ
エルサレム[1]、一九五八年一〇月七日〕

一九五八年一〇月七日、火曜日

親愛なるハンナ様、

ちょうどたまたま、あなたとヤスパースのすばらしい、実際まったくもって偉大なフランクフルトでのスピーチの掲載された〔『〕ベルゼンブラット[2]〔』〕を手にしました。[1] あなたがあのあたりにいらっしゃるとは思いもしませんでした。それで、当てもなく手紙を書いているのですが、私の挨拶と感謝をあなたに伝えるだけではなく、あなたがまだそちらにいらっしゃるのでしたら、こちらかあるいはバーゼルでお会いできないか、確かめてみるためでもあります。私は、チューリヒ、シュタ－デルホーファー通りのアーバン・ホテルに滞在しています。明日こちらで講演を行い、八日間かけて、一〇月一五日の夕方にイスラエルに戻ります[2]（私の電話番号は三二・七〇・五二です）。ひょっとしていまさに奇跡が起こって、私たちが再会できますように！

バーゼルあたりにいらっしゃるあいだにこの手紙があなたにうまく届けば、ヤスパースによろしくお伝えください。

心からの挨拶を

あなたの
ゲアハルト

〔LoC、アーレントの遺品。原本。手書き原稿〕

1　カール・ヤスパースは一九五八年九月二八日にドイツ出版協会平和賞を受賞し、アーレントがラウダツィオ〔受賞者を讃えるスピーチ」を行った。二つのスピーチは最初に以下に掲載された――*Börsenblatt für den Deutschen Buchhandel* (14). 1958. Nr. 79. S. 1313-1322.

2　一九五八年一〇月八日、ショーレムは、チューリヒ・イスラエルの民・祭式共同体の集会所で講演「ラビのユーデントゥームにおけるメシアの観念とそのさまざまな緊張」を行った。

(1)　原書にはこのように「エルサレム」と書かれているが、本文に明らかなようにチューリヒで書かれた手紙。本書の英訳版はこの「エルサレム」を削除している。

(2)　ドイツの出版関係の業界誌。

120

［ショーレムからアーレントへ
エルサレム、一九五八年一二月二六日］

一二月二六日
エルサレム

親愛なるハンナ様、

たった一週間のあいだに、大きな喜びを味わいました。(1)ピーパー・フェアラークからのあなたの二つの著作、[1] (2)人間とは何かというあなたの〈大作〉[2]〔羅〕、(3)新聞記事を介して知った、プリンストン大学教授へのあなたの任命。[3] こんなにたくさんのすばらしいものを、こんなにわずかの時間のあいだに咀嚼することはそもそも無理です――そこで〈哲学の〉〔羅〕読書は自由な夕べに取っておかねばなりません（とても読み応えがありそうに思えます！）。ともあれ、あなたのお仕事と栄誉に心からの感謝を申し上げ、幸運をお祈りします！　プリンストンの若者たちにあなたは具体的には何を講義なさいますか？　私は〈政治哲学〉〔英〕と推測します。その分野でなら、思ってらっしゃることをあなたはすべて口にすることができるでしょう。これを機に、ニューヨークから引っ越しなさるのですか？（私にはまったく想像もつかないことです！）

あなたがふたたびヨーロッパ旅行の計画をお持ちなら、どんな旅で、どこに行かれるのか、お教えください。ひょっとするとお互いヨーロッパなら、二、三日は捻出することができるかもしれません。

差し当たり私は腰を据えて、サバタイ・ツヴィーについての私の巨大な煙草種[(1)]の継続、およびそこから派生してくるものに、取り組んでいます。[4] ひょっとすると、この研究を続けるなかで、ポーランドを訪れることができるかもしれませんが、この夏が何をもたらしてくれるか、分かったけの際のこよりにしたことに因む。

121

［アーレントからショーレムへ
ニューヨーク、一九五九年六月二七日］

ハンナ・アーレント

一九五九年六月二七日

この上なく親愛なるゲアハルト様——

〔「〕カバラーに関する一〇の非歴史的テーゼ〔」〕は、あなたが書いてきたなかで一番美しいものの一つです。ちょうど、義人〔論〕が到着し、早速、読み始めました。[1] これらの主題が完全にあなたのものとなったあとで、そうした主題がふたたびあなたの思想的なものへと変わってゆくのを眺めるのは、たいへんすばらしいことです。とにかく——感謝いたします！

もっとも、きょうはとくにベンヤミンの件で書いています。コーエンは、[2] あなたが序文を書くのを望まなかったと書いてきました。これには、まったく納得できません。これはどう考えても、本当にあなたのすることだからです——もちろん、私のすることではない、というわけでもな

ものではありません。

心からの挨拶を、あなたとブリュッヒャーに

あなたの古くからの
ゲアハルト

［LoC、アーレントの遺品。原本。手書き原稿］

1　一九五八年にピーパー・フェアラークからハンナ・アーレントの著作として二冊が出版された。一冊は以下——***Karl Jaspers. Rede zur Verleihung des Friedenspreises des Deutschen Buchhandels***, München 1958. これは以下に再録されている——Arendt, ***Menschen in finsteren Zeiten***, S. 89-99〔アーレント『暗い時代の人々』一一五—一三〇頁〕。もう一冊は以下——***Die ungarische Revolution und der totalitäre Imperialismus***, München 1958.

2　***The Human Condition***, Chicago Press, 1958.〔アーレント『人間の条件』〕

3　政治理論の客員教授。

4　彼のサバタイ・ツヴィーの本に関する続行計画については、第118書簡、注2を参照。

（1）「煙草種」の原語はRiesenschmökerで、文字どおりには「巨大な喫煙者」だが、Schmökerは中身のない「娯楽書」を指しても用いられる。ページをちぎって、煙草の火付

いでしょうが。しかし、あなたに優先権があることに疑いの余地はありません。〔ベンヤミンとの〕付き合いの長さだけでなく、あらゆる点に関してもそうです。コーエンは、私が序文を書けば、あなたは論文の選別しかしないものと考えています。私は彼に、もしあなた〔ショーレム〕がやらなければもちろん私がやります、と返答しました。あなたには〔序文を書くことが〕さしあたり望ましくないように思われるとしても、あなたがまずもって選別を始めたなら、当然ながらあなたの気持ちは変わるかもしれません。このことは、コーエンには書きませんでした。なぜなら、あなたであれ私であれ、誰が書こうと、彼には関係がないからです。彼が最初に私に問い合わせてきたとき、私はすぐさま、それはショーレムのすることだ、と彼に言いました。とはいえ、もちろんあなたを拘束するつもりはありませんでした。

私は、この手紙がまだイスラエルであなたに届くものと考えています。今回は、どのくらいヨーロッパに滞在されるのでしょうか？　私はモーゼスをとおしてレーオ・ベック研究所の会議のことを聞きました。私は、あとで遅れてヨーロッパに行きますので、残念ながらそちらに行くことはできないでしょう。[3]九月の最終週にはハンブルクにいなければなりませんし、[4]おそらく一〇月いっぱいはヨーロッパ中を歩き回ることになるでしょう。もしかすると、ひょっとするとですが、ロンドンにも行くかもしれません。もしかすると、お会いできるかもしれませんね。だとすれば、何てすばらしいことでしょう！

長年の友として心からのご挨拶を、

あなたの

ハンナ〔手書き〕

〔NLI、ショーレムの遺品。原本。タイプライター原稿〕

1　以下の二つの抜刷――»Zehn unhistorische Sätze über Kabbala«, in: *Geist und Werk*. Festschrift zum 75. Geburtstag von Dr. Daniel Brody. Zürich 1958, S. 209–215. その若干の増補版が以下に収録――*Judaica 3*. Frankfurt am Main 1970, S. 264–271〔ショーレム『ユダヤ教神秘主義』二四五―二五三頁〕――»Die Lehre vom ›Gerechten‹ in der jüdischen Mystik«, in: *Eranos-Jahrbuch* XXVII (1958), S. 237–297. これらの抜刷は、バード・カレッジのアーレント蔵書に所蔵されている。

2　作家で宗教学者のアーサー・A・コーエンは、当時、彼が共同設立した出版社メリディアン・ブックスの編集者を務めていた。彼は、一九五五年に出版されたベンヤミンの〔ドイツ語版〕『著作集』を読んだあと、一九五九年四月一三日付でアーレントに問い合わせ、ベンヤミンのエッセイ集を彼の出版社で出版することを提案した。アーレントはその二日後に、それは優れた考えである、と返答した。彼女は、翻訳者としてラルフ・マンハイムを指名し、この計画と序文に関してショーレムに相談すべきである、とコーエンに促した。一九五九年六月二四日にコーエンは、アーレントが序文を書くという条件でショーレムは翻訳に賛同した、とアーレントに報告している。この選集は実現せず、コーエンは一九六〇年にメリディアン・ブックスを去った（LoC, Box 30）。

3　一九五五年にジークフリート・モーゼスを中心に設立されたレーオ・ベック研究所の三つの中心地（エルサレム、ニューヨーク、ロンドン）の構成員のための最初の国際的な年次大会が、ロンドンで一九五九年九月に予定されていた。アーレントとショーレムも、ＬＢＩの理事会メンバーとして招待されていた。

4　一九五九年九月にハンナ・アーレントは、ハンブルク市レッシング賞を受賞した。彼女の受賞講演「暗い時代の人間性について　レッシング考」は、一九六〇年にこのタイトルのもとハンブルク（ハウスヴェーデル）で出版物として刊行された〔『暗い時代の人々』に収録〕。

122

［アーレントからショーレムへ
ニューヨーク、一九五九年七月二日］

ハンナ・アーレント

一九五九年七月二日

親愛なるゲアハルト様——

この手紙は、数日前に送った私の手紙の追伸です。きょう、〈アメリカ・ユダヤ人委員会〉〔英〕のアラン・ストルークが私に電話してきました。イツハク・ノルマンという名のイスラエル人が、イスラエルのために〔『〕パーティザン・レヴュー〔』〕のような雑誌を創刊する計画をもって、彼らに接近してきたのです。[1] 彼は、その計画に関心を持たせようと、私のところにも連絡してきました。委員会は関心を持ち、基本的にすでに援助する気でいます。私自身、よい計画だと思われます。問題——中心問題!!——はもちろん、いったいこの人物は何者なのか、ということです。私たちがこちらで知っているのは、彼が文化基金の事務局長かその類いの者だった、ということです（私はそのことを正確には知らないのですが、他の人たちは知っています）。ある善良な知人が、実によくない情報を私に知らせてくれました。私自身の印象はそれほどよくありません。もっとも、こうしたすべてのことはストルークには言わず、軽率に事をだめにしてしまわぬよう、まだ何も知らないかのように振る舞いました。私は彼に、調べてみなければならないでしょう、と言いました。どこでどう尋ねてよいか、彼には分からないということでした。私はあなたにお手紙することを約束しました。〈そういう次第です！〉〔仏〕決定的なのはもちろん、イスラエルの知識人たちが彼〔イツハク・ノルマン〕のことをどう思っているか、つまり、そちら〔イスラエル〕の重要な作家たちが彼を信頼しているか、等々です。当然のことながら、あなたが言われることすべては、こちらでは内密に取り扱われます。

先にお礼を申し上げます！

心から、
あなたの
ハンナ〔手書き〕

〔NLI、ショーレムの遺品。原本。タイプライター原稿〕

1　アメリカの雑誌『パーティザン・レヴュー（PR）』の理念に準拠したいくつかの雑誌がアメリカやヨーロッパですでに存在していた。それらは、国際的に著名な作家たちの討論の場として受けとめられていた。第113書簡、注2も参照。

123

〔ショーレムからアーレントへ
エルサレム、一九五九年七月一〇日〕

一九五九年七月一〇日

親愛なるハンナ様、

あなたの手紙をとてもうれしく思いました。一〇月あたりであなたの移動を調整して、私たちがどこかで同じ時間にいられるようにしてくだされば、お会いしたいと思います。九月三〇日から一〇月五日まで、ファーニアと私はストックホルムに滞在しています。五日から一三日はウプサラ、だいたい一八日から二五日はコペンハーゲンです。その後、おそらく一一月一日までの数日はチューリヒです。ひょっとして、同じ時期にあなたもスイスにいらっしゃいますか？　バーゼルでしょうか？

こちらエルサレムには八月一三日までいます。その後、私たちはまずアスコナに向かい、ロンドン会議のあと、おそらくポーランドに行き、そこで私たちはフランク主義者の手稿類を探索し、そこからスウェーデンに向かいます。[1] エルサレムを発って以降、八月三一日までの宛先は、アスコナ、ホテル・タマロです。

イツ〔ハク〕・ノルマンに関するあなたの内々での問い合わせにも、すぐにお答えしましょう。ここでは、私自身の意見としても、イスラエルで私が知っている真面目な〈文人〉〔仏〕の誰しもがきっと答えるであろう意見としても、はっきりとした回答を与えることができます。I・N〔イツハク・ノルマン〕の頭は完全に空っぽで、その空洞を、大げさな、際限なく流れ出る言葉の津波が満たしています。私は彼から、他人の決まり文句や無意味な大量の言葉以外のものを耳にしたことがありません。物書きとしての彼の重みはゼロです。彼の名声はもっぱら、いわゆるノルマン基金〔〈アメリカ・イスラエル文化機関基金〉〔英〕といまでは呼ばれていると思います〕のとても裕福な創設者と近親関係にあることに由来しています。彼はその基金のこの国での代表です。亡くなったノルマン〔あなたもきっとご存知になられるだろうドロシー・Nの夫〕はヘブライ人の従兄弟である彼に頼っていました。彼は信頼も名声も得ていませんが、私たちのあいだでは、尋常でないほど商才に長けた物書き魔としての評判を得ています。私は個人的には彼のことをほとんど知りません。おそらく何年もまえに一度か二度、ちらっと見かけただけです。とはいえ、一つの文章で済むところを三ページ書く「やり手」として、ヘブライ語の物書きとして、彼はよく知られています。あなたの手紙を受け取ったあと、きのうビアリク没後二五年の式典で出会った、とても評判のよい、信頼できる三人の作家を、こっそり脇に呼んで、一人ひとりにあらためて訊ねてみました。すると、みんなが同じ意見でした。あいつはいろいろ計画するが、何一つ実現できはしない、と。

W・B〔ヴァルター・ベンヤミン〕選集を作るというコーエンの提案を、私は受け入れることにしましたが、序文を引き受けることはできません。想定されているアメリカの読者を適切に導くうえではあなた〔アーレント〕こそがうってつけであり、最良の解決策だと思っていると、私ははっきりと述べました。ですから私のことは気になさらないでください。私たちは協力してきちんとよい仕事ができるでしょう。お会いできる場合には、このことについても話し合うことができるでしょう。

心からの挨拶を

あなたの昔ながらのゲアハルト

［LoC、アーレントの遺品。原本。手書き原稿］

1　ショーレムは、一九五九年のヨーロッパ滞在のあいだに、アスコナでのエラノス会議およびロンドンでのLBIの国際年次大会にくわえて、スカンジナビア半島とポーランドも訪れた。そこで彼はサバタイ派の運動とフランク主義について調査するつもりだった。しかし、これに関して計画されていた包括的なショーレムの著作は実現しなかった。彼の調査旅行の成果についてはとくに以下を参照――»Die Metamorphose des häretischen Messianismus der Sabbatianer im religiösen Nihilismus im 18. Jahrhundert«, in: *Zeugnisse. Theodor W. Adorno zum sechzigsten Geburtstag*. Frankfurt am Main 1963. S. 20-32. 以下に再録――Scholem, *Judaica 3*. S. 198-217〔ショーレム『ユダヤ教神秘主義』一八五―二〇二頁〕。

（1）ウプサラはスウェーデン南東部の都市で、国内最古の大学がある。

124

〔ショーレムからアーレントへ
エルサレム、一九五九年七月二一日〕

一九五九年七月二一日

親愛なるハンナ様、

あなたのラーエルの本を、あなたの個人的な献本としてして出版社ピーパーからお送りいただきました。[1] そのことへの感謝は、私の場合、はじめて原稿を読んだときの思い出、また、あなたが逃げ延びているあいだ、あの原稿がエルサレムの私のもとで持ちこたえていた保管期間の思い出と、結びついています。あれらのことを思い出すのはなんとすばらしいことでしょう。しかしまた私は、なんて残念なことでしょう、とふたたび言わなければなりません（ショッケンの腹立たしい限りの思い出もありますが）。というのも、もっとも暗い観点において私たちドイツ・ユダヤ人に起こっていることを、とにかく実際に描き出しているあなたの偉大な本が、適切な時期に、すなわち二〇年前に出版されなかったからです。とはいえ、こんにちでも、多くの考えがこの本と結びついています――もちろん、さらに五幕に入るというのとは【違った形で】悲劇の幕が下りたあとで。きのうもきょうも、あなたの本のかなりの部分を――英語ではやはりア・プリオリにしっくりは来ませんので――もう一度読み返し、あなたの筆致にふたたび大きな感銘を受けています。私がちょうどここ何週間か、自由に使える時間には、ファルンハーゲンの回想[2]を読んでいたということ、そしてさらに読み続けているということは、不思議ではないでしょうか。あの回想は、私にとっては、ラーエルが育ったあれらのユダヤ人集団を知るうえで、きわめて重要なドキュメントです（全巻のほとんど半分がそれらの家族のことに関わっていて、たいていユダヤ人という出自のことは隠されていますが、だからといってその価値が減ずるものではまったくありません）。

ところで、ファルンハーゲンの遺稿が、シュレージエンに疎開させられた他の多くの蔵書と同様に、いまではワルシャワにある（あるいはヴロツワフに委ねられた）という可能性を、排除したくありません。私たちは――もともとあなたにお伝えしたように――九月一二日にポーランドに向かい、おそらくそこで私は〔遺稿の〕所在について問い合わせることができるでしょう。[3]

あなたがハンブルクから北に向かわれるのでしたら、私たちは九月一日にストックホルムで会うことができるでしょう。いずれにしろ、私の宛先を書きとめておいてください。

九月一日－五日、ストックホルム、ジレット・ホテル
九月五日－一三日、ウプサラ、同じくジレット・ホテル。

それ以外、私たちはずっとスイスに滞在しています。スイスでは、一〇月二五－三〇日はチューリヒにいるでしょう。お互いすれ違いになるとすれば、残念です。

心からの挨拶を
あなたのゲアハルト

［LoC、アーレントの遺品。原本。手書き原稿］

1　三〇年代の終わりにアーレントによって書き上げられていた原稿が、一九五七年に英語版で出版されたあと、一九五九年にミュンヘンでドイツ語でも以下のタイトルで刊行された――*Rahel Varnhagen. Lebensgeschichte einer deutschen Jüdin aus der Romantik*〔アーレント『ラーエル・ファルンハーゲン』〕（第1書簡、注3も参照）。

2　Karl August Varnhagen von Ense. *Denkwürdigkeiten des eigenen Lebens*. 全九巻が一八三七年から一八五八年のあいだに出版された。

3　実際には遺稿はクラクフに存在していた（第75書簡、注8を参照）。

125

［アーレントからショーレムへ
ニューヨーク、一九五九年七月二九日］

一九五九年七月二九日

親愛なるゲアハルト様、

お手紙をありがとうございました。そうです、ラーエル

〔の本〕についてはおそらくあなたのおっしゃるとおりです。二〇年遅過ぎました。ただ、二〇年前ならこの本のために出版社が見つかっていたか、疑わしく思います。何と言っても、ユダヤ人たちはみんな密かに、私のことを反ユダヤ主義者だと考えているのですから。彼らは、私がラーエルについて書いたとき、私がどれほどラーエルを好ましく思っていたか分かっていませんし、人がたとえば自分自身に対してでも、いかに親しみを持って真実を語ることができるか理解していません。ですから、あの連中はハイネのことも一度も理解したことがないのです。ハイネをいっそう難しくしているのは、どんな事柄でも彼には笑い飛ばすことができたことです。ドイツでは、ユダヤ人でも非ユダヤ人でも、いわゆる人生の嘘(1)ほど神聖視されているものはないのではないか、と私は密かに疑っています。ドイツ的でプチブル的な人生の嘘が、ユダヤ人たちの特殊な政治的・社会的な立場とどのように絡み合ってきたか、誰かが一度は描き出さねばならないでしょう。もっとも、そうした何かが可能であれば、関係者に対しても、事柄それ自体に対しても、いくらかのユーモアを持ってなされねばなりません。

　ロンドンの会議についての質問[1]——あなたがどう考えておられるのか分かりませんが、私はルドルフ・ボルヒャルトと手を切るべきだと思っています。あの人はとにかく何かの代表になりたくて仕方がないのです。[2] もちろん、びっくりするほどの才能に恵まれ、半ダース近くの数のたいへんすばらしい詩を書いています。けれども、そこで真実を話そうとすれば、実際には嘘をつき始めなければならないでしょう。真実を話さず、事をごまかすことには、私は断じて反対です。

　再会——私はハンブルクからベルリンに行き、そこからおそらくフランクフルトを経由して、スイスもしくはおそらく〔一週間〕イタリアに行かなければなりません。一〇月末には確実にスイスにいると考えていいでしょう。その後、私はおそらくバーゼルに滞在し、そちら〔チューリヒ〕に十分に立ち寄ることができるでしょう。ですから、あなたのチューリヒの住所をお知らせください。いつでもバーゼルのヤスパース経由で私に連絡していただくのが一番です（アウ通り一二六）。

　あなたとファーニアに幸運を、そして心からのご挨拶を

　　　　ハンナ〔手書き〕

〔NLI、ショーレムの遺品。原本。タイプライター原稿〕

1　念頭に置かれているのは、LBIのロンドンでの国際的な

年次大会。

2　アーレントがここで言及しているのは、ＬＢＩで広まっていた作家ルドルフ・ボルヒャルトに関する出版物の提案である。この提案は、ニューヨークのＬＢＩの代表マックス・クロイツベルガーによれば、ショーレムによって持ち出されたとされる。ボルヒャルトは、ＬＢＩの少なからぬメンバーからラディカルな同化の代表例と見なされていた。ショーレムの推薦でアルベルト・ザロモンに出版が依頼されることになっていたが、この計画は挫折した（以下を参照――Scholem. *Briefe* II. S. 54）。また、ＬＢＩがアルベルト・ザロモンと検討していたヴァルター・ベンヤミンに関する出版計画も同様に取り消された（アーレントのマックス・クロイツベルガーとの手紙のやり取りを参照――NLI. Arc 4° 1598. I. 以下も参照――Scholem. *Briefe* II. S. 254）。ザロモンは、ショーレムに一九六一年の終わりに「あなたの申し出の件でボルヒャルトについて私が何か返事を書く理由が見つかりません」と伝えた（以下の一九六一年一二月一一日付の手紙――NLI. Arc 4° 1598. 173）。ショーレム自身はのちに、こう書いた。ボルヒャルトは「ユダヤ的なものを自分のなかで無化したと信じたのちに、ドイツの文化保守的な伝統主義の雄弁な代表」となり、「この純然たるパラドクスは彼の聴衆や読者を驚かせたが、彼だけは驚かなかった」（一九六六年の講演「ユダヤ人とドイツ人」。以下に再録――*Judaica* II. S. 37f.〔ショーレム『ユダヤ主義と西欧』二〇一―四六頁〕）。

（1）「人生の嘘」は、人が生きてゆくために用いる自己欺瞞を指す。

126

［アーレントからショーレムへ
ニューヨーク、一九六〇年一一月三日］

ハンナ・アーレント〔原文大文字〕
ニューヨーク州、ニューヨーク市二五
リバーサイド・ドライヴ三七〇

一九六〇年一一月三日

親愛なるゲアハルト様、

ユダヤ・メシアニズムに関するすばらしいエッセイへのお礼をまだしていませんでした。するともう〔『〕カバラー〔』〕が海を泳ぎ渡ってきました。[1] ニューヨークでお目にかかれると期待していました。そのときには、メシア・エッセイがいかにすばらしい仕事だったか、あなたに言えると思っていました。その後、ジークフリート・モーゼスがファーニアの病気について知らせてきました。すべてがうまくゆくように願っています。彼女にくれぐれもよろしくお伝えください。あなたの書かれる物はますますよくなっていて、私がこんなに喜びをもって読めるものはそんなにありません。

ナンダ・アンシェンがそのメシア・エッセイを私に求めました。どうやら、彼女の叢書にとって、これは決定的に重要なようです[2]。私はエッセイを彼女に貸すつもりですが、あなたはそれに反対されないものと思います。私自身は、〔『〕カバラー〔』〕に没頭することになるでしょう。

また勝手ながら、あなたに私のドイツ語版の〔『〕活動的生〔』〕をお送りさせていただきました、あなたはそれを〔『〕〈人間の条件〉〔英〕〔』〕と題する英語版ですでにお持ちのことと思いますが。深い友情を込めて何か書き込みたかったのですが、出版社がドイツから直接送っています。

私が来年イスラエルに行くのはあり得ないことではありません。といいますのも、私はアイヒマン裁判を「楽しむ」つもりだからです。こちらの雑誌がそれを可能にしてくれます[3]。裁判がいつ始まって、いつまで続くのか、確かな情報を耳にされることがありましたら、あなたからご連絡いただけますとありがたく存じます。「正確なことを何も知らない」という事実ほど煩わしいことはありません。私はありとあらゆる責任を負っているからです。最悪の場合その責任ある仕事を辞退することはできますが、もちろん、まったく無駄骨の形で辞退したくはありません。

心からのご挨拶を
あなたの
ハンナ。〔手書き〕

このひどいお手紙をお許しください。口述筆記なのです――ただ、結局のところ拝受の連絡のための。
またお目にかかれるとよいのですが。H。

［NLI、ショーレムの遺品。原本。タイプライター原稿。文末注記は手書き］

1　Gershom Scholem, »Zum Verständnis der messianischen Idee im Judentum«, in: *Eranos-Jahrbuch* 28（1959）, S. 193-239. 抜刷がアーレントの蔵書（バード・カレッジ）のなかにある。「カバラー本」は以下――Gershom Scholem, *Zur Kabbala und ihrer Symbolik*, Zürich 1960〔ショーレム『カバラとその象徴的表現』〕。

2　ルース・ナンダ・アンシェンによって一九五八年に「〈新しい〉〔英〕精神運動」として計画され、彼女が担当していた、出版社ハーパー・アンド・ロウの「〈宗教的視点〉〔英〕」叢書において、彼女は一九五八年にショーレムを、著者および

「〈編集者会議〉〔英〕」の委員として招待した。他に予定された作家として、カール・バルト、ポール・リクール、W・H・オーデン、イェンス・ムイレンベルク、ハンス・ヨーナス、アレクサンドル・コイレがいた。

3　アドルフ・アイヒマンは、一九六〇年五月にイスラエルの秘密情報機関の部隊によってイスラエルへ拉致され、そこで一九六一年に裁判にかけられた。『ニューヨーカー』誌は、すでに始まるまえから激しい議論を巻き起こしていたこの裁判のために、アーレントをエルサレムへ派遣した。彼女の報告は、一九六三年初頭に数回にわたって掲載された。

127

［ショーレムからアーレントへ
エルサレム、一九六〇年一一月二八日
エルサレム、ヘブライ大学用箋］

エルサレム、一九六〇年一一月二八日

親愛なるハンナ様、

一一月三日付の、あなた自身がひどいと評されている手紙は、それでも私をかなり満足させてくれました。メシア主義の観念についての私の論文が、あなたや他の何人かの心に響くものであったであろうことを思って、得意な気持ちになりました。私の考えを引用してくださる機会があることを願います。ナンダおよび「普遍的に人間的なもの」に関心を寄せている彼女の読者、ユダヤ教徒とキリスト教徒にとって、そもそも興味のあるものかどうかナンダに確認いただくために、彼女にエッセイの抜刷を送りました。私はまたしても「あまりにユダヤ的」になっていますが、そのことはもちろん、ほんのわずかも私自身の妨げになるものではありません。この間、カバラーの本もあなたが熱心に読んでくださることを期待しています。とくにトーラーの意味についての章ですが、その哲学的な含意があなたに響かないことはないでしょう。学識を持っていたというより直観に導かれていた青年時代に、私がヴァルター・ベンヤミンに説明できた限りでのことですが、ベンヤミンをカバラー主義的な傾向へと導く本来の魅力をなしていたのは、まさしくそれらの考えだったのです。

きのう私の友人の一人があなたの〔『〕活動的生〔』〕を受け取りました。だとすると、私の分も間もなく届くでしょう。当初考えられていたように、私のために個人的な献辞を書き込んでいただく機会がエルサレムであることでしょう。これであなたの旅行計画についての段取りとなります。新たな事情によって日程の延期が今後生じない限り、公式の案内によれば、裁判は三月六日に始まることになっています。この告知はこちらでは一週間前にありました。これに従って準備をなさってください！　私と会おうとなさるなら、三月にこちらに来られることも大事です。というのも、私は、遅くとも四月の初めには約半年間の滞在のためにロンドンに向かうからです。私はそこで、カバラーの成立に関する、多少とも不滅の著作を仕上げるつもりです。学問の世界があればこその著作であって、ドイツ語と英語で出版されます[1]。

ヴァルター・ベンヤミンの手紙を収めた書簡集の出版が予定されています[2]。書簡をお持ちでないか探していただき、ありましたら原本か写しを二通、私にお送りください。あなた宛の手紙も送ってくだされば、たいへんありがたく思います。もちろん、大半の手紙は行方不明です。エルンスト・ブロッホはとうとう、ヴァルター・ベンヤミンの手紙は原則として受け取ったあとすぐに処分していた、と説明する始末です。あなたはこれについて何とおっしゃいますか？　私はそれをユートピアの原理と呼びます[3]。

よろしければ、アイヒマンの告白が掲載されている〔『〕ライフ〔』〕をお送りください。その告白は、おかしなことに、国際版では削除されています[4]。

心からの挨拶を
あなたの
ゲアハルト〔手書き〕

［LoC、アーレントの遺品。原本。タイプライター原稿］

1　ショーレムは一九六一年にもう一度ロンドンのヴァールブルク研究所に比較的長期の滞在をした（第111書簡を参照）。カバラーの始まりに関する、すでにヘブライ語で発表されていた彼の著作（第36書簡、注11を参照）の大幅な増補版が、一九六二年に以下のドイツ語版で出版された――*Ursprung und Anfänge der Kabbala*, Berlin. 英語版は彼の死後ようやくドイツ語版に基づいて以下の形で出版された――*The Origins of the Kabbala*, Princeton 1987.

2　一九五九年に、ヴァルター・ベンヤミンの書簡集を共同で編集するというアドルノの提案に、ショーレムは同意していた（ショーレムのアドルノ宛、一九五九年一一月一六日付の以下の手紙を参照――Scholem, *Briefe* II, S. 49）。その書簡集は一九六六年に以下の二巻本で出版された――Walter Benjamin, *Briefe*, herausgeben und mit Anmerkungen versehen von Gershom Scholem und Theodor W. Adorno, Frankfurt am Main 1966（『ベンヤミン著作集14、15』）。

3　哲学者エルンスト・ブロッホは一九二〇年代からヴァルター・ベンヤミンと友人関係にあった[(1)]。

4　アイヒマンがアルゼンチンから拉致されたあと、『ライフ』誌の一九六〇年一一月二八日号と一二月五日号に、アイヒマンの告白と称されるものの一部が、「〈アイヒマンが自らの罪を語る〉〔英〕」のタイトルで掲載された。それは、ベルギー出身の元ナチス支持者で、偽名でアルゼンチンに暮らしていたヴィレム・サッセンが、何年にもわたってアイヒマンと交わした会話の抜粋からなっている。どうやら『ライフ』誌は、合衆国版の権利だけを取得していたようだ。

（1）ショーレムが「ユートピアの原理」と呼んでいるのは、ブロッホの著作『ユートピアの精神』と『希望の原理』を踏まえての皮肉と思われる。

128

［アーレントからショーレムへ
ニューヨーク、一九六〇年一二月二六日］

ハンナ・アーレント　ニューヨーク州、ニューヨーク市二五、リバーサイド・ドライヴ三七〇

一九六〇年一二月二六日

親愛なるゲアハルト様、

お手紙をありがとうございました。ナンダはあなたの書くものなら何でも印刷するでしょう。著名人はユダヤ的であることも許されます。くわえて私は、彼女に少しでも理解するだけの十分なドイツ語の能力があるかどうか、とても疑わしく思っています。

とはいえ、私はベンヤミンのことでこの手紙を書いています。一冊の書簡集を出そうとされているとのこと、たいへんすばらしいことです。私は、一九四〇年七月八日付の手紙を一通持っているだけです！　ルルドからのものです。私が送ったハガキへの返信です。私たちはちょうど一四日間をともに過ごしたあと、私は〈ムッシュウ〉〔仏〕[1]を見つけることができると思い込んでいたので、その場をあとにしました。これは、ベンジ〔ベンヤミン〕が正しくも精神異常と見なしたことでした。彼はルルドにとどまっており、信じられないことに私は本当に〈ムッシュウ〉〔仏〕を見つけ出したものですから、すぐに彼に宛てて書きました。手紙はフランス語です。私はそれをお送りしますが、不安なので、できればこちらでまず複写を作ってもらおうと思います。

さらに私は、歴史哲学テーゼの原本を持っています。さまざまな色の、ただただ小さなみすぼらしい紙片に書かれたものです。とくにファクシミリにするのがぴったりです。[2]おそらく、私がうかがうときにすべてを持参するのが最善でしょう。といいますのは、〔裁判が〕三月六日の期日のままであるならば、私は一五日ごろにはエルサレムにいて、

ホテル・モリヤーに宿泊しているからです。それならまだあなたに会えます。

エーリヒ・ノイマンの死にはとても驚きました。私は彼を若いころからよく知っていました。[3]

カバラーの本をありがとうございました。無事に到着しましたが、目下のところ仕事がとても多くて、まだ目を通していません。

親愛なるゲアハルト、あなたとファーニアの幸福を心から祈っています

あなたの
ハンナ〔手書き〕

私はちょうど、ベンヤミンがあなたに宛てて書いた、ブロートとカフカについてのすばらしい手紙の写しを持っていることに気づきました。これもきっと書簡集に入れるおつもりでしょう？[4]

［NLI、ショーレムの遺品。原本。タイプライター原稿］

1　アーレントの夫、ハインリヒ・ブリュッヒャーのこと。

2　「〈ルルド、一九四〇年七月八日〉〔仏〕」の手紙は以下に収録された――Benjamin, *Briefe*, Band 2, S. 859f. 現在、ベンヤミンのもう一枚のハガキともう一通の手紙のそれぞれは、LoCあるいはバード・カレッジの〈アーレント・ブリュッヒャー蔵書〉〔英〕にある。この二つと〔〕歴史哲学テーゼ〔〕のアーレントの所持していた版のファクシミリが、以下に掲載されている[(1)]――Wizisla/Schöttker, *Arendt und Benjamin*, S. 99–141.

3　ハンナ・アーレントがハイデルベルクで研究していたときの友人グループには、（エーリヒ・レーヴェンソン、カール・フランケンシュタインと並んで）心理学者でのちにユング学派に属したエーリヒ・ノイマンが含まれていた。彼は、一九三三年にまずベルリンからスイスに亡命し、その後パレスチナへ移住した。ノイマンはショーレムとも友人関係にあって、戦後、定期的にエラノス会議に参加していた。

4　パリからショーレムに宛てた一九三八年六月一二日付のベンヤミンの手紙（第26書簡、注10を参照）は、二巻本の以下に収録された――*Briefe* II. S. 756–764〔『ベンヤミン－ショーレム往復書簡』三四〇―三五〇頁〕。

（1）　アーレントの所持していたテクストは、現在ドイツで刊行中の以下の新しいベンヤミン全集の巻頭にも写真版で収録されている――Walter Benjamin, *Werke und Nachlaß. Kritische Gesamtausgabe*, 19, Frankfurt am Main/Berlin 2010.

129　ショーレムからアーレントへ

［エルサレム、一九六一年一月二九日］

エルサレム、六一年一月二九日

親愛なるハンナ様、

裁判が延期にならず、エルサレムでお会いできればうれしく思います。三月末日もしくは四月三日のまえには、出かけないことにします。あなたが触れられているヴァルター・ベンヤミンの文書に関しては、その一通の手紙を除いて、計画中の本には不要です。ですから、それらはお持ちにならないで、手紙の写しだけを持参するか私にお送りください。私宛のカフカについての手紙は、当然ながら、計画中の書簡集の目玉となります。再会を期して、心からの挨拶を

あなたのゲアハルト［手書き］

［LoC、アーレントの遺品。原本。タイプライター原稿］

130　アーレントからショーレムへ

［ニューヨーク、日付なし］

親愛なるゲアハルト様、私は、私たちがもう会えないのではないかと恐れています。私は九日にイスラエルへ向かい、そこで三週間ほど滞在します。ですから、あなたのタイピストがフランス語（手書き草稿［の読み取り］、写真複写など）に困難を抱える場合に備えて、写真複写をお送りするとともに、この手紙のうえに書き写しておきます。

説明のために――モンバユについて。私はフランスの崩壊のあいだ、ベンヤミンとともにルルドにいました。モンバユは、その当時、私たちの友人たちが住んでいた場所でした。〈ムッシュウ〉（仏）とは、ブリュッヒャーのことです。P夫人とその夫のことは覚えていません。フリッツは精神科医のフリッツ・フランケルのことで、彼もパリのドンバル通り一〇に住んでいました。彼はベンヤミンとブリュッヒャーの親しい友人でした。

ヨーロッパでお会いできる機会はありますか？　おそらく私は、イスラエルからチューリヒに向かいます。あなたがいつ、どこにいらっしゃるか教えてください。エルサレムでは、ホテル・モリヤーに私宛の伝言を残していただけます。そうでなければ、以下の私の親族のもとへ――テル

アビブ、バル＝イラン通り一六、エルンスト・フルスト博士。

なんて残念なことでしょう！

あなたがた二人に心からのご挨拶を、

あなたの

ハンナ〔手書き〕

［NLI、ベンヤミンのアーカイヴ。原本。タイプライター原稿。手紙の上方にベンヤミンがアーレントに宛ててフランス語で書いた一九四〇年七月八日付の手紙がタイプライターで打たれている。その下にアーレントのこの手紙が書かれている。裏面には、ベンヤミンの手書きの手紙がネガ複写されている（NLI. Arc 4° 1598/3. 本書**口絵の14**を参照）。この手紙は以下に収録されている――Walter Benjamin. *Briefe.* 2. S. 859f.］

131

ショーレムからアーレントへ

エルサレム、一九六二年四月一三日〕

エルサレム、一九六二年四月一三日

私の親愛なるハンナ様、

あなたの著書『〈過去と未来のあいだ〉〔英〕』をお送りいただき、たいへんありがとうございます。この本の持つ、政治的思考における精神的な訓練の数々については、その一部を以前に出版されたときにすでに読んでいましたが、いまや、連関を持った形で受け取ることができ、さらに大きな満足を得ています。[1] あなたの六つの訓練に対して私の六つの訓練を返礼として間もなく差し上げることができれば、と思います。というのも、ライン・フェアラークで刊行される、カバラーのいくつかの、すなわち六つの主要概念についての私の本が、ちょうどいま印刷されているところだからです。[2] それらの概念が忘却されることはないでしょう。この間、長いあいだあなたから連絡をいただいておらず、ヨーロッパへの遠出の一つをちょうどこなしておられるさなかであるのかどうかさえ、私には分かりません。その関連で、お伝えしておきますと、私は五月の最終週、パリに滞在しています。パリで、〈信じていただけますか〉〔英〕、〈国立高等教育院〉〔仏〕の〔〕異端と社会〔〕に関するコロキウムで、フランク主義と宗教的ニヒリズムについて、意見を述べることになっています。[3] それが私の初めてのフランスでのお目見えとなります。どうなることか、私自身わくわくしています。私はその後六月三日までパリにとどまって、エルサレムに帰還し、学期の半ばまでエルサレムにいます。あなたがこの時期、あの地域にいらっしゃるように、〈よき霊〉[4]〔希〕が何とか手配してくれるでしょうか？というのも、今年私はアメリカには赴かないだろうからです。

心からの挨拶を、
いつもあなたの
ゲアハルト［手書き］

私は一〇月に〔『〕コメンタリー〔』〕に掲載されたブーバーについての私の論考を、すぐにお送りしませんでした。余分の雑誌がなかったことにくわえて、私の一連の書きもののなかでも重大なこの一篇を、何らかの形であなたの方でも眼にされるだろう、と思っていました。[5]

［LoC、アーレントの遺品。タイプライター原稿。署名のあとに手書きの追記］

1 ハンナ・アーレントの『疑わしくなった伝統の内実』の増補版エッセイ集『〈過去と未来のあいだ〉〔英〕』が、一九六二年にハーコート・ブレイスから出版された。
2 論文集『神性の神秘的な形態について』（チューリヒ、一九六二年）。この論文集は、六章のそれぞれでカバラーの根本概念を考察している。
3 フランク主義についてのショーレムの取り組みについては、第123書簡、注1を参照。
4 「よい霊」を表わすギリシア語。
5 »Martin Buber's Chassidism. A Critique«, in: *Commentary*, Oktober 1961, S. 305-316〔ショーレム『ユダヤ主義の本質』一三九―一七五頁〕。第12書簡も参照。

132

［ショーレムからアーレントへ
エルサレム、一九六三年六月二三／二四日[1]］

エルサレム、一九六三年六月二三日

親愛なるハンナ様、

アイヒマン裁判についてのあなたの本を拝受してから、いまでは約六週間が過ぎました。[2] いまにしてようやくあの本について書こうとしているのですが、それは、すぐに読書に私が集中できなかったためです。ここしばらくの時間の流れのなかで、ようやくその時間を得ることができた次第です。あなたが行っている、事実的および歴史的な性質を持った主張のすべてが正しいかどうかという問題に立ち入ることはしませんでした。私が判断できるいくつかの個別的な問題に関して言うと、誤解や間違いが見られます。けれども、この次元での問題の正しさについては、数多く存在するだろうあなたの批判者の多くによって、取り上げられることでしょう。そういう問題は、私があなたに言いたいことの中心ではありません。

あなたの本では、二つの中心をめぐって議論が展開されています。すなわち、破局におけるユダヤ人およびその態度[3]と、アイヒマンおよびその責任です。ユダヤ人の問題に関して私は多年にわたって考えてきましたし、それについての少なからぬ文献を研究してきました。数々の出来事に立ち会った他のすべての同時代の真面目な人々にとってと同様、私にとってもまったくもって明らかなのは、この問題がひどく深刻で、複雑に絡み合っていて、決して見渡したり還元したりできないものである、ということです。ユダヤ人の歴史(とうとう五〇年来、この問題に私は関わってきたのですが)には、底知れない深淵に付き纏われたいくつもの局面が存在しています。すなわち、生活へのデモーニッシュな没頭、この世界を生きてゆく際の導きの不確かさ(これは、敬虔な人々が持っていた確かさと対照的なものですが、敬虔な人々が持っていた確かさについて、印象的なことに、あなたの本には記述が見られません)、際限なく込み入った形で英雄主義と絡まり合ったひ弱さ、また、下劣な振る舞いや権力欲。こうしたことすべては常に存在していましたし、もしもそれが何らかの形で姿を現わさなかったとすれば、あの破局の時代にはむしろ不思議なことだったでしょう。それは一三九一年[4]にそうでしたし、当時の破局の世代の始まりにおいてもそうでしたし、私たちの時代にもまたそうだったのです。その取り組みが歴史的判断という意味で私たちの世代においてなされ得ることを私が信じていないとしても、そうした事柄と取り組むことは、私の考えでは、正当でもあれば避けがたいことでもあります。私たちには、同時に冷静さを保証してくれる真正な距離が欠けていますし、それは欠けざるを得ないのです。とはいえ、私たちに差し迫ってやって来る問いは、依然として存在しています。「なぜ彼らはそもそも殺されるがままになっていたのか[5]」というイスラエルでの若者の問いには、十分に根拠があります。そして、どんなふうに始めようと、その答えを一つの公式にもたらすことはできません。あなたの本では、まさしくあなたが強調されようとしているところで、あらゆる決定的な点において、もっぱらユダヤ人の存在のひ弱さという観点のみが語られています。そのようなひ弱さが実際に存在していたとはいえ、あなたの強調の置き方は、私の見る限り、完全に一面的であり、そのことによって激烈な怒りを引き起こします。けれども、あなたが立てている問題は、実際に一つの問題です。それでは、そのことを私たちが理解しているにもかかわらず、なぜあなたの本は苦い気持ちや羞恥といった感情を、しかも報告内容に対してではなく報告者に対して、残すことになるのでしょう？ なぜあなたの報告は、あなたがやはり正当にも熟考を促そうとされた、そこで語られている内容をこんなにも覆い隠してしまうのでしょうか？ 私が得ている限りの答えが一つあります。それは、あなたを大いに高く評価しているからこそ、抑えておくことのできない答えであって、この件に関して私たちのあいだを隔てているものを、あなたに説明してくれるに違いありません。それは、これらの、私たちの生の生々しい心情に触れる事柄があなたのもとで論じられる際の、心ない、いや、しばしば悪意さえ伴った口調です。ユダヤ人の言葉には、完全に定義はできないものの、まったき具体性をもった、ユダヤ人が〈アヘァヴァース・イスラエル〉〔へ〕、つまりユダヤ人への愛、と呼ぶものがあります。親愛なるハンナ、ドイツ左翼出身の少なからぬ知識人におけるのと同様に、あなたにもそれがまったく見られないのです。あなたが取り組んでおられるような試みには、私たちの民族——私はあなたを徹底的にこの民族の一員以外の何ものでもないと見なしています——の三分の一が殺戮されたこの場合のように、まさしくとても深い感情が働かざるを得ず、またそのような感情が呼び起こされているところでは、こう言ってよろしければ、もっとも古風な、事象に即した、根本的な論じ方が必要でした。あなたがあなたの本であまりにしばしば用いている軽々しい文体——英語の〈フリッパンシー〉〔英〕を私は思い浮かべますが——には、私は共感しません。あの文体は、あなたが語っている事柄に対しては、想像を絶するほどに不適切です。このような機会には、慎ましいドイツ語で心の礼儀 Herzenstakt と呼ばれ得るようなもののための場所が実際にあるのではないでしょうか？ あなたはこんな言葉を笑われるかもしれませんが、そうでないことを願います。いずれにしろ、私にとっては真剣な問題です。あなたの本で私の心臓を抉った多くの箇所のなかから、私の思っていることを示してくれるもっとも明瞭な証拠として、ワルシャワ・ゲットーにおけるユダヤのシンボル〔ダヴィデの星〕を付された腕章の売買についての引用[6]、それに、「〈ユダヤ人にとっても異教徒にとっても「ユダヤ人の《総統》〔独〕」だった[7]〉〔英〕」レーオ・ベックについてのあなたの記述を、持ち出すことができます。この連関においてドイツ語でナチ用語を使用する態度は、あまりに示唆的です——あなたは、悪意の混ざらない、意味のある形で、引用符なしで

〈ユダヤ人指導者〉〔英〕と決して呼ばずに――まさしくもっとも真実から遠い、もっとも侮辱的な言葉を口にしているのです。私が話を聞いたり、本で読んだりした誰一人にとっても、私たち二人が知っているレーオ・ベックは、あなたの本の読者が連想するに違いないような総統ではありませんでした。私はテレージエンシュタットについてのアドラー[8]の本をあなたと同じだけ注意深く読みました。あれはいろいろなことを言われ得る本です。私が読んだり、耳にしたりした限りでは違って見えた少なからぬ人物について、著者は多大なルサンチマンをもって語っています。しかし私は、あの著者も、ベックをあんな具合に特徴づけたり、また間接的に描いたりしているとは思いませんでした。私たちの民族が潜り抜けて来た試練は、現に銃弾に値した、あるいは値したかもしれないような、いく人もの暗い人物たちの負債を抱えているかもしれません――あのような度を越した悲劇に際して、事態は違ったふうであり得たでしょうか。しかし、これについて、あのようなまったく不適切な口調で論じるのは、あなたの本が侮蔑している当のドイツ人たちを利するものです――あなたの本は、ユダヤ人の不幸に対してよりも、ドイツ人を侮蔑する際にいっそう強い調子を用いているにもかかわらず。それは、あの悲劇の本当の舞台を露わにする方法ではありません。

私たち双方が居合わせていなかった極限的な状況下でのユダヤ人の振る舞いについて、あなたは説明しています。私がそこに見出すのは、バランスの取れた判断ではなく、むしろ、しばしばデマゴギーにまで変質した〈誇張〉〔英〕です。ユダヤ人の最長老たち――もしくは、彼らをどう呼んでもかまいませんが――があのような状況下でどのような決断を下さねばならなかったか、こんにち、私たちのなかの誰が言うことができるでしょうか？　私には分かりません。しかも、私はこれについてあなたに負けず劣らず本を読みました。それで、あなたの分析から、あなたの確信のほうが私の確信の不在よりもよりよい根拠を持っているという印象を、私は受けませんでした。ユダヤ人評議会がありましたね[9]。評議会には何人かの下劣な男もいれば、聖人もいました。私は両方のタイプについてたくさん読みました。私たちすべてと同じような平均的な人物もとてもたくさん存在していました。彼らは、繰り返されることも再現されることも不可能な条件のもとで、決断を下さなければならなかったのです。彼らが正しかったのか間違っていたのか、私には分かりません。僭越に判断することを私は差し控えます。私はその場にいなかったのです。

確かに――この立身出世の物語に私はとくに関心を抱いてきたのですが――テレージエンシュタットのウィーン出

身のラビ、ムルメルシュタインは、私が話を聞いた収容所の抑留者全員が認めていたように、ユダヤ人によって絞首刑にされるに値しました。[10] しかし、他の多くの人々となるとすでに判断はひどくまちまちです。たとえば、あのきわめて評価が分かれている人物の一人、パウル・エップシュタインはなぜナチによって射殺されたのでしょうか？[11] あなたはそれを語っていません。その理由は、彼がまさしく、あなたの主張によればそもそも多少とも危険なしに行えたことを行ったからです。すなわち、彼は、アウシュヴィッツで待ち受けているものが何かを、テレージエンシュタットの人々に告げたのです。二四時間後に彼は射殺されました。私はこのことを、〔レーオ・〕ベック、ウティッツ、ムネレスの口から聞きました。

ナチの周知の策略によって、あたかも、迫害者と犠牲者のあいだの明確な区別が損なわれ消し去られた、というあなたのテーゼ、あなたがアイヒマンに対して検察側が不利になるように利用しているテーゼを、私は完全に誤ったもの、偏ったものと見なします。[12] 収容所では人々は辱められ、あなた自身言われているように、自らの破滅に参与し、抑留されている仲間の処刑の手助けといったことをさせられました。しかし、だからといって、犠牲者と迫害者の境界が消し去られていることになるのでしょうか?! 何たる倒錯！ こうして、ユダヤ人自身がユダヤ人殺戮に「関与した」と、私たちは言わされることになるのです。これは典型的な〈論理的虚偽〉[13]〔羅〕です。

ここ数日のあいだに、ピョトルクフ出身のラビ、モーゼス・ハイム・ラウの本についての論文を私は読みました。彼は、破滅の時代のなかで、来るべきものを意識しつつ、〔『〕御名を聖化する道〔』〕という一冊の本を書きました。それがちょうど出版されたのです。彼は、自分が置かれている状況のなかで、極限状況におけるユダヤ人の責務とは何かを正確に確定しようと試みたのです。[14] こういうテクストは唯一のものではありませんが、あの胸を打つテクストに書かれているすべてのことが、あなたの考察と無縁というわけではありません（口調は別にして）。あなたの本には、どれだけ多くのユダヤ人が事態を完全に意識しながら彼らの道を歩んでいったかについて、まったく書かれていません。[15] そのラビは信徒共同体に逃げ延びることを促し、信徒共同体は彼に逃げ延びることを促していました。にもかかわらず、そのラビは信徒共同体とともにトレブリンカに向かったのです。ユダヤ人のヒロイズムは必ずしも銃を撃つことにあったのではありません。そして、私たちはそのことを必ずしも恥じてはきませんでした。ユダヤ人は最初からもっと別の方法で自分たちを守らなかった、ユダヤ人たちは臆病だった、等々の理由で、ユダヤ人の運命はその当然の報いだと語る人物に、私は反論することができません。ここ数日のあいだに私は、そういうことが、クルト・トゥホルスキーという名の、ユダヤ人でありながらまぎれもない反ユダヤ主義者である人物の本のなかに書かれているのを、はじめて眼にしました。[16]私はこのトゥホルスキーほど繊細ではありませんが、もちろん、彼の言うことは正しかったのです。もしもすべてのユダヤ人が逃げ延びていれば、とくにパレスチナへ逃げ延びていれば、もっと多くのユダヤ人が生き延びていたことでしょう。ユダヤ人の歴史およびユダヤ人の生活の歴史的条件のもとでそれが可能だったかどうか、そのことが歴史的な意味で罪と犯罪への関与を条件づけているのかどうかは、別の問題です。

あなたの本のもう一つの中心テーマである、アイヒマンに帰される罪ないしは罪の大きさについては、何も言うつもりはありません。アイヒマンへの判決文について、法廷が起草したものと、あなたによって置き換えられたテクストとを、私は読みました。私は法廷の判決文のほうが遥かに説得力を持っていると思います。あなたの判決は、大いなる〈非必然的推論〉[17]〔羅〕の風変わりな一例です。あなたの論拠が妥当なのは、結論が実際に厳密に当てはまる、何十万、もしかすると何百万の人々に対してです。[18]そして、なぜ彼〔アイヒマン〕が絞首刑に処されねばならないかの根拠を述べているのは、結論だけです。というのも、それに先立つ部分であなたが詳細に説明しているのは、あなたの見解によれば——私は決してあなたの見解を共有しませんが——、検察側があらゆる本質的な点において証明すべきことをなぜ証明しなかったか、ということだからです。ちなみに私は、死刑判決の実行に反対する大統領宛の手紙に署名するとともに、ヘブライ語の論考で、[19]アイヒマンが検察側の言う意味でもあらゆる点で死刑に値するにもかかわらず、まさしくドイツ人に対する私たちの立場のゆえに、死刑の実行をなぜ歴史的に誤りと私が見なしているかを説明しました。[20]私はその問題をこの手紙に盛り込むつもりはありません。しかし、このことだけは言っておきたいと思います。アイヒマンをシオニズムへの改宗者として描くあなたの記述は、[21]あなたがそうであるように、シオニズムに関することなら何でもひどいルサンチマンを抱いている者だけが考えることのできるものです。あなたの本のあれらのページを私は真剣に受け取ることができません。あれはシオニズムに対する嘲笑であって、それこそがあなたの本の肝心要の点だったのではないか、と私は危惧しました。これについて議論し合うつもりはありません。

あなたの本を読んでも、悪の凡庸さ[22]について私は決して納得していません——副題に信頼を置くなら、悪について詳しく論じることが肝心だったはずですが。あなたが全体主義についての本のなかで、まったく反対の方向で遥かに説得力のある仕方で提示していたとても印象的な分析の結果と比べると、あの凡庸さなるものはむしろ一つの決まり文句のように聞こえます。〔『全体主義の起源』執筆の〕当時あなたは、悪が凡庸なものであると、まだ発見されていなかったようです。あなたの当時の分析がその雄弁な証明と知見を示していたあの根源悪[23]の痕跡は、いまでは一つの決まり文句[24]のもとで消え失せてしまっています。悪の問題が決まり文句以上のものであるなら、政治道徳ないしは道徳哲学の理論においてやはり異なった深みにまで引き入れられねばならなかったのではないでしょうか。あなたに対して誠実で友人としての態度を維持しつつ、あなたの本の主張内容について何一つ肯定的なことを口にすることができないことを、私は残念に思います。あなたの以前の著作を基準にしたからこそ、私は別のものを期待していました。

ご多幸をお祈りします。あなたの旧友ゲアハルト〔手書き〕

一九六三年六月二四日

親愛なるハンナ様、

私はこれをきのうの朝、書きました。どこかにいるあなたに届くことを期待しています。この手紙を——【あるいは、場合によっては】第三の人物に置き換えることで書簡という体裁を取り除いて——公表することに、異論がおありでしょうか？　あなたの本の問題はやはり、私たち二人だけでなく多くの人に関わっているのです。

あなたのゲアハルト

〔LoC、アーレントの遺品。原本。タイプライター原稿に、注で示すアーレントの手書きの注記——別の便箋に一九六三年六月二四日付の〔ショーレムの〕手書きの追記〕

1　ショーレムのアーカイヴに保管されている、ここに印刷された手紙と大部分において一致している下書き（手書きの追記はなし）と、一九六三年七月二〇日付のアーレントの返信（第133書簡）は、一九六三年八月一六日にドイツ語の『ミットタイルングスブラット・デア・ヘイルグーン・オーレイ・メルカズ・エイローパ[1]〈ヘ〉』第三三号（「中欧からの帰還者組織」の機関誌）に掲載された。さらに、一九六三年一〇月二〇日には『NZZ』〔ノイエ・チューリヒャー・ツァイトゥング〕紙に、一九六四年一月にはアーレントが確認した英訳版が『エンカウンター』誌に、一九六四年一月三一日にはヘブライ語新聞『ダヴァール』、一九六三年一二月二〇日にはアーレントの書簡の抜粋がニューヨークの『アウフバウ』紙に掲載された。

2　ショーレムは『イェルサレムのアイヒマン――悪の凡庸さについての報告』（ニューヨーク、一九六三年）を受け取った。その一冊がショーレムの蔵書中（NLI）にある。

3　アーレントは欄外に手書きでこう注記している。「違う――それがE〔アイヒマン〕の仕事と関わりがあった限りでのみ」。

4　一三九一年のセビリヤのユダヤ人地区の焼打ちとともに、セファルディ系ユダヤ人への迫害、強制改宗、追放が始まった。それは、一〇〇年後の、イベリア半島におけるユダヤ人の生活の完全な破壊にいたるまで続いた。

5　欄外にアーレントによる手書きの注記。「私たちの問いではない」。

6　アーレントはとくに、ユダヤ人役員たちに黄色い星の分配が委託されていたことを報告して、直前に出版されたラウル・ヒルバーグの研究『〈ヨーロッパユダヤ人の絶滅〉〔英〕』を引用しつつ、こう続けた。「たとえばワルシャワにおけるように、ときには「腕章の販売はまともな商売となった。その際には、布地の通常の腕章と、プラスチック製で洗える贅沢品があった」」（Arendt. *Eichmann*. S. 154〔アーレント『イェルサレムのアイヒマン』九三頁〕）。

7　英語の初版の以下――*Eichmann in Jerusalem*. S. 105. のちの英語版およびドイツ語版（一〇五頁〔邦訳、九四頁〕）では、ショーレムによって批判された表現は、置き換えることなく削除された。

8　Hans Günther Adler. *Theresienstadt 1941–1945*.

9　アーレントは手紙のなかの「ユダヤ人評議会」という言葉に下線を引いている。

10　ラビのベンヤミン・ムルメルシュタインは、一九四四年にSSによって「ユダヤ人最長老」である議長に任命された。戦後彼は、ナチ協力の嫌疑でチェコスロヴァキアにおいて拘留されたが、有罪判決を受けることなく、ローマへ移住した。『ノイエ・チューリヒャー・ツァイトゥング』への手紙でショーレムはこう書いている。「この事柄の眼目はしかし、一九四九年にプラハで私に説明されたとおり、ユダヤ人の証言者が誰一人、法廷で証言することに同意しなかったことにあります。しかも、私はこう言われたのです。ムルメルシュタイン自身がユダヤ人に関してどんな証言をしていようと、どのみちチェコの法廷は道徳的に正当な資格を有していなかっただろう。というのも、法廷はヒトラーの支配下でもいそいそと仕事をし、新たなチェコ国家でも元気に仕事を続けているような裁判官で占められていたから、と」（NLI. Arc 4. 1599. Arendt Corr.）。

11　社会学者、パウル・エップシュタインは一九四三年に「ユダヤ人最長老」に任命されていた。彼は一九四四年にきちんと説明されていない理由でゲシュタポによって逮捕され、射殺された。――「評価が分かれている」というのは、H・G・アドラーの本『テレージエンシュタット』における記述と関わっているのかもしれない。そこでは、エップシュタインについてこう言われている。彼は確かに「冷酷非情な人間」ではなかったが、「虚栄心が強く」、「ひ弱」だった。「彼は勇気とは無縁だった」(Adler, *Theresienstadt*, S. 116)。また、以下のショーレムの一九六三年一一月八日付のアドラーへの書簡も参照――Scholem, *Briefe* II, S. 111f.

12 「そのイメージ(被告に関する全体的イメージ)は、アドラーの本を裁判資料に加えていたなら、実際に本質的に損なわれていただろう。というのも、彼の伝えていることは、検察側がテレージエンシュタットの問題群に組み込んだ重要証言者の発言、すなわち、アウシュヴィッツに指定された個々人をアイヒマンが自ら個別に選抜したという発言と矛盾するからである。しかしとりわけ、すべての収容所におけるカポ〔囚人頭〕制度の役割と、とくにアウシュヴィッツにおけるユダヤ人特務班の働きについては一般に知られているとはいえ、迫害者と犠牲者のあいだに一貫して明確な分割線を引いてきた限りにおいては、検察側の全体像は損なわれたことだろう」(Arendt, *Eichmann*, S. 156〔『イェルサレムのアイヒマン』九四―九五頁〕)。

13 quaternio terminorum. ラテン語で「概念の倍加、誤った推論」。

14 ポーランドの小都市、ピョトルクフの最後のラビ、モーゼス・ハイム・ラウは、戦争の直前からトレブリンカ絶滅収容所へ移送されるまでのあいだに、迫害に際しての態度についての本、『御名の聖化』(ヘブライ語の本)に取り組んだ。それは一九六三年にイスラエルで『御名を聖化する道』(ヘブライ語、テルアビブ)として出版された。

15 手紙の欄外にアーレントの手書きの注記――「私のテーマではない」。

16 以下の、とくに一九三五年一二月一五日付のトゥホルスキーのアルノルト・ツヴァイク宛の書簡を参照――Kurt Tucholsky, *Ausgewählte Briefe 1913–1935*, hg. von Mary Gerold-Tucholsky und Fritz J. Raddatz, Hamburg 1962.

17 Non Sequitur. ラテン語で「そこからは帰結しない」。

18 ハンナ・アーレントによって考えられたアイヒマンに対する判決の結論は、同時に彼女の本の結びでもあって、そこにはこう書かれている。「したがって、残っているのは、次のことのみである。すなわち、あなたとあなたの上司に、この地上で誰が生きるべきで誰がそうでないかを決定する権利があるかのように、ユダヤ民族およびその他の一連の民族集団とこの地上を分かち合いはしないという意志が告知されている政治を、あなたが促進し、ともに実行した、ということである。そのようなことを望み、実行に移した人間とともにこの地上に生きるということを、人類に属する誰からも期待することはできない。これが、あなたが死ななければならない理由であり、唯一の理由である」(Arendt, *Eichmann*, S. 329〔『イェルサレムのアイヒマン』二一五頁〕)。

19 ゲルショム・ショーレム「アイヒマン」。以下に掲載――*Amoth*, August/September 1962, S. 10f.

20 アーレントは「まさしくドイツ人に対する私たちの立場のゆえに、死刑の実行をなぜ歴史的に誤りと私が見なしているか」という一節に下線を引いている。

21 「自分の新しい部下(アイヒマン)に彼〔アイヒマンの上司、フォン・ミルデンシュタイン」は、まずヘルツルの『ユダヤ人国家』を読むように勧めた。［…］彼はすぐさまそれを果たした。それは、彼がそもそもはじめて読んだ真面目な本だったようで、消えることのない印象を彼に与えた。そのときから彼は「シオニスト」になった」。別の箇所でアーレントはこう書いている。「ここで私たちはふたたび知らされるのだが、彼、アイヒマンはヘルツルの夢を実現し、「散らばった」ユダヤ人たちを集め、彼らに一つの故郷を授けようとするのである」（両方の引用は以下から――*Eichmann in Jerusalem*. S. 113）(2)。

22　アーレントは「悪の凡庸さ」という箇所に下線を引いている。

23　「根源悪」という表現がアーレントによって下線を引かれている。

24　「決まり文句」という言葉をアーレントは丸で囲っている。

（1）　ヘブライ語で「中欧からの帰還者組織」。イスラエルに住むヨーロッパからの移住者の連合組織で、利益代表機関。

（2）　この原注では、両方の引用を同一ページからとしているが、これは間違いで、あとの引用は第五章の後半から。邦訳『イェルサレムのアイヒマン』では前者が三一頁、後者は六三頁。ただし、六三頁の邦訳はドイツ語版と比べるとかなり簡略化されている。

133

アーレントからショーレムへ

ニューヨーク、一九六三年七月二〇日

［レターヘッド　ハンナ・アーレント］

ハンナ・アーレント〔原文は大文字〕

ニューヨーク州、ニューヨーク市二五

リバーサイド・ドライヴ三七〇

一九六三年七月二〇日

親愛なるゲアハルト様、

八日前に帰宅したときにあなたの手紙に気づきました。五カ月も家を空ければどんな様子になるのか、あなたもよくご存知でしょう。私は、本当に最初の落ち着けるわずかばかりの時間にあなたへの手紙を書いていますが、この手紙は、本来そうあるべきほどに詳細なものではないかもしれません。

あなたの手紙には、単純な間違いであるために、議論の余地のないいくつかの主張が存在しています。私たちが本当に議論するに値する事柄へといたるために、それらをまず先に取り上げておきたいと思います。

私は「ドイツ左翼出身の知識人」の一人ではありません。私たちは若いころに知り合っていたのではありませんから、あなたがそのことをご存知のはずはありませんね。それは、私が決して自慢することなく、とりわけこの国でのマッカーシー時代以後、自分の経歴としていやいや認めている一つの事実です。私は若いころには歴史にも政治にも関心がなかったために、マルクスの重要性をとても遅れてようやく認識しました。もし私が、総じてどこかの「出身」であるとすれば、それはドイツ哲学からでしょう。

二つ目の事実に関しては、残念ながら、知ることができなかったとあなたは述べることはできません。あなたが、「私はあなたを徹底的にこの〔つまり、ユダヤ〕民族の一員以外の何ものでもないと見なしています」と書かれたことは、実際、私を奇妙な気持ちにさせました。事実として、私はこれまで一度も自分以外の何ものかであるかのように振る舞ったことはありませんし、ほんの少しでもそのような誘惑を感じたこともありませんでした。そんなことをすれば、私が男性であって女性ではないと言うのと同じくらい、突拍子もないことのように私には思えるでしょう。当然ながら、私はこの次元でユダヤ人問題が存在することを知っていますが、それは決して私の問題とはなりませんでした。

子供時代にも、一度たりともそうではなかったのです。ユダヤ人であることは、私にとっては、私の人生の疑う余地のない所与の事柄の一つであって、私はその事実を別のものに変えたいとは決して思いませんでした。あるがままのもの、つまり所与のものであって作られたのではないもの、〈ピュシス〉〔希〕〔自然〕であって〈ノモス〉〔希〕〔習慣〕ではないもの、そういったものへの根本的な感謝という気持ちは、政治以前のものです。しかしながら、ユダヤ人の政治的状況といった尋常ならざる状況下においては、こうした感謝の気持ちは、いわば否定的な意味での政治的な帰結をももたらします。そうした心情は、ある一定の振る舞い方を不可能にします。あなたが私の叙述のなかに読み取っておられるのは、まさしくそうした振る舞いだと私には思われます(別の例を挙げてみましょう。ブルーメンフェルトに対する追悼文の中で、ベン＝グリオンは、イスラエルでブルーメンフェルトが名前を変えなかったことを遺憾に思う、と述べました。ブルーメンフェルトがそうしなかったのは、当然ながら、若いころに彼をシオニストにさせたのとまったく同じ心的態度に由来したのです)。私は、このことに関する私の考え方はあなたに馴染み深いものと思っていました。あなたがどうして私が収まらない、これまで一度も収まったことのない引き出しに、私を整理するのか、私には理解できません。

　さて、本題に入りましょう。最後の点とすぐに繋げるために、〈アヘァヴァース・イスラエル〉〔へ〕から始めたいと思います（ところで、いつからこの概念がヘブライ語とヘブライ語文献のなかで一つの役割を果たすようになったのか、それが最初に登場したのはいつだったのか、等々を、あなたが教えてくださればとてもありがたく思います）。私がそのような「愛」をまったく持っていないことに関して、あなたはまったく正しいのです。そこには二つの理由があります。第一に、これまでの人生で、何かある民族や集団、ドイツ民族であれ、フランス民族であれ、アメリカ民族であれ、さらにたとえば労働者階級やその類いの他のどんなものであれ、その種の集団を、私は一度も「愛した」ことなどないのです。実際、私は友人たちだけを愛するのであって、その他の愛など完全に不可能です。第二に、ユダヤ人に対するその愛は、私自身がユダヤ人であるために、私には疑わしく思われます。私自身や、何らかの形で私の実質に関わっていると自分が知っているものを、私は愛したりはしません。このことを明確にするために、あなたにゴルダ・メイールとの会話をお伝えしたいと思います。ところで私は、彼女のことをとても気に入っていましたので、以下の内容にどのような種類の個人的な敵意も読み取られないよう、お願いします。私たちは、彼女が擁護する――私の見立てでは致命的な結果を招くと思われる――イスラエルにおける宗教と国家の不可分性について話し合いました。そのとき彼女が述べたのは、私はもはや正確な言葉遣いを思い出すことができないのですが、次のような趣旨のことでした。「あなたはきっと理解してくださるでしょう。社会主義者として、私は神を信じていませんが、ユダヤ民族を信じているのです」。私の見解では、これはぞっとするような発言であり、私はあまりに愕然としてしまったために返事をしませんでした。とはいえ、こう答えることができたでしょう。この民族の偉大さは、神を信じたことにかつてはあり、しかも神への信頼と愛が神への怖れよりも遥かに勝《まさ》っているような仕方で、神を信じたことにありました。その民族がいまやひたすら自分自身だけを信じているのですか？　そこから何が生じるのでしょうか？[1]――したがって、この意味において私はユダヤ人を「愛して」も「信じて」もいないのであって、もっぱら当然のこととして、事実として、この民族に属しているだけなのです。

　この問題を政治的に語ることもできるでしょうし、そうなれば、私たちは愛国心の問題について語り合う必要があるでしょう。いかなる愛国心も、絶え間ない対立と批判なしには存在し得ないことについては、私たちは双方とも一致しているでしょう。この問題のすべてにおいて私があなたに認めることができるのは、唯一つの事柄のみです。すなわち、私自身の民族によって犯された不正は、他の民族によって犯された不正よりも、当然ながら私をいっそう腹立たしい気持ちにさせる、ということです。[2]

あなたが最初にあの本を読まれたのが、イスラエルのユダヤ人とアメリカのユダヤ人の側からのあの本への歪曲キャンペーンが始まってからだったことを、残念に思います。困ったことに、そうした事柄から影響を受けない人はきわめて少数です。もしもあなたが、いわゆる世論によって、しかも今回の場合は巧みに操作された世論によって、影響を受けることなく、先入観に捕われずにあの本を読まれたのであれば、以下の問題についてあなたが誤解されるなどということは、私にはとても考えられません。つまり、当然ながら私は決してアイヒマンを「シオニスト」に仕立て上げたりしませんでした。あなたがあの文章の持つアイロニー、実際、おまけにきわめて明瞭に間接話法で、つまりアイヒマン自身が自らを表現している仕方で語っているあの文章の持つアイロニーを理解されなかったのであれば、私はまったくお手上げです。本の刊行以前のかなりの数の読者たちは、この点についてまったく疑いを持っていなかったことだけはあなたに保証できます。さらには、なぜユダヤ人が「殺されるがままになっていたのか」という問いを私は決して提示したのではありません。私はその問いを掲げたハウスナーを弾劾したのです。[3] ヨーロッパには、直接的なテロルの重圧下で、ユダヤ人とは違った形で振る舞ったいかなる民族も集団も存在しませんでした。私が投げかけた問いは、単純に裏切り者だったと言うことができない、ユダヤ人幹部たちの協力、しかも最終解決の時期の協力です（裏切り者も存在しましたが、それは関心の外にあります）。言い換えれば、どの時期に設定するかによりますが、一九三九年もしくは一九四一年まで――すべてはまだ理解し得ること、仕方のないことだったのです。問題はそのあとに始まりました。この件は裁判でも申し立てられましたし、そのためこの問題を避けることはできませんでした。そこには私たちに関わる「克服されざる過去」の一部が存在するのです。「バランスのとれた判断」を下すことはまだできないという点については、ひょっとするとあなたが正しいかもしれません――私はそれを疑わしく思っていますが。それでも、私たちが判断を始めるときにのみ、しかもしっかりと判断を始めるときにのみ、この過去を終わらせることができるのだ、と私は信じています。この件に対する私の判断は明確に述べましたが、あなたはどうやら理解されませんでした。抵抗の可能性はなかったとしても、何もしない可能性は存在したのです。そしてこの何もしないために、人は聖人である必要はありません。次のように言いさえすればよかったのです。私は〈普通の〉[4]〔へ〕ユダヤ人であって、それ以上の存在であることは望みません、と。すべての場合において、ああした人々が絞首刑に値するかどうかは、まったく別の問題です。ここで議論されるべきことは、彼らが自分自身に対して、そしてまた他人に対して、釈明してきた論拠です。そのような論拠について私たちには判断をする資格があります。あれらの人々もテロルの直接的な圧力下にあったのではなく、間接的な圧力下にあっただけです。こういった事柄に程度の違いがあったことを、私はよく理解しています。そこには依然として常に自由に決意し、自由に行動する余地が存在していました。それはこんにち私たちが知っているように、ＳＳの殺戮者たちのあいだにも、限定的な自由の空間が存在していたのとまったく同様です。彼らは、私はそれに参加しない、と言うことができました。それで、彼らの身に何も生じなかったのです。政治において私たちが関わり合うのは〔普通の〕人々であって、英雄や聖人ではないのですから、システムではなく個人を判断する際にこの〈不参加〉〔英〕の可能性が決定的なのは、明らかです。

　そして、私たちがアイヒマン裁判において取り組まねばならなかったのは、一人ひとりの個人でした。私が自分の報告で語ったのは、裁判それ自体のなかで登場した事柄についてだけです。その結果、あなたが語っている聖人について私はまったく述べることができませんでした。代わりに私は、抵抗運動の闘士たちに限定しなければなりませんでした。私が説明しているとおり、この抵抗運動は、抵抗がそもそもまったく存在し得なかった状況下で行われたために、それだけいっそう高く評価されねばなりません。ハウスナー氏が召喚した証人たちのなかに聖人は一人もいませんでしたが、まったく汚れのない人物がただひとりいました。私が詳しく報告した老グリュンシュパンです。[5]ドイツ側にももちろんやはりそういう人々が、私が言及したよりももう少し多く存在しました。私はシュミット軍曹ただひとりに話題を留めざるを得ませんでした。[6]裁判では、他のどんな名前にも言及されませんでしたし、他のどんな事例も提示されなかったからです。

　強制収容所内では犠牲者と迫害者のあいだの境界自体が消し去られたこと、しかも計画的・意図的に消し去られたということを、私は『全体的支配の諸要素』〔『全体主義の起源』ドイツ語版〕のなかで詳しく記述しました。繰り返しますと、そのことで私が考えているのは、罪に対するユダヤ人の関与ではありません。それはシステムの問題だったのであって、実際のところそこにいたユダヤ人とはほんの少しも関係のないことです。

まえもって保証されていなかったり、誰もが理解するつもりがなかったりする意見であっても、とにかく耳を傾けようという態度が、シオニストの集団のなかで、どれほど忘れられてしまったか。そのことを知らなければ、私の本が「シオニズムに対する嘲笑」であるという見解にあなたがどのようにしていたることができたのか、私にはまったく理解できないでしょう。あるシオニストの友人はまったく無邪気に、とくに最終章（法廷が権限を持つこと、〔アイヒマンの〕拉致の正当化）は並外れて親イスラエル的だ、と私に述べましたが、もちろんそのとおりです。あの本であなたを混乱させているのは、私の議論と思考方法があらかじめ見通せないものだ、ということです。言い換えれば、私が何にも依存していないということです。何にも依存していないということで私が考えているのは、一方では、私がいかなる組織にも属しておらず、いつも自分の名のもとでのみ語っているということであり、他方では、自分の思考だけが自分の糧になるのであって、私の結論にあなたがどんな反論をなさろうと、それが他の誰でもない私が考え出したものであることがあなたにとって明白でない限り、あなたが私の結論を理解されることはないだろう、ということです。

あなたがあなたの手紙に死刑宣告の執行に反対するあなたの論拠を「盛り込」まれなかったのは、残念です。というのも、この問題を議論するなかで、たんなる推測上のものではなく現に存在している私たちの相違点を、もっとも明瞭に明らかにすることができたかもしれない、と私は考えるからです。あなたは、あれは「歴史的に誤り」だった、と述べました。私の考えでは、死刑宣告は、たんに政治的[7]（ここでは歴史的なことが問題ではありません）に正しかっただけでなく、判決を執行しないことはまったく不可能であったと思います。死刑判決を執行しなくて済んだとすれば、それは、ヤスパースの提案に従って、アイヒマンを〈国連〉〔英〕にいわば「引き渡し」していた場合だけでしょう[8]。そんなことは誰も望んでいませんでしたし、おそらくそれは不可能でもありました。だから、彼を絞首刑にするほかなかったのです。恩赦は問題になりませんでした。とはいえそれは、法律的な理由からではなく――むろん、恩赦は司法装置の外部に位置しています――恩赦は、行為とは区別した形で、人物に対して適用されるからです。恩赦は殺害を赦すのではなく、殺害者が彼の行為以上の存在であると[9]いう理由から、その人物を赦すのです[10]。

最後の最後に、あなたが私を誤解なさらなかった唯一の問題に移ります。あなたが気づいてくださってうれしく思ったその点について、いまはただ、ごく短く言及するに留めたいと思います。〈私が考えを変えたこと〉〔英〕、そしてもはや根源悪については語っていないということについて、あなたはまったく正しいです。私たちは長いあいだお会いしていませんが、そうでなければ、私たちはこの点についておそらく語り合っていたかもしれません。よく分からないのは、どうしてあなたが「悪の凡庸さ」という表現を「決まり文句」と呼ぶのか、ということです。私の知る限り、これまで誰もこの言葉を用いたことはありません。とはいえ、それはたいしたことではありません。実際のところ私はいまでは、悪は常にただ極端であることはあっても決して根源的なものではなく、深みを持たず、また魔力Dämonieも有していない、と考えています。それはまさに、菌のように表面に生え拡がるからこそ、全世界を荒廃させ得るのです。それに対して、深く、根源的であるのは、常に善だけです。あなたがカントにおける根源悪を読み返されるなら、カントが通常の意味での悪徳以上のものを考えていないことを理解されるでしょう。それは心理学的な概念であって形而上学的な概念ではないのです[11]。とはいえ、すでに申しましたように、この点についてこれ以上述べようとは思っていません。なぜなら、この点についてはもう一度、別の文脈で詳しく論じようと考えているからです。

けれども、私が考えていることの具体的なモデルは、おそらくアイヒマン氏であり続けるでしょう。

あなたはあなたの手紙を公開することを提案し、それについて私に何か異論があるか、お尋ねです。三人称への書き換えはしないほうがよいと、言わせていただきたく思います。この論争の価値は、手紙という性格を持っていること、友情という基盤のうえで交わされたものであることにあります。もしもあなたがあなたの手紙と一緒に私の返信も公開するつもりであるなら、もちろん、それに異論はありません。しかし、書簡の形式のままにしておきましょう。私がまだ読み終えていない、カバラーの哲学についてのあなたの卓越した本については、また別の機会といたしましょう。

あなたの古くからの友人

ハンナ〔手書き〕

〔NLI、ショーレムの遺品。原本。タイプライター原稿〕

1　アイヒマン裁判のためのイスラエルでの最初の滞在のあと、アーレントは一九六一年五月八日、バーゼルのクラフト・ホテルから、レニ・ヤヒルに宛てて以下の手紙を書いた――ヤヒル自身は歴史家で、夫はイスラエルの外務省に勤めていた。

ヤヒルは、アーレントとゴルダ・メイールの会合の手筈を整えた。「ぞっとするのは、単純に次のことにありました。ともあれ数千年のあいだ、義人たちよりも神を信じたこの民族が、彼らの宗教のなかの、ハイネが正しくも古代エジプト的な不健全な信仰と呼んだものにしがみつき始めている、ということです。彼らが固執する理由は、「ユダヤ民族を信じること」、したがって自分自身を信じることが役に立つからです。それは、敢えて言いますと、本当の偶像崇拝です。あなたの友人〔メイール〕が感じのよい人であり、過去においてもそうであったのと同様に、その偶像崇拝者たちがどれほど感じのよい人々であり得るとしても」(LoC. Box 12)。

2 『ノイエ・チューリヒャー・ツァイトゥング』に掲載するために、アーレントは若干の修正を行った。この部分には、彼女は以下の文章を挿入した。「くわえて、実際のところ、私には政治における「心」の役割はきわめて疑わしく思われます。私と同様あなたもよくご存知のとおり、事実を報告した者には、「心の礼儀」が欠けているという非難がどれほど頻繁に浴びせられてきたことでしょう。感情が公的に見せびらかしにされれば何が生じるか、それについては、私の本『革命について』で、革命家たちの性格描写を行った箇所で同情について説いた際に詳しく論じています」――アーレントの修正については、第136書簡も参照。

3 主席検事ギデオン・ハウスナーは、アイヒマン裁判で検察側を主導した。

4 『ノイエ・チューリヒャー・ツァイトゥング』の掲載版では、〔ヘブライ語ないしイディッシュ語の poscheter からドイツ語の〕「単純な einfacher」に置き換えられた。

5 ジンデル・グリュンシュパン[1]はアイヒマン裁判で、自分はハノーファー出身の食料品商人であり、ポーランド国籍のユダヤ人として、一九三八年一〇月にドイツから追放された、という経緯を報告した。アーレントは、ほとんど本の二ページもの長さにわたって彼の陳述を引用して、他のどの証言者も「この老人の非の打ちどころのないありのままの正直さ」に匹敵することはなかった、と注釈している(*Eichmann in Jerusalem.* S. 343〔『イェルサレムのアイヒマン』一七七―一七八頁〕)。

6 抵抗運動の闘士アバ・コヴネルは、アイヒマン裁判で、ドイツ軍の一員だったアントン・シュミット軍曹について証言した。シュミットは、戦時中に偽造証明書でコヴネルと他の人々の命を救った――コヴネルが強調したように、金銭を受け取ることなしに。シュミットは一九四二年に逮捕され、処刑された(*Eichmann in Jerusalem.* S. 343-344〔『イェルサレムのアイヒマン』一七八頁〕)。

7 『NZZ』の掲載版では、「政治的そして法的に」と付け加えられている。

8 『NZZ』の掲載版では、「アイヒマンを国連に引き渡すよう試みていたならば」と書き直されている。

9 『NZZ』の掲載版では、「あり得ること」と書き直されている。

10 『NZZ』の掲載版では、次の文章が続いている。「それ

〔恩赦〕はアイヒマンには該当しませんでした。彼に恩赦を与えることなく生かすことは、もうすでに純粋に法的に不可能でした」。——人物〔人格〕のもつ「より以上」については、以下の赦しについての章末〔第三三節の結び〕も参照——*Vita Activa*, S. 238〔『活動的生』三三〇頁〕。

11　この文章は『NZZ』の掲載版には欠けている。

（1）ジンデル・グリュンシュパンは、パリのドイツ大使館でエルンスト・フォム・ラートを射殺したヘルシェル・グリュンシュパンの父。ナチはこの事件を一九三八年の一一月ポグロムの際、宣伝に利用した。

134

［ショーレムからアーレントへ
エルサレム、一九六三年八月六日］

ゲアハルト・ショーレム教授

エルサレム、一九六三年八月六日
アバルバネル通り二八

ハンナ・アーレント博士様
ニューヨーク州、ニューヨーク二五
リバーサイド・ドライヴ三七〇

親愛なるハンナ様、

お手紙、ありがとうございます。私たち二人の手紙をそのままの形で公表するという提案、承知しました。あの二通の手紙を併せて掲載してくれるかどうか、とりわけこちらの国内でまず一度、〈イルグーン・オーレイ・メルカズ・エイローパ〉〔へ〕の『ミットタイルングスブラット』[1]と話し合いました。

しかし、それに先立って、ゴルダ・メイール氏に問い合わせ、あなたの手紙の二ページ目にある、私的な会話からの引用を公表してもよいか、確認しておきました。あなた同様メイール氏も、その会話の正確な言葉遣いをもう覚えていません。そのため彼女は、彼女との会話に言及しないか、あるいは彼女の名前を匿名にするか、どちらかがよいと提案しています。このやり方に従えば、あなたの手紙の当該箇所はおよそ次のようになるでしょう。

「私が言おうとしていることを明確にするために、指導的な立場にいるある政治家とイスラエルで私が交わした会話について報告したいと思います。その人物は——私の見立てでは致命的な結果を招くと思われる——イスラエルにおける宗教と国家の不可分性という考えを、擁護しました。

その際その人物は、私はもはや正確な言葉遣いを思い出すことができないのですが、次のような趣旨のことを口にしたのです。「あなたはきっと理解してくださるでしょう。社会主義者として、私は神を信じていませんが、ユダヤ民族を信じているのです」。私の見解では、これはぞっとするような発言であり、私はあまりに愕然としてしまったために返事をしませんでした……[2]」。

二、三日のうちに旅に出ますし、この件を事前に片付けておきたいと思いますので、ここで提案した、あなたの手紙の元々の文章の変更に同意してくださるか、電報で知らせていただければとてもありがたく思います。

ヨーロッパで〔『〕ノイエ・チューリヒャー・ツァイト〔ゥング〕〔』〕の編集者（あなたの本の批評を書いた人物です）[3]に、これらの手紙を見せるつもりです。あの新聞なら手紙に相応しいと思うからです。

一八日に出発します。連絡先は、九月四日まではアスコナ（ホテル・タマロ）、一〇月一日まではコペンハーゲン（ホテル・コーダン）となります。出発前に、あなたの手紙についてもう少し書き送ります。取り急ぎ——心からのご挨拶を、ゲアハルト。

〔LoC、アーレントの遺品。タイプライター原稿。最後の二段落は手書き。さらに、手紙の右上には手書きでアーレントの次のようなコメントがある。「〈八月一〇日、テクスト変更了承／あとで手紙送付〉[4]（英）」〕

1　『ミットタイリングスブラット』（ドイツ語雑誌）の編集部は、リード文で、この二通の手紙の掲載についてこう説明している——『ニューヨーカー』のアーレントの報告記事は、ユダヤ社会の世論で、またそれを超えて、「活発な議論と強い反応」を引き起こした。MB〔『ミットタイリングスブラット』〕もすでに、二つの寄稿を掲載している。さらに、つい先日、〈ドイツ・ユダヤ人評議会〉（英）の編集で『アイヒマン裁判のあとで——ユダヤ人の振る舞いに関する論争について』（テルアビブ、一九六三年）という本が出版された。この本には、〈ドイツ・ユダヤ人評議会〉（英）の代表ジークフリート・モーゼスの序言に加えて、アドルフ・レシュニッツァー、クルト・レーヴェンシュタイン、エルンスト・ジーモン、ハンス・トラマーの論考、そしてマルティン・ブーバーによるあとがきが収録されていた。「ゲアハルト・ゲルショム・ショーレム」と、ハンナ・アーレントの二通の手紙は、「私たちの考えによれば、本のなかでハンナ・アーレントによって展開されている議論を評価するために、たいへん重要である」。

2　手紙は、この変更を加えて公表された。

3　『ノイエ・チューリヒャー・ツァイトゥング』の編集者エーリク・シュトライフは、アーレントの『エルサレムのアイヒマン』を詳細に批評した（»Eichmann in Jerusalem. Eine kritische Darstellung des Kriegsverbrecherprozesses«, in: **NZZ**, 22. Juni 1963, S.3）。その書評は次の文で終わっている。「ハンナ・アーレントの本は敵対視され続けるだろうが、また、おそらく多くの人に誤解され、誤って解釈されることにもなると、予想できる。けれども、深いエートスとあらゆる人間の尊厳に対する燃えるような信仰告白のドキュメントとして、この本はそれ自体において、人間性のドキュメントである」。

4　この手書きのメモから読み取れるように、アーレントは、八月一〇日に「〈テクスト変更了承／あとで手紙送付〉〔英〕」という電報を、エルサレム、アバルバネル通りに送った。彼女はこの手紙のなかのこの住所に下線を引いていた。ショーレムは、第135書簡のなかで、この類の電報が届いた旨を伝えている（電報自体は見つかっていない）。

135

［ショーレムからアーレントへ
エルサレム、一九六三年八月一二日
エルサレム、ヘブライ大学、人文学部用箋］

エルサレム、一九六三年八月一二日

親愛なるハンナ様、

テルアビブにある、いわゆる〈オーレン・ゲルマーネン〉[1]〔ヘ〕が発行する（広く流布している）〔『〕ミットタイルングスブラット〔』〕の付録として、今週末には私たちの往復書簡が公表されるだろうと思います。航空便で、見本を一部お受け取りになるでしょう。あなたの手紙にあるゴルダ・メイールに関する文面を、同意してくださった電報の主旨に従って、変更しておきましたので、手紙には私の提案した文章が含まれています。私のカバラー本を引き合いに出してくださっている、あなたの手紙の結語は、削除しました。うまくゆきそうならば、私たちの往復書簡をヨーロッパの論壇でも発表するつもりです。あなたの書評を書いたシュトライフ博士が編集者を務める〔『〕〔ノイエ・〕チューリヒャー・ツァイトゥング〔』〕でもいいです。私は、彼に私たちの文書を見せるつもりです。また、どこか他に相応しいところがあれば、そちらでも構いません。もう少し、あなたのお手紙についてコメントしておきたいと思います。その手紙は、部分的には私の発言を確証するものですが、部分的には私にとって実際のところ奇妙なものです。

　打ち明けねばなりませんが、ドイツの左翼出身の知識人にあなたが属しておられないということは、まったく初耳であると同時に、理解不可能でもあります。私が思い出すのは、あなたとあなたの最初の夫が一九三三年以前に過ごしていた歳月について、私たちがパリで交わした活発な会話です。とはいえ、それはあなたが言われるとおりとしておきましょう。だとすると、私はまさしく夢を見ていたに違いありません。あなたがユダヤ民族の一員であると私は書き、その問題を過度に強調しましたが、あれは、あなたがそこから理解されたことと正反対の意味を持っています。あの文章は、近頃ポストシオニズム的な同化主義者と特徴付けられているものと自分を見なしている連中全員——こうした人たちは大勢いて、それをあなたに隠しておくことはできません——にあてつけた返答でした。つまり、ユダヤ民族との関係を断った、あるいはどうにか可能であれば進んで断ちたい、等々という意見を持った人々への返答だったのです。私があなたにあの文章を書いたとき、私が言おうとしていたのは、私が決してあなたの批判者であるこのグループに属しておらず、この事柄に関してあなたと同意見だということです。この議論に関するあらゆることで、あなたはとても過敏になり、張りつめておられるので(もちろんとてもよく分かります)、あなたの批判者たち、それに私に対しても、上から誘導され、操作されたキャンペーンの犠牲者の役割を与えたがっています。私に関しては、この運動の多かれ少なかれ無害な犠牲者だと思われているようです。本来私はそれについて何か知っておかねばならない立場に違いないのですが、そうしたキャンペーンが、イスラエルの側から「始められた」のかどうか、強い疑念を持っています。あなたの本は読者を憤慨させましたが、それを文字で表現するために、彼らは組織化してゆく手立てを決して必要としませんでした。あなたはまったくきわめて重要な問題を提起されましたが、自らこの問題の核心に迫る通路を自分自身に対して閉ざされてしまったと私は考えていますので、問題のその側面を、この地での少なからぬ会話の機会に強調しましたし、あなた宛ての手紙でもお伝えしました。あなたの書き方、とくにアイロニーを意図していたと私におっしゃっている書き方に対する誤解が、「操作」されることなしにも可能であったことは、私には明白に思われます。あなたのアイロニーはきわめて繊細なので、私だけでなく、他の人たちもまたそれに気づくことができませんでした。アイロニーはあの文脈では考え得る限り最悪の形で持ち出されていた、と私は言っておきたくも思います。あなたのように、シオニズムについて書いてきた、あるいはいまなお、つまりあなたの本のたくさんのページでのことですが、書き続けている人ならば、アイヒマンのシオニズムへの改宗に関する文章の持つアイロニーに読者が気づかなかったとしても、あまり驚いてはいけません。私はあの文章を読み返しましたが、いまだにそれにほとんど気がつかないままです。あのアイヒマンのスキャンダラスな無駄口に対して、あなたの側からいかなる明確な立場も取られていませんし、あなたはあのような発言をいっさい批評しようとされていません。その一方あなたは、他の権力機構に対しては、きわめて力強く、直截に、アイロニーなどまったく用いずに言葉を発する術を心得ている方です。こうしたことは、あのように繊細に紡がれたアイロニーにとっての、効果的な要因では決してありませんでした。

あらかじめ保証されているのではない意見、あるいは、誰もが、たとえば私が、理解するつもりのない意見でさえも、とにかく耳を傾けるという態度を、私は忘れたとは思いません。あなたの記述に触れて私を反論へと駆り立てるのは、あなたの考えのなかのあらかじめ保証されていないものではなく、心の冷淡さと判断の確信ぶりです。あなたの判断の確信ぶりは、決定的な箇所でまったく根拠のないものと私には思われます。決定的な箇所――そのことで私が考えているのは、とくに、まさしく〈不参加〉〔英〕について語っておられるところです。あなたはそれを、決して個々のユダヤ人にとってではなく、数百万の人々にとって可能性のある、人間的あるいは政治的な解決策として事後的に持ち出し、いわば後知恵で尺度にされています。これが、すでに書いてもいるように、他の何にもまして私がもっとも支持できない点です。そうした手立てが何らかの本格的な規模で――それが〈否が応でも〉〔羅〕（たとえば外部からの圧力のもとで）語られざるを得なくなる規模で――実現される見通しが存在したことを示す証拠を、そうした手立ての前兆に接したときのナチスの反応という観点からも、ユダヤ人社会の社会的・心理的な現実という観点からも、あなたはほんのわずかも提示されませんでした。あなたが推奨されているのは、ただ紙の上でのみ考えられ、主張され得るものであって、ドイツやポーランド、リトアニアやラトヴィア、そしてルーマニアの何百万人ものユダヤ人たちが置かれていた条件のもとでは、どのような意味でも真剣に考えたり、主張したりできないものです。あの条件のもとでは、彼らはアトム化せざるを得なかったのです。つまり、その反ユダヤ主義的心情とドイツ人にいそいそと協力する態度についてはいかなる幻想の余地もない諸民族のただなかに、彼らは置かれていたのです。ポーランド人やラトヴィア人、あるいは私たちの愛すべきドイツ人たちが、散り散りになり、各々住まいを求めていた大量のユダヤ人たちを受け入れ、彼らの命を救っていたなどと、どうしてあなたは想像できるのか、私は知りたいものです。そうしたことはすべて、私にはまったく非現実的だと思われます。反対に私はこう言いたく思います――もしユダヤ人たちがまさしくそうしていたとすれば、彼らはいま非難されているだろうと私は考えます。なぜお前たちは、自分たちの迫害者のもとへすぐに向かっていく代わりに、どうにかして自分たちを組織しなかったのか、そうすれば、もしかすると数万人が生き残る、もっと高い可能性があったかもしれないのに、と。私はこうした考えからは、議論の糸口も掴めません。ポーランドでユダヤ人たちがドイツ人を知っているとすれば、第一次世界大戦における彼らの態度の思い出を通じてだけでした。当時の彼らの態度は、ポーランド共和国が存続した二〇年間のあいだ、彼らが日々覚悟せねばならなかったポーランド人たちの態度に比べて、計り知れないほどずっと友好的だったのです。そこで、あなたの本にあるような牛乳売りの少女の計算(1)を持ち出すことにどのような意味があるのでしょう？　どのような手立てが「正しい」ものであったか、私には分かりません。答えを知っていると主張されているにもかかわらず、あなたもまたその答えを知らないというのが私の反論です。

アイヒマンの処刑について私は異なった考えを持っていますが、世間、そしてあなたもまた、現下の状況では、この件に関する私の考えが非現実的である、と非難することでしょう。私の主張の眼目は、ドイツ人たちの過去との取り組みを、私たちが行ったように、どんなことがあってもアイヒマンの死をつうじて緩和してはならない、ということでした。イスラエル人がアイヒマンを絞首刑に処したとき、ドイツのマスメディアのいたるところから、またその他のところからも、深い安堵の息が聞こえてきました。いまやあの男は万人の代表者であり、そうであり続けるでしょう。この考えは、私を甚だ不快な気持ちでいっぱいにします。あの文書に署名した者は誰ひとりとして恩赦のことを考えたりしていませんでした。考えていたのは、執行しないことでした。

悪と、官僚化による悪の凡庸さ（あるいは官僚制における悪の凡庸化）を、あなたは証明したと思っておられますが、私はその論拠にまったく納得していません。その問題についてはいつかきっと話し合うことになるでしょう。ひょっとするとそういったことが存在するかもしれませんが、その場合には、哲学の領域で違った形で論じられねばなりません。思うにアイヒマンは、SSの制服を着て歩きまわり、みんなが彼に慄いている様子を楽しんでいたとき、あなたがいまアイロニーを用いて、あるいは用いずに、私たちに理解させようとしているような凡庸な男ではありませんでした。私はまったく賛同しません。〈状況がよかったときの〉〔英〕、ナチの高官のインタビュー、ユダヤ人に対する彼らの振る舞いに関する記述をたっぷり読みましたので、事後的な評価のなかで行われるあの無害化には、疑念を持って対処できます。あの連中は、実にまだ可能な限りの最大限の悪を、ここぞとばかり享受したのでした。宴のあとでは、もちろん違った具合に読まれるものなのでしょう。きょうはここまでとします。いつか本当に、私のカバラー本について書いてくださることを願っています。ひょっとするとあなたはもう気づかれているかもしれませんが、あの本に私は多くのものを詰め込みました。

心からの挨拶を

あなたのゲアハルト〔手書き〕

〔LoC、アーレントの遺品。原本。タイプライター原稿〕

1　ヘブライ語「オーレイ・ゲルマーニア」のくだけた表現。『ミットタイルングスブラット』を発行していた組織は、一九三八年まで「ヒトゥアハドゥト・オーレイ・ゲルマーニア」(ドイツ系移民の協会)と名乗っていた。

(1)　ドイツ語で、あてにならない計算の意味で用いられる言い回し。「捕らぬ狸の皮算用」の意。

136

〔アーレントからショーレムへ
ニューヨーク、一九六三年八月一八日〕

ハンナ・アーレント・ブリュッヒャー

一九六三年八月一八日

親愛なるゲアハルト様――

あなたの長い手紙に感謝し、すぐにも詳しく返事をいたします。きょうは急いで返事をしたためています。もちろんのこと、私はゴルダ・メイールの名前を公表するつもりは決してありませんでした。手紙を書いていた時点では、書簡を公開するというあなたのご提案を念頭においていませんでした。あなたの修正は申し分ないものと思います。

〔『〕〔ノイエ・〕チューリヒャー・ツァイトゥング〔』〕での公表に関しては、しかし、あなたのご意見に全面的には同意しかねます。私がエルサレムで知り合ったシュトライフ博士は、この私たちの論争は新聞の読者にとっては興味のないものだ、とあなたに告げるだろうと、私は思います。ひょっとすると私が間違っているかもしれませんが、もしもあなたがそこでの公表を望み、またそれが可能であるのなら、私の手紙を、再度ちょっとした文体の改定のために返却いただくよう、あなたに依頼せねばなりません。あなたははじめから印刷するつもりでも書かれているように思われますが、私は書簡の公開をまったく真剣に考えていなかったために、部分的にとてもぞんざいな表現を用いました。もちろん、私は本質的な変更は行わず、せいぜいそこここに一文を付け加えるだけですが、手紙で本来論争となっている箇所ではありません。[1]

シュトライフと会われたときには、どうかよろしくお伝えください。彼は私の革命の本の一つの章についてとても優れた批評を行い、そのことで私は彼に本当に感謝しているのです。私からは感謝の気持ちをうまく伝えられませんので。[2]

ところで、私がユダヤ民族の一員であることについてのあなたの文章、私の誤解だったようで、うれしく思っています。あなたが「反ユダヤ主義者」トゥホルスキーに言及されていましたので、当然ながら私は二つの事柄を結びつけました。トゥホルスキーに関しては、私はもちろんあなたの意見に賛成でもありません。反ユダヤ主義者は反ユダヤ主義者であって、ユダヤ人の事柄にときどき批判的な意見も述べるユダヤ人ではありません。その人が正しくとも間違っていようとも、まったく関係ありません。数々の迫害の記憶を刻まれた民族が、どんなわずかな批判であってもあえて口にする者には誰であれ、敵や迫害者の烙印を押す傾向を有する、というのは自明なことです。自明でないのは、あなたも一緒にそうしている、ということです。あなたはまたそれを首尾一貫しない形でされています。というのも、私にいろいろ非難を加えられるなかで、あなたがいま書かれている事柄のあとに、「自己憎悪」云々、等々、の非難を唱えておられないからです。

あなたがカバラーの本に、とてもたくさんのすばらしいものを「詰め込」まれたことを私は存じています。だからこそ、私があの本の全体を深く読むまでは、それについて意見を述べたくありません。また、それを私は楽しみにしています！　あの「わずかばかりのユダヤ神学」についてもお礼を申し上げます。[3] どうぞお元気でいらしてください！

心からのご挨拶を送りつつ

あなたの

ハンナ［手書き］

追伸　ところで、ポストシオニスト的な同化主義者の件は、私には初耳でした。こちらの国では知られていません。私はちょうどいま〔『〕NY〔ニューヨーク〕・タイムズ・マガジン〔』〕を読んで、私がアメリカの行動主義およびダーウィン主義の学派に属していると知りました。それには少なくとも新鮮な魅力があります(1)。

1　アーレントが行った修正については、第133書簡の注を参照。

2　エーリク・シュトライフではなくリヒャルト・ライヒが、「「歴史的必然性」の道化師たち」というタイトルで、アーレントの論考「革命の諸現象」について詳細に論じている。アーレントの論考の掲載は以下—— *Politische Vierteljahres-schrift*. Köln und Opladen. ライヒの書評の掲載は以下—— *NZZ*. 4. August 1963. Sonntagsausgabe. S. 6 und 7.

3　ショーレムがアーレントに論考「ユーデントゥームの宗教的カテゴリーとしての伝統と注釈」の抜刷を送った際に付された「わずかばかりのユダヤ神学を、ゲアハルトによるハンナへの推奨として」というショーレムの献辞を指している。ショーレムの論考の掲載は以下—— *Eranos-Jahrbuch* XXXI (1963). S. 19–48. その抜刷はバード・カレッジ（USA）のアーレント蔵書に収められている（本書、**口絵の12**を参照）。

（1）　この箇所の文意が取りにくいが、『エルサレムのアイヒマン』ないしは『人間の条件』の関連で、『ニューヨーク・タイムズ・マガジン』にアーレントを「アメリカの行動主義、ダーウィン主義」に分類している記事が掲載されているのを、アーレントが目にしたのではないかと思われる。だとすれば、最後の文章は皮肉として書かれているのかもしれない。

［**137**　ショーレムからアーレントへ

コペンハーゲン、日付なし

コペンハーゲン、ホテル・コーダン用箋］

親愛なるハンナ様、お手紙ありがとうございました——NZZ〔『ノイエ・チューリヒャー・ツァイトゥング』〕が、まだ内容の決まっていない次号の付録で、すぐにでも私たちの手紙を掲載してくれると思います。ムルメルシュタインについての文章だけ、変更を加えました。[1] そうこうするあいだに、昨日マンダーから電報で〈私の掲載の許可を求める〉〔英〕問い合わせがありました。そのため、こちらで可能な限り、私たちは自分たちの意見を述べておきました。もしかすると、何かの役に立つでしょう。

別件で、ちょっと気にかけていることがあります。[2] あちら〔ドイツ〕で五週間前に出版された論集〔『〕ユダイカ〔』〕を、ズーアカンプ・フェアラークからあなた宛てに送ってもらうようにしていました。つまり、著者からの献呈本の宛先の一覧に、あなたの名前と住所を入れておいたということです。あなたが受け取りについて触れておられないので、NY〔ニューヨーク〕であの本を受け取られたか、心配しています。どうか私にお知らせください。宛先は、フランクフルト・アム・マイン、ヴィーゼンヒュッテンプラッツ、パークホテルです。そこに一〇月八日までいます――ベンヤミンの書簡の公刊について、出版社と話し合う予定です。印刷に回す準備はできています。もしS[3]が、これまで彼が望んでいたより長大な本となっても、私の選んだものすべてを受け取ってくれれば、の話ですが。私がおよそ四分の三あるいはそれ以上を担当し、アドルノが残りを担当しました。もしかすると来年にはその本を公刊できるかもしれません[4]。とてもすばらしい内容だと期待していただいてかまいません。

今晩はヨム・キプール[5]です――では！　心からご挨拶を

あなたの
ゲアハルト

［LoC、アーレントの遺品。原本。手書き原稿］

1　ただし、その文章は、編集部の手違いによって元のままで印刷された。
2　『ユダイカ』〔フランクフルト・アム・マイン、一九六三年〕は、同タイトルでショーレムの生前にズーアカンプ叢書として全部で第三巻まで出版されたもののうち、第一巻にあたる。
3　ペーター・ズーアカンプ〔ズーアカンプ・フェアラークの社主〕のこと。
4　この二巻本の往復書簡集は、一九六六年に出版された。
5　贖罪〔和解〕の日[(1)]。

（1）ユダヤ暦の新年の祭ローシュ・ハ＝シャナーから一〇日間続く「怖れの日」の最後の日。

138

［アーレントからショーレムへ
ニューヨーク、一九六三年九月一四日
シカゴ大学用箋］

ニューヨーク州、ニューヨーク市二五
リバーサイド・ドライヴ三七〇
一九六三年九月一四日

親愛なるゲアハルト様、

あなたに〔『〕〔ノイエ・〕チューリヒャー・ツァイトゥング〔』〕と〔『〕**エンカウンター**〔』〕〔すべて大文字〕宛の、私の手紙の写しを同封して送ります。もちろん、あなたが失望なさるのは私には明白ですが、私がこの件に関して自分の立場を貫かねばならないことも、ご理解いただけるでしょう。反論のチャンスがまさしく溢れるように与えられてきたにもかかわらず、私自身がこの論争全体においてこれまで公的にはまったく発言してこなかったことを、忘れないでください。自分の見解を述べるか述べないか、私はまだはっきりさせていませんが、それがここ数カ月の内でないことは確かです。

したがって、私たちの往復書簡の公開は例外を意味しています。私たちが「ユダヤ人グループ」の内側で議論を展開している限り、その例外は私にとって不適切ではありませんでした。もしも私たちがあの手紙で非ユダヤ的世界にも意見を問うのであれば、事情はいくらか異なります。私は「〈ユダヤ人エスタブリッシュメント〉〔英〕」が私の報告の内容と意図を、意図的に、また非意図的に、誤解し歪曲したことに対しては、何も反対できませんでしたし、また反対したいとも思いませんでした。とはいえ、私がバカげた歪曲と見なしていることを私がさらに促進することまでをも、あなたは私に求めることはできません。

さて、一二日付のあなたの手紙について、少しだけ書きとめておきます。三三年以前の年月について私があなたにパリで述べたことが何であったか、もう覚えていませんが、どうやら最初の夫をつうじて、私がとても多くのいわゆる「左翼知識人たち」と知り合った、とあなたにお話ししたようですね。たとえば、ブレヒト、ハンス・アイスラー、コルシュといった人々のことです。しかし、もちろんそのことは、私がそこに属していたことを意味しませんし、ましてや「そこの出身」であることを意味していません。三三年以前に私は二冊の本と一連の記事を執筆しましたが、あなたはそれらの大半をご存知だと思います。私が左翼知識人に属していたのであれば、そのことはそれらの著作においてもきっと検証できるはずでしょう。それが検証し得ないことは、あなた自身がご存知です。

私の心の冷淡さ等々に関しては、私からその点についての返答があるとはきっと期待されていないでしょう。私は、それが個人的な誹謗中傷の次元を超えている限り──「ユダヤ民族への愛」等々のことです──では、返答しました。私はさらに別の方向から、つまり政治における「心」の役割について、お答えできるかもしれません。いまはそのための時間がありませんが、もしもあなたに時間がおありでしたら、この問題について自分の考えを述べた、革命についての本の第二章をご覧いただければと思います。

私が「〈不参加〉〔英〕」について述べていることがあてはまるのは、あなたが誤解しておられるような何百万人もの人々ではなく、ユダヤ人評議会の個々のメンバーです。私は再度、一方ではユダヤ人評議会の判断について、他方ではユダヤ民族の大衆の判断について、両者の区別を強調したいと思います。私は自分の本のいたるところでこの区別を明確に描きました。

悪の凡庸さという言葉をあなたはまたしても誤解されました。私が論じているのは、悪が表面的な現象であるということであって、それが「凡庸化」されたり無害化されたりすることではありません。[1] 事実は正反対です。決定的なのは、生来は悪でも善でもないまったく平均的な人々が、あのようにきわめて恐ろしい災禍を引き起こし得た、ということです。

最後に、「アイヒマンの死がドイツ人の過去との取り組みを緩和させ」たというのは、私は一つのメルヘンだと思います。たとえそれがメルヘンでない場合でも、確固とした議論ではないでしょう。結局のところ、エルサレムで一つの裁判が行われましたし、ひとたび裁判が行われると司法制度の規則に従わねばなりません。問題はまさしく、司法上の手段によって人はどの程度この問題をきちんと扱うことができるのか、でした。いかなる立場からであれ、あらゆる政治的考慮がここではもっぱら有害でのみあり得ました。裁判は歴史を作りだすためにあるのではなく、正しきことを語るためにあるのです。死刑宣告が下されたあとで、刑を執行しないことは、正義の観点からして不可能だったでしょう。彼の死刑に反対し得た唯一の理由は、死刑には原則的に反対である、ということです。ブーバーはいまになってそれが自分の反対の理由の一つだったと主張していますが、この理由は当時、あなたからも他の人々からも主張されませんでした。

あなたのヨーロッパ旅行がうまくゆきますように、心からの願いを込めて

あなたの

ハンナ［手書き］

追伸　あなたは九月二五日まではニューヨークで、そのあとはシカゴで、私と連絡を取ることができます。

［NLI、ショーレムの遺品。原本。タイプライター原稿］

［同封物1］

一九六三年九月八日

尊敬するヴェーバー様、

九月五日に校正刷が届きました！　それは、本日ようや

く終わった〈アメリカ政治学会〉〔英〕の年次大会の半ばのことでした。それゆえ、私はあなたにすぐに返事を書く時間がありませんでした。もともとの締切が決して守りようのないものだったものですから、それは私にとってもさほど大事なこととは思われませんでした。

公開のアイデアはゲアハルト・ショーレムから出たものであり、そもそも私は〔『〕〔ノイエ・〕チューリヒャー・ツァイトゥング〔』〕は往復書簡を公開するつもりはないだろう、と思い込んでいましたことを、あなたとシュトライフ博士に是非とも知っておいて欲しく思います。結局のところ、一九六三年八月一六日のイスラエルの〔『〕ミットタイルングスブラット〔』〕において、それはもうすでに公表されました。このような理由からしても、私は、あなたがあれを掲載なさることはまったくありそうにない、と考えていました。あなたは、ここでは思考と感情が一人の責任ある人物からもう一方の人物へ向かっている、と言われています。それについて感謝いたします。私自身の考えでは、ショーレムも私もこの論争を、この往復書簡を携えて多くの聴衆のまえに歩み出ることを正当化するような水準で展開してきたわけではありません。この論争全体、とりわけ歪曲や誤解がそもそも生まれてきたところのユダヤ人集団の場合とは、事情がいくらか異なります。ショーレムの異論さえ、この論争のきわめてわずかな断面を取り出しているに過ぎません。そして、おそらくそのことは、私の返答にもっと多く当てはまるでしょう。

私は掲載に対し完全に反対だと言うのではありませんが、この件をやはりじっくり考えてくださるよう、あなたとシュトライフ博士に再度お願いいたします。あなたが本当はどうお考えなのかを私にお教えください。その際、あなたがこの件に関してあくまで掲載の方向でお考えであれば、私はできるだけ早く校正を戻させていただきます。

シュトライフ博士に、私が〔『〕〔ノイエ・〕チューリヒャー〔・ツァイトゥング〕〔』〕でのあの本〔『エルサレムのアイヒマン』〕の批評をどれほどうれしく思ったか、また、私の革命の本〔『革命について』〕の書評にどれほど感銘を受けたかを、どうぞお伝えください。

友情を込めて、あなたの……

［NLI、ショーレムの遺品。タイプライター原稿。カーボン紙による写し］

［同封物2］

〈親愛なるマンダー様――

九月五日付のお手紙に感謝いたします。あなたに、ショーレム博士と私の往復書簡の、最初の一連の英語版の権利を与えることについて、技術上の問題はありません。私の唯一の技術上の条件は、私が英語の翻訳を目にし、承認せねばならない、ということとなるでしょう。

とはいえ、他にも配慮していただきたいことがあります。この往復書簡は、確かに、きわめて大きな論争を巻き起こしたあの本〔『エルサレムのアイヒマン』〕のある面に関わっていますが、その面は周辺的な意義しか持たない、と私は考えています。アイヒマン裁判についての私の報告は、ユダヤ人の歴史、ユダヤ人の政治、シオニズム、イスラエル国家、等々を扱っているのではありません。それはただ裁判のみを扱っているのであって、私は裁判のなかで現われた事柄のみを報告したのです。ユダヤ系報道機関におけるユダヤ的側面の強調は理解できますが、それでも、それはあの本の肝心な内容を歪めるものです。これらの純粋にユダヤ的な問題がなぜショーレム博士にとって最高の関心事であるのかを私は理解し、正しく認識しているつもりですが、しかしそれらは、私にとっては決して主要な問題ではなかった、ということを明らかにしておきたく思います。

他にもう一つ考慮していただくことがあります。あなたは――とても親切に――この往復書簡が「きわめて興味深いもの」と思った、と言われています。しかしながら、私はこの論争は〔『〕エンカウンター〔』〕での掲載を正当化できるような用語でも水準でも行われていない、と感じています。私はまた、私の本が引き起こした論争をつうじて自分は口を噤んできた、という事実についても考えねばなりません。このかなり奇妙な状況下で、それが唯一正しく、適切な態度だったと私は考えています。そこでもちろん、(古くからの友人である)ショーレムへのこの手紙が、万一私が公的に答えることを決意するようなことがあれば、私が言わねばならないであろうすべてのことである、あるいはその重要な部分であるという印象さえ、与えることを私は避けなければなりません。

あなたは、この手紙が明確なノーの返事でないことにお気づきでしょう。この手紙のコピーをショーレム博士に郵送します。あなたとショーレムからの返事を受け取るまでは、私は最終的な判断を下さずにおきましょう。

敬意をこめて。〉〔英〕

ハンナ・アーレント

［NLI、ショーレムの遺品。タイプライター原稿。カーボン紙による写し］

1　英語版の翻訳において、アーレントは悪を「〈思考を阻むもの〉〔英〕」と書き換えた。

［139 ショーレムからアーレントへ　コペンハーゲン、一九六三年一〇月一九日］

コペンハーゲン、一九六三年一〇月一九日

親愛なるハンナ様、

本日あなたのお手紙がこちらに届きました。それは、私を失望させたというより驚かせました。私たちの往復書簡のなかで、そしてまた、あなたが与えられた公開への同意のなかでも、今回の手紙で初めて言及されている「ユダヤ人グループ」なるものに結びついているものは何一つありませんでした。あなたには相当な驚きだったようですが、NZZ〔『ノイエ・チューリヒャー・ツァイトゥング』〕の編集部の二人がすぐにでも私たちの往復書簡を印刷しようとしています。その事実が、あなたの誤りを証明しています。NZZが印刷を望んでいるのであれば、いくつかのぞんざいな表現をしている文章を改めたいと、あなたは私に手紙で知らせてきました。しかしその後――ヴェーバー宛の手紙から分かるところでは――そもそもNZZに印刷を思いとどまらせようとされました。それも、まったく新しい理由で。それが、私を驚かせたのです。まるで、〈考え直された〉〔英〕かのようです。そのことをどう考えればよいか分かりませんし、マンダーに手紙を送ったあとのいまとなってはなおさらです。本のなかでは、ユダヤ教徒、あるいはキリスト教徒ではなく、公衆そのものに向けて書いておられたのに、この度の論争において、なぜユダヤ人グループと非ユダヤ人グループの相違が存在することになるのか、私には理解できません。「バカげた歪曲」とあなたが見なされているものに対する返答を、私への手紙で提示し、読者が自ら判断できるようにされるなら、むろんあなたは歪曲を「促進」するのではなく、あなた自身の光で〔問題を〕照らすことになるのです。

ご検討中の文体の変更などをいまからまだなされるのか、あるいはNZZおよび〔『〕エンカウンター〔』〕との関係を断つつもりでおられるのか、私がまだヨーロッパにいるあいだにお知らせいただきたく思います。九月の終わりまではコペンハーゲンのホテル・コーダンに、その後一〇月七日まではフランクフルト・アム・マインのヴィーゼンヒュッテンプラッツにあるパークホテルに、一〇月八日から一四日まではチューリヒのホテル・ザイデンホーフに滞在しています。なぜあなたの手紙〈航空便〉〔英〕〕がコペンハーゲンまで五日を要したのか分かりません。それが現在の郵便事情なのでしょうか？

ローシュ・ハ＝シャナーに幸運を祈ります

あなたのゲアハルト

［LoC、アーレントの遺品。原本。手書き原稿］

140

［アーレントからショーレムへ
ニューヨーク、日付なし］

親愛なるゲアハルト様、ちょうどあなたのお手紙〔を読みました〕。上のことから、私がゲラを〔『〕〔ノイエ・〕チューリヒャー〔・ツァイトゥング〕〔』〕に送り返したことがお分かりでしょう。〈考え直す？　ちょっと違います〉〔英〕。あなたが最初に依頼してきたとき、私はあの〔『〕ミットタイルングスブラット〔』〕かその類いのものしか考えていませんでした。私が歪曲だと思っているのは、私の報告が「ユダヤ人についてのユダヤ人による本」と判を押されていることです。私の躊躇いは、もっぱらこのユダヤ的な側面をめぐっている私たちのやり取りがこの傾向をさらに強化することになる、という事実〔？〕によります。

私はシカゴに向かおうとしています。一二月一五日までは、以下の住所にお願いいたします——イリノイ州、シカゴ三七、五七番街東、一一五五、クワッドラングル・クラブ。

よい新年を

あなたの
ハンナ〔手書き〕

［NLI、ショーレムの遺品。原本。タイプライター原稿。この手紙は、アーレントがヴェルナー・ヴェーバーに宛てた一九六三年九月二三日付の手紙の写しの下半分にタイプライターで打たれている。写しの内容は以下のとおり。「尊敬するヴェーバー様！校正済みのゲラを同封します。ご覧のとおり、私は、あまりにぞんざいな表現を書き換えただけでなく、場合によっては文章を追加したり削除したりもしました。論争自体に変更はありません。ショーレムが手紙の最後の挨拶文を編集上削除しましたので、私も末尾の挨拶を削除しました。

この間に〔『〕エンカウンター〔』〕が私に英語版の権利を求めてきました。私は、彼らにまずはあなたに書いていたのと同じような意味合いのことを書きました。もっとも、それでも彼らが掲載したいと望むなら、あなたのもとで公表されるテクストから彼らが翻訳してくれるとありがたく思います。一冊をあちらに送ってくださいませんか?――宛先はマンダー氏。敬具　あなたのハンナ・アーレント。」]

141

[ショーレムからアーレントへ
エルサレム、一九六四年七月二七日
エルサレム、ヘブライ大学用箋]

一九六四年七月二七日

親愛なるハンナ様、

一〇月八日から二二日のあいだ、およそ一〇日間ニューヨークに滞在する予定です。二一日にそこで毎年開催されている〈レーオ・ベック講演〉〔英〕を行います。[1] ヴァルター・ベンヤミンについてです。昨年の秋からあなたの沈黙が続いているいま、そのことをどう理解すればよいのか、確証を持てていません。ですが、もしも私たちが再会しようと思い、あなたがニューヨークにおられるのであれば、これはうってつけの機会です。

八月一四日に私たちは出発します。事情を知らないままお便りをこちらへ送ってくださっても、甲斐はありません。ヨーロッパでの郵便の送付先は以下の通りです。

八月三〇日まで、アスコナ、ホテル・タマロ
九月一四日まで、フランクフルト・アム・マイン、ヴィーゼンヒュッテンプラッツ、パークホテル
九月二二日まで、ストラスブール、ホテル・カールトン

では、もしかすると叶うかもしれない再会を期して!
心からのご挨拶を

あなたの
ゲアハルト
ショーレム

[LoC、アーレントの遺品。原本。手書き原稿]

1　ショーレムは一九六四年九月にニューヨークで、第八回〈レーオ・ベック記念講演〉〔英〕を行った〔ショーレムの書簡では講演の予定は一〇月となっている〕。それは以下に収録されている――*Yearbook des Leo-Baeck-Instituts*. 10. 1965. S. 117-136（ドイツ語版は以下――»Walter Benjamin« in: *Neue Rundschau* 76 (1965) S. 1-21. 再録は以下――Scholem. *Judaica* II. S. 193-227〔ショーレム『ユダヤ主義と西欧』一九六―二二八頁〕）。

II　関連資料

パレスチナの委任統治領下にあったショッケン・パブリッシング・ハウスで一九四一年に刊行された自著『〈ユダヤ神秘主義の主潮流〉〔英〕』に対する公的な反響の乏しさから、一九四三年の終わりに、元来はショーレムだけに宛てられていたアーレントの読書ノート（第9書簡を参照）の公表を、ショーレムはアーレントに提案した。一九四四年二月、アーレントはその原稿を『メノーラ・ジャーナル』のヘンリー・ハーウィッツに送った。しかし、掲載にはいたらなかった。ショーレムの著作の第二版が一九四八年にニューヨークのショッケンのもとで出版されたとき、『ジューイッシュ・フロンティア』がそのノートを書評として圧縮した形態で掲載した。

エルサレムのショーレムの蔵書には、アーレントの個人的なノートの（印刷されていない）最後の三ページ（テクストの「V」以下）を含んだ形で、保管されている。

『〔ユダヤ神秘主義の〕〈主潮流〉〔英〕』のドイツ語版は以下のとおり――Gershom Scholem, *Die jüdische Mystik in ihren Hauptströmungen*, Frankfurt 1980.

マリー・ルイーズ・クノット

ダーヴィト・エレディア

新たに考察されたユダヤ人の歴史
――ゲルショム・ショーレムの『ユダヤ神秘主義の主潮流』について

ハンナ・アーレント

ここ一〇〇年のあいだのユダヤ人の歴史家たちは――意識的か無意識的かはともかく――ディアスポラの歴史という彼らの根本テーゼに合致しないユダヤ人の歴史的事実は、すべて無視してきたものである。そのテーゼによれば、ユダヤ人は固有の政治史を有さず、敵対的でときには暴力的な環境の、無垢なる犠牲者で絶えずあり続けてきたのである。その論理的な帰結としては、そういう環境が変化することになれば、ユダヤ人の歴史の終焉となるだろう。というのも、そのときにはユダヤ民族は固有の民族であることを止めることになるからである。他のすべての国民と際立って対照的に、ユダヤ人はいまにいたるまで歴史を作り出す民族ではなく、歴史をこうむる民族であって、そういう仕方で、ユダヤ人はよき存在の永遠の同一性を保持しており、その同一性の単調さはもっぱら、迫害とポグロムの同じく単調な年代記によって中断されてきただけである。そのように歴史家たちは語る。偏見と迫害からなるこの枠組みの内部でも、かの歴史家[1]は、思想史のもっとも重要な展開を追究することに成功した。とはいえ、よく知られているように、サバタイ派の運動において政治的な行動に行き着いたユダヤ神秘主義は、この解釈にとってきわめて深刻な障害物であって、大急ぎで誹謗中傷するか、完全に無視するかによってしか、乗り越えられないものだった。

ショーレムによるユダヤ神秘主義についての新たな叙述と評価は、たんにユダヤ人の歴史の欠落を埋めるだけでなく、実際のところ、ユダヤ人史の総体的イメージを変容させるものである。もっとも重要な変化の一つは、正統派から離脱した、改革運動と他の近代の潮流についての、彼の根本的に新しい解釈である。それらの潮流はこれまで、ユダヤ人の一部に与えられた解放の帰結、そしてまた、非ユダヤ人世界からの要求に対する新たな適応による不可避の反応と見なされてきた。それに対してショーレムは、彼の著書の最終章で、次のことを説得力のある形で示した。すなわち、矛盾した傾向――ユーデントゥームを解消すると同時に保持しようとする傾向――を伴った改革運動は、決して、異質な環境のもたらす思想や要求への機械的な同化の類いとしてではなく、サバタイ派の運動というユダヤ人の最後の大いなる政治的企ての挫折の帰結として、メシア的希望の喪失、民族の〔究極の〕運命に対する絶望の帰結として、読み取られるべきである、ということである。

これと同種の絶望を伴った宗教的基準の同種の崩壊としては、フランス革命後のヨーロッパの根本的な経験を挙げることができる。とはいえ、ロマン主義的ペシミズムが立法者としての人間の政治的能力を疑問に付し、人間は法に従うことができるだけであるということ――その法の究極の正当化はもはや神ではなく、歴史と伝統から導かれたが――で折り合いをつけたのに対して、ユダヤ人のニヒリズムは、神の隠れた法を発見し、それに従って振る舞うことができるのか、という問いから出発していた。

近代的人間の形成に際してユダヤ人が果たした役割をはじめて明らかにするショーレムの著書は、その歴史的起源がいままで十分に理解されてこなかった、もっと一般的で、多様な、近代に典型的な現象に対しても寄与している。その限りにおいて、彼のさまざまな発見は、不可能なこと、すなわち、ユダヤ人と他の国民の同一性を証明しようとする試み、あるいは、本質的に非人間的なこと、すなわち、全体としてユダヤ民族が受動的で責任を持たないことを示そうとする試み、といったすべての弁明的な試みよりも、ユダヤ人の歴史をヨーロッパの歴史と和解させるのに、いっそう相応しいものである。

［…］神秘家たちが引き合いに出すことができた戒律の根拠は、それら〔戒律〕を、多少とも奥深い観念の寓意として提示するのでもなければ、あるいは［哲学的解釈におけるように］教育的措置として示しているのでもない。ひとことでいうなら、むしろ彼らは戒律の遂行を内密の秘儀的行為と見なしているのだ。［…］このようなハラハー〔慣用法規〕のサクラメント〔秘蹟〕への反転は、ハラハーに神秘家たちのもとでは思いもかけない輝きを、広範な人々に対しては新たな生きる力を〔与えた〕。それぞれの行為がことごとく、ここにいたって、宇宙的な意味をもった遂行と見なされた。［…］かくして、ユダヤ教の信仰篤い人物は、世界のドラマにおける主役となった。彼は内密の舞台を操る糸を手にしているのである。（三二一頁〔ショーレム『ユダヤ神秘主義』四三―四四頁〕）

「カバラー」という表現は、初期のグノーシス的思弁から、あらゆる魔術的な実践をへて、ゾハールの書[2]の偉大で真正な哲学的思弁にいたるまで、多数の教義を包括している。この名称は、ユダヤ思想のなかの対立し合うすべての異端的傾向と闘うラビニズム[3]の力と、その最終的な勝利を証言している。ラビニズムは、それらの傾向すべてを、同一の名称のもとに取りまとめ、それらを個別に、実際には異なっているその思想内容に応じて名指すこと（そして区別すること）を拒むことによって、その闘いを行う。けれども、民衆の表象世界に対するそれに固有の影響力を伴った――それについては右の引用が示している――ハラハーの魔術的な儀式への変貌は、あり得るすべてのユダヤ人の神秘的な考えの本質的な基盤であるように思われる。律法の新たな解釈は、「隠れたる神」についての新たな教義に基づいていた。その神は、啓示の神とは著しく対照的に、非人格的である――一つの「無限であるもの」（一二頁〔同、二二頁〕）であって、人格ではなく、むしろ一つの力である。その力は「選ばれた少数者」にのみ自らを啓示するが、聖書の啓示においては明かされているというよりも隠されている。神を非人格的な神的力とするこの理解と結びついているのは、ユダヤ教の正統派もキリスト教の正統派もそのもっとも激しい闘いを行ってきた、かの中心的な異端的教義、すなわち、人間と世界の創造の教義に対立する、宇宙の流出という教義である。すべての流出理論において、最初の人間は隠された力と見なされている。創造者と被創造者という神と人間の明確な区別は消え去る。そして、神的なものの物質的な一部と解されることによって、人間には物質的かつ神秘的な力が付与され、人間を神的なものから引き離した、流出の「隠れた道」を再発見すること、また、人間がそこに由来したところの、かの実体の胎内に舞い戻ることが可能となる。その際の実体は、「エン・ソフ」、「無差別の実体」、あるいはもっとも特徴的には「無」と書き換えられる。ハラハーの秘儀的行為への変容は、他のすべての魔術的実践と同様に、このような思弁から生じたのであって、その思弁においては、隠れた力の探究は、ひょっとすると、人間がふたたび神的な力を獲得し、自らが神の一部へと姿を変えることのできる、秘められた手立ての発見にいたるかもしれない、と主張されたのである。

「隠れたもの」に取り組むこれらの教義すべてには、ある逆説的な効果が内在しているように思われる。その信奉者たちは常に、もっとも厳格な秘密の保持、排他性、自分たちの思弁の、「選ばれた少数者」以外に啓示されてはならない秘教的性格に固執していた。けれども、これらすべての主張にもかかわらず、神秘的な観念は、少数者だけを引き寄せたのではなく、反対に、民衆に対して甚大な影響をおよぼした。神秘的な観念は、自分たちの解釈は誰によっても理解され得ると主張していた学識あるラビや哲学者たちの教義よりも、遥かに大きな牽引力を大衆に対して発揮したのである。このことは、ユダヤ人の歴史のなかの神秘的な潮流にとくにあてはまる。それらは明らかに民衆の思想を支配し、一般の人々のもっとも差し迫った要求に応えたのである。

この逆説をもっぱら過去の問題と見なすのは、深刻な誤りだろう。というのも、「秘密結社」や「舞台の背後で操る手」に対する広く流布している迷信、さらには、同じ仕方で——通常の人間の目には不可視の形で——隠れたもののうちで作用しているとされる、経済的もしくは歴史的な「法則」の持つ排他的な力に固執するイデオロギーのうちにさえも、その宗教的な過去はこんにち生き続けているからである。ユダヤ教とキリスト教の神秘家たちがユダヤの創造神を内密の力に変容させた思弁は、本質的に唯物論的な世界観の最初の形成だった。そして、人間とは行為の自由を欠いた、物理法則に従う一片の物質以外の何ものでもないと主張した、近代のすべての教義は、昔ながらの、根源においてグノーシス的な流出信仰に、私たちを直面させる。人間がその一部であると仮定されているところの実体が物質的なものか「神的なものか」という問題は、ほんの些細な役割しか果たさない。肝心なのは、人間がもはや独立した実在ではないということ、目的それ自体ではない、ということである。

過去においてと同様、こんにちにおいても、このような思弁は、行為から締め出されている人々、耐え難いと思われる自らの運命を変容させることを妨げられている人々、自分を不可解な諸力のよるべない犠牲者と思い込み、秘められた手段によって「世界のドラマ」に進んで参画したいと自然と願っている人々のあいだで、反響を呼んでいる。だからこそ、この思弁の秘密めかしたあり方には、常に、いくらか作為的なものがある。それらの思弁は、すべての金属を純金に変えると称する、あのよく知られた賢者の石の発見と同様に、秘密に保たれている。誰もがその石を欲しがっていて、まさしくそれゆえに、その石を所持していると主張する者は、自らの発見物を秘匿しておくのである。

この矛盾した秘教性よりももっと重要なのは、神秘主義に内在している行為の正当化である——たとえ、問題になっているのが行為の代用品に過ぎないとしても。この関連では、カバリストたちが一般的な魔術師であったのか（普通、彼らはそうではなかった）、あるいはアブーラーフィア[4]が認め、ショーレムが「内面の魔術」と呼ぶものだけを彼らが実践していたのかは、重要ではない。どちらの場合にも、信奉者たちは、世界を支配している力に与ることができたのである。

カバリストは［…］神秘的自伝の友ではない。［…］彼らは客観性を愛し、自分の人格を展示して見せびらかすことをすべて憎む。［…］私の推測では、人格的な伝達に対するこのような嫌悪の理由は、おそらく次の点にもあった。すなわち、神秘的経験と、創造者、王、立法者という契機がとくに重く強調された神の概念の間の対照性に対するきわめて生き生きとした感覚の本質がユダヤ人の環境のなかに存在していた、ということである。（一七／一八頁〔同、二六頁〕）

創造という考えの拒絶と流出の教義は、そこから帰結する世界のドラマへの人間の参画という観念とともに、ユダヤ神秘主義とグノーシスの神秘主義のあいだの、もっとも際立った共通性を表わしている。自伝の欠如に――したがって、自己を自ら表現することの拒絶に――、ユダヤ神秘主義とキリスト教神秘主義のあいだの、もっとも際立った差異が存在している。この自制は、神秘的な認識のもっとも重要な器官が理性や啓示信仰ではなく常に経験であるがゆえに、いっそう驚くべきことである――それは近代の実験概念にすでにきわめて近接した経験である。すなわち、それが真実であると承認されるまえに、その経験は繰り返し検証されねばならないのである（ある神秘家の著者は、神の名前の文字の組合せから呼び起こされた圧倒的な神秘的体験を叙述して、こう語っている。「同じことをもう一度行うために、私はいま一度神の名前を取り上げた。すると見よ、まさしく同じ作用が私におよぼされた。けれども、四度、五度と試してみるまでは、私はそれを信じはしなかった」〔同、一九八―一九九頁〕）。

神秘的経験の実験的性格は、その経験が広く受け入れられる際に大きな貢献を果たした。何世紀にもわたって、ラビ的なユーデントゥームによって非難されてきたこの経験は、実在世界への唯一の接近の仕方と思われた。神秘家たちによって経験される現実は、私たちにはときには不可思議なものと思えるかもしれない。とはいえ、正統派の論理的で法的な議論の展開と比べれば、その現実はあたう限り現実的なものだった。というのも、それは、解釈や論理によってではなく、経験をつうじて発見され検証されたものだからである。心理学的な体験は無限回繰り返され、検証され得るものだったがゆえに、しばしばこのやり方は、自分自身の魂への関心という形態を取った。実験のための材料はいつも手元にあったし、それゆえその結果はもっとも信頼できるものと思われた。〈コギト・エルゴ・スム〉〔羅〕というデカルトの公理もなおこの伝統の痕跡を示している。すなわち、思考の内的な体験が存在という現実の証明となるのである。自然に対する近代の科学的で技術的な態度が錬金術に由来するように、現実とは実験によって検証されるものであって、それが持続するものであることは実験によって信頼され得るものになるという、現実についての私たちの近代的な概念は、その起源の一つを神秘的な経験に有しているのである。神秘主義は、正統派のユーデントゥームもしくはクリステントゥームと対照的に、そして、近代科学は、ユダヤ教ないしはキリスト教の哲学と対照的に、それぞれ、啓示にも、純粋な論理的思考にも信頼を置かず、経験にだけ信頼を置く。というのも、両者ともが取り組んでいるのは、真理の問題ではなく、現実についての利用可能な知見の発見だからである。

キリスト教の神秘主義が抱いている現実の問題に対する根本的な関心には、とくに神秘主義的でないとはいえ、人間の救済に対する、同様に根本的な関心が付けくわわる。それとは対照的に、ユダヤ神秘主義の主題は「決して人間ではない、その人物がたとえ聖人であったとしても」（七八頁〔同、一〇六頁〕）。たとえユダヤ神秘主義が後期の局面で（メルカヴァ・カバラーのような）現実の探究という純粋な領域を立ち去って、実際上の生活にいっそう取り組む場合でさえ、ユダヤ神秘主義が望んだのはもっぱら、人間がいっそう高次の現実の一部となり、それにふさわしく振る舞うことだった。他の何にもましてキリスト教の神秘主義を鼓舞したのは、アウグスティヌスが「〈私が存在することが私自身にとって問題となる〉〔羅〕」と名づけている、キリスト教哲学の永遠の問いであるが、この問いがカバラーに浸透することは決してなかった（ちなみに、このことが、アウグスティヌスの真の弟子たるマイスター・エックハルトがどのユダヤ神秘主義者よりも哲学者マイモニデスによって大きな影響を受けたという不可解な事実の、理由の一端であるように私には思われる。この一点において、ユダヤ哲学は、キリスト教の神秘主義的思考に、ユダヤ神秘主義よりも明らかにずっと近接していた）。

ユダヤ神秘主義には自伝がなく、自伝的な情報が意識的に排除されているということ、このことは「神秘的経験が特殊な神概念と一致しないこと〔…〕に対する、とくに生き生きとした感覚」以上のものを意味していると思われる。自伝的情報が伝達に値するのは、それが比類のないものと見なされ、繰り返しようのない意義がそれに付与されている場合に限ってのことである。それとは反対に、神秘的経験が価値を有すると見なされるのは、それが反復され得る限りにおいて、したがって、実験的な性質を有する場合に限ってのことだったのだ。キリスト教の神秘主義者たちが、この特有の性質にもかかわらず、神秘的経験を自伝的な形態で描写したという事実は、彼らが神秘主義者であったことよりも、人間本性についての哲学的考察に彼らが関心を抱いていたことに基づいていると、私には思われる。ユダヤ神秘主義にとって固有の自己は救済の対象ではなく、したがって自己は、最高の行為のための道具、すなわち、律法よりもいっそうよいものとして受け入れられた道具としてのみ、関心を抱かれたのである。確かに、キリスト教の神秘主義者たちは現実の探究をユダヤ神秘主義者と共有していたとはいえ、彼らはまずもって行為それ自体に関心を寄せてはいなかった。というのも、彼らの信仰によれば、最高の出来事、世界と人類の救済は、すでに生じていたからである。あたかも、ユダヤ神秘主義者とキリスト教神秘主義者が同一の経験――あるいは、もっと正しくは同一の実験――を行ったかのように思われる。ユダヤ人は人類の運命に能動的に参画する道具を発展させるために、キリスト教徒は自分自身を目的として。そのことは、次の問いを一部は説明してくれるだろう。すなわち、どうしてキリスト教神秘主義は常に個人の問題であって、自分自身の持続的な伝統というものを持つことがなかったのか、という問いである。それに対して、ユダヤ神秘主義の本質的な特徴の一つは、正統派ユーデントゥームの公的な伝統と類比的に展開する、一つの真正な伝統を創設したことなのである。自伝的な情報は、個人的で比類のない特徴を際立たせるがゆえに、神秘的な内容にとって重要でないと思われただけでなく、実際のところこの伝統にとって脅威でもあった。その伝統が人間に伝授したのは、反復可能な実験とともに、最高の道具、すなわち人間自身がそれであるところの最高の道具の扱い方だったからである。

ティクーンの教義（ルーリア派のカバラー）[5]は、すべてのユダヤ人を、まったく新しい仕方で、修復の大いなる過程の主役へと押し上げた。

［サバタイ主義は］中世以来のユダヤ人の意識の内面における、最初の真剣な蜂起である。何といっても、サバタイ主義における神秘主義的な思考は、「信奉者」たちの正統的なユーデントゥームの内面的な崩壊の最初の原因なのである。この神秘主義的異端は、いくつかの集団において、その支持者たちを、多少とも隠された虚無主義的性格をもった帰結や、神秘主義を基盤とする宗教的アナキズムへと導いた。そのアナキズムは、それにふさわしい外的な条件と出会った場合には、一九世紀のユーデントゥームにおける啓蒙と改革の内的な準備を整えるうえで、大きな役割を果たした。（三二七／三二八頁（同、三九六―三九七頁））

［…］フランス革命以来の、ユーデントゥームにおける新たな運動の先導者として登場したのはまさしく、自分たちとラビのユーデントゥームのあいだの外的な結びつきを断ち切ることのなかった、この集団だった。（三三三頁（同、四〇

二頁〕）

サバタイ派の運動が勃発するまでは、ユダヤ神秘主義は正統派に対する攻撃を断念し、律法の枠内にとどまっていた。何世紀にもわたる豊かな発展ののちにようやく、強烈な二律背反的傾向が勃発する。このことを説明してくれるのは、ディアスポラにおいては律法が民族を結びつける唯一の紐帯だった、ということかもしれない。とはいえ、用心深い自制とすべての抗争の周到な回避にもかかわらず、神秘主義的思考は、常にその信奉者たちに行為へ向けた準備を整えさせ、そのことによって、律法のたんなる解釈とメシアの到来へのたんなる希望というあり方とは縁を切っていた。ただし、民族の追放状態を新たに解釈した限りで、この点で先人の誰よりも大胆だったのは、イサク・ルーリアの学派だった。「かつて〔ディアスポラは〕イスラエルの罪に対する罰か、あるいは、イスラエルの信仰に対する試練と見なされてきた。こんにちもそのことに変わりはないが、ディアスポラは本質的に一つの使命であって、その目的は、落ちた火花をいたるところで集め、それを高揚せしめることである」〔同、三七七頁〕。「世界のドラマの主役」という役割がはじめて、すべてのユダヤ人に該当する仕方で規定されたのである。

この「追放の神話」の注目すべき一つの側面は、衝突し合う二つの目的を満たした、ということである。追放を苦しみではなく行為として理解することによって、この神話は、メシアの到来を早めさせるように民衆を目覚めさせ、サバタイ派の運動の内部では、「その運動の台頭と成功の決め手となる」「すべての力の爆発的な顕現」にいたることができた。一方、この運動の敗退ののちには、この追放の神話は、幻滅した民衆の必要にも同様に対応した。民衆は、メシアへの希望の喪失ののちに、追放の新たな、もっと一般的な正当化、つまり、活動を欠いた生活とたんに生き延びているというあり方の正当化を求めていたのである。同化ユダヤ人たちはこの形態でイサク・ルーリアの理論を受け入れた――もっとも、その代表者たちは、彼らがカバラーの継承者であるというショーレムの発見を、おそらく喜ぶことはなかっただろうが。同化した、それどころか、脱ユダヤ化したユーデントゥームの自己理解において神秘主義的思考がこのように生き延びているのは、たんなる偶然ではなかった。そのことは、カバラーの第二の継承者であるハシディズムがまさしく「脱ユダヤ化された」ユーデントゥームにおよぼした驚くべき影響に見て取ることができる。そのユーデントゥームが今世紀の初頭にハシディズムに導かれたときのことである。比較的若い世代のなかに、ユダヤ神秘主義のこの最終局面に対する真の熱狂が拡がった。彼らは概して東方の同胞の精神生活にはほとんど関心を抱いていなかったが、自分たちがその霊的な世界把握と精神的態度に結びついている、と不意に感じたのである。「メシア的要素の中立化」(すなわち、政治的態度の中立化)、公然たる二律背反的傾向、追放の神話の保持――ハシディズムのこれら三つの要素は、ほとんど不気味な仕方で、同化したユーデントゥームの欲求に対応していた。改革派ユーデントゥームもハシディズムも、もっぱらユダヤ人が生き延びることに取り組んでいて、シオンの再建への希望をすべて放棄し、追放のうちに自らの究極の変容不可能な運命を見ていた。あたかも、メシア的希望のたんなる喪失が、ラビの権威の低下を伴いつつ、民族のあらゆる部分の自己理解に――そのすべての政治的、社会的な差異にもかかわらず――同じ仕方で影響を与えたかのようである。ユダヤ教正統派とユダヤ神秘主義のあいだの長く継続する闘いにおいて、最後の戦闘に勝利したのはユダヤ神秘主義であったように思われる。その勝利は敗北をつうじて得られただけに、いっそう驚くべきものである。

その最初の始まり以来、ユダヤ神秘主義は行為と現実化への傾向を有していた。とはいえ、最終的に完全な断念に行き着くまえに、ユダヤ神秘主義は、サバタイ派の運動において、その発展の最高段階に到達した。その運動は、ショーレムが提示している新たな解釈においては、ユダヤ人の歴史の転換点であるように思われる。確かに、神秘主義的な思考の効力が、中世の時間の経過のなかで、セクト的な熱狂の勃発という形で、再三はっきりと現われていたのは事実である。とはいえ、一つの巨大な民衆運動と直接的な政治的行動が、まさしく神秘主義的な思弁の動員によって鼓舞され、準備され、遂行されたことは、それまで一度もなかった。ユダヤ民族全体が、巨大な、絶対的に唯一の規模で、ユダヤ神秘主義者たちの秘められた経験、いっそう高次の現実に到達しようとする彼らの努力を、反復したのである。その際の高次の現実は、彼らの考えによれば、経験可能な日常生活においても、シナイ山における伝統的な啓示〔Offenbarung＝「明らかにすること」〕においても、露わにされるよりもむしろ隠されてきたのである。神秘主義が人間の魂にしっかりと根づいているだけでなく、巨大な行動力を有してもいることが、はじめて示された。現実についての利用可能な知見の探究が大衆心理学の利用可能な知見となり、「どんな代償を払っても実現を求める」強力な意志は、最後には、あらゆる伝統を、確立されたすべての権威を、代償とすることになった。それは、棄教したメシア〔サバタイ・ツヴィー〕がすぐさま受け入れられたことに見て取ることができるように、人間の持つ真理の尺度さえも代償としたのである。

過去のすべての神秘主義的な潮流のなかで、ユダヤ神秘主義は、（もっぱら）現実の意味と行為に取り組んでいた唯一のもの、と思われる。ユダヤ神秘主義は、大きな政治運動を産み出し、具体的な民衆運動へと自分自身の考えを直接翻訳することができた、唯一のものだった。民族の未来にどれだけ大きな影響を与えたかを唯一の利用可能な尺度に設定するならば、神秘主義的思考のこの勝利がもたらした破局は、ユダヤ民族にとって、それに先立つすべての迫害よりも大きなものだった。それ以降、ユダヤ人の政治的共同体は死滅し、この民族は歴史の公的な舞台から退場した。

この歴史のもっとも刺激的な側面の一つはおそらく、神秘主義がそれ自身の敗北を生き延びることができたという事実であり、追放の神話という形態を取ったその理論が人々の行為の必要にも、人々の断念の必要にも、同じく対応していたという事実である。残ったのは、舞台の背後で糸を操る者という昔ながらの神秘主義的な考え――ベンジャミン・ディズレイリが好んだ観念の一つ――であり、フランス革命の勃発のあとで多くの「抑制なき政治的黙示論の使徒たち」〔同、四二四頁〕のもとで姿を見せたような、世界救済に対するありふれた憧れ——シオンへの帰還という明確な希望とは区別されたもの——だった。この最後の点を参照することで明らかになるのは、近代のユダヤ人の歴史における三つの精神的潮流——ハシディズム、改革派の運動、「政治的黙示論」、すなわち革命的ユートピア主義——は、これまで、互いに対立し合うのではないにしろ、独立した傾向として考察されてきたが、実際には同じ一つの強力な源泉、すなわちユダヤ神秘主義から発しているように思われる、ということである。ユダヤ人の歴史についての書物を締めくくるサバタイ・ツヴィーの破局は、新たな時代の揺り籠となったのである。

V

「とはいえ、物語はまだ終わっていないし、歴史になったわけでもない。その物語のなかの秘められた生命は、きょうにも明日にも、あなたのもとで私のもとで、ふたたび出現する可能性がある。いまでは不可視となったユダヤ神秘主義というこの流れがいつかふたたび迸り出ることになるのは、どのような状況のもとにおいてか、それを察知するのは人間には不可能である。……運命について語ること、この世代において、これまでの長いユダヤ人の歴史のなかでかつてないほど深刻にユダヤ民族に降りかかってきた大いなる破局のなかで、私たちになお与えられるかもしれない神秘的な変遷について語ることは——そのような変転が私たちに差し迫っていると私は信じているが——、預言者の仕事であって、教授の仕事ではない」。〔同、四六五—四六六頁〕

この信仰告白でショーレムは彼の本を終えている。歴史を語ったあとで――「しかも、それがあったとおりに」語ったあとで、彼は、歴史を語ることには「行為それ自体と同じだけの効果が備わっている」という、昔ながらの神秘主義的な希望を支持しているように思われる。言葉だけをつうじて不思議な変化が起こるハシディズムの物語[7]をつうじて、彼は自分の信仰にきわめて明確な輪郭を与えている。「私たちは火を起こすことはできませんし、祈りを唱えることもできません。私たちはあの場所ももう分からなくなっています。けれども、私たちはその物語を語ることができます。そして――と、その語り手は付けくわえた――私の語りだけで、他の三人の行為と同じ効果を引き起こしたのです」（同、四六五頁）。この物語において、ユダヤ神秘主義の思考の壮大な構築物を支えている二本の主柱――すなわち、言葉は行為であるという一般的な教義と伝統の意義へのユダヤ的な固執――が、きわめて簡潔な仕方で実際に結びついている。

教授の衣装をまとって登場しているとはいえ、ショーレムもまたひとりの語り手であって、だからこそ、歴史にほかならない大いなる物語について、他の多くの教授たちよりもたくさんのことを知っている。この語り手の信仰と希望を私たちが分かち合っているかどうかは、たとえ語り手が私たちにそう信じさせようとしているとしても、各人の意見の問題ではない。そしてまた、私たちの究極的な政治的意志について判定することが預言者たちの使命なのでもない。すでにこれまでも数々のにせ預言者たちが存在したし、今後も存在するだろう。そして、サバタイ派の運動の破局的な展開は、サバタイ・ツヴィーの改宗だけではほとんど説明できない。あの展開はむしろ、行為となった神秘主義に内在している論理なのである。一九世紀の「啓蒙された」歴史の教授たちが知らなかったのは、神秘主義が実際に機能し得る、ということだった。とはいえ、神秘主義的思考が行為と私たち自身の歴史の政治的な現実化に向けて私たちの意志を駆り立ててきたことに私たちがどれほど魅惑されようとも、私たちが忘れてはならない事実がある。すなわち、自らの政治的運命についての決定は、究極的には人間に課せられているのであって、その破局的な歩みをショーレムが私たちに明らかにしてくれた

「不可視の流れ」に課せられているものでは決してない、ということである。

（ペトラ・シュライアーによる英語からの翻訳。最後の部分はマリー・ルイーズ・クノットによる）

（1）この箇所は定冠詞付きの単数なので、『ユダヤ人の歴史』全一一巻を著わし、近代のユダヤ人史の原型を作った歴史家ハインリヒ・グレーツ（一八一七―九一）が念頭に置かれていると思われる。

（2）「ゾハール」は一三世紀後半にスペインで成立した、ユダヤ神秘主義の代表的な大著。「ゾハール」はヘブライ語で「光」の意。そこから「光輝の書」「光耀の書」などとも訳される。

（3）ユダヤ教の指導者「ラビ」を中心とした正統的な立場。

（4）一三世紀半ば以降、スペインで活動したカバリスト。

（5）現在のイスラエル北部、ガリラヤの町ツファト（サフェド）で活動したイサク・ルーリア（?―一五七二）の神秘思想に基づく流派。神の撤退（ツィムツィム）、器の破壊（シェビラー）、器の修復（ティクーン）という三つの考えを柱とするルーリアの神秘思想は、サバタイ派に大きな影響を与えた。

（6）一八世紀、ポーランドを中心に東ヨーロッパに拡がったユダヤ教の改革運動。従来のラビを中心としたタルムードの学習ではなく、祈りを重視するとともに、歌や踊りの要素も組み込んだ民衆的な運動として大きく展開した。

（7）『ユダヤ神秘主義の主潮流』のこの箇所で、ショーレムはヘブライ語作家、シュムエル・ヨセフ・アグノン（一八八八―一九七〇）から直接聞いた、以下の物語を下敷きにしている。ハシディズムの創始者バアル・シェムは、ある森の一角で火を起こし、瞑想にふけり、祈りを口にした。するとすべては彼の望むとおりになった。一世代あとの義人はその森の一角でもう火を起こすことはできなかったが、祈りを唱えた。すると願いはかなった。次の世代のラビは火を起こせず、祈りも唱えられなかったが、その森の一角にいることで願いがかなった。さらに一世代後のラビには、その森の一角さえ分からなくなっていたが、バアル・シェム以来のその物語を語ることで願いをかなえることができた。

ニューヨークのユダヤ文化再興財団〔JCR〕の本部は、ドイツに滞在中の職員から「〈調査報告〉〔英〕」を定期的に受け取っていた。それらの報告は、アメリカの職員によって修正され、編集され、番号を付されたうえ、JCRの用箋にタイプ打ちされ、複写されて、閲覧のためにJCRを構成している諸組織に送られた。番号は、報告が書かれた順番に従っている。ハンナ・アーレントは、一九四九年から一九五〇年にかけてのドイツ滞在期間中に、いままで知られている限り、12、15、16、18の番号を付された「〈調査報告〉〔英〕」、そして帰還後に最終報告を、理事会に提出した〔「〈私のドイツへの派遣に関する報告〉〔英〕」〕。

この往復書簡と関わる資料として、またJCRのためのアーレントの精力的な仕事の証拠として、それらの報告がここではじめて提示される。NLIにはニューヨークで編集された版とともに、二つの報告〔FR〔調査報告〕第15と第16〕のアーレントの元原稿〔したがって、修正されず、JCRの用箋に打たれていない、等々の状態のもの〕が存在している。この二つの報告をショーレムはニューヨークの本部を介さず、アーレントから直接受け取っていた。それゆえ、それらの報告はここでは元来の版の形で再現されている。FR〔調査報告〕第16においては、アーレントによって括弧に挿入された情報は、のちにニューヨークから発送された版では削除された。

マリー・ルイーズ・クノット
ダーヴィト・エレディア

［調査報告　第12(1)］

ユダヤ文化再興財団

ニューヨーク州、ニューヨーク市二三、ブロードウェイ一八四一

部内書類

調査報告　第12

ハンナ・アーレント

一九四九年一二月

I

一九五〇年二月一〇日シュトゥットガルトで開催される次の会合のために、ドイツ連邦共和国教育大臣〔文部大臣〕常設会議に提出予定の草案は、一二月のあいだの、ドイツの司書および政府当局者との私の交渉の成果である。草案の写しは、私が報告を欠かさないよう心がけ、私の活動に関するあらゆる問題について意見を交わしてきた、ＪＲＳＯ〔ユダヤ人返還継承機関〕のフェレンツ氏へ郵送された。フェレンツ氏は、現在の文面を改定し、完全なものに仕上げるだろう。私はそれをさらなる活動のために、ミュンヘンのフントハマー大臣に提出することになる。その草案は同封の手紙とともに、一月

半ばにはミュンヘンに届くはずである。

フランクフルト市立図書館・フランクフルト大学図書館の館長であり、ヘッセン州政府の重要人物でもあるフランクフルト・アム・マインのエッペルスハイマー博士は、ドイツ司書協会の代表で、ミュンヘン・バイエルン州立図書館の〈総館長〉〔独〕グスタフ・ホフマン博士に話を持ちかけるよう提案した。この提案について、私はボンで以下の人々と話し合った。すなわち、ギーゼラ・フォン・ブッセ博士〔バート・ゴーデスベルクの〈ドイツ学術緊急振興会〉〔独〕におけるドイツ図書館〈帝国交換部〉〔独〕の担当者〕、元〈次官〉〔独〕でフランクフルト大学のブリル教授〔彼は五年を刑務所で、二年をブーヘンヴァルト〈強制収容所〉で過ごした〕、ベルリン・プロイセン州立図書館の元東方部門長でボン大学のヴァイスヴァイラー博士、さらにバーゼルのヤスパース博士も。これらすべての人々が同意したことによれば、ドイツ人司書の積極的な協力抜きには何事も達成され得ず、多くの地域で喜んで手を貸そうとしてくれている人々がいるだろうが、一般的に言って、司書たちへの要請は十分ではないだろう、ということだった。ボン政府と強いつながりを持つブリル教授は、教育大臣〔文部大臣〕をつうじた活動を最初に提案した人物である。

ミュンヘンのグスタフ・ホフマン博士は、このうえなく思いやりのある態度で私を迎えてくれた。彼はすぐさま自らの会報に要請文を掲載することに同意し、要請を公式的な文章にするのではなく、私たちが司書たちに何を行ってほしいと考えているかを述べた、いくつかの短い文章を書くよう私に依頼した。続いて単刀直入に、自分は自発的な協力のみをあてにしたいのではなく、自分の要請をさらに確かにするための政府の布告を必要としているのだ、と彼は語った。彼は、フントハマー大臣がローマにいて目下不在のあいだは、ミュンヘンの〈次官〉〔独〕でバイエルン州〈文部省〉〔独〕のきわめて重要な人物、ザットラー博士と連絡を取って、三つの西側地区すべてに対して布告を発する提案をするように示唆した。フントハマーが西ドイツ〈文部省〉〔独〕常設会議代表であるために〔ボン政府は教育省を有していない〕、この件で主導権を発揮するうえで、ミュンヘンは適切な場所だと思われる。

ザットラー博士と会うまえに、私はミュンヘン市立図書館のヘルト博士と面会した。彼は、いささか神秘的な、ユダヤ人たちの偉大な友である。私は彼とホフマンの提案について議論した。ヘルト博士もまた、私たちが正式な布告を必要とすることに同意した。

その他のあらゆる理由を脇においても、このような布告はなくてはならないものと思われる。なぜなら、押収された資産についての報告をすべての図書館に要請した軍政府法第五九号は、その報告(返還ではなく！)の義務を、一〇〇〇ドイツマルクの価値を超える資産に限定するという、重大な欠陥を有するためである。したがって、ミュンヘン市立図書館はたとえばその書架で見つかった押収コレクションを、軍政府事務局・資産管理課に報告し、軍政府法第五九号に従えば、「個々の書籍もしくは同じ所有者のものである一群の書籍の価値が一〇〇〇ドイツマルクを超えない限り」、それらについて報告する義務はない、とはっきりと述べた(ところで、他のどこにおいても、書籍は返還のためにこれほど綿密に分離されていないし、返還の準備もなされていない。後述を参照)。私の見たところでは、ナチスをつうじてのみならず、さまざまな隠し場所からのものが組み合わされることで、押収されたユダヤ人の資産は広く散在させられた。結局のところ、私たちに役立ち得るのは、すべての金銭的な価値(それは曖昧であり、とにかく評価次第である)とは無関係に、あらゆるものを報告するよう定めている布告だけである。

布告を必要とするもう一つの理由は、現在のドイツの図書館の状況である。隠し場所から戻ってきた書籍の大半はまだ荷ほどきがなされておらず、箱のなかに何が入っているのかを誰も知らない。ここ数年のあいだにユダヤ人の資産が見つかる可能性は十分ある。具体例を挙げると、バイエルン州立図書館の二〇〇万冊のうち、わずかに八〇万冊だけが現在、書架に収められており、三〇〇〇冊から四〇〇〇冊がまだ倉庫にあって、残りは地下室にある。同様の状況は博物館にも当てはまる(とはいえ、文書館には当てはまらないように思われるが)。

〈文部省〉〔独〕を訪問するまえに、私はミュンヘン〈芸術史研究所〉〔独〕のハイデンライヒ教授とも話をした。教授はただちにこう語った。博物館に対しても同様の行動が同時に取られるべきであって、喜んで手助けしたい、ホフマン博士がその要請を掲載したあとすぐに、学芸員への同様の要請を自分は準備しよう、と。さらに教授は、あなたはホイスのところを是非訪問して、ボン政府に現物で返還する法律(たんなる布告とは明確に異なったものとしての法律)を発布するよう彼に依頼すべきだ、と自分の方から語った。彼は、現時点においてその種のことが可能なはずだ、と信じていた。彼は、ギーゼラ・v・ブッセや他の少数の人々とともに、これまでなされてしまったことに対して誠実に、深刻に心を痛めてきた人々の一人である。

こうした準備を整え、ザットラー博士との面会を取りつけてくれたアウエルバッハ博士とこの件に関して話し合ったあと、私はザットラー博士と面会し、要請に関わるもっと一般的な条項について議論した。ザットラー博士はその際、彼らの法律顧問オイゲン・マイヤー博士を紹介してくれた。マイヤー博士およびザットラー博士との議論の成果である上述した草案を仕上げるまえに、この件についてフェレンツと話し合うために、私はニュルンベルクに赴いた。

不幸にもドイツの図書館には知られていない(さらに不幸なことにはJRSOにすら知られていない)、ユダヤ人の文化資産に関する私たちの暫定的リストは、大いに役立つことが明らかになった。ホフマン博士は、比較的大規模な図書館に送付するために、複写三〇部を求め、文部省の関係者はかつての所有物の証拠とした。あなたがたが知っているとおり、JRSOは包括的な形で信徒共同体の資産を考えることを主張した。しかし、誰が文化遺産を相続することになるのか、信徒共同体なのか、JCR－JRSOなのか、というその次の議論で私たちの目録に従ってJRSOが主張していたなら、ずっとよい結果が得られたことだろう。

Ⅱ　隠し場所

あなた方がバーンスタインから受け取った情報、もしくはすぐにも受け取るであろう情報にくわえて、私は簡潔に以下のことを、その都度さまざまな方法で集めた関連情報として、列挙しておく。

1　文書館資料――ユダヤ人の文書館のアーカイヴ資料は、バイエルン州の以下の文書館にある。

〈州立機密文書館〉〔独〕――ミュンヘン
〈州立文書館〉〔独〕――アンベルク
〃　　　　　――ノイブルク
〃　　　　　――ニュルンベルク
〃　　　　　――ヴュルツブルク

情報源――〈バイエルン州立文書館総館長〉〔独〕ヴィンクラー博士からＪＲＳＯへ。

フランクフルトおよびハンブルクの信徒共同体のアーカイヴ資料はベルリンの〈総合文書館のアーカイヴ資料〉〔独〕のなかに存在すると思われる。すでに報告したように、この〈総合文書館のアーカイヴ資料〉〔独〕のために、アレックス・バイン博士が現在ベルリンと交渉中である。

情報源――ローヴェンタール。

2　蔵書――

ａ　ヘブライカとシオニズム関連書籍の収まった少なくとも二つの箱がフランス占領地区の倉庫、すなわち、ノイシュタット・ａ〔アン〕・ｄ〔デア〕・ハルト市の〈産業の家および商工会議所〉〔独〕〔ルートヴィヒスハーフェン市近郊〕の収集品に含まれていた。この倉庫は、戦中ヴュルツブルク市の〈マリエンベルク要塞〉〔独〕へと運ばれた、ナチの国家および党文書館のアーカイヴ資料からなっていた。

情報源――ハイデルベルク大学哲学セミナー、ロスマン博士

b　〈ミュンヘン現代ドイツ史研究所、ユダヤ人問題局〉〔独〕の蔵書は、パッサウ近辺の隠し場所に保管されていた。蔵書の一部は、現在、バイエルン州立図書館に収められている。ミュンヘン信徒共同体の蔵書印が押された約二〇冊は、発見され返還された。書籍の出所がまだ不確かなものが、約五〇〇〇冊から六〇〇〇冊に上る。この蔵書のかなりの部分が、アメリカ当局によって、フライジング市の収集地点から難民キャンプへ分配された。その難民キャンプはユダヤ系ではなかったので、私はふたたびミュンヘンに滞在するときにこれらの蔵書のありかを探ってみるつもりである。この蔵書は、フランクフルト／ローゼンベルク・コレクションと、ほぼ同程度に重要なものだった可能性がある。

c　これまでに押収された資料が分類され目録化されているミュンヘン市立図書館の倉庫には、ミュンヘンのユダヤ人信徒共同体の蔵書印の押されたものが一二三九冊、アシャッフェンブルクとアウクスブルクのユダヤ人信徒共同体、さらに、もっと小さなユダヤ人組織の蔵書印の押されたものが二三冊存在する。所有者の特定できない五〇〇〇冊の書籍も存在しているが、そこには返還される一定数のユダイカがあるだろう。私は目録カードに眼を通し、司書たちとも話をした――この倉庫はゼースタラー博士の直接の管理下に置かれている――彼らはとても協力的だと思われる。この倉庫全体は、約一万三〇〇〇冊から一万四〇〇〇冊の書籍からなっており、きわめて多くの政治関連の蔵書、労働組合、社会主義および共産主義の党組織の蔵書などを含んでいる。この倉庫全体はアメリカ人によって解放され、その後、信託権を認めて市立図書館へ委ねられた。五二五〇冊が所有者の特定可能な資産であり、八九〇人の所有者に属している。それらの書籍の多くには〔返還〕要求がなされているが、まだそれがどれほどの量に上るのか私には分からないし、その資料に目を通して

もいない。

d　書籍を収めた五〇箱から一〇〇箱が、〈資産管理と賠償のためのバイエルン州部局、ミュンヘン支部〉〔独〕の信託下に置かれている。私はガスティガー氏と話をしたが、彼はこの箱の正確な数さえ把握していなかった。倉庫はミュンヘンにはなく、私たちはそこを訪れることができなかった。とはいえ、七箱は目録化されており、私はそのリストに眼を通した。さほど興味深いものではなく、ほとんどもっぱら非ユダヤ系の書籍だが、疑いもなくユダヤ人所有のものである。というのも、それぞれの箱は祈禱書などといった、ユダヤ系の蔵書でのみ見出し得る書籍が一定数含まれていたからである。ガスティガー氏は、これらがユダヤ人の所有物であることに同意し、正確に数をかぞえ、何とか一月末までにさらに多くの箱を開封することを約束した。

e　ハイデルベルクのユダヤ人信徒共同体図書館には、かなり興味深いおよそ二〇〇冊のユダイカが存在する。それらは市立図書館の司書をつうじて、司書のシュプレッヒャー氏〔シュプレッヒャー氏はハイデルベルク大学医学部の学生である〕に返還された。シュプレッヒャー氏は、それらの書籍をＪＣＲに返還する予定である。

さらに重要なのは、ハイデルベルク大学図書館がいまだに、初版や宗教関係の文献からなる重要なコレクション、モンバート蔵書を所有していることである。ドイツ・ユダヤ人の詩人であるアルフレート・モンバートは、一九四〇年の秋、バーデン州のすべてのユダヤ人とともに、南フランスへと移送された。そのとき、バーデン州のユダヤ人の私的蔵書のすべてが押収された。それらはゲシュタポの手で公売にかけられたようである。モンバートの蔵書は、彼のいく人かの友人による個人的な介入をつうじて救い出され、のちに〈税務局〉〔独〕へと移された。草稿、およびリーリエンクローンからホフマンスタールにいたる、ドイツの詩人やその他の詩人との往復書簡を収めたいくつかの箱は、ベルリンのゲシュタポ本部へ送られた。モンバートの蔵書は、〈税務局〉〔独〕により、ハイデルベルク大学に三〇〇〇ドイツマルクで、すなわち取るに足りない価格で、売却された。それらの箱は開封されることなく大学図書館の地下に置かれたままである。モンバートの姪クララ・フォーゲル氏は、一九四七年に、大学図書館に〔返還〕要求を行ったようである。しかし、それらの書籍をどうすべきか結局彼女には分からなかったために、いかなる行動も取られなかったようである。私がハイデルベルクに滞在するときには、草稿部門の代表プライゼンダンツ氏をつうじてこの件を解決するつもりである。

f　軍事当局は、約一三万冊の非ユダヤ系書籍を、オッフェンバッハの倉庫からフランクフルトのエッペルスハイマー博士に委ねた。これらの書籍の大部分は持ち主が特定可能であり、疑いもなく、大半はユダヤ人の所有物ではないようだ。とはいえ、市立図書館が類似した資料の信託者の地位にあるミュンヘンでのいろいろな経験を踏まえて、私はこの件を再度詳しく調べてみるつもりである。ドイツ語のユダイカ（ヘブライカではないにしろ）がそのなかに含まれているかもしれない。

Ⅲ　いくつかの手がかりとその他の関連情報

a　ミュンヘンにおいて、市立図書館の、オーストリア人の被雇用者の一人が、ケルンテンの倉庫に二〇〇万冊が存在すると伝えてくれた。この倉庫は、ゲシュタポの隠し場所の一つだった。彼の情報によれば、これらの書籍の一部は戦後に売却され、一部は国家機関へ移されたという。彼は、さらなる情報を持っていそうな人物の住所を私に教えてくれた。

b　東側地区において——

1　ブランデンブルクの〈刑務所〉〔独〕の図書館は、ユダイカ、ヘブライカ、祭具、トーラーの巻物の、豊かなコレクションを有していた。情報源——ブリル教授。もっと詳しい情報は、私がベルリンに滞在するときに。

2　多くのユダイカおよびヘブライカを含む、〈ローゼンベルク特捜隊〉〔独〕の蔵書印が押された五万冊が、テューリンゲン州ザールフェルト、ペスネックのフォーゲル印刷で発見された。ここは、ＳＳが一九四四年秋にそれらの蔵書を運び込んだ場所である。一九四七年に、それらの蔵書はロシア人によって運び去られたようである。

3　ベルリンで押収されたユダヤ人の個人蔵書は〈帝国交換部〉〔独〕に持ちかけられ、終戦の直前に、ドイツのさまざまな図書館の再建のために購入された。これらの書籍は、のちにベルリンの隠し場所に四散することになった。それらの大半はロシア人によって持ち去られたようである。

4　一般的に言うと、破局のあと、数十万の書籍がベルリンに持ち帰られた（情報源――ヴァイスヴァイラー博士）。現在、プロイセン州立図書館、東方部門長であるヴォルフ・ヘーニッシュ博士に、情報を求めて接触すべきである。というのも、プロイセン州立図書館にはかつてのナチの研究所や組織の蔵書が組み込まれたからである。

5　〈ローゼンベルク特捜隊〉〔独〕の蔵書印の押された大量の書籍がハレ近郊の隠し場所で発見され、ハレ大学図書館に組み込まれた。情報源――ハレ州立図書館の元司書で、現在はフランクフルト・アメリカ図書館に勤務のヘラ・イェンシュ氏。

6　ブレスラウのフレンケル財団の書籍を収めた八〇箱、またブレスラウ信徒共同体のアーカイヴ資料が、一九四八年に、ワルシャワ、トウォマツキエ通りのユダヤ図書館に存在していた。

ワルシャワ国立図書館は、一九三九年から一九四三年にかけて、ポーランド・ユダヤ人の蔵書から多くのユダイカとヘブライカを受け取った。

ニーダーシュレージエン州クウォツコには、比較的大規模な倉庫が存在していた。そこではウィーン信徒共同体の蔵書に由来する草稿が、少なくとも一点発見された。情報源――バーンスタイン。

Ⅳ

私はとうとう、ナチ政権下の最後の年月に、図書館や文書館と関わりがあった人々の名前と、ときには何人かの住所をも手に入れることに成功した。

私はまた、東側地区と連絡を取っている、西側地区の人々に関するいくつかの手がかりも受け取った。とはいえ、この件はきわめて望み薄だと思われる。

収容されていた、もしくはいまも収容されているナチおよびＳＳの人々の住所は、特定の政府機関から入手可能である。

Ⅴ　書籍商とオークション

次回のバーンスタインの報告書を参照。私は、ドイツにおける最大の中古品業者の一つ、カール・ウント・ファーバー[2]のカール博士とだけ話をした。カール博士は、長年、顧客のためにヘブライ語のインキュナブラを手に入れようと試みてきたが、うまくゆかなかった、と語った。博士は、そのような品物はドイツ国外に売り出されるか、もっと小さな業者へ売り出される可能性が高い、と考えている。

このことに関連して、〔『〕ヘラルド・トリビューン〔』〕紙の以下の記事は、興味深いかもしれない。

「ドイツ、バンベルク、一二月二六日、合同通信社。――当地の警察は、一九三八年、ナチが現地のシナゴーグを焼き払ったときに失われた、八四点の銀製品が詰められた洗濯籠を取り戻した、と発表した」

ドイツの新聞における元々の記事では、この銀製品は、バーバラ・ヴァーグナーなる人物の金銀細工店で発見されたと書かれている。ドイツの警察によると、この女性は、一九三八年にシナゴーグが焼失してからずっとこれらの銀製品を隠し持っていたという。

VI　ドイツ・ユダヤ人信徒共同体

この件が私たちにとってもっとも困難な問題の一つとなるであろうことに疑問の余地はほとんどない。繰り返し長い時間をかけて、私は、きわめて親切で協力的なミュンヘンのアウエルバッハ博士と話し合った。信徒共同体が何を必要としているかはさほど強調されず、もっぱら強調されているのは信徒共同体の「権利」だが、その「権利」こそ、結局のところきわめて疑わしく思われるものである――ドイツにいて判断する場合にはさらに疑わしい、と私は考える。解放ユダヤ人中央委員会〔DPs〕の事務局長はミュンヘンで私に、自分たちが所有していた図書室は主に、難民キャンプを経由してオッフェンバッハの倉庫に保管されていたものからなっていた、と語った。六カ月ものあいだ、ただ一人の利用者も現われなかったために、彼らは図書室を閉めざるを得なかった――そしてこれは、ミュンヘンの七〇〇〇人のユダヤ人に関してのことなのである！

アウエルバッハ博士は、一月中に会議を二度行う手筈を整えるよう提案した〔そして私も同意した〕。一度目は一月二二日にミュンヘン、もう一度は一月二九日にシュトゥットガルトにおいてである。最初の会議はバイエルン州のさまざまな信徒共同体によって手筈が整えられる予定であり、二度目の会議は他の〈州〉〔独〕の代表者を含む〈利益代表団〉〔独〕によって行われる予定である。そもそも可能ならば、私は一月二九日のまえに、フランクフルト、シュトゥットガルト、フライブルクで、鍵となる人々と会うよう試みねばならない。ドイツ・ユダヤ人信徒共同体への書籍の分配の一切は、地域への分配に責任を負うことになる中央組織によって取り扱われるべきだ、と私は提案するつもりである。というのも、書籍はすでに分配されてしまっているという事実に、誰も気づいていないようだからである。とはいえ、それも大した助けにならないだろう。これらの信徒共同体は、いやむしろ、その指導者たちは、十中八九、私たちの活動のすべてにおける決定的な発言権を要求してくるだろう。私はいま、レーオ・ベックと会うことを計画している。彼は手助けになるかもしれない。もちろん、将来発見されるかもしれないすべての書籍がそれらの信徒共同体に返却される、という危険が存在している。何が起こり得るか、いっそう客観的なイメージを得るために、私は〈バイエルン州賠償課〉〔独〕の代表、エンデン博士に会いに行き、すべての〔返還〕要求が提出されたあと、持ち主が特定可能な書籍をどうしようと考えているのか、尋ねた。エンデン博士は、結論を下すために、ミュンヘンのユダヤ人信徒共同体、バイエルン〈州連盟〉〔独〕〔バイエルン・イスラエルの民・祭式共同体州連盟〕、ＪＲＳＯを招くつもりだと答えた。私は同じ問いを、市立図書館のヘルト教授に尋ねたが、彼は、書籍はＪＲＳＯに譲渡するつもりだ、と答えた。いずれにせよ、物品はそれぞれの市で別々に対処されるだろう。しかし、蔵書印のある書籍を単純に元の所有者に返還したいという衝動はもちろんきわめて強く、そのことがすでに大変困難な状況を作り出している。ＪＲＳＯは、ユダヤ人信徒共同体が正当な継承者ではないと理論的に主張しているとはいえ、一度書籍やアーカイヴ資料が特定の共同体指導者に所有されたなら、実際的には、ＪＲＳＯは口出ししたくないのである——たとえば、バンベルク、レーゲンスブルク、アウクスブルク、カールスルーエの場合のように〔アメリカ占領地区に関する限り〕。

（1）　以下、「調査報告」は「最終報告」にいたるまですべて英語で書かれている。

（2）　ミュンヘンにあるオークションハウス。

［調査報告　第15］

調査報告

ハンナ・アーレント

一九五〇年二月一〇日

I

フランス占領地区とイギリス占領地区での私の調査の準備として、ドイツのこの両地区への私の旅をロンドンとパリへの訪問から始める必要があることが判明した。フランス占領地区にもイギリス占領地区にも、適切なユダヤ人継承組織が存在していない。しかし、そうした組織がここ数週間のうちに設立されるだろう。ロンドンとパリでは、JCRとJRSOとのあいだで私たちが合意を結んだのと同じような形式と内容でJCRがそれらの組織と合意を結ぶのを確実にするために、いくつかの措置が講じられた。

おそらく、イギリス信託基金が、JDC〔ジョイント〕、ユダヤ機関、イギリス中央基金によって設立されるだろう。ラビノヴィッツ博士の委員会が役員会に代表を送り、おそらく、代表者会議、英国ユダヤ人協会、ドイツ・ユダヤ人評議会も同様だろう。役員会では、ラビノヴィッツ博士が私たちの代表として快く物事を進めてくれるだろう。JCRとJRSOのあいだの合意に沿って起草された合意の草案がイギリス中央基金に送られ、その写しがJCRを構成するすべてのイギリスの組織に郵送された。

イギリス信託基金の設立はこれまで何度も延期されてきたが、それは、イギリス占領当局がいくらか反対してきたためである。占領当局は、相続者も請求者もないすべてのユダヤ人資産がドイツから持ち出される見通しを、あまり好ましく思っていないようだった。イギリスのユダヤ機関は、この相続に対するユダヤ民族による請求が正当なものであることを外務省に納得させた。しかし、威信から、またあまり正当性を持たない理由から、自らを継承組織として確立しようとしてきたドイツ・ユダヤ人信徒共同体と、国際的なユダヤ人組織とのあいだで、葛藤が絶えず繰り返されてきた。その葛藤が継承組織の実際の設立をいっそう遅らせることとなった。というのも、ユダヤ人の側が結束した前線を形づくってはじめて、イギリスの反対に打ち勝つことができるだろうからである。そうこうするうちに、イギリス占領地区での仕事、とくに文化財に関する仕事は、特別に困難で慎重を要するものとなるだろう。私は、イギリス占領地区への渡航を二月の後半に延期するよう求められた。私は二月二〇日頃に活動を始めるが、まずはハノーファーの連合返還局（私たちの試みに深く共感している善良なシンドラー氏）およびイギリス記念碑・芸術部門のノーリッス氏と接触するつもりである。

フランス占領地区での状況はもっと悪い。継承組織は、もっぱらJDCのジェローム・ジェイコブソン氏が主導権を発揮しているおかげで、現在、設立中であるようだ。とはいえ、フランス返還法に従えば、消滅した信徒共同体の資産に対する合法的な継承者として認められているのは、ドイツ・ユダヤ人〈州諸連盟〉（独）（信徒共同体州諸連盟）である。その結果、マインツのわずかのユダヤ人がヴォルムス信徒共同体の貴重な手稿アーカイヴ、トーラーの巻物、銀製品（後述を参照）ならびに銀製品の入ったケースを「相続する」ことになるだろう。後者のケースに入った銀製品は、現在、マインツ市博物館に保管されており、以前はマインツの信徒共同体ではなく、〈ユダヤ古代文化遺産保護協会〉（独）が所有していたものである。適切な継承組織を欠くことが私たちの任務にとっていかに危険なことであるかは、フライブルク大学図書館の事例に見ることができる。現在、この図書館は、二〇名のユダヤ人の個人蔵書コレクションを有していることが確認されている――そして、その図書館長はきわめて率直に私にこう語った。何人かによって適切に請求された二、三の小さなまとまりを除けば、残りは押さえておくつもりである、と！　問題は、フランスでの返還自体がきわめて不確実な事柄であることである。〈長老会議〉（仏）は、フランス当局からいくつかのユダイカとヘブライカを受け取ってきた。すべて所有者不明の資産である。しかし、この返還は半分非合法だった〔「〈彼らは喜ばせたかったのです〉〔仏〕」〕のであって、原則として、ユダヤ人組織と機関は、所有者不明の、あるいは相続人のないユダイカとヘブライカに対する、いかなる請求権も有していない〔彼らがそうした請求権を求めて争うことはなかったようだ〕。

ロンドン——私はドイツ・ユダヤ人評議会、代表者会議、英国ユダヤ人協会、ユダヤ人大学、ユダヤ博物館、ウィーン図書館を訪問した。ラビノヴィッツ博士は、親切にも彼の委員会の会議を、セシル・ロス教授を議長として召集してくれた。出席者は、ヒャムソン博士〔歴史協会〕、ドイツ・ユダヤ人評議会〔ローゼンシュトック博士〕、ユダヤ博物館、ユダヤ人大学、ウィーン図書館、シナゴーグの各代表一人だった。私たちは、所有者の特定できる資産の返還を求める請求権が二年に制限されている問題を議論した。そこで了解されたのは、（a）イギリスのメンバーらはグレート・ブリテンに対してこの期限を自由に延長できること、その一方（b）彼らはこれに関するＪＣＲの決定を拘束する権限を持たないこと、である。さらに委員会は、計画されている〔イギリス信託基金の〕設立ないしはラビ法廷を歓迎し、ラビ法廷はＪＣＲの平和的な解体ののちにも機能するのがよい、と提案した。——祭具は、輸送するまえに、可能であれば写真も添えて、ジャンルごとに提供されるのがよい、とのことだった。館内にとても美しいコレクションを所蔵するユダヤ博物館はさほど関心を抱いておらず、コレクションの新たな中心部分がマンチェスター、リーズ、バーミンガム、グラスゴーのために計画されている。——委員会は、もっと多くのトーラーの巻物を求めていると繰り返した。ロンドンのシナゴーグだけでも、空襲によって三六巻のうち二五巻を失った。ロス教授と他のメンバーらは、直接ＪＣＲに支払うことができないため、いくつかのユダヤ人福祉団体に巻物のための代金を支払う用意がある、と主張した。私はＪＤＣに対するいくらかの寄進を提案した〔すでにこの要求について私はジュダ・シャピロに話したが、パリに貯蔵されている巻物のうち、三五から四〇巻の巻物をグレート・ブリテンが受け取ることになりそうである〕。

ロンドンでのその他の訪問、とくに代表者会議のブロートマンへの訪問は、いずれもかなり有益で、いくつかの詳しい情報をもたらしたが、詳細にレポートするには及ばない。

パリ——私は〈アリアンス〔全イスラエル連合〕〉〔仏〕（ウジェーヌ・ヴェイユ）、〈長老会議〉〔仏〕（サックとマヌエル）、ユダヤ機関（ジャルブルム）、ＪＤＣ（ジェローム・ジェイコブソン、ジュダ・シャピロ、スタイン氏）、世界ユダヤ人会議（カーン＝デブリュー）、レオン・メース〈氏〉〔仏〕（まさしく現在、もっとも影響力のあるユダヤ人で、〈長老会議〉〔仏〕および〈フランス・ユダヤ人代表者会議〉〔仏〕の元代表）と、ＹＩＶＯ〔イディッシュ学術文化研究所〕のフランス代表ゲルショム・エプスタインを訪問した。レオン・メースと〈長老会議〉〔仏〕からはいくつかの援助——フランス占領地区のための紹介状など——を受け取り、ジェローム・ジェイコブソンからは、フランス占領地区における法的状況に関して価値あるいくつかの情報を、またエプスタインからも情報を得た。アリアンスは、ゲニザ文書の断片的な部分を除いて、約三〇箱の全書籍を受け取ったが、〈フランス・ユダヤ人協会〉〔仏〕（外国のユダヤ人および移民ユダヤ人）の図書室が受け取ったのは、かつて数千あったコレクションのうちわずか約五〇〇冊だった。定期刊行物に対して具体的な請求を行ったのは、アリアンスだけだった。

シャピロ博士は、トーラーの巻物に関して、以下の報告を私にしてくれた。全部で七七四点の巻物のうち五四八点は修繕を要するが、利用可能なものとしてイスラエルに輸送された。九八点は、ヨーロッパでの分配のためにパリに残された。一二七点は、処分されなければならなかった——祭具は分配されている。それゆえ、だいたい二五点しか残っていない。私〔シャピロ博士〕は、私たちのコレクションに由来するこれらの品々を〈長老会議〉〔仏〕のどこかで目にした。

フランスにおける所有者不明のユダヤ人資産の返還手続きは、次のとおりである。すなわち、すべての物品は、フランス当局の利益のために売却される。他のすべての手続きは例外である。個人からの特定の請求は、所有者不明の資産を収めた共同管理部分から引き渡される（私の直前の報告を参照）。

II

私はドイツに戻り、私が一二月中に着手していた、いくつかの未解決の問題に、まず引き続き取り組んだ。また、個人所有の書籍の分配と取扱いに関する諸問題について、よりよい考えを得るために、ヴィースバーデンに一週間、滞在した。

1 私は〈文部大臣〉〔独〕の常設会議の代表、ミュンヘンのフントハマーに草案を送り、その写しをバーデン州フライブルク、ノルトライン＝ヴェストファーレン州デュッセルドルフ、ヘッセン州ヴィースバーデン、ラインラント・プファルツ州コブレンツの〈文部省〉〔独〕に送付した。私は、ミュンヘンの〈文部省次官〉〔独〕のザットラー博士と再度、話し合った。彼は、迅速に法令を出す特別図書委員会の設立を約束し、私の草案を好ましく思っており、私の提案が妥当で適切だと考えている、と繰り返し述べた。私はまた、ヘッセン州の〈文部大臣〉〔独〕シュタイン教授に会った。彼は、草案の写しを受け取ってから私たちの事務所に連絡してきたのだが、とても友好的で関心を持っていた。シュタインとは、ザットラーと会ってから約一〇日後に会った。彼は、この問題と図書委員会の設立に関して、すでにミュンヘンから知らされていた、と私に話した。私は最後に、フライブルクで〈州内閣官房〉〔独〕の長官、クレメンス・フォン・ブレンターノ博士と会った。彼は、カトリックで、以前から反ナチであるなど、私の考えでは最善の人物である。

ミュンヘンでは、〔『〕司書会報〔』〕の編集者、ミッデンドルフ博士にも会った。彼は、二月の初めを目処に、彼の要請文の草稿の執筆を約束してくれた。私はホフマン博士には会わなかった。

2 ヴィースバーデン——私たちは、個人所有の書籍に関して、ハインリヒ氏といくつかの困難を抱えている。多くの請求が受理されたものの、大半はでたらめであって、さらなる請求が予期されている。取り組みの全体が一種の悪評を買っていて、私たちに書籍を譲渡するのを彼はためらっている。私は、六冊以上の書籍の所有者を探すという私たちの提案の概要を彼に説明した。彼は初め合意したが、五冊以下の書籍に関して、あとになってさらに多くの困難を挙げてきた（これは彼自身からではなく、どこかの上部の権威から出されたもののようである）。彼は、私たちが六冊以上の書籍に対して望んでいるように、すべての書籍が扱われることを望んだ。私は、（a）技術上の困難、（b）私たちの最初の提案を超える権限を私が有していないこと、を指摘して、これを拒否した。とはいえ私は、私たちと受け入れ図書館との合意の第四項を彼に示した。個人所有の書籍の分配に際して、同一所有者の書籍が複数の図書館に分散させられることなく一つの機関に送られるよう私たちがきちんと手配するということで、私たちは合意した。

この間に、個人所有の書籍はすでに処理されている（ローヴェンタールの報告を参照）。しかし、作業は時間を要し、困難である。私は、現在の作業のすべてを終えるために四月三〇日の期限に向けてなお奮闘しているが、私はこの闘いに敗れるのではないかと懸念している。その他に関して、すなわち機関コレクションの残部に関して、私が以前指摘したように、南アメリカ諸国の請求を満たすために、ケーニヒスベルクとフランクフルトを含めて、さまざまな信徒共同体に由来するヘブライカとユダイカの残部すべてを確保しておく必要があるだろう。もっとも私はすべてを直接、輸送できると考えている。学術資料、雑誌、稀覯本（一七九〇年より以前に印刷されたものを含む）、いくつかの非ユダヤ資料、〈フランクフルト宗教教育者〉〔独〕の教育関連コレクションだけは、ニューヨークのために用意されている。

ハインリヒ氏は幸いにも、軍事当局に収集された資料ではなく、軍政府法第五九号のもとJRSOによる請求をつうじてか、あるいは信徒共同体との合意をつうじて、私たちによって収集された資料のために、収集地点を私たちが自由に使用することに合意した。このことはきわめて重要である。近い将来、多数のアーカイヴ資料、数千冊の書籍、フランクフルト・ユダヤ博物館の貴重な銀製品コレクションを受け取る十分な見込みがあるからである。

フランクフルト――一八個の箱と一七世紀の二つの黄金の杯は、請求があり、返還のために用意されている。これらは、フランクフルト歴史博物館によって保護され、保管されてきた。トーラーの幕のコレクションは、現在の館長、ラップ博士によってドミニコ修道院に隠されたが、修道院への空襲によって破壊された。フランクフルトのユダヤ人信徒共同体は何も異議を唱えなかった。これらの品をどうすればよいのか、まったく分からなかったのだろう。信徒共同体の代表、マイヤー氏は、自分の信徒共同体にとってとくに必要なものでなければ、二、三の品を引き取っていただきたいと願い出た。

ミュンヘン――市立図書館からの二五〇〇冊のユダイカ〔当図書館は項目リストを用意していた〕と一般的な資料の入った二五個の箱が請求されている。この請求は、ミュンヘンのラビ、オーレンシュタインが必ず私たちの側に立ち、アウエルバッハ博士が私たちに干渉しないと約束したけれども、〈バイエルン州連盟〉〔独〕によって異議が申し立てられる可能性がある。

私が強調しておきたいのは、両方の事例において、もしも私たちが当面の問題を引き受けず、どこに何があるか分かっていなかったならば、いかなる請求もなされなかっただろう、ということである。

シュナイッタッハ――〈郷土博物館〉〔独〕の品々が現在、請求されている。現在の館長とのいざこざのために、私は〈史跡保護局〔上部官庁〕〉〔独〕のリル博士に介入を求めた。

忘れてならないこととして――ドイツでもっとも役立つ手引きとなったのは、シェーンベルガー博士である。彼はこの国でもっとも好ましい人物と思われる。さらに、ごくわずかの例外を除いて、彼の友人たちは実際、こちらで会うことのできる数少ない「善良な」人々である。

アーカイヴ資料は、バイエルン州全土で、部分的にはヴュルテンベルク州で請求されている。

体系的な調査が、祭具が一九三八年以降「保護」されてきたかもしれない地方博物館のために計画されている。ミュンヘン〈史跡保護局〉〔独〕〔リル〕とカールスルーエのマルティン教授およびフライブルクは、バイエルン州とバーデン州にそれぞれ、回覧の手紙を提出するだろう。

私たちは、すべての修道院に対して、同様の行動を起こさねばならないだろう。私はハイデルベルクのハウザー教授に接触したが、彼はそうした回覧の手紙を出すことになる〈司教区〉〔独〕のリストを約束した。

同様の行動が、いくつかの中央アーカイヴ資料機関のために、それぞれの〈州〉〔独〕で取られるだろう。バイエルン州の場合、最高責任者に宛てた一通の手紙が、バイエルン州のアーカイヴ資料に関して、私たちの以前の調査のすべてを上回る情報をもたらした。

フランス占領地区。マインツ――私は、旧博物館の所蔵品であり、現在、市の博物館に保管されている物品のリストを約束されたが、まだ受け取っていない。どこか疑わしく思われ、私たちはさらなる問題、調査、接触などを引き受けることになるだろう。

さらに――マインツのユダヤ人信徒共同体は、ご存知のとおり、数日前に申し込まないと閲覧することができない蔵書をいまだに所有している。さらには、現在の司書は移住を考えている。何もかもが途方もないことだが、これに関して私たちにできることはほとんどない。善良なるマインツのオッペンハイム氏は、フランス占領軍のなかでユダヤ人の側からいくらか圧力をかけることが唯一可能なことだ、と私に話した。私は、ランダウのラビ、カリファと彼の上司アイシツキーに会いに行った。私は、彼らに対するメースと〈長老会議〉〔仏〕からの紹介状を持っていた。彼〔カリファ〕は喉風邪を引いていて、私は会えなかった。彼の助手はすぐに返事をすると約束した。助手はカリファに、私とともにマインツのユダヤ人らと話しに行くべきだ、と伝えるはずだ。事態を少しでも明瞭にするために、私はまたバーデン州の〈最高裁判所〉

〔仏〕の裁判長、グスタフ・レーヴィにも会いに行った。彼はきわめて親切だった。彼は、昔ながらのシオニストで、私たちがフランス当局を必要とする際に有望かも知れない。

ヴォルムス――イレルト博士の話はいまでは周知のことである。彼は、マハゾール[1]や古い〔トーラーの〕巻物、二、三の銀製品も展示していた。彼は、現在、シナゴーグを復活させたいと望み、すでにそれに着手している。旧博物館の物品をさらに見つけることができないか調べるために、間もなく発掘を始めるだろう。彼はまた、誰がヘヴラ・カディシャー[2]の銀杯を一九三九年に金庫から持ち出したのか、調査してみると約束した。彼の考えでは、彼がいま持っているものを手放さないだけでも、何人かのユダヤ人がヴォルムスに戻って来るだろう、とのことだった。彼は、墓碑をふたたび繋ぎ合わせるために、墓碑のすべてを写真に撮り、墓碑の柱頭の破片を拾い集めた。すべてのアーカイヴ資料が博物館に無事に置かれている。彼はすべてを私に見せてくれて、リストを約束した。すでにマインツの人々がそれらを入手しようとやって来たが、彼は彼らにこう話した。これらの品々とともに二〇〇〇点の墓碑がマインツに運び込まれることになるが、そのときにはどうするつもりか話して欲しい、と。すると、彼らは姿を消した。彼によれば、さしあたり、ヴォルムスはユダヤ人の「〈巡礼地〉〔独〕」となってきた。彼らはいまや、適切に祈ることができるようにシナゴーグを必要としている。彼は、〈連邦政府〉〔独〕に必要な基金を求めたが、彼がそれを手にするかもしれない、と私は思っている。

私たちがフランス占領地区のユダヤ人信徒共同体と合意に達していないあいだは、私はこれらの品々をあちこちに輸送するより、イレルトと共同で所有する方を選ぶ。これらの物品に対する〈州連盟〉〔独〕、すなわちマインツの権利は論外である。私が思うに、現時点で彼を怒らせることは賢明ではないだろう。なぜなら、シナゴーグの地面を掘る面倒を引き受ける人物を他に知らないからである。

フライブルク――〈バーデン・イスラエル人上級評議会〉〔独〕の代表、ナータン・ローゼンベルガーは、きわめて好感の持てる人物である。知性に溢れ、理想主義的だが、かなり高齢である。きわめて疑わしい大学図書館(上述を参照)を除いて、私たちの時間を注ぐに値するところはほとんどない。またここである主教に会ったが、めぼしい結果は得られなかった。

IV

マイクロフィルム化――私はいまでも調査とマイクロフィルム化を一体の事業として考えるべきだと思っている。なぜなら、マイクロフィルム化は主要な書庫へのアクセスを可能にするからである。私は、エッペルスハイマーと話し合い、それから、フランクフルトの新資料センターのゼッケンのもとへ行った。ここへ予算の問題に関する私の以前の手紙を挿入しておくこと(私はとても疲れていて、仕事のすべてを写すことができません)[1]。

これはきわめて重要な問題である。ドイツの図書館でのマイクロフィルム化については――手稿、資料、アーカイヴ・コレクション、その他私たちが望むいかなるものであれ――何の問題もないだろう。私の意見では、ミュンヘン、フランクフルト、ベルリン、ハンブルクの図書館にある手稿はマイクロフィルム化すべきである。いくつかの重要なアーカイヴ資料も同様である。

マイクロフィルム化に関して詳細に言えば、以下の可能性が存在する。

1　西ヨーロッパで使われている一〇枚用紙。利点――該当ページを見つけるのが容易。2　議会図書館で使われているような巻状フィルム。3　マイクロフィルムを本のように利用できるようにする何か新しいシステム。

私の意見では、ミュンヘン、フランクフルト、ベルリン、ハンブルクの図書館にある手稿はマイクロフィルム化すべきである。くわえて、いくつかのアーカイヴ資料も同様である。(3)

私たちは、私たちの倉庫に入って来るすべてのアーカイヴ資料をマイクロフィルム化すべきである。〈総合文書館のアーカイヴ資料〉〔独〕が最終的に到着するなら、そしてその場合には、それはパレスチナに輸送されるまえにマイクロフィルム化されるべきである。

その他の事柄――ドイツ博物館の人々は、ドイツ返還委員会の設立と彼らの資料に関する厳密な探索を計画している。この委員会で重要な人物となるのは以下であろう。カールスルーエのマルティン教授、フランクフルトのホルツィンガー、ボンのメッテルニヒ、ミュンヘンのハイデンライヒ（全員、シェーンベルガーの友人である）。私たちはおそらく、彼らととても緊密に作業できるだろう。現在までのところ、彼らはまだ占領当局からの承諾を得ていない。三つの占領地区のあいだではいくつかの困難がある。

ユダヤ人信徒共同体――私は二つの会議に出席した。一つは一月二二日にミュンヘンで行われた〈バイエルン州連盟〉〔独〕の会議、もう一つは一月二九日にシュトゥットガルトで行われた〈利益代表者〉〔独〕の会議である。両会議ともさほど芳しいものではなかった。とはいえ、私たちはある種の合意にいたった。

1　彼らは、信徒共同体が利用できない学術資料、あるいはその他の価値ある資料の回復に関して私たちを妨げない。

2　彼らは、彼らの信徒共同体、すなわち〈州連盟〉〔独〕の文化的ニーズを私たちに報告する。ラビたちは、当該の〈州連盟〉〔独〕の信徒共同体のための、書籍の分配と請求に対して責任を負う。

3　彼らは必要としないものを私たちに譲渡する。

これらの約束のいずれも拘束力はなく信頼性に欠ける。なぜそうであるかをこのような報告の形で説明するのは困難である。しかし、残念ながら事実である。かつて三〇〇〇冊の蔵書を保有していたと考えられるアウクスブルクが書籍を三〇〇冊もしくは五〇〇冊に減らして申告しているのが、きわめて典型的である。もっとも、この情報さえ真実であるとは限らない。〈こんな具合である〉〔仏〕。
私たちに公式に約束されたのは以下の物品である。
1　アウクスブルクに由来する祭具。現在、ミュンヘンのオーレンシュタインが保有。
2　レーゲンスブルクの三六〇巻のアーカイヴ資料。現在、E・ヘルマン氏が保有。
3　シュトラウビング信徒共同体のアーカイヴ資料。
4　現在、カールスルーエ信徒共同体が保管しているアーカイヴ資料。
5　現在、フライブルクにある約一五のトーラーの巻物と数百冊の書籍。
6　ハイデルベルク信徒共同体にあるもっと重要な物品。
マンハイム信徒共同体をつうじたレムレ・クラウス・コレクションの売却の事例は、以下の二つの理由のために、興味深く、また遺憾である。（a）これは先例となる。文化財は売却されてはならない、と私たちは強く主張しなければならない。どの信徒共同体も文化財を保護する能力がないのは確かであるが、ほぼすべての信徒共同体が他の資産を有している。フランクフルトの信徒共同体は、銀製品の問題が議論されたとき、そのことをごく率直に認めた。（b）レムレ・クラウス・コレクションは信徒共同体の所有物だったことは一度もなく、特別な財団によって所有されていた。このことは、たとえばマインツの銀製品にとってきわめて重要となる。これも共同体の所有物だったことはない。また、その他の事例においても重要である。

以上が、すべてでは決してないが、現時点でのすべてである。あなたがたに作業に関する考えを詳細に示すために、ローヴェンタール博士に宛てた私の最近の覚書の写しを同封する。そのなかで私は、彼に多くの追跡調査を依頼している。その大部分はここ一〇日のうちに明らかになったか、あるいは私が忘れていた事柄である。

追伸、旅程。

一月二一八日　ロンドン
　九―一五日　パリ
一六―一八日　ヴィースバーデン
一九日　マインツ
二〇日　フランクフルト
二一日　ヴィースバーデン
二二―二五日　ミュンヘン
二六―二九日　シュトゥットガルトとテュービンゲン
三〇日　ハイデルベルク
三一日　カールスルーエ
二月一日　ヴォルムスとランダウ
二日　ヴィースバーデン―マインツ
三日　ハイデルベルク

謹んで提出いたします、
ハンナ・アーレント

六日　バーゼルとフライブルク
八日　バーデン＝バーデン、ラシュタット
九日　ヴィースバーデン
一〇日　ヴィースバーデン

1　ニューヨークから構成組織に送付された改訂版では、この箇所に以下の文章が挿入されている。「新しく設立されたドイツ中央事務局の通常料金は、一ページあたり約一〇から一五ドイツペニヒである。しかし、この料金は、私たちがまとめて注文すれば、かなり安くすることができる。写しは一ページあたり五から七ペニヒになる。私たちが、全部で二〇万ページ(一五〇〇点から二〇〇〇点の資料がそれぞれ平均一〇〇ページとして)をマイクロフィルム化し、さらに四つの写し(私たちが売るかもしれないもの)を望むとすると、概算で一万ドルをマルクで支払わなければならないだろう。くわえて、二、三カ月の間、二人の専門家に支払う給料、さらに運営費と想定外の出費、それらを合わせて約一万五〇〇〇ドルの出費が必要となるだろう。約一万五〇〇〇ドルの全経費の内訳は、五〇〇〇ドルのＪＣＲ予算と、ドルで払い戻されることになる、ＪＲＳＯからの五万から六万マルクの助成金となるだろう」。

(1)「マハゾール」は、ユダヤ教で祝祭の典礼に用いられる祈禱書。
(2)「ヘヴラ・カディシャー」は、ユダヤ人の葬儀を世話する互助会。
(3)「私の意見では」から「同様である」までは、六行前から始まる文章とほぼ同一だが、アーレントの報告書でそうなっているのか、本書の刊行の際に生じた誤りであるのか、不明。

この報告を回覧したい場合には、括弧に括った文章をすべて削除してください。

ハンナ・アーレント[1]

調査報告　第16

ハンナ・アーレント

ベルリンに関する報告、一九五〇年二月一一日から一八日

概して、ベルリンの状況は私たちにとってきわめて不都合である。なぜなら、比較的大きな図書館のすべてとユダヤ人信徒共同体の主要な所蔵品が東側地区に位置しているからである(ロシア側から西側地区の一つに輸送することは不可能ではない。しかしそれはひとえに、ベルリン信徒共同体の善意にかかっており、実際にはかなり危険な方法である。ユダヤ人の事務所でも非ユダヤ人の事務所でも、東側地区のあらゆる事務所で、スパイが横行している)。以下に掲げる文化資産は例外的なものである。

1　ユダヤ博物館の絵画コレクション。現在これは、ＪＣＲの明記されたリストに従って、ベルリンのＪＲＳＯの新しい事務所によって請求されている。このコレクションは完全なものと思われ、最終的には私たちが所有することになるだろう。

2　三〇〇ポンドを超える銀器(祭具)は現在、ヨアヒムシュタール通り一三のユダヤ人信徒共同体の建物のなかの、ＪＤＣの倉庫に保管されている。ドイツ全土から集めたシナゴーグの銀器からなっている、ミュンヘン通りのほぼ完全なゲシュタポのコレクションの残部である。ここには元来、五〇〇ポンドを超える銀製品があった(量の違いは、売却や盗難、その他による)。疑いもなく、ベルリン信徒共同体はこれらの祭具の保有権を有している。しかし不幸にも、この(貨幣価値か

らして〕最大の宝物を手放すよう彼らを説得するのが相当困難であることもまた疑い得ない。これらの物品についての情報を私に伝えてくれたのは、ミュンヘン通りで働いていた何人かのユダヤ人である。この話は、ラビ、シュワルツシルトによって確証された。彼はこの膨大なコレクションの現在のありかを私に教えてくれた。

3　ベルリンの〈中央文書館〉〔独〕にある、以前〈帝国民族局〉〔独〕が管理していた、少量の書籍や記録資料。この資料に含まれているのは、フレンケル財団、およびウィーン信徒共同体の図書室が有していた出所不明の書籍と、ヴィルナのYIVOが有していた資料の一部である。これらは、現在JRSOによって請求され、JCRへの返還を待っている〔私は、所長のベッレーや、そのほかの事務員たちと話し合った〕。

4　まだ資料の一部がベルリン西側地区の〈公共図書館〉〔独〕に存在する可能性がある。ベルリン市当局が、〈教育課〉〔独〕〔S・リンク氏〕と〈文献資料管理課〉〔独〕〔モーザー博士〕をつうじて、体系的な調査に着手する予定。

Ⅱ⑴

以下のコレクションが現在東側地区にある。

1　ヴァイセンゼーの共同墓地に、およそ一〇〇〇巻のトーラーの巻物がある。かなりひどい状態で、小さな一室に保管されている。庭師のシュヴァルツヴェルダーに頼んで、その部屋に入室するのはすでにきわめて困難だった。私は彼を個人的に紹介してもらった。彼は、善良で友好的な人物である。原則として、その部屋への入室は誰にも許可されておらず、何か調査を行うことはまったく不可能だった。私たちはざっと数えてみた。巻物はとてもよい状態に見えたが、柄の部分は大部分壊れ、〈そして〉〔独〕カバーはほとんど付されていなかった。

2　信徒共同体の建物にはまだ、推定八〇〇〇冊から一万冊の書籍、ならびに多くのアーカイヴ資料や記録文書などがある。この「図書室」から、小さな階段が屋根裏部屋に直接通じている。そこで私は書類の山を発見したが、よく調べてみると、〈総合文書館のアーカイヴ資料〉〔独〕の一部であることが判明した――どの程度の割合を占めているかは不明、見積もるのは不可能だった。未製本の定期刊行物、書籍、綴じられていない文書、一九四三年までの〈帝国連合〉〔独〕〔ドイツ帝国ユダヤ人連合〕のフォルダー、そして〈総合文書館〉〔独〕の蔵書印が押された書籍である。手稿や書簡などがあった可能性もある。司書と称する、フィンク氏という人物の持つ、この図書室の「カタログ」はひどい代物で、彼は、私が階段を登り、手を「汚す」のを懸命に阻止した。この善良な男に、彼の「カタログ」を忘れ、資料の分類に着手し、図書室の棚へ並べる作業を始めるという具体的な指示を与えるよう、ラビのシュワルツシルトに依頼しておいた。

3　私はこの図書室で何時間も働いた。しかし、何があり、何がないのかを正確に言うことはほとんど不可能な状況である。しかしながら、少なくとも二五〇年かそれ以上の期間にわたる、少なくとも七〇冊の製本されたアムステルダムの〈結婚契約書〉〔ヘ〕と、未製本の大量の文書があった。後者のなかで私が見たのは、マントバとドイツ、ビヤウィストックの文書類、どうやら〈教育施設〉〔独〕のアーカイヴ資料に由来すると見える、一八一〇年にポーゼンで書かれたカロ[2]の書簡、およびブレスラウとポーゼンにあった一八世紀の〈記録帳〉〔ヘ〕である。非ユダヤ関連のもので、およそ一五〇〇冊のすばらしい書籍があった。たとえば、マクシミリアン・ハルデン編集の週刊誌『ディ・ツークンフト』の完全なセット、アリストテレスの五巻本〔〈アカデミー版〉〔独〕〕、近代の書誌学関連の優れたいくつかの書籍など。

ドイツ語のユダイカはせいぜい一〇〇〇冊程度。しかし、ヘブライ語、およびドイツ語で書かれたユダヤ関連の定期刊行物、そして非ユダヤ関連の定期刊行物〔一七六九年の『マガツィン・フュア・ディ・ノイエ・ヒストリー・ウント・ゲオグラフィー』など〕はきわめて多い。

定期刊行物は以下のとおり。一九一六年から一九二二年の『デア・ユーデ』不揃い、月刊誌『イスラエリティッシェス・ファミリーエンブラット』、『CVツァイトゥング』、『デア・モルゲン』、『ノイエ・ユーディッシェ・モナーツヘフテ』、『ヤ〔ールフンデルトブーフ〕・フュ〔ア〕・ユーディッシェ・ゲシヒテ・ウ〔ント〕・リテラトゥーア』、『ユーデ〔ィッシェ〕・ツァイトシュリフト』〔A・ガイガー〔編〕〕、『ユーデ〔ィッシェ〕・ツァイトシュリフト・フ〔ュア〕・ヴィッセンシャフト・ウント・レーベン』一号から九号、『アールゲマイネ・ツァイトゥング・デ〔ス〕・ユーデントゥームス』等々。

音楽関連文献の小さなコレクション（しかし、アルノ・ナーデル[3]のものではない）。

およそ七〇〇冊におよぶ法律関連の文献のコレクション。

神学関連の優れたいくつかの文献。およそ二〇〇冊のシオニズム文献。そして、英語、ロシア語、フランス語で書かれた、二、三〇〇冊のユダイカ。

数千冊の祈禱書とフマッシュ[4]、およそ八〇〇冊のヘブライカ、私が確認できた限りでは、大半がタルムードとミシュナである。

およそ五〇〇冊の、ヘブライ語の定期刊行物。

Ⅲ

1　私たちの主要な情報源は、依然としてグルマッハ教授、および彼がコンタクトを取っている、あるいはかつて取っていた人々である。ドイツのシナゴーグの銀製品は溶かされたものとずっと私たちは考えていたが、私が聞いたところでは、それとは反対に、それらは反ユダヤ博物館を設立するために、注意深く保管されていたようである。そこで働いていた人々、すなわちミュンヘン通りのゲシュタポのもとで働いていた人々は、ドイツ中の銀製品や、国外から集められたたくさんの品々、たとえばサロニキにあった五〇〇年前のトーラーの巻物などを見たと語ってくれた。

2　〈大学〉〔独〕図書館。一部はアイゼナハ通りの空襲によって破壊されたが、一部はテレージエンシュタットに移送された。何巻かがオラニエンブルク通りにある。そして、一部はエルサレムで売却されたと思われる。売却したバンベルガー・アンド・ヴァールマン社はそれらの書籍をオランダで購入したのである！

3　一九四五年から四六年にかけて、何一〇万冊の書籍がベルリン中に散らばっていた。アイゼナハ通りにあるユダヤ人の中心的なコレクション〔ドイツ・ユダヤ人総合文書館〕の一部さえも、依然としてそこにあった。ドイツのさまざまな図書館〔この場合はとくに州立図書館〕は、自分たちが望むものなら何でも持ち去った。数カ月後、〈救出局〔学術文献のための救出局〕〉〔独〕があいだに入り、〈州立図書館〉〔独〕や〈市立図書館〉〔独〕、〈市庁舎図書館〉〔独〕、および多くの〈公共図書館〉〔独〕に分配した。

4　一九四七年の時点でオラニエンブルク通りには、ナチスによってそこに持ち込まれた以下の資料がまだ保管されていた。（a）〈帝国氏族局〉〔独〕〔概して、ドイツ全土のユダヤ人のアーカイヴ資料を受け取っていた〕の保管していたアーカイヴ資料のための一部屋。（b）天井まで書籍が積まれている一部屋。一部はドイツ人、一部はそこで働いていたユダヤ人たちなど、さまざまなところから得た情報によると、信徒共同体の現在の代表は、東側の市当局〔〈市の救出局〉〔独〕のロイッティ氏という人物〕にこの資料をすべて譲渡し、ユダヤ関連資料のみを手元に置いたようである〔ラビのシュワルツシルトは、そのユダヤ関連資料を選定したと主張しているが、彼が何かを行ったかはきわめて疑わしい。理解できるのは、そのわずかの資料だけを残しておくほうを彼が選んだ、ということである。マイアー博士があからさまに脅迫的な態度を示したと思われる）〕。

一九四五年から四六年にかけて、何一〇万冊の書籍がベルリン中に散らばっていた。アイゼナハ通りにあるユダヤ人の中心的なコレクションの一部さえも、依然としてそこにあった。ドイツのさまざまな図書館〔この場合はとくに州立図書館〕は、自分たちが望むものなら何でも持ち去った。数カ月後、〈救出局〉〔独〕があいだに入り、〈州立図書館〉〔独〕や〈市立図

書館〉〔独〕、〈市庁舎図書館〉〔独〕、および多くの〈公共図書館〉〔独〕に分配した。(5)

5　その理由は誰にも分からないが、ロシア人から隠し場所を見る許可を最初に得たのはモルモン教徒たちだった。彼らはそれなりの量のアーカイヴ資料、とりわけ、ナチスによって準備されていた、〈総合文書館のアーカイヴ資料〉〔独〕およびその他のユダヤ人のアーカイヴ資料のフィルムを受け取ったようだ（その理由は神のみぞ知る）。その一部が現在、ヴェストファーレン州デュースブルク＝ハンボルンにある。ヴェストファーレン州の写真家もまたモルモン教徒で、現在、複写写真ないしはフィルムに関して、西側地区のユダヤ人信徒共同体に売却を申し出ている。ミュンヘンやシュトゥットガルトはその資料を購入したが、一方、たとえばカールスルーエは予算がなかった。現在それらのフィルムの一部は、州立図書館の写真家ラングハインリヒ氏のもとにある。ひとはおそらく少額でそれらを手にすることができた。ラングハインリヒ氏は、それらのフィルムをデュースブルクにいる同僚に渡したいと語った。

6　〈総合文書館のアーカイヴ資料〉〔独〕――バイン氏の言うことが正しくて、これを取り戻す希望がいくらか残されていることを私は願っている。ベルリンで聞いたことを踏まえると、私はそんなに希望を持てない。もともとシェーネベックの隠し場所にあった、〈総合文書館のアーカイヴ資料〉〔独〕は、数年前に移送された――ハレに？　メルゼブルクに？あるいはポツダムに⁇　ポツダムの〈中央文書館〉〔独〕のコルフェス氏がおそらくその所在を知っている（この件は報告書にふさわしいことではないかもしれないが、もしバイン氏がそれを手にするとすれば、彼は奇跡を起こしたことになる）。

IV

私たちに何ができるか？

私は信徒共同体の人たちと話そうとさえしなかった。しかし、ラビのシュワルツシルトとは話し合い、少しばかり合意を得ようとした。彼は、六月一日ごろに合衆国へ帰国する予定である（シュワルツシルトは、若くてすばらしい人物だが、一体誰がドイツ全土でもっとも難しいこの仕事を彼に託そうとしたのだろう――ともあれ、私は諦めるつもりはない）。シュワルツシルトは、信徒共同体に対して一定の影響力を持っているが、それは限られたものである。

彼は次の線で私たちと合意に達しようとするかもしれない。（1）多くて一五パーセントのトーラーの巻物が修復された状態でドイツでの分配のために信徒共同体に返却されるという了解のもとで、私たちが巻物を西側地区を経由して受け取る（これによって、彼らの面目はいくらか保たれるだろう）。そして、きわめて権威のある何人かのラビ――たとえば、パレスチナの首席ラビ、フィンケルスタイン、グリュック、イェシヴァー大学の総長が、彼らに宛てて、その剛健さや犠牲の精神等々に対する祝辞を述べた手紙を書くこと。（2）私たちは、蔵書のうちシュワルツシルトとJCRの代表者が選定した比較的価値のあるもの、アーカイヴ資料のすべて、および手稿類などを受け取る。その代わり、信徒共同体の必要とするものを私たちは譲渡する。私たちはヴィースバーデンにはそれ――典礼本や〈祈禱書の一式〉〔独〉――を所持していないだろうから、典礼本や祈禱書を発行するための寄付金として彼らに金銭を支払う。暫定的な合意書が近日中にあなたがたのもとへ送付されるだろう。私が用意した草案に、シュワルツシルトが、彼らの望む量の書籍と金銭について、ある程度正確な数字を記入してくれることになっている。その後、彼は信徒共同体の人々と交渉に取り掛かり、私はその結果を受け入れるようあなたがたを説得する、という流れである（実際のところ、選択の余地はない。私たちは四〇〇〇から五〇〇〇マルク、あるいは約一〇〇〇ドル以上支払うことはないだろう。トーラーの巻物だけでも、もちろん、それを遥かに上回る価値がある）。（3）私の意見では、JRSOはヨアヒムシュタール通りの銀製品を請求すべきである。うまくゆくかどうかは分からない。しかし、望みはある。なぜなら、それは（信徒共同体の建物のなかとはいえ）JDCの倉庫に保管されているからであり、かつてベルリン信徒共同体の有していた銀製品でないことは疑いがないからである。私が見る限り、またシュワルツシルトや他の人々が私に伝えてくれたことによると、信徒共同体から合意をつうじてその銀製品を入手する望みはない。これはきわめて陰鬱な報告だが、私たちはこの線で努力すべきである。選択の余地はほとんど残されていない。

相当な量のユダイカとヘブライカが、東側地区の業者によって、現在売りに出されている。東ドイツのいたるところで、貨幣不足が深刻な状態にあるからだ。シュワルツシルトは、金銭で購入できるものはすべて購入すると私に語り、すばらしい品々をいくつか見せてくれた。たとえば、一七七一年の〔『〕デア・ユーデ〔』〕のセット（全九巻、第一巻欠）や、一六八〇年のパドヴァの〈結婚契約書〉〔へ〕、一七四〇年の挿絵入りペサハの〈式次第〉〔へ〕（ヴォルフ）などである。彼は一〇〇〇マルクの資金を用意して、私たちのためにいくつか特別な品々を購入したいと考えている（概してどんな状態かを示す一例をあなたがたのために挙げておくと――パリのロスチャイルドのコレクションにある、金のモザイク画が散りばめられたセデルの皿[6]を彼は私に持ちかけてきた、三五万マルクで！　これは彼に持ちかけられたものだったが、その金額を彼は支払えなかったのである。つまるところ、その皿はかつてＭ・ド・ロスチャイルドのものだったのであって、いまも彼の名前がそこに刻まれているが、そのことは誰も問題にしなかったのである）。

謹んで提出いたします
ハンナ・アーレント

1　この最初の文にある指示どおり、ニューヨークのＪＣＲ本部が構成組織に送付する際、括弧で括られた文章は削除された。

（1）　これに対応するローマ数字Ⅰはこの報告書には見あたらない。

（2）ダヴィド・カロ（一七八二―一八三九）は、プロイセンのユダヤ人で教育学者。
（3）アルノ・ナーデル（一八七八―一九四三）は、ドイツ・ユダヤ人の詩人で典礼音楽学者。
（4）「フマッシュ」はモーセ五書のうちの一書、広義にはモーセ五書自体を指す。
（5）この段落の文章はまえの3とほとんど同一である。アーレントの報告書でそうなっているのか、原書の刊行の際に生じたことか、不明。
（6）「セデル」はペサハ（過ぎ越し）の祭の最初の晩餐を指している。

［調査報告　第18］

ユダヤ文化再興財団

ニューヨーク州、ニューヨーク市一二三、ブロードウェイ一八四一

極秘文書　　回覧禁止

調査報告第18

ハンナ・アーレント

一九五〇年一二月一五日―三月一〇日

私はイギリス占領地区への訪問を延期していた。二月初頭に予定されていた、一方ではイギリスと国際的なユダヤ人組

織とのあいだでの、他方ではイギリスとドイツ・ユダヤ人信徒共同体のあいだでの交渉が、信徒共同体の資産の継承に関して同意にいたることを期待してのことである（「イギリス信託基金」――イギリス占領地区の継承組織――の設立における主な問題点は、ナチ以前の共同体資産の相続を要求するドイツ・ユダヤ人信徒共同体と、同様の要求を行っている国際的なユダヤ人組織との、目下の対立にあった）。とはいえ、これらの交渉は三月初旬に始まったばかりである。いまではさまざまな事柄が、私がイギリス占領地区を訪れたときよりもずっと明瞭になっているようである。というのも、四月六日付『タイムズ』の記事によると、連合国高等弁務官たちは、ノルトライン＝ヴェストファーレン州――イギリス占領地区の〈州〉〈独〉の一つ[1]――のユダヤ人信徒共同体を、共同体資産の法的相続人として認定するドイツ政府の布告を破棄したのだが、その際、以下のことが明言されていたからである。すなわち、（a）生き残った構成員の大多数が現在ドイツ国外で暮らしているために、この認定は不当であること、（b）ドイツ政府は自らの権限を越えたことを行ったこと、である。このことは、ドイツ・ユダヤ人信徒共同体が、国際的なユダヤ人組織に対抗してドイツ政府と協力し合う、嘆かわしい傾向をしばしば見せているために、事柄全般にとって重要である。

私は二月二〇日に出発し、まずはハノーファーに向かった。それは、イギリス占領地区の賠償連合局長、シンドラー氏と話すためである。状況が流動的であることを理由に、シンドラー氏は、ドイツの政治団体と接触するのを避けること、返還問題を議論せず、自分たちが関心を寄せているのは情報の集中化だけである、と説明するよう、私に強く促した。この警告は、ロンドンの外務省とは異なって、イギリス占領当局がユダヤ人組織の要求に対してさほど友好的な態度を示してこなかったこと、ロンドン当局ですら、当時はまだ形成されていなかった、統一されたユダヤ人の主張に直面した場合にのみ、ユダヤ人の継承組織を認めるのにやぶさかではない、という態度を取ってきたことによる。

この警告は、不動産や債務証書などより、文化資産についていっそう重要である。私はヴェストファーレン州ビュンデで、イギリスの記念碑・芸術部門のノーリッス氏と長時間にわたって面会した。ノーリッス氏はドイツ人をさほど好んでいないとはいえ、彼もまた、文化資産をドイツから運び出すことには明確に反対する、とのことだった。こうした全体的な反対の気運は、ＩＲＯ〔国際難民救済機関〕がニューヨークで文化資産を売却したことによって、かなり強化された。フランスの当局者たちは、ドイツのイギリス当局者たちと同様に、この売却が国際協定に背いていて、一種の略奪に等しいと感じた。ノーリッス氏は、彼とフランス人の同僚たちがこの件について自国の政府に報告し、最高水準の外交的介入を求めた、と私に語った。したがって、私たちの仕事にとってきわめて重要なのは、私たちの組織は売却しない、という事実を強調することである。

ノーリッス氏は、概してきわめて友好的で協力的である。私が紹介を必要とするときはいつでも、その労を取ってくれた。一例を挙げれば、私はナチ党員であった司書にインタビューを行わねばならず、その人物を紹介してもらうことができずにいたところ、ノーリッス氏はイギリス当局をつうじて面会の約束をとりつけてくれた。彼の意見では、イギリス当局がまだ特定することができていない大規模なＳＳの隠し場所が、ヴェストファリア〔ヴェストファーレン〕およびハンブルク近郊のイギリス占領地区にまだ存在しているという。彼はまた、ベルリンのアメリカ占領地区にある、トーラーの巻物のちょっとしたコレクションについて私の注意を促してくれた。この間、その巻物のために私は当該の市当局と連絡を取っており、通常の手続きで返還請求がなされるだろう。彼はまた、バイエルン州のナチ団体〈アーネン・エルベ〉〔独〕〔祖先の遺産〕についての情報も与えてくれた。ミュンヘン大学の元学長、ヴュストという教授がその代表だった。この組織は多くの支部を持ち、バルカン半島へ略奪部隊を送り込んでいた。その代表をつうじた〈アーネン・エルベ〉〔独〕とミュンヘン大学の結びつきによって、彼らは全略奪物の一〇パーセントをミュンヘン大学の図書館に継続的に収めることができるという協定を、ドイツ軍当局と結んでいた。この件は現在調査中である。

ハノーファー――ハノーファーのユダヤ人信徒共同体は、一〇〇〇冊を超えない小さな蔵書を有している。そのなかには興味深い資料がわずかばかり存在している――定期刊行物、不揃いのセット、何冊かの学術的なヘブライ語書籍、その他である。私はヴィースバーデンの倉庫にそれらを送るよう、彼らに依頼した。彼らはまた、近隣のもっと小さな信徒共同体に由来する、一八世紀のアーカイヴ資料を収めたファイルもいくつか有している。それらの文書もヴィースバーデンの倉庫に送られることを私は願っている。

ハノーファーに滞在していたあいだ、私は、ベルリンやその他の地域で個人的に紹介されて、社会民主党の本部に赴いた。そこの人々は、私たちが東側地区についての情報を得ることができるよう試してみると約束した。たとえ現段階ではそれらの情報がほとんど効果的な結果をもたらさないとしても、それらは価値のあるものだろう。

ハンブルク――ハンブルクの状況は、ドイツのその他の都市といくぶん異なっている。ベルリンのSSおよびゲシュタポの倉庫から価値のある有形資産を救い出すのに唯一成功したのは、ナチ体制下のハンブルク市当局、そしてもちろんナチ党員自身である。そのゲシュタポの倉庫には、たいていそれらのものがすべて集中されていたのである。救出された資産は以下の通りである。

1　ハンブルク信徒共同体の蔵書のすべてはハンブルク大学図書館に引き渡され、大学図書館が自らの蔵書用に使っていたのと同じドレスデン近郊の隠し場所に収められた。箱の数字は四〇一番から四九九番である。その大部分は現在、ドレスデンのユダヤ人信徒共同体の管理下にあり、残りはドレスデンのアルベルティーヌム（現代美術館）にある。ドレスデンはロシア占領地区に位置しており、箱と一緒に蔵書を取り戻す大学図書館のあらゆる努力も、ユダヤ人信徒共同体の努力も（ハンブルクではユダヤ人とドイツ人の関係はきわめて良好で、すべての取り組みは協力的に行われた）、有効でないことが判明した。私たちの唯一の慰めは、この価値ある蔵書がいまも完全な形で存在している、ということである。

2　ハンブルクのユダヤ人たちが合計約二万キログラムにおよぶ家中の銀製品を供出するよう強いられたとき、ハンブルク博物館の職員たち、とりわけ、現在〈ハンブルク歴史博物館〉〔独〕に勤めるシェレンベルクという博士は、もっとも価値の高い品物を持ち出すことを許可された。その結果、二〇〇〇キログラムの銀製品が溶かされずに済んだ。約三万点に及ぶこれらの品物のうち祭具はごくわずかだった（シェレンベルクは、とくに一九世紀初頭のハンブルクに由来する美しいヴァント・メノーラ[1]について言及した）が、それらはハンブルク市によって購入された。一五〇〇点は写真に写され、それらの写真は〈ハンブルク工芸美術館〉〔独〕のマイヤー教授のもとにある。すべての資産は、現在、ハンブルク市当局（〈市会計課〉〔独〕）の監督下にある。それらはシェレンベルクの指示のもと、市当局によって目録化されつつあり、目録はいまから約一年ほどでできあがるだろう。

これらは私有資産であり、返還要請はわずかである。とはいえ、たった一つの場合だけは資産の返還がなされた。返還要求のない資産を最終的にどうするつもりなのか、という私の質問に対して、シェレンベルクは彼の博物館に特別部門を設けるという計画を話した。シェレンベルクは、「自分の」コレクション（実際に彼が選んだものである）をハンブルクの外に持ち出すあらゆる試みに明確に反対する意志を隠すことはなかった。とはいえ、イギリス信託基金はこの秘蔵品を相続人のない私有資産として返還要求するのに何も困ることはないだろう。

3　以前私たちに報告され、シュナミがパルドー博士と交渉していた、ハンブルクのユダヤ人信徒共同体のアーカイヴ資料は、ハンブルクのユダヤ人信徒共同体の代表、ゴルトシュタイン氏の明確な賛同を得て、現在はハンブルク州立文書館に置かれている。差し当たり、この価値ある資料をどうにかして入手できる見込みは存在しない。ところで、きわめて礼儀正しいゴルトシュタイン氏は、ユダヤ人共同墓地の修復のために、ハンブルク市当局から甚大な助力を受けてきた。彼の考えでは、ユダヤ人組織はハンブルクのユダヤ人たちのために何もしてこなかった。それゆえ、国際的なユダヤ人組織がハンブルクの信徒共同体生活の再建のために援助しない限り、ゴルトシュタイン氏は、ユダヤ人に関わる物品をハンブルクから持ち出すあらゆる試みに反対するだろう。言い換えれば、彼は主として墓地の修復のための援助を望んでいる。ユダヤ人信徒共同体のアーカイヴ資料はハンブルク州立文書館によって十分に管理されるものと彼は確信しているし、きっとそのとおりなのだろう。右記の理由から、私はこの件を強く主張はしなかったが、紛れもなく誠実な人物であるゴルトシュタイン氏との合意がいまでは可能かもしれない、という印象を抱いている。

なお、プラドー博士[2]は、現在のところユダヤ人信徒共同体にさほど影響力を持っておらず、このアーカイヴ資料についての交渉は彼とするべきではない。いまでは、ノタール・ヘルツという別の人物が関係している。ユダヤ人もしくは半分ユダヤ人で、ただ偶然その資料に興味を持ち、それらの資料で仕事をするのが好きである、等々、という人物である。もしヘルツ博士が、とても便利な形で州立文書館に保管されていると思っているこれらの資料を手放したくないと考えるとすれば、私たちはそれを入手するのに苦労するだろう。このことは奇妙に聞こえるかもしれないが、私にはきわめて明らかなことである。これは、ドイツ・ユダヤ人信徒共同体が請求しているすべての文化資産が、最終的には、信徒共同体の成員の誰かの私有財産になる、という多くの実例の一つに過ぎない。そしてそれは悪意や不誠実さのせいではなく、たんに客観的な状況によるのである。

4　シェレンベルク博士が一般家庭の銀製品に対して行ったことが、〈ハンブルク民族博物館〉〔独〕によってシナゴーグの銀製品に対して行われた。ナチ当局から、比較的価値の高い品々が〈博物館〉〔独〕によって購入された。戦後、〈博物館〉〔独〕はそれらの貴重品をイギリス当局に報告し、イギリス当局がそれらの品をハンブルクのユダヤ人信徒共同体に今度は貸し出しの形で与えた。

5　ハンブルク・ユダヤ人信徒共同体は、その図書館内にも興味深い品々を所有している。書籍は棚にあるものの、使用されていない。そこにはハンブルク・タルムード＝トーラー学校の蔵書印が押された約四〇〇冊のユダイカと、個人所有者の蔵書票があるもの、もしくは所有権が分からないもの、合わせて約五〇〇冊のヘブライカがある。個人所有者たちのごくわずかがハンブルクのユダヤ人たちである。さらに二〇〇冊のヘブライカにヘブライ語の蔵書票が貼られている。一〇〇冊を超えるユダイカに個人所有者の蔵書印が押されているが、必ずしもハンブルクのユダヤ人だけでなくドイツ全域のユダヤ人の蔵書印である。約一〇〇冊の非ユダヤ系書籍は〈河川水夫牧会〉〔独〕と呼ばれるカトリック伝道協会の所有物だった。

6　アルトナのシナゴーグに由来する祭具の一部は、現在アルトナ博物館に収められている。

その他の興味深い情報――（1）ハンブルク州立図書館のヘブライ語手稿コレクションと、とくにレーヴィのコレクションは救出されて、箱に詰められたままである。私はそのコレクションを自ら目にした。館長、ティーマン博士は友好的で協力的である。

（2）私は〈ハンブルク美術館〉〔独〕の館長、ハイゼ博士とも会って、アルトナ博物館の状況について彼と話し合った。博士はイギリス占領地区の〈文化保護局〉〔独〕へ手紙を書くことを勧めた。博士は送り先の名前と住所を教え、「彼〔ハイゼ〕の提案に基づく」と手紙に書くことを認めてくれた。

（3）私は〈ハンブルク民族博物館〉〔独〕も訪れ、ディットマー博士と話をした。〈ハンブルク・ユダヤ民族博物館〉〔独〕がどうなったかを突き止めることが目的だったが、その試みは不幸なことに不首尾に終わった。この博物館は、一九三七年四月二七日まで〈民族博物館〉〔独〕に〔所蔵品を〕貸し出していた。その日バンベルガー博士は〈ユダヤ民族学協会〉〔独〕の代表として、六〇冊の書籍、二九枚の絵画、四四五点の民族学に関わる物品を受け取った。これらの資料の目録は博物館のファイルにある。私はハンブルク・ユダヤ人信徒共同体の代表、ゴルトシュタイン氏に、その後何が生じたのかを明らかにするために援助を依頼したが、いままでのところ成果はない。

その他の興味深い品は以下のとおり――かつてベルリンにいたディットマー博士は、さらに、彼の同僚で、現在はアメリカ占領地区にあたるダーレムの〈ベルリン民族博物館〉〔独〕のネーフェルマン博士について話してくれた。ネーフェルマン博士は、ガリツィアのユダヤ人信徒共同体から戦時中「〈無事に保管するために〉〔独〕」祭具を受け取ったという。この件は現在調査中である。

リューベック――リューベックで私は、いわゆる中央委員会、すなわち、イギリス占領地区のユダヤ人の包括的組織の委員長、ノルベルト・ヴォルハイムと話をした。他の占領地区とは異なって、そこではユダヤ人難民とドイツ・ユダヤ人が合同で組織されている。とはいえ、ラインラント＝ヴェストファリア州のドイツ・ユダヤ人信徒共同体はすでに関係を断っており、近い将来、ユダヤ人と難民のこの結びつきはすべて解消されるだろう。この結びつきがこんなに長くまたうまく機能してきた理由は、ドイツ・ユダヤ人のノルベルト・ヴォルハイムと難民のイェッセル・ローゼンザフトの個人的な友情による。ヴォルハイムもローゼンザフトも、私たちの主張に対して友好的な態度を示していた。

リューベックでは、戦争の終結時、ユダヤ人信徒共同体が市当局から大量の祭具を受け取っていた。それらの品物はその地のさまざまなシナゴーグに由来するものと考えられ、昨年、いくつかのイスラエルの信徒団体に与えられた。しかしながら、かつてのリューベック信徒共同体の構成員が現在住んでいるイスラエルで、それらの品物が決してリューベックのシナゴーグのものではなかったことが判明した。いままでのところ、誰もそれらの品物の所有者を特定できていない。

私はのちにハンブルクでローゼンザフトと会い、ヴォルハイムにしたように、私たちの目的が何であるのかを彼に説明した。両者は、現在膨大な数の文化資産が信徒共同体の手元にあることを請け合った。それらがばらばらになるかもしれない、売却されることさえあるかもしれない、いずれにせよ世界のユダヤ学者とユダヤ的伝統にとって手の届かないものとなるかもしれない、という危険に、彼らは気づいているようである。彼らの要請にすぐに応じて、私は彼らに公式の手紙を書いた。私たちの目的に則ってユダヤ人信徒共同体に手紙を書いてほしい、そして、少なくとも現在共同体が所持しているものについて共同体に報告するようにさせてほしいという、私の公的な手紙である。

ケルン――私は数日間をケルンで過ごしたが、成果はほとんど得られなかった。私はドイツ[3]の祭具のコレクションがどうなったのかを突き止めようと試みたが、不首尾に終わった。私はとくに、〈ドイツ・ライン州立博物館〉〔独〕の人々と話した。彼らは、一九二八年の展覧会のために、ラインラントの他の品々とともに、このコレクションを所持していた。すべてが返還された一九二九年以後何が起こったのか、誰も知らないようだった。

私はまた、何らかのユダヤ人のアーカイヴ資料が州立文書館に残っていないか、確かめようと試みて、何一つ残されていないと確信した。

とはいえ、私がケルンに赴いた主要な理由は、大学図書館のユフホフ博士にインタビューすることだった。彼は、ナチの全期間をつうじて、いわゆる〈総目録〉〔独〕〔作成の〕代表を務め、それゆえ問題となる期間に、どの図書館がその東方部門のためにヘブライカを入手したか、ほとんど即座に知っていたはずの人物である。私はイギリス占領当局をつうじてユフホフ博士との面会の約束を取り付けた――その結果は、私がドイツ〔国名〕で経験したなかでもほとんど最悪の応接態度だった。ユフホフ氏は、もちろんのこと、何も知らなかった。とはいえ、〈総目録〉〔独〕は紛失した、もしくは破棄されたという私の想定が間違いであることは判明した。ただカード目録だけがロシア占領地区の隠し場所で発見され、ロシアに輸送されたのだった〔二五〇万枚ものカード！〕。〈総目録〉〔独〕は、「〈ドイツ総目録、新タイトル〉〔独〕」という表題で、一九四四年一二月までのものが印刷された状態で存在している。

一九三九年までは、五年を一区切りにまとめた各巻が出版された。三カ月を一区切りにまとめた未製本の発行物は、一九四四年末分まで利用可能である。これら全目録を調査して、一九三三年以後膨大な数のヘブライカを入手した大学図書館の東方部門がどこかを確認することには、価値があるかもしれない。目録をざっと見て、私がかなりの確信を持って言えるのは、その作業には膨大な時間がかかり、その成果はもちろん不確かである、ということである。〈総目録〉〔独〕はドイツの多くの図書館で利用可能であり、おそらく国外でもそうだろう。

現在私たちに知られているイギリス占領地区の文化資産に、以下の物が付けくわえられねばならない。

1　現在、イギリス占領区域のヨアヒムシュタール通り一三のユダヤ人信徒共同体の建物内に保管されている、すでに以前に報告した、ベルリンの三〇〇キロの銀製品。これは全ドイツ中から集められたシナゴーグの銀製品であって、これがベルリン信徒共同体の所有物となったのは、たんなる偶然である。

2　一九三四年と一九三七年にケーニヒスベルク州立文書館のユダヤ部門に組み込まれた、ケーニヒスベルク信徒共同体アーカイヴの一部が、現在、ゴスラー市の市長、マイヤー氏の管理下で、ゴスラーの〈地域アーカイヴ倉庫〉〔独〕に収められている。私たちは近いうちにこれらの資料の目録を受け取るだろう。

3　〈ザムゾン学校〉〔独〕〔ヴォルフェンビュッテル・ザムゾン学校〕の蔵書が、ヴォルフェンビュッテルのアウグスト公立図書館〔レッシング図書館としても知られている〕に、おそらく無傷のまま、保管されている。このコレクションは、ナチ体制の初期に、ドイツ系図書館に保管のために譲渡された。司書の役目を果たしている人物は、法的相続人への返還の準備ができているようである。〈ザムゾン学校〉〔独〕はザムゾン家によって作られた〈財団〉〔独〕だった。

4　写真家たちからなる、デュースブルク＝ハンボルンのガーターマンという会社が、南部の信徒共同体のマイクロフィルムを所持していて、彼らはバイエルン州、ヴュルテンベルク州、バーデン州のドイツ・ユダヤ人信徒共同体にその複写を売却しようとしてきた。フィルムの一部は東側地区にあるベルリン州立図書館の写真家、ラングハインリヒという人物が所持しているようである。私たちは現在、ガーターマン氏が所持している全フィルム目録の複写を受け取っているところであり、バーデン州の部分はすでに受け取った。それらは、バーデン州北部（アメリカ占領地区）の九二の信徒共同体の、二万四三四四ページからなる総数一〇二一本のフィルムと、〈バーデン州南部〉〔独〕（フランス占領地区）の三三のコミュニティの、一万二五九ページからなる四五〇本のフィルムであり、ほとんどが一九世紀の出生、結婚、死亡の記録である。これらのフィルムは、おそらく〈総合文書館のアーカイヴ資料〉〔独〕から作成されたものだろう。所有権の問題は複雑である。というのも、〈総合文書館のアーカイヴ資料〉〔独〕は押収されたユダヤ人資産だが、ドイツ帝国の主導で作成されたフィルムは、おそらく現在、ドイツ人の資産だからである。

イギリス占領地区での返還要求の期限は、一九五〇年六月三〇日が最終である。イギリス占領地区にはいまだに継承組織が存在しないので、私たちは、見つかったものすべてについて、ハノーファーにある連合返還局のシンドラー氏に注意を向けさせた。私たちはまた、暫定的リストの写しをロンドンのイギリス中央基金、およびハノーファーのシンドラー氏に送付した。信徒共同体の文化資産の詳しい要求リストの作成を可能とするためである。とはいえ、現在イギリス占領地区で発見されている文化資産が、必ずしも発見された土地に由来するものではないことを、心に留めておくべきである。

フランス占領地区について私の以前の報告への追加――この間、私たちはフランス占領地区、ヴュルテンベルク州ブーハウの〈ユダヤ古代博物館〉〔独〕の比較的価値の高い一部が現在、〈ブーハウ郷土博物館〉〔独〕に収められていることを突き止めた。箱は開けられていない。博物館員たちは、これらの物をブーハウの唯一のユダヤ人、ジークフリート・アインシュタイン氏に返還するつもりである。

私はドイツ滞在の最後の日々を、ヴィースバーデン、フランクフルト、ニュルンベルクで過ごした。ヴィースバーデンで、私は、現在二カ月の休暇中であるハインリヒ氏と話した。これから運び込まれる物品のために中央収集所の空間が使用可能であるという彼の約束は、不幸なことに、もっぱら暫定的なものであることが判明した。占領当局は、彼らの記念碑・芸術部門を閉鎖したいと強く願っている。とはいえ、私たちが今年の年末までいくつかの政府の施設を維持できるかもしれない、というもっともな希望も存在する。

フランクフルトで私は最後にエッペルスハイマー博士と会って、軍事当局によってオッフェンバッハ倉庫からヘッセン州のドイツ政府に譲渡され、現在では博士が受託者の地位にある、膨大な量の書籍について話し合った。〔彼によれば、〕それらの書籍の大半は、非ユダヤ的な内容の、返還請求のない私有資産である。軍事当局との合意に従えば、返還請求のない書籍はドイツの図書館に送られることになっていた。エッペルスハイマー博士は、これらの書籍の大半がかつてはユダヤ人の私有資産であったことを認め、私たちにある程度の割合で返却する彼の意向を保証してくれた。私は約五〇パーセントを提案した。とはいえ、この問題がようやく生じるのは、請求者への返還が終わったとき、すなわち、夏の終わりになってのことだろう。そのとき、エッペルスハイマーは、ヘッセン州の〈文部大臣〉〔独〕シュタイン博士の了承を必要とするだろう。ドイツを離れるまえに私はシュタインに、現状について、またエッペルスハイマーとのあいだでの暫定的合意について、説明する手紙を送った。

1　ここ、および以下に続く報告では、ウムラウト〔ä、ö、üというドイツ語のアルファベットの上部の変音記号〕は手書きで追加されている。

（1）「ヴァント・メノーラ」はユダヤ教のシンボルとなっている燭台メノーラを、壁を背景にして、あるいは壁のうえに置く形にした、伝統的な工芸品。

（2）この「プラドー博士 Dr. Prado」は直前の段落に登場する「パルドー博士 Dr. Pardo」と同一人物で、どちらかが誤りと思われるが、本書の英訳版もこのまま別の名前の人物としている。
（3）この「ドイツ」の原語はDeutzで、国名ではなくケルン郊外の町の名前。

［最終報告］

ユダヤ文化再興財団
ニューヨーク州、ニューヨーク市二三、ブロードウェイ一八四一

内密文書

ハンナ・アーレント
事務局長

私のドイツへの派遣に関する報告
一九五〇年四月一二日の会議に向けて
理事会に謹んで提出します

私のドイツへの渡航は、次の前提に基づいていた。すなわち、ナチスによって押収されたユダヤ文化財は、ドイツの図書館、博物館、文書館に渡ったはずであり、そうした機関に責任を持つドイツ人職員の積極的な協力によってのみ発見され得る、ということである。したがって、私の任務は、(a)ユダヤ人の共同の文化財の所在に関して可能な限り多くの情報を得ること、(b)ドイツの司書、博物館の職員、アーカイヴ文書係の協力を得ること、にあった。

(a)現在のところ、ドイツでの物質的条件のために(建物の破壊、戦時中の隠し場所からの膨大な物資の返還、人員の大規模な入れ替わり)、どれだけの資料が最終的に出てくるのか算定することはできない。箱を開封するには、多くの場合、数年を要するだろう。もっとも、アーカイヴ資料や祭具の方が書籍よりも多く救出されたように思われる。その主な理由は、ドイツ・ユダヤ人の書籍のコレクションがより厳格にベルリンに集められたのに対し、シナゴーグの銀製品やアーカイヴ資料は現地の機関に渡ることが比較的多かったからである。私自身の発見や、私の渡航との関連でなされた発見は、調査報告で報告してきたので、ここでは繰り返さないつもりである。

(b)主に物質的条件のためだけでなく、他の技術的、心理的な理由から、私が以前よりもいっそう確信しているのは、私たちがかなりの程度、ドイツ人職員の善意に依拠しており、それ以外のどの調査方法も実効的でない、ということである。とにかく二つの事例を挙げると、(1)私たちの蔵書調査員は、押収されたユダヤ人の資料がナチス政権下で保管されてきたバイエルン州で、二、三のアーカイヴ資料を発見するのに四週間以上の大変な労力を要した。一方、バイエルン文書館の総館長に宛てた、ただ一通の手紙が、調査員の「発見」のどれ一つとして欠くことのない、当地のおそらく完全なリストを添えた返答をもたらした。(2)私は、どんな探偵めいた策略を用いることもなく、個々の博物館の館長に連絡をとることで、貴重なフランクフルト芸術コレクションを発見した。

I　ドイツ人の司書および博物館職員との交渉

1　司書。――ドイツの司書と関係を築くために、私はまずフランクフルトのエッペルスハイマー教授とミュンヘンのグスタフ・ホフマン博士を訪ねた。前者はこんにち、ドイツでもっとも高い名声を得ており（彼は決してナチ党員ではなかった）、後者は三つの西側地区にまたがるドイツ司書協会の会長である。

これらの交渉の成果が、司書協会の会報に掲載されることになった要請文である。それは、押収されたユダヤ人資料を探索し、その探索を図書館の再建の全過程をつうじて継続するよう求め、戦時中、多くの場合、通常の図書館資料とともに隠し場所に置かれていた、特定のナチ・コレクション（公然たる党員を代表としていた大学や学校と結びついていた研究所、また、そういう結びつきは持たないままの特別な研究所、等々）に対しては、特別な注意が払われるだろう、と述べていた。

私が文案を提出したこの要請文は、ユダヤ文化再興財団をとおして情報を集中させることだけを求めている。すなわち、新たに発見されたすべての物品は、ヴィースバーデンの私たちの事務所から告知されなければならない、ということである。返還について言及されていない理由は、返還法が三つの西側地区であまりに異なっており、私たちはそれぞれの地区で異なる状況に直面すると思われるからである。さらには、情報の集中化は、最初の、そしてもっとも重要な一歩である。

2　博物館。――私は次の二つの異なる目的を達成しようと試みた。（a）ユダヤ人の傑出した芸術コレクションがどうなったのかを突き止めること。そして、（b）シナゴーグの銀製品のどの部分が無事に残ったのかを突き止めること、である。これらの試みの結果は、調査報告で報告してきた。私たちには現在、フランクフルト、マインツ、部分的にベルリン、ブーハウのコレクションの所在が判明している。シナゴーグの銀製品はたいていベルリンに集中されていたが、重要な部分は、とりわけハンブルクのアルトナ、ベルリンのイギリス占領地区に残っていた。

私はきわめて多くの博物館の館長やドイツの記念碑・芸術部門の職員と面会した。残念ながら、ドイツ司書協会のような全国的な組織は存在しない。いくつかの事例において、シナゴーグの銀製品は、一九三八年のポグロム以降、当該地域のさまざまな博物館に渡っていた。これらの物品については、地域博物館の監督に責任を持つ記念碑・芸術部門がいちばん的確に所在を確認し得る。

バイエルン州では、記念碑・芸術部門の代表がバイエルン州のすべての地域博物館に対し、自分たちの所有物を報告し、未開封の箱の中身を確認することを求める回覧状を公布した。同様のことは、バーデン州にも該当する。その他の例の場合、たいてい、よく知られている人物や影響力を持つ人々を介して、私たちは当該部局と自ら連絡を取ってきた。

占領当局に関する限り、芸術品のすべての返還手続きは、ごく近い将来、終結するだろう。純粋にドイツ人だけからなる新たな組織がいま、形成されつつある。その組織が、博物館で発見される芸術品の捜査と返還を継続するだろう。私は、この組織に参加することになるほとんどの教授や博物館の館長などを訪問し、彼らと事前の関係を築いた。おそらくその代表は、私たちが接触しているミュンヘンの〈州次官〉〔独〕、ザットラー博士だろう。

3　アーカイヴ資料。――アーカイヴ資料は特別な問題である。なぜなら、それらは通常、〈文部省〉〔独〕の管轄ではなく、ほとんどの場合、内務省の管轄であるからだ。ＪＲＳＯはバイエルン州の資料を請求してきたが、私たちはアーカイヴ資料を国外に輸送できるか、まだはっきりしていない。そのために、そして他の理由からも、私たちは次の決断を下した。すなわち、これらの事例においては時間を置き、返還がどのように扱われるのかを確認し、将来的には一八七〇年より以前のアーカイヴ資料だけを請求し、私たちの活動を、情報を求める手紙のやり取りだけに限定すること、である。そうした内容の手紙がアメリカ占領地区の他の州に宛てて書かれてきたが、一般的な了解によれば、無事に残ったアーカイヴ資料の主要部分はバイエルン州に存在している。

Ⅱ　ドイツ政府当局との交渉

ドイツ司書協会の会長で、バイエルン州立図書館の総館長、ホフマン博士は、この規模の作業のためには〈文部省〉〔独〕の積極的な支援が必要になるだろう、と私にただちに指摘した。現在、西ドイツは、一一の〈州〉〔独〕に分割され、ボン政府が独自の〈文部省〉〔独〕を持っていないため、ホフマン博士の推奨が意味するのは、私たちが一一の〈州の文部省〉〔独〕と接触すべきである、ということである。幸いにも、各〈文部省〉〔独〕は二、三カ月に一度開かれる「〈文部大臣〉〔独〕常設会議」と称される中央組織に組み込まれている。この組織の代表は、バイエルン州の〈文部大臣〉〔独〕、フントハマー博士である。

バイエルン州〈文部省〉〔独〕の何名かの人々、とりわけ〈次官〉〔独〕ザットラー博士と口頭で交渉したあと、私は常設州会議の代表であるフントハマーに覚書を提出した。そのなかで私が提案したのは次の措置である。

「1　すべての州および市の図書館、大学機関、文書館、博物館に対して要請文を提出し、各機関の在庫を最大限の注意を払って調査し、戦時中の移送地から返還される物品の開封を続けるあいだ、常にこの問題に留意し続けるよう呼びかけること」。

「2　〈州文部大臣常設会議〉〔独〕が西側の三つの地区でのこの自発的な活動に対して、定期的な報告を義務づける法的な基盤を与える布告を発すること。問題になるものが存在しなかった場合には、存在しなかったという報告がとくに求められる」。

「3　三つの西側地区からのすべての情報は、ヴィースバーデンのユダヤ文化再興財団のドイツ事務所に集中されるべきであること」。

さらに私が強調したのは、次のことである。

「私たちがこれまで収集することのできた、まとまりを欠いたいくつかの情報が示しているのは、ドイツ・ユダヤ人の文化資産の少なくとも一部を復元し、それをユダヤ人の教養ある、学術的世界にとってふたたび利用可能なものとするのを期待することには、それなりの根拠がある、ということである。とくに現在、移送されていた資産がドイツの図書館や博物館に膨大に返還されつつあり、かつての党の組織や党の機関の図書館がドイツの図書館に編入されているのであってみれば、ドイツ博物館、文書館、図書館の体系的な調査が実行可能であるはずである」。

私は、すべてではないが、他のいくつかの〈文部省〉〔独〕に、この覚書の写しを提出し、ヘッセン州の〈文部大臣〉〔独〕、シュタイン博士とバーデン州、フライブルクのクレメンス・フォン・ブレンターノ〈州内閣官房長官〉〔独〕を個人的に訪問した。

私がザットラー博士に対して行った二度目の訪問のあいだ、彼はこれらの要請がきわめて妥当で現実的であるとして、共感を抱いていることを私に保証した。事前の措置として、彼は布告を出す権限を有することになる常設図書委員会の創設を望んだ。私が数日後に会ったシュタイン博士は、そのような常設図書委員会に関する情報をすでに知らされていた。

III　フランスおよびイギリス占領地区

フライブルクを除いて、私はフランスおよびイギリス占領地区のドイツ政府との公的な接触を避けた。なぜなら、継承組織のないこれらの地区における返還の問題は、とてもあてにできない性質を持っているからである。このことは、なぜ私が三つの地区に宛てた私の覚書のなかで情報の集中化だけを求めたのか、ということの理由でもある。私はドイツのユダヤ人組織、とくにイギリスおよびフランス占領地区の状況に精通している組織から、返還の議論さえ危険となり得る、と警告されてきた。イギリスおよびフランス当局は、文化財を国外に輸送する国際的な組織に対してドイツから文化財を引き渡すことに概して反対しており、残念ながらドイツ当局員はこの反対をよく知っている。

ユダヤ人の文化財は、大半がアメリカ占領地区で発見されたとはいえ、ドイツ全土に散在している。もっとも、私たちが注意しておくべきことは、ナチスの押収ならびに集中政策によって、そしてまた戦時中の状況によって、以前の場所で見つかるものはほとんどない、ということである。すなわち、ハノーファーの書籍がミュンヘンで見つかるかも知れないし、その逆もあり得る、といった具合である。私たちの作業にとって、これらの三つの地区すべてで同等の地位を得ることがきわめて重要となるだろう。

イギリスおよびフランス占領地区における将来の作業の基盤を用意するために、私はロンドンのイギリス中央基金に連絡を取り、事前にその基金と協議したのち、そして私たちのイギリス支部組織との協議を行ったのちに、彼らに対して、JCRが将来のイギリス継承組織の文化代表機関となることを保証する合意協定の草案を提示した。イギリス占領地区における継承組織の創設を求めるイギリス中央基金の覚書はJRSOの準則に沿って作成されていたので、私たちのJRSOとの合意に則って、私は暫定的な合意協定を起草した。

また私は、パリのJDCのジェローム・ジェイコブソンと連絡を取った。彼は、フランス占領地区に継承組織が創設されることになれば、その際に手助けとなるだろう。私は、彼に対して非公式に類似した合意協定を提示した。

Ⅳ　ロシア占領地区

ロシア占領地区から何かを得ることは不可能である。正確な情報を得ることは困難で危険である。とはいえ、ドイツ・ユダヤ人信徒共同体の資産の重要な部分がなお存在していることはほぼ確実である。私は、可能な限り多くの情報を得ようとし、その情報は調査報告のなかで報告した。さらに私は、ハノーファーにいたあいだ、社会主義政党の本部に連絡を取って、私たちに情報を伝え、特定の質問に回答してくれるよう依頼した。私たちは現在、彼らとあらためて連絡を取っており、私たちが彼らやその他の経路から得ることのできる情報の一つ一つは、価値を有することになるだろう——たとえそれが、現時点では実効的な成果をほとんどもたらさないとしても。

V　ドイツ・ユダヤ人信徒共同体

ドイツの状況は不安定で混沌としており、驚きに満ちている。残念ながら、同様のことはドイツ・ユダヤ人信徒共同体の状況にも当てはまるままである。私はドイツでの滞在をとおして、一般的な拘束力を持った合意にいたることができる、十分な権限を備えた中央組織を見つけようとしてきた。それが失敗に終わったとき、私はすべての個々の信徒共同体と交渉しなければならないという事態を避けるために、少なくとも〈州連盟〉〔独〕と合意を実現するよう努めた。この目的のために、私は二つの会議に出席した——一つはミュンヘンでのバイエルン〈州連盟〉〔独〕の会議であり、もう一つはシュトゥットガルトでの〈利益代表者〉〔独〕の会議である。

残念ながら、現時点では、特定の都市で信徒共同体の代表と地域レベルで行われる交渉しか成果をもたらす可能性がないことを、私は認めなければならない。もっと大きな組織によってなされる約束は、たとえそれがどれほど厳粛に宣言されようとも、真剣に受けとめられることはない。

これらの交渉は三つの理由で重要である。（a）ドイツ・ユダヤ人信徒共同体は、相当数のユダヤ文化財を保有している。それらはほとんどの場合、利用されておらず、劣化に晒されている。さらに、大部分の事例において、それらが当該の信徒共同体に所有されていたことは一度もなく、戦後、それぞれの町や都市の近郊で偶然発見されたものである。（b）これに加えられなければならない事実は、信徒共同体が多くの場合、〔ユダヤ文化に〕関心を持たない数名の人々と、もっと関心の低い構成員からなっている、ということである。したがって、共同体の資産は、〔たんなる〕私有財産に転化するという、嘆かわしい傾向にある。

(c) 名目上、JRSOが信徒共同体の資産に対する継承者として認められているアメリカ占領地区においてさえ、〈事実上〉〔羅〕、ドイツ・ユダヤ人信徒共同体は、私たちが申請するどの請求をも妨害できる立場にある。フランス占領地区においては、彼らは占領法さえも自分たちの味方にしている。とはいえ、法律があろうとなかろうと、実際に繰り返し起きていることは、市や町の当局者がユダヤ人資産を発見した場合にはいつでも、それがどういう性質のもので以前の所有者が誰であるかに関係なく、その当局者が個人的に知っているユダヤ人信徒共同体の代表のところへ直接赴き、資産を彼らに引き渡している、ということである。一度こうなってしまうと、いくつかの事例において望ましい成果をもたらしてきた、交渉というきわめて不確かな方法以外に道は残されていない。

Ⅵ ドイツでの今後の作業

ドイツ・ユダヤ人機関のコレクションの残部の分配と、まだJCRに引き渡されていない個人所有の書籍の手続きに関する、ヴィースバーデンの倉庫での私たちの現在の作業は、七月一日に終えられねばならない。ドイツでの今後の作業の範囲は、イギリスおよびフランス占領地区における継承組織の設立に向けて現在行っている交渉の結果に大きく左右されるだろう。これらの地区にはいまなお重要な文化財があることが分かっていて、それに対する徹底的な調査はまだ始まっていない。

もっとも、たとえ私たちが私たちの今後の活動を現在の状態の枠内だけで考えるとしても、今年の末まで組織の骨格を維持することを決定する場合にのみ、私の交渉と私たちのドイツ事務所をとおしてすべての情報を集中する試みが成果をもたらし得ることは、明らかであるように思われる。さらには、アメリカ占領地区では、ドイツへの私の滞在のあいだ、とりわけバイエルン州、フランクフルト、ベルリンのアメリカ占領地区での滞在のあいだ、貴重な資料がＪＲＳＯによって請求されてきた。そして、いくつかのドイツ・ユダヤ人信徒共同体が比較的価値のある資料を私たちに引き渡し始めている。こうした資料を着実に受け取るためだけでも、ＪＣＲの事務所を今後、九カ月間維持しておくことが不可欠だろう。

ユダヤ文化再興財団の歴史について

ダーヴィト・エレディア

長らくほとんど忘れられていた、ユダヤ文化再興財団(JCR)という組織は、ヨーロッパのユダヤ人の文化的生活が国民社会主義によって絶滅させられたことに対する応答という、比類のない歴史的試みの中心だった。[1] すでに第二次世界大戦中にさまざまのユダヤ人の団体がヨーロッパのユダヤ文化資産の組織的な破壊と略奪に注意を喚起し、その救出と賠償のための計画を提起していて、それが一九四七年にJCRの創設に行き着いた。一九四九年から一九五二年にかけての戦後ドイツにおける活動のあいだ、JCRは、元来ユダヤ人が所有していて略奪された文化財を探索し、何十万点にものぼる、相続人のないユダヤ人の文化財に対処した――かつてそれを所有していた機関が破壊されたり、個人所有者が子供や孫ともども殺戮されたりしたことによって、「相続人なし」という状態になっていたのである。

そのことによって、JCRはユダヤ人の政策に関する重要な一章を担った。ユダヤ人のこの政策は、ナチの犯罪に対するユダヤ人の共同し合った反応として形成され、JCRはその枠内での、文化に関わる政策の受託者と自らを位置づけていた。相続人のない文化財は、一九四五年以降、アリズーアたち(1)の手のもとに留まってはならないし、恣意的に分散されてもならず、かつての所有者、寄贈者、使用者のもとにあった際の意義を生かし、ユーデントゥームの持続と刷新に役立つ仕方で分配されねばならない、と考えられたのだった。さまざまな国々のユダヤ人、ナチからの亡命者やその土地に暮らし続けてきたユダヤ人、西欧のユダヤ人と東欧のユダヤ人、シオニストと非シオニストによって共同で取り組まれたこの大胆な企てが、ユダヤ人内部で種々の緊張をはらんでいたのは、ほとんど驚くべきことではない。むしろ驚くべきは、これらすべてのユダヤ人――ハンナ・アーレントとゲルショム・ショーレムもそのメンバーだった――が、相互の違いや差異にもかかわらず、大きく関与しながら、大枠において共通の政策を支持したことである。その際、ユダヤ民族の受託者として承認されることを求めて、彼らは、政治上・国際法上の新領域を切り拓いていったのである。

破壊と略奪

ユダヤ人の文化的生活の破壊は、一九三三年になるとただちに、標的にされたユダヤ人の逮捕と追放、および公的な文化部門における大量解雇とともに始まった。公的な文化部門に続いて、一九三八年にいたるまでに、私的な文化部門における排除と追放が生じた。窮乏化、移住、差別待遇によって、すでにこの最初の局面で、ユダヤ系機関は空洞化され、芸術コレクションと蔵書を売却せざるを得なかった。一九三八年からは、ユダヤ人の所有物に対する、したがってまた文化資産に対する、無制限の直接的な押収が始まった。春のオーストリア「併合」のあと、ユダヤ人の文化財の略奪、差し押さえがはじめて行われたが、一一月ポグロムのあいだには、ポグロムによる包括的で組織的な略奪と破壊が始まった。シナゴーグの破壊、そしてそれと同時にSD〔親衛隊諜報機関〕によって行われた、信徒共同体のまだ破壊されていないアーカイヴ資料と蔵書の確保は、〔ユダヤ人の文化生活に対する〕絶滅の意志の証拠であるとともに横領願望の証拠となっている。[2]

戦争の勃発とともに、この両面〔破壊と略奪〕がヨーロッパ全土に拡がった。文化財の押収——差別待遇に始まって、差し押さえをへて、殺戮された者たちからの強奪にいたるまで——は、国民社会主義の迫害と絶滅政策の一部であって、その迫害と絶滅政策と同様に全面的なものだった。すなわち、その押収は、最大の価値を有した宝のような文化財からささやかな個人の文化財にいたるまで、世界的に著名な絵画コレクションからユダイカにいたるまでを、同様に対象とした。その押収には、無数の機関が協力し合ったり、敵対し合ったりの姿勢を示すなか、ナチ幹部と並んで、博物館員、画商、文化保存委員、図書館員、文書係、その他の専門家が関与していた。

ユダイカとヘブライカの蔵書、ユダヤ人信徒共同体のアーカイヴ資料、トーラーの巻物、祭具——のちにJCRの仕事の中心を占めることになる物品——は、一部が売却されたりしたものの、とくに迫害を目的として、反ユダヤ主義的な「研究」計画や展示計画のために、略奪された。ここでもっとも重要な二つの機関は、「対敵研究」のためにアーカイヴ資料、約二、三百万冊の書籍と雑誌を略奪した国家保安本部(RSHA)[3]と、一九四〇年に創設された略奪組織、帝国指導者ローゼンベルク特捜隊(ERR)だった。ローゼンベルク特捜隊の餌食となったのは、ユダヤ人所有の芸術品、移送されたユダヤ人の家具と並んで、占領地域のユダヤ人の蔵書、アーカイヴ資料、祭具だった。それらは、一九四一年にフランクフルト・アム・マインに創設されたユダヤ人問題研究所のものとなった。[4]

そのような略奪にとどまらず、ヨーロッパにおけるユダヤ人の文化の景観は、絶滅作戦をつうじて荒廃し尽くした——その文化を維持、更新、変容させてきた人々の大量殺戮をつうじて、信徒共同体にはじまって、出版社、新聞、学校、ラビ神学院あるいはベルリン・ユダヤ学術協会、ヴィルナのYIVOといった世俗的な機関にいたるまでの、文化的な機関や組織の解体をつうじて、また、世界に一つしかない手稿やアーカイヴ資料など、文化の伝承基盤の破壊をつうじて。正確に見積もりようもない、この取り返しのつかない喪失について、一九四一年の『フランクフルター・ツァイトゥング』

で、ある目撃者が報告している。その目撃者は、誇りと悪意をもって、ポーランドでもっとも著名なイェシヴァー(2)「ハハメイ・ルブリン」の蔵書に火が放たれた様子をこう振り返っていた。「炎は二〇時間燃えていた。ルブリンのユダヤ人たちはそのまわりに集まって、おいおいと涙を流していた。彼らの嘆きの声は何もかも聞こえなくさせるほどだった。私たちは軍楽隊を促した。すると間もなく、ユダヤ人たちの嘆きの声は兵士たちの歓声によってかき消されたのだった[5]」。

連合国とユダヤ人の反応

空襲を逃れるために、一九四三年から、略奪されたものも元々ドイツ人が収集していたものも含めて、莫大な量の文化財が、シュレージエン、ボヘミア、西オーストリア、南ドイツという人口の少ない地域に疎開させられ、そこで坑道や城、その他の貯蔵場で保管された。連合国の勝利のあと、ドイツにおける占領地域の分割の結果、保管されていた文化財の大部分が合衆国軍の管理下に置かれることになった。一九四三年に軍内に創設された、文化財の保護、特定、返還のための部門は、何百万点という文化財をまず「〈収集所〉〔英〕」に集めた。そこから、一九四五年九月以降、ドイツ人に由来するのではない文化財は、確認できる限り、申請に応じて、その文化財の由来する国の政府に返還された。その際、譲渡の強制が原則だった[6]。この「対外的」な返還の枠組みで、何百万という文化財が返還され、ナチの没収政策の重要な部分が撤回された。そのなかには、合衆国軍のなかの専門知識を持った者が対処した、ユダヤ人の無数の文化財も含まれていた。

しかし、国際法上の国民国家というカテゴリーに定位したこの政策は、多くのユダヤ人関係者を憂慮させることにもなった。文化財は、たとえそこにもうユダヤ人が暮らしていなくても、その由来地に必ず返還されるべきなのか？　〈収集所〉〔英〕にある、誰からも要求されていない文化財は、相続人のない文化財として、将来のドイツ国家に帰属させられるべきなのか？　枢軸国のユダヤ人は敵国の構成員としてそのような国家間の賠償政策の外部に位置しているが、そういうユダヤ人に対して行使された略奪はどう扱われるべきなのか？

すでに戦時中に、一連のユダヤ人の代表、ラビ、学者、文書係、図書館員、博物館員たちは、英国で、パレスチナで、合衆国で、これらの問題と取り組んでいた。彼らの多くは、彼らの伝記が示しているように、彼らがいま救出に取り掛ろうとしていた文化機関で、期間の長短はあれ、研究したり教えたり仕事をしたりしていたことがあった。多くは、国民社会主義から逃げ延びた人々だった。一九四三年四月、英国で、歴史家セシル・ロスを代表とする英国ユダヤ歴史協会の主導のもと、〈大陸ユダヤ博物館・図書館・文書館再興委員会〉〔英〕（ＣＲＣＪＭ）が結成された。その目的は、ヨーロッパのユダヤ人の根絶と並行して、ロスの言葉によれば、ユダヤ文化のすべての記念碑、ユダヤ史のすべての証拠、ユダヤ芸術のすべての作品を破壊したり、反ユダヤ主義的な仕方で歪めたりする企てがなされていることに、連合国の世論を向けることにあった。[7]だからこそ、ひどい扱いを受け、これから救出されることになるユダヤ人の文化財は、ドイツ人の手から奪い取られねばならない。「〈どんなふうに取得されたものであれ、どんなに長く所持されているものであれ、ドイツ人は、反ユダヤ主義的な目的のために使用されたすべての文化財に対する権利を失った、と私には思われる〉〔英〕」。ＣＲＣＪＭの要求は以下のとおりだった。ユダヤ人の文化財に関わる取り返しようのない喪失は非ユダヤ的な資産によって賠償しつつ、まだ存在しているすべての文化財はかつての所有者に返還されねばならない。あるいは、相続人が存在しない場合には、受託者としてユダヤ系の機関、とりわけエルサレム・ヘブライ大学（ＨＵ）に譲渡されねばならない。

大枠においてこの要求を、パレスチナと合衆国に同時期に存在していた活動団体も共有していた。パレスチナでは一九四五年に、ＨＵ内で、ディアスポラの文化財救出委員会が発足し、ショーレムはその構成員の一人だった。その委員会は、

ＨＵとパレスチナに存在しているユダヤ系機関のみが相続人のない文化財の受託者の役割を果たすことができ、かつその正当性を有している、と見なしていた。合衆国では、ユダヤ系知識人の団体がこの問題に取り組んでいた。彼らは一九三六年に、〈ユダヤ人諸関係協議会（ＣｏｎｆＪＲ）〉〔英〕を創設し、ナチスの政策とプロパガンダへの対抗として独自のユダヤ政策を促進しようと試みていた。戦後のユダヤ文化の再建および更新という問いを考察するなかで、彼らは、合衆国で支配的な〔合衆国でのアメリカ的〕ディアスポラの積極的な評価に対応する形で、合衆国におけるユーデントゥームがそのような〔再建と更新の〕過程に対して持つ意義を強調した。一九四四年の夏、彼らは歴史家ザーロ・バロンを代表として〈ヨーロッパ・ユダヤ文化再興委員会（ＣＥＪＣＲ）〉〔英〕を発足させ、その委員会において、さらに多くの合衆国の専門家たちとともに、ヨーロッパのユダヤ文化資産の救出ないしは再興のための具体的な準備作業を行おうとした。一九四六年から、ＣＥＪＣＲは、戦前のユダヤ系文化資産および文化機関の広範な「〈暫定的リスト〉〔英〕」を公表した。[8] そのリストでは、ヨーロッパのユダヤ文化が全体として考慮されていた。

ＪＣＲの創設と承認

互いに連絡を取り合っていたこれらのさまざまな活動団体は、もっぱら国際的な連携のみが自分たちの主張を承認する方向へ連合国を動かし得ることを、最後には確信した。そのことは、文化的な観点での要求にのみ妥当することではなかった。ユダヤ人文化財の救出を目的とした上述の団体は、きわめて幅の広い論争に関与していた。それは、一九三九年以来ユダヤ人の戦後の包括的な要求について考察をくわえる論争だった。[9] このような背景のもとで、さまざまな違いにもかかわらず、終戦とともに、きわめて積極的なユダヤ人の政策が生じた。その政策は、国家への帰属と関わるあらゆる制限を越えたユダヤ人としてのユダヤ人に対する犯罪を眼前にして、連合国に対して、「ユダヤ民族」を法的・政治的主体として承認することを求めた。その政策が第一に求めたのは、とりわけ相続人のない文化財に対するユダヤ民族への集団的な賠償と、枢軸国の(かつての)構成員であるユダヤ人に対する個人を対象とした補償と賠償であり、第二に求めたのは、戦後ヨーロッパにおいて生き延びたユダヤ人、逃げ延びたユダヤ人、すなわち、ユダヤ系「〈難民〉〔英〕」は、救出されたユダヤ人の資産と同様に、まずもって戦前の故郷に送り返されるべきとされていたが、その政策は彼らに関しても、ユダヤ人としての国籍の承認を求めた。これらの〈難民たち〉〔英〕は強制送還されるのではなく、パレスチナへの移住の可能性が認められるべきだ、という要求である。

差し当たり、ユダヤ人の要求に応じる準備ができていたのは合衆国だけだった。合衆国は、自分の占領地区のための返還法の策定作業に、アメリカ・ユダヤ人のさまざまな組織を組み込んだ。その法案は、最終的に一九四七年一一月、軍政府法第五九号として可決され、対外的な返還を超えて、合衆国占領地区の、一九三三年以来ナチスの迫害の流れのなかで奪い取られた、確定可能なすべての資産に適用され、したがって、とりわけドイツ・ユダヤ人にもあてはまるものとされた(「対内的」もしくは「個人的」返還)。審議の過程で、代表的ユダヤ人の広範な提携を条件に、相続人のない資産のためのユダヤ人の継承組織という新たな団体を承認する準備があることも、アメリカ人たちは告げていた。

これを受けて、一九四七年五月、合衆国、パレスチナ、英国のユダヤ人団体は、ニューヨークにおいて、〈ユダヤ人返還委員会〉〔英〕、のちの〈ユダヤ人返還継承機関〉〔英〕(JRSO)を創設した[10]。その組織は、世界中の生き延びたユダヤ人、逃げ延びたユダヤ人を援助するために、相続人がなく請求のない資産をできるだけ迅速に活用する、継承組織の中心と考えられていた。ほぼ同時期、一九四七年四月に、ユダヤ人の文化財を救出するために活動していたいくつかの団体が、もう一つの継承組織ＪＣＲの創設に同意し、これにはのちにさらに多くの団体が組み込まれた。[11] ＪＣＲは、文化的、宗教的な分野における構成員の能力に鑑みて、第一級の文化的価値を有する文化財、まさしくそのようなものとして管理し、返還ないし分配されるべき文化財に対する権限は自分たちにある、と見なしていた。二つの継承組織は、一九四七年八月の協定において互いの関係を調整し、その協定に基づいて、相続人のない文化財に関しては、ＪＣＲがＪＲＳＯのもっとも重要な機関とされた。

ＪＣＲの組織が整えられてゆく過程で、差し迫っている課題のイメージはどんどん変化していった。戦時中、関係者たちはまだ部分的な再建を考えていたのに対して、そのような「再興」は、全面的な規模での絶滅が現実のものとなるとともに、ますます疑わしいものとなった。この変化について、ＣＥＪＣＲ代表、ザーロ・バロンの一九四六年の言葉が証言している。

〈「文化再興」という用語は、決して狭義の意味で解釈されてはならない。〔…〕ナチスによるユダヤ人の生命と財産の全面的破壊という観点からすると、ユダヤ人の文化機関の再興は元の形態での再興、あるいはすべての事例において以前の場所へ返還する、機械的な復旧をとても意味することはできない。〔…〕結局のところ、［ＣＥＪＣＲは］世界のユダヤ人の新たな状況によって生じる新たな需要に応じて、ユダヤ人の文化財を再分配する手助けをしてゆくことにもなるだろう。[12]〉〔英〕

一九四七年にＪＣＲが創設されたとき、「ヨーロッパ」という語が名称から消えたとはいえ、ドイツとヨーロッパから救出されたユダヤ人の文化財の大部分がユダヤ人の新たな生活拠点に移管されねばならない、という見解に何ら変わりはなかった。

私的な団体に、資産を包括的に新しく分配する権限を備えた擬似国家的な機能を認めるという方針については、合衆国当局では議論が巻き起こり、公的な承認はためらわれた。ようやく一九四八年六月に、合衆国占領地区のための返還法に基づいて、請求のない、相続人のない資産のユダヤ人の継承組織としてＪＲＳＯが承認された。この枠組みにおいて、ＪＲＳＯの機関としてＪＣＲに、文化財の管理と分配の権限が与えられることになった。さらに、一九四九年二月には、ＪＣＲが合衆国軍政府によって直接承認されることになった。そのとき、合衆国軍政府は返還法に該当しない文化財に対する権限をＪＣＲに認めた。すなわち、返還法が〔所有者／相続人が現存しているかどうかにかかわらず〕所有者が特定可能な対象だけを扱っていたのに対して、そこでは、明らかにユダヤ人の所有物でありながら、所有者が特定不可能な対象が扱われていたのである。

課題、原則、争い

ユダヤ人の側での努力は、一九四五年から、すぐに作業を始めたいというきわめて切迫した印象のもとでなされていた。保管倉庫での略奪、天候による劣化、国外への返還、ドイツの再建といったことについての知らせが、切迫感を高めた。ＪＲＳＯが認可されて以来、費用およびドイツの抵抗を考慮して再興を短期間のうちに終えるという絶えざる圧力がくわわることになった。このような状況下で、ＪＲＳＯはニュルンベルクのその事務所から、とくに土地や会社といった不動産に対する請求を掲げることに集中し、文化財に関しては、本質的に、〈合衆国の収集所〉〔英〕にすでに存在していて、国外への返還の流れにおいても個人的な返還の流れにおいても請求のなされていない対象に限定していた。とくに問題となっていたのは、一九四五／四六年以来、合衆国占領地区における書籍、アーカイヴ資料、略奪されたユダヤ人文化財のための中心的な倉庫の役割を果たしていた、「オッフェンバッハ・〈アーカイヴ倉庫〉〔英〕」（ＯＡＤ）だった。そこの収蔵品は、ドイツ連邦共和国の創設後、一九四九年六月にその倉庫が閉鎖されるとともに、ヴィースバーデン〈中央収集所〉〔英〕に移管された。こちらは一九五二年に解体されることになる。

これらの「収蔵品」はすべて、ほんのわずかの例外を除いて、きちんと収集を重ねて成立したコレクションではなく、持ち主が不明のものを含む全体コレクションから多くが失われたり、引き離されたりした、その残余部分だった。そこでＪＣＲは、それらの文化財を、受け取る機関の需要に応じて分配しようとして、最初に、分配方針のいくつかの原則を取り決めた。ＪＣＲの最高機関の役割を果たしていたのは、各連合団体が代表を送っていた、ニューヨークで会議を開く理事会であって、その理事会が（場合によっては手紙での投票をつうじて）分配について決定を行った。一九四九年一月に、理事会は以下のように優先順位を確定した。（1）エルサレムの〈ユダヤ国立大学図書館〉〔英〕ないしベツァレル博物館に未所蔵の文化財に対する最優先権は、それらの図書館と博物館が有する。（2）西ドイツの信徒共同体は、ＪＣＲ代表との話し合いのもと、当面の利用のための割り当てを受け取る。（3）ドイツ外の、困窮しているヨーロッパのユダヤ機関は、可能な限り、適切な配慮を施される。（4）他のすべての機関は、アンケート用紙に基づいて、分配を受け取る。合衆国の援助に鑑みて、〈議会図書館〉〔英〕など、合衆国にある非ユダヤ的な機関のいくつかも利害を考慮される。優先順位と並んで、さまざまな国に移送されることになる大量の文化財には第二の分配原理が適用された。こちらでは、たいていの文化財に対する配分率が以下のように定められた。すなわち、イスラエルに四〇パーセント、アメリカ大陸に四〇パーセント、他の国々に二〇パーセントである。さらにＪＣＲは、以下の指定された原則が受け取り機関によって遵守されることを求めた。

すなわち、対象物品には記号を付し、登録リストをJCRに送付すること、対象物品は許可なく売却されてはならないこと、二年間のあいだは、所有者もしくは相続人がJCRに名乗り出た場合には対象物品を返却すること、である。実行能力の欠如もしくは怠惰のゆえに、いくつかの受け取り機関は、この諸条件をまるで満たさなかったり、完全には満たさなかったりした。

さまざまな利害の調整に取り組んだにもかかわらず、作業の期間中、主として三つの対立が繰り返し現われることになった。第一に、イスラエルの代表とアメリカの代表のあいだに緊張関係が存在していた。すなわち、一方で、ユダヤ人の安住の地として、文化的な中心として、イスラエルの特別な意義が一般的に承認されていたのに対して、他方で、アメリカの代表たちは、アメリカのユーデントゥームの経済的意義と並んでその文化的意義が増大していることも自覚していた。第二に、ドイツから逃げ延びたユダヤ人、とりわけ、レーオ・ベックを代表とする〈ドイツ・ユダヤ人評議会〉〔英〕のさまざまな部門で活動していたユダヤ人のなかには、他よりも高い価値を持った文化財の多くがドイツに由来するがゆえに、優先的な分配を求める人々がいた。しかしこれに対しては、文化財はその由来に関わりなく平等に、また迫害と民族殺戮ののちの新たな状況に応じて、すべてのユダヤ人に資するようにすべきであるという考え方が、だいたいにおいて貫徹された。第三の論争点は、ドイツにおける戦後のユダヤ人信徒共同体だった。戦後の信徒共同体は自分たちが冷遇されていると見ていたが、かつてのドイツの信徒共同体の継承者であるという、彼らの一部が掲げた主張は、規模、構成、構成員がまったく異なることを理由に、ドイツ国外のユダヤ人の諸組織によって、たいていは不当な要求として退けられた。JRSOはこの拒絶を裁判でも貫いたが、多くの争いでは法廷外の合意に達した。

ドイツにおけるＪＣＲ

ＪＣＲは一九四九年の春、ドイツでの活動を開始した。ＪＣＲの「〈現場責任者〉〔英〕」、さまざまな機関や組織の専門家、それにドイツ人の補助員が、オッフェンバッハもしくはヴィースバーデンの〈倉庫〉〔英〕で、ユダヤ人の文化財を精査し、区分けし、箱に詰めた。相続人がなく請求のない物品の分配については、理事会が合意した原則に基づいて決定した。ＪＣＲが取り組んだ最初の物品は、軍政府からＪＣＲに委ねられた、持ち主不明の文化財だった。すなわち、書籍、祈禱書、雑誌の類いの約二五万冊、わずかの数の手稿、シナゴーグおよび個人宅に由来する一万点の布地と祭具、数百点のトーラーの巻物である。これらの物品を処理したのち、一九四九年の半ばに、かつてのドイツ・ユダヤ人の信徒共同体および諸機関のいくつかの蔵書の一部（「〈ドイツ系機関コレクション〉〔英〕」）が付けくわわった。合衆国の返還法に従って、相続人なしに分類されていたものだった。バルト三国からは、大部分はユダヤ人の所有に由来している三万冊弱の書籍（「〈バルト書籍〉〔英〕」）がやって来ていた。一九四〇年のソ連によるバルト三国の併合を承認していなかったので、合衆国はそれらの書籍をソ連に譲渡しなかったのである。さらにＪＣＲは、所有者としてひとりひとりのユダヤ人を特定可能であっても、請求のない書籍約四万五〇〇〇冊を委ねられた。この最後の二つの書籍に関しては、残余の書籍が通例の配分率で分配されるまえに、ＪＣＲは名簿のリストを公表して、所有者を探索した。総じてＪＣＲは、一九四九年から一九五二年にかけて、約五〇万点の、相続人のない書籍、雑誌、祭具、その他の物品を、転送することができた。転送先は、世界中のシナゴーグや信徒共同体、そして学問的、宗教的、文化的な施設だった。

ＪＣＲのこの活動には議論の余地がないわけではなかった。とくに、分配された物品の、個人の所有者ないしは相続人があとになって名乗りを上げた場合がそうだった。[13] とはいえ、ＪＣＲの仕事は、きわめて限られた期間内に請求のないユダヤ人の文化財を喪失、劣化、分散から守り、それらの文化財をあてがわれるのはユダヤ人であることを保証するという、絶対的な命令のもとに置かれていた。そこには、中欧、東欧におけるこれまでの文化的・宗教的中心が破壊されたのちに、文化的伝統の継承・発展が断ち切られないようにするためには、集団的な相続者——現在機能しており、将来も有望と見なされる機関——こそがそれらの文化財の適切な受け取り手である、という信念があった。この考え方は同時に、先に存在していた環境と結びつくことを何重にも不可能とした、大量殺戮による断絶を強調し、ユダヤ人が現に存在している地域での文化生活の援助を試みるものだった。この意味において、ＪＣＲの指導者たちは、ユダヤ人の生活を存続させる努力に自分たちの仕事は重要な寄与を果たすもの、と考えていた。

けれども、自ら設定していたさまざまな目標が達成されたわけではなかった。たとえば、関係者たちの多くは元来、ソ連を含めてもっと広範な連合国間の規約を望んでいたにもかかわらず、ＪＣＲの権限はドイツの一部に限られていた。[14] ソ連もまた、ボヘミアとシュレージエンにとくに価値の高いドイツの略奪品〈倉庫〉〔英〕を抱えている、と考えられていたのである。さらに、合衆国は、ドイツの物品による相殺的賠償〈現物による賠償〉〔英〕を認めていなかった。それで、自発的な仕方で、あるいは、一九五二年のルクセンブルク協定(3)にいたる交渉との関連で、この考えに立ち返ろうとするＪＣＲの試みは実を結ばないままだった。とりわけ、ＪＣＲは、公然・非公然の、調査、面談と交渉、法制化の運動、および呼びかけをつうじて、ドイツの図書館、文書館、その他の施設において略奪された文化財を発見することに多大の努力を費やしたにもかかわらず、すでに述べたように、一九四九年のＪＣＲの活動の始まり以来、略奪されたユダヤ人の文化財がさらに発見されることはほとんどなかった。この努力は大部分、成果のないままであって、ドイツのコレクションを包括的に吟味することで時間が空しく経過した。一九五二年のJCRの活動の終わりからほとんど半世紀を経て、九〇年代の終わりになってようやく、ナチの略奪芸術、略奪文化の公的調査の関連で、無数の機関コレクション、個人コレクションのなかにユダヤ人が所有していた文化財が相変わらず存在している事実も、認められたのだった。

1　以下の記述は、ダーヴィト・エレディアとマリー・ルイーズ・クノットが書簡の注のために調査した資料、および、文献リストに挙げられている刊行物（本訳書では巻末に掲載）に基づいている。これまで欠落していたJCRに関するモノグラフについては、デーナ・ハーマン（AJA、シンシナティ）とエリザベート・ガラス（シモン・ドゥブノフ研究所、ライプツィヒ）による、間もなく出版予定の刊行物を参照。

2　一九三八年一一月一〇日付の、国家警察およびSDの部署あてのテレタイプのなかで、保安警察長官、ラインハルト・ハイドリヒは、アーカイヴ資料の押収を命じた。

3　この国家保安本部の略奪書籍には、「ユダヤ中央図書館」として、約七〇万冊のユダヤ書籍からなる最大のナチ・コレクションが含まれていた。

4　計画されていたNSDAP（国民社会主義ドイツ労働者党＝ナチ党）の大学、「ホーエ・シューレ」の一部に予定されていたこの研究所の蔵書として、約五〇万冊が見込まれていた。

5　『フランクフルター・ツァイトゥング』一九四一年三月二八日。この引用をフィリップ・フリードマンは以下に掲載の「ナチ時代のユダヤ書籍の運命」で示している――*Jewish Book Annual* 15（1957/58）, S. 3-13, hier 5f. ここでは以下から引用――Gabriele Knapp, *Das Frauenorchester in Auschwitz: Musikalische Zwangsarbeit und ihre Bewältigung*, Hamburg 1996, S. 119.

6　占領地における資産の略奪をすべて無効とする、一九四三年一月五日の連合国間の警告に基づいて、一九四五年一一月／一二月のパリ賠償会議（ソ連とポーランドは不参加）において、略奪資産はかつての所有者の国に返還されることが決議された。一致して行動するためのさらなる交渉が失敗したため、その方針を転換するかどうか、またどのように転換するかは、個々の政府もしくは占領当局に委ねられたままだった。合衆国と英国は包括的な対外返還を開始した。

7 「〈したがって、ヨーロッパ大陸におけるわれわれの同宗信徒たちを絶滅する企てと並行して、ユダヤ文化のあらゆる記念碑、ユダヤ的古代のあらゆる痕跡、ユダヤ芸術のあらゆる作品を破壊したり、あるいは歪めたりする企てが展開されてきたのです〉〔英〕」。「大陸のユダヤ博物館・図書館・文書館の再興に関する会議」ロンドン、一九四三年四月二日、セシル・ロス博士による開会スピーチ――Wiener Library Document Archives, 500 Series, 561: Jewish Cultural Reconstruction. Wiener Library Microfilms, Rolle 26.

8 枢軸国によって占領された国々に戦前に存在していたユダヤ人の文化資産、教育施設、雑誌、出版社についての、多大な労力を費やして調査されたこのリストは、雑誌『ＪＳＳ』の付録として、一九四六年一月から一九四八年四月のあいだに公表された。以下を参照――Elisabeth Gallas, »Die Restitution jüdischer Kulturgüter Europas zwischen 1945 und 1952«, in: Bertz/Dorrmann (Hg.), *Raub*, 209–215, hier 209.

9 もっとも重要な刊行物に数えられるのは以下のものである――Siegfried Moses, *Jüdische Nachkriegsforderungen*, Tel Aviv 1944, und Nehemiha Robinson, *Indemnification and Reparations. Jewish Aspects*, New York 1944. 逸脱する振る舞いについては以下を参照――Goschler, *Wiedergutmachung*, S. 44–46. これらの努力のユダヤ人の政策としての意義については以下を参照――Dan Diner, »Restitution. Über die Suche des Eigentums nach seinem Eigentümer«, in: Bertz/Dorrmann (Hg.), *Raub und Restitution*, Göttingen S. 16–28, hier 18f.; Nathan Sznaider, *Gedächtnisraum Europa. Die Visionen eines europäischen Kosmopolitismus. Eine jüdische Perspektive*, Bielefeld 2008, hier S. 45–63.

10 創設にくわわった組織は以下のとおりだった――ＡＪＣ〔〈アメリカ・ユダヤ人協議会〉〔英〕〕、ジョイント〔〈アメリカ・ユダヤ合同分配委員会〉〔英〕〕、〈イギリス・ユダヤ人代表委員会〉〔英〕、〈アメリカ占領地区解放ドイツ・ユダヤ人中央委員会〉〔英〕、〈フランス・ユダヤ人代表者評議会〉〔仏〕、ＣＪＧ〔ドイツ・ユダヤ人評議会〕、ＪＡ〔ユダヤ機関〕、ＪＣＲ〔ユダヤ文化再興財団〕、ＷＪＣ〔世界ユダヤ人会議〕――ジョイントとユダヤ機関が財政を保障し、さらに組織がくわわった。

11 創設にくわわった組織は以下のとおりだった――ＡＪＣ〈アメリカ・ユダヤ人協議会〉〔英〕、ＣＥＪＣＲ〔ヨーロッパ・ユダヤ文化再興委員会〕、ＣＪＧ、エルサレムＨＵ〔ヘブライ大学〕、〈アメリカ・シナゴーグ評議会〉〔英〕、ＷＪＣ。のちに以下の団体がくわわった――〈アグダット・イスラエル〉〔ヘ〕〔イスラエル連合〕、〈アリアンス〉〔仏〕〔全イスラエル連合〕、ジョイント、〈アングロ・ユダヤ人協会〉〔英〕、〈イギリス・ユダヤ人代表委員会〉〔英〕、ＣＲＣＪＭ〔大陸ユダヤ博物館・図書館・文書館再興委員会〕、アメリカ占領地区ユダヤ人信徒共同体および信徒連盟利益代表、JA（本書、**口絵の10**、書簡の頭書きを参照）。

12　以下の付録における導入的な注釈を参照――»Tentative List of Jewish Cultural Treasures in Axis-Occupied Countries«, in: *JSS* 8（1946）, 3, S. 6.

13　とりわけ、ナチの略奪芸術の（自発的な）特定と返還を促す、多くの国々によって署名された一九九八年の「ワシントン宣言[4]」を受けて、JCR／JRSOをつうじて文化財を受け取ったさまざまな機関も、出所に関する新たな調査を始め、相続者を積極的に探索し始めた。たとえば、エルサレムのイスラエル博物館（旧ベツァレル博物館）の以下のカタログを参照――*Orphaned Art: Looted Art from the Holocaust in the Israel Museum.* Jerusalem 2008. とはいえ、略奪された文化財のユダヤ人所有者と相続人のこの新たな探索に際して、次の点は考慮されねばならない。すなわち、探索がなされているのはきわめて多種多様な文化財であって、そのなかには、連合国の返還規定および返還期日においてJCR／JRSOによって相続人がなく請求のないものと分類されていたものもあれば、アリズーアたちによって連合国およびユダヤ人の継承組織に対して隠匿されていたものもある、ということである。

14　いくらかの躊躇のあと、そしてさまざまな制限付きで、さらにユダヤ人の継承組織が成立した。すなわち、一九五〇年六月にイギリス占領地区のために、一九五二年三月にフランス占領地区のために、ユダヤ人継承組織が誕生した。とはいえ、それらの地区に文化財はずっとわずかしか存在していなかった。

（1）　原語はAriseure（単数はAriseur）で、ナチ時代にユダヤ人の資産を「アーリア化」して自分のものとした人物を指すドイツ語。

（2）　「イェシヴァー」はユダヤ人の高等教育機関。修了者にはラビの資格が与えられる。

（3）　一九五二年九月一〇日にルクセンブルク市で合意されたドイツとイスラエルの協定。それによってドイツは一二年間にわたってイスラエルに年間約二億五〇〇〇万マルクから三億マルクに相当する物資による支払いを行うことになった。

（4）　一九九八年一二月三日、ワシントンで開催された「ナチ時代の遺産に関するワシントン会議」に際して、「ナチに没収された芸術に関する諸原則」が発表された。

解説　ハンナ・アーレント−ゲルショム・ショーレム　星座的布置《コンステラツィオーン》

マリー・ルイーズ・クノット

カバラー研究者ゲルショム・ショーレムと政治的なるものの理論家ハンナ・アーレントが互いに手紙をやり取りし、友人関係にあったことは、ずっと以前から知られていた。しかし、その友情について具体的にイメージすることは、長いあいだできなかった。ショーレムは一八九七年ベルリンでゲアハルト・ショーレムとして生まれ、一九二三年にパレスチナに移住し、そこでゲルショムという名前を獲得し、一九八二年に亡くなるまで暮らし、教鞭を執っていた。「生きた姿を取ったユーデントゥーム」[1]とヴァルター・ベンヤミンはショーレムの肖像を描いている。ハンナ・アーレント／ブリュッヒャーは一九〇六年ハノーファーで生まれ、ケーニヒスベルクで育ち、一九三三年にベルリンからパリ、そして一九四一年に最終的にニューヨークへ逃げ延び、一九七五年の死にいたるまでそこで暮らした――「世界中のすべての非理性と腐敗への対抗力」[2]と追悼記事は彼女の存在意義を述べている。

彼らの共通の友人であったヴァルター・ベンヤミンがナチから逃れる途上で自殺したことをハンナ・アーレントがゲアハルト・ショーレムに伝える一九四〇年一〇月の手紙は、こう結ばれている。「ヨーロッパでユダヤ人は死に絶え、犬のように埋められています」。死者たちに対する悲しみが、そしてとりわけユーデントゥームの存続のための闘いが、この二人の思想家をどれほど結びつけていたか、またそのことがどれほど両者の関係の基盤にあったかを、私たちは、一九三九年のパリからのアーレントの手紙に始まり――これまで見つかっている限りでは――エルサレムからの一九六四年のショーレムの手紙で終わるこの書簡集において知ることができる。

一九四六年一一月二七日、アーレントはニューヨークの仕事場から、当時はまだ英国の委任統治領だったエルサレムのショーレムに宛てて、以下の文面を書き送る。

〈私の魂はあなたの方へと溢れ出します〉〔英〕――つまり、私の魂は、パスポートも、お金も、「休暇」も必要としないので、ただ一枚の〈チケット〉〔英〕を手に入れて、心穏やかに旅客クラスでパレスチナへと船旅を続けています。あなたはこれからハイファで港に立ち、私の魂が上陸しないように取り計らうことでしょう。

政治的な境界を乗り越えて相手の方へと向かいながらも上陸できないこの魂のイメージに、両者の星座的布置に特有の、近さと遠さ、接近と限界の緊張が映し出されている。両者の人生行路がどれだけ異なっていたとしても、また、両者が学問上の仕事でその都度集中する対象が互いにどれだけかけ離れていたとしても、この往復書簡は、両者が互いに感銘を与え合っていたこと、それぞれが相手のうちで格別の問いと格別な力に触れていたことを確証している。両者は、ユダヤ人の自己理解という難問に立ち向かった。そのことが、両者の関係の緊張と魅力を特徴づけている。

これまでは、一般に知られているところでは、よく言われたとおり、「軋轢と論争点でいっぱいの友情[3]」という、両者の諍いが前面に置かれてきた。一九四六年には、アーレントの論考「〈シオニズム再考〉〔英〕」をきっかけとして、ユダヤ人の政治の再組織化、およびパレスチナの未来をめぐって、両者は論争し合った（第19書簡、第20書簡）。アーレントを「すばらしい女性で優秀なシオニスト」[4]と思い込んでいたショーレムは、失望して憤慨した。というのも、彼の見るところ、彼女のシオニズムに対する批判は、パレスチナで危機的な状態で続けられているユダヤ人の生活を嘲笑するものだったからである。[5]アーレントがかつてシオニストであったかどうかは、不分明なままである。互いの政治的な状況判断において、アーレントとショーレムは、一九四六年の時点で、そんなに遠く離れてはいなかった。ショーレムもまた、アーレントが批判する画一化への傾向がシオニズムの内部に存在することを認め、彼自身「倫理的シオニズムが政治的リアリズムのありきたりの実践へと衰退したこと」[6]を嘆いていた。彼はアーレントのシオニズム批判への応答で、「私自身は、確かに元ブリット・シャロームの人間として対立者側に属しています」と語って、彼がアラブの隣人たちとの相互理解、および両民族一国家の創設を相変わらず支持していることを、強調した。

しかし、批判が可能であることを原則的に肯定しているとはいえ、ナチスによる絶滅を見据えるならば、そして戦闘と襲撃によって特徴づけられている、生存を脅かされているパレスチナの現実を見据えるならば、シオニズムに対する批判が持ち出されることにショーレムは懐疑的であって、別の（よりよい？）ユダヤ人の政策が少しでも事態を変容させるのか、と問いかける。結局のところアラブ人たちは「まずもって私たちの道徳的ないしは政治的な態度にではなく……そもそも私たちが存在するかしないかに関心があるのです」（第19書簡）。

したがって、彼自身失望していたにもかかわらず（彼の詩の一つは「私をここまで導いてきた信念を私は失った」[7]と始まる）、切迫している状況を考慮して、ユダヤ人国家に対する一つの無‐条件の肯定をショーレムは求める。彼の観点からすれば、アーレントは、彼女の論考「〈シオニズム再考〉〔英〕」において、ユダヤ人の連帯と帰属というこの無条件の優位性を疑問に付しているのである。[8]

とはいえ、一九四六年の論争では、二人を切り離すものよりも結び付けるものの方が重かった。それに対して、周知の第二の論争、アーレントの『アイヒマン・レポート』(『エルサレムのアイヒマン』)(一九六三年)をめぐる衝突は、両者の訣別に行き着いた。アーレントは『レポート』のなかでショーレムとは異なってイスラエルの法廷による死刑判決を歓迎したが、その裁判の進め方には同意しなかった。彼女はショアー(ホロコースト)のあいだのユダヤ人評議会の役割を批判し、全体主義的な体制のもとでの人間の自由に振る舞う能力について問いかける。「それが出世の道だったから」殺戮を行った、あの「動機なき大量殺戮者」、アイヒマンを目の当たりにした衝撃、アイヒマンの「思考の欠如」の荒廃ぶりから受けた衝撃(自分がしでかしたことが何か、思い及ばなかった人物への衝撃)によって、彼女は「悪の凡庸さ」という概念に行き着いた。ショーレムは、アイヒマン裁判についての彼女の記述を、絶滅政策を凡庸なものとするもの、ユダヤ人の代表者たちを尊大に攻撃するものと見なした。結局のところ彼らは、国民社会主義による独裁の期間、これまで決してなかった絶望状態に置かれていたのだ。その場に居合わせなかった誰があえて判断しようとするだろう、とショーレムは問いかける。

本書にはじめて集成された書簡の全体がいまや明らかにしてくれるのは、同化したドイツ・ユダヤ人を出自とする、このように異なった代表者である二人が、これらのぶつかり合いを越えて、どれだけ結びついていたか、ということである。一九二四年に一八歳だったアーレントがハイデガーおよびブルトマンのもとでの研究を決意したとき、二七歳のショーレムはパレスチナですでに一年間暮らし、そこでエルサレムのヘブライ大学によって、文化シオニスト、アハド・ハアム[1]の言う意味でのユーデントゥームの精神的中心を打ち立てようとしていた――自分が予測していたような迫害と偏見を乗り越えて。ドイツで事態が通常であれば、二人が出会っていたかどうかは、疑わしい。けれども、周知のとおり、三〇年代のドイツで事態は尋常ではなかったし、ヒトラーが戦争を宣言した最初の民族であるユダヤ人(アーレント)にとっては、すでにまったく尋常ではなかった。

「ユダヤ的な事柄」と取り組むにいたるアーレントの道は、生きるための自己欺瞞と理解された同化した両親の家庭において、若い時代に始まったものではなかった。アーレントは、一九二七年に自分自身について語っているとおり、「絶望的に同化していた」。彼女のシオニズムへの関与は「人々に向けられていた」[9]のであって、まずもって、ドイツで高まっていた反ユダヤ主義への反応だった。アウグスティヌス論で博士号を取得し、差し当たり、キリスト教の刻印を帯びたヨーロッパ精神史という文脈でユーデントゥームの文化的伝統を受容したアーレントは[10]、ユーデントゥームの歴史を一つの抑圧されたヨーロッパの民族の歴史として研究することによってユーデントゥームと結びついた。「脱同化」[11]という目標を眼前に据えていたゲルショム・ショーレムは、異端的なものと神秘主義的なものの探究をつうじて、キリスト教と自覚的に断絶する形で、歴史記述を企てていた。その歴史記述は、ユダヤ人の伝統を弁明的に用いることを自らに禁じ、ユダヤ人であることの運命についての省察に、広々とした道を開くものだった。

アーレントとショーレムは自分たちの時代と闘った。のちにアーレントが言うとおり、ニーチェとともにはじめて明瞭となった「伝統との断絶」は、「過去を新たな眼で見つめ、したがって、まだ手が加えられていない経験という巨大な宝を手に入れる」という状態に人々をもたらした[12]。解放と同化の破産を眼前にして、両者、すなわちショーレムもアーレントも、彼らの往復書簡の冒頭で、したがって三〇年代の終わりにおいて、互いに独立して「〈世界の修復〉〔へ〕」の精神で、ユダヤ人の歴史像の抜本的改革とユダヤ人の自己理解の新たな根本的な形成に向けて、「まだ手が加えられていない経験」を素材として、努力していたのである。ショーレムは神秘主義のなかに「不可視の流れ」を、アーレントはパーリア意識のうちに身をもって経験したユダヤ人問題の「隠れた伝統」を、それぞれ見て取っていた。

ショーレムは「精神的シオニズム」[13]のために闘い、友人、知人、著名な学者を、エルサレムに呼ぼうとしていた。そのなかには、ヴァルター・ベンヤミン、レーオ・シュトラウス、ハンス・ヨーナス、シャロム・シュピーゲルらがいた。アーレントもまた、周知のとおり、一九三三年以降、移住を支援し、パレスチナにユダヤ人の安住の地を設立することを支援した。とはいえ彼女は、シオニストたちの抱いているイメージとは異なって[14]、ユーデントゥームの未来をユダヤ民族の全体によって政治的・文化的に設えられるものと理解しようとしていた。

細いが、しっかりとした糸

（当時はまだハンナ・シュテルンだった）ハンナ・アーレントと九歳年長のゲアハルト・ショーレムの最初の個人的な出会いは、ショーレムの語っているところでは[15]、三〇年代初頭に遡るのかもしれないが、ハンス・ヨーナスの回想では、両者は一九三五年にアーレントがパレスチナに旅した際に出会ったとされている。とはいえ、本書に集成されている証拠に従えば、対話と友情がはじまったのは、もっとあとの、一九三八年の春もしくは秋である。当時ショーレムは、エルサレムを出て、ニューヨークにいたる旅の往路と帰路で、若いころからの友人だったヴァルター・ベンヤミンと再会するために、二回パリで旅行を中断した[16]。二回とも、彼はハンナ・アーレントおよびアーレントののちの（二番目の）夫となるハインリヒ・ブリュッヒャーとも出会った。アーレントとブリュッヒャーは、（差し当たりは別々の形で）パリへの亡命中にヴァルター・ベンヤミンと親しくなっていた[17]。パリでの二度の出会いのなかで語られたのは、とくに、ショーレムの神秘主義の研究、アーレントのラーエルについての本、危険な世界情勢、モスクワ裁判、パリとパレスチナで脅かされているユダヤ人の生存について――そして、ヴァルター・ベンヤミンの行く末について、だった。アーレントとショーレムのそれ以降の出会いについてはあまり知られていない。[18]

手紙というのは、出会いの繰り延べであるとともに、待ち望まれた出会いの場でもある。「メシア主義的な契機において」、すなわち手紙という時間において、個人の存在は文字となる、[19]とかつてショーレムは、人間のあいだでの打ち明け合い Offenbarung〔啓示〕というこの形式の持つ二重の大胆さについて記していた。往復書簡の最初の一〇年（第1書簡から第50書簡、一九三八年から一九四九年）は、「ユダヤ的な事柄」（第11書簡）によって、すなわち、ヨーロッパにおける戦争、パレスチナ情勢についての議論、新たに決着をつけるべきユダヤ人の政治の未来といった事柄によって、特徴づけられている。とはいえ、手紙を書く二人を当時とくに結び付けていたのは、ヴァルター・ベンヤミンをめぐる悲しみであり、あの友人の遺稿を救出し、世に知らしめようとする努力である。第二期（第51書簡から第98書簡、一九四九年夏から一九五一年の終わりまで）においては、両者がユダヤ文化再興財団（ＪＣＲ）に関与したことによって、手紙のやり取りが頻繁に行われることになる。彼らは、組織の中心的な地位にいて、ユダヤ人の文化資産の救出された部分を確保し、自分自身の民族のものとして取り戻すために、闘うのである。両者は、異なった時期であるとはいえ、ＪＣＲの委託を受けて、ドイツへ旅する。

絶滅が出現することになったその大地と国に、そもそもどのようにして歩みいることができたのだろう？「それ［あんなところに戻ること］には意味がない、と書いてください。［書いてください、］私たちは〈神自身の国〉〔英〕に暮らしているのだと」と、アーレントは親しい移民の友人、ヒルデ・フレンケルに願っている。遠くニューヨークにいる友人たちに宛てた一九四九年のドイツ訪問のあいだのアーレントの手紙は、澱んだ雰囲気、陰謀、仕事に没頭する人々、荒廃した人々、荒廃した建物のファサードについて語っているが、同時にまた、すべてが根扱《ねこ》ぎにされたにもかかわらず、再度の出会いの契機として姿を見せている幸運についても語っている。「というのも、やはり何と言ってもドイツ語があり、このびっくりするぐらい美しい故郷の風景があり、私たちにとってどこにもなかったような、あるいは今後もないような親しみがありますから」[20]。ドイツでの自分のJCRでの活動、その熱意のこもった取り組みについては、友人宛の手紙には一語たりとも書き込まれていない。その点では、この往復書簡は、彼女の活動的生のまったく新しい次元を開示してくれるものだ。

JCRの共同作業が終わったあと、第三期(第99書簡から第141書簡、一九五二年から一九六四年)では、手紙のやり取りの回数が減少する。一九五八年(ショーレムのニューヨーク滞在のあと)と一九六三年(アイヒマン論争のまえ)のあいだ、彼らが交わしているのは、本質的に、友人としての、とくに大事な用件のない手紙であって、そのなかで、魂が海を越えて相手の方へと溢れ出すようなことはない。アイヒマン論争において、友情が壊れる。これまでは、ショーレムが接触を断ったことが前提とされてきた。しかし実際には、彼は一九六四年にもう一度会うことを提案していた(第141書簡を参照)。これまでのところ、ハンナ・アーレントの返答を示すものは見つかっていない。また、アーレントが死にいたる一九七五年までのあいだに、意図的にであれ、偶然であれ、もう一度両者が再会したことを示す手がかりも見つかっていない。

ラーエル・ファルンハーゲン――名誉の回復

パリでの会話とともに、壊れやすい友情が一九三八年秋に始まる。とりわけそれは、アーレントのラーエルに関する仕事にショーレムが感銘を受けたと感じたからである。ショーレムはその仕事について、こう述べている。それは「ユダヤ人の視点からすれば、いくらか扱いにくいテーマ」に関わっている。というのも、ユダヤ人の解放の最終的な挫折とともに、「ラーエルのような人物像もまたまったく新たな光のもとに」現われ出ることになったからである[21]。実際、アーレントはこの伝記を同化に対する批判として書いた。同化を求めて闘った人々は、解放という福音を、意図されていた以上に――そのことは歴史が教えるとおりである――真剣に受けとめた。アーレントの研究は、それまで(成功した)ユダヤ人とドイツ人の対話の代表人物と見なされていたラーエルを、実際にはよるべない状態にある人物として描く。アーレントは、非ユダヤ的環境での生活に対する幻想なきショーレムの判断を共有していて、同化を望む者は反ユダヤ主義に同化せざるを得ない、と主張する。ユーデントゥームに根を持っていることは、回避できないことだった。「ユーデントゥームから逃れることはできない[22]」。

ヴァルター・ベンヤミンは、パリで出会って数カ月後のショーレムに、一九三九年二月二〇日、アーレントのラーエル論の草稿を勧め、それは自分に「大きな感銘」を与えたと書いた。著者はその著作において「教訓的で弁明的なユダヤ学の流れに抗して」泳いでいる。「こんにちまで「ドイツ文学のなかのユダヤ人」について読むことができたものすべてがまさしくこの流れに流されてきたことは、きみが一番よく知っているだろう[23]」。ヘルダーを読むなかでアーレントが発展させた、パーリアという存在の「隠れた伝統」という考え(この考えをこんにちでは、彼女の政治的行為の理論の出発点として理解することもできる)は、それまでのユダヤ人の歴史理解の意味において、「教訓的」でもなければ「弁明的」でもなかった(ベンヤミン)。そのことは、しばしば黙殺され、素通りされ、忘却されてきたユダヤ教の神秘家と集団の、ショーレムによる再発見も同様だった。それらは、解放の時代にはユダヤ人にとっての障害物と見なされ、西欧へと向かう途上で幸いにも自分たちが振り払ったもの、とユダヤ人たちは考えていたのである。

アーレントの「隠れた伝統」の研究とショーレムの「埋もれた伝承」の探究を結びつけていたのは、伝承を「順応主義の手から奪い取る」(ベンヤミン[24])という関心、とりわけ、ユダヤ人の解放の永続的な進展というイメージから奪い取るという関心であり、それは、「過ぎ去ったもののうちに希望の炎」を掻き立てることを目的としていた。「聖書および黙示録の思想家たちは、歴史において救済に向かう進歩などというものを知らない。救済は、たとえば啓蒙主義以来のメシア主義の近代ヨーロッパ的な再解釈におけるように、世俗内的な発展の結果ではない。一方、進歩信仰におけるメシア主義の世俗化においてさえ、メシア主義はなお、途絶えることのない、途方もない力を示しているのである」[25]。

ショーレムが、ハンナ・シュテルン宛の最初の(保管されていない)手紙のなかで、おそらくは原稿を読んだことを報告し、その本をパレスチナの出版社、ショッケン・ブックスで刊行することを提案したあと、アーレントは一九三九年五月二九日付の、残されている最初の手紙で、彼女の原稿についての生じ得る誤解に対して反論している。私は一つの破産について書こうとしましたが、まさしく最後の二章は一種の「名誉回復」でもあるのです、と。とりわけ「目下は、怪しい成り上がりの無知の輩がみんな、同化したユーデントゥームを侮蔑してもかまわないと思い込んでいる時代ですから」(第1書簡)。

アーレント自身の表現によると、彼女は同時代人と言葉を交わすようにラーエル・ファルンハーゲンと「議論した」のであり、また同時に彼女が目指したのは、同時代人のように、つまり、「彼女[ラーエル・ファルンハーゲン]自身が用いることができ、何らかの形で有効なものと受け入れていたカテゴリーの内部で」議論することだった[26]。「名誉回復しつつ」(個人の名誉だけでなく、ユダヤ人の政治的名誉も回復しつつ)、彼女は、一九世紀初頭の改革期におけるユダヤ人の生活の数々のジレンマに新たに光をあてた。それに対して、ショーレムにとっては、伝えられているラーエル・ファルンハーゲンの物語は、同化の努力に対する彼の批判からすれば、一つの欺瞞の上に成り立っている、「つまり、すべては一方の側からのみ生じねばならず、他方はたえず(もっとも厳密な意味で)自己否定的で受け身の状態でなければならない、という前提」のうえに成り立っている。彼に分かっていたのは、ドイツ人とユダヤ人の場合のような欺瞞に基づく結びつきは不幸にしか終わり得ない、ということだった[27]。とはいえ、彼はのちに次のようにも記している。「私が振り返ってみて、抗議の情熱に満たされていた青年時代以上に私が確信しているのは、次のことである。すなわち、これらの人々〔同化ユダヤ人〕においては幻想とユートピアが溶け合っていて、それらのものが、我が家にいるような先取り的な幸福感をおそらくは呼び覚ましていた、ということである。そのなかには本当に真正のもの、つまり、私たちがユートピアに認めざるを得ないような真正のものもあったのである」[28]。

ファルンハーゲン研究とともに始まった対話は、ヨーロッパからの恐るべき報告に直面すると、すぐに両者にとって別の意味を帯びることになった。世界がいまや「ばらばらに引き裂かれている」(第5書簡)ので、あなたは私に必ず手紙を書かなければならない、とショーレムは訴える。アーレントはこう答える。「友人からいまでも便りが届くということには、実に心が励まされるものがあります。あのような手紙は、それのおかげで世界の残余がまだばらばらになってしまうことはないかもしれない、と私たちが自らに言い聞かせたくなる、細くてもしっかりとした糸のようなものです」(第6書簡)。その糸は、ユートピアとテロルによって脅かされているパレスチナの情勢において、いわば張力検査にかけられた状態である。[29]そのような時代には、糸を保つことを可能にするのは耳を澄ますことである。関係者は他人の意見を求めるのでなければならない。[30]この往復書簡で確認できるとおり、耳を澄ますことと他人の意見を求めることは、政治的な友愛を保つ高度な技術である。友愛の場の喪失という危機的な事態を、アーレントは(『兵士シュヴェイクの冒険』から借りられた)一つのイメージで捉えた。「あなたが戦後の五時にカフェでお会いする私たちの約束を守ってくださらなかったことに、私は憤りを感じています。けれども、どういうわけかそのカフェがもう存在しないことを、私は認めます」(第28書簡)。

ヴァルター・ベンヤミン――伝承可能性をめぐって

一九四六年、戦後ではじめてのパリ滞在の際、ゲアハルト・ショーレムは、ハンナ・ブリュッヒャーに、〈国立図書館〉〔仏〕の発行している彩色された絵葉書を挨拶状として送る。そこには、一八世紀フランスに由来する革命に関わる風刺画が描かれている。その風刺画はいま一度、革命の夢の最終的な挫折はどのようにして阻止され得るかという、パリ時代のベンヤミンの中心的な問いかけを思い起こさせる。「〈親愛なる友へ〉〔仏〕――〈何と憂鬱な眺めでしょう、ふたたびパリにいて、過去の日々を思い出していると〉〔英〕」と、かつて会話のなかで彼らが共同で世界を勝ち取ったその地から、ショーレムは記している。そしてアーレントはこう答える。「パリでの悲哀は悪夢だったに違いありません。あなたとご一緒できたらよかったのですが――それも何の慰めにもならなかったでしょうが。とはいえ、ときには過ぎ去りし日の証人は、少なくともメランコリーの空しさを乗り越える手助けとなります」。

他者の現前は喪失の悲しみを越えてゆく手助けにはならないが、それでも――おそらくは――「メランコリーの空しさ」、したがって、メランコリーに特有の危険な世界喪失を越えてゆく手助けにはなるのだ。

アーレントとショーレムはパリで出会ったときにすでにヴァルター・ベンヤミンのことを気遣っていたが、[31]この往復書簡はそのベンヤミンとともに始まり、ベンヤミンとともに終わる。すべてを結晶化させる人物であるベンヤミン、[32]時代の荒廃ぶりに対する表現を追い求めるその姿が両者に刺激を与えていたベンヤミン、その生命を救うことができなかったベンヤミン、あのヴァルター・ベンヤミンが、往復書簡の最後にいたるまで、両者のあいだには現前しているのである。一九四六年、ショーレムが激しく怒りを爆発させたあと(第19書簡)、アーレントは和解の手紙を、ベンヤミンの著作についての共同の編集計画で始め(第20書簡)、一九六四年、アイヒマン論争のあと、ニューヨークで会いたいと思ったとき、ショーレムはレーオ・ベック研究所での「ベンヤミン講演」に言及する(第141書簡)。

「いまになってようやく彼にとって決定的な事柄に達し」(第1書簡)、「いくつか新しいものにいたる手がかりを得た」(第4書簡)というアーレントの注記が明瞭にしているのは、ベンヤミンの死とともに、ありえた未来のすべての仕事、したがって、ラディカルな思想家である彼がアーレントによって確認された「新しいものにいたる手がかり」やさらに他の道筋を追求できたかもしれない仕事がすべて潰えた、ということである。この「未来の破壊」[33]をアーレントもショーレムも悔やむことになるのであり、ベンヤミンの「新しいものにいたる手がかり」を両者は自らの仕事のなかで生き延びさせようとするのである。

とはいえ、差し当たりその悲しみは、ベンヤミンによって残された論考を消滅と忘却から奪い取り、救出し、印刷するという、両者の側での努力へと行き着く。この往復書簡をつうじて、私たちは、数度の試み、一部はこれまで知られていなかった試みを確認することができる。まず最初、一九四一年にパレスチナのショッケン・フェアラークでベンヤミンの選集を刊行できる希望があった。その後一九四二年には、ベンヤミンの「歴史哲学テーゼ」をヴァルデマー・グリアンのもと『レヴュー・オブ・ポリティクス』に掲載しようとするアーレントの試みがあった。一九四六年には、ベンヤミンのブレヒト覚書をめぐるエリック・ベントレーとのやり取り。一九四七年には、『ヴュー』誌でのブレヒト論の翻訳の計画。この計画は、掲載の予告がなされた号で雑誌が停刊にいたったため、実現しなかった。同じく一九四七年には、アーレントとショーレムによって準備されていたニューヨークのショッケン・ブックスでの英語版のエッセイ集に関して、ベンヤミンの息子シュテファンと契約が交わされたが、ザルマン・ショッケンが出版方針を変更したため、その契約は無効になった。一九四五年からはショーレムが主導する形で、両者はヴァルター・ベンヤミンの親族および友人と手紙を交わす。目的は、できるだけ多くの手紙と草稿を救い出すことと並んで、戦後ヨーロッパでベンヤミンのテクストをドイツ語で出版することだった。この関連で、彼らは、一九四七年から一九四九年にかけて、ドルフ・シュテルンベルガーとも手紙のやり取りをする。シュテルンベルガーは、一九五〇年に『一九〇〇年頃のベルリンの幼年時代』がズーアカンプ・フェアラークで出版される直前、一九五〇年に『ノイエ・ルントシャウ』誌ではじめて「歴史哲学テーゼ」を広く世に知らしめた人物である。

一九五〇年に——一部のみが発見されている手紙(第84書簡)において——テオドーア・ヴィーゼングルント・アドルノとの共同での編集作業をショーレムが知らせたあと、ヴァルター・ベンヤミンは一九五九年まで手紙の話題から消える。一九五九年には、メリディアン・ブックスのアーサー・A・コーエンがアーレントとショーレムの援助を得て、エッセイ集の編集を試み、アルベルト・ザロモン(彼の雑誌『ゲゼルシャフト』には、クラカウアー、デーブリン、ケストナー、ユンガーについての一九三〇年ごろのベンヤミンの文芸批評的エッセイが掲載されていた)が、アーレントおよびショーレムと相談して、レーオ・ベック・パブリケーションの一環としてヴァルター・ベンヤミンについての書物を計画する。

これらの計画のどれ一つとして実現にいたらなかったが、この初期の、「死者に対する責務」から生じた数々の努力——この往復書簡においても部分的にたどることのできる、草稿、写真、手紙の行き交い、それに構想の右往左往、ベンヤミンの友人たちへの分担した依頼状の発送——が、ベンヤミンの書簡と著作をのちにきちんと世に伝える道を開いた。この収集と整理によって戦後すぐに書簡と著作が救い出されたことによって、それらは五〇年代の再建の日々のなかで忘却と喪失から守られたのであり、とりわけ、一九六六年にアドルノとショーレムの編集で成立する『書簡集』のための、きわめて価値のある資料が確保されたのである。

アーレントもショーレムも、彼らの友情が続いているあいだ——したがって、一九三八年から一九六四年までのあいだ——、あの友人〔ベンヤミン〕について公的に語ることはなかった。一九六四年にショーレムはニューヨークで彼のはじめてのベンヤミン講演を行う。[34] 一方、一九六七年には、アーレントの編集によって、『イルミネーションズ』というタイトルのもと、ベンヤミンのエッセイ集の最初の英語版が出版された。ショーレムの講演もアーレントのあとがきも、それぞれの視点でベンヤミンの反ユートピア主義を高く評価している。ショーレムは、ベンヤミンの「孤独の恐怖によって脅かされた生」のうちに、共同体を求めて、しかもユートピア的なものではなく「革命の黙示録的なもの（共同体）」を求めて「身を窶《やつ》す態度」を見ている。アーレントはこう強調する。シオニズムにおいてもマルクス主義においても、ベンヤミンにとって重要だったのはそれぞれのイデオロギーの肯定的なものではなく、「批判という「否定的なもの」[35]」だったのであって、実際のところ彼は、「すべての解決策が客観的に虚偽で、現実に適合していないだけでなく」、それらは自分を個人として「偽りの救済」へと導くこと、それによってまさしく「彼自身の立場の持つ肯定的な認識のチャンス」が自分からは奪われてしまう、ということを自覚していたのである。[36]

この点はアーレントがベンヤミン論のなかで明瞭にしていることだが、アーレントもショーレムも、目的論的な歴史イメージへの批判と、時代の内奥のただなかには存在の黙示録的な次元が生き生きと保たれているという洞察とを、結びつける。「というのも、そこにおいてはあらゆる瞬間が、メシアが現われてくることのできた、小さな門だったからである」（ベンヤミン）。[37] ただし、彼女のベンヤミン読解という文脈においては、あらゆる差異にもかかわらず、ショーレムの思考の原点の持つ反伝統的な側面を彼女が評価しようとしていることが明瞭になる。彼女はこう書いている。ベンヤミンにとっては「ドイツないしヨーロッパの伝統であれ、ユダヤ的伝統であれ、帰り道は存在しなかった」。「過ぎ去ったものがまだそれ自身のうちから語り出してくるとすれば、それはかろうじて、伝承されなかった事物からのみであって、したがって、それらの事物が現在と近接して見えるのは、そのエキゾチックな性格によるのである」。

ユダヤ文化的な環境

ショーレムはザルマン・ショッケン宛の手紙のなかでこう語っている。少年のとき、ひとりの敬虔なユダヤ人との会話のあとで、カバラーの王国は「私たちの世代の理解の彼方で」やはり「私たちのもっとも人間的な経験とも関わっている」という考えが自分にやって来た。[38]「それらの経験は、私たちの知らない何かを知っている」。その後、ユダヤ文化のさまざまな伝統の新たな活性化を追求する途上で、神秘主義とカバラーが彼の研究の中心となり、「いっそう高次の秩序」を求めるなかで、かび臭い紙の上に身を屈めて没頭し、それまで怪しげなものと見なされ、学問的に探究も解読もされてこなかった集団と運動を研究し、それらに命を吹き込んだのである。[39]

カバラーのなかでショーレムに興味を抱かせたもの、それは決して、カバラーの比較的よく知られた要素である神の流出ではなかった。彼の情熱はむしろ、コルドヴェロ、ルーリア、ガザのナータンの著作に輝き出ているような、破局のイメージ世界に向けられていた。彼の生涯の仕事は、ユダヤ神秘主義に由来する「さまざまなイメージと象徴、理念とイデオロギーの生成と消滅[40]」の探究である。それらは、現在というものが人間にとって問題となったいまや、まったく新しい光のもとで現われてきたのである。

したがってショーレムは、モーゼス・マイモニデス、サバタイ・ツヴィー、ヤクプ・フランクを、リヒテンベルク、レッシング、シュレーゲルと同じように、精神史のなかに位置づけようと努力した。彼はユダヤ学派を形成しようと試みたのだ。同様にアーレントは〔「〈ドイツ・ユダヤ人の死滅〉[41]〔英〕」に直面して〕、失敗した歴史を掘り起こそうとしていた。彼女はショーレムと同じように次のことを理解していた。すなわち、古い歴史から立ち去らねばならないとともに、同化を意味している限りは近代からも立ち去らねばならず、また、戒律に縛られることやフォークロアへの逸脱を意味する限りは伝統からも立ち去らねばならない、ということである。四〇年代半ばにアーレントが努めていたのは、「古い伝統と新たな衝動を新しく結びつけること」であって、彼女の考えでは、それこそがあらゆる「ユダヤ文化的環境[42]」が必要としているものだった。だからこそ彼女は、ショッケン・ブックスで、ラザール、スピノザ、ハイネ、ベンヤミンの出版のために、原稿審査係として力を尽くしたのである。

ニューヨークで彼女は、ショーレムの『〈ユダヤ神秘主義の主潮流〉〔英〕』〔一九四一年、ショッケン・ブックス〔フェアラーク〕、パレスチナ〕の初版が届くのを、いまかいまかと待ちわびていた。そして、読みとおしたあとで、ショーレムに数ページの読書メモを送った。「ショーレムによるユダヤ神秘主義についての新たな叙述と評価は、たんにユダヤ人の歴史の欠落を埋めるだけでなく、実際のところ、ユダヤ人史の総体的イメージを変容させるものである[43]」。これまで解放の要素と理解されてきたユダヤ人の改革運動は「サバタイ派の運動というユダヤ人の最後の大いなる政治的企ての挫折の帰結、すなわち、メシア的希望の喪失の帰結」とも見なされ得る、というショーレムの想定は、アーレントを魅惑した。それは改革運動ならびに同化運動に道を拓いたものとしての神秘主義である。民衆のなかからのサバタイ派の運動の勃発とシオニズムの勃発というきわめてアクチュアルな並行現象と並んで、ショーレムの考察のなかで、すこし別のものが彼女に根本的な感銘を与えたかもしれない。すなわち、彼が抱いている、メシア主義的自由という「宝」のイメージである。神秘家たちは、そこにおいてなら——外的な事態がどんなに圧迫しようとも——内的な自由を保持して、人間的なものの残余を守ることができる、そういう場を有していたのである。

一九四七年に彼女は、ショーレムの語る意味での、ユーデントゥームの文化的刷新を求めた。そのためには、聖書テクスト、聖書以降伝えられてきた偉大な宗教的・形而上学的なもの、中世のヘブライ語詩篇の新たな読解が必要だった。[44] それらこそは、世俗化のなかで消失の危機にあった神秘を、物語のなかで反復してきたのだった。その結果、(聖なる)伝統の切れ切れは、こんにちの世俗的な文化において新たな衝動のなかへと移し変えることが可能となったのである。

ユダヤ文化再興——略奪された芸術品の、これまで知られていなかった探究

第22書簡と第23書簡とともに、さらには改めて第51書簡とともに、この往復書簡の読者は、ドイツ連邦の世論にはほとんど知られてこなかった国際的な試みに立ち会うことになる。ユダヤ文化再興財団(JCR)での共同作業において、アーレントとショーレムは、国民社会主義者たちによる絶滅の試みのあとでかろうじて断片として残され分散している民族の歴史と文化に関わる知的遺産を集中させるために、全力を注いだ。

この時期の書簡が明らかにしているのは、ニューヨークのハンナ・アーレントとエルサレムのゲルショム・ショーレムが、二年にわたって、JCRのために密接に、信頼感をもって作業を続けた、ということである。JCRはユダヤ人の委託者として、ナチスによって略奪されたユダヤ人の芸術作品、文化財、とりわけアーカイヴ資料、書籍、また蔵書の全体、さらにはトーラーの巻物、燭台、それに価値の高い(一部は中世の)手稿を戦後ドイツから救い出し、「ユダヤ人の文化的環境」の生きた文脈のなかへ——すなわち、イスラエル、合衆国、あるいは活力のあるユダヤ人の信徒共同体を備えた他の国家へ——移すことを使命としていた。本書に収録されているハンナ・アーレントによる報告、それに付されている注、

また、JCRの歴史の輪郭を描いたダーヴィト・エレディアによる解説(四七五―四九〇頁)は、本部をニューヨークに置き、アメリカ、パレスチナ、英国のユダヤ人組織による、英語を共通言語としていたこの共同機関が、どんな理念を掲げ、どのような構成を持ち、いかなる作業を行っていたかを、詳細に伝えてくれる。

ニューヨークで創設されたJCRは、連邦共和国の創設後の一九四九年、アメリカ人の占領軍によって、占領軍の倉庫に保管されていた相続人のない文化財を分配するよう、指定された。倉庫は解体されるかドイツ人に引き渡されることになっていたのである。しかし、JCR自体はもっと広範な目的を持っていた。旧ユダヤ人信徒共同体、ラビ神学院、学術機関などに由来する大きなコレクションのさらなる残余がないかどうか、あるとすればどこか、逃亡や移送の際に残されたドイツ・ユダヤ人の個人蔵書がどこに存在し、一九三八年の一一月ポグロムの夜に、国民社会主義者たちが破壊するのではなく計画的に略奪したユダヤ人信徒共同体の資産はどこへ運ばれていったのか、とりわけ、ドイツのどの博物館もしくは文書館が、戦時中もしくは戦後の混乱期に、以前はユダヤ人が所有していた芸術品や稀覯本を不当に取得していたか、JCRはそのことを突き止めようとした。

この時期のアーレントとショーレムの往復書簡は主として、「業務用の手紙」で占められている。問題になっているのは技術的な細部である。つまり、マイクロフィルム化、書籍リスト、運搬先と運搬費用、さまざまな交渉、とくに図書館員、ドイツ当局との交渉などである。心痛、悲しみ、憂鬱――ヴィースバーデンとオッフェンバッハの倉庫で、書籍の山に埋もれて、古い手稿、印章、蔵書票を解読したり、あるいは、何百という貸出名の記された使い古されたあれこれのタルムードを箱詰めしたりした人間の抱いた感情――は、書簡のなかではほとんど感じられない。両者は悲しみを行為に注いでいるのだ。JCR時代の書簡と調査報告(四一八―四七四頁参照)を満たしているのは、ほとんど幽霊じみた精励ぶりである。私たちがそこに感じ取るのは時間との競争であり、最終的な喪失に対する不安である(「〈それらの品々を永遠に手放してしまうまえに〉〔英〕」)。その不安は、移行期において方針が定められたり、代理権が固定ないしは撤回されたり、貴重な品が失われたり没収されたり私的に所有されたり、損害が仕方なしとされたり、新たな所有関係が「既定化」されたり、といったことを知ることによって生じたものだ。二人の書簡から立ちのぼってくるのは、相続人なしと見なされたあらゆる種類の希少品が、動乱の時代にまるで幽霊の手に動かされるようにして、消えたり、売却されたり、片づけられたりする傾向にあるイメージである。この世に一つしかない手稿が地下室、地下壕、倉庫に長いあいだ置かれていればいるほど、専門知識のある、見知らぬ人物の貪欲な目と手によって奪い取られてしまう危険ないしは可能性がそれだけ高まったのである。

アーレントとショーレムは、ドイツの諸機関がナチスの略奪品に由来するかつてのユダヤ人所有物の多くを戦後も引き継いだことを知っていた。彼らは、連邦共和国の図書館、役所、博物館の人々に対して、ユダヤ人の権利、委託者の掲げる要求への彼らの感受性を高め、彼らが一緒に考え、援助をともにするよう、熱心に働きかけたのである。[45]

ショーレムとJCR

ショーレムがJCRの活動に取り組んだ理由は明らかだ。何年にもわたって、彼自身がベルリンで、ユダヤ人信徒共同体の図書館の「もっとも熱心な読者」[46]のひとりだったのであり、ミュンヘンでの研究期間には、ミュンヘン州立図書館の大きなヘブライカ・コレクションで、カバラー主義者のテクストを研究したのである。[47] エルサレムで宗教史を教え、カバラー研究所を創設し、一九四二年にアーレント宛の手紙で「何のために私たちはここで匿われていたのでしょうか?」と問いかけたショーレムは、一九四三年にすでに、パレスチナにおいてドイツおよび東欧のユダヤ文化財を救出し、それを生き延びた者たちの地であるパレスチナにもたらす活動に従事していた。パレスチナでは、増大する〈イシューヴ〉〔へ〕〔入植地〕のたくさんの新しい信徒共同体のために、祭具が必要とされており、そこでは、ユーデントゥームの歴史が分散状態から取りまとめられるはずであり、そこでなら、書籍、アーカイヴ資料、印刷物が適切に研究され、未来の世代の研究者たちにとって自由に——とりわけ、反ユダヤ主義から自由に、と考えられていた——近づきうるものとなる、と確信することができただろう。ショーレム自身にとってシオニストの企てがその政治的実現という点では疑わしくなっていたとはいえ、資料の収集はそれとは別の問題だった。

ショーレムは一九四六年にヘブライ大学のためにヨーロッパへ旅し、いても立ってもいられない思いで、何週間もパリに留まっていた。というのも、彼は、ドイツのアメリカ占領地区への入場許可書を所持していなかったからである。彼はドイツの代わりにまずプラハへ赴き、国民社会主義者たちが戦時中に城やテレージエンシュタット強制収容所に運んでいた箱を調べてまわった。そこには、ベルリン・ユダヤ人信徒共同体、ベルリン・ラビ神学院、ユダヤ学大学のそれぞれの図書館に由来する蔵書があった。オッフェンバッハでも、折り紙付きの専門家である彼は、合衆国の管理下にある蔵書を点検し、彼の以前の研究期間から馴染みの、古いコレクションの残余に行き着いた。いくつもの記録において、彼の悲しみと湧きあがる無力感が伝えられている。パレスチナへ送ることを断固として支持した彼の態度は、どのようなものであれ国家の創設に賛成するからというより、むしろ第一に、精神的な集中と刷新に向けられていた。「国家の問題は私にはまったくどうでもよい事柄です。というのも、ユダヤ民族の刷新という問題は、その政治的組織の問題、いや、それどころか社会的組織の問題にすら依存していない、と私は考えているからです」(第19書簡)。

アーレントとＪＣＲ

ユダヤ民族の政治的〔再－〕組織化という問題が「どうでもよい」ことではなかったハンナ・アーレントがＪＣＲにどれほど関与していたのかについて、こんにちまできわめてわずかしか知られていなかった。[48] 一九四一年に彼女はニューヨークで、ガリツィア出身のラビで歴史家のザーロ・バロンと出会った。彼はＪＣＲの〔のちの〕創設者にして指導的精神であって、『ジューイッシュ・ソーシャル・スタディーズ』の共同編集者として同じ年のうちに、アーレントにドレフュス事件についての論考を依頼した。[49]

一九四二年にアーレントは、〈ユダヤ問題研究所〉〔英〕の依頼を受けて、ユダヤ文化に対するナチの攻撃的な略奪政策および絶滅政策についての小さな研究を書き上げた。[50] そのなかで彼女は国際的な次元も分析した。すなわち、彼女の要約によれば、トゥォマツキエ・シナゴーグのワルシャワ神学院の図書館の略奪のあと、およびその地のＹＩＶＯ〔ユダヤ学研究所〕の図書館の略奪のあと、一九四〇年以降、ナチは、パリの〈アリアンス〔全イスラエル連合〕〉〔仏〕の図書館を略奪したことで、「それ以降は、中心的ないくつかのユダイカだけでなく、ヨーロッパの唯一無比のユダイカを[51]」好き勝手に利用できた。一九四四年にはアーレントはまだ、全ヨーロッパ的なユダヤ人の国籍〔帰属性〕と、連邦的な性格を持った戦後ヨーロッパにおける、国際的なユダヤ人の代表機関の創設を支持していた。その代表機関は、パレスチナにおける安住の地を基盤としつつ、ヨーロッパ全土におけるユダヤ人の生活の存続を保障するはずのものだった。けれども、彼女が期待していた戦後ヨーロッパは国民国家へと分裂し、自立した形でユダヤ人が政治に参加する可能性は消失した。ドイツでちりぢりの形で新たに形成されたユダヤ人信徒共同体を、アーレントはユダヤ人の精神生活の継承者とは見なさなかった。一九四四年から一九四六年までアーレントは、ザーロ・バロンに指揮された組織〈ヨーロッパ・ユダヤ文化再興委員会〉〔CEJCR〕で、調査主任として、一九三八年以前にヨーロッパに存在していたユダヤ人の文化機関および文化財のリスト、すなわち「〈枢軸国占領下の国々におけるユダヤ文化資産の暫定的リスト〉〔英〕」の作成に従事した〔第22書簡も参照〕。ヨーロッパにおける〔破壊された〕文化の資産目録の作成という大きな仕事を終えて、一九四六年にその組織を去ったとき、彼女に分かっていたのは次のことだった。すなわち、計画された委託権を戦後の法関係においてきちんと整えるためには、いまではCEJCRはアメリカ人の助言者たち〔「〈第一級の顧問団〉〔英〕」〕を必要としており、文化財を救出し、吟味し、保管するためには、とりわけ歴史学者、宗教学者、管理者〔ゲルショム・ショーレムのような「〈第一級の専門家たち〉〔英〕」〕を必要としている、ということである。自分は前者でもなければ後者でもないという事情を伝えて、彼女は上司に辞職を申し出る。[52]

一九四九年、ザーロ・バロンがハンナ・アーレントを新たに——今度はCEJCRの継承組織、JCRにおける彼の片腕どころか両腕〔「〈事務局長〉〔英〕」〕として——雇用したとき、委託権は保障されており、「〈専門家たち〉〔英〕」が作業をしていた。彼女は〔男性の〕群像のなかの唯一の女性であり、アイザック・キーフあるいはスティーヴン・ワイズと異なって、またゲルショム・ショーレム、ザーロ・バロンあるいはシュロモ・シュナミとも異なって、ユダヤ神学の素養を備えてはいなかったが、とりわけフランスにおけるラーエル研究と反ユダヤ主義の研究をつうじて、アーカイヴ資料、手稿、歴史的な物語、さまざまな物品が、将来のあらゆる歴史記述、歴史の問い直しにとって、どれほど不可欠なものであるかを心得ていた。それらは、ベンヤミンならそう表現するように、歴史のなかのさまざまな歴史を、あまりに都合よく語り継がれてきた解釈からまさに「救済」するために、不可欠のものなのである。

イスラエルという国家に対する批判をどれだけ述べようと、JCRおよびその優先方針に対する違和感、すなわち、イスラエルの図書館と文書館を救出された文化財の主要な受け取り手とする方針に対する違和感を、アーレントは書簡のどこにも記していない。とはいえ、一九五〇年六月にいたるまではなお、彼女は——習慣からか、確信を持ってかは不明ながら——ショーレム宛の手紙の宛先に頑なまでに「パレスチナ、エルサレム」と記し続けている。

したがって、ドイツおよび東欧に由来する神学的な物品も文化的な物品も主としてイスラエルに帰属するという考えは、彼女の立場からすれば、シオニスト的な意見ではなく、文化政策的ないしは現実政策的な意見だった。ユダヤ人の宗教、文化、歴史の証拠物件は——同様に、反ユダヤ主義と同化、反乱と解放の証拠物件も——生き生きとしたユーデントゥームの地に集められ、保管され、さらなる研究に供されるのでなければならない、ということである。それに、合衆国では、文書類——しばしばヘブライ文字で記されている——を利用して読むユダヤ神学の専門家とラビたちは、将来的には少数にとどまるだろう、という事情もくわわった。それに対してイスラエルには、言語的な観点から、古い文書を読み、専門的にそれを扱うことのできる公衆が存在していた。したがって、手稿、アーカイヴ資料、インキュナブラは、いつか時がいたれば、ショーレムが模範的に行ってみせたような、新たな、卓越した解釈ないしは論争的な解釈に素材を提供することになるだろう。ショーレムとアーレントの目算どおりにことは運んだ。すなわち、研究者たちはこんにち、かつてはちりぢりに分散していた資料の唯一無比のコレクションに、イスラエルで出会うのである。

アーレントはニューヨークでJCRの日々の業務を指導する一方、ドイツへの旅では交渉に巧みなことも示した。彼女が示すことができたもの、現に示してみせたものは、種々の知識、人情の理解、鋭敏な感性、ドイツの図書館とドイツの精神史の知見、官僚構造とその機能の仕方の理解、である。彼女は調査し、ちょっとしたあらゆるヒントに従って段を上り（たんに比喩的な意味ではなく）、戦略を立て、さまざまな機関と交渉した。[53] その際、彼女は、ＪＣＲにとって役に立つ元ナチとも会ったし、ラビたちがナチから隠していたがゆえに文書類が押収を免れたユダヤ人信徒共同体の構成員とも出会った。「私はたいていの人とよい関係を保っていますし、彼らは私を信頼しています。私は彼らの言葉を相変わらず喋っているのですから」[54] とハンナ・アーレントはハインリヒ・ブリュッヒャーに宛てて書き、ショーレムに宛てては一度、信頼の大事さを訴えてさえいる。「不信感は当然です〈当たり前です〉〔英〕が、盲目的な信頼と同じくらい盲目的な不信感というものもまた存在しています」。とはいえ、彼女はこういうことも知った。「信頼できる人々の力は、疑いもなく決して大きなものではありませんし、目下のところ――非ナチ化の流れの反転により――絶えざる消失の過程にあります」（第63書簡）。

アーレントは特殊な（ユダヤ人の利害という）観点と並んで、普遍的な観点のためにも闘った。すなわち彼女は、「法の囲い」（カント）、つまり法的な思考が、ドイツにおいて効力を持ち、したがって社会内で拘束力を持つように、手助けしようとしたのである。どのようにして、すべてのドイツ人の善意に訴えるだけでなく、（かつての）ユダヤ人の資産を自ら申請し、放棄すべきであるという考えに、彼らを――ふたたび――馴染ませることができるだろう？　ユダヤ人の所有に由来する物品はナチスのドイツで手から手へと渡り、もう久しく広範な人々が没収と破壊の受益者となっていたのである。

アーレントは一度、ある職員の提案に応じて、すべてのドイツの図書館に対して、一九三三年以降、自分たちのものとなった不明の所有物を申告することを求める呼びかけを起草した。別の機会にある省庁の高官が、あなたは文部大臣会議に問い合わせて、図書館、文書館、博物館に引き渡しの指令を発するよう呼びかけるべきだ、と提案したとき、彼女は弁護士の協力を得て、文書を作成した。自分自身の使命が彼女にとってどんなに幽霊染みて見えていたかを、彼女――無国籍の、ドイツから追放されたユダヤ人女性――が夫に宛ててこう書いているのを読むとき、私たちはうかがい知ることができる。「結局のところ、ドイツの法律を変えるために、私はドイツまでやって来たのではありません[55][…]」。痕跡を辿り、ひょっとすると書籍と祭具があることを示すほんのわずかのヒントを与えてくれるかもしれない人々に手紙を書き、言葉を掛けること。その繰り返しだった。[56]したがって、よりにもよってシオニスト批判者のハンナ・アーレント、ユダヤ人の種々の組織からのちにあんなにも激しく批判され、それどころかユーデントゥームから「破門された」（アモス・エロン）あのハンナ・アーレントが、よりにもよって――これらの書簡を読んだあとで分かることだが――ユダヤ文化の未来に対して、彼女の批判者たちの多くよりもいっそうの寄与を果たしていたのである。

救出すること、匿うこと

救出することと匿うことの緊急性は、両者の仕事、すなわち、ゲルショム・ショーレムの偉大なる文献批評的なテクスト読解と、ハンナ・アーレントの何年にもわたる、「現在の政治的思考において疑わしくなった伝統の内実」との取り組みを特徴づけてもいる。ヴァルター・ベンヤミンはすでにその青年時代からたくさんの草稿をゲアハルト・ショーレムに与えて保管してもらっていたが、[57]そのショーレムはまた、ハンナ・アーレントが一九三九年にパリから送ったラーエル・ファルンハーゲン論の草稿を救い出した。彼は当時、その草稿をパリに送り返すのではなく、手元に置いていたのである。「私は不幸なラーエルの原稿の写しをすべて紛失してしまいました。ですので、親戚にあなたから原稿を取り戻して、私に送り届けてくれるよう、頼みました」(第4書簡)。アーレントはまたしばらくのあいだ、自分自身が公表したものはすべて彼に送ってもいた。ショーレムはアーレントにこう依頼していた。「アーカイヴへの私の愛着のためにどうか貢献いただき、あなたが書かれるものはきちんとお送りください」(第16書簡)。そして、「私はあなたの著作のちょっとした収集を行っていますので、その「アーカイヴ」が完全なものであり続けるように、常に著作をお送りくださるよう、心からお願いします」(第14書簡)。国民社会主義者たちの体制の絶滅意志が全面的なものであったことを考えれば、小さなものであれ、大きなものであれ、草稿を救出することは、互いの存在そのものと関わり、互いの存在を確かにするような使命だった。

おそらくは、変革、危機の時代に姿を見せていた共同世界の可能性は、〔バルザックの〕あら皮にも似て(3)、戦後の情勢の安定とともに消えてゆく。一九四六年には、シオニズムの政治をめぐる論争のあと、往復書簡において、ユダヤ人の政治、ユダヤ人社会の政治的体制、創設されつつある国家について、沈黙が増大してゆく[58]。一九五〇年には、両者を結びつけていたヴァルター・ベンヤミンという「死者に対する責務」が書簡から消えてゆき、一九五一年以降は、やはり両者を結びつけていたJCRでの活動が終わる。

五〇年代の書簡が明らかにしているとおり、アーレントはショーレムの仕事に感銘を受けていた——とりわけ、その反イデオロギー的な側面と細部への愛によって[59]。また、たとえば、神秘主義の宗教は神を教条的な知識の対象からふたたび新たな生き生きとした経験へと置き換えることを求めるとする彼のテーゼにも、あるいは、「神秘主義的な意味合いを持つことで新たな認識と現実が不意に出現するのを手助けすることができた」形象の力への取り組みにも、彼女は感銘を受けていた。そこで彼女は、暗い時代における「「形象の蜂起」について」(第108書簡)[60]のさらに詳細な論考をショーレムに求めたのと同じ時期に、ある研究申請のなかでこう記した。「もっとも使い古された概念の背後自体に存在している経験は効力を持ったままであって、取り戻され、新たにアクチュアルなものにされねばならない」。アフォリズム形式でのショーレムの「〔カバラーに関する〕一〇の非歴史的テーゼ」に彼女が夢中になっているのも偶然ではない（「あなたが書いてきたなかで一番美しいものの一つです」〔第121書簡〕）。そして、のちに彼女はこう書いている。「ゴーレム〔論〕をこの上なく楽しく読みました。近代主義的なナンセンスや闇雲に解釈する連中に特有の表層的なファンタジーなくして、歴史的なものと本質的なものを享受できるのは、なんとも心地のよいことです[61]」〔第110書簡〕。解釈の持つ強制的な思考から逃れて、伝承されてきた物語と形象は（ベンヤミンの引用のモンタージュにも似て）、ショーレムの探究のおかげで、一つ一つ新たに現在のなかに移し変えられてくることができたのだ。それこそが、アーレントを魅惑し、鼓舞したものである。

アーレントとショーレムは互いの著作を送り合い、読み合い、神の居場所について、形象の蜂起について、天国に労働はあるのかどうかについて、話し合っている。アイヒマン論争の直前の最後の手紙においてもなお、ショーレムはこう書いている。「あなたの著書『〈過去と未来のあいだ〉〔英〕』をお送りいただき、たいへんありがとうございます。この本の持つ、政治的思考における精神的な訓練の数々については、その一部を以前に出版されたときにすでに読んでいましたが、いまや、連関を持った形で受け取ることができ、さらに大きな満足を得ています。あなたの六つの訓練に対して私の六つの訓練を返礼として間もなく差し上げることができれば、と思います。というのも、ライン・フェアラークで刊行される、カバラーのいくつかの、すなわち六つの主要概念についての私の本が、ちょうどいま印刷されているところだからです。それらの概念が忘却されることはないでしょう」〔第131書簡〕。一年後、残されているもののなかでこれに続く手紙では、アイヒマン報告をめぐる論争が始まり、それが友情を終わらせる。アーレント宛の最後の送付物の一つにおいて、ショーレムはなお、自分の論考を同封していた。その添書きにはこう書かれていた。「わずかばかりのユダヤ神学を、ゲアハルトによるハンナへの推奨として」。とはいえ、互いの結びつきは十分な強さを持っていなかった。

ショーレムは、一九四六年の終わり、ドイツから帰還したあと、自分が体験した事柄についての悲しみ（「いずれにしろ、私の数々の希望はヨーロッパに置き去りにしてきました」第26書簡）と並んで「私たちの距離の大きさに対する」彼の大きな驚きも表明していた。両者にとって残念なのは、とくにアーレントの「議論を排除する」口調である、と。それに対してアーレントは、一九四六年一一月二七日付の手紙で、往復書簡のモットーの役割を果たすかもしれない方舟のイメージを提示した。「いまや私たち一対の生存者は（確かに私たち生存者は、なお生きているということに対して、実際そもそも何もできません。だからこそ、生きていることをふたたび安らかに――喜ばしくではなく――意識すべきなのでしょう）、方舟のノアのようです。その方舟に私たちは、もっとも必要なものすら救い出すことができていません。さらに悪いことは、私たち一対のノアが、私たちの方舟をまさしく互いにすれ違い、出会えない方向へ進めてゆく、さらなる不器用さにとりつかれていると思われることです」（第28書簡）。

アーレントは、当時は多くの人に馴染みのものだったノアと方舟のイメージを既知のものから未知のものへと移し変えている。伝統が壊れたあとでは、方舟のなかに集められる歴史の共通の物語、それどころか統一的な物語さえもはや存在せず、現代についての言葉と形象での統一的な理解も存在しない。したがって、一つの方舟、すべての人と物を集める一人のノアは存在しない。彼女が語っているのは、「世界の海原」で離れ離れになって彷徨っている、たくさんの小舟のことである。それらの小舟は流れと闘っている。人類への軽蔑と絶望という自分自身の内部の「流れ」とも闘っている。神に見放され、ただひとり、海原を方舟に乗って漂う者は、誘惑の歌と幻影（「現実に対する防御」という共通の意味を有した、さまざまな主義主張に特有の、誘惑の歌と幻影）に惑わされやすい。けれども、このイメージが告げているのは、それらの歌声に屈しない者は、いつか人々のあいだで世界を新たに創設するかもしれない遠くかすかな人間の声に、いっそう注意深く目を凝らし、耳を澄ましている、ということである。

1 以下より引用――»Walter Benjamin« in: Hannah Arendt, *Menschen in finsteren Zeiten*, S. 226〔アーレント『暗い時代の人々』二九三頁〕。

2 『ニューヨーカー』の追悼記事で以下より引用――Hahn / Knott, *Hannah Arendt – Von den Dichtern erwarten wir Wahrheit*, S. 17.

3 Gershom Scholem, *Briefe* II, S. XIX.

4 一九四一年七月一七日付のゲアハルト・ショーレムからのシャロム・シュピーゲル宛の手紙――NLI, Scholem-Nachlaß.

5 さまざまな理解については以下を参照――Amnon Raz-Krakotzkin, »Binationalism and Jewish Identity. Hannah Arendt and the Question of Palestine«, in: *Hannah Arendt in Jerusalem*, hg. von Steven Aschheim, Berkeley und Los Angeles 2001, S. 165–180.

6 以下より引用――Stephane Mosès, *Engel der Geschichte*, S. 231〔ステファヌ・モーゼス『歴史の天使』二七〇頁〕。ある詩のなかでショーレムはこう書いている。「姿を変えた時代が私を恐ろしく見つめている、／時代はもはや戻ろうとはしない。／そして、ヴィジョンが苦しみへと溶け去った者が、／忌まわしい幸運を享受している」(*Hannah Arendt Revisited: »Eichmann in Jerusalem« und die Folgen*, hrsg. von Gary Smith, Frankfurt am Main 2000, S. 199.)

7 Gershom Scholem, *Judaica* 5, S. 200.

8 同様に、ショーレムは彼の友人で同僚のエルンスト・ジーモンを批判している。ジーモンは、パレスチナで戦争が支配していた一九四八年に、ニューヨークのユダヤ神学校で教え、一九四八年八月には合衆国滞在の延長さえも申請していた。アーレントが一九四八年四月四日付のショーレム宛の手紙(第48書簡)でちょうどそのときジーモンがニューヨークにいること(そして戦争に反対の政治に関与していること)をどれだけ喜ばしく思っているかを強調したのに対して、ショーレムはジーモンの態度、そして、ジーモンが息子を戦争に参加させなかった事実を咎めた。彼の見るところでは、ジーモンは〈イスラエルの地〉〔へ〕を「すでに見捨てた」(Simon, *Sechzig Jahre gegen den Strom. Briefe 1917–1984*, hg. von Akibah Ernst Simon, New York 1998, S. 136.)

9 二つの引用はアーレントのアーヴィン・レーヴェンソン宛の一九二七年の手紙より――DLA, Loewenson-Nachlaß, 76. 955/2.

10 これについては、以下の詳細な分析も参照――Christiane Auras, »Das Zuhause im Exile – Hannah Arendt und Hans Jonas. Eine Lebens-Freundschaft im Schatten des Nationalsozialismus«, in: *Mensch – Gott – Welt. Philosophie des Lebens, Reli-*

gionsphilosophie und Metaphysik im Werk von Hans Jonas, hg. von Dieter Böhler, Horst Gornke und Bernadette Herrmann, Freiburg 2008.

11 Stephane Mosès, *Engel der Geschichte*, S. 220.〔モーゼス『歴史の天使』二六〇頁〕

12 Hannah Arendt, *Vom Leben des Geistes*, 1, S. 22.〔アーレント『精神の生活』上、一五―一六頁〕

13 Stephane Mosès, *Engel der Geschichte*, S. 169.〔モーゼス『歴史の天使』一九五頁〕

14 一九四六年の論争のなかでハンナ・アーレントはこう書いている。「言い換えますと、私はいつも、ユダヤ人としてのあなたの立場を政治的に理解していると信じてきましたし、ある政治的現実をパレスチナにおいて実現するというあなたの決断に対して、大いに尊敬の念を抱いてきました。正直に申しますと、だからといって、あなたが一つのシオニズム的な「世界観」を持っておられるだろうなどとは、夢にも思っていなかったのです。このことは、あなたがそんなものをお持ちでないことを私が切に望んでいただけに、なおさらそうでした」(第20書簡)。

15 Gershom Scholem, *Walter Benjamin – die Geschichte einer Freundschaft*, S. 239.〔ショーレム『わが友ベンヤミン』二三三頁〕

16 「おそらくヴァルターだけが私のことを分かってくれている……彼は彼自身の魂の側から私の心を開いてくれたから」とショーレムは一九一八年四月八日の日記に書いている――*Tagebuch 8, April 1918*, S. 171.

17 ハンナ・アーレントはヴァルター・ベンヤミンと彼女の最初の夫ギュンター・シュテルン(ギュンター・アンダースというペンネームで知られている)をつうじて知り合った。シュテルンはベンヤミンの従兄弟だった〔正確には従甥《じゅうせい》という関係〕。

18 一九四九年の春ニューヨーク、そして一九五二年の夏チューリヒで、アーレントとショーレムは会い、一九五五年にはヨーロッパとイスラエルで互いに会う機会を逃し、一九五六年から一九五七年にかけて調査と講演のためにショーレムは比較的長いあいだ合衆国に滞在し、その間ニューヨークで、とくにレーオ・ベック研究所の会議で両者は会った。一九五八年に彼らはおそらくバーゼルで会い、一九六一年、アーレントがアイヒマン裁判のためにイスラエルに旅する際には、彼らはおそらく互いに会おうとはしなかった。

19 シェドレツキーの引用による――Scholem, *Briefe* I, S. IXf.

20 ヒルデ・フレンケル宛の手紙。以下より引用――Marie Luise Knott, »Das Glück, Dich gefunden zu haben«, in: *Jüdischer Almanach*, hg. von Gisela Dachs, 2006, S. 72.

21 Gershom Scholem, *Walter Benjamin – die Geschichte einer Freundschaft*, S. 265f.〔ショーレム『わが友ベンヤミン』二五九頁〕

22 Hannah Arendt, *Rahel Varnhagen*, S. 226.〔アーレント『ラーエル・ファルンハーゲン』二二五頁〕（章タイトル）

23 Benjamin/Scholem, *Briefwechsel*, S. 295.〔『ベンヤミン－ショーレム往復書簡』三七九頁〕

24 「歴史哲学テーゼ（歴史の概念について）」にはこう書かれている。あらゆる時代において「伝承は新たに順応主義の手から奪い取られねばならない」。順応主義は伝承をいまにも我が物としようとしているのだ。さらにこうある。「そのような事態に隅々まで浸透されている歴史記述者にのみ、過ぎ去ったもののうちに希望の火花を掻きたてる能力が宿されている」（以下を参照――Walter Benjamin, *Illuminationen*, S. 253.〔『ベンヤミン・コレクション1』六四九－六五〇頁〕）

25 Gershom Scholem, »Zum Verständnis der messianischen Idee im Judentum«, in: Scholem, *Judaica* 1, S. 24.〔ショーレム『ユダヤ主義の本質』一八頁〕

26 Arendt/Jaspers, *Briefwechsel*, S. 236.〔『アーレント＝ヤスパース往復書簡1』二三三頁〕

27 Benjamin/Scholem, *Briefwechsel*, S. 309.〔『ベンヤミン－ショーレム往復書簡』三九八頁〕

28 Gershom Scholem, »Zur Sozialpsychologie der Juden in Deutschland 1900–1933«, in: Scholem, *Judaica* 4, S. 253.〔ショーレム『錬金術とカバラ』二五〇頁〕

29 これに関わる相違点については以下を参照――Amnon Raz-Krakotzkin, »Binationalism and Jewish Identity. Hannah Arendt and the Question of Palestine«, in: *Hannah Arendt in Jerusalem*, hg. von Steven Aschheim, Berkeley und Los Angeles 2001, S. 165–180.

30 ショーレムは、アーレントの『全体主義の起源』は「ありとあらゆる予期せぬ思考へと読者を誘うもの」（第93書簡）と述べ、アーレントは、ショーレムの『〈ユダヤ神秘主義の主潮流〉〔英〕』について、あの本が「もうまったく私の頭から離れず」（第11書簡）、「暗黙のうちに（とはいえ、無意識的にではなく）」彼女自身の仕事のすべてにつきまとっている、と指摘している。

31 以下を参照――Gershom Scholem, *Walter Benjamin – die Geschichte einer Freundschaft*, S. 269f.〔ショーレム『わが友ベンヤミン』二六三頁〕

32 『全体主義の起源』についてハンナ・アーレントがノートに書きとめた、以下の注釈の意味において。「〈諸要素そのものは決して何かを引き起こすのではない。諸要素が起源となるのは、それらが固定され一定の形態へと突然結晶する場合、また結晶するとき、である。そのとき、ただそのときにのみ、私たちはそれらの要素の歴史を過去へと辿ることが可能となる。出来事は自らの過去を照らし出すが、出来事は過去から決して演繹され得ない〉〔英〕」。以下より引用――Claudia Althaus, *erfahrung denken*. Göttingen 2000, S. 188.

33 マティアス・グレフラーツの、移住した社会科学者たちとの対話をまとめた本のタイトル(Reinbek 1979)。

34 »Walter Benjamin«, in: *Leo Baeck Yearbook*, 10, 1965, 117-136. ドイツ語版は以下――*Neue Rundschau* 76, 1965, S. 1-21.〔ショーレム『ユダヤ主義と西欧』一九六―二二八頁〕

35 Hannah Arendt, *Menschen in finsteren Zeiten*, S. 219.〔アーレント『暗い時代の人々』二九一頁〕

36 Ebd., S. 221〔同、二九四頁〕. ベンヤミンの肖像を描いたある箇所でアーレントはこう指摘している。ショーレムは「あらゆる伝統の復帰、継続がベンヤミンが自らに固く禁じていたものだった」ことを理解していなかった(*Menschen in finsteren Zeiten*, S. 228.〔アーレント『暗い時代の人々』二九六頁〕)。一方、ショーレムはこう語る。「たんに神学だけではなく宗教は――ハンナ・アーレントはこれを晩年の日々にだけ限定して考えているが――彼にとって最高の秩序を表わしている」(*Walter Benjamin – die Geschichte einer Freundschaft*, S. 73.〔ショーレム『わが友ベンヤミン』七三頁〕)

37 Walter Benjamin, »Thesen zur Philosophie der Geschichte«, in: W. B., *Illuminationen*, S. 261.〔『ベンヤミン・コレクション1』六六五頁。ベンヤミンの文章では「そこ」は「未来」を指している〕

38 ショーレムからのショッケン宛の一九三七年の手紙。引用は以下より――*Briefe* II, Einleitung, S. XI. 「同化が支配的な時代には、宗教改革と合理主義的な啓蒙が歴史的かつ精神的に[…]カバラーやサバタイ派の危機といったまったく別の世界と繋がりがあるといった考えには、誰も思いいたらなかったのです」(Scholem in: *Judaica* 5, S. 30)。

39 以下の記述を参照――Steven Aschheim, »The Metaphysical Psychologist. On Life and Letters from Gershom Scholem«, in: *The Journal of Modern History* 76 (Dez. 2004), S. 905.

40 Gershom Scholem, *Judaica* 3, S. 262.〔ショーレム『ユダヤ教神秘主義』二四四頁〕

41 以下の遺稿中の一つの草稿のタイトル――LoC, Box 74.

42 以下を参照――»Creating a Cultural Atmosphere«, in: *Commentary*, 4, 1947, Nr. 5, S. 424-426.〔アーレント『アイヒマン論争』八六―九一頁〕

43　Hannah Arendt, ***The Jewish Writings***, hg. von Jerome Kohn und Ron H. Feldman, New York, S. 303.〔アーレント『アイヒマン論争』九二頁〕　第9書簡も参照――「あなたが〔…〕〔ユダヤ神秘主義の〕崩壊がその後数百年のユダヤ史に与えた影響について書かれたことは、こうした観点で私を完全に納得させたまったく初めてのものでした」。以下のエッセイでは、アーレントの『〈主潮流〉〔英〕』の読み方とベンヤミン自身の理解の近接性が論じられている――David Suchoff, »Gershom Scholem, Hannah Arendt and the Scandal of Jewish Particularity«, in: ***The Germanic Review***, Winter 1997, 72, 1 (S. 61f.).

44　以下を参照――Hannah Arendt, »Creating a Cultural Atmosphere«, in: ***The Jewish Writings***, S. 298–302.〔アーレント『アイヒマン論争』八六―九一頁〕

45　アメリカ人の歴史家ルーシー・ダヴィドヴィッチは、一九三八年から一九三九年にかけて、ヴィルナの〈ユダヤ調査研究所〉〔英〕YIVOで研究者として働き、戦後、YIVOの蔵書をヴィルナから救い出しニューヨークの図書館へ送るという仕事を課せられた。彼女のヨーロッパ旅行の思い出は次の言葉で結ばれている。「YIVOの蔵書をニューヨークへの旅に送り出したあと、一九三九年以来、自分に付き纏っていた幽霊を鎮めることができた感じがした。強迫観念となって何年も私を苦しめてきた救出妄想を私は実現したのだった。たとえそれがたんに書物であったとしても――私はヴィルナのいくつかの残余を、一つの文化の切れ端と破片を、救出したのだ。

ヴィルナの大切な思い出と、私がかつて愛し、そのときも愛していた人々の思い出を、私のうちに完全な形で私はまだ保持していた。それ以外のものはもはや私に何も残っていないことを私は知っていた。彼らを見捨てたという疼くような罪の感情は消えていた。いまや私はまえを向くことができた。私は新たな人生に向けた準備ができていた」。

46　Gershom Scholem, *Von Berlin nach Jerusalem*, S. 40f.〔ショーレム『ベルリンからエルサレムへ』三九頁〕

47　Ebd., S. 146.〔同、一三三頁〕

48　不思議なことに、LoCのハンナ・アーレントの遺品のなかでは、JCRで彼女が共同作業に携わっていたことを示す痕跡はないも同然である。文書もなければ手紙もない。そのため、この往復書簡で語られている個々の出来事を調査する際にはいつも、アーレントの署名のあるさらなる手紙や活動の痕跡に、チューリヒ、東ベルリン、ニューヨーク、ミュンヘンといったところで、行き当たることになる。

49　Hannah Arendt, »From the Dreyfus Affair to France today«, in: ***JSS***, Nr. 3 (1942), S. 195–240.

50　アーレントによると、戦時下の財政を満たすために、略奪された文化財の一部をナチスはすでに売却し、他の部分はドイツの博物館と図書館に与え、さらに他の部分を、反ユダヤ主義的な宣伝のためにナチ研究所に運んだ。最終的な勝利のあとで、それを使って、征服された「敵民族」の文化を展示しようと意図してのことだった。アーレントはこのように論考「世界のユーデントゥームに対するドイツの学問の闘い」(LoC. Box 73)のなかで要約している。

51　パリの〈アリアンス(全イスラエル連合)〉(仏)の図書館をアーレントはこれよりさらに二年前に自ら調査していたようだ。

52　ハンナ・アーレントからザーロ・バロン宛の一九四六年七月一日付の手紙。以下を参照――Baron Papers. Stanford.

53　一九五四年二月一九日付でアーレントはヤスパースにこう書いている。「私が休眠させていた組織に不意にチャンスが訪れて、西ヨーロッパ全体の(図書館と文書館のヘブライ語手稿とユダヤ人の記録文書の)マイクロフィルム化の計画を実行できそうです。およそ一カ月で決定がなされるでしょう。そうなると、私はローマ、フランス、オーストリア、ドイツへ赴き、専門家を派遣するまえに、許可を求める交渉をしなくてはなりません」(Arendt/Jaspers. *Briefwechsel.* S. 275〔『アーレント＝ヤスパース往復書簡2』一一頁〕)。

54　Arendt/Blücher. *Briefe.* S. 185.〔『アーレント＝ブリュッヒャー往復書簡』一四六頁〕

55　Ebd.〔同、一四五頁〕

56　アーレントの活動が法および権利主張の要求と拡大に向けられていたのに対して、ショーレムは返還と並んで償いも求めて努力していた。おそらく歴史の流れをわずかでも修正するために、ショーレムは、一部は当局を無視したりその決定に反したりして、チェコスロヴァキアから、のちにはベルリンの東部からも、ユダヤ関係の稀覯本の搬出の手筈を整えた。一九四六年の最初のオッフェンバッハ滞在時にすでに彼は、歴史家ノアム・ツァドフの報告によれば、高価なインキュナブラ、古い書籍、手稿を五つの入れ物に詰め、ハイーム・ヴァイツマンの個人蔵書の箱の下に隠した状態で船腹に置き、秘かにイスラエルに運んでいた。ラビのフリートマンが、ショーレムの委託を受けて、大晦日にそれらの箱をジョイントの救急車で、倉庫からアムステルダムの港へ運ばせていたのだった。「それは価値のあるものだ。一度は失われたものだった。それはパレスチナに行くべきだ。継承者はそこにいるのだ」とフリートマンはこの行為の精神を書きとめた。起こったことを「償うこと」はできないが、絶滅を生き延びた文化財は救出されねばならないということを、ショーレムは他のみんなと同様に心得ていた。彼の努力は、公的にドイツが所有している対象(ミュンヘンのタルムード)にも向けられていた。ドイツ人たちが戦後、ユダヤ人の文化財で飾り立てているというイメージは、多くの人には耐え難いこと、いや、イメージ不可能なことだった。

57　ヴァルター・ベンヤミンは遺言のなかで、遺された手書き草稿をゲルショム・ショーレムに委ねていた(Gershom Scholem. *Walter Benjamin – die Geschichte einer Freundschaft.* S. 234.〔ショーレム『わが友ベンヤミン』二二八頁〕)

58　アーレントは一九四九年三月一一日付でヤスパースにこう書いている。「以前より気難しくなって、ショーレムがこちらにいます。ハンス・ヨーナスも来る予定です。ファナティズムは私にとって神経への物理的な責め苦となっています。それでも、昔ながらの友人たちです」(Arendt/Jaspers. *Briefwechsel.* S. 169.〔『アーレント＝ヤスパース往復書簡1』一五三頁〕)
　アーレントに宛てたショーレムの言葉。「あなたと了解し合うよりもベン＝グリオンと了解し合うほうがたやすいことになるなどとは、私は思ってもいませんでした！　あなたの論考を読んだあとでは、そのことはもはや疑いの余地はあり得ません。私はベン＝グリオンの政治的路線は災いだったと見なしていますが、それでも、あなたの考えに従った場合に私たちに差し迫ってくる災いよりももっと高貴な災い、もっと小さな災いであるとさえ見なしています」(第19書簡)。ショーレムに宛てたアーレントの言葉。「いつのことか私たちの友情のために、あなたにはもう何も送らないでおこうと決心したのですが、これはあなたにお送りするつもりです」(第24書簡)。

　ショーレムに宛てたアーレントの言葉。「もしもあなたがこんなにまったくもって嵐の中心にいらっしゃるのでなければ、そして私たちがやはりぎりぎりのところで政治的に合意し合えるとの確信を私が多少とも持つことができているのなら(実際のところ、私はたいていそう信じているのですが)、あなたにアメリカのユダヤ人の位置の信じ難い突然の急変、つまり、アメリカに対する彼らの立場、彼らに対するアメリカの立場の急変について、書くでしょう」(第48書簡)。

59　「ショーレムは、愛しき神は細部に宿るというアビ・ヴァールブルクの命題を大切にしていた」と、以下の序文に記されている
――Scholem. *Briefe* II. S. XXIV.

60　「私がちょうど読み終えたシェヒナー(論)へのお礼として、取り急ぎ心からご挨拶を申し上げます。とてもすばらしい論文で、明晰で深みがあって、たくさんの考察を促してくれるものです。私はすっかり魅了され、誰かがあなたを少しばかりこちらにとどめてくれればいいのに、と思いました。おそらく、あなたはこの経験領域から「形象の蜂起」について普遍的な何かを書くことをいつか決心なさることでしょう」(第108書簡)。

61　歴史的なゴーレムの表象についてのショーレムによる断片的な再構成が(『活動的生』(『人間の条件』のドイツ語版タイトル)における)世界の神格化についてのアーレントの記述にインスピレーションを与えたかどうかの検証は、いまのところなされていない。

（1）「アハド・ハアム」（本名アシェル・ギンツベルク、一八五六―一九二七）は、パレスチナでの国家建設を第一義とする政治的シオニズムに対して、パレスチナをユダヤ文化の精神的中心とすることを目指す文化シオニズムを提唱した。

（2）この言葉は実際には、一九四三年一二月二一日に書かれた第10書簡のもの。

（3）「あら皮にも似て」と訳している言葉の原語はchagrinledergleich。意味が取りにくいがChagrinlederは日本で「あら皮」と訳されているバルザックの小説のタイトルなので、その関連かと思い「バルザックの」という言葉を訳文では補っている。同作で「あら皮」は持ち主の願望を何でも叶えてくれる魔法の皮だが、願いが叶うたびにその「あら皮」は小さく縮み、持ち主も体を壊してゆく。

編者注記

かつて一九六〇年代のはじめに、アイヒマン裁判についてのアーレントの本との関連で、アーレントとショーレムの二通の手紙（第132書簡と第133書簡）が公開されたことがあった（第132書簡、注1を参照）。その公開のために、ショーレムは、自分が保管していたハンナ・アーレント宛の手紙の下書きとアーレントの返信の原本を、自由に使えるよう原稿として新聞社に委ねていた。彼の下書きのいくつかの言葉は、ワシントン〈米国議会図書館〉〔英〕のアーレントの遺稿のなかにある書簡の最終版とは異なっているので、ここに印刷されているテクストは、従来知られてきたものと若干異なっている。

九〇年代の半ばに、ショーレムの膨大な書簡集をまとめた編者たち、イッタ・シェドレツキーとトーマス・シュパルは、アーレントとショーレムの手紙のいくつかを公表し、さらに、以下の著作においていくつかの手紙の抜粋が公表された
——Schöttker/Wizisla, *Arendt und Benjamin.*

さて本書は、アーレントとショーレムが書き合った、書簡、電報、ハガキの、これまで発見されたすべてを集成している。書簡の大部分は原本の状態で保管されている。ただし、ショッケン・ブックスもしくはJCRのアーレントの事務室へ宛てられたショーレムの業務上の手紙の多くは、原本の形では存在していなかった。というのも、ニューヨークの出版社の社屋には記録文書がほんのわずかしか保管されておらず、ニューヨークのJCR本部のアーカイヴ資料は存在しない（おそらくは破棄された）からである。したがって、本書簡集の編集に際しては、エルサレムのショーレムの遺品（NLI）のなかのアーレントの原本、ワシントンのアーレントの遺品（LoC）のなかのショーレムの原本のほかに、いくつかの手紙のカーボン紙による写しとコピーが原テクストとして用いられた。それらは、ショーレムの遺品のなかに保管されていた

か、他の関係者に送られてＪＮＵＬ文書館のＪＣＲ部門ないしはスタンフォード大学〔ＳＵＬ〕のザーロ・バロンの遺品のなかに保管されていたものである。その他の手紙は、ショーレムが創設した「エルサレム・ベンヤミン・アーカイヴ」に存在していたものである。それぞれの所在は、そのつど書簡の末尾に、それぞれの便箋に残されている本文には属していないことを表わす記号とともに、示されている。

アーレントがＪＣＲ書簡のなかで知らせている同封物のいくつかは、遺品それ自体のなかには保管されていなかったが、ＪＮＵＬ文書館のＪＣＲ部門の資料から再構成することができた。

第Ⅱ部〔関連資料〕において往復書簡に添えられている文書――ショーレムの『〈ユダヤ神秘主義の主潮流〉〔英〕』に対するアーレントの書評およびＪＣＲ本部に対する彼女のドイツ滞在の報告（〈調査報告〉〔英〕）――については、それぞれの冒頭に置かれた注記から、それがどういう経緯で記されたものか、読者は知ることができる。アーレントの書評（英語版は以下に収録――Arendt. *Jewish Writings*）はドイツ語版としてはここにはじめて再現されている。イッタ・シェドレッキーがショーレムの書簡集のなかではじめて指摘した、草稿にのみ残されている最後の数ページは、『〈ユダヤ神秘主義の主潮流〉〔英〕』に関して彼女がショーレムに送ったコメントの一部として、ここにはじめて印刷されている。また、アーレントの〈調査報告〉[1]〔英〕も公表されるのはここがはじめてである。

注においては、一方が相手の著作を読んで手紙のなかでコメントする際に示されている精神的な対話にとくに関心が向けられている。その種の指摘は、著作を指示したり、場合によっては具体的に言及されている引用箇所を指示したりすることでなされている。ＪＣＲ時代の手紙に対しては、そこで問題になっているのが事業に関わるやり取りなので、とくに詳しい注記が必要だった。世界中に張り巡らされたコミュニケーションの網の中心的な一員として、アーレントとショーレムは一つの知を分かち合っていたが、その知は書簡のなかから読み取ることはできず、こんにち、一般的なものとしては前提とされ得ないものである。注は、〔ユダヤ文化の〕救出のための共同の努力を理解するうえで必要な本質的な情報のすべてを提供しており、〈調査報告〉〔英〕と同様に、戦後のドイツ史に対して新たな視座を開くものである。

書簡を活字に起こす際には、抜けている文字、欄外で断ち切られている行、明らかな書き損じは、とくに断ることなく補筆・修正がなされている。その他の点では、ここに印刷されているテクストは原本に従っている。とりわけ、繰り返し登場する、場合によっては意図的な、通常の書法や句読法からの逸脱は、そのままにされている。手書きの署名はそれと分かるよう指示されている。タイプライターで書かれた文面への手書きの修正は採用している。テクスト形態の多様性も保持されている。たとえば、タイプライターの違いから生じる字面の相違である。イギリス・アメリカ式のキーボードを備えたもののほかに、ドイツ語やフランス語のキーボードを備えたタイプライターが使用されていた。手書きの手紙(たいていはウムラウトやエスツェットを伴った)によってこの印象はさらに大きくなる。

編者の挿入箇所は角形括弧［ ］、読み取り不可能や読み取り困難な箇所は山括弧〈 〉で表示している〔本訳書では、判読困難な箇所を示す〈 〉は【 】に置き換えている〕。

注においては必要な情報がその場で与えられている。その情報があとであらためて指示されるのは、それが少なくとも二通の手紙を遡り、かつ人名リストを介しては確かめられない場合に限られている。テクストの流れを不必要に中断しないために、「これについては確かめられなかった」の類いの表示は大部分省かれている。アーレントとショーレムの書簡は、それぞれの原本の言語で印刷されている(そして「補遺」において翻訳されている〔本訳書では、英語で書かれた書簡のドイツ語訳を収めた「補遺」は略している〕)。注においても同様である。そこでも手紙や文書が可能な限り原本の言語(英語もしくはドイツ語)で引用されている。それぞれの対話にはしかるべき場所が与えられている。

1　一九四六年のドイツ旅行についてのショーレムの報告を、イッタ・シェドレツキーは抜粋の形で翻訳し、以下に掲載している
——Scholem. *Schriften* 1.

謝辞

以下の人々に私たちはとくに感謝する。マルゴット・コーンおよびラヘル・ミスラティ（両者とも、エルサレム、イスラエル〈国立図書館〉〔英〕手稿部門）、アリス・バーネイ（〈米国議会図書館〉〔英〕手稿部門）、ジェフ・カッツ（バード・カレッジ、アーレント蔵書）、ジェローム・コーンおよびジェシカ・レイファー（両者とも、ニューヨーク、ハンナ・アーレント・トラスト）、エスター・リーベス（エルサレムのショーレム蔵書）、ザカリー・バーカー（スタンフォード大学図書館）、そして、ジークフリート・ウンゼルト財団およびフランク・メクレンブルク財団（ニューヨーク、レーオ・ベック研究所）。

さらに私たちは、エリザベート・マティアス（フランクフルト・アム・マイン）、レギーナ・ネルテマンおよびペトラ・シュライアー（両者とも、ベルリン）には、草稿を仕上げる際に本質的な手助けをいただいたことに対して、ヤエル・マーガン（エルサレム）およびウィリアム・ヴィースタンツ（スタンフォード）には、アーカイヴ資料調査に援助いただいたことに対して、私たちは特別の感謝を捧げる。また、以下の人々には、たくさんの教示をいただいたことに感謝する。スティーヴン・アシュハイム（エルサレム、ヘブライ大学）、クリスティアーネ・ベーラー（ベルリン）、イヴォネ・ドームハルト（チューリヒ、イスラエルの民・祭式共同体）、ニコラス・エスコラーノ（チューリヒ、NZZ）、ソフィー・フロイト（マサチューセッツ）、エリザベート・ガラス（ライプツィヒ、シモン・ドゥブノフ研究所）、エティナ・グロスマン（ニューヨーク、クーパー大学）、デーナ・ハーマン（シンシナティ、アメリカ・ユダヤ文書館）、ラヘル・ホイバーガー（フランクフルト・アム・マイン、市立兼大学図書館）、チリー・クーゲルマン（ベルリン・ユダヤ博物館）、アンドレアス・レーンアルト（マインツ、ヨハネス・グーテンベルク研究所)、ウルズラ・ルッヅ(ミュンヘン)、ウルズラ・マルクス(ベルリン、ヴァルター・ベンヤミン・アーカイヴ)、ナーディネ・マイアー(フランクフルト・アム・マイン)、アウブライ・ポメランス(ベルリン、ユダヤ博物館)、アンディ・ラビンバハ(合衆国、プリンストン大学)、エディト・ライム(ミュンヘン、現代史研究所)、ベンジャミン・ライヒラー(エルサレム、NLI)、グドルン・シュヴァルツ(ベルリン、ヴァルター・ベンヤミン・アーカイヴ)、ヘルマン・ジーモン(ベルリン、ユダヤ・センター)、ナターン・スナイダー(テルアビブ、アカデミック・カレッジ)、クローディア・ウェデポール(ロンドン、ヴァールブルク研究所)、イファット・ヴァイス(エルサレム、ヘブライ大学)、クリスティアン・ヴィーゼ(フランクフルト・アム・マイン、ヨハン・ヴォルフガング・ゲーテ大学)、エルトムト・ヴィジスラ(ベルリン、ヴァルター・ベンヤミン・アーカイヴ)。

マリー・ルイーズ・クノット

ダーヴィト・エレディア

訳者あとがき

本書は、Hannah Arendt/Gershom Scholem, *Der Briefwechsel*, hrsg. von Marie Luise Knott unter Mitarbeit von David Heredia, Jüdischer Verlag im Suhrkamp Verlag, Berlin, 2010 の全訳である。ただし、「凡例」に記しているとおり、原書のうち Anhang（補遺）として収められている、英語で書かれた書簡のドイツ語訳部分（原書の五五三―六〇七頁）および人名索引における説明は、版元の了解を得て本訳書では省略している（英語で書かれた書簡を翻訳するうえでそのドイツ語訳は参照している）。その他、本訳書で用いている記号等については、同じく「凡例」を参照いただきたい。

本書は、ハンナ・アーレント（一九〇六―一九七五）とゲルショム・ショーレム（一八九七―一九八二）が交わしていた、現存している一四一通の手紙、ハガキ、電報をすべて収めた第Ⅰ部、アーレントが、一九五〇年前後に「ユダヤ文化再興財団（JCR）」の事務局長として、ヨーロッパでの調査を踏まえてJCRに送っていた五本の「調査報告（Field Report）」を中心にした第Ⅱ部からなっている。書簡は第二次世界大戦の始まるまえの一九三九年五月二九日付のアーレントのショーレム宛書簡にはじまり、一九六四年七月二七日付のショーレムのアーレント宛の書簡で終わる。アーレントのショーレム宛の書簡のほとんど、それにアーレントの「調査報告」は、本書（の原書）においてはじめて公表されたものである。

アーレントとショーレムといえば、もちろん「アイヒマン論争」がよく知られているだろう。アーレントがアイヒマン裁判のレポートとして刊行した『エルサレムのアイヒマン』（一九六三年）に対して、ショーレムが厳しい批判の手紙を書き、それにアーレントが答えたものである。その際にすでに公開されていた二通の手紙も、本書では第132書簡（ショーレムからアーレントへ)、第133書簡(アーレントからショーレムへ)として収録されている。この二通はもちろん日本でもすでに知られてきたものだが、公開される際に書き換えられた箇所がある。ここでは、当初ドイツ語で交わされた形のままで、かつ、掲載時の書き換え箇所にも編者注で丁寧にふれながら、収録されている。また、アーレントがショーレムの手紙に書き込んでいたメモ、下線、丸囲みなどについても、編者注はきちんと指摘している。さらに、それに続く両者の書簡を読むと、往復書簡の公開にいささかショーレムが強引であった一方で、アーレントがきわめて消極的であったことが分かる。互いの書簡においては語彙も論理もとても公開に適した水準のものではない、とアーレントは見なしていたようである。

ちなみに、第132書簡には、ショーレムがアーレントを徹底してユダヤ民族の一員以外のなにものでもないと見なしている、と綴った一節がある。その箇所に、従来日本では『現代思想』一九九七年七月号「特集ハンナ・アーレント」に掲載された矢野久美子訳以来、「わたしたちの民族の娘」と訳されてきた言葉が登場する。ショーレムの原文では「この民族の(女性の)構成員 Angehoerige dieses Volkes」である(本書の翻訳では「民族の一員」と訳している)。これは矢野久美子訳が、主にこの箇所を a daughter of our people と英訳した『エンカウンター』(一九六四年一月号)掲載版に基づいていたためである。『エンカウンター』版でそう訳された具体的な経緯は不明であり、場合によってはその英訳にショーレム自身が関与していた可能性もある。とはいえ、少なくとも最初のアーレント宛のドイツ語の書簡ではそうではなかった。第132書簡のみならず書簡の全体をとおして、ショーレムが男性主義的である印象は否めないが、さすがに「民族の娘」などという言葉を当初はそのまま用いてはいなかったのだ。その点では多少はショーレムを擁護したくなる。さらに、その論争をへたのち、ショーレムが本書収録の最後の短い手紙でアーレントに再会を期待していたこと、アーレントがどうやらそれに返信しないままであったことも、本書をつうじて私たちははじめて知ることができる。

とはいえ、本書の意義は、そこにいたるまでの両者の関係を教えてくれるところにこそ存在している。アーレントの論考「シオニズム再考」（執筆一九四四年、掲載一九四五年一〇月）をめぐって、すでに第19書簡（一九四六年一月二八日付）でショーレムがアーレントへ長い批判を綴り、約三カ月後の第20書簡（同年四月二一日付）でアーレントが反批判を送っている（いわば「シオニズム論争」である）。その応酬で、二人はそうとう踏み込んだ言葉で激しい議論を交わしている。アイヒマン論争で語られる、アーレントの冷淡でシニカルな「口調」に対するあの印象的なショーレムの嫌悪も、ここですでに登場している。さらに重要なのは、まさしくホロコースト以降の世界で、その「シオニズム論争」をへて、ユダヤ文化を再興させるために、ナチスによって略奪された書籍、手稿、アーカイヴ資料、祭具などを取り戻そうと、二人が強い協力関係のもとで驚くほど精力的に努力していた事実である。

これらの点についてさらに詳しくは、本書のマリー・ルイーズ・クノットの充実した「解説」を熟読いただきたい（あわせて、本書第Ⅱ部のダーヴィト・エレディアの「ユダヤ文化再興財団の歴史について」もお読みいただきたい）。

ここでは、本書をつうじて知ることのできる興味深い細部にいくつかふれておきたい。

たとえば、アーレントがアドルノをはじめフランクフルト学派に不信と嫌悪を抱いていたことはよく知られていたが、ショーレムもまた、とりわけホルクハイマーに対して当初から強い嫌悪を抱くとともに、アーレントからの説得をつうじてアドルノへの不信を強めていったことが本書の前半の書簡を読めばよく分かる。アメリカ・ユダヤ人委員会（AJC）の莫大な研究資金をめぐる問題もそこには絡んでいた——もとよりそういったことは、それぞれの思想家の思想にとって本質的なこととは言えないかもしれないが。

しかし、第127書簡でショーレムがアーレントに知らせている、「ヴァルター・ベンヤミンの手紙は原則として受け取ったあとすぐに処分していた」というエルンスト・ブロッホの言葉などはどうだろうか。これはたんにブロッホの薄情ぶりを示す言葉ではなく、ベンヤミンが当時、スターリニストの格好の標的にされていたことを背景としたものではないだろうか。いまから振り返ると、一九二〇年代後半にモスクワを訪れたりするベンヤミンの動き方は、いかにも無防備である。ノルマを課されたスパイ摘発が日常化しつつあった時代である。ルカーチの友人でもあったブロッホは、スターリニストによって睨まれているベンヤミンの手紙などすぐに処分すべきだ、と感じていたのではなかったか。

さらに、第97書簡の編者の注2で全文が引用されている、ニューヨークのアイザック・キーフ宛のショーレムの書簡も印象深い。JCRが活動を終える際の晩餐会で、JCRのメンバーを讃えるためにショーレムがJCRの理事のひとりだったキーフに送ったいわば公開書簡だが、そのなかでショーレムはアーレントについてこう綴っている。

私はいつも最高の喜びをもって、私たち〔アーレントとショーレム〕の共同作業のこの期間のことを思い出すことでしょう。私たちは、ユダヤ人の文化的遺産の宝を掘り起こす興奮を分かち合い、それに関わる希望と落胆、また、発見と回収の喜びを分かち合ってきたのです。

一九四六年の「シオニズム論争」ののちに、JCRにおける互いの活動を踏まえて綴られたショーレムのこの言葉は、「アイヒマン論争」以降において、あるいはまさしく「アイヒマン論争」から五〇年以上をへた現在においてこそ、十分想起されるべき価値を有していると思われるのだ。

もっとほかにも、掘り起こされるべき貴重な細部が、本書にはいくつも秘められているに違いない。

*

最後に本書の翻訳作業についてふれておく。

岩波書店編集部の藤田紀子さんから共訳者のひとり細見のもとに連絡があったのは、細見が前任校の大阪府立大学から京都大学大学院人間・環境学研究科に着任した翌々月、二〇一六年六月だった。二年後に刊行というかなり厳しいスケジュールだった。そこで、大学院ゼミの出席者だった大形綾、関口彩乃、橋本紘樹の三人に細見が協力を仰いだ。本格的な翻訳の開始はその夏休みからだったと記憶している。当時、大形は人間・環境学研究科博士後期課程一年、関口は同研究科修士課程一年、橋本は京都大学大学院文学研究科博士後期課程一年だった。

まず、アーレントの書簡の訳を大形と関口が、ショーレムの書簡の訳を橋本と細見がそれぞれ分担して進めてゆき、当初は月に一回程度、研究室で顔を合わせて互いの翻訳を確認し合う時間を取った。往復書簡以外では、「調査報告」については大形、関口、橋本が分担し、その他を細見が担当するという形で、最初の訳稿を作成した。そして、出来上がった訳稿の全体をいったん細見のもとに集約し検討したのち、橋本が全体にわたってチェックを行い、誤訳、脱落、不適切な箇所について詳細な指摘を行った。それをふたたび反映させる形で細見が入稿原稿を整えた。さらに、初校が上がった段階で再度、共訳者で分担してチェックを行った。

なお、その翻訳の過程で以下の英訳版が刊行されたため、できる限り参照した――*The Correspondence of Hannah Arendt and Gershom Scholem*, edited by Marie Luise Knott, translated by Anthony David, The University of Chicago Press 2017. ただし、この英訳では、「第Ⅱ部　関連資料」のショーレム『ユダヤ神秘主義の主潮流』に対するアーレントの書評（覚書）、エレディア「ユダヤ文化再興財団の歴史について」が割愛されているほか、往復書簡等における編者の注がきわめて簡略化されている。原書の英訳というよりも、簡略化された英語版という印象が強い。

本翻訳を仕上げるうえで苦労したことの一つに、個人および機関や組織の固有名詞の日本語表記の問題がある。実際、ドイツ・ユダヤ人が合衆国やイスラエルに渡って暮らしている場合、その氏名がどう発音・表記されるべきかは、最終的には本人に確認しないと分からない。本訳書では、アーレント、ショーレム関連の文献での既訳を参照しつつ、以下の書籍に登場するものについては、基本的にそこでの表記に従った――ユーリウス・H・シェプス編『ユダヤ小百科』(鈴木隆雄ほか訳、水声社、二〇一二年)。

ともあれ、こういう性質の書物だけに、さまざまな次元での過ちが多々存在することだろう。気づかれた点はご指摘いただければ幸いである。最後に、仕上がりの予定を大きく過ぎた翻訳作業を見守り続けていただいた岩波書店の藤田紀子さんに、あらためて感謝を申し上げたい。

二〇一九年九月

訳者を代表して　細見和之

ハンナ・アーレント

（Hannah Arendt）

1906-1975　思想家．ドイツのユダヤ系の家庭に生まれ，フッサール，ハイデガー，ヤスパースのもとで哲学を学ぶ．1933年フランスに，1941年アメリカに亡命．1951年，同国市民権獲得．ショッケン・ブックスの編集者，ユダヤ文化再興財団事務局長を経て，バークレー，シカゴ，プリンストン，コロンビア大学などで教授・客員教授を務め，1967年ニュースクール・フォー・ソーシャル・リサーチの哲学教授に就任．『全体主義の起源』『人間の条件』『エルサレムのアイヒマン』など著書多数．

ゲルショム・ゲアハルト・ショーレム

（Gershom Gerhard Scholem）

1897-1982　ユダヤ学の世界的権威．ドイツのベルリンに生まれ，大学で数学，物理学，哲学を学ぶ．シオニズム運動に参加し，1923年エルサレムに移住．1933年ヘブライ大学教授に就任．ユダヤ神秘主義，カバラー学を講じた．著書に，『ユダヤ神秘主義』『ユダヤ主義の本質』『ユダヤ主義と西欧』などのほか，生涯の友ベンヤミンの回想録『わが友ベンヤミン』がある．

アーレント＝ショーレム往復書簡

マリー・ルイーズ・クノット 編

ダーヴィト・エレディア 編集協力

2019年11月26日　第1刷発行

訳　者　細見和之《ほそみかずゆき》　大形綾《おおがたあや》
　　　　関口彩乃《せきぐちあやの》　橋本紘樹《はしもとひろき》

発行者　岡本厚

発行所　株式会社 岩波書店
〒101-8002 東京都千代田区一ツ橋2-5-5
電話案内 03-5210-4000
https://www.iwanami.co.jp/

印刷・法令印刷　カバー・半七印刷　製本・牧製本

ISBN 978-4-00-061368-2　Printed in Japan

［編者］
マリー・ルイーズ・クノット（Marie Luise Knott）
著述家，編集者，詩の翻訳者．1986 年からハンナ・アーレントについての著作を発表してきた．

［編集協力］
ダーヴィト・エレディア（David Heredia）
歴史家，文化学研究者．

［訳者］
細見和之
京都大学大学院人間・環境学研究科教授．ドイツ思想．

大形　綾
京都大学大学院人間・環境学研究科博士後期課程．アーレント研究．

関口彩乃
京都大学大学院人間・環境学研究科博士後期課程．平和学．

橋本紘樹
京都大学文学部非常勤講師，大阪大学大学院医学系研究科医の倫理と公共政策学特任研究員．ドイツ思想史・文化史．

人名索引

ア行

カ行

サ行

タ行

ナ行

ハ行

マ行

ヤ行

ラ行

ワ行

略語一覧

AJC　American Jewish Committee〔アメリカ・ユダヤ人委員会〕
BN　Bibliothèque Nationale de France〔フランス国立図書館〕
BoD　Board of Directors〔理事会〕
CAHJP　Central Archives for the History of the Jewish People〔ユダヤ民族史中央文書館〕
CEJCR　Commission on European Jewish Cultural Reconstruction〔ヨーロッパ・ユダヤ文化再興委員会〕
CJG　Council (for the Protection of Rights and Interests) of Jews from Germany〔ドイツ・ユダヤ人(の権利および利益の保護を求める)評議会〕
CJR　Contemporary Jewish Record〔『コンテンポラリー・ジューイッシュ・レコード』誌〕
Commentary　Commentary Magazine〔『コメンタリー・マガジン』誌〕
ConfJR　Conference on Jewish Relations〔ユダヤ人諸関係協議会〕
CRCJM　Committee on Restoration of Continental Jewish Museums, Libraries and Archives〔大陸ユダヤ博物館・図書館・文書館再興委員会〕
CV　Central-Verein der deutschen Staatsbürger jüdischen Glaubens〔ユダヤ教徒ドイツ国民中央協会〕
FR　Field Reports〔調査報告〕
HMEV　Hessischer Minister für Erziehung und Volksbildung〔ヘッセン州教育文化省〕
HU　Hebräische Universität Jerusalem〔エルサレム・ヘブライ大学〕
HUC　Hebrew Union College〔ヘブライ・ユニオン・カレッジ〕
IfS　Institut für Sozialforschung〔社会研究所〕
IKG　Israelische Kultusgemeinde Wien〔ウィーン・イスラエルの民・祭式共同体〕
IOME　Organisation der mitteleuropäischen Einwanderer (Irgun Olej Merkasz Europa)〔中央ヨーロッパからの移住者組織〕
JA　Jewish Agency〔ユダヤ機関〕
JCC　Conference on Jewish Material Claims against Germany〔対ドイツ物的損害請求会議〕
JCR　Jewish Cultural Reconstruction, Inc.〔ユダヤ文化再興財団〕
JDC　→Joint
JHGA　Jewish Historical General Archives〔ユダヤ人歴史総合文書館〕
JIR　Jewish Institute of Religion〔ユダヤ宗教学院〕
JNL　Jewish National Library (ab 1924: JNUL)〔ユダヤ国立図書館. 1924年からJNUL〔ユダヤ国立大学図書館〕〕
Joint　American Jewish Joint Distribution Committee〔アメリカ・ユダヤ合同分配委員会, ジョイント〕
JRSO　Jewish Restitution Successor Organization〔ユダヤ人返還継承機関〕
JSS　Jewish Social Studies〔『ユダヤ社会研究』誌〕
JTA　Jewish Telegraphic Agency〔ユダヤ通信局〕
JTC　Jewish Trust Corporation〔ユダヤ信託会社〕

JTS　Jewish Theological Seminary of America〔ユダヤ神学校〕
KPD　Kommunistische Partei Deutschlands〔ドイツ共産党〕
LBYB　Leo Baeck Year Book〔『レーオ・ベック年鑑』誌〕
MB　Mitteilungsblatt der IOME〔IOMEの『ミットタイルングスブラット』誌〕
Menorah　Menorah Journal〔『メノーラ・ジャーナル』誌〕
NZZ　Neue Zürcher Zeitung〔『ノイエ・チューリヒャー・ツァイトゥング』紙〕
ÖWB　Öffentliche Wissenschaftliche Bibliothek〔学術公共図書館〕(ehem. Preußische Staatsbibliothek 1946-1954〔旧プロイセン州立図書館 1946-1954〕)
PR　Partisan Review〔『パーティザン・レヴュー』誌〕
RSHA　Reichssicherheitshauptamt〔国家保安本部〕
SPSS　Studies in Philosophy and Social Science (ab 1940)〔『哲学・社会科学研究』誌〕
UTS　Union Theological Seminary〔ユニオン神学校〕
WJC　World Jewish Congress〔世界ユダヤ人会議〕
ZfS　Zeitschrift für Sozialforschung (bis 1940)〔『社会研究誌』〕
ZVfD　Zionistische Vereinigung für Deutschland〔ドイツ・シオニスト連合〕

記号

【　】　判読不可能な箇所

アーカイヴを示す略語

AJA　American Jewish Archives〔アメリカ・ユダヤ文書館〕
JNUL　Jewish National University Library; heute〔ユダヤ国立大学図書館，現在〕
NLI　Department of Archives, The National Library of Israel〔イスラエル国立図書館，アーカイヴ部門〕
そこに以下のものが含まれている．
Arc 4° 793 Jewish National and University Library Archiv〔ユダヤ国立大学図書館アーカイヴ〕
Arc 4° 793/288 JCR-Archiv〔JCRアーカイヴ〕
Arc 4° 1598/Walter Benjamin Archiv〔ヴァルター・ベンヤミン・アーカイヴ〕
Arc 4° 1599/Scholem-Nachlaß〔ショーレム遺品〕
LoC　Library of Congress, Hannah Arendt Papers, Manuscript Division〔議会図書館，ハンナ・アーレント書類，草稿部門〕
SUL　Salo W. Baron Papers, Stanford University Libraries, Department of Special Collections and University Archives〔スタンフォード大学図書館，特殊コレクションと大学アーカイヴ部門，ザーロ・W・バロン書類〕, M 0580
WBA　Walter Benjamin Archiv, Berlin〔ベルリン・ヴァルター・ベンヤミン・アーカイヴ〕
ZfA　Zentrum für Antisemitismusforschung, American Federation of Jews from Germany〔反ユダヤ主義研究センター，ドイツ・ユダヤ人アメリカ連盟〕

参考文献

1. ハンナ・アーレントの著作

1.1 単行本

Between Past and Future, New York 1962.〔『過去と未来の間――政治思想への 8 試論』引田隆也・齋藤純一訳，みすず書房，1994 年〕

Der Liebesbegriff bei Augustin. Versuch einer philosophischen Interpretation, Berlin 1929; wieder veröffentlicht mit einem Nachwort von Ludger Lütkehaus, Berlin/Wien 2003.〔『アウグスティヌスの愛の概念』千葉眞訳，みすず書房，2002 年(2012 年に新版)〕

Die Krise des Zionismus, übersetzt und hrsg. von Eike Geisel, Berlin 1989.

Die ungarische Revolution und der totalitäre Imperialismus, München 1958.

Eichmann in Jerusalem: A Report on the Banality of Evil, New York 1963; dt. *Eichmann in Jerusalem. Ein Bericht von der Banalität des Bösen*, Hamburg 1964.〔『イェルサレムのアイヒマン――悪の陳腐さについての報告』大久保和郎訳，みすず書房，1969 年(2017 年に『エルサレムのアイヒマン』と改題して新版)〕

Elemente und Ursprünge totaler Herrschaft, München 2005; engl. *The Origins of Totalitarianism*, New York 1951.〔『全体主義の起原 1――反ユダヤ主義』大久保和郎訳，みすず書房，1972 年(2017 年に新版)，『全体主義の起原 2――帝国主義』大島通義・大島かおり訳，みすず書房，1972 年(同上)，『全体主義の起原 3――全体主義』大久保和郎・大島かおり訳，みすず書房，1974 年(同上)〕

Fragwürdige Traditionsbestände im politischen Denken der Gegenwart, Hamburg 1957.

Ich will verstehen. Selbstauskünfte zu Leben und Werk, München 2005.

Karl Jaspers. Rede zur Verleihung des Friedenspreises des deutschen Buchhandels, München 1958; auch in *Börsenblatt für den Deutschen Buchhandel*, 1958, Nr. 79.〔『暗い時代の人々』阿部齊訳，ちくま学芸文庫，2005 年，所収〕

Men in Dark Times, New York 1968; dt. *Menschen in finsteren Zeiten*, Essays u. a. Texte 1955–1975, hrsg. von Ursula Ludz, München 2001.〔『暗い時代の人々』前掲〕

On Revolution, New York 1963; dt. *Über die Revolution*, München 1963.〔『革命について』志水速雄訳，ちくま学芸文庫，1995 年〕

Rahel Varnhagen. Lebensgeschichte einer deutschen Jüdin aus der Romantik, München 1981; engl. *The Life of a Jewess*, translated from German by Richard and Clara Winston, London 1957.〔『ラーエル・ファルンハーゲン――ドイツ・ロマン派のあるユダヤ女性の伝記』大島かおり訳，みすず書房，1999 年〕

Sechs Essays, Heidelberg 1948.

The Human Condition, Chicago 1958; dt. *Vita activa oder vom tätigen Leben*, München 1967.〔英語版の翻訳『人間の条件』志水速雄訳，ちくま学芸文庫，1994年；ドイツ語版の翻訳『活動的生』森一郎訳，みすず書房，2015年〕

The Jewish Writings, hrsg. von Jerome Kohn und Ron H. Feldman, New York 2007.〔J. コーン，R. H. フェルドマン編『反ユダヤ主義——ユダヤ論集1』山田正行ほか訳，みすず書房，2013年，『アイヒマン論争——ユダヤ論集2』齋藤純一ほか訳，みすず書房，2013年〕

Verborgene Tradition, Frankfurt a. M. 2007.

Von der Menschlichkeit in finsteren Zeiten. Gedanken zu Lessing, Hamburg 1960.〔「暗い時代の人間性——レッシング考」阿部齊訳，『暗い時代の人々』前掲，所収〕

Vor Antisemitismus ist man nur noch auf dem Monde sicher, hrsg. von Marie Luise Knott, München 2001.

Was ist Politik? Fragmente aus dem Nachlaß, hrsg. von Ursula Ludz, mit einem Vorwort von Kurt Sontheimer, München 1993.〔『政治とは何か』佐藤和夫訳，岩波書店，2004年〕

Zur Zeit, hrsg. von Marie Luise Knott, Berlin 1986.

Arendt, Hannah/Blücher, Heinrich, *Briefe 1936–1968*, hrsg. von L. Köhler, München 1996.〔L. ケーラー編『アーレント＝ブリュッヒャー往復書簡 1936–1968』大島かおり・初見基訳，みすず書房，2014年〕

Arendt, Hannah/Blumenfeld, Kurt, *In keinem Besitz verwurzelt*, Berlin 1995.

Arendt, Hannah/Broch, Hermann, *Briefwechsel 1946 bis 1951*, hrsg. von Paul Lützeler, Frankfurt a. M. 1996.

Arendt, Hannah/Jaspers, Karl, *Briefwechsel 1926–1969*, München 2001.〔L. ケーラー，H. ザーナー編『アーレント＝ヤスパース往復書簡 1926–1969』全3巻，大島かおり訳，みすず書房，2004年〕

1.2 雑誌記事と論考

»Approaches to the German Problem«, in *Partisan Review*, 1945, Nr. 1, S. 93–106.〔「「ドイツ問題」へのアプローチ」山田正行訳，J. コーン編『アーレント政治思想集成1——組織的な罪と普遍的な責任』みすず書房，2002年，所収〕

»Concerning Minorities«, in *Contemporary Jewish Record*, 4, 1944, S. 353–368.

»Creating a Cultural Atmosphere«, in *Commentary*, 4, 1947, Nr. 5, S. 424–426.〔「文化的雰囲気を創造する」齋藤純一訳，『アイヒマン論争』前掲，所収〕

»Das Phänomen der Revolution«, in *Politische Vierteljahresschrift*, Köln und Opladen, Nr. 2, S. 116–149.

»Der Dichter Bertolt Brecht«, in *Neue Rundschau*, 61, 1950, Nr. 1, S. 53–67.

»Die Geheimpolizei«, in *Der Monat*, 4, 1952, Nr. 46, S. 370–388.

»Die sogenannte jüdische Armee«, in *Aufbau*, 22. Mai 1942.〔「「いわゆるユダヤ軍」」矢野久美子訳,『反ユダヤ主義』前掲, 所収〕

»Eric Voegelin (A Reply)«, in *Review of Politics*, 1953, Nr. 1, S. 76-84.〔「エリック・フェーゲリンへの返答」山田正行訳, J. コーン編『アーレント政治思想集成 2――理解と政治』みすず書房, 2002 年, 所収〕

»Expansion and the Philosophy of Power«, in *Sewanee Review*, 54, 1946, Nr. 4, S. 601-616.

»From the Dreyfus Affair to France Today«, in *Jewish Social Studies*, 4, 1942, Nr. 3, S. 195-240.

»Für und gegen Paul Tillich«, in *Aufbau*, 31. 7. 1942, S. 6.〔「パウル・ティリヒに賛成して」矢野久美子訳,『反ユダヤ主義』前掲, 所収〕

»Gestern waren sie noch Kommunisten«, in *Aufbau*, 19, 1953, Nr. 31, S. 19; und Nr. 32, S. 13, 16.〔「元共産党員」齋藤純一訳,『アーレント政治思想集成 2』前掲, 所収〕

»Hermann Broch und der moderne Roman«, in *Der Monat*, 1, 1948-1949, Nr. 8-9, S. 147-151.〔「ヘルマン・ブロッホ　1886-1951」阿部齊訳,『暗い時代の人々』前掲, 所収〕

»Ideologie und Terror«, in *Offener Horizont. Festschrift für Karl Jaspers*, hrsg. von Klaus Piper, München 1953, S. 229-254.〔『全体主義の起原』前掲, 第 3 巻第 4 章〕

»In Memoriam Adolf S. Oko«, in *Aufbau*, 13. 10. 1944, S. 9.〔「追悼　エイドルフ・S・オーコ」矢野久美子訳,『反ユダヤ主義』前掲, 所収〕

»Jewish History Revised«, in *Jewish Frontier*, 1948, Heft 3, S. 34-38.〔「ユダヤ人の歴史――改訂版」齋藤純一訳,『アイヒマン論争』前掲, 所収〕

»Karl Marx and the Tradition of Western Political Thought«, Vortrag 1953; auszugsweise in *Social Research*, Sommer 2002.〔『カール・マルクスと西欧政治思想の伝統』佐藤和夫編, アーレント研究会訳, 大月書店, 2002 年〕

»No Longer and Not Yet«, in *The Nation*, 163, 14. Sept. 1946, Nr. 11, S. 300-302.〔「〈もはやない〉と〈まだない〉」山田正行訳,『アーレント政治思想集成 1』前掲, 所収〕

»Organised Guilt and Universal Responsibility«, in *Jewish Frontier*, 12, 1945, Heft 1, S. 19-23.〔「組織的な罪と普遍的な責任」齋藤純一訳,『アーレント政治思想集成 1』前掲, 所収〕

»Privileged Jews«, in *Jewish Social Studies*, 8, 1946, 1, S. 3-30.

»Race Thinking Before Racism«, in *Review of Politics*, 1, 1945, S. 36-43.

»The Aftermath of Nazi Rule«, in *Commentary*, 4, 1950, S. 342-353.〔「ナチ支配の余波――ドイツからの報告」山田正行訳,『アーレント政治思想集成 2』前掲, 所収〕

»The Concentration Camps«, in *Partisan Review*, 15, 1948, Nr. 7, S. 743-763; dt., in *Die Wandlung*, 3, 1948, Nr. 4, S. 309-330.

»The Ex-Communists«, in *The Commonwealth* 57, 20. 3. 1953, Nr. 24, S. 595-599.〔「元共産党員」齋藤純一訳,『アーレント政治思想集成 2』前掲, 所収〕

»The Image of Hell«, in *Commentary*, 2, 1946, S. 291-295.〔「地獄絵図」矢野久美子訳，『アーレント政治思想集成 1』前掲，所収〕

»The Jew as Pariah—A Hidden Tradition«, in *Jewish Social Studies*, 1944, Nr. 2, S. 99-122; dt. »Die verborgene Tradition«, in *Sechs Essays*, Heidelberg 1948.〔「パーリアとしてのユダヤ人——隠れた伝統」齋藤純一訳，『アイヒマン論争』前掲，所収〕

»The Jewish State—50 Years after«, in *Commentary*, 1, 1945/46, Nr. 7, S. 1-8; dt. »Der Judenstaat – Wohin hat uns Herzls Politik geführt«, in *Die Krise des Zionismus*, S. 61-81.〔「ユダヤ人国家——50 年後，ヘルツルの政治はどこにたどりついたか？」金慧訳，『アイヒマン論争』前掲，所収〕

»To Save the Jewish Homeland There Is Still Time«, in *Commentary*, 5, 1948, Nr. 5, S. 398-406.〔「ユダヤ人の郷土を救うために——まだ時間はある」山田正行訳，『アイヒマン論争』前掲，所収〕

»Tradition and the Modern Age«, in *Partisan Review*, 1954, Nr. 1, S. 53-75.〔「伝統と近代」引田隆也訳，『過去と未来の間』前掲(第 1 章)〕

»Why the Cremieux Decree Was Abrogated«, in *Contemporary Jewish Record*, Nr. 2, S. 115-122.〔「クレミュー令はなぜ廃止されたか」齋藤純一訳，『アイヒマン論争』前掲，所収〕

»Zionism Reconsidered«, in *Menorah*, 2, 1945, S. 162-196; dt. »Der Zionismus aus heutiger Sicht«, übers. von Friedrich Griese, in *Die verborgene Tradition. Acht Essays*, Frankfurt a. M. 1976, S. 127-168.〔「シオニズム再考」齋藤純一訳，『アイヒマン論争』前掲，所収〕

2. ゲルショム・ショーレムの著作

2.1 単行本

Anfänge der Kabbala (hebr.), Jerusalem und Tel Aviv 1948.

Briefe I, Frankfurt a. M. 1996.

Briefe II, Frankfurt a. M. 1995.

Die Geheimnisse der Tora. Ein Kapitel aus dem Sohar, Berlin 1936.

Judaica 1-6, Frankfurt a. M. 1968 bis 1997.〔『ユダヤ主義の本質』高尾利数訳，河出書房新社，1972 年(「ユダイカ 1」)，『ユダヤ主義と西欧』高尾利数訳，河出書房新社，1973 年(「ユダイカ 2」)，『ユダヤ教神秘主義』高尾利数訳，河出書房新社，1975 年(「ユダイカ 3」)，『錬金術とカバラ』徳永恂ほか訳，作品社，2001 年(「ユダイカ 4」)〕

Major Trends in Jewish Mysticism, New York 1941.〔『ユダヤ神秘主義』山下肇ほか訳，法政大学出版局，1985 年〕

Sabbatai Zwi und die sabbatianische Bewegung zu seinen Lebzeiten (hebr.), Tel Aviv 1957 (dt. *Sabbatei Zwi. Der mystische Messias*, übertr. von Angelika Schweikhart, Frankfurt a. M. 1992).〔『サバタイ・ツヴィ伝——神秘のメシア』(上・下)石丸昭二訳，

法政大学出版局，2009 年〕

Ursprung und Anfänge der Kabbala, Berlin 1962 (Studia Judaica, Forschungen zur Wissenschaft des Judentums 3) (engl. *The Origins of the Kabbalah*, Princeton 1987).

Von Berlin nach Jerusalem, erw. Ausgabe, Frankfurt a. M. 1997.〔『ベルリンからエルサレムへ――青春の思い出』岡部仁訳，法政大学出版局，1991 年〕

Von der mystischen Gestalt der Gottheit. Studien zu Grundbegriffen der Kabbala, Zürich 1962.

Walter Benjamin – die Geschichte einer Freundschaft, Frankfurt a. M. 1997.〔『わが友ベンヤミン』野村修訳，晶文社，1978 年〕

Walter Benjamin und sein Engel. Vierzehn Aufsätze und kleine Beiträge, Frankfurt a. M. 1983.

Zur Kabbala und ihrer Symbolik, Zürich 1960.〔『カバラとその象徴的表現』小岸昭・岡部仁訳，法政大学出版局，1985 年〕

Benjamin, Walter/Scholem, Gershom, *Briefwechsel 1933-1940*, Frankfurt a. M. 1980.〔『ベンヤミン－ショーレム往復書簡 1933-1940』山本尤訳，法政大学出版局，1990 年〕

2.2 雑誌記事と論考

»Anfänge der Kabbala« (hebr.), in *Buchreihe im Gedenken an Bialik* (hebr.), 10, 1946/47, S. 179-228.

»Devekuth, or Communion with God«, in *Review of Religion*, 14, 1949/1950, S. 115-139.

»Die Lehre vom ›Gerechten‹ in der jüdischen Mystik«, in *Eranos-Jahrbuch*, 27, 1958, S. 237-297.

»Die Metamorphose des häretischen Messianismus der Sabbatianer im religiösen Nihilismus im 18. Jahrhundert«, in *Zeugnisse. Theodor W. Adorno zum sechzigsten Geburtstag*, Frankfurt a. M. 1963, S. 20-32; wieder in *Judaica* 3, Frankfurt a. M. 1973, S. 198-217.〔「18 世紀の宗教的ニヒリズムにおけるサバタイ主義者の異端的メシアニズムの変貌」高尾利数訳，『ユダヤ教神秘主義』前掲，所収〕

»Die Vorstellung des Golem in ihren tellurischen und magischen Beziehungen«, in *Eranos-Jahrbuch*, 22, 1953, S. 235-289.〔「ゴーレムの表象」小岸昭訳，『カバラとその象徴的表現』前掲(第 5 章)〕

»Die Wissenschaft vom Judentum«, in *Judaica* 6, Frankfurt a. M. 1997, S. 7-52.

»Eichmann«, in *Amoth*, Aug. /September 192, S. 10f.

»Identifizierung und Distanz. Ein Rückblick«, in *Eranos-Jahrbuch*, 48, 1979, S. 463-467.

»Juden und Deutsche«, in *Neue Rundschau* 77, 1966, S. 547-572; wieder in *Judaica* 2, S. 20-46.〔「ユダヤ人とドイツ人」高尾利数訳，『ユダヤ主義と西欧』前掲，所収〕

»Kabbalah und Mythos«, in *Eranos-Jahrbuch*, 17, 1949, S. 287–334.〔「カバラと神話」岡部仁訳,『カバラとその象徴的表現』前掲(第3章)〕

»Le mouvement sabbataïste en Pologne«, in *Revue de l'histoire des religions*, 1953, S. 42–77.

»Martin Buber's Chassidism. A Critique«, in *Commentary*, Okt. 1961, S. 305–316.〔「マルティン・ブーバーのハスィディズム解釈」高尾利数訳,『ユダヤ主義の本質』前掲, 所収〕

»The Meaning of the Torah in Jewish Mysticism«, in *Diogenes*, Nr. 14, S. 36–47; Nr. 15, S. 65–94; dt. »Der Sinn der Tora in der jüdischen Mystik«, in *Zur Kabbala und ihrer Symbolik*, Zürich 1960, S. 49–116.〔「ユダヤ教神秘主義における『トーラー』の意味」岡部仁訳,『カバラとその象徴的表現』前掲(第2章)〕

»Tradition und Kommentar als religiöse Kategorie im Judentum«, *Sonderdruck aus Eranos-Jahrbuch*, 31, 1962.

»Tradition und Neuschöpfung im Ritus der Kabbalisten«, in *Eranos-Jahrbuch*, 19, 1950, S. 121–180.〔「カバラ儀礼における伝統と新しき創造」小岸昭訳,『カバラとその象徴的表現』前掲(第4章)〕

»Um was geht der Streit«, in *Scheifotenu*, 2, 1931/32, Heft 6, S. 191–203; auch *Informationsblatt*, hrsg. v. Hechaluz, Deutscher Landesverband 4, 1931, Nr. 39, S. 15–19.

»Walter Benjamin«, in *Leo Baeck Yearbook*, 10, 1965, 117–136; dt. »Walter Benjamin«, in *Neue Rundschau*, 76, 1965, S. 1–21; wieder in *Judaica* 2, Frankfurt a. M. 1970 und *Walter Benjamin und sein Engel. Vierzehn Aufsätze und kleine Beiträge*, Frankfurt a. M. 1983.〔「ヴァルター・ベンヤミン」高尾利数訳,『ユダヤ主義と西欧』前掲, 所収〕

»Zehn unhistorische Sätze über Kabbala«, in *Geist und Werk. Festschrift zum 75. Geburtstag von Dr. Daniel Brody*, Zürich 1958, S. 209–215. Leicht erweitert wieder in *Judaica* 3, Frankfurt a. M. 1973, S. 264–271.〔「カバラーに関する10の非歴史的テーゼ」高尾利数訳,『ユダヤ教神秘主義』前掲, 所収〕

»Zum Verständnis der messianischen Idee im Judentum«, in *Eranos-Jahrbuch*, 28, 1959, S. 193–239; wieder in *Judaica* 1, Frankfurt a. M. 1963, S. 7–74.〔「ユダヤ教におけるメシア的理念の理解のために」高尾利数訳,『ユダヤ主義の本質』前掲, 所収〕

»Zur Entwicklungsgeschichte der kabbalistischen Konzeption der Schechinah«, in *Eranos-Jahrbuch*, 11, 1952, S. 45–207.

»Zur Geschichte der Anfänge der christlichen Kabbala«, in *Essays Presented to Leo Baeck*, London 1954.

3. その他の著者および著作

3.1 単行本

Adler, Hans Günther, *Theresienstadt 1941-1945. Das Antlitz einer Zwangsgemeinschaft*, Tübingen 1955, 2. verb. u. erg. Aufl. 1960.

Adorno, Theodor W., *Minima Moralia*, Frankfurt a. M. 1950.〔アドルノ『ミニマ・モラリア――傷ついた生活裡の省察』三光長治訳，法政大学出版局，1979 年〕

Althaus, Claudia, *Erfahrung Denken. Hannah Arendts Weg von der Zeitgeschichte zur politischen Theorie*, Göttingen 2000.

Baron, Salo, *A Social and Religious History of the Jews*, 3 Bände, New York 1937.

Benjamin, Walter, *Berliner Kindheit um neunzehnhundert*, Frankfurt a. M. 2000.〔ベンヤミン「1900 年頃のベルリンの幼年時代」浅井健二郎訳，『ベンヤミン・コレクション 3』浅井健二郎編訳・久保哲司訳，ちくま学芸文庫，1997 年，所収〕

Benjamin, Walter, *Gesammelte Schriften*, Frankfurt a. M. 1977 ff.

Benjamin, Walter, *Illuminationen*, Frankfurt a. M. 2006.

Benjamin, Walter, *Illuminations*, hrsg. von Hannah Arendt, New York 1967.

Benjamin, Walter, *Schriften I und II*, hrsg. von Theodor W. Adorno und Gretel Adorno unter Mitwirkung von Friedrich Podszus, 2 Bände, Frankfurt a. M. 1955.

Benjamin, Walter, *Versuche über Brecht*, hrsg. und mit einem Nachwort von Rolf Tiedemann, Frankfurt a. M. 1966.〔ベンヤミン『ブレヒト』石黒英男ほか訳，晶文社，1971 年(ベンヤミン著作集 9)〕

Benjamin, Walter/Scholem, Gershom, *Briefwechsel 1933-1940*, Frankfurt a. M. 1980.〔『ベンヤミン - ショーレム往復書簡』前掲〕

Blumenfeld, Kurt, *Erlebte Judenfrage. Ein Vierteljahrhundert deutscher Zionismus*, Stuttgart 1962.

Blumenfeld, Kurt, *Im Kampf um den Zionismus*, Stuttgart 1976.

Broch, Hermann, *Der Tod des Vergil*, New York 1945.〔ブロッホ「ウェルギリウスの死」川村二郎訳，『世界文学全集 7　ヘルマン・ブロッホ』集英社，1968 年，所収〕

Broch, Hermann, *Dichten und Erkennen*, hrsg. und eingel. von Hannah Arendt, Zürich 1955.

Broch, Hermann, *Erkennen und Handeln*, hrsg. von Hannah Arendt, Zürich 1955.

Dawidowicz, Lucy, *From That Place and Time: A Memoir, 1938-1947*, Rutgers, New Jersey, 1989.

Elbogen, Ismar/Klatzkin, Jakob, *Encyclopaedia Judaica: das Judentum in Geschichte und Gegenwart*, Berlin 1928-1934.

Frankfurter Adorno Blätter V, Frankfurt a. M. 1998.

German Psychological Warfare, edited by Ladislas Farago, New York 1942.

Gershom Scholem. Zwischen den Disziplinen, hrsg. von Peter Schäfer und Gary Smith, Frankfurt a. M. 1995.

Hahn, Barbara/Knott, Marie Luise, *Hannah Arendt – Von den Dichtern erwarten wir Wahrheit*, Schriftenreihe des Literaturhauses, Band 17, Berlin 2007.

Hannah Arendt in Jerusalem, hrsg. von Steven Aschheim, Los Angeles 2001.

Hannah Arendt Revisited: »Eichmann in Jerusalem« und die Folgen, hrsg. von Gary Smith, Frankfurt a. M. 2000.

Herzl, Theodor, *Der Judenstaat*, Wien 1896.〔ヘルツル『ユダヤ人国家――ユダヤ人問題の現代的解決の試み』佐藤康彦訳，法政大学出版局，1991 年〕

Honigmann, Barbara, *Roman von einem Kinde*, Darmstadt/Neuwied 1987.

Jaspers, Karl, *Die Schuldfrage*, Heidelberg/Zürich 1946.〔ヤスパース『責罪論』橋本文夫訳，理想社，1965 年(ヤスパース選集X)〕

Jonas, Hans, *Erinnerungen*, Frankfurt a. M. 2005.〔ヨナス『回想記』盛永審一郎ほか訳，東信堂，2010 年〕

Jonas, Hans, *Organismus und Freiheit. Ansätze zu einer philosophischen Biologie*, Göttingen 1973.〔ヨーナス『生命の哲学――有機体と自由』細見和之・吉本陵訳，法政大学出版局，2008 年〕

Jüdischer Almanach 2001, Frankfurt a. M. 2000.

Klatzkin, Jakob, *Thesaurus Philosophiens Linguae Hebraicae*, Berlin 1926.

Koestler, Arthur, *Darkness at Noon* (dt. *Sonnenfinsternis*), London 1940.〔ケストラー『真昼の暗黒』中島賢二訳，岩波文庫，2009 年〕

Koestler, Arthur, *Scum of the Earth* (dt. *Abschaum der Erde*), New York 1941.

Lau, Moses Chaim, *Ha-derech lekidusch ha-schem* (Der Weg zur Heilung des Namens), Tel Aviv 1963.

Lüscher, Rudolf M./Schweizer, Werner, *Amalie und Theo Pinkus-De Sassi. Leben im Widerspruch*, Zürich 1987.

Moses, Siegfried, *Jüdische Nachkriegsforderungen*, Tel Aviv 1944.

Mosès, Stephane, *Der Engel der Geschichte*, Frankfurt a. M. 1994.〔モーゼス『歴史の天使――ローゼンツヴァイク，ベンヤミン，ショーレム』合田正人訳，法政大学出版局，2003 年〕

Nach dem Eichmann-Prozess – Zu einer Kontroverse über die Haltung der Juden, hrsg. vom Council of Jews from Germany, Tel Aviv 1963.

Offener Horizont, Festschrift für Karl Jaspers, hrsg. von Klaus Piper, München 1953.

Sahl, Hans, *Das Exil im Exil. Memoiren eines Moralisten II*, Darmstadt und Neuwied 1985.

Sahl, Hans, »Walter Benjamin im Lager«, in *Zur Aktualität Walter Benjamins*, hrsg. von Siegfried Unseld, Frankfurt a. M. 1972.

Schoeps, Hans-Joachim, *Ja – Nein – und Trotzdem. Erinnerungen – Begegnungen – Erfahrungen*, Mainz 1974.

Schopf, Wolfgang (Hg.), *»So müsste ich ein Engel und kein Autor sein.« Adorno und seine Frankfurter Verleger, Der Briefwechsel mit Peter Suhrkamp und Siegfried Unseld*, Frankfurt a. M. 2003.

Sinn und Form. Sonderheft Bertolt Brecht [I], Potsdam 1949.

Steinschneider, Moritz, *Catalog der Hebräischen Handschriften in der Stadtbibliothek zu Hamburg*, Hamburg 1878.

Sternberger, Dolf, *Panorama oder Ansichten vom 19. Jahrhundert*, Hamburg 1938.

Syrkin, Marie, *Blessed is the Match. The Story of Jewish Resistance*, Philadelphia 1947.

Taubes, Jacob, *Der Preis des Messianismus: Briefe von Jacob Taubes an Gershom Scholem und andere Materialien*, hrsg. von Elettra Stimilli, Würzburg 2006.

The Black Book: The Nazi Crime Against the Jewish People, compiled and edited by the World Jewish Congress et al., New York 1946.

The Joshua Starr Memorial Volume: Studies in History and Philology, hrsg. von der Conference on Jewish Relations, New York 1953.

Tishby, Isaiah, *Torat ha-Ra ve-ha-Qelippa be-Kabbalat ha-Ari* (Die Lehre des Bösen und der Gefäße/ODER Schalen in der Lurianischen Kabbala), Jerusalem 1942.

Varnhagen von Ense, Karl August, *Denkwürdigkeiten des eigenen Lebens*, 3 Bände, Frankfurt a. M. 1988.

Vierzig Jahre Flaschenpost: Dialektik der Aufklärung, 1947–1987, hrsg. von Willem van Reijen und Gunzelin Schmid Noerr, Frankfurt a. M. 1987.

»Von Walter Benjamins Archiven zum Walter Benjamin Archiv«, zusammengestellt von U. Marx, G. Schwarz, M. Schwarz und E. Wizisla, in: *Text und Kritik* 31/32, Neuauflage, Göttingen 2009, S. 134–210.

Walter Benjamin zum Gedächtnis, Sonderheft des Instituts für Sozialforschung, New York 1942.

Walter Benjamin 1892–1940. Eine Ausstellung des Theodor W. Adorno Archivs Frankfurt am Main in Verbindung mit dem Deutschen Literaturarchiv Marbach am Neckar, bearbeitet von Rolf Tiedemann, Christoph Gödde und Henri Lonitz, Marbach a. N. 1990 (Marbacher Magazin 55).

Was übrig blieb. Das Museum jüdischer Altertümer in Frankfurt 1922–1938, Ausstellung (1988–1989) Jüdisches Museum Frankfurt, Frankfurt a. M. 1988.

Weinreich, Max, *Hitler's Professors*, New York 1946.

Wiedebach, Hartwig, *Die Hermann-Cohen-Bibliothek* (Hermann Cohen, *Werke*, Supplementa 2), Hildesheim 2000.

Wizisla, Erdmut, *Benjamin und Brecht*, Frankfurt a. M. 2004.

Wizisla, Erdmut/Schöttker, Detlev (Hg.), *Arendt und Benjamin*, Frankfurt a. M. 2006.

Zadoff, Noam, »Reise in die Vergangenheit, Entwurf einer neuen Zukunft. Gershom Scholems Reise nach Deutschland im Jahre 1946«, in *Münchner Beiträge zur Jüdischen Geschichte und Kultur* 2007, Heft 2, S. 67-80.

Zohar, the book of Splendor, selected and edited by Gershom G. Scholem, New York 1949.

Zur Aktualität Walter Benjamins, hrsg. von Siegfried Unseld, Frankfurt a. M. 1972.

3.2 雑誌記事と論考

Adorno, Theodor W., »Charakteristik Walter Benjamins«, in *Neue Rundschau*, 1950, Heft 4, S. 571-584.〔アドルノ「ベンヤミンの特性描写」大久保健治訳，アドルノ『ヴァルター・ベンヤミン』大久保健治訳，河出書房新社，1991年(増補改版)，所収〕

Auras, Christiane, »Das Zuhause im Exil – Hannah Arendt und Hans Jonas. Eine Lebens-Freundschaft im Schatten des Nationalsozialismus«, in *Mensch – Gott – Welt. Philosophie des Lebens, Religionsphilosophie und Metaphysik im Werk von Hans Jonas*, hrsg. von Dieter Böhler, Horst Gronke und Bernadette Herrmann, Freiburg 2008.

Baron, Salo, »Ghetto and Emancipation. Shall we Revise the Traditional View«, in *The Menorah Journal* XIV/6 (1928), S. 515-526.

Benjamin, Walter, »Notes on Brecht's Epic Theatre«, in *Western Review*, Vol. 12, No. 1, 1948, S. 167-173.〔ベンヤミン「叙事演劇とは何か」浅井健二郎訳，『ベンヤミン・コレクション1』前掲，所収〕

Benjamin, Walter, »Über den Begriff der Geschichte«, in *Sonderheft des Instituts für Sozialforschung*, 1942; »Sur le concept d'histoire«, (frz.) erstmals in *Les temps modernes*, 2, 1947, Nr. 25, S. 623-634(übers. von Pierre Missac); dt. wieder in *Neue Rundschau*, 4, 1950, S. 560-570.〔ベンヤミン「歴史の概念について」浅井健二郎訳，『ベンヤミン・コレクション1』前掲，所収〕

Benjamin, Walter, »Über einige Motive bei Baudelaire«, in *Zeitschrift für Sozialforschung*, VIII, 1939, d. i. 1940, Heft 1-2, S. 50 89; wieder in *Sinn und Form*, Heft 4, 1. Jahrgang, 1949.〔ベンヤミン「ボードレールにおけるいくつかのモティーフについて」久保哲司訳，『ベンヤミン・コレクション1』浅井健二郎編訳・久保哲司訳，ちくま学芸文庫，1995年，所収〕

Fleg, Edmond, »Les grands courants de la mystique juive de G.-G. Scholem«, in *Revue de la pensée juive*, Vol. Nr. 1, Nr. 3, S. 134-137.

Heller, Bernard, »Jewish Books and Religious Articles Found in the Hand of Nazis«, in

Forward, Forverts, 12. 2. 1950, S. 8.

Horkheimer, Max, »Die Juden in Europa«, in ***SPSS***, 8, 1939, S. 136ff.

Jaspers, Karl, »Erneuerung der Universität«, in ***Die Wandlung*** 1945/1946, S. 66–74.

Knott, Marie Luise, »Aus einer Totenpost. Wie das erste Schreibwerk von Walter Benjamin die Jahrzehnte überlebt hat«, in ***Frankfurter Allgemeine Zeitung***, 2. 1. 2010, S. Z 1 und 2.

Rosenstreich, Nathan, »For and against Emanzipation. The Bruno Bauer Controversy«, in ***Leo Baeck Yearbook***, IV, 1959, S. 3–36.

Schidorsky, Dov, »Confiscation of Libraries and Assignments to Forced Labor: Two Documents of the Holocaust«, in ***Libraries & Culture***, 33 (1998), Nr. 4, S. 347–388.

Suchoff, David, »Gershom Scholem, Hannah Arendt and the Scandal of Jewish Particularity«, in ***The Germanic Review***, Winter 1997, 72, 1, S. 57ff.

Taubes, Jacob, »From Cult to Culture«, in ***Partisan Review***, 21, 1954, S. 387–400.

»The Eichmann tells his own damning Story«, in ***Life***, 28. November und 5. Dezember 1960.

Vajda, Georges, »Précisions sur la Kabbale«, in ***Critique***, Juni/Juli 1947.

Diner, Dan, »Elemente der Subjektwerdung. Jüdische DPs in historischem Kontext«, in: Fritz Bauer Institut (Hg.): *Überlebt und unterwegs. Jüdische Displaced Persons im Nachkriegsdeutschland*, Frankfurt am Main 1997 (*Jahrbuch des Fritz Bauer Instituts* 2), S. 229–248.

Diner, Dan, »Restitution. Über die Suche des Eigentums nach seinem Eigentümer«, in: Bertz, Inka/Dorrmann, Michael (Hg.), *Raub und Restitution. Kulturgut aus jüdischem Besitz von 1933 bis heute*, im Auftrag des Jüdischen Museums Berlin und des Jüdischen Museums Frankfurt am Main/Göttingen 2008, S. 16–28.

Friedman, Philip, »The Fate of the Jewish Book during the Nazi Era«, in: *Jewish Book Annual* 15 (1957/58), S. 3–13.

Gallas, Elisabeth, »Die Restitution jüdischer Kulturgüter Europas zwischen 1945 und 1952«, in: Bertz/Dorrmann (Hg.), *Raub*, 209–215.

Goschler, Constantin, *Wiedergutmachung. Westdeutschland und die Verfolgten des Nationalsozialismus (1945–1954)*, München 1992.

Grimstrad, Patricia, »Roads to Ratibor. Library and Archival Plunder by the Einsatzstab Reichsleiter Rosenberg«, in: *Holocaust and Genocide Studies* 19 (2005), Nr. 3, S. 390–458.

Heuss, Anja, *Kunst- und Kulturgutraub. Eine vergleichende Studie zur Besatzungspolitik der Nationalsozialisten in Frankreich und der Sowjetunion*, Heidelberg 2000.

Kirchhoff, Markus, »Looted Texts—Restituting Jewish Libraries«, in: Diner, Dan/Wunberg, Gotthart (Hg.), *Restitution and Memory. Historical Remembrance and Material Restoration in Europe*, New York/London 2007, S. 161–188.

Knapp, Gabriele, *Das Frauenorchester in Auschwitz: Musikalische Zwangsarbeit und ihre Bewältigung*, Hamburg 1996.

Kurtz, Michael, *America and the Return of Nazi Contraband: The Recovery of Europe's Cultural Treasures*, Cambridge 2006.

Liberles, Robert, *Salo Wittmayer Baron. Architect of Jewish History*, New York/London 1995.

Lillteicher, Jürgen, *Raub, Recht, Restitution. Die Rückerstattung jüdischen Eigentums in der frühen Bundesrepublik*, Göttingen 2007.

Orphaned Art: Looted Art from the Holocaust in the Israel Museum, hrsg. von The Israel Museum, Jerusalem 2008.

Plunder and Restitution. Findings and Recommendations of the Presidential Advisory

Commission on Holocaust Assets in the United States and Staff Report, Washington, D. C., 2000.

Poste, Leslie, *The Development of U. S. Protection of Libraries and Archives in Europe during World War II*. Unveröff. Diss. Chicago 1958.

Rupnow, Dirk, *Vernichten und Erinnern. Spuren nationalsozialistischer Gedächtnispolitik*, Göttingen 2005.

Sagi, Nana, *Wiedergutmachung für Israel. Die deutschen Zahlungen und Leistungen*, Stuttgart 1981.

Schidorsky, Dov, »Das Schicksal jüdischer Bibliotheken im Dritten Reich«, in: Komorowski, Manfred/Vodosek, Peter (Hg.), *Bibliotheken während des Nationalsozialismus*, Teil 2, Wiesbaden 1992 (*Wolfenbüttler Schriften zur Geschichte des Buchwesens* 16).

Schidorsky, Dov, »The Library of the Reich Security Main Office and Its Looted Jewish Book Collections«, in: *Library & Archives*, 42 (2007), S. 21-47.

Schidorsky, Dov, »The Salvaging of Jewish Books in Europe after the Holocaust«, in: Dehnel, Regine (Hg.), *Jüdischer Buchbesitz als Raubgut. Zweites Hannoversches Symposium*, Frankfurt am Main 2005 (*Zeitschrift für Bibliothekswesen und Bibliographie*, Sonderheft 88), S. 197-212.

Schoeps, Julius H. /Ludewig, Anna-Dorothea (Hg.), *Eine Debatte ohne Ende? Raubkunst und Restitution im deutschsprachigen Raum*, Berlin 2007.

Schroeder, Werner, »Beschlagnahme und Verbleib jüdischer Bibliotheken in Deutschland vor und nach dem Novemberpogrom 1938. Der Kampf nationalsozialistischer und staatlicher Institutionen im Deutschen Reich um die jüdischen Bücher«, in: *Jüdischer Buchbesitz als Raubgut*, S. 27-36.

Schroeder, Werner, »›Bestandsaufbau durch Plünderung‹: jüdische Bibliotheken im Reichssicherheitshauptamt«, in: *Entehrt, ausgeplündert, arisiert: Entrechtung und Enteignung der Juden*, hrsg. von der Koordinierungsstelle für Kulturgutverluste Magdeburg, bearb. von Andrea Baresel-Brand, Magdeburg 2005 (*Veröffentlichungen der Koordinierungsstelle für Kulturgutverluste 3*), S. 67-83.

Sznaider, Natan, *Gedächtnisraum Europa. Die Visionen eines europäischen Kosmopolitismus. Eine jüdische Perspektive*, Bielefeld 2008.

Takei, Ayaka, *The Jewish People as the Heir. The Jewish Successor Organizations (JRSO, JTC, JTC French Branch) and the Postwar Jewish Communities in Germany*, Univ. Diss. Tokyo 2004.

Tentative List of the Jewish Cultural Treasures in Axis-Occupied Countries by the Research Staff of the CEJCR, in JSS 8 (1946), Nr. 1, Supplement.

Waite, Robert G., »Returning Jewish Cultural Property: The Handling of Books Looted

by the Nazis in the American Zone of Occupation, 1945 to 1952«, in: *Libraries & Culture* 37 (2002), Nr. 3, S. 213–228.